Detlef Jena

DIE RUSSISCHEN ZAREN
IN LEBENSBILDERN

Detlef Jena

Die russischen Zaren in Lebensbildern

Unter Mitarbeit
von
Rainer Lindner

VERLAG STYRIA

Bildnachweis:
Die Zarenporträts stammen mit Ausnahme von Boris Godunow, Demetrius I.,
Michael Fjodorowitsch und Fjodor Alexejewitsch (= Archiv für Kunst und Geschichte, Berlin)
aus dem Bildarchiv der Österreichischen Nationalbibliothek, Wien.

Die Deutsche Bibliothek – CIP-Einheitsaufnahme

Jena, Detlef:
Die russischen Zaren in Lebensbildern / Detlef Jena. –
Graz ; Wien ; Köln : Verl. Styria, 1996
ISBN 3-222-12375-6

Satz: Medienhaus Styria, Graz
Druck und Bindung: Wiener Verlag, Himberg
ISBN 3-222-12375-6

Inhalt

Einleitung

Der russische Zar – der Caesar, der Selbstherrscher, der Imperator – das alles ist geschichtliche Vergangenheit und lebt in der historischen Erinnerung. In der Nacht vom 16. zum 17. Juli 1918 starb der letzte russische Kaiser, Nikolaus II., in Jekaterinburg unter den Kugeln eines bolschewistischen Erschießungspelotons. Die folgenden sieben Jahrzehnte waren im Zeichen der Sowjetherrschaft von einer Negierung der zarischen Würde geprägt. In unseren Tagen marschieren russische Monarchisten und Gymnasiasten wieder unter Ikonen und dem zarischen Doppeladler durch die Straßen St. Petersburgs und Moskaus, reiten Kosaken am Don, am Terek oder am Kuban erneut mit blitzenden Uniformen und der Peitsche im Schaftstiefel über die russischen Steppen. Dennoch: Weder die Dynastie der Rjurikiden noch die der Romanows oder der Holstein-Gottorp-Romanows wird wieder einen russischen Thron besteigen.

Der Mord an Nikolaus II. war das Symbol für das Ende einer Ära. So gewaltsam wie das russische Zartum mit dem Moskauer Großfürsten Iwan IV. 1547 in das europäische Licht getreten ist, so gewaltsam ging es in den Wirren der Revolution von 1917 unter.

Russische Zaren und Zarinnen haben wie keine anderen europäischen Herrscher der Neuzeit das Antlitz der von ihnen regierten Völker und Staaten geprägt. Der zarische Autokrat, der von Gott gesandte und gesalbte Alleinherrscher, nur er bestimmte, was in dem ständig sich ausweitenden Riesenreich zu geschehen hatte. Jedermann, vom aristokratischen Bojaren bis zum leibeigenen Bauern, Städtebürger, Unternehmer, Geistesschaffende und die vielen „Fremdstämmigen", alle waren ihm untertan, hatten ihm zu dienen – auch die russisch-orthodoxe Kirche. Er, der Zar aller Reussen, „sammelte die russische Erde", erhob Moskau zum „Dritten Rom", eroberte die Weiten Sibiriens, stieß „das Fenster nach Europa" auf, modernisierte das Land, er allein. Niemals jedoch hat es einen Zaren gegeben, der nicht über einen Beraterstab verfügte, der die Visionen des Imperators in praktische Politik umsetzte oder aus der politischen Praxis Visionen für den Herrscher ableitete. Das waren Höflinge, Günstlinge, aber auch namenlos aus dem Volk aufsteigende energische Persönlichkeiten, die mit den Launen der Herrscher und den intriganten höfischen Kabalen stiegen und auch wieder fielen. Welch ein Glanz umgab den Fürsten Potjomkin, der seiner Kaiserin die Krim eroberte. Zarische Reformen verbanden sich in jedem Fall mit den

Namen aufgeklärter Männer wie Ordin-Naschtschokin, Prokopowitsch, Panin oder den Brüdern Miljutin. Obskure religiöse Eiferer umgaben in dem religiös-abergläubischen Riesenreich nicht selten den Monarchen. Aber ein Mann wie Grigori Rasputin bildete doch die unrühmliche Ausnahme.

Rußland erlebte lichte Höhen und gähnende Tiefen, Zeiten unsäglicher Wirren und europäischen Glanzes. Iwan der Schreckliche zerstörte die mittelalterliche Ordnung und führte Rußland an die Neuzeit heran – er hinterließ ein Erbe, in dem die Pseudozaren Dmitri I. und II. am Beginn des 17. Jahrhunderts das Land in tiefes Elend stoßen konnten. Rußland benötigte fast ein Jahrhundert, ehe Peter der Große den Ruhm der europäischen Großmacht Rußland begründete, verbunden mit der symbolträchtigen Residenz in den Mündungssümpfen der Newa. St. Petersburg wurde als neue russische Hauptstadt das Venedig des Nordens. Aber bis zum bitteren Ende ließen sich die Zaren in Moskau krönen. Nach Peter I. vergingen abermals Jahrzehnte, ehe Katharina II. den aufgeklärten Absolutismus in der Mitte des 18. Jahrhunderts nach Rußland trug – um nach dem Bauernaufstand des Jemeljan Pugatschow von 1773/74 und der Französischen Revolution furchtsam alle Reformbemühungen im Sande verlaufen zu lassen. Notwendige Reformen verwirklichte auch ihr Enkel Alexander I. nicht. Aber er wurde nach den Kriegen gegen Napoleon Bonaparte zum Schöpfer der europäischen „Heiligen Allianz". Erst Alexander II. wagte den entscheidenden Schritt zur Modernisierung Rußlands. Am 19. Februar 1861 hob er die Leibeigenschaft auf und eröffnete für Rußland das Zeitalter der Industriegesellschaft. Nach der Ermordung Alexanders II. am 1. März 1881 folgten mit Alexander III. und Nikolaus II. Zaren, die sich als immer weniger geeignet erwiesen, die schwierigen industriellen, agrarischen und nationalen Probleme der Großmacht Rußland zu lösen. Das Reich versank in Krisen und zerfiel zusehends.

Die Geschichte Rußlands – das ist die Geschichte der herrschenden Dynastien, die Geschichte der Zaren. Aus diesem Grunde will das Buch dem interessierten Leser die politisch-biographischen Lebensbilder von 26 Regenten, Zaren und Kaisern nahebringen, die zwischen 1547 und 1917 Rußlands Bild geprägt haben. Sie alle regierten Rußland als Autokraten, aber kein Lebensbild gleicht dem anderen. Nach Charakter, Bildung, Herkunft und den allgemeinen Lebensumständen unterschieden sie sich außerordentlich. Diesen individuellen Fähigkeiten und Leistungen in byzantinischer und tatarischer, wie auch europäischer Tradition herrschender unnahbarer Monarchen will das Buch mit besonderem Fleiß folgen: Auch in den schrecklichen russischen Zaren spiegelten sich die menschliche Natur, der Zeitgeist und ein tief empfundenes Verantwortungsbewußtsein für die Erfüllung jener Aufgaben, die aus gottähnlicher Allmacht erwuchsen. Gewiß, auch Hasardeure, Spieler und Obskuranten „schmückten" den Zarenthron – aber Rußland wuchs über Jahrhunderte, wurde groß und mächtig. Gerade aus diesem Grunde wird in den politisch-menschlichen Porträts das Unverwechselbare in den Leistungen jedes einzelnen Herrschers gewürdigt, die historische Tat, die in die Geschichte einging und die wiederum die Grundmauern für das schwere Erbe der gekrönten Nachkommen legte. Es gibt nur wenige Beispiele dafür, daß ein russischer Herrscher vor seinem Tod abgedankt oder auf den Thron verzichtet hat. Die Last der Krone – das war das Leben der Zaren, und von Kindesbeinen an wurden sie – mehr oder weniger gut – darauf vorbereitet, diese Last zu tragen. Und nicht wenige sind in Erfüllung ihrer Sendung eines gewaltsamen Todes gestorben – Schwächlinge, aber auch große Reformer.

Natürlich kann ein kurzes biographisches Porträt nicht allen Spuren im Leben der Zaren nachgehen. Kürze und sorgfältige Klarheit sind geboten. Aber die angefügten Übersichten eines Begriffslexikons und bibliographischer Anregungen, die Kurzporträts wichtiger Männer, die den Zaren beratend zur Seite standen, genealogische Übersichten, die Lebensdaten der Zarinnen und ein Personenregister vervollständigen den Blick auf die Herrscher. Sie beflügeln vielleicht auch manchen Leser, tiefer in das Leben der Zaren und in die russische Geschichte einzudringen.

Das wird nicht einfach sein, denn die internationale Literatur, die veröffentlichten Dokumente und Lebenserinnerungen über die Zaren füllen ganze Bibliotheken. Die mangelnde Kenntnis der russischen Sprache schafft zusätzliche Hindernisse. Darum bemüht sich der Autor nach Kräften, dem geneigten Leser vor allem die in deutscher, englischer oder französischer Sprache verfügbare und auch ohne besondere Schwierigkeiten erreichbare neuere und neueste Literatur zu weiterer Lektüre zu empfehlen.

Die mächtigen russischen Herrscher haben es verdient, nicht als orientalische Despoten gegeißelt zu werden, die nach eigenem Gutdünken und willkürlich tun und lassen durften, wonach ihnen gerade der Sinn stand. Nur wenige Zaren waren so herausragende Persönlichkeiten, daß sie dem Reich Glanz verleihen konnten. Vielmehr sicherten Gebürtigkeit, Herkunft und Rang die Voraussetzung, einen eigenen Platz in der Tradition der Selbstherrschaft behaupten zu können. Oft genug ist nicht einmal das gelungen. Eines jedoch vereinigte alle Regenten, Zaren und Kaiser: Unbeirrbar hielten sie am Prinzip der Autokratie fest.

Als Iwan IV. 1547 den Thron bestieg, konnte er bereits auf autokratische Grundlagen aufbauen, zu deren Festigung sowohl der Großvater, Iwan III. (Großfürst von Moskau 1462–1505), als auch der Vater, Wassili III. (Großfürst von Moskau 1505 bis 1533) beigetragen hatten. Deren Verwurzelung in der byzantinischen Tradition darf jedoch keinesfalls überschätzt werden. Vielmehr waren es die geistigen Wortführer der russischen orthodoxen Kirche, die in vollem Bewußtsein ihrer Nähe zum Großfürsten nicht nur die klassische Lehre von „Moskau als dem Dritten Rom", so der Pleskauer Mönch Filofei, formulierten. Der Abt Jossif von Wolokolamsk (1439–1515) schuf die Grundlagen der theokratischen Staatslehre: „Als Oberhaupt der Christenheit mochte der Kaiser, der Zar, als Stellvertreter Gottes auf Erden gelten, sein autokratischer Wille als Gotteswille, ja, der kühnsten Formulierung nach mochte der Kaiser seiner Natur nach zwar ein Mensch, seinem Amte nach aber Gott ähnlich sein, doch das alles war nur denkbar und vertretbar, wenn der Kaiser ein rechtgläubiger und frommer Fürst war, und dies festzustellen kam der Kirche zu." Der Geistliche Silvester (gestorben um 1566), einer der klügsten und einflußreichsten Ratgeber des jungen Iwan IV., akzeptierte in seiner Redaktion des altrussischen Hausbuches „Domostroi" den erhabenen Grundsatz: „Fürchte den Zaren und diene ihm ergeben, bete allezeit für ihn und belüge ihn niemals, sondern stehe ihm wie Gott selbst in Demut und Wahrheit Rede und Antwort und sei ihm stets untertan. So du dem irdischen Herrscher aufrecht dienst und ihn fürchtest, wirst du auch vor dem himmlischen Herrscher Ehrfurcht zu empfinden lernen. Jener ist zeitlich, der im Himmel aber ewig – Er ist ein unbestechlicher Richter und vergilt jedem nach seinem Werk."

So unterschiedlich die Zaren in den folgenden Jahrhunderten diesen Grundsatz auch interpretierten: sie hielten daran fest. Zwei Tage vor seinem Tod richtete Alexander III. im Jahr 1894 an seinen Sohn und Thronfolger (Nikolaus II.) die mahnenden Worte: „Die Selbstherrschaft macht die historische Individualität Rußlands aus. Wenn die Autokratie zusammenbricht, was Gott verhüten möge, bricht mit ihr auch Rußland zusammen."

Dabei haben Inhalt und Rechtsgrundlagen des autokratischen Prinzips im Laufe der Jahrhunderte verschiedene Gestaltungen erfahren. Der Zwang zur Anpassung an die jeweils gegebenen internationalen Zeitumstände hat auch die Zaren veranlaßt, der Selbstherrschaft immer neue gesetzliche Grundlagen und praktische Maßnahmen hinzuzufügen. Zwischen 1549 und 1649 – von Iwan IV. bis Alexei Michailowitsch Romanow – reichte die lange Tradition von Landes- und Reichsversammlungen *(Semski Sobor)*, die vorsichtige und zwiespältige Ansätze einer ständischen Ordnung erkennen ließen. Die Wirksamkeit des Sobor endete 1649 mit dem neuen Reichsgesetzbuch *(Sobornoje Uloshenje)*, das die Rechtsbücher *(Sudebniki)* Iwans III. von 1497 und Iwans IV. von 1550 ablöste. Mit den Festlegungen des neuen Reichsgesetzes zur Leibeigenschaft der Bauern und dem Verbot an die Kirche, Vermögen ohne staatliche Zustimmung zu erwerben, festigte Alexei die Zarenmacht.

Ein halbes Jahrhundert später setzte Peter der Große sein Reformwerk in Gang. Es war bereits Ausdruck gewachsenen absoluten Herrscherwillens – in der euphorischen Bereitschaft, Ideen westlicher Staatsschöpfungen in Rußland anzunehmen. Die Gouvernementsreformen von 1707 und 1719, der Ersatz der antiquierten Bojarenduma durch einen Regierenden Senat, die Einrichtung von Kollegien als Vorläufer späterer Ministerien, die neue „Tabelle von den Rängen aller militärischen, staatlichen und höfischen Dienstgrade" – das alles festigte den Zentralismus und die Bürokratie in dem Staatswesen Peters: ein neues Gesetzbuch scheiterte. Statt dessen inspirierte Peter den Bischof Feofan Prokopowitsch, das geistliche Wort zur theoretischen Begründung der absoluten Macht in die Waagschale zu werfen. Feofans Schriften „Wort über des Zaren Macht und Ehre" (1718) und „Das Recht des monarchischen Willens" (1722) trugen dem aus innerer Überzeugung Rechnung. Indem Prokopowitsch die uneingeschränkte Macht des Monarchen aus der Bibel und aus dem Naturrecht herleitete, bewies er, daß der petrinische Staat lediglich in einer anderen Weise als der alte Moskauer von der Person des Monarchen verkörpert wurde: Peter verlieh sich selbst und dem Moskauer Zartum den Rang eines europäischen Kaiserreichs.

An diesem Grundsatz rüttelte auch die große Katharina II. wenige Jahrzehnte später nicht. Im Gegenteil. Hinter der Festschreibung der Adelsprivilegien, der Entmachtung des Regierenden Senats – den die Kaiserin Elisabeth Petrowna zum obersten Staatsorgan aufgewertet hatte –, der Reorganisation der Gouvernementsverwaltungen im Sinne adliger Allmacht über die niederen Stände, erklärte Katharina ihre „Instruktion" für ein neues, umfassendes Gesetzbuch zum „Geschwätz". Auch der „unabhängige" und „freie" Adel, die Stütze der absoluten (aufgeklärten!) Monarchie hatte sich unterzuordnen: „... da die tatsächliche Existenz des russischen Adels von der Sicherheit des Vaterlandes und des Thrones abhängig ist, so hat jeder wohlgeborene Adlige die Pflicht, so oft es die russische Selbstherrschaft nötig hat und so oft der Dienst des Adels für das allgemeine Wohl erforderlich ist, auf den ersten Ruf der autokratischen Macht herbeizueilen und weder Mühe noch Leben im Dienste des Staates zu schonen."

Die Französische Revolution von 1789 und vor allem die Pugatschowtschina erfüllten Katharina II. mit Furcht und lähmten ihren aufklärerischen Willen, der wohl doch mehr ein schönes Spiel und die Eitelkeit der Monarchin gewesen ist, mit den großen Geistern Europas zu kokettieren. Ihr Sohn Paul I. tat jedenfalls nicht den Schritt ins 19. Jahrhundert. Auch dessen Sohn, Alexander I., dem man in seiner Jugend und in den ersten Regierungsjahren liberale Schwärmereien nachsagte, der seine aristokratischen Freunde im „Intimen Komitee" die Erfahrungen des englischen Konstitutionalismus studieren ließ, legte die jugendlichen Illusionen einer gemäßigten Autokratie bald ab.

Der brüderliche Erbe, Nikolaus I., war zu keiner Zeit irgendwelchen modernisierenden Reformen zugetan. Seine Thronbesteigung begleiteten die Todesschreie gerichteter Dekabristen – adliger Rebellen, deren Aufstand am 25. Dezember 1825 auf dem Senatsplatz in St. Petersburg blutig niedergeschlagen wurde. Nikolaus blieb sich treu und galt als Inkarnation des „Gendarmen Europas" – zarische Truppen schlugen im August 1849 die ungarische Revolutionsarmee bei Világos.

Es bedurfte indessen der Niederlage im Krimkrieg, Rußland erwachen zu lassen. Ein Seufzer der Erleichterung durchwehte das Land, als Nikolaus 1855 starb und sein Sohn Alexander II. den Thron bestieg. Alexander setzte ein Reformwerk in Gang, das sich des Erbes Peters I. als würdig erwies. Bauernbefreiung, Justizreform, Städtereform, Reorganisierung der Armee, ländliche und städtische Selbstverwaltungen – an alles dachten die kühnen Reformer, die Rußland abermals den Weg nach Europa öffnen wollten. Nur eines blieb unangetastet – die zarische Autokratie. Erst am Ende seines Lebens, ja, sogar am Tag seines Todes unterschrieb Zar Alexander II. ein Dokument, eine „Konstitution" – eine Verfassung, die diesen Namen eigentlich nicht recht verdiente. Sie sah lediglich vor, dem Reichsrat, dem der Zar präsidierte, einige Vertreter der gesellschaftlichen Öffentlichkeit hinzuzufügen, die sich an der Ausarbeitung einer wirklichen Verfassung und der Gesetze beteiligen sollten. Für den Zaren war das ein schwerwiegendes Problem: So geringfügig der Einschnitt auch war, zum ersten Mal in der Geschichte zarischer Selbstherrschaft sollten Vertreter aus „dem Volke" Zugang zu Reichsinstitutionen erhalten, die traditionell der Aristokratie vorbehalten waren und deren Ernennung zu den unveräußerlichen Prärogativen des Kaisers gehörte.

Alexander wurde der Pflicht zur Exekution des Papiers enthoben: ausgerechnet der „Befreierzar" wurde von Terroristen einer pseudorevolutionären Partei, dem „Volkswillen", ermordet. Sein Sohn, Alexander III., und später auch Nikolaus II. dachten nicht mehr daran, irgendwelche reformerischen Zugeständnisse an die Allmacht der Autokratie zuzulassen – und steuerten die absolute Monarchie in den Untergang.

Betrachtet man die Geschichte autokratischer Gesetzlichkeit bis zum gewaltsamen Tod Alexanders II., dann wird offenbar, daß seit den Zeiten Iwans IV. jegliche Wandlung im Herrschaftsgefüge allein auf dem Willen und der staatsmännischen Überzeugung, ja, auch der Weisheit des Autokraten selbst beruhten – stets in Abhängigkeit von den obwaltenden Umständen ihrer Zeit. Wenn Nikolaus II. in den revolutionären Wirren von 1905/06 ein Grundgesetz und die Vertretungskörperschaft der „Reichsduma" zuließ, dann entsprach das bereits nicht mehr dem uneingeschränkten Willen des Monarchen allein. Die Selbstherrschaft, an der zu keinem Zeitpunkt in der vorausgegangenen Geschichte Rußlands gerüttelt worden war, erwies sich nicht mehr als Herr der Lage. Sie wurde zu Handlungen gezwungen, die dem Selbstverständnis des Selbstherrschers zutiefst widersprachen, die bereits ein Symptom für die permanente Erosion und den unausweichlich kommenden Untergang der Dynastie waren. Nichts verkündete das nahende Ende so elementar wie der Einfluß des religiösen Obskuranten Grigori Rasputin am Petersburger Hof. Der Sturz der herrschenden Dynastie im Februar 1917 bildete lediglich die unausweichliche Konsequenz. Das Prinzip der absoluten Autokratie, das das russische Zartum fast vier Jahrhunderte getragen hatte, war von der Geschichte begraben worden.

Das Buch über die russischen Zaren ist auf Anregung des Verlages Styria entstanden. Herr Hubert Konrad besitzt daran den entscheidenden Anteil, und ihm ist nachhaltig für Betreuung und Förderung zu danken. Der Dank des Autors gilt in besonderer Weise seiner Ehefrau Ingeburg, die ihm in schwerer Zeit selbstlos zur Seite gestanden ist und ohne die der Autor nicht die Kraft gehabt hätte, an seiner Liebe zum europäischen Osten und an seinem Vertrauen in die notwendige Selbstlosigkeit wissenschaftlicher Arbeit festzuhalten, und Herrn Rainer Lindner (Gerlingen). Von ihm stammt das Lebensbild Alexanders III. Außerdem übernahm er die Zusammenstellung des Apparates (Personenverzeichnis, Begriffslexikon, Literaturauswahl).

Nicht der vollständige und chronologisch exakte historische Ablauf im Leben der einzelnen Zaren steht im Mittelpunkt, sondern die jeweilige Persönlichkeit mit den sie charakterisierenden individuellen Stärken und Schwächen. Das Buch will Geschichte und Geschichten erzählen. Es wendet sich an einen breiten Leserkreis und verzichtet daher auf einen Anmerkungsapparat. Daten, Zeiten und Räume, Episoden und Merkmale sind freilich wissenschaftlich genau recherchiert. Der Leser mag aus der Darstellung und aus der angeführten Literatur selbst entscheiden, ob und in welcher Tiefe er sich dem weiteren Studium des Sujets zuwendet. Die in diesem Buch ausgewiesenen Daten zu Ereignissen innerhalb Rußlands richten sich bis zum Januar 1918 nach dem Julianischen Kalender, während alle anderen Daten dem Gregorianischen Kalender folgen.

LITERATUR

Altrussisches Hausbuch, „Domostroi", Leipzig und Weimar 1987.

James Cracraft, Feofan Prokopovich, in, The Eighteenth Century in Russia, hrsg. v. J. G. Garrard, Oxford 1973.

Valentin Gitermann, Geschichte Rußlands, Frankfurt am Main 1987, Bd. 1.

R. Helli (Hrsg.), The Muskowite Law Code (Uloshenije) of 1649, Teil 1, Text und Übersetzung, Irvine, California, 1988.

Marc Raeff, Michael Speransky, Statesman of imperial Russia 1772–1839, The Hague 1957.

Henri Troyat, Zar Alexander II., Frankfurt am Main 1991.

Kleines genealogisches Vorspiel: Rjurikiden – Romanows – Holstein-Gottorp-Romanows – Die schwierige Frage autokratischer Thronfolgen

Die genealogische Geschichte der mittelalterlichen und neuzeitlichen europäischen Fürstenhäuser ist für den außenstehenden Laien, ja, selbst für den wißbegierigen Interessenten verworren und unübersichtlich. Dynastische Heirats- und Thronfolgepolitik, quer durch sich ständig wandelnde Koalitionen, begleitete als legitimes Machtmittel den Prozeß der europäischen Staatengründungen. Die Sicherung der Erbfolge regierender Häuser besaß ganz selbstverständlich oberste Priorität.

Rußland bildete da keine Ausnahme. In der mittelalterlichen Kiewer Rus verheirateten die Großfürsten ihre Kinder auf dem ganzen Kontinent. Auch der Mongolensturm unterbrach diese Tradition kaum. Als sich das Moskauer Großfürstentum im Kampf um die „Sammlung der russischen Erde" gegenüber den Konkurrenten aus Wladimir-Susdal, Galitsch oder aus anderen Fürstentümern durchsetzte, war auch die Heirats- und Thronfolgepolitik zur Stelle. Allerdings gab es einen Unterschied zur Kiewer Rus: man heiratete russisch. Eine Ausländerin als Partnerin des Großfürsten war verpönt. Die Töchter des Zaren besaßen kaum eine Chance zur Heirat. Sie durften keinen Untertan des Großfürsten und Zaren heiraten, und ein Ausländer kam nicht in Frage. Aber diese Tradition wurde durch Peter I. (wie so viele andere) gründlich verworfen.

Immer ging es um die Frage: Wie kann die herrschende Dynastie ihre Macht behaupten und erweitern, wie wird die dynastische Thronfolge gesichert? Es war jedoch nicht nur eine zielgerichtete machtpolitische Frage, sondern entsprang dem Selbstverständnis einer von Gott verliehenen autokratischen Sendung. Dabei war der Modus für die Thronfolge lange Zeit nicht eindeutig festgelegt.

Die Rjurikiden waren legendären Ursprungs. Nach der „Erzählung von den vergangenen Jahren", der um 1113 im Kiewer Höhlenkloster geschriebenen „Nestor-Chronik" – dem einzigen Geschichtswerk über die mittelalterliche Kiewer Rus –, soll sich der Waräger-Fürst Rjurik, aus Nordeuropa kommend, um 862 zur Herrschaft über Nowgorod aufgeschwungen haben, während seine Brüder Sineus und Truwor nach Belosero und Isborsk zogen. Die Nestor-Chronik schreibt auch, daß Rjurik um 878/79 die Regentschaft an seinen Verwandten Oleg übertragen habe, damit dieser für den unmittelbaren Sohn Rjuriks, Igor, der noch „sehr jung" war, regiere. Igor wurde später Großfürst von Kiew. Wenn die Nachrichten über den Ursprung der von Rjurik ausgegangenen Dynastie auch spärlich und nebelhaft sind, so bleibt es eine unumstrittene Tatsache, daß Angehörige der weitverzweigten Dynastie das aufstrebende Moskauer Großfürstentum regierten. Erst mit dem Sohn Iwans IV., Fjodor Iwanowitsch, starb im Jahr 1598 die Rjurikiden-Dynastie auf dem Moskauer Thron aus. Das Herrscherhaus hatte sich entscheidende Verdienste um die russischen mittelalterlichen Staatsgründungen erworben.

Die Moskauer Großfürsten führten ihren Zweig bis auf Wladimir II. Monomach zurück, der von 1113 bis 1125 als Großfürst in Kiew regiert hatte, dessen Mutter die byzantinische Prinzessin Anna (Tochter des Kaisers Konstantin IX. Monomachos) gewesen war und der die Legende von der pelzverbrämten Monomachmütze – der späteren Zarenkrone Moskauer Großfürsten – lieferte. Zu den Rjurikiden gehörten auch Alexander Newski, der im April 1242 die Deutschordensritter auf dem Eis des Peipussees vernichtend geschlagen hatte, Juri Dolgoruki, der Gründer Moskaus, oder Dmitri Donskoi, seit 1362 Großfürst von Moskau, und Wladimir, der am 6. September 1380 das Tatarenheer unter Emir Mamai auf dem Kulikowo Polje (Schnepfenfeld) am Don besiegte und damit die Mongolenherrschaft über Rußland erschütterte.

Bei den Rjurikiden hatte es weder mündlich noch schriftlich fixierte Regeln für die Thronfolge gegeben. Das Problem war den Fürsten bewußt und wurde als Quelle ständiger Bedrohung für die Dynastie verstanden. Als das Moskauer Großfürstentum seine ersten Schritte in die Geschichte ging, galt immerhin die Regel, daß der Herrscher der Moskauer Linie der Rjurikiden entstammen mußte. Thronfolge und Dynastie standen in unmittelbarem Zusammenhang und sollten so geregelt werden, daß das Herrscherhaus nicht zum Opfer miteinander rivalisierender Prätendenten werden konnte. Großfürst Dmitri Donskoi betrachtete als erster das Großfürstentum Moskau als sein „Vatererbe". Nach dem Sieg auf dem Schnepfenfeld wollte er nicht mehr der zuvor aufgezwungenen Tradition folgen, nach der den Rjurikiden der Moskauer Thron vom jeweils herrschenden Tatarenchan verliehen wurde. Donskoi setzte den Grundstein einer eigenständigen großfürstlichen Thronfolgepolitik für Moskau: was von den Vorfahren als ererbt galt, durfte auch weitervererbt werden. Dennoch, die Tatarenherrschaft war nicht gebrochen, die Rivalitäten unter russischen Teilfürsten groß, und Dmitri Donskoi mußte geschickt operieren, um seinem erstgeborenen Sohn Wassili die Thronfolge zu sichern. Zunächst schloß Dmitri mit anderen russischen Fürsten allgemeine Verträge, die die Thronfolge seiner Söhne anerkannten, ohne daß bereits Namen genannt wurden. In einem zweiten Schritt wurde die Anerkennung der Thronfolge durch den ältesten Sohn bestätigt, und schließlich folgte die testamentarische Verfügung mit der förmlichen Vererbung des Throns an den designierten Prätendenten.

Dmitri Donskoi konnte mit den Stufenregelungen zur Thronfolge zwar nicht verhindern, daß unter seinen Söhnen Wassili und Juri ein Bürgerkrieg um das Erbe ausbrach, aber er hatte eine Problemlösung vorgegeben, die in der Folgezeit im Prinzip beibehalten werden sollte. Auf seinen Sohn Wassili I. Dmitrijewitsch (Großfürst von

Moskau 1389–1425) folgte dessen Sohn Wassili II. Wassiljewitsch (Großfürst von Moskau 1433–1462, mit Unterbrechungen). Wassili II. führte insofern ein neues Element in die Erbfolge ein, als er bereits zu seinen Lebzeiten den Thronfolger in den Rang eines Großfürsten erhob. Damit war noch keine eindeutige Ordnung für die Thronfolge geschaffen worden, aber die Ansprüche auf Stabilität im Falle des Thronwechsels wurden doch hinreichend erfüllt.

Der Erbe, Iwan III. Wassiljewitsch (Großfürst von Moskau 1462–1505), bereicherte die Ordnung, indem er 1498 seinen Sohn Dmitri in aller Feierlichkeit zum Großfürsten und Thronfolger krönen ließ und damit auch die Anerkennung der Kirche für die neue Stellung Dmitris erwarb. Wichtiger erscheint mit dem Blick auf die autokratische Position des Großfürsten allerdings die Tatsache, daß Iwan III. den Krönungsakt ohne große Probleme auch wieder rückgängig machen konnte. Nachfolger wurde nicht Dmitri, sondern Wassili III. Iwanowitsch (Großfürst von Moskau 1505–1533), ohne daß Iwan III. in seinem Ansehen Schaden nahm.

Wassili III. stand hinsichtlich der Erbfolge vor einem neuen Problem. Zunächst ließ der männliche Erbe auf sich warten, und als er endlich geboren worden war, erkrankte der Vater und starb. Für eine aufbauende und geregelte Thronfolgepolitik bestand keine Zeit mehr. Der Erbe – Iwan IV., der Schreckliche, der erste russische Zar – sollte an den Folgen bitter zu leiden haben.

Als dessen Sohn, Fjodor Iwanowitsch, im Jahr 1598 starb, hatte sich die mit dem Großfürstentum gewachsene Thronfolgepolitik erübrigt. Fjodor hinterließ weder Söhne noch Töchter, noch Brüder. 700 Jahre hatten die Rjurikiden in Rußland geherrscht. Obwohl es auch in den folgenden Jahrhunderten Fürstengeschlechter gab, die ihre rjurikidische Herkunft nachweisen konnten (die Dolgorukis, die Wolkonskis u. v. a.) – der Anspruch auf den Moskauer Zarenthron war dahin. Es folgte eine Zeit der Wirren (*Smuta*), in der überhaupt keine Regeln für die Thronfolge galten, da sich Usurpatoren auf dem Thron räkelten – da Rußland zum Spielball äußerer Mächte wurde.

Zar Fjodor war noch zu Lebzeiten Iwans IV. ein Regentschaftsrat zur Seite gegeben worden, in dem ein Vertrauter Iwans die Vormacht erkämpfte und 1587 faktisch Regent von Rußland wurde – Boris Fjodorowitsch Godunow. Als Fjodor 1598 starb, übernahm die Bojarenduma als Regentschaftsrat die Macht. Um den vakanten Zarenthron wetteiferten nun Boris Godunow und die Familie Romanow, die sich für die nächsten Blutsverwandten Fjodors hielt, weil Iwan IV. in erster Ehe mit Anastassija Romanowa verheiratet gewesen war. Boris Godunow hielt mehrere Trümpfe in der Hand. Vor allem unterstützte ihn der Patriarch Jow – faktisch Reichsverweser nach dem Tod Fjodors. Wenige Tage nach Fjodors Hinscheiden wurde ein Semski Sobor einberufen, der Boris Godunow nach langem Streit zum Zaren wählte. Zum ersten Mal wurde ein Monarch Moskaus von einer Reichsversammlung gewählt, der Vertreter des Adels, der Geistlichkeit und auch der städtischen Bevölkerung angehörten! Godunow ließ sich auch krönen, aber der „Emporkömmling" blieb immer umstritten.

Besonders die nicht verstummenden Gerüchte über die Mitschuld Godunows am gewaltsamen Tod Dmitris, eines Sohnes Iwans IV., riefen Gegner auf den Plan. Es währte auch nicht lange, da tauchte 1604 ein „Dmitri" auf, der erste falsche Demetrius, der mit polnischer Unterstützung auf Moskau marschierte. Ehe sich Boris Godunow noch dem Demetrius entgegenstellen konnte, verstarb er am 13. April 1605. Godunow hinterließ den 16jährigen Sohn Fjodor, den man auch sofort zum Zaren ausrief. Aber bereits Ende Mai wurde er festgenommen und am 10. Juni 1605 ermordet – zehn Tage später zog der falsche Demetrius in Moskau ein. Am 21. Juni 1605 ließ er sich zum „Zaren von ganz Rußland" krönen. Die Herrlichkeit währte jedoch nicht einmal ein Jahr. Im Mai 1606 stieß man Demetrius vom Thron und ermordete ihn.

Ihnen folgte nun der Karriereintrigant Wassili Iwanowitsch Schuiski. Ihn rief keine Reichsversammlung aus, eine Gruppe von Hochadligen und Bojaren erklärte ihn einfach zum Zaren. Das hatte zur Folge, daß auch Schuiski nicht an die namentlich durch Iwan IV. praktizierten autokratischen Herrschaftsmethoden anknüpfen konnte. Schuiski erhoffte vor allem das Wohlwollen des polnischen Königs Sigismund III. Aber der dankte ihm das Entgegenkommen schlecht – erhob er doch selbst Anspruch auf den Zarenthron. So wurde Schuiskis Autorität als gewählter Zar nicht nur durch den Aufstand des Iwan Bolotnikow in Frage gestellt, sondern in den Jahren 1607/08 tauchte ein Demetrius II. auf, dessen Truppen bis in den Moskauer Vorort Tuschino vordrangen und dort einen Hof und eine Gegenregierung installierten. Indessen, auch dem „Gauner von Tuschino" blieb der Erfolg nur kurze Zeit treu. Ebenso wie Zar Schuiski sah er sich von Sigismund III. bedrängt. Der polnische König verlangte die Auslieferung des Demetrius. Der mußte Tuschino räumen, floh und wurde am 10. Dezember 1610 ermordet. Zu diesem Zeitpunkt befand sich Schuiski schon als Mönch im Kloster: Am 17. Juli 1610 war er abgesetzt worden. Ein Bojarenrat übernahm die Macht, und die Polen drangen in Moskau ein. Dieser Bojarenrat schloß mit dem Befehlshaber der polnischen Truppen, dem Kronhetman Stanislaw Zolkiewski, einen Vertrag, nach dem der Sohn Sigismunds III. zum russischen Zaren gewählt wurde. Man denke: Auf dem durch seine orthodoxe Autokratie charakterisierten Moskauer Zarenthron saß der polnische Zar Wladislaw, der katholische Sohn des Erzfeindes Sigismund! Und dennoch glich alles einer Posse: Formal blieb Wladislaw bis zum Oktober 1612 russischer Zar – und war es dennoch nicht. Er war gewählt worden, aber sein Vater Sigismund dachte gar nicht daran, seinen Sohn, den er für die Aufgabe nicht geeignet hielt, nach Moskau zu entsenden. Schließlich wollte er die Krone Monomachs selber tragen.

Überschaut man die Zeit der Wirren hinsichtlich genealogischer Erbfolge-prinzipien, dann wird deutlich, daß mit den aussterbenden Rjurikiden auch die so mühsam errichteten Grundsätze der primogenituralen Thronfolge untergingen: zwei mehr oder weniger gewählte Zaren (Boris Godunow und Wassili Schuiski), zwei Usur-patoren (Demetrius I. und II.), der polnische Nicht-Zar Wladislaw und Godunows

Erbe Fjodor. Das war die ganze Ausbeute russischer Staatsmacht zwischen 1598 und 1612. Bei all dem tagte in diesen Jahrzehnten wiederholt die Reichsversammlung – der Semski Sobor. Es bedurfte eines Kraftaktes, um Rußlands weiteren Verfall aufzuhalten und eine Neuregelung dynastischer Macht- und Erbfolge zu erlangen.

Den russischen Städten war es vornehmlich zu verdanken, daß der im September 1611 in Nishni Nowgorod zum Landesältesten gewählte Kusma Minin (?–1616) und der Fürst Dmitri Michailowitsch Posharski (1578–1642) im Herbst 1612 ein Landwehraufgebot aufstellen konnten, das die polnischen Truppen aus Moskau vertrieb. Minin und Posharski wollten nicht nur die nationale Unabhängigkeit Rußlands wiederherstellen, sondern zugleich die Staatsmacht auf eine neue, feste Grundlage stellen. Mit der Kapitulation der polnischen Truppen im Oktober 1612 rückte das Ziel einen bedeutenden Schritt näher: Rußland benötigte einen Herrscher. Der Semski Sobor wurde zu dessen Wahl einberufen und trat am 10. Januar 1613 zusammen.

Der Semski Sobor von 1613 debattierte über die Kandidatur Wladislaws, über den ins Spiel gebrachten Karl Philipp von Schweden und einigte sich am 7. Februar 1613 auf den 17jährigen Sohn des Metropoliten Filaret aus dem Hause Romanow. Am 21. Februar 1613 wurde Michail Fjodorowitsch Romanow zum Zaren ausgerufen.

Die Romanows besaßen eine lange familiengeschichtliche Tradition. Als Stammvater galt Andrei Iwanowitsch Kobyla, der um 1350/51 starb und ein Moskauer Fürst und Bojar war.

Bis zum beginnenden 16. Jahrhundert trug die Familie den Namen Koschkin, abgeleitet von Fjodor Andrejewitsch Koschkin, dem fünften Sohn Kobylas, der um 1393 gestorben war. Um 1461 starb Juri Sacharjewitsch Koschkin, der bereits den Vornamen seines Vaters als Beinamen zum Familiennamen trug: Sacharin. Sichtbar trat die Familie in das öffentliche Licht, als Iwan IV., der Schreckliche, 1547 Anastassija Romanowna Sacharina (1530/32–1560), eine Tochter Roman Jurjewitsch Sacharins (?–1543), heiratete. Tatsächliche genealogisch-politische Bedeutung erlangte jedoch Anastassijas Bruder Nikita (?–1586). Er galt als eigentlicher Begründer der Romanow-Dynastie, nicht nur wegen seiner aktiven Beteiligung am Livländischen Krieg 1558–1582/83 oder weil er nach dem Tode Iwans IV. den Regentschaftsrat angeführt hatte. Nein, Nikita hatte unter seinen 13 Kindern einen Sohn namens Fjodor (1556/57–1633), der als Filaret in die Geschichte eingegangen ist. Nach dem Tod des letzten Rjurikiden erstrebte er selbst die Zarenkrone, unterlag jedoch Boris Godunow. Zar Boris verbannte seinen Rivalen und schickte ihn ins Kloster. Erst das Erscheinen des ersten falschen Demetrius ließ Filarets Stern wieder steigen: er gelangte bis in die Höhen eines Patriarchen von Rußland. Mitunter undurchsichtig und geheimnisumwittert, vermittelte Filaret zwischen dem Zarenthron – dem echten wie dem falschen – und den Polen und wußte seinen Bojarenmantel stets so in den politischen Wind zu drehen, daß die Familie an Macht und Einfluß gewann. Davon profitierte nun sein Sohn Michail, der als eigentlich relativ gestaltloser Selbstherrscher von 1613 bis 1645 regierte.

In Rußland blieben die sozialen und wirtschaftlichen, die militärischen und außenpolitischen Bedingungen auch weiterhin sehr schwierig. Aber nun durfte man zumindest wieder auf eine einigermaßen stabile Dynastie hoffen, und die natürliche Erbfolge konnte erneut in Kraft treten. Auf Michail folgte dessen erstgeborener Sohn Alexei Michailowitsch (1645–1676).

Aber unter Alexeis Thronerben traten neue Probleme auf. Alexei hatte 1648 Marija Iljinitschna Miloslawskaja (1626?–1669) geheiratet und war 1671 mit Natalija Kirillowna Naryschkina (1651–1694) eine zweite Ehe eingegangen. Als Alexei im Januar 1676 starb, lebten aus der ersten Ehe noch die erbberechtigten Söhne Fjodor (1661–1682) und Iwan (1666–1696). Aus der zweiten Ehe wuchs der 1672 geborene Sohn Peter kraftvoll heran. Alle drei Söhne waren zum Zeitpunkt des Todes Alexeis minderjährig, und damit konnte der Thronfolgestreit zwischen den Familien Miloslawski und Naryschkin seinen Lauf nehmen. Außerdem lebte noch die aus erster Ehe stammende, 1657 geborene Schwester Sofja, die ebenfalls Machtansprüche geltend machte – wider das traditionelle Recht der Primogenitur.

Zunächst bestieg Fjodor Alexejewitsch in der natürlichen Erbfolge 1676 den Zarenthron. Fjodor war zwar ein kluger, aber leider auch ein sehr kranker Mensch. Als er 1682 starb, hinterließ er keine Erben, und der Krieg zwischen den Miloslawskis und den Naryschkins um die Thronfolge entbrannte mit neuer Schärfe. Zunächst setzten die Naryschkins mit der Bojarenduma die Wahl Peters zum Zaren durch. Aber die Miloslawskis gaben nicht nach. Sie erreichten, daß der geistig schwächliche Iwan als Iwan V. Alexejewitsch neben Peter zum Mitzaren von Rußland (1682–1696) erhoben wurde. Damit war jedoch keiner der streitenden Parteien geholfen. Wer auch das Gerücht aufgebracht hatte, es zeitigte Wirkung: Peter und Iwan, so raunte man in den düsteren Gängen des Kreml, sollten ermordet worden sein. Auf diese Nachricht hin veranstalteten die militärischen Ordnungskräfte bei Hof, die Strelitzen, vom 15. bis zum 17. Mai 1682 im Kreml ein Blutbad, dem vor allem Anhänger der Familie Naryschkin zum Opfer fielen. Der Exzeß weitete sich mit großer Brutalität aus. Es ist nicht auszuschließen, daß hinter dem Gemetzel eine Persönlichkeit stand, ein Mensch mit Bildung, klug und – machtbesessen: Iwans Schwester Sofja Alexejewna. Am 29. Mai 1682 erklärte sie sich zur Regentin Rußlands.

Regenten hatte es im Moskauer Reich bereits gegeben: Boris Godunow; und auch Filaret hatte zur Zeit Michail Romanows bis 1633 quasi die Regentschaft ausgeübt. Jetzt stand Rußland wieder vor einer neuen Situation: erstmals gab es zwei Zaren – beide nach dem Thronfolgerecht erbberechtigt, beide minderjährig, einer krank und über ihnen die Schwester bzw. Halbschwester als Regentin – eine Frau praktisch auf dem Zarenthron. Sofjas Persönlichkeit ist heftig umstritten, aber zur Regentin war sie von allen Fähigkeiten her bestens geeignet. Nur, die Zeit arbeitete gegen sie. Vom kranken Iwan war kaum etwas zu befürchten. Aber von Peter! Peter rückte unnachgiebig an die Krone heran. Auch Sofjas Politik blieb nicht frei von Mißerfolgen. Alles zusammen führte zur Entscheidung: Im August 1689 stürzte Peter die Regentschaft Sofjas.

Von diesem Zeitpunkt an regierte Peter praktisch allein als Selbstherrscher. Seinen Bruder Iwan ließ er als Mitzaren unbehelligt, bis dieser 1696 starb. Dafür deutete sich beizeiten ein neuer Erbfolgekonflikt an: Peters Sohn Alexei Petrowitsch, 1690 geboren, geriet nicht nach dem Willen des Vaters. Angeklagt einer vermeintlichen Verschwörung gegen den Zaren, mußte Alexei 1718 offiziell auf die Thronfolge verzichten. Es dürfte das erste Mal in der Geschichte der russischen Autokratie gewesen sein, daß der regierende Zar auf diese Weise die männliche Erbfolge bewußt durchbrochen hatte. Mehr noch: der Vater ließ den Sohn foltern, und dieser starb an den Folgen der erlittenen Tortur. Iwan der Schreckliche hatte 1581 seinen Sohn Iwan Iwanowitsch im Affekt und Wutanfall erschlagen. Bei Peter und dessen Sohn Alexei lagen die Dinge systematischer.

Als Alexei 1718 starb, war sein Sohn Peter Alexejewitsch (1715–1730) gerade drei Jahre alt. Alexei entstammte der ersten Ehe Peters mit Jewdokija Fjodorowna Lopuchina (1670–1731). Im Jahr 1705 heiratete Peter Martha Skawronskaja (1684–1727). Aber erst sieben Jahre später folgte die offizielle Vermählung, bei der Martha Skawronskaja bereits den Namen Katharina Alexejewna trug. Aus dieser Ehe gingen insgesamt zwölf Kinder hervor, aber nur zwei Töchter, Anna und Elisabeth, überlebten die Eltern.

Es bestanden abermals recht komplizierte Vorbedingungen für die Erbfolge nach Peters Tod. Zum anderen mag der Konflikt mit Alexei tief in Peter genagt haben. Auf jeden Fall schuf er 1722 eine grundsätzliche Neuerung bei der Thronfolge: Peter setzte per Gesetz die überkommene männliche Erbfolge der Romanows außer Kraft und bestimmte, daß jeder Zar seinen Nachfolger selbst erwählen und festlegen könne: „Es soll jederzeit im Willen des regierenden Herrschers liegen, die Nachfolge, wem er will, zu bestimmen und den Bestimmten, wenn er irgendeiner Untauglichkeit gewahr wird, wieder zu entfernen." Erneut wurde Feofan Prokopowitsch beauftragt, „das Recht des Monarchen in willkürlicher Bestellung der Reichsfolge" theoretisch zu untermauern. Prokopowitschs Kommentar sah denn auch vor: „Ist ein Monarch in seinen Söhnen so unglücklich, daß er keinen zur Herrschaft geeignet ansieht, so hat er vor Gott die Pflicht ... von anderer Seite her einen Geeigneten und Gutgearteten zu suchen und diesen zum Erben einzusetzen."

Diese Entscheidung zeitigte sehr schnell praktische Konsequenzen. Peter starb im Januar 1725 völlig überraschend und hinterließ kein Testament, in dem er seinen Nachfolger bestimmt hätte. Zwar hatte er im Mai 1724 Katharina Alexejewna zur Kaiserin krönen lassen (er selbst trug seit dem 22. Oktober 1721 den Titel: Vater des Vaterlandes, Imperator ganz Rußlands und der Große), aber er hatte sie nicht ausdrücklich zu seiner Nachfolgerin ernannt. So standen denn neben Katharina deren Töchter Anna und Elisabeth, aber auch der Sohn Alexeis, Peter, der erst zehn Jahre alt war, zur Thronfolge bereit. Potentiell kamen als Prätendenten jedoch auch die Kinder Iwans V., Anna und Katharina, in Frage. Aber die Frage wurde sehr schnell und gründlich durch einen der engsten Ratgeber Peters I., den Fürsten Alexander Danilowitsch Menschikow (1673–1729), und durch die kaiserliche Garde entschieden. Die Menschikow folgende Gruppe des petrinischen Hochadels proklamierte Katharina Alexejewna zur Kaiserin Katharina I.

Katharina regierte nur zwei Jahre, bis 1727. Der Unmut bei Hofe und im Ausland über die Frau auf dem Zarenthron, die sich im Volk ob ihrer niederen Herkunft großer Beliebtheit erfreute, wurde nur noch von der traditionellen Vorstellung übertroffen, dem männlichen Erben zu seinem Recht zu verhelfen. Als Katharina I. am 6. Mai 1727 starb, folgte ihr auch sofort der Sohn Alexei Petrowitschs, Peter II. Alexejewitsch, auf dem Thron nach. Auch Peter II. konnte nicht lange regieren. Nach knapp drei Jahren verstarb er im Januar 1730, ohne daß eine Änderung in den Regeln zur Thronfolge vorgenommen worden war. Das wäre jedoch notwendig gewesen, weil Peter II. der letzte direkte männliche Nachkomme aus dem Hause Romanow überhaupt war und nun die Gefahr entstand, daß die Romanows in unmittelbarer Nachkommenschaft den Thron verlieren würden.

Tatsächlich mußten die folgenden Thronbesetzungen zwangsläufig eher europaübergreifenden dynastischen Prinzipien als nationalrussischer Heiratspolitik folgen. Kein männlicher Romanow auf dem Zarenthron hatte bisher eine westeuropäische Frau geheiratet. Jetzt gelangte mit Anna Iwanowna, einer Tochter Iwans V., eine verwitwete Herzogin von Kurland auf den Thron. Hatte sich Peter I. Westeuropa geöffnet, so setzte Anna diese Politik fort, aber in den Jahren ihrer Regentschaft (1730 bis 1740) überließ sie das Regieren vorwiegend deutschen Ratgebern, durchaus nicht immer zum Besten des Russischen Reichs. Die Kaiserin Anna starb im Oktober 1740, und abermals stand kein direkter Thronerbe zur Verfügung: Anna war in ihrer Ehe mit dem 1711 verstorbenen Friedrich Wilhelm Herzog von Kurland kinderlos geblieben.

Nach Annas Tod wurde erneut auf einen Nachkommen Iwans V. zurückgegriffen. Anna selbst hatte noch dafür gesorgt, daß der Urenkel Iwans V., der Sohn ihrer Nichte Anna Leopoldowna, einer geborenen Prinzessin Elisabeth Katharina Christine von Mecklenburg-Schwerin, die mit dem Prinzen Anton Ulrich von Braunschweig-Wolfenbüttel verheiratet war, den Thron besteigen konnte. Es war eine merkwürdige Nominierung, denn der junge russische Kaiser Iwan VI. Antonowitsch, der 1740/41 „regierte", war erst ganze zwei Monate alt. Der Verdacht liegt nahe, daß Iwan VI. praktisch nur als „Aushängeschild" diente, denn die wahre Macht errang schließlich seine Mutter Anna Leopoldowna.

Im geheimen bereitete sich eine Wende vor. Peters I. Tochter Elisabeth war bereits zweimal bei der Thronfolge übergangen worden. Es gelang ihr, sich der Garderegimenter zu versichern und noch im Jahr 1741 die Regentschaft Anna Leopoldownas und Iwan VI. zu stürzen. 20 Jahre, bis 1761, regierte die Kaiserin Elisabeth. Sie war die letzte direkte Romanow auf dem Zarenthron, und erneut entstand die Frage, wer sie beerben sollte. Das Problem gestaltete sich umso dringender, als Elisabeth unverheiratet und kinderlos blieb. Sie wußte, daß die Dynastie Romanow endgültig erlosch, und sah sich rechtzeitig nach einem geeigneten Thronerben um. Ihre unglückliche Wahl fiel 1742 auf den Neffen Karl Peter Ulrich von Holstein-Gottorp. Der Erbprinz und nunmehrige Zarewitsch war der Sohn ihrer Schwester Anna (1708–1728), die 1725 Karl Friedrich von Holstein-Gottorp geheiratet hatte – also ein direkter Enkel Peters I. Um sicherzugehen, suchte Kaiserin Elisabeth auch gleich nach einer geeigneten Ehepartnerin für den künftigen Monarchen. Ihre Wahl fiel, nach dem Ratschlag König Friedrichs II. von Preußen, auf die Prinzessin Sophie Auguste Friederike von Anhalt-Zerbst. Die künftige Kaiserin Katharina II. wurde nach St. Petersburg geholt, und 1745 fand dort die Hochzeit statt.

Tatsache bleibt, daß der Kaiserin im Laufe der Jahre Zweifel an den Fähigkeiten Peter Fjodorowitschs kamen, daß die Anhalt-Zerbster Prinzessin, die jetzt Großfürstin Katharina Alexejewna war, selbst Interesse am Thron entwickelte und daß die Geburt ihres Sohnes Paul 1754 zu neuen Phantasien Anlaß bot. So wie sich Elisabeth ursprünglich, gestützt auf das Werk ihres Vaters, entschieden hatte, trat der Erbfall ein. Die Kaiserin starb am 25. Dezember 1761, und der Holstein-Gottorp bestieg als Peter III. Fjodorowitsch den Thron.

Peter III. konnte die Macht nur wenige Monate behaupten. Seine Ehefrau setzte alle ihr zur Verfügung stehenden verschwörerischen Mittel ein, um den Gatten zum Thronverzicht zu nötigen. Zugegeben, Peter arbeitete ihr dabei unbewußt, aber mit vollem Einsatz in die Hände. Peter III. besaß keine Chance, die dem Kaiser von Peter dem Großen auferlegte Pflicht zur Wahl des Thronerben wahrzunehmen. Katharina enthob ihn dieser Verpflichtung und ließ sich – gestützt auf die Garderegimenter – am 28. Juni 1762 selbst zur Kaiserin ausrufen. Wenige Tage später wurde Peter III. ermordet.

34 Jahre regierte Katharina die Große, 34 Jahre, in denen sie Rußland zu europäischer Größe führte. Ihre Herrschaft brachte auch wieder Stabilität in die traditionsbestimmte Erbfolge, nunmehr des Hauses Holstein-Gottorp-Romanow, denn nicht nur Peter III. stammte aus diesem Hause, sondern auch Katharinas Mutter, Johanna Elisabeth, war eine geborene Holstein-Gottorp.

Katharina II. starb am 6. November 1796. Es hatte zuvor Gerüchte gegeben, sie werde ihren leiblichen Sohn Paul von der Thronfolge zugunsten ihres Lieblingsenkels Alexander ausschließen. Aber Katharina versagte sich dem natürlichen Erbrecht nicht, vielleicht, weil sie damit ihrem Ruf als thronräuberischer Usurpatorin entgegenwirken konnte. Ihrem letzten Wunsch entsprechend bestieg Paul I. Petrowitsch den Thron. Er war ein schwer zu berechnender Herrscher, aber er legte großen Wert darauf, die traditionellen Regeln der Thronfolge, die Peter I. durchbrochen hatte, wiederherzustellen. Anläßlich seiner Krönung im April 1797 erließ er eine Verordnung, die das Prinzip der Primogenitur, das den männlichen Erben den absoluten Vorrang einräumte, in Kraft setzte. Paul war in erster Ehe mit einer Prinzessin von Hessen-Darmstadt verheiratet. Diese war jedoch bereits 1776 im Kindbett gestorben. Paul heiratete noch im selben Jahr die Prinzessin Sophia Dorothea Auguste von Württemberg – die russische Großfürstin Marija Fjodorowna (1759–1828). Mit dieser zweiten

Frau hatte Paul zehn Kinder, vier Söhne und sechs Töchter. Er besaß alle Veran-
lassung, das Erbe seiner Kinder zu sichern. Selbst seine Frau mußte den Eid auf den als
Thronfolger auserwählten künftigen Kaiser Alexander I. leisten. Aber auch in dieser
Frage war niemand vor überraschenden Entschlüssen des Zaren sicher – zeitweilig zog
er sogar den Prinzen Eugen von Württemberg seinem Sohn Alexander als Thronerben
vor. Alexander hatte nichts dagegen, als sich eine Verschwörung zum Sturz Pauls
bildete. Die Verschwörer ermordeten den Zaren in der Nacht vom 11. zum 12. März
1801. So gelangte Alexander I. Pawlowitsch auf den ihm von seinem Vater zuge-
sprochenen Thron. Er regierte Rußland bis zu seinem Tod im Herbst 1825.

  Die weitere Geschichte der russischen Thronfolge ist schnell erzählt. Alexander I.
hinterließ nur zwei Töchter, so daß eigentlich der nachgeborene Bruder Konstantin
(1779–1831) Thronprätendent war. Konstantin zog es jedoch vor, in Warschau ein
bürgerliches Leben mit einer „nicht standesgemäßen" Frau zu führen. Das schloß ihn
von der Thronfolge aus. So gelangte der Bruder Nikolaus I. Pawlowitsch 1825 nach
komödiantischem Verwirrspiel auf den Petersburger Thron, um bis zum Jahr 1855 als
ein des finsteren Obskurantismus gescholtener Monarch in die Geschichte einzugehen
– obwohl er in seinen jungen Jahren als „schönster Prinz Europas" galt und auch die
schöne Prinzessin Friederike Luise Charlotte Wilhelmine von Preußen – Alexandra
Fjodorowna (1798–1860) – zur Gattin hatte. Als Nikolaus I. 1855 starb, atmete
Rußland auf.

  Das Land war ruiniert und benötigte Reformen zu seiner Modernisierung. Diese
Hoffnungen erfüllte zunächst Alexander II. Nikolajewitsch mit der Aufhebung der
Leibeigenschaft im Jahr 1861 und einem umfangreichen Reformpaket in den folgenden Jahren. So problemlos Alexander auf den Thron gelangt war, so dramatisch gestaltete sich der Abschied: Der „Befreierzar" wurde am 1. März 1881 von Terroristen
ermordet.

  Der 1845 geborene Sohn Alexander III. Alexandrowitsch folgte dem Vater nach
und regierte das Reich ganz im Sinne der konservativen Bewahrung des autokratischen
Erbes der Väter. Hatte sein Vater die Prinzessin Maria von Hessen-Darmstadt (Marija
Alexandrowna, 1824–1880) geheiratet – im letzten Lebensjahr lebte er mit der Fürstin
Dolgorukaja in morganatischer Ehe zusammen –, so ehelichte Alexander III. die Prinzessin Luise Sophie Friederike Dagmar von Schleswig-Holstein-Sonderburg-Glücksburg (Marija Fjodorowna, 1847–1928).

  Als Alexander III. im Oktober 1894 starb, folgte sein ältester Sohn Nikolaus II.
Alexandrowitsch. Seine Gattin Alexandra Fjodorowna (Alice, Alix) entstammte abermals dem Hause Hessen-Darmstadt. Sie teilte mit ihrem Mann und den Kindern das
furchtbare Schicksal, das dem Menschen des 20. Jahrhunderts in besonderer Weise das
Leben der russischen Zaren nahebringt.

  Dem heutigen Zeitgenossen ist das Schicksal von Nikolaus II. besonders grausam,
weil es von einer politischen Macht vollzogen wurde, die Rußland danach vom lebendigen Strom der Geschichte trennte. Es gilt dieses Verbrechen auch weder zu verzeihen

noch zu rechtfertigen. Es ist indessen nicht nur im Kontext unseres Jahrhunderts zu betrachten. Gewalt und Terror gehören zur Geschichte der russischen Autokratie: Iwan IV. ermordete seinen Sohn ebenso wie Peter I. seinen Alexei. Ermordet wurden Fjodor Godunow, die falschen Dmitri, Iwan VI., Alexander II., Paul I., Peter III. Zaren, Regenten und Prätendenten wurden gewaltsam gestürzt oder an der Machtausübung gehindert. Und dennoch: die Rjurikiden, die Romanows und die Holstein-Gottorp-Romanows bestimmten das Schicksal Rußlands über einen Zeitraum von 400 Jahren – nicht besser und nicht schlechter als andere europäische Fürstenhäuser, stets darauf bedacht, im Wandel der Zeiten die eigene Herrschaft zu sichern, Rußlands kontinentale Macht zu mehren und – unbeirrbar, je nach Möglichkeit und Fähigkeit, am autokratischen Prinzip festzuhalten, wohl wissend und grenzenlos überzeugt, daß Rußlands Wohlfahrt allein vom Selbstherrscher abhängen muß. Hat sich an diesem Prinzip seither etwas geändert?

LITERATUR

Erich Donnert, Das Moskauer Rußland, Leipzig 1976. (Unter dem Titel Das alte Moskau 1976 in Wien erschienen).
Erich Donnert, Peter der Große, Leipzig 1988.
Die Nestorchronik. Eingeleitet und kommentiert von D. Tschischewski, Wiesbaden 1969.
Peter Nitsche, Großfürst und Thronfolger. Die Nachfolgepolitik der Moskauer Herrscher bis zum Ende des Rjurikidenhauses, Köln und Wien 1972.

IWAN IV. WASSILJEWITSCH – DER SCHRECKLICHE

Iwan IV. Wassiljewitsch – der Schreckliche

1530–1584

ZAR VON RUSSLAND 1547–1584

25. August 1530	Iwan Wassiljewitsch wird in Kolomenskoje bei Moskau als erster Sohn des Großfürsten Wassili III. und dessen Ehefrau Jelena Glinskaja geboren.
16. Januar 1547	Iwan Wassiljewitsch wird zum ersten Zaren ganz Rußlands gekrönt.
3. Februar 1547	Iwan IV. heiratet Anastassija Romanowna.
31. Mai 1557	Fjodor, Iwans und Anastassijas dritter Sohn, der spätere Zar Fjodor I., wird geboren.
7. August 1560	Zarin Anastassija Romanowna stirbt.
21. August 1561	Iwan IV. heiratet Marija Tscherkasskaja (Kutschenej Temrjukowna), eine Tochter des Tscherkessenfürsten Temriuk aus der Kabardei.
März 1563	Iwan IV. wird zunehmend mit dem Beinamen „der Schreckliche" versehen.
1. September 1569	Die Zarin Marija stirbt.
28. Oktober 1571	Iwan IV. heiratet Marfa Sobakina (sie stirbt bereits am 12. November desselben Jahres).
28. April 1572	Iwan IV. heiratet in vierter Ehe Anna (Alexejewna) Koltowskaja.
1575	Iwan IV. verstößt die Zarin Anna, heiratet Anna Wassiltschikowa und nach deren Tod 1579 Wassilissa Melentjowa.
1580	In siebter Ehe heiratet Iwan IV. Maria Fjodorowna Nagaja.
16. November 1581	Iwan IV. versetzt im Streit seinem Sohn, dem Zarewitsch Iwan Iwanowitsch, einen tödlichen Schlag. Der Thronfolger stirbt zwei Tage später.
19. Oktober 1583	Der Sohn Iwans und Maria Nagajas, Dmitri, wird geboren.
18. März 1584	Iwan IV. stirbt in der Alexandrowska Sloboda (heute Alexandrowsk) durch einen Schlaganfall. Er wird als Mönch Iona im Moskauer Kreml beigesetzt.

Iwan IV. Wassiljewitsch, dem bereits zu Lebzeiten der Beiname „Grosny" gegeben wurde, zählte zu den markantesten, widersprüchlichsten und exzentrischsten Herrschern, die Rußland seit der frühen Neuzeit hervorgebracht hatte. Er setzte das Erbe seiner Rjurikiden-Väter fort, sammelte die russische Erde und festigte die Vormacht des Großfürstentums Moskau – obwohl er das Land durch Kriege, maßlose Gewalt und bisweilen nahezu irrationale Herrschaftsmethoden in eine tiefe Krise stürzte, die nach seinem Tod in eine lange Zeit der Wirren mündete. Es existiert kaum eine Zarenpersönlichkeit, deren Lebenswerk so eindeutig negativ gewertet wird wie das Iwans IV. Die westliche Welt hat ihm den Beinamen der „Schreckliche" gegeben, und so wird er auch betrachtet – als schrecklich.

„Iwan Grosny" ist nicht automatisch mit dem Wort „schrecklich" identisch. Grosny, das kann auch streng, furchtbar, fürchterlich oder drohend heißen. Der oft zitierte Ausspruch Iwans IV.: „Von heute an werde ich sein, wie ihr mich nennt, zum Fürchten streng werde ich sein", sagt wenig aus, besonders, wenn er nicht in seinem konkret-geschichtlichen Kontext gesehen wird.

Es fällt auf, daß Iwan IV. der einzige russische Herrscher gewesen ist, der durch einen Beinamen derart negativ apostrophiert worden ist. Peter I. war „der Große", Katharina II. wurde und wird „die Große" genannt. Sonst besaßen die Autokraten schlicht einen Namen. Nur Iwan war – der Schreckliche. Dabei war Peters I. Niederwerfung des Aufstands der Strelitzen kaum weniger grausam oder – wie hat Katharina II. die Erhebung des Bauern Jemljan Pugatschow abgewehrt? Peter I. hatte recht, wenn er auch für Iwan IV. den Beinamen „der Große" gelten ließ: „Iwan Wassiljewitsch ist mein Vorgänger und mein Muster. Ich habe ihn mir allezeit zum Modell meiner Regierung in Klugheit und Tapferkeit vorgestellt. Nur die dummen Köpfe, die die Umstände seiner Zeit, seine Nation und seine großen Verdienste für dieselbe nicht verstehen, nennen ihn einen Tyrannen." Peter I. ist nicht der einzige russische Zar und Imperator gewesen, der sich ähnlicher Herrschaftsmethoden bedient hat wie Zar Iwan IV. Es ist die Frage zu stellen, ob nicht zahlreiche russische Zaren im Grunde danach streben mußten, sich gleichfalls politischer Elemente zu bedienen, die Iwan der Schreckliche so grauslich-karikierend überhöht hat: Expansion des Reichs nach allen Seiten, Autokratie gegenüber jedermann, manische Furcht vor Verschwörungen, Aufständen und Attentaten oder auch die brutal-gewalttätige Auseinandersetzung mit wirklichen oder vermeintlichen Gegnern.

Vielleicht lag der Geruch der Grausamkeit bei Iwan IV. vor allem daran, daß sich sein Zorn und seine Maßlosigkeit nicht gegen meuternde unterprivilegierte Insurgenten richtete, sondern gegen die traditionelle Elite, die Bojaren und Aristokraten, die ihm in jungen Jahren das Leben angeblich zur Hölle gemacht haben sollen. Vielleicht war aber auch ganz einfach das Land nicht anders zu regieren als mit Strenge, Härte und Grausamkeit.

Die Quellen über den Lebensweg Iwans IV. vermögen nur wenig Licht in das Dunkel der Geheimnisse um den Zaren zu bringen. Sie zeigen, daß Rußland an der Wende vom Mittelalter zur Neuzeit, von der Tatarenherrschaft zur europäischen Zivilisation, ein Gemeinwesen war, in dem der alte Bojarenadel nur unter äußersten Kraftanstrengungen seiner traditionellen Privilegien beraubt werden konnte – und seinerseits mit nicht minderer Grausamkeit gegen den sich als Selbstherrscher hervortuenden Zaren rebellierte. Nennt man Iwan den „Schrecklichen", dann gilt diese Bezeichnung auch für die ihn umgebenden Herren des Reichs – Sympathisanten und Widersacher. Nur, die Annahme, Iwans IV. Grausamkeit sei ein Sinnbild des russischen Mittelalters, trügt. Verträgt sich denn der nicht minder grausame Despotismus Peters I. mit der aufgeklärten europäischen Zivilisation? Die Romanows zumindest hatten kein Recht, die ihnen vorausgegangenen Rjurikiden mittelalterlicher Gewaltexzesse zu beschuldigen, vielleicht um ihr eigenes Herrschaftsbild heller leuchten zu lassen. In Rußland fand sich bis zum Jahr 1917 wohl kaum ein unabhängiger Historiker, der bereit gewesen wäre, das geschichtliche Bild Iwans IV. variabler als nur „schrecklich" zu gestalten. Nach 1917 kam das Klischee gerade recht, und nun ist es so festgefahren, daß sich niemand Iwan anders als grausam, schlecht und gemein vorstellen kann.

Es ist kein einziges handschriftliches Dokument Iwans IV. erhalten geblieben, und dennoch hat seine überragende Persönlichkeit tiefe Furchen in der russischen Geschichte hinterlassen. Auch andere Herrscher Europas sind mit dem Epitheton „der Strenge" versehen worden. Es drückte nichts anderes als die dem allgemeinen Herrscherbild angemessene „Strenge" aus, der die notwendige Milde gegenüberstand. Aber Milde und Strenge als Sinnbild eines ausgewogenen Charakterbildes sind bei Iwan IV. und seiner Umgebung kaum feststellbar. Darum ist er wirklich zu einem „schrecklichen" Zaren geworden, dessen pathologisches Mißtrauen über weite Strecken in unbeherrschte und despotische Grausamkeit umgeschlagen ist. Nur – mit der Muttermilch oder in zarten Kindertagen hat er diese Exzentrik nicht eingesogen, sofern sie nicht in vererbten charakterlichen Anlagen bereits vorhanden gewesen ist.

Iwan stammte aus der Familie der Moskauer Großfürsten. Sein Vater, Wassili III., regierte seit 1505. Er setzte die Tradition, besonders seines Vaters, Iwans III. des Großen, zur „Sammlung der russischen Erde" fort, das heißt, die Bemühungen Moskaus, das eigene Großfürstentum zu stärken, sich aus dem Dunkel der Tatarenherrschaft zur europäischen Zivilisation emporzuarbeiten. Bereits Wassili plagten jene Probleme, die Rußland auch im folgenden Jahrhundert beherrschen sollten: der innere Streit des Selbstherrschers mit den Bojaren und der Kirche, der Zusammenstoß mit dem polnisch-litauischen Jagiellonenreich, das Bemühen um einen dauerhaften Zugang zur Ostsee und die Auseinandersetzungen mit den Osmanen im Süden und auf dem Balkan. Zahlreiche Sorgen gruppierten sich um diese Probleme: innere Unruhen von Bauern und Stadtbürgern, Aufstände rebellierender Kosaken und religiöse Ketzerbewegungen. Wassili III. hatte seit 1510 die Ideen des Mönchs Filofei aus Pskow von der geschichtlichen Rolle Moskaus als dem „Dritten Rom" („und ein viertes wird es nicht geben") nach dem Fall Konstantinopels unterstützt.

Nur eines seiner vielen Probleme konnte er nicht lösen: Wassili war seit 1505 mit Solomonija Jurjewna Saburowa verheiratet. Die Ehe blieb kinderlos, und daraus entwickelte sich ein Politikum ersten Ranges: Es gab keinen direkten natürlichen Thronerben, und die Kirche verbot eine Scheidung.

Trotz erregter innenpolitischer Auseinandersetzungen entschloß sich Wassili zu einem radikalen Schnitt: Er überredete seine Frau, wegen der Kinderlosigkeit selbst um die Trennung zu bitten. Nach einer dramatisch vollzogenen Scheidung, verbunden mit Gewalttätigkeiten gegenüber Solomonija, schickte er sie Ende 1525 ins Kloster. Wenige Tage später, im Januar 1526, heiratete Wassili in zweiter Ehe Jelena Wassiljewna Glinskaja, eine polnisch-litauische Emigrantin. Diese Ehe rief sofort neue Widerspenstigkeiten hervor: Wassilis Brüder, die Fürsten von Dmitrow und Starizk, lehnten die Ehe mit einer Ausländerin ab und wollten aus dieser Verbindung hervorgehende Kinder nicht als Thronerben anerkennen.

Jelena erfüllte den Wunsch des Großfürsten: Am 25. August 1530 erblickte der langersehnte Thronerbe in Kolomenskoje bei Moskau das Licht der Welt. Im Sergius-Dreifaltigkeitskloster, in der Nähe Moskaus gelegen, taufte man ihn auf den Namen Iwan Wassiljewitsch. Über die ersten Lebensjahre Iwans ist kaum etwas übermittelt, er wird in der abgeschiedenen Welt des Frauenhauses, aus dem keine Informationen in die Öffentlichkeit gelangten, herangewachsen sein. Unglücklich ist er dort jedenfalls nicht gewesen.

Aber das Leben gönnte dem kleinen Iwan keine lange Aufbauzeit. Es rückte ihn bereits sehr früh in den Mittelpunkt der Geschichte. Als Wassili III. 1533 starb, war Iwan gerade drei Jahre alt. Wassili hatte noch Zeit gefunden, seinen ältesten Sohn – der zweite Junge, Juri, war taubstumm geboren worden – als offiziellen Thronfolger einzusetzen. Bis zu Iwans Volljährigkeit sollte Jelena als Regentin wirken. Offensichtlich hatte Wassili vor seinem Tod auch noch einen Regentschaftsrat eingesetzt, der aus sieben Bojaren bestand und an dessen Spitze Michail Jurjew stand. Der Regentschaftsrat blieb kaum ein Jahr wirksam. Die ewigen Streitereien und Intrigen zwischen den Fürsten und Adligen – den Bojaren in deren losem Beratungsorgan, der Bojarenduma – und das permanente Machtgerangel am Hof veranlaßten Iwans Mutter Jelena Glinskaja, gemeinsam mit ihrem Favoriten und Günstling, I. F. Owtschina-Telepnjew-Obolenski, selbst die Zügel fester in die Hand zu nehmen. Sie fand in der Persönlichkeit des Metropoliten Daniil profilierte Unterstützung.

Jelena Glinskaja war eine erfolgreiche Herrscherin. Obwohl sie sich ständig mit den Geschwistern Wassilis III. auseinandersetzen mußte (die Brüder Wassilis, Juri und Andrei, sowie ihren Onkel Michail Glinski ließ sie im Gefängnis umkommen), festigte sie die von Tataren bedrohten südlichen Grenzen. Sie schloß 1536 einen Waffenstillstand mit Litauen ab und führte im Innern des Reichs eine Münzreform durch. Aber zum Leidwesen Iwans und des Moskauer Reichs verstarb Jelena Glinskaja bereits am

3. April 1538. Es gab Gerüchte über einen Giftmord, aber Iwan mochte selbst in späteren Jahren an die Version kaum glauben. Außerdem gab es keinen Herrschertod in Moskau, bei dem abergläubische Menschen nicht von dunklen Machenschaften gemunkelt hätten.

Iwan war acht Jahre alt. Er mußte erleben, wie das Erbe seines Vaters in den Schmutz getreten wurde. Iwan wurde nicht sofort und nicht direkt in die brutalen Machtkämpfe einbezogen, ja – bis zu seinem zwölften Lebensjahr stand er diesen sogar relativ fern, obwohl er sich auch schon in dieser Zeit seiner außerordentlichen Stellung bewußt gewesen ist. Aus quälenden Kindheitserlebnissen ist seine spätere Grausamkeit jedenfalls nicht zu erklären, wenn er selbst das auch immer wieder behauptet hat. Je älter er wurde, um so unvermeidlicher wuchs mit dem Bewußtsein der eigenen Herrscherrolle die Integrierung in die höfischen Kabalen, die sich in Moskau in besonderer Wildheit artikulierten. Wenn Iwan selbst in späteren Jahren seine Gewalttaten immer wieder mit dem Argument zu rechtfertigen suchte, daß „die Leiden, die ich in der Jugend erdulden mußte", wie ein lastender Alp auf ihm lagen, dann entsprach das nur bedingt den Tatsachen. Gewiß, bei offiziellen Anlässen umschmeichelten ihn die Bojaren, während sie ihn und seinen kranken Bruder Juri persönlich extrem vernachlässigten. Das allein bewirkte jedoch keine seelische Verkrüppelung.

Zunächst ging die Bojarenfamilie Schuiski als Sieger aus dem Machtgerangel hervor, begünstigt auch durch die Absetzung des Metropoliten Daniil. Die Familie Glinski und deren Anhang unterlagen: Fürst Obolenski verhungerte im Gefängnis. Obolenskis Schwester Agrafena, die den kleinen Iwan als Kindermädchen betreut hatte, mußte ins Kloster gehen. Wer von den Glinskis in Freiheit blieb, hielt sich ängstlich von Iwan fern. Wie leicht konnte es geschehen, daß sie in den Platzkämpfen zwischen den Familien der Schuiskis und der Bjelskis zerrieben wurden. Iwan wurde unmittelbarer Zeuge wüster Beschimpfungen und gar Schlägereien zwischen Angehörigen der beiden Familien. Die schrecklichen Szenen waren freilich nicht geeignet, die menschlich-positiven Anlagen seines Charakters zu fördern. Er lebte in einer grausamen mittelalterlichen Welt, die Methoden des Machtkampfes waren grausam, und seine Veranlagungen standen dem kaum nach. So ließen es die Methoden eines grausamen Machtkampfes zu, den Metropoliten vor dem Bett Iwans mit dem Tod zu bedrohen oder den Fürsten Woronzow, einen Anhänger Iwans, vor dessen Augen aus dem Sitzungssaal des Bojarenrats zu prügeln.

In Iwan stauten sich langsam Angst, Verzweiflung und Rachsucht. Sie brachen sich in einer spektakulären Tat Bahn. 1543, mit 13 Jahren, war Iwan bereits tief in die höfischen Ereignisse integriert. Er war so angstvoll übersättigt von den streitenden Parteien, daß er – nach entsprechenden Einflüsterungen neidischer Bojaren – Andrei Schuiski, das Oberhaupt der feindlichen Sippe, grausam ermorden ließ: Entweder wurde Schuiski bei einer Audienz von Iwans Wachsoldaten erschlagen oder er wurde von Hunden zerrissen. Die Anweisung zum Mord entsprach zweifelsohne einem individuell grausamen Zug Iwans, dokumentierte jedoch noch weit mehr das Grundproblem seiner gesamten Regierungszeit: der sich ständig steigernde unbändige Haß und die Rachsucht gegenüber der Aristokratie, die Ablehnung und das wachsende Mißtrauen gegenüber den traditionellen Adelsfamilien. Kindheitserlebnisse können da nur begleitend gewirkt haben. Sie können nicht die Ursache für Handlungen einer nahezu psychopathischen Dämonie gewesen sein.

Iwan hatte willentlich und wissentlich einen Menschen ermorden lassen. Es war keine Handlung im Affekt oder aus reiner Wut: Mit dem Mord an Andrei Schuiski verlor er die Unschuld der frühen Jahre. Die Bojaren bekamen Angst vor dem jungen Iwan. Sie begannen ihn zu fürchten, das Blatt bei Hof wendete sich wieder einmal: Die Schuiskis unterlagen, und die Glinskis nahmen wieder das Zepter in die Hand. So ist es durchaus möglich, daß Iwan in diesem Falle noch eher Werkzeug der Glinskis als bewußt handelnder Einzeltäter gewesen ist.

Es ist auch schwer, an eine so dominierende Grausamkeit in den jungen Jahren zu glauben, weil Iwan ein überdurchschnittlich intelligenter Knabe war, der von dem klugen Metropoliten Makari geführt wurde. Dieser hielt Iwan an, die alten russischen Chroniken und Legenden zu lesen, die Heiligengeschichten, die Makari so eifrig in allen Ecken des Moskauer Landes sammeln ließ. Außerdem wußte Iwan um die autokratische Tradition seiner Väter, um die Lehre von Moskau, dem Dritten Rom, und er wollte herrschen – unbegrenzt und ungeteilt, von Gott gesandt. Das gab ihm Machtbewußtsein, Selbstwertgefühl, und gleichzeitig erlegte es ihm den Zwang auf, Schritte zur Erfüllung des Ziels einzuleiten. Aber er dachte zunächst erst einmal theoretisch über die Fragen von Macht, Orthodoxie und Staat nach, ohne sich bereits zu sehr in praktische Probleme hineinziehen zu lassen.

Iwan hat in späteren Jahren – namentlich in dem Briefwechsel mit dem geflohenen ehemaligen Freund Andrei Kurbski – viel über seine Kinderjahre geschrieben. Besonders eindrucksvoll gelang ihm dabei jene Passage: „So geschah es durch des Allmächtigen Willen, daß unsere Mutter das irdische mit dem himmlischen Reich vertauschte und wir, ich und mein Bruder Juri, elternlos und verlassen zurückblieben und niemanden hatten, der sich um uns kümmerte ... Und dann haben sich die Fürsten Wassili und Iwan Schuiski eigenmächtig als Aufseher über mich gestellt und sich so zur Herrschaft aufgeschwungen. Uns aber, mich und meinen in Gott ruhenden Bruder, behandelten sie, als ob wir Fremde oder Bettler gewesen wären. Wie habe ich unter dem Mangel an Kleidung und an Nahrung gelitten! Man ließ uns keine Freiheit, einen eigenen Willen durfte ich nicht haben; immer geschah das Gegenteil dessen, was ich wollte. Wir wurden nicht wie Kinder behandelt, auf unser zartes Alter nahm man keinerlei Rücksicht. Lebhaft erinnere ich mich: Ich spiele mit meinem Bruder, Iwan Schuiski sitzt da, die Ellbogen auf unseres Vaters Bett, und dann streckt er auch noch sein Bein darauf aus. Wer kann denn solche Anmaßung ertragen! Die Leiden, die ich in der Jugend erdulden mußte, kann man gar nicht alle aufzählen." Bei dieser Schilderung ist eine gesunde Skepsis angebracht. Mögen die Beispiele sich in dieser oder jener Weise auch so oder ähnlich zugetragen haben, ihre Wertung als Motivation für die späteren grausamen Handlungen Iwans wird jedoch vom Autor selbst übertrieben. Iwan suchte sich für seine schrecklichen Handlungen zu rechtfertigen und legte sich vielleicht die Vergangenheit so zurecht, wie er sie für die Begründung der Gegenwart benötigte. Dieser Zusammenhang wird besonders deutlich, wenn man die folgenden Briefzeilen Iwans liest: „Sie (die Bojaren – D. J.) betrachteten mich nicht als ihren Herrscher, dem sie liebevolle Ergebenheit schuldeten. Sie jagten nur dem Reichtum und dem Ruhm nach und befehdeten sich untereinander. Wie viele Bojaren und treue Anhänger meines Vaters, wie viele Feldherren haben sie getötet! Und was geschah mit den Schätzen meines elterlichen Erbes? Alles raubten sie hinterlistig für sich selbst. Sie nahmen das Gold und das Silber unseres Großvaters und unseres Vaters und schmiedeten sich daraus goldene und silberne Gefäße, und sie ließen darauf die Namen ihrer Eltern eingravieren, so, als ob sie dieselben von ihnen geerbt hätten." Nicht viel anders sollte Iwan zum Zeitpunkt, als er diese Zeilen schrieb, selber handeln. Seine moralische Entrüstung wäre nur dann gerecht, wenn er selbst ein Vorbild an Sittlichkeit und Tugend gewesen wäre. Oder wollte er vielleicht gar so sein wie die anderen Bojaren in ihrer Eigensucht? Wollte er, der Selbstherrscher, sie vielleicht auch darin übertreffen?

Auf jeden Fall stand die Vergeltung gegenüber dem alten Adel am Beginn der bewußten Regierungszeit Iwans. Nicht nur die Ermordung Schuiskis zeugte davon. Allerdings, bereits im Dezember 1546 trat – wie aus heiterem Himmel – die entscheidende Wende ein. Iwan teilte dem Metropoliten und den Bojaren plötzlich mit, daß er beschlossen habe, sich krönen zu lassen und als Selbstherrscher Rußland zu regieren. Er wollte heiraten und damit seine eigene Herrschaft festigen. Es war tatsächlich eine einschneidende Demonstration des Jungen, aus dem quasi über Nacht ein selbstbewußter und entschlossener Mann wurde, der Eigenschaften an den Tag legte, die man zuvor an ihm so wenig festgestellt hatte, wie man ihn überhaupt zur Kenntnis genommen hatte. Die Frage ist erlaubt, woher dieser unerwartete Entschluß gekommen war.

Aus den Erfahrungen seiner Eltern hatte Iwan auch den Schluß gezogen, daß es für seine eigene Herrschaft und das Reich wenig nützlich sei, eine Ausländerin zu heiraten. Er ging den praktischen, traditionellen Weg und teilte den russischen Bojaren und Aristokraten mit: „Wenn diese Urkunde zu euch gelangt, so sollen diejenigen, die jungfräuliche Töchter haben, mit diesen Mädchen sofort in die nächste Stadt zu unseren Statthaltern fahren, damit man sie in Augenschein nehme. Wer von euch aber ein Mädchen versteckt und nicht zu unseren Woiwoden bringt, hat von mir große Ungnade und schwere Strafe zu erwarten." Für einen 16jährigen Jungen klang das bereits recht überzeugend und verfehlte seine Wirkung nicht.

Inzwischen wurde die Krönung vorbereitet. Die feierliche Krönungszeremonie fand am 16. Januar 1547 in der Mariä-Himmelfahrts-Kathedrale des Moskauer Kremls statt: Der Metropolit Makari setzte Iwan die Krone Monomachs aufs Haupt. Es war eine symbolträchtige Handlung. Die „Schapka Monomacha", aus Gold und Zobelfell gefertigt, etwa 700 Gramm schwer, soll der Legende nach ein Geschenk des

byzantinischen Kaisers Konstantin IX. Monomachos an seinen mit dieser Mütze zum
Großfürsten gekrönten Enkel Wladimir Monomach gewesen sein. Obwohl die Krone
in Wirklichkeit im 13. oder 14. Jahrhundert in Mittelasien gefertigt worden war,
diente die Legende zur Begründung jener These, nach der Moskau als „Drittes Rom"
die aktuelle und ewige Rolle des Gottesreiches auf Erden zu spielen beabsichtige. Der
junge Zar Iwan war sich dieser Sendung bereits in einem solchen Maße bewußt, daß
er die Legende anläßlich seiner Krönung in den Zarenthron in der Kathedrale ein-
schnitzen ließ. Iwan berief sich in seiner Krönungsrede auf das Erbe seines Vaters und
wies zugleich der Kirche ihren Platz in seinem Herrschaftssystem zu. An den Metropoliten gewandt, erklärte Iwan: „Deshalb solltet Ihr, unser Vater, durch den Willen
Gottes Heiligster Metropolit, meine Thronbesteigung segnen und mich zum Großfürsten und durch Gott gekrönten Zaren ausrufen ... und mit der Zarenkrone krönen."
Makari folgte gehorsam dem Aufruf und salbte den Zaren und Großfürsten ganz
Rußlands. Es war erstaunlich, daß sich Iwan nach den vorausgegangenen Streitigkeiten
zwischen den Glinskis und den Schuiskis, zwischen den Bojaren und der Kirche in
kurzer Zeit so durchsetzen konnte, daß seine Krönung zu einer derartigen Machtdemonstration werden konnte. Es ist nicht auszuschließen, daß der Vernunftsinn des
klugen Metropoliten Makari hier selbst einen entscheidenden Einfluß ausübte. Tatsächlich stellte sich Makari ausdrücklich auf die Position der Zentralgewalt und an-
empfahl dem jungen Herrscher größte Sorgfalt im Umgang mit den Untertanen und
auch der Kirche. Iwans Bruder Juri schloß sich bei der Krönung der Demonstration
starker Selbstherrschaft an, indem er Iwan vor der Kirche mit Goldmünzen als Zeichen
von Reichtum, Wohlstand und Glück für den Zaren, das Reich und das Volk überschüttete.

Alles in allem legte Iwan mit der Krönung ein beachtliches Selbstverständnis und
Staatsbewußtsein an den Tag, das wenige Menschen Rußlands in jener Zeit auszeichnete. Die Machtvollkommenheit der eigenen Zarenwürde charakterisierte das geschüt-
telte Rußland als europäische und asiatische Macht, die es voll Verachtung ablehnte,
westlichen Beispielen einer Königswürde zu folgen. Dem Vorbild der großen Kaiser in
Byzanz und der mächtigsten Tatarenkhane folgend, war Iwan – gegenüber dem
polnisch-litauischen König Stephan Báthory – überzeugt, daß dieser kleine Wahlkönig
aus Siebenbürgen doch wohl immer vom Wohl und Wehe seiner Untertanen abhängig
sei. Er, Zar Iwan, sei jedoch durch die Gnade Gottes Zar von ganz Rußland geworden.
Es gibt keinen Grund anzunehmen, der junge Zar sei in Übereinstimmung mit dem
Metropoliten nicht von dieser Lesart seiner Machtvollkommenheit restlos überzeugt
gewesen.

Einmal gekrönt, trat sofort die Frage der Thronfolge in ein akutes Stadium, denn
kaum eine andere Frage war wichtiger als jene, die Herrschaft der Rjurikiden zu
sichern. Auch das zählte zu Iwans charakteristischen Merkmalen: ähnlich Heinrich VIII. in England sollte er sieben Ehen hinter sich bringen, deren Verlauf den
Beinamen „der Schreckliche" rechtfertigte. Das war im Jahr 1547 jedoch noch nicht

absehbar. Vier Wochen nach der Krönung hatten die Wojewoden etwa 100 Mädchen aus den Schönen des Landes ausgewählt und zur zentralen Brautschau nach Moskau geschickt. Iwan nahm Anastassija Romanowna Sacharjina-Jurjewa zu seiner ersten Frau. Anastassija wird etwa gleichaltrig gewesen sein und zählte zu einer Adelsfamilie, aus der später die Dynastie der Romanows hervorging. Ohne es auch nur zu ahnen oder gar zu wollen, verband Iwan IV. durch seine erste Ehe die großen Geschlechter der Rjurikiden mit denen der Romanows und verknüpfte so bedeutende Kontinuitäts-linien der russischen Geschichte. Als die Hochzeit stattfand, zählten die Romanows noch nicht zu den vornehmsten Familien des Landes, und vielleicht wird für Iwan gerade in dieser Tatsache ein wichtiges Motiv dafür gelegen haben, Anastassija auszu-wählen, ein Mädchen, hinter dem nicht sofort eine machtgierige Sippe wie die Glinskis oder Schuiskis stand. Allerdings – es benötigte nur wenige Jahre, und die Romanows erwiesen sich in dieser Beziehung den alten Adelsgeschlechtern als ebenbürtig.

Vorerst war Iwan jedoch mit Anastassija glücklich verheiratet. Sie erlebten eine ausgefüllte Ehe, die bis zu Anastassijas Tod im Jahr 1560 reichte und aus der sechs Kinder hervorgingen. Jedoch – mit Ausnahme des Sohnes Fjodor, der Iwan auf dem Zarenthron folgen sollte, überlebte keines der Kinder die Eltern.

Nach Krönung und Heirat mußte sich Iwan sofort mit belastenden inneren Pro-blemen auseinandersetzen, die seine herrscherlichen Fähigkeiten arg strapazierten. Er begab sich aber – standesgemäß und dem vorgeschriebenen Ritual wie auch der inne-ren Überzeugung folgend – auf eine Wallfahrt zu den Gräbern heiliger Märtyrer: Eheleben und Tagesgewohnheiten folgten strikt den kirchlichen Regeln. Die Reise währte jedoch nicht lange. Bereits im Dorf Ostrowka, noch im Vorfeld Moskaus gelegen, stieß eine Deputation von Stadtvätern aus Pskow auf den Zaren: Die 70 würdigen Männer wollten gegen die Willkür seines Statthalters in Pskow Klage führen. Iwan war der Situation nicht sofort gewachsen und glaubte wohl auch noch, er könne den bösartigen Schabernack vorausgegangener kindlicher Jahre fortsetzen. Er geriet in Wut, schlug die Männer und zündete ihnen die Bärte an. Seine Spontaneität und Mutwilligkeit reizten ihn zu vollkommen überzogenen Grausamkeiten, die der neuen Würde kaum entsprochen haben dürften. Zu allem Unglück erreichte ihn die Bot-schaft, daß im Moskauer Kreml die Glocke vom Turm Iwans des Großen gefallen war. Beide Vorfälle erschreckten Iwan derart, daß er sofort umkehrte. Argwöhnisch be-fürchtete er, weiteres Unheil werde heraufziehen.

Das Ungemach folgte auf dem Fuße. Moskau stand wieder einmal in Flammen. Am 21. Juni brach in einer Kirche auf dem Arbat ein Feuer aus und griff schnell auf den nahen Kreml über. Die berühmte Mariä-Verkündigungs-Kathedrale versank im Feuermeer. Der Metropolit Makari konnte sich nur mit knapper Mühe aus seinem Palast retten und wurde verletzt. Aber 1700 Menschen kamen in dem Feuer um.

Auch Zar Iwan war mit seiner Familie geflohen und hielt sich in seinem Landsitz auf den nahen Sperlingsbergen auf. Er berief den Bojarenrat in das Nowinski-Kloster, in dem der verletzte Metropolit lag. Man diskutierte über die Entstehung des Brandes, und weil die Moskowiter, allen voran Zar Iwan, ziemlich abergläubisch waren, machten die wildesten Gerüchte über die Ursachen für das Feuer die Runde. Das Volk war äußerst erregt, so daß der Zar eine Untersuchung einleiten mußte. Am 26. Juni strömten die Menschen vor der Uspenski-Kathedrale zusammen und wollten den Bericht der Kommission hören. Es brach eine Empörung, ein regelrechter Volksaufstand aus, gepaart mit wilden Erscheinungen der Hexenverfolgung – aber auch gesteuert durch die gegeneinander intrigierenden Hofparteien.

Anna Glinskaja, die Großmutter Iwans, sollte die Schuldige sein! Das Konzept war recht durchsichtig: Anna Glinskaja und deren Söhne Michail d. J. und Juri hatten drei Jahre zuvor die Schuiskis entmachtet. Die Glinskis waren zwar Verwandte des Großfürsten, hatten ihre Macht jedoch in den Augen der Öffentlichkeit durch Anmaßung und Korruption diskreditiert. Die Schuiskis hatten es nicht schwer, das Volk gegen die Familie Glinski aufzuwiegeln. Den abergläubischen Moskowitern leuchtete die umsichtig in die Welt gesetzte Version von der Hexenschuld an dem Feuer durchaus ein. Der Ruf nach Rache erscholl und wurde sofort in die Tat umgesetzt: Juri Glinski, Iwans Onkel, wurde in der Kathedrale erschlagen, es folgten Plünderungen und brutale Metzeleien mit weiteren Todesopfern in der Familie Glinski.

Iwan hatte sich zwischenzeitlich wieder auf die Sperlingsberge zurückgezogen. Das erregte Volk eilte dorthin und verlangte die Auslieferung weiterer Mitglieder der Familie Glinski. Aber der junge Zar ergriff die Initiative. Es gelang ihm, die Rädelsführer zu ergreifen. Er ließ sie hinrichten. So lapidar der Vorgang erscheint, er markierte einen entscheidenden Wendepunkt in Rußlands Geschichte und Iwans Leben.

Obwohl im Trubel der Ereignisse Iwan selbst bedroht war, festigten sie seinen Willen zur Selbstherrschaft und leiteten die erste Periode seiner Herrschaft ein, die in der Historiographie zur russischen Geschichte und über das Leben Iwans IV. allgemein als „Periode der Reformen" betrachtet wird. Ein Bild über die Gesamtpersönlichkeit Iwans wird wohl der Tatsache Rechnung tragen müssen, daß die Regierungszeit des „Schrecklichen" hinsichtlich seiner auch individuellen Herrschaftsmethoden und -leistungen durch die „hellen" und die „grausamen" Jahre unterschieden wird. Die erste Etappe erstreckte sich bis 1564 über 17 Jahre, die zweite währte 20 Jahre, bis zu Iwans Tod. Dennoch war der erste russische Zar eine raumfüllende Persönlichkeit, die in ihrer Einheit zu betrachten ist. Beide Etappen seiner Herrschaft tragen dominierende eigenständige Grundzüge, sind aber auch nicht radikal voneinander trennbar.

Die Reformen, die Iwan nach 1548 einleitete und ausarbeiten ließ, entsprachen dem Zwang zur weiteren Modernisierung des Reichs, zu seiner Profilierung als frühneuzeitlichem europäischen Staat. So hat damals natürlich niemand gedacht. Iwan folgte vielmehr den mahnenden Worten seines zeitweise außerordentlich einflußreichen Beichtvaters Silvester. Der Protopope warf dem Zaren Ungezügeltheit vor. Wenn die Bojaren unbotmäßig waren, dann sei das auch seine, Iwans, Schuld. Er müsse handeln, energisch und konsequent. Silvester brachte den Zaren zur Einkehr – dessen Natur konnte er nicht ändern. Iwan eröffnete die Reformzeit mit einer theatralischen

Geste. Er hielt nicht lange nach dem Brand von 1548 vor dem Kreml eine Rede, die das Lieblingsthema seines Lebens strapazierte und variierte: „Ich war noch sehr jung, als Gott mir meinen Vater und meine Mutter nahm. In meinem Namen haben die mächtigen Bojaren, die selbst herrschen wollten, Ämter und Würden an sich gerissen, sich mit ihren Ungerechtigkeiten bereichert und das Volk unterdrückt. Niemand widersetzte sich ihnen. In meiner traurigen Kindheit, von niemandem umsorgt, bei meiner jugendlichen Unerfahrenheit, war auch ich selbst blind und taub. Ich hörte das Wehklagen der Armen nicht, und kein Wort des Tadels an die Adresse der Bösen kam aus meinem Mund." Nach der sehr persönlichen Sicht auf die Ursachen seiner und des Staates Misere attackierte der Zar die für ihn schuldigen Bojaren direkt: „Ihr tatet, was ihr wolltet; ihr wart bestechlich, unmoralisch, habgierig, ihr übtet falsche Gerechtigkeit. Was habt ihr heute dazu zu sagen? Wie viele Tränen, wieviel Blut sind euretwegen vergossen worden?" Und dann die Schlußfolgerung: „Ich bin schuldlos an diesem Blut. Euer aber wartet ein furchtbares Gericht des Himmels." Hier wurde ein Regierungsprogramm vorgelegt, in dem der Zar das gemeine Volk zum Bündnispartner in seinem Kampf um die Macht und gegen die Aristokratie rief: „Gott hat mir sein Volk anvertraut. Ich bitte euch, Gott zu vertrauen und mich zu lieben. Ich werde in Zukunft euer Richter und euer Beschützer sein. Missetaten der Bojaren und Würdenträger wird es nicht mehr geben und ihr sollt zurückerhalten, was euch genommen wurde."

Es waren populistische Losungen, die Iwan hier ausstreute. Das Volk weinte vor Rührung, und auch der Zar selbst war ergriffen! Wenn Iwan die Macht der Aristokratie beseitigen wollte, konnte er sich nicht nur auf die angebliche Last aus Kindertagen oder auf den klugen Geistlichen Silvester stützen, er konnte das Volk nicht nur durch demagogische Phrasen gewinnen. Er benötigte handfeste Reformer und durchgreifende Maßnahmen.

Iwans Bestrebungen fanden auch tatsächlich, trotz seines sehr schwierigen Charakters, in einer Reihe außerordentlich befähigter Männer sinnvolle und tatkräftige Unterstützung. Der 1564 aus Moskau nach Litauen geflohene Oberbefehlshaber der russischen Truppen im Livländischen Krieg, Fürst A. M. Kurbski, hat in seiner „Geschichte des Moskauer Großfürsten" die Bezeichnung „Auserwählter Rat" für die kleine Gemeinschaft reformwilliger Persönlichkeiten geprägt. Diesem „Rat" gehörte er selbst an und neben ihm Silvester, der Adlige A. F. Adaschew, der Dumasekretär I. M. Wiskowati und der Moskauer Metropolit Makari. Der „Rat" war keineswegs eine fest strukturierte Einrichtung mit feststehenden Kompetenzen. Die in ihm vertretenen Persönlichkeiten agierten vielmehr in der Bojarenduma und in eigenen Verwaltungsaufgaben. Wiskowati leitete die Außenpolitik und Adaschew verwaltete das Bittschriftenamt, während Makari großen Einfluß auf Iwans geistige Sphäre besaß. Sie berieten den Zaren von Fall zu Fall. Dennoch scheint es unbestritten, daß die von Iwan in der „Reformperiode" initiierten Veränderungen auf den Einfluß dieser Berater zurückgingen. Das betraf sowohl die Umgestaltung der zentralen und regionalen Verwaltungen, die Abschaffung des Sportelwesens *(kormlenie)*, das 1550 erlassene Gesetzbuch

„Sudebnik", die Neuregelung des Dienstes in Staat und Kirche, die Aufstellung der Strelitzenverbände als auch die Anstrengungen zur Eroberung von Kasan und Astrachan.

Was Iwan von diesen Ratgebern erwartete, wurde deutlich, als er einen Brief an den von Silvester empfohlenen kleinen Landadligen Alexei Adaschew schickte, um ihn für die Mitarbeit zu gewinnen. Adaschew, der zu hohen Würden aufsteigen sollte, wurde mit den Worten gebeten: „Alexei, ich habe dich aus den Reihen der Niederen und Unbedeutendsten herausgehoben. Ich hörte von deinen guten Taten und habe dich deshalb auserwählt, über dein Maß hinaus, zur Hilfe für meine eigene Seele, damit du meine Trauer milderst und Menschen, die mir von Gott anvertraut sind, betreust. Ich trage dir daher auf, Bittschriften von den Armen und Beleidigten entgegenzunehmen und sie aufmerksam zu lesen. Fürchte dabei die Starken und Ruhmreichen nicht, die sich Ehren erschleichen und mit ihrer Übermacht die Armen und Schwachen bedrücken." Damit erschöpfte sich Adaschews Tätigkeit natürlich nicht.

Zwei Jahre benötigten Adaschew und die anderen Ratgeber zur Vorbereitung der Reformen. In diesen zwei Jahren betätigte sich der Metropolit Makari als ein befähigter Geistlicher und Politiker, der die religiös-theoretischen Grundlagen für die Reformen in der Selbstherrschaft legte. Er stärkte die in der Theorie vom Dritten Rom verankerte Moskauer Ideologie, indem er auf zwei Landessynoden 1547 und 1549 eine Sammelkanonisierung von 21 nationalen Heiligen betrieb. Schon als Erzbischof von Nowgorod hatte er nach 1530 alle möglichen kirchlichen Texte zu den „Großen Lesemenäen" – einer zwölfbändigen Sammlung religiöser und auch populärer weltlicher Schriften – zusammengefaßt. Makari veranlaßte auch die Ausarbeitung einer neuen Reichschronik.

Nach Makaris, Adaschews und der anderen Ratgeber Vorarbeiten begann 1549 die eigentliche Reformperiode Iwans IV. Sie wurde durch eine Reichsversammlung – die „Befriedungsversammlung" – eröffnet. Iwan leitete die Versammlung mit Vorwürfen gegen den hohen Adel ein – das Thema, das ihn sein Leben lang begleitete – und verzieh ihm, nachdem dieser um Gnade gebeten hatte. Nach dieser eher ritualen Rhetorik wurde den Statthaltern in den Provinzen die Gerichtsbarkeit über den niederen Adel entzogen. Gleichzeitig wurde von der Versammlung die Ausarbeitung eines neuen Gesetzbuches in Angriff genommen.

Dieser „Sudebnik" (Gesetzbuch) erschien bereits ein Jahr später als Weiterentwicklung des „Sudebnik" von 1497. Er reformierte die Arbeit der zentralen Verwaltungen und beschränkte die „Bojarengerichte" bei den Statthaltern in ihren Entscheidungsfreiheiten. Der neue „Sudebnik" artikulierte die allgemeine Tendenz der Reformen Iwans: Konzentration auf den „Dienst" und Stärkung der Zentralmacht, das heißt, allgemeine Schwächung der bojarischen Aristokratie. Schon seit den dreißiger Jahren, als Iwan selbst noch minderjährig war und seine Mutter die Regentschaft führte, war der Aufbau einer gewählten Lokalverwaltung im Gang. Diese nahm die staatlichen Aufgaben des Polizeigerichts, der Zoll-, Branntwein- und der allgemeinen Gemeindeverwaltung wahr. Die gewählten Verwaltungen sollten mehr und mehr die durch das damals übliche Versorgungssystem *(kormlenie)* korrumpierten Regierungsbeamten ersetzen.

Dem gleichen Anliegen war die 1550 durch Iwan verfügte Aufhebung der Rangplatzordnung *(mestnitschestwo)* in Kriegszeiten und die beabsichtigte Verteilung von Dienstgütern in der Umgebung Moskaus an 1078 ausgesuchte Adlige verbunden. Die „tausend" Adligen sollten dem Zaren schnell und mobil zur Verfügung stehen. Wie die folgenden Ereignisse zeigten, ist diese Reform wohl nicht durchgeführt worden. Jedoch die Formierung einer besonderen militärischen Einheit verfügte Iwan. 3000 ausgewählte Strelitzen aus den bereits bestehenden Strelitzenregimentern – den ersten stehenden militärischen Einheiten – dienten als Leibwache am Zarenhof und in Moskau. Ihnen wurden nach 1571, nach der Vereinheitlichung der südlichen Grenzverteidigung, Kosakenregimenter hinzugefügt. Dennoch rekrutierte sich auch für Iwan IV. die große Masse des Heeres weiterhin aus dem mit Landvergabe für ihren Dienst verbundenen Adelsaufgebot. Das notwendige Land für die Dienstleute wollte Iwan aus der Säkularisierung von Kirchenländereien gewinnen.

Aus diesem Grund legte er dem Metropoliten im Jahr 1550 zwölf „zarische Fragen" vor, von denen sich die Hälfte mit diesem Problem beschäftigte. Auch die 1551 durchgeführte „Hundert-Kapitel-Synode" nahm zu dem Thema Stellung. Die Synodalen wandten sich entschieden gegen jegliche Schwächung der Macht und des Einflusses der orthodoxen Kirche gegenüber der Zarenmacht. Sie lehnten nicht nur die Säkularisierung, sondern die Kirchenreform schlechthin ab. Im Gegenteil: Die Kirche ergriff Maßnahmen, um dem Vordringen weltlicher Macht zu begegnen, und stellte ihren „Stoglaw" (Hundert Kapitel) dem zarischen „Sudebnik" entgegen. Der den Überzeugungen Savonarolas nahestehende Moralprediger Maxim Grek (Maxim der Grieche) und seine Anhänger kämpften auf dem Konzil erbittert gegen Iwan: „Wo steht denn geschrieben, daß Mönche, die einen Gott wohlgefälligen Lebenswandel führen, entgegen den Vorschriften des Glaubens Geld auf Zinsen ausleihen und von den Armen Zinsen erpressen dürfen? Und doch erlauben wir uns dergleichen gegen arme Dorfbewohner, die sich in unseren Diensten und auf unseren Gütern rastlos abarbeiten." Auch der Appell, daß staatliche Administration und Ordnung, Steuern und Abgaben, Gerichtsbarkeit und Exekutive die Bauern in eine unmenschliche Knechtschaft führten, richtete wenig aus. Dabei waren diese Gedanken noch nicht einmal von der zeitgleich in Westeuropa um sich gehenden Reformation beeinflußt worden.

Nein, die „Hundert Kapitel" suchten im Grunde nach einem Ausgleich zwischen den Reformideen des Zaren und den althergebrachten Sitten und Bräuchen. Darum geißelte das Dokument auch die Schwächen der Kirche bei der Erfüllung ihrer Rolle als einer Machtbasis für die Autokratie: „Nicht das Heil der Seele sucht man in den Klöstern, sondern Müßiggang, Vergnügungen und niedrigste Wollust. Die Mönche halten sich Diener und sind so schamlos, Frauenzimmer in das Kloster zu bringen, um in Saus und Braus die Güter des Klosters zu verprassen und der gemeinsten Unzucht zu frönen. Es soll daher von nun an in jedem Kloster nur noch einen einzigen Tisch geben. Die Mönche sollen ihr junges Gesinde entlassen und keinen Umgang mit Weibern pflegen. Sie sollen auch weder Wein noch Met haben und nicht mehr als Müßiggänger in den Städten und Dörfern herumlaufen." Es war relativ einfach, der untersten Ebene in der Kirchenhierarchie Moral zu predigen. Es ging nicht um theologische Moralphilosophie, sondern um die Macht im Staat. Die kirchliche Macht konnte den Zaren nicht einfach ignorieren. Sie mußte zustimmen, daß alle Güter, die der Kirche nach 1533 übereignet worden waren, konfisziert wurden. Die Kirche durfte in den Städten keine neuen Vorstädte *(Sloboden)* einrichten, und sie verlor weitgehend ihre Steuerfreiheiten. Damit verfügte Iwan noch keine Säkularisierung der Kirchenländereien. Er wagte es nicht, sondern erschwerte lediglich den künftigen Landerwerb durch die Kirche und einzelne Geistliche.

Die Synode besaß noch eine andere Bedeutung: Sie übte theologischen und bildungspolitischen Einfluß auf die weitere Entwicklung Rußlands aus. Die Elementarbildung des Volkes wurde in die Hände der Klöster und Kirchen gelegt. Daraus erwuchsen handfeste Folgen, da ein großer Teil der Geistlichkeit selbst nur mit Mühe die liturgischen, seit Jahrhunderten in Brauch befindlichen Texte entziffern konnte. Der Bildungsstand des Klerus mußte ebenso erhöht werden, wie eine generelle Überprüfung der Kirchentexte und Heiligengeschichten notwendig war. Daß die Verbreitung des Buchdrucks damit einher ging, war eine logische Konsequenz.

Eine neue Sicht auf Moral, Theologie und Macht ging jedoch nicht nur von der „Hundert-Kapitel-Synode" aus, die Iwan einberufen hatte. Iwans geistlicher Berater Silvester war ebenfalls nicht untätig und hatte mit dem „Domostroi" eine Hausordnung im wahrsten Sinne des Wortes erarbeitet, einen Moralkodex für das tägliche Leben in Familie und Öffentlichkeit. Die darin enthaltenen Moskowiter Lebensgrundsätze waren zwar nicht neu, aber Silvester verlieh ihnen agitatorische Eindringlichkeit. Es gehörte zu den Aufgaben der von Zar Iwan erstrebten Reform, das allgemeine menschliche Verhalten in der Familie und in der Öffentlichkeit dem durch die Tatarenherrschaft und die feudalen Fehden ausgelösten Wildwuchs der Sitten zu entziehen und eine sittliche Ordnung einzuführen, die zugleich dem staatserhaltenden Prinzip der Selbstherrschaft folgte. Nach dem „Domostroi" war das Familienoberhaupt das Maß aller Dinge, es entschied über jegliches Wohl und Wehe der Familienmitglieder, hatte zugleich maßvoll und sorgsam deren Persönlichkeit zu achten; wie in der Familie, so im Staate. Es spricht für ein unter Iwan IV. im Moskauer Staat herrschendes urwüchsig-brutales archaisches Leben, daß sich der „Domostroi" erst 70 Jahre später durchsetzte, als bereits die Romanows herrschten, daß er da aber nicht mehr ordnungsfördernd wirkte, sondern bereits ein relativ festes sittliches Verhalten störte.

Kirchenwesen, Hausordnung, Heeresorganisation – alle Reformen kosteten Geld, auch im alten Moskau. Das Geld mußte maßgeblich über die Steuern aufgebracht werden. Das gesamte Steuerwesen Iwans IV. wurde mit der Einführung der „großen

Landbesteuerungseinheit" neu geordnet. Die Steuern richteten sich nun nach der Bodenqualität und der sozialen Stellung des Besitzers. Hier griff das große Thema der russischen Leibeigenschaft, das zur Grundlage jeglicher Ordnung wurde und alle soziale Ordnung erfaßte.

In den fünfziger Jahren reorganisierte die Reformwelle das Dienstsystem. Abermals richtete sich die Stoßrichtung gegen die Statthalter und Bojaren. Anfang der fünfziger Jahre wurden bereits in einigen Zentralgebieten Statthalterschaften liquidiert. Damit wurde das alte System des „Kormlenie" abgeschafft. Auch der „Beschluß" *(prigovor)* von 1555/56 über die Berufung von Gerichtsältesten und die Ersetzung des „Kormlenie" durch eine Staatssteuer *(kormlenyj okup)* ist in der gleichen Absicht zu verstehen. Dadurch wurde das gesamte System als solches jedoch nicht abgelöst. Im Gegenteil. Am Ende der fünfziger Jahre vergab der Zar neue Pfründe. Nur in den nördlichen, dünn besiedelten Gebieten mit geringem Adelsanteil konnte der Staat die „Kormlenschtschiki" relativ schnell und umfassend durch „gewählte Häupter" ersetzen.

1556 leitete der Zar eine allgemeine Dienstreform ein. Er plante den Ausgleich an Landbesitz für die adligen Dienstleute, um namentlich deren landarme Unterschicht zu stärken und zum Zarendienst zu befähigen. So durchgreifend das Vorhaben beabsichtigt war, es kam nicht recht zur Wirkung. Es begann jedoch die Angleichung der Erb- an die Dienstgüter. Beide Besitzgruppen mußten jetzt auf jeweils 50 Desjatinen eigenen Ackerlandes je einen bewaffneten Reiter stellen. Damit wurde im Grunde der allgemeine Pflichtdienst für die Adligen verfügt. Natürlich, mit der Verordnung wurde den Dienstflüchtigen der Vermögensentzug angedroht, mit derselben Verordnung konnten sie sich aber auch vom Dienst freikaufen. Zum Ausgleich wurde seit 1581 allmählich der Abzug der Bauern von den Adelsgütern, der im „Sudebnik" (§ 88) – wie schon seit 1497 (§ 57) und örtlich noch früher – ausdrücklich in der Periode von einer Woche vor und einer Woche nach dem St.-Georgs-Tag (26. November) gestattet worden war, in bestimmten Jahren verboten *(zapovednye leta* – Verbotsjahre). Damit war der entscheidende Grundstein für die Überführung der Bauern in die Leibeigenschaft gelegt.

In der wissenschaftlichen Literatur ist die Meinung vertreten worden, daß die Rigorosität der Reformen Iwans im Umgang mit dem Adel und dessen Widerstand gegen die Dienstreform das Ende der Reformen und den Übergang zur Gewaltherrschaft bewirkt hätten. Soweit Iwan im adligen Widerstand einen Ausdruck der von ihm ständig beargwöhnten Insubordination der Aristokratie erblickte, mag die Vermutung nicht unzutreffend sein. Die erblichen Aristokraten sind natürlich nicht bereit gewesen, ihre traditionellen Privilegien freiwillig oder auch nur kampflos an den mit der Leibeigenschaft verknüpften jungen Dienstadel abzutreten. Es gab jedoch noch andere Motive. Übersieht man die Geschichte der russischen Selbstherrschaft, dann fällt auf, daß bei Autokraten, die sehr jung auf den Thron gelangt sind und deren Lebensgrundsätze sich unter schwierigen Bedingungen ausprägten, am Anfang eine Reformperiode stand, die dann jedoch bald resignativ-konservativen Verhärtungen weichen mußte. Das traf auf Iwan IV. im 16. Jahrhundert ebenso zu wie z. B. auf Alexander I. im 19. Jahrhundert. Ausdruck und Inhalt der wechselnden Erscheinung waren dabei höchst unterschiedlich, und wohl kein russischer Zar vor und nach Iwan IV. hat den Wandel von der despotischen Reform zum despotischen Terror in derart brutaler Art und Weise erdacht und praktiziert.

Die subjektive Persönlichkeitsentwicklung Iwans oder gar ein manischer Hang zur Despotie, gepaart mit der Aufgabe, die innere Landesstruktur dem Wunsch nach Autokratie des Herrschers anzupassen, erklären Iwans Wandel von der Reform zum Terror auch nur unvollkommen. Daneben traten konkrete innere und äußere Umstände, die den Wechsel Iwans im Verhältnis zu seinen Untertanen bestimmten, beispielsweise das Problem des Schutzes der Reichsgrenzen in allen Himmelsrichtungen. Während das Moskauer Großfürstentum aufstieg, zerfiel die mongolische Goldene Horde in mehrere Khanate. Im Jahr 1552 hatten Iwans Truppen nach mehreren vergeblichen Versuchen zwischen 1548 und 1550 das Khanat von Kasan erobert, das sich den Krimtataren angeschlossen hatte und die östlichen Teile des Moskauer Reichs bedrohte. Iwan hatte den Kriegszug in der Hoffnung angetreten, nicht nur die in Kasan gefangenen christlichen Brüder von den Osmanen zu befreien. Er wollte den Weg nach Osten eröffnen, seinen Dienstadligen Land und Naturreichtümer gewinnen und auch dem Vordringen der Osmanen vom Süden her einen Riegel vorschieben. Folgt man den Chronisten, so erwies sich Iwan beim Angriff auf Kasan als ein Mann, der deutlich aus dem Mittelalter herausragte. Angriff und Belagerung entsprachen modernen militärtaktischen Grundsätzen (für die Belagerung ließ er die Festung Swijaschsk aus „Fertigteilen" errichten). Die Moskauer Dienstpflichtigen marschierten in drei Heeresverbänden auf Kasan, überschritten die Wolga und belagerten die Stadt. Sie sollen eine Stärke von etwa 150.000 Kriegern besessen haben. Entscheidend für den Sieg waren jedoch die Artillerie und Festungstechnik. 150 Kanonen und die Beratung durch westeuropäische Belagerungsexperten waren stärker als der Kasaner Widerstand: Bis zum Morgen des 2. Oktober 1552 hatten ein deutscher und ein dänischer Festungsexperte Sappen und Sprengladungen an die Stadtmauer geführt; in einem ohrenbetäubenden Krach zerbarsten die Mauer und die Wasserleitung. Kasan wurde gestürmt: „Wo die russischen Krieger einen Kasaner fanden, jung oder alt oder mittleren Alters, da übergaben sie ihn alsbald mit ihrer Waffe dem Tode. Sie schonten nur junge und schöne Frauen und Mädchen und erschlugen sie auf Befehl des Selbstherrschers nicht, weil, so sagte der Gossudar, sie ihre Männer so inständig gebeten hatten, sich ihm zu ergeben. In großen Haufen wie hohe Berge lagen die erschlagenen Kasaner..." Das schaurig idealisierte Bild entsprach so recht der Legende, nach der der Diakon im Augenblick des Falls der Mauer aus dem Johannesevangelium gelesen hatte: „Und es wird sein eine Herde und ein Hirte." In Wirklichkeit wird sich neben der Ermordung der Männer eine Massenvergewaltigung an den „jungen und schönen Frauen und Mädchen" vollzogen haben. Selbst Iwan – der Schreckliche –, der sich nach eigenem Verständnis auf einem Kreuzzug befand, empörte sich: „Es sind zwar keine Christen, aber immerhin Menschen." Die Wolga abwärts trieben ungezählte Leichen ...

Kurze Zeit später zog Iwan, umjubelt und gepriesen als Herr über Rußland, in Moskau unter Glockengeläut ein: „Er aber zog schweigend inmitten des Volkes seines Weges, auf seinem Zarenroß ritt er in großer Erhabenheit und großem Triumph, nach beiden Seiten grüßend ... Er war angetan mit dem Festgewand wie am lichten Tag der Auferstehung Christi, in Gold und Silber über dem Panzer, eine goldene Krone auf dem Haupt, die von Saphiren strahlte und mit Edelsteinen geschmückt war. Er trug einen purpurnen Mantel um die Schultern."

Iwan strahlte ob seines Erfolges wie ein mittelalterlicher Kaiser, der gerade ein höchst gottgefälliges Werk vollbracht hatte. Er ahnte ja in der Stunde des Triumphes nicht, daß er einen Sieg erfochten hatte, der sich als Trauma auf die weitere russische Geschichte legen sollte: Die Eroberung Kasans zog die Unterwerfung des Khanats von Astrachan im Jahr 1556 nach sich. Um die gleiche Zeit – 1555 und 1557 – unterwarf der Moskauer Zar Sibirien und die Große Nogaier Horde seiner Oberherrschaft. Damit geriet die Sammlung der russischen Erde über den russischen Rahmen hinaus: Moskau wurde zum Vielvölkerstaat, und der imperiale Charakter des Russischen Reichs, wie auch der russischen Nation, nahm hier seinen Anfang. Freilich, in der Praxis vollzog sich die Ausweitung des Moskauer Reichs nicht so glatt, wie es die wenigen Worte erscheinen lassen. Die erfolgreiche Eroberung Sibiriens währte Jahrzehnte und erfolgte durch den Unternehmergeist privater Investoren (namentlich aus der Familie Stroganow, die von Iwan IV. freie Hand bei der Einverleibung Sibiriens erhielt), durch das brutale Gemetzel von der Geschichte geadelter Räuberbanden (so der Trupp des Kosaken Jermak Timofejewitsch, der in Sibirien nicht anders wütete als die spanischen Konquistadoren in Mittel- und Südamerika) und letztlich durch reguläre Moskauer Soldaten.

Über allem aber stand das Kreuz: Die Kolonisierung ging mit der Christianisierung Hand in Hand. Moscheen wurden geschleift – Kirchen und Klöster errichtet. Kasan wurde Sitz eines Erzbischofs, und zu Ehren des Sieges über die Heiden ließ Iwan in Moskau auf dem Roten (Schönen) Platz die später weltberühmte Basilius-Kathedrale errichten. Gleichzeitig waren diese Jahre zwischen 1552 und 1557 von einer Wandlung in Iwans persönlicher Haltung begleitet, die sich nicht nur rational aus herben politischen Fakten erklären läßt. Iwan hatte sich schon bei dem Feldzug gegen Kasan merkwürdig zurückgehalten. Sein Anteil an der Schlacht hatte in flammenden Appellen und innigen Gebeten bestanden. Gleichzeitig brachte ihm der Sieg den bisher größten Triumph seines Lebens und – er war gerade 22 Jahre alt. Vielleicht erfolgte seine Emanzipation zum Mann in einer finsteren und grausamen Welt – bei eigenen Neigungen zur Grausamkeit – eben gerade unter Umständen, die individuelle Negativa begünstigten: Ein junger Mann hat durch einen glänzenden militärischen Sieg die Gottähnlichkeit ungeheurer Machtfülle des Autokraten bestätigt. Charakterlich noch unfertig, gebietet er über Leben und Tod. Wer will ihm da raten; die Kluft zu den Freunden erhielt einen Riß. Der kluge Silvester, befangen in den hehren Grundsätzen des „Domostroi", wollte auch den Selbstherrscher Moral lehren. Das mochte in früherer Jugend Erfolg gehabt haben. Wie konnte er es jetzt wagen, den Sieger von Kasan Anstand und Sitte zu lehren? Oder Adaschew: Den provinziellen Staatskünstler reizte der Übermut. Er maßte sich spöttische Seitenhiebe auf seinen Herrn, auf dessen Gattin und deren niedere Herkunft an, deren Niveau er selbst nicht erreichte. Vielleicht empfand Iwan die wohlmeinende Hilfe seiner Freunde aber auch nur als lästige Gängelei, ohne dafür einen Grund zu besitzen. Er war vollkommen davon überzeugt, daß er ein Gott wohlgefälliges Leben führte, das Reich schützte und mehrte, ein liebevoller Gatte und treusorgender Vater für seinen 1552 geborenen Sohn Dmitri war. Aber mitten in die Idylle, Lebenszuversicht und grummelnden Anzüglichkeiten der Freunde fuhr ein scharfer Blitz.

Im Frühjahr 1553 erkrankte Iwan schwer. In seiner Umgebung rechnete niemand mehr mit einer Gesundung. Iwan gab sich selbst auf. Er fühlte seinen nahen Tod. Im Juni 1553 wurden die Großen des Reichs, die Mitglieder des „Auserwählten Rats" und die Bojaren, von Iwan aufgefordert, einen Treueid auf den kleinen Thronfolger Dmitri Iwanowitsch zu leisten. Damit war eine komplizierte Situation heraufbeschworen. Auch während Iwans Siegeszug, ja, eigentlich in der ganzen Zeit seiner Herrschaft, hatten die Kabalen der rivalisierenden Hofparteien nicht aufgehört. Jetzt flammten sie erneut auf. In Moskau gab es kein fixiertes Thronfolgerecht. Die Proklamation des Zarewitsch schloß im Falle des Ablebens Iwans die langjährige Regentschaft Anastassijas ein. Die Bojaren hatten wohl nichts gegen Dmitri einzuwenden, im Gegenteil, der willenlose Säugling konnte ihnen nur recht sein. Aber sie fürchteten sich vor neuen Intrigen und Machtkämpfen, wie sie in Iwans Kindheit den Hof beherrscht hatten. Und eine Regentin von niederer Herkunft schien ihnen vollkommen unmöglich.

Die Familie Anastassijas aber verlangte die Macht und die Regentschaft Anastassijas nach Iwans Tod. Dem widersprach die Familie Starizki. Wladimir Andrejewitsch von Stariza war ein Vetter Iwans. Seine Mutter Efrosinia erinnerte sich noch mit Verachtung und Wut an die Regentschaft Jelena Glinskis in den dreißiger Jahren. Sie versuchte durch eine Verschwörung die Thronerhebung ihres Sohnes Wladimir. Das alles führte am Krankenbette Iwans zu Szenen schrecklicher Emotionalität. Der todkranke Zar mußte in fiebrigem Dämmerzustand erleben, wie sich die Besten des Reichs um sein Erbe stritten. In einem lichten Moment preßte er fast flehentlich heraus: „Wenn ihr nicht das Kreuz küßt in Treue zu meinem Sohn, dann habt ihr also schon einen anderen Herrscher im Sinn ... Wer jetzt dem kleinen Herrscher nicht dienen will, der will auch dem großen, also mir selbst, nicht dienen ... Bedürft ihr aber Unser überhaupt nicht mehr, so ladet ihr dies als Sünde und Last auf eure Seelen."

Obwohl auch diese Worte erst um 1570 aufgezeichnet worden sind und nicht eindeutig klar geworden ist, ob sie von Iwan IV. oder seinem Sekretär Iwan Wiskowati niedergeschrieben wurden, dürfte unbestritten sein, daß diese Szene zu den Schlüsselerlebnissen in Iwans Leben zählte.

Aber die Intrigen der Bojaren platzten. Iwans eindringliche und noch kraftvollen Ansprachen zwangen sie, das Kreuz zu küssen und Dmitri als Thronfolger anzuerkennen. Und dann geschah das Wunder: Iwan wurde wider aller Erwarten gesund. Er hatte auch nichts vergessen; immer wieder erschien dem abergläubischen Menschen das Bild seiner Fieberphantasie, in dem Frau und Sohn hingemordet waren. Ein anderer Zar stand vom Totenbett auf. Er vergaß nicht, daß sich eine Opposition gebildet hatte, um seinen Vetter Wladimir Andrejewitsch Starizki auf den Thron zu heben. Der Schock über das Erlebte saß tief, paarte sich mit der wunden Seele und floß in die Rituale einer rüden und grausamen Lebensführung im Reich ein. Iwan vertraute niemandem mehr, jeder erschien ihm als Verräter, ihm ging der Bezug zu seiner realen Umwelt nach und nach verloren.

Unter dem Einfluß des josephitischen Mönches Wassian Toporkow und nach eigenem Grimm steigerte sich Iwans Rachsucht gegenüber den Bojaren, der Aristokratie und einzelnen „Häretikern" bis zum blutigen Manierismus. In das Mißtrauen gegenüber den Bojaren bezog Iwan auch jene Menschen ein, die ihm als Reformer treu gedient und seinen Bannfluch am wenigsten verdient hatten: seine Ratgeber Silvester und Adaschew. Iwan verdächtigte, gestützt durch Einflüsterungen wohlfeiler Intriganten, den „Auserwählten Rat", die Reformen nur inszeniert zu haben, um die Macht des Selbstherrschers zielgerichtet eigenen angeblichen Machtansprüchen unterzuordnen.

Seine engsten Freunde ahnten zunächst nicht, was im Innern des rätselhaften Herrschers vorging. Sie gaben sich jedoch auch kaum Mühe, hinter die Geheimnisse der Seele Iwans zu blicken. Vielleicht hat Silvester erkannt, welche tiefen und auch finsteren Gedanken Iwan zu beherrschen begannen. Aber er fürchtete um den eigenen Einfluß und operierte überaus vorsichtig.

Es war schwer für ihn, Gegenargumente zu finden, als Iwan unvermittelt verkündete, er werde mit Frau und Kind eine Wallfahrt in den hohen Norden, zum Kloster des Hl. Kirill, unternehmen. Er habe es auf dem Krankenlager gelobt. Niemand durchschaute die Absichten des Zaren, und vielleicht wollte er selber nur einfach Abstand vom Hof und den ständigen Einflüsterungen intriganter Bojaren gewinnen, den Rat der Kirche in ihren einfachsten Gliederungen für sein Seelenheil suchen. Es ging Iwan sicherlich um seinen Seelenfrieden, denn auf dem langen Weg nach Norden hielt er das erste Mal bereits 60 Kilometer hinter Moskau an. Im Sergius-Dreifaltigkeitskloster lebte der berühmte Maxim Grek. Iwan bat ihn um den Segen der Kirche. Grek jedoch war durch Silvester auf den Besuch vorbereitet worden und spielte dessen politische Karte. Er riet Iwan von der Reise ab und sagte, wenn der Zar mit Gott sprechen wollte, dann könnte er das auch in den Kirchen Moskaus tun. Iwan sollte sich lieber um das Wohl seiner Landeskinder kümmern, statt irgendwelchen Fieberphantasien nachzujagen.

Iwan war über die Reaktion des weisen Maxim Grek offenbar erschrocken, fand zunächst keine Worte und geriet gar in Verzweiflung, als Grek ihn offen und unverschämt bedrohte: „Wenn du nicht auf mich hörst, der ich dir sage, wie du gottgefällig handeln sollst, ... wenn du hartnäckig auf deiner Pilgerfahrt bestehst, dann wisse, daß dein Sohn von dort nicht lebend zurückkehren wird." Iwan mißachtete die Worte des Geistlichen nicht, er widersprach ihnen auch nicht und – er setzte seine Pilgerfahrt fort.

Offenbar sonnte sich der Zar in der Zustimmung des einfachen Volkes, des niederen Adels und der Geistlichkeit, die er auf der weiten Reise erfuhr. Es schien, als wollte er sich eine breite Basis für die Auseinandersetzung mit den Bojaren sichern. Er erreichte sein Ziel, verrichtete die Gebete und rüstete zur Rückkehr nach Moskau. Aber das Unglück folgte auf dem Fuße: Als die Zarenfamilie in das Boot für die Heimfahrt stieg, strauchelte die Amme, der kleine Dmitri fiel ins Wasser und konnte nur noch tot aus der Scheksna geborgen werden – am 26. Juni 1553. Maxim Greks Prophezeiung hatte sich bitter erfüllt. Nur ein so tief abergläubischer Mensch wie Iwan IV. konnte glauben, daß er das Opfer seines Ungehorsams gegenüber der Kirche geworden war. Sollte hier nicht die Opposition gegen den Zaren die Hand im Spiel gehabt haben? Iwan kehrte nach Moskau zurück, und anfangs schien es äußerlich so, als gehe das Leben seinen gewohnten und normalen Gang weiter. Aber Iwan suchte den Bruch mit seinen besten Ratgebern, und offensichtlich waren auch sie seiner überdrüssig geworden. Der Konflikt entzündete sich im außen- und wirtschaftspolitischen Bereich.

Iwan begann, über das Weiße Meer einen regelmäßigen und auch erfolgreichen Handel mit England aufzubauen. Auch in Deutschland warb er über Hans Schlitte die unterschiedlichsten Fachleute an. Nach Osten waren die Wege in Richtung Sibirien eröffnet. Aber die Einbindung Rußlands in das europäische Geschehen wurde nach wie vor durch Polen und Litauen arg behindert. Um das Problem zu lösen, bezog sich Iwan auf die Tradition seines Großvaters, Iwans III., und eröffnete 1558 den Livländischen Krieg. Damit handelte er im Widerspruch zu den Auffassungen seiner Ratgeber, die sich vielmehr gegen die Krimtataren als dem nördlichsten Vorposten des Osmanischen Reichs wenden wollten. Iwan fürchtete einen Konflikt mit den Türken. Er wollte den Zugang zur Ostsee, den Anschluß an Westeuropa, und in dieser Hinsicht konnte auch der schnelle Aufschwung im Handel mit England nützlich sein. Durch die Ausweitung der russisch-englischen Beziehungen wurde Rußland mit kriegswichtigen Waren versorgt, und die Konkurrenzkonflikte im Westen konnten verstärkt werden.

Im Januar 1558 wurde Narwa erobert und ein Krieg eröffnet, der 25 Jahre währen und Rußland in den Ruin stoßen sollte. Vorerst schien das Glück auf Iwans Seite zu sein. Die Russen drangen in Livland vor, und auch das persönliche Leben des Zaren war wieder ins Gleichgewicht geraten, nachdem ihm Anastassija 1554 und 1557 die Söhne Iwan und Fjodor geboren hatte. Aber es war nur ein Scheinglück. Iwan IV. hatte mit seiner Frau sehr gut und harmonisch zusammengelebt. Plötzlich erkrankte die Zarin, und am 7. August 1560 starb sie. Es war ein Schlag, den Iwan nicht verarbeiten konnte. Anastassija war der einzige Mensch gewesen, dem er vollkommen vertraut hatte. Obwohl über ihr Leben kaum etwas bekannt geworden ist, scheint sie eine starke und liebevolle Persönlichkeit gewesen zu sein, die Iwan in seinen Selbstzweifeln immer wieder neuen Halt gab, die ihm auch das wachsende Mißtrauen gegenüber den Ratgebern auszureden suchte.

Jetzt hatte Iwan jeglichen persönlichen Halt verloren, und die ihm eigenen negativen Charaktereigenschaften schienen sich Bahn zu brechen. Er erinnerte sich wieder daran, daß Silvester und Adaschew abfällig über Anastassijas Herkunft gesprochen hatten. Er machte diese beiden Ratgeber für den Tod seiner Frau verantwortlich. Adaschew hielt sich gerade an der livländischen Front auf und Silvester im Kirill-Kloster am Weißen See. Sie erfuhren von den Vorwürfen Iwans und forderten die Möglichkeit einer Rechtfertigung. Die gewährte ihnen der Zar nicht. Er verstieß die ehemaligen Freunde, plötzlich und unmotiviert, versehen mit der Anschuldigung der Hexerei. Silvester wurde in das Solowezki-Kloster am Weißen Meer verbannt. Er starb dort im Jahr 1566. Adaschew geriet in Arrest. 1561 starb er im Verlies – der Zar hatte noch nicht einmal einen Schuldspruch vorgenommen.

Dennoch – angesichts folgender Ereignisse darf der Umgang Iwans mit den Freunden noch als gemäßigt betrachtet werden. Natürlich, Iwan hatte seit seiner Jugend einen zerrissenen Charakter offenbart. Er hatte stets zu Mißtrauen und Gewalt geneigt, aber der Tod seiner Frau im Jahr 1560 bedeutete für das ganze Leben einen so krassen Einschnitt, wie er weder für die Zeit davor noch danach beobachtet werden konnte. Entscheidend war nicht so sehr, daß Iwan nun von einer Ehe zur anderen hetzte. Diese Tatsache war lediglich ein Ausdruck seiner inneren Haltlosigkeit – seiner nicht endenden Einsamkeit. Iwans Hinwendung zum Terror wurde maßgeblich durch persönliche Schicksalsschläge beeinflußt: Die eigene Krankheit, der Tod Dmitris 1553 sowie das Ableben Anastassijas 1560 markierten die wesentlichen Wendepunkte seines Lebens. Diese Schicksalsschläge paarten sich mit seinen Auffassungen von der Rolle des Selbstherrschers, dem nur teilweisen Erfolg der Reformen und mit den permanenten Auseinandersetzungen mit den rebellierenden Bojaren. All diese Zusammenhänge trennten ihn auch von einem Mann, zu dem ein besonders freundschaftliches Verhältnis bestanden hatte: Fürst Andrei Kurbski. Sie vertrauten einander seit der Jugend, waren gemeinsam gegen Kasan geritten, und Kurbski hatte hohe Kommandoposten im Livländischen Krieg inne. Er betrachtete voller Sorge, wie sich Iwan nach 1560 nicht nur der besten Freunde entledigte, sondern seine Strafaktionen auf deren Familien und auf die gesamte Aristokratie ausdehnte. Als sich im Winter 1563 ein russisches Heer auf Litauen zubewegte, erschlug Iwan IV. im Streit und Jähzorn eigenhändig den Fürsten Iwan Schachowskoi. Der Wojewode von Starodub, Iwan Schischkin, übergab seine Stadt kampflos an die polnisch-litauischen Streitkräfte. Zu allem Unglück war Schischkin ein Verwandter Adaschews: Iwan IV. ließ Schischkin mit seiner ganzen Familie umbringen. Kurbski geriet zunehmend in Bedrängnis. Im Frühjahr 1564 erlitten die russischen Truppen in Litauen eine Niederlage. Kurbski, seit 1563 Statthalter in Dorpat, fürchtete, für den militärischen Fehlschlag verantwortlich gemacht zu werden – er entschloß sich zur Flucht nach Polen/Litauen. Diese Tatsache wäre an und für sich nicht weiter bemerkenswert, wenn Kurbski und Iwan IV. nicht in den folgenden Jahren in einem geradezu historischen Briefwechsel tief in das innere Leben Rußlands und des Zaren Iwan geblickt hätten. Kaum eine Quelle sagt so viel über Iwan aus wie dieser Briefwechsel. Bei diesen Briefen – insgesamt sieben, zwei von Iwan und fünf von Kurbski – ist zu beachten, daß Kurbski weder ein Held noch ein Dissident gewesen ist. Nach damaligen Moralvorstellungen war er ein Verräter, der seine Haut retten wollte und heimlich seinen Platz verlassen hatte, um zum Feind überzulaufen. Mit den in den Briefen enthaltenen Anklagen gegen Iwan IV. trat Kurbski die Flucht nach vorn an und suchte eine Rechtfertigung des eigenen Verrats. In gewissem Sinn ist es schwer verständlich, warum Iwan auf Kurbskis Anklagen so ausführlich kritisch und selbstkritisch eingegangen ist. Mit anderen Fürsten und Bojaren hatte Iwan weit weniger Umstände gemacht.

Aber Kurbski war ein Freund. Der Verrat des Freundes schlug tiefe Wunden, und diese klafften gerade an jener Stelle, an der Zar Iwan voller Mißtrauen, Selbstzweifel und Verzweiflung war: Wenn schon der Freund zum Verräter wurde – was waren dann die anderen Aristokraten?

Und schließlich sei darauf verwiesen, daß die Originale der Briefe nicht überkommen sind. Wir wissen nicht, ob und welche späteren Veränderungen hineingeschrieben worden sind, ja, wir wissen nicht einmal exakt, ob Iwan die Briefe wirklich selber geschrieben hat. Wie groß die Zweifel auch bleiben mögen: Die Briefe werfen dennoch ein bezeichnendes Licht auf Iwan.

Kurbski klagte den Zaren an, pauschal und zugleich treffend. Grausamkeit und Massenmord gegenüber den Bojaren warf er ihm vor: „Weshalb, Zar, hast du die Starken in Israel vernichtet und die Woiwoden, die Gott dir gab, mannigfachen Todesarten überantwortet ... So vergaltest du uns Armen, uns in ganzen Geschlechtern vertilgend. Dünkst du dich unsterblich, Zar? Oder bist du in unerhörte Ketzerei verstrickt, als ob du nicht vor den unbestechlichen Richter treten wolltest ...". Dabei hatte zu jenem Zeitpunkt, als Kurbski den Brief schrieb, der Massenterror gegen die Bojaren erst begonnen.

Iwan antwortete schnell mit einem „Sendschreiben", das auf eine merkwürdige geistige Verfassung schließen läßt. Mit langen Bibelzitaten suchte er nach Rechtfertigung für die Autokratie und seine eigenen Taten. Er verteidigte sich gegenüber einem abtrünnigen Verräter, den er auch so bezeichnete und den er für todeswürdig hielt! Dabei berief sich auch Iwan auf den Römerbrief des Apostels Paulus: „Der Obrigkeit widerstreben heißt Gott widerstreben, und wenn jemand Gott widerstrebt, so wird er ein Abtrünniger genannt, was die ärgste Sünde ist. Und dies ist gesagt von jeder Herrschaft, das heißt, auch wenn man mit Blut und Streit die Gewalt erlangt hat." Wieder berief sich Iwan auch auf die Kindheitserlebnisse und bezog Kurbski vollkommen ungerechtfertigt in den Kreis jener Bojaren ein, die ihn, Iwan, angeblich gequält hatten: „Wir aber vertrauen der Gnade Gottes, denn wir sind nun zum Grad der Volljährigkeit, des Erfülltseins mit Christus gelangt." Das bedeutete für Zar Iwan vor allem: „Die russischen Herrscher haben von jeher selbst über das ganze Reich regiert und nicht die Bojaren und Würdenträger. Soll der Zar nur ein Vorsitzender sein und äußere Ehren genießen, an Macht aber nicht mehr haben als ein Sklave? ... Und deswegen, weil ich nicht länger in der Kindheit sein wollte, in eurer Willkür, sprecht ihr von Verfolgung!"

Iwan war nicht bereit, Kurbskis Einwänden zu folgen. Geradezu manisch hielt Iwan an der Selbstherrschaft fest, motivierte seinen Standpunkt religiös, das heißt moralisch. Ein moralisches Argument als Grundlage nackter Gewalt – auch wenn es, dem Geist und Gefühl der Zeit entsprechend, religiös formuliert wurde – war keine Rechtfertigung. Kurbski reagierte hilflos, die Brücken waren verbrannt. Er verbarg seine Enttäuschung hinter mokanter Ironie, bezichtigte den ehemaligen Freund des barbarischen und überflüssigen Wortgeklingels. Aber er konnte Iwan nicht noch einmal herausfordern. Erst 13 Jahre später, im Verlauf des Livländischen Krieges, als die russischen Truppen 1577 mit Wolmar jene Stadt besetzten, aus der Kurbski nach seiner Flucht den ersten Brief geschrieben hatte, meldete sich Iwan im Triumph noch einmal und schrieb Kurbski: „Mehr Freveltaten beging ich als Sand ist am Meer, und doch hat Gott in seiner Barmherzigkeit mich nicht verlassen, sondern mir zum Sieg über euch verholfen." Aber der Triumph war voreilig. Das Kriegsglück wandte sich bald von Iwan ab, und da schrieb nun auch Kurbski wieder. Aber dieses Mal erhielt er keine Antwort mehr. In den folgenden Jahrhunderten ist in den Briefwechsel viel hineininterpretiert worden. Er wurde als Ausdruck des Kampfes zwischen Zentral- und Partikulargewalt und als Symbol für die Auseinandersetzungen zwischen der katholisch-slawischen und der byzantinisch-slawischen Welt gewertet. Sicherlich spielten die geistigen und politischen Kämpfe der Zeit hinein. In erster Linie ging es jedoch um die persönliche Zwietracht zweier Männer, die einstmals Freunde und nun erbitterte Feinde waren – die sich in ihrem gegenseitigen Haß und in ihrer Verbitterung rückhaltlos selbst darstellten und dabei der Zeit einen Spiegel vorhielten.

Iwan IV. sagte die Wahrheit, wenn er schrieb, daß er mehr Missetaten als „Sand ist am Meer" begangen hat. Dabei waren die Morde, Hinrichtungen und Verbannungen am Beginn der sechziger Jahre lediglich das schaurige Vorspiel zum Höhepunkt des Dramas gewesen. Das vollzog sich seit dem Jahr 1564. An einem Novembertag versammelte Iwan plötzlich Aristokraten und Geistliche um sich. Kurz und bündig erklärte er, daß er nur noch von Verrat, Untreue und Ungehorsam umgeben sei, niemand höre mehr auf ihn, er fürchte für sein Leben, und darum sei es an der Zeit, auf den Thron zu verzichten. Ohne auf Einwände oder Bemerkungen zu warten, legte Iwan Krone, Zepter und Ornat ab und ließ die überraschten Würdenträger allein. Allerdings: Die Reichsinsignien wurden ihm nachgetragen. Iwan verschwand und begann ein höchst sonderbares Tun. Ohne Vorankündigung tauchte er in Moskauer Kirchen auf und nahm geweihte Geräte, Ikonen und Reliquien mit. Am 3. Dezember 1564 erschien er plötzlich in der Uspenski-Kathedrale und nahm an der Morgenmesse des Metropoliten Afanasi teil. Anschließend segnete er die Menschenmenge mit dem Kreuz, stieg in seinen Schlitten und – fuhr schweigend von dannen.

Herrschte über diese Gesten bereits Verwirrung in Moskau, so waren die Menschen völlig entgeistert, als Iwan wenige Tage später mit über 100 Schlitten, seiner Familie, seinem Besitz und allerlei Habe aus dem Kreml auszog. Niemand wußte, wohin er wollte und worin der Sinn des Unternehmens bestand. Aber die Großen des Reichs sollten nicht lange unwissend bleiben, und klarsichtigen Männern mußte alsbald deutlich werden, daß Iwan keineswegs irgendwelchen versponnenen Phantastereien oder manischen Depressionen anhing. Er handelte zielbewußt und folgerichtig.

Der Zug bewegte sich zunächst bis Kolomenskoje. Nächste Station war das Sergius-Dreifaltigkeitskloster. Ende Dezember war der Zug bis zur Alexandrowska sloboda, etwa 100 Kilometer von Moskau entfernt, gelangt.

In Moskau herrschte höchste Verwirrung. War Iwan noch der Zar, wenn nicht, wer war es dann? Iwans Szenarium funktionierte perfekt, und er ließ sich auch die Fäden nicht aus der Hand nehmen. Am 3. Januar 1565 kamen zwei Briefe Iwans in Moskau an, die öffentlich verlesen werden mußten. Der erste Brief war an den Metropoliten geschrieben, richtete sich aber an alle Bojaren, Geistliche und Dienstadlige, der zweite an den Possad – das Moskauer Volk. Während der erste Brief abermals voller wilder Anklagen gegen die Bojaren war, ihnen Verrat an allen Kriegsfronten und im Innern vorwarf, zum wiederholten Male die finsteren Erinnerungen aus der Kindheit beschwor und mit dem Thronverzicht endete, war der Brief an das Volk ganz anders gehalten. Auch er sprach von Rücktritt, offenbarte aber keinerlei Zorn gegen die einfachen Menschen. Iwan gab die Schuld an seinem Rücktritt allein dem Adel und der Geistlichkeit.

Der Schachzug war simpel und zweckmäßig, Iwans Kalkulation ging vollkommen auf. Das Moskauer Volk glich einer hirtenlosen Schafherde. Kaufleute, Gesellen, Handwerker und einfache Bürger bedrängten den Metropoliten Afanasi, den Zaren inständig um die Rückkehr auf den Thron zu bitten. Afanasi gab nicht schlechthin dem Druck des Volkes nach, er sah sehr deutlich, daß der gegenwärtige Zustand auch der Macht der Kirche schadete. Er stellte eiligst eine Deputation zusammen und setzte eine Petition mit dem Willen auf, den Zaren auf den Thron zurückzuholen.

Ein gewaltiger Zug setzte sich in Bewegung, begleitet von Kirchenfahnen, Gesängen und Ikonen. Unterwegs schwoll die Menge immer weiter an. Schließlich erreichte man ein Dorf, noch weit vor der Alexandrowska sloboda. Iwan ließ den Zug anhalten. Nur wenige Würdenträger durften bis zu ihm selbst vordringen und die untertänige Petition überreichen. Man bat ihn, auf den Thron zurückzukehren und seine Landeskinder nicht im Stich zu lassen. Die Kleriker wußten sehr wohl, was der Zar hören wollte, und der Erzbischof von Nowgorod, Pimen, nahm es auf sich, das verhängnisvolle, das verheerende, das mörderische Wort auszusprechen: „Sollten aber Verrat und Bosheit in unserem Lande, wovon wir keine Kenntnis haben, dich Gossudar in Betrübnis versetzen, so steht es in deinem Willen, die Schuldigen streng zu bestrafen oder ihnen Gnade zu erweisen." Was immer Iwan in den folgenden Jahren auch tat – er besaß in allem den Segen der Kirche. Nur ganz wenige Geistliche widersetzten sich seinem Terror – und bezahlten dafür bitter. Aber das Wort „der Schreckliche" besaß breitere Schultern als die des einzelnen schrecklichen Zaren Iwan. Daß das Volk sofort nach den Verrätern schrie und den Zaren ermächtigte, harte Urteile auszusprechen, war nur noch drapierendes Ritual in einem Spiel, in dem sich Iwan als der tatsächliche Selbstherrscher bestätigte und behauptete.

Dem taktischen Ritual entsprach auch, daß Iwan sich erst einmal zierte. Wieder und wieder beschwor er die Bedrohung seines Lebens, er behauptete gar, Anastassija sei ermordet worden. Erst nach einigen Tagen gab er eine Antwort. Iwan stellte für seine Rückkehr zwei Bedingungen: freie Hand bei der Abrechnung mit den „Verrätern" und die totale Umgestaltung der Staatsorganisation. Er wollte den vollkommenen Bruch mit der traditionellen Bojarenschaft. Dafür prägte Iwan den Begriff „Opritschnina" (das Abgesonderte). Er meinte damit ein territoriales Sondergebiet, in dem kein Bojar eigenen Grund und Boden besitzen dürfe, das allein dem Zaren zur Verfügung stehen sollte. In der Opritschnina wollte Iwan IV. mit einer Art Prätorianergarde, den Opritschniki, seine Vorstellungen über einen funktionierenden russischen Staat verwirklichen – ein Staat im Staate. Das übrige Rußland, die „Semschtschina", so Iwan IV., dürfe nach alter Weise und von einem Bojarenrat regiert werden. Krieg gegen Polen, Litauen und gegen die Türken würde man natürlich gemeinsam führen, und auch die „Verräter" sollten Iwans Janitscharen in ganz Rußland vertilgen dürfen. So merkwürdig die Konstruktion auch war, die Kirche hatte A gesagt, nun mußte das B folgen. Die Abgesandten stimmten Iwans Vorschlägen widerspruchslos zu.

Im Februar 1565 kam Iwan wieder nach Moskau. Er soll abgezehrt, müde und sichtlich gealtert gewirkt haben. Iwan kam, und der Rachefeldzug gegen die angebliche große „Bojarenverschwörung" setzte ein. Zunächst standen zwei Menschengruppen auf der Verfolgungsliste: jene Würdenträger, die 1553 beim Kreuzeseid auf Dmitri opponiert hatten – allen voran Wladimir, der Vetter, der als Gegenkandidat für den Fall des Ablebens Iwans aufgestellt worden war. Und dann alle Aristokraten, die über tätige Verbindungen zum Ausland, namentlich nach Polen-Litauen, verfügten. Das heißt, die Demütigung Iwans auf dem Krankenlager und der Verrat des ehemaligen Freundes Kurbski – zwei Ereignisse, die ihn persönlich besonders tief getroffen hatten – veranlaßten den Feldzug gegen die Bojarenschaft, bewirkten einen radikalen Bruch mit der bisherigen Staatsorganisation.

Es folgten elf blutige Jahre, die in der Literatur – besonders bei dem russischen Historiker Skynnikow – ausführlich und in zahlreichen mörderischen Details beschrieben worden sind. Für ein Lebensbild Iwans des Schrecklichen ist vor allem interessant, daß und wie er seine Terrorfeldzüge zu rechtfertigen suchte. Als Polens König Sigismund II. vier Bojaren zur Flucht aufforderte, diese aber Iwan informierten, formulierte der persönlich die Antwortbriefe und konzentrierte sich ausdrücklich darauf, „Selbstherrschaft und Bestrafung der Verräter" mit vielen Bibelzitaten (wie in dem Brief an Kurbski) und mit theologischen Vergleichen zu „beweisen": „Ihr sagt, Gott habe dem Menschen, den er schuf, Freiheit und Würde gegeben. Das trifft so nicht zu. Adam wurde zwar mit Macht und freiem Willen ausgestattet, weil er jedoch Gottes Befehl nicht befolgte, wurde er hart bestraft, seine Macht wurde ihm genommen, und er fiel in Ungnade, vom Licht in die Dunkelheit, vom Glanz der Nacktheit in die Gewänder aus Häuten, vom Müßiggang zur Sorge um das tägliche Brot, von der Unsterblichleit in die Sterblichkeit, vom Leben in den Tod." Der Sinn dieser poetischen Bilder war immer gleich: Er, Iwan IV., sei als Selbstherrscher berufen, alle Verräter und Übeltäter zu bestrafen. Die manische Sucht nach dem blutigen Exzeß fraß sich in Iwan ebenso fest wie der nahezu krankhafte Zwang, sich selbst und der Welt die Gottgefälligkeit der zarischen Verbrechen beweisen zu wollen – zu müssen. Im Januar 1565 hatte die russische Kirche nicht nur ihr Einverständnis zur Gewaltherrschaft Iwans gegeben. Der Verdacht liegt nahe, daß sie zu den Initiatoren gehörte – zumindest einige entscheidende Vertreter des hohen Klerus. Als die Kirchenhierarchen nun sahen, wohin der fanatische Wille Iwans trieb, wurden sie die Geister, die sie gerufen hatten, nicht wieder los. Metropolit und Zar bildeten nicht schlechthin in den Augen des Volkes eine Einheit – ihr Zusammenspiel trug das Prinzip der Autokratie. Ein so weiser Metropolit wie Makari, der Iwan in dessen Jugend ähnlich Adaschew oder Silvester klug beraten hatte, konnte mäßigend und zur Vergebung mahnend auf den Zaren einwirken. Makari war 1563 gestorben. Die Auswahl seines Nachfolgers zog sich über Monate hin und stand im Zeichen des neuen Machtkampfes. Letztlich setzten sich die Opritschniki, Iwans neue Berater, Beschützer und Exekutoren seines Willens, durch. Filipp Kolytschow, Abt des Solowezki-Klosters am Weißen Meer, wurde neuer Metropolit.

Kolytschow erwies sich jedoch als schwieriges Problem. Er zeigte, daß die Kirchenaristokratie nicht so einheitlich zu Iwans Plänen stand, wie es den Anschein hatte, und er entstammte außerdem einer Bojarenfamilie. Iwan hatte ihn ausgewählt, weil Filipp nicht nur eine kluge und geistvolle Persönlichkeit mit starkem Willen war. Iwan hoffte, Filipp werde auch zwischen Zar und bojarischer Opposition eine vermittelnde Rolle spielen – natürlich im Interesse des Zaren. Das wollte Kolytschow auch und forderte die sofortige Abschaffung der Opritschnina. Iwan zitterte vor Wut und warf dem Geistlichen mit großer Demagogie vor, er mißachte das Wort Gottes, wenn er der zarischen Macht widerspräche. Kolytschow zog einen Schritt zurück und versprach schriftlich, daß er sich als Metropolit nicht in weltliche Machtfragen einlassen werde. Daraufhin wurde er am 25. Juli 1565 als Metropolit eingesetzt.

Iwan irrte, wenn er glaubte, nunmehr einen gefügigen Gottesmann an seiner Seite zu haben. Filipp predigte laut und deutlich gegen die Verbrechen der Opritschnina. Iwan reagierte etwas kleinlaut auf die heftigen Anklagen: „Diejenigen, die mir am nächsten stehen, haben sich gegen mich erhoben und wollen mich verderben. Ist es da eure Sache, mir Ratschläge zu erteilen?" Filipp erteilte Ratschläge! Er ging noch weiter. In einer öffentlichen Kampfansage verweigerte er Iwan am 22. März 1568 den kirchlichen Segen, in der Mariä-Himmelfahrts-Kathedrale, an jener Stelle, an der Iwan 20 Jahre zuvor gekrönt worden war! Iwan war in der schwarzen Tracht der Opritsch-

niki erschienen, und Filipp starrte ihn an: „Ich erkenne den rechtgläubigen Zaren in
diesem seltsamen Gewand nicht und auch nicht in seinen Handlungen. Ihr habt die
Reichweite eines Segens hinter euch gelassen. Fürchtet das Gericht Gottes, o Zar!"

Filipp überspannte in Iwans Augen den Bogen. Es war für den Zaren nicht schwer,
denunziatorisch veranlagte Geistliche zu finden. Sie beschuldigten Filipp des Aufruhrs
und Verrats. Ein Kirchengericht verurteilte Filipp zu lebenslanger Haft in einem
Kloster bei Twer. Ein Jahr später suchte Iwan das Kloster auf seinem Rachefeldzug
gegen Nowgorod heim. Filipp sollte den Feldzug segnen, weigerte sich und wurde von
Maljuta Skuratow, dem Anführer der Opritschniki, auf Iwans Befehl erwürgt. Damit
war für lange Jahrzehnte die kirchliche Opposition in Rußland im wahrsten Sinne des
Wortes erstickt worden, und Iwan brauchte nichts weniger zu fürchten als die Verdammnis für seine Missetaten.

Was Iwan im Innersten auch angetrieben haben mag, er dachte nicht daran, sich
irgendwelche Beschränkungen oder Rücksichten in seinem Haß auf die Bojaren aufzu-
erlegen. Das Territorium der Opritschnina wurde systematisch ausgeweitet, die Besitzungen der Bojaren gerieten mehr und mehr an den unwirtlichen Rand des Reichs.
Mit dem Territorium nahm sich Iwan alle Privilegien der Geldeinnahmen, die besten
Handelswege und den großen Kuchen der Steuereinnahmen. Für die Opritschnina
galten weder alte Gesetze noch die in den Anfangsjahren durchgeführten Reformen.
Die Prätorianergarde, die Reisigen in Schwarz, mit Hundekopf und Besen, durften
schalten und walten, wie es ihnen gefiel. Sie sind als Alptraum in die Geschichte
eingegangen. 300 der willfährigsten und rüdesten Gesellen faßte Iwan IV. zu einem
mystischen Männerorden zusammen und führte mit ihnen scheinreligiöse Kulthand-
lungen durch. Es war eine absonderliche Truppe, die sich da um den Zaren gruppierte.
Aber so brutal die Opritschniki auch gegen die Bojaren vorgingen, diese ermordeten,
vertrieben und entwurzelten – der Terror richtete sich in weitaus geringerem Maß
gegen das einfache Volk. Daraus erklärt sich auch die Tatsache, daß die Volkslegenden
wesentlich schonender mit dem Terror Iwans umgehen als die Historiographen und
Chronisten der geschändeten Oberschichten.

Jenseits subjektiver Urteile ist nach den objektiven Ergebnissen der Opritschnina
zu fragen. Iwan IV. dezimierte die alte Aristokratie bis zur Machtlosigkeit: von ursprünglich etwa 200 Familien überlebten lediglich 20. Mit der Opritschnina wuchs ein
neuer Dienstadel heran, dem Selbstherrscher, der seinen Staat weiter zentralisierte und
stärkte, treu ergeben. Iwan IV. schuf wahrhaftig eine neue Staatsidee und suchte sie mit
brutalsten Mitteln zu verwirklichen. Es ist zweifelhaft, ob er diese Idee jemals in klar
formulierte Prinzipien hätte kleiden können.

Iwan begründete die neue Staatsidee der Autokratie weit stärker als seine Vorgänger. Aber er konnte ihr keine endgültige Gestalt verleihen, sondern er stürzte Rußland
in eine wirre Zeit. Seine Zukunftsvision erwies sich zwar langfristig als stabil. In
unmittelbarer Wirksamkeit zerstörte sie indes mehr, als sie aufbaute. Davon zeugten
sowohl die Weiterentwicklung der Opritschnina als auch der Livländische Krieg.

Iwan ließ viele Bluttaten vollbringen, und besonders schrecklich waren jene, bei denen er selbst mit Hand anlegte – so in dem Mordfeldzug gegen die Städte Nowgorod, Pskow und Twer im Januar 1570. Der „Große Herr Nowgorod", wie die reiche Stadt ehrenhalber genannt wurde, hatte, obwohl von Moskau einverleibt, seine Handelsverbindungen nach Westen nicht aufgegeben und ein starkes eigenes Kolonialreich errichtet. Nowgorod war in seiner großzügigen Freiheit und in seinem Hochmut für Iwan ein Stachel, der seinem Staatsverständnis Schmerzen bereitete. Er nutzte Gerüchte, Nowgorod wolle sich Polen-Litauen anschließen und auf diese Weise den Schaden wettmachen, den es durch Iwans Livländischen Krieg und durch Iwans Privilegierung des Englandhandels erlitten habe.

Iwan setzte die Opritschniki zu einem Strafgericht in Marsch. Die Stadt wurde umstellt. Zuerst trieb man die Geistlichen zusammen und ermordete sie. Iwans blinder Zorn entlud sich bei einer Messe über den Erzbischof Pimen: „Du Schurke, in deiner Hand hältst du nicht ein lebenspendendes Kreuz, sondern eine Waffe, und mit ihr willst du unser Zarenherz verwunden." Es folgte nach der Unterstellung die bekannte Verschwörerlegende: „Boshaft schmiedest du Ränke zusammen mit Übeltätern, Gesinnungsfreunden unter den Einwohnern dieser Stadt. Ihr wollt diese große fromme Stadt Nowgorod, die zu unserer ererbten Herrschaft gehört, unseren Feinden, dem Fremdstämmigen, dem litauischen König Sigismund August übergeben ... Du bist ein räuberischer Wolf, ein Verräter." Merkwürdig war nur, daß Iwan Pimen zwar als den abtrünnigsten Verräter Nowgorods bezeichnete, daß Pimen jedoch mit dem Leben davonkam und nicht das Schicksal der meisten Einwohner Nowgorods teilen mußte: Fünf Wochen lang wüteten die Opritschniki in der Stadt, mordeten und plünderten. Sie ließen einen wüsten Ort zurück. Tausende von Toten und verstümmelten Menschen, in Nowgorod, in Pskow und Twer, säumten den blutigen Weg des Autokraten. Das wunderbare Nowgorod aber, ein Kleinod russischer Geschichte, erholte sich von diesem Schlag nie wieder.

Auch der Feldzug Iwans gegen den Livländischen Ordensstaat ist in der russischen und osteuropäischen Geschichte kein Unikat geblieben. Aber so „erfolgreich" Iwan die Opritschnina verwirklichte und seine zentralstaatlichen Organisationsprinzipien durchsetzte, so sehr wechselte sein Glücksstern im Kampf um den Ostseezugang in Estland, Lettland und Kurland. Aber welche Wahl besaß er, wenn ihm die großen Hansen in Reval oder in Riga den Zugang nach Westen verweigerten? Der Handel mit England über das Weiße Meer blühte zwar, aber das allein reichte nicht aus: Iwan brauchte und wollte den direkten Zugang zur Ostsee. Mit dem Angriff auf Narwa eröffnete er im Januar 1558 den Krieg. Iwan hoffte, gegen den Ordensstaat leichtes Spiel zu haben, hatte aber nicht damit gerechnet, daß auch andere Ostsee-Anrainer den gleichen Appetit besaßen und Moskaus Vormarsch in Livland feindselig betrachteten.

Mit dem demagogischen Argument, Livland schützen zu wollen, marschierten die Schweden in Estland ein, während Polen und Litauer Lettland besetzten. Kurland wurde 1561 als Herzogtum gänzlich polnischer Oberhoheit unterstellt. Zar Iwan war nicht zum Zurückweichen bereit. Es setzte ein eifriges Tauziehen um die Gunst Elisabeths I. von England ein. Polen suchte die Königin für ein Bündnis gegen Rußland zu gewinnen, und Iwan wollte aus England Waffen und Schiffsbauer haben. Elisabeth aber war schlau. Sie verweigerte Iwan zusätzliche Hilfe. Das erzürnte ihn, und er sandte einen groben Brief an seine königlich-britische Schwester: „... Nun sehen wir aber, daß bei dir andere Leute über deinen Kopf hinweg herrschen, und was für Leute: Krämer aus niederem Stand ..." Was aber sollte Iwan tun? Ohne den direkten Weg nach Westen war er nun noch in weit stärkerem Maße auf den Englandhandel über das Weiße Meer angewiesen. England konnte seine Privilegien in Rußland stärken.

Der Krieg in Livland blieb für Iwan IV. stecken. Mit der Opritschnina versiegten die wirtschaftlichen Hilfsquellen mehr und mehr. Der Krieg entsprach den Interessen des Iwan verpflichteten niederen Adels. Adaschew indessen, der den Wünschen der vielfach mit dem Westen verschwägerten Bojaren zuneigte, war der Ansicht, daß ein Feldzug gegen das Krim-Khanat Rußlands Interessen dienlicher wäre. Er schien recht zu behalten, denn während sich der Krieg um Livland dahinzog, vereinten sich Osmanen und Krim-Tataren, um die Wolga-Khanate wieder von Rußland zu trennen. Sie stießen nicht nur nach Astrachan vor, sondern brannten später, im Jahr 1571, sogar noch einmal Moskau nieder. Tausende Moskowiter wurden in die Sklaverei verschleppt. Der Zar mußte sich aus seiner Hauptstadt nach Norden zurückziehen und war schließlich sogar bereit, Astrachan wieder zu opfern. Aber durch den Sieg M. I. Worotynskis über die Tataren wurde er vor dieser Gefahr gerettet. Ausgerechnet das Semschtschina-Heer schlug die Krieger des Khans Dewlet-Girej an der Oka zurück!

Dafür verlief der Livländische Krieg für Iwan ungünstig. 1579 eröffnete der polnische König Stefan Báthory den Gegenangriff. Báthory saß seit 1576 als Nachfolger des 1572 verstorbenen Königs Sigismund II. August auf dem polnischen Thron. Báthory besetzte 1581 Polozk und Pskow, und die Schweden drangen in Ingermanland ein. Iwan wandte sich daraufhin an Papst Gregor XIII. und bat um dessen Vermittlung in dem Konflikt. In seinem Auftrag erreichte der Jesuit Antonio Possevino 1582 den auf zehn Jahre begrenzten Waffenstillstand von Jam Sapolski, der Rußland zur Herausgabe aller seiner Eroberungen zwang. Im Jahr darauf wurde an der Mündung der Pljussa ein paralleler Waffenstillstand mit Schweden zu ähnlichen Bedingungen geschlossen: Der gesamte russische Küstenstreifen am Finnischen Meerbusen ging verloren.

Die Waffenstillstände besaßen weitreichende Folgen. Moskau hatte abermals den Kampf um das „Fenster nach Westen", wie es später Peter I. formulierte, verloren. Die Zugänge zur Ostsee oder nur zum Finnischen Meerbusen waren gesperrt, womit gleichzeitig die handelspolitischen Hoffnungen der Engländer auf den osteuropäischen Markt geschmälert wurden und ihnen wieder nur der Zugang über das Weiße Meer im Norden, über das 1584 gegründete Archangelsk, blieb. Der Verlust der Ostseeküste wurde vorerst auch nicht durch den Vorstoß des Kosaken-Atamans Jermak Timofejewitsch kompensiert, der 1582, maßgeblich finanziert von der Nowgoroder Kaufmannsfamilie Stroganow, die Hauptstadt des sibirischen Khanats, Kaschlyk, erobert hatte. Iwans eigenes Interesse an dem kosakischen Feldzug blieb verhalten. Jermak eröffnete zwar den Weg zum Pazifik, aber Sibirien mußte später noch einmal neu erobert werden.

Aber diese mit dem Livländischen Krieg verbundenen Ereignisse schlossen schon einen Zeitraum ein, in dem sich das persönliche Verhalten Iwans grundlegend in allen äußeren Erscheinungen wie auch in seinem inneren Wesen verändert hatte. Nach sieben Jahren hatten die Opritschniki etwa 4000 der vornehmsten Würdenträger des Reichs mit ihren Familien, aber auch einflußreiche Adlige, Kaufleute und Bürger aus Nowgorod, Pskow und anderen Städten ermordet.

Dann, im Jahr 1572, wurde die Opritschnina plötzlich aufgehoben. Ebenso überraschend und unvermittelt, wie Iwan das grausige Schauspiel inszeniert hatte, ließ er auch den Vorhang darüber fallen. Iwan schien müde geworden, alt und verbraucht. Der Krieg stagnierte, die wirtschaftlichen Probleme wuchsen und wuchsen. Er hatte in Wirklichkeit doch nur ein Ziel erreicht: seine ärgsten Feinde, die Bojaren, waren substanziell dezimiert. Der Zar schrieb für seine beiden Söhne Iwan und Fjodor ein Vermächtnis und klagte bitterlich, wie es allen seinen derartigen Episteln eigen gewesen ist: „Mein Leib ist erschöpft, mein Geist leidend; der Schorf meiner seelischen und körperlichen Wunden hat sich vermehrt, und es gibt keinen Arzt, der mich heilen könnte. Ich sehnte mich nach einem Menschen, der meinen Gram mit mir geteilt hätte, aber niemand ist da. Ich habe keine Tröster gefunden." Auch seine vielen Ehen waren offenbar wie im Rausch verflogen. Aber immer kehrten die abstrakten Anklagen wieder: „Gutes hat man mir mit Bösem vergolten und Liebe mit Haß." Er war im Grunde ratlos und dachte sogar daran, sich in das Ausland zurückzuziehen. Entsprechende Verhandlungen mit Elisabeth I. von England endeten jedoch ohne Ergebnis. Iwan hatte die Bojarenschaft dezimiert, fürchtete jedoch nach wie vor um sein Leben, zumal die Verfolgungen auch unter den Spitzen der Opritschniki Opfer gefordert hatten. Daraus erklärt sich wohl auch, daß die Opritschnina noch einmal, 1575/76, als „Teilfürstentum" (udel) kurzzeitig wiederbelebt worden ist. Wie schon während der Opritschnina zog Iwan demonstrativ aus dem Kreml aus und logierte bescheiden als „Fürst Iwanec von Moskau" auf dem heutigen Arbat. Dafür setzte er den tatarischen Dienstfürsten von Kasimow als Zaren „Simeon (Sain Bulat) Bekbulatowitsch" ein. War schon der Auszug in die Alexandrowska sloboda eine Farce gewesen, so glich der neue Schritt einer grausamen Posse, denn er vollzog sich unter Liquidierung der gesamten Regierung des Fürsten B. D. Tulupow und den Bedingungen eines neuen blutigen Strafgerichts gegen die Stadt Nowgorod. Der tatarische „Zar" tat Iwan ohne Widerspruch jeden Gefallen und rüstete ihn für seinen Udel mit allen notwendigen Vollmachten aus, die Iwan benötigte, um seinen Blutdurst und seine Rachsucht nun auch an den Opritschniki selbst zu stillen. Es ist jedoch nicht anzunehmen, daß Iwan allein aus wilder Leidenschaft und irrationalem Wahnsinn gehandelt hätte. Ebenso wie der Opritschnina die wohlkalkulierte Vorstellung zugrunde gelegen hatte, die Selbst-

herrschaft nur durch die Ausschaltung der alten Aristokratie festigen zu können, gab es
für Iwan IV. auch jetzt gute Gründe, die Posse mit dem Pseudozaren etwa ein Jahr lang
zu spielen – wenngleich die Konstruktion merkwürdig genug bleibt. Tatsache ist auch
in diesem Fall, daß Iwan abermals „das verderbte Verhalten unserer Untertanen" als
Motivation für dieses merkwürdige Spiel angab, sich aber das Recht vorbehielt: „Wenn
es uns gefällt, können wir die Würden wieder an uns nehmen." Nach einem Jahr
verschwand der Großfürst Simeon spurlos von der russischen Bühne. Iwan IV. hatte
seinem Leben ein irrationales Ereignis hinzugefügt – oder hatte er, der Autokrat, nur
einen Scherz gemacht?

Offensichtlich verdächtigte Iwan seinen 1554 geborenen Sohn gleichen Namens,
das Thronerbe vorzeitig antreten zu wollen. Mit Hilfe der Posse sollte der Zarewitsch
in die Schranken gewiesen werden. Zar Iwan IV. war nicht entgangen, daß die gedemütigten Bojaren große Hoffnungen auf den Thronfolger setzten. Da der Zar selbst
nach 1578 häufig erkrankte, wuchs sein Mißtrauen gegen den Sohn. Der Konflikt
spitzte sich zu und endete im November 1581 in einer Katastrophe.

In einem zunächst scheinbar belanglosen Familienstreit – Zar Iwan erregte sich,
weil die schwangere Schwiegertochter ohne die vorgeschriebene Kleidung in der Sonne
lag – suchte der Sohn seine Frau vor dem tobenden Vater in Schutz zu nehmen. Der
Zar erboste sich gegenüber dem Sohn, schlug mit seinem eisenbewehrten Stab unbarmherzig zu, und der Sohn verstarb einige Tage später an den Folgen der Verletzung.
Der im Affekt vollzogene Mord an seinem Sohn hat sehr stark dazu beigetragen, das
Bild vom „schrecklichen" Iwan zu zeichnen. Die Bluttat war nicht zu rechtfertigen.
Dennoch strafte sich der Zar selbst nicht weniger. Seine eigene verruchte Tat erschütterte ihn derart, daß er sich bis zu seinem Tod im März 1584 nicht wieder erholte. Als
der Sohn in der Moskauer Erzengel-Kathedrale beigesetzt wurde, brach Iwan IV.
fassungslos weinend zusammen. Fortan glich der Kreml einem Kloster. Iwan legte
niemals wieder die prachtvollen Zarenkleider an. Er ließ Gedenkbücher mit den
Namen aller seiner Opfer anfertigen und für die Gemordeten Seelenmessen lesen.
Dennoch: In seiner Wut trug der Zar zum Ende der Rjurikidendynastie bei.

Das nahende Ende der Herrschaft Iwans und auch der Dynastie war nicht nur
durch das – auch in der Kalkulation – irrationale Wesen des Zaren gekennzeichnet.
Der Mord an dem Sohn wirkte wie ein Symbol. Im gleichen Jahr ging der Livländische
Krieg endgültig verloren. Der „Hof" hatte als separate Verwaltungs-, Polizei- und
Heeresorganisation versucht, die in all den Jahren durch staatliche Desorganisation,
Terror, Krieg, Hungersnöte und Pesteinbrüche verfallene Wirtschaft des Landes wieder auf die Beine zu stellen. Es war erfolglos. Iwan sah die einzige Verantwortung für
den Niedergang des Reichs im Verrat der Bojaren. Er kam auf die – erneut merkwürdig anmutende – Idee, mit Elisabeth I. von England ein Bündnis einzugehen. Obwohl
er noch in siebenter Ehe verheiratet war (nach den Kirchengesetzen wurde diese Ehe
nicht anerkannt), wollte er die Verwandte der englischen Königin Mary Hastings
heiraten und nach England emigrieren. Das heißt, Iwan wollte damit zum dritten Mal

auf den Thron verzichten, diesmal zugunsten des übriggebliebenen und als gleicherma-
ßen fromm wie sanftmütig geltenden Thronfolgers Fjodor Iwanowitsch – Iwans letzter
Sohn, Dmitri von Uglitsch, wurde erst 1582 geboren und lebte zum Zeitpunkt des
letzten Verzichtsentschlusses noch nicht. Aber die Pläne einer faktischen Flucht nach
England erfüllten sich nicht. Iwan IV. resignierte, er besaß nicht mehr viel Kraft. Er
setzte für seinen Sohn Fjodor noch einen Regentschaftsrat unter der Leitung N. R.
Jurjew-Sacharins (Romanow) ein, aber am 18. März 1584 starb Iwan: er hatte gerade
Schach gespielt. Er hinterließ einen wenig zur Regierung geeigneten und kranken
Thronfolger. Das Reich befand sich in einem desolaten Zustand, die Zeit der Wirren
begann. Dennoch bleibt Iwan IV., ein hünenhafter und massiger Mann, in der Geschichte der russischen Autokratie eine überragende Persönlichkeit. Nicht so sehr, weil
seine Reformansätze für die nachfolgenden Jahrhunderte bestimmend blieben, sondern vor allem, weil er schier die Inkarnation des autokratischen Selbstwertgefühls war:
Iwan verstand sich als ein von Gott gesandter Richter über die Bösen. Sein Schicksal
bestand darin, die Bestrafung des Bösen – wie er es verstand – als persönliche Schuld
auf sein Gewissen zu laden. Jeder seiner Bluttaten folgten selbstquälerische Bußgebete
voll innerer Verzweiflung. Der Selbstherrscher Iwan verstand die eigene Gewalttat
gegen Menschen als Opfer für seine Untertanen. Die dem westlichen Betrachter des
20. Jahrhunderts schwer verständliche Logik, die nur aus der Mentalitäts-, Geistes-,
Macht- und Religionsgeschichte des östlichen Europa zu verstehen ist, wird noch
schwerer verständlich, wenn man bedenkt, daß Iwan für seine Zeit ein außerordentlich
gebildeter Mensch war, dessen europäisches Denken dem Geist seiner Zeit durchaus
adäquat gewesen ist.

Literatur

Altrussisches Hausbuch „Domostroi", übersetzt aus dem Altrussischen und mit einem Nach-
    wort von Klaus Müller, Leipzig und Weimar 1987.
Erich Donnert, Iwan Grosny „der Schreckliche", Berlin 1980.
Paul Dukes, The Making of Russian Absolutism 1613–1801, London und New York, 1990.
Hans von Eckardt, Iwan der Schreckliche, Frankfurt a. M. 1941.
Reinhold Neumann-Hoditz, Iwan der Schreckliche, Reinbek bei Hamburg 1990.
S. F. Platonov, Ivan Groznyj, 1530–1584, Petersburg 1923 (englische Ausgabe: S. F. Platonov:
    Ivan the Terrible, Gulf Breeze 1986).
Karl Stählin, Der Briefwechsel Iwans des Schrecklichen mit dem Fürsten Kurbski, Leipzig
    1921.
Prince A. M. Kurbskys History of Ivan IV, Cambridge 1965 (hrsg. von J. L. I. Fennell).
Ruslan G. Skrynnikow, Iwan der Schreckliche und seine Zeit, München 1992.
Heinrich von Staden, Aufzeichnungen über den Moskauer Staat, Hamburg 1930.
Henry Troyat, Iwan der Schreckliche, München 1987.
K. Valisevskij, Ivan Groznyj, Moskau 1993.
R. Ju. Wipper, Ivan Groznyj, Moskau 1947.

FJODOR (I.) IWANOWITSCH

Fjodor (I.) Iwanowitsch

1557–1598

ZAR VON RUSSLAND 1584–1598

31. Mai 1557	Fjodor Iwanowitsch wird als dritter Sohn in der ersten Ehe Iwans IV. mit Anastassija Romanowna in Moskau geboren.
1580 (?)	Fjodor heiratet die Schwester des späteren Regenten und Zaren Boris Godunow, Irina. Die Heirat kann auch bereits 1574 erfolgt sein.
1581	Obwohl als schwachsinnig geltend, wird Fjodor nach dem gewaltsamen Tod seines Bruders Iwan Thronfolger. Zar Iwan IV. bestimmt für ihn einen Regentschaftsrat.
19. März 1584	Fjodor besteigt nach dem Tod Iwans IV. den russischen Zarenthron. Die Krönung erfolgt am 31. Mai 1584.
6. Januar 1598	Zar Fjodor Iwanowitsch stirbt in Moskau und wird im Kreml beigesetzt.

Fjodor Iwanowitsch war 27 Jahre alt, als er den Moskauer Zarenthron bestiegen hat – eine Ausnahme unter den ersten russischen Herrschern, die oftmals bereits in früher Jugend oder gar Kindheit die Krone Monomachs aufs Haupt gesetzt bekamen. Fast 14 Jahre hat Fjodor als Zar offiziell regiert. Dennoch hat er kaum Spuren in der russischen Geschichte hinterlassen, es sei denn, daß mit ihm im Jahr 1598 die Dynastie der Rjurikiden in direkter männlicher Erbfolge auf dem Thron endgültig ausstarb – die Dynastie, die seit den Anfängen der mittelalterlichen Kiewer Rus russische Herrschaftsgeschichte geschrieben hatte. Eine Dynastie, die so glänzende Persönlichkeiten wie Wladimir den Heiligen oder Jaroslaw den Weisen, aber auch so tatkräftige Fürsten wie Iwan III. und Wassili III. und so schaurig-despotische Gestalten wie Iwan IV. hervorgebracht hatte, endete mit dem schwachsinnigen Zaren Fjodor Iwanowitsch.

Fjodor ist unter unglücklichen Umständen in die despotische Herrschaft seines Vaters hineingeboren worden. Es ist zweifelhaft, ob er überhaupt jemals begriffen hat, was um ihn herum geschehen ist. Durch den Zwang der dynastischen Erbfolge auf den Thron gesetzt und dennoch gleichzeitig unfähig zu eigener Willensentscheidung, mußte er in Wirklichkeit die Regierung in fremde Hände legen, in Hände, die ihre Chance zum eigenen Aufstieg bis zu allerhöchsten Würden unbarmherzig nutzten: in die Boris Godunows. In diesem Sinne ist Zar Fjodor Iwanowitsch für seine Herrschaftszeit kaum oder gar nicht verantwortlich zu machen. Aber auch als letzter Rjurikide hat er über 40 Jahre gelebt und eine menschliche Spur in der russischen dynastischen Geschichte hinterlassen, der gehöriger Respekt gezollt werden soll.

Fjodors Sterne standen von Beginn an schlecht. Als er im Jahr 1557 geboren wurde, war seine Mutter, die Zarin Anastassija, die mit Iwan IV. eine gute Ehe geführt hatte, bereits krank. Sie starb auch schon im Jahr 1560, gerade einmal 30jährig. Fjodor war ihr sechstes Kind und von Beginn an körperlich und geistig schwach. Er wurde in eine Zeit hineingeboren, in der sein Vater noch in den Idealen einer Reformierung Rußlands im Sinne autokratischer Herrschaftsansprüche lebte. Aber der Livländische Krieg stand vor den Toren und sollte den jungen Fjodor ebenso begleiten wie der Übergang des Vaters zur unmittelbaren Terrorherrschaft der Opritschnina. Zudem: Iwans zahlreiche Ehen, seine Selbstkasteiung und der stetige Niedergang des Reichs begleiteten den Lebensweg Fjodors. Es ist nicht bekannt, welche Wirkungen alle diese erregenden Ereignisse auf Fjodor ausgeübt haben. Wahrscheinlich haben sie ihn kaum berührt. Sowohl die eigene geistige Verwirrung als auch der 1554 geborene Zarewitsch Iwan schützten ihn vor der Gefahr, überhaupt als Thronfolger in Erwägung gezogen zu werden, obwohl die Tatsache des Schwachsinns allein kein juristisch relevanter Hinderungsgrund für die Thronfolge gewesen wäre.

Die wirkliche Tragödie im Leben Fjodors begann in dem Augenblick, als Zar Iwan IV. seinen Sohn Iwan Iwanowitsch im Jahr 1581 erschlug. Der Tod des Sohnes trat, einige Tage nach dem fürchterlichen Schlag, am 19. November 1581 ein. Antonio Possevino, der päpstliche Beauftragte in Moskau, schrieb: „Man vermutet, daß dieser Monarch (Iwan IV. – D. J.) nicht mehr lange leben wird." Tatsächlich erschütterte den Zaren der gewaltsame Tod des Sohnes derart, daß er selbst nach kaum mehr als zwei Jahren starb. Der Zusammenhang zwischen dem Familiendrama und der Lebenskrise Iwans IV. ist unübersehbar. Aber die Frage der Thronfolge war durch diese schrecklichen Ereignisse wieder völlig offen. Es durfte doch einfach nicht Realität werden, daß die in Moskau seit 300 Jahren herrschende Dynastie plötzlich ihrer Zukunft beraubt sein sollte! Aber wo lag die Alternative? Es gab nur Fjodor. Er war zwar bereits 25 Jahre alt und auch verheiratet. Aber er war nach wie vor kränklich, körperlich labil und hatte auch keine Kinder. Weil er offensichtlich regierungsunfähig war, hatte der Vater bisher auch keinerlei Schritte zu seiner etwaigen Vorbereitung auf das Herrscheramt unternommen.

Allen an den notwendigen Beratungen beteiligten Bojaren und Würdenträgern war vor allem nach den anhaltenden Kriegsniederlagen und der wirtschaftlichen Zerrüttung des Landes bei dem Gedanken an eine Regentschaft Fjodors höchst unwohl. Iwan IV. sah jedoch, daß er keine andere Wahl als Fjodor besaß. Also drohte er der Bojarenduma zum wiederholten Mal seinen Rücktritt an und forderte sie auf, wenn sie Zweifel an der Regierungsfähigkeit Fjodors besäßen, doch aus ihren eigenen Reihen einen geeigneten Vorschlag für die Thronfolge zu unterbreiten. Nach den grauslichen Erfahrungen mit der Opritschnina war den Bojaren jedoch bewußt: Jeder andere

Vorschlag neben Fjodor bedeutete die Vernichtung der eigenen Familie. So baten denn die Bojaren Iwan IV. inständig, Fjodor zum Thronfolger zu ernennen.

Iwan beobachtete die Bojaren sehr genau. Er wußte, daß die Vorbereitung Fjodors auf den Thron unter den Bedingungen, da das Land in einem elenden Zustand war und der gegenseitige Haß hohe Wellen schlug, kaum erfolgreich verlaufen konnte. Darum bemühte sich Iwan in seinen letzten Lebensmonaten, einen Ausgleich zwischen dem „Hof" und den noch am Leben gebliebenen Bojaren zu erreichen. Ja, entgegen aller bisherigen Praxis beteuerte Iwan sogar, er werde den Hochadel künftig vor Denunziationen schützen. Ein Gesetz der Bojarenduma vom 12. März 1582 schuf die notwendigen Garantien. Iwan IV. ging im Interesse der Thronsicherung für seinen Sohn Fjodor noch weitere Schritte. Er „vergab" den früher hingerichteten politischen Gegnern ihre „Sünden" und ließ Seelenmessen für sie abhalten. Durch großzügige Geldzuwendungen erkaufte er sich die Versöhnung mit Adel und Kirche und rechnete richtig: Im entscheidenden Moment stimmten der Metropolit und die Kirchenhierarchie für Fjodor als neuen russischen Zaren.

Am 18. März 1584 starb Iwan IV., und am darauffolgenden Tag bestieg Fjodor Iwanowitsch den Thron. Aber er regierte nicht. Fjodor war eigentlich nur mit der Sorge um sein Seelenheil beschäftigt. Er vergab großzügige Geschenke an Klöster und soll selbst ganze Tage mit Glockenläuten ausgefüllt haben. Der Chronist drückte es weit drastischer aus. Fjodor war „wegen Blödigkeit seiner Vernunft und Sinnlichkeit / das Reich zu verwalten / und zu allen anderen Dingen untüchtig". Dieser „Theodorus ... ist ... von seinem Vater jederzeit verachtet gewesen / er ist auch in allem seinem Tun blöden Verstandes befunden worden / ist auch auf Zeit in die Kirche gelaufen / sich an die Glockenstränge gehangen und selbst geläutet". Fjodor interessierte sich auch sehr für seine inneren häuslichen Angelegenheiten, aber die Regierung des Reichs lag nicht in seinen Händen. Es muß ihm relativ egal gewesen sein, ob das Moskauer Reich von Schweden oder von Tataren bedroht wurde, wenn er nur in seiner Frömmigkeit der Vesper für das Fest Unserer Lieben Frau von Rjasan folgen durfte ...

Iwan IV. hatte noch vor seinem Tod einen Regentschaftsrat eingesetzt, dem sehr unterschiedlich interessierte Bojaren und Würdenträger des Reichs angehörten. Der Rat wurde von Nikita Romanowitsch Jurjew-Sacharin-Romanow, dem Bruder der vormaligen Frau Iwans IV., Anastassija, geleitet. Seine Mitglieder waren Iwan Fjodorowitsch Mstislawski, der als Nachkomme aus dem Geschlecht der baltischen Gediminiden den Rjurikiden genealogisch ebenbürtig war, und der Rjurikide Fürst Iwan Petrowitsch Schuiski. Neben diesen Aristokraten fanden zwei Emporkömmlinge Platz in dem Regentschaftsrat: Bogdan Jakowlewitsch Belski, zeitweilig Erzieher des jüngsten Sohnes Iwans IV., Dmitri, ein ehemaliger Opritschnik. Und: Boris Fjodorowitsch Godunow. Der Opritschnik Godunow hatte das besondere Vertrauen Iwans IV. besessen. Aber in den Regentschaftsrat für den Zaren Fjodor war er nicht benannt worden. Er gesellte sich nach Iwans IV. Tod von selbst zu dem Gremium, darauf bauend, daß ihm seine Eigenschaft als Schwager des neuen Zaren (Fjodor hatte

1580 Godunows Schwester Irina geheiratet), genügend Selbstvertrauen, Standhaftigkeit und Einfluß sichern würde. Und tatsächlich: Bogdan Belski wurde bald aus dem
Rat verbannt, und schon im folgenden Jahr übte Boris Godunow die dominierende
Stellung aus. Der Regentschaftsrat existierte de jure bis zum Jahr 1588. Aber stets
wurde er von Godunow beherrscht, bis dieser ab 1588 die Regentschaft allein ausübte.
Um seinen Einfluß zu sichern, hatte Godunow nicht davor zurückgeschreckt, seinen
gefährlichsten Konkurrenten, den Fürsten Iwan Schuiski, auszuschalten. Schuiski
mußte 1587 Schutz in einem Kloster suchen.

Boris Godunow nutzte die Regentschaft in mehrfacher Hinsicht. Auch als ungeliebter Emporkömmling und ehemaliger Opritschnik leistete er innen- und außenpolitisch mit allen zu seiner Zeit üblichen Mitteln und Zielen sachliche Arbeit für
Rußland – und er bereitete systematisch seine eigene Herrschaft vor. Zar Fjodor war
für Godunow während der Regentschaft kein ernsthaftes Hindernis. Daran änderte
auch die Tatsache nichts, daß Fjodor im Jahr 1587 (wie übrigens auch schon 1573)
Kandidat für die polnische Königswürde war. Godunow bestimmte das politische
Feld, stets respektvoll beteuernd: „Ich folge in allem Seiner Majestät dem Zaren." Er
sicherte erneut gegenüber Polen und Schweden einen schmalen Zugang zur Ostsee.
Godunow festigte die südlichen Grenzregionen gegen Tataren und Osmanen, erneuerte und erweiterte die sibirischen Besitzungen. Godunow baute den Handel mit
englischen Kaufleuten aus und festigte die innere Ordnung, unter anderem, indem er
die Rangerhöhung der russischen Kirche in einem eigenständigen Patriarchat erlangte.
Durch seine Gesetzgebung konnten die schlimmen Folgen der Opritschnina und des
Livländischen Krieges in gewisser Weise beseitigt werden, wenngleich auch kaum
davon gesprochen werden kann, daß staatliche Verwaltungsreformen, bäuerliche und
soziale Gesetzgebungen bereits eine allgemeine Stabilisierung des Landes und seiner
Bevölkerung nach sich zogen.

Zar Fjodor blieb von den Bemühungen Godunows und der Regierung weitest-
gehend unberührt. Es ist nicht einmal bekannt, ob und auf welche Weise er auf ein
Ereignis reagierte, das schwerwiegende Folgen für den russischen Staat und auch für
Boris Godunow haben sollte. Am 19. Oktober 1583, ein halbes Jahr vor Iwans IV.
Tod, hatte ihm Maria Nagaja den Sohn Dmitri geboren. Fjodor besaß damit noch
einen jüngeren Halbbruder. Maria Nagaja und Dmitri waren 1584 bereits von Boris
Godunow nach Uglitsch geschickt worden. Dmitri hatte nach dem Willen seines
Vaters in einiger Entfernung von Moskau mehrere Städte und Herrschaftssitze erhalten. Zar Fjodor ließ sich von Boris Godunow leicht überreden, den kleinen Bruder
und dessen Mutter nach Uglitsch zu bringen. Das Ziel bestand wohl nicht so sehr
darin, Dmitri zu entfernen, sondern vielmehr in der Absicht, die nach Iwans IV. Tod
immer unleidlicher werdende zänkische und selbstgerechte Maria Nagaja aus dem
Einflußbereich des Throns zu verbannen. Im Frühjahr 1591 starb Dmitri unter unge-
klärten Umständen. Ein offizieller Bericht sprach von einem epileptischen Anfall, der
zur Katastrophe geführt habe, andere behaupteten, Godunow habe den Prinzen er-

morden lassen. Tatsache bleibt, daß mit Dmitri ein – für Godunow – gefährlicher Thronanwärter nicht mehr lebte. Insofern mußte der Regent auch Zar Fjodor noch vorsichtig behandeln und mit ihm rechnen, denn dessen Ehefrau Irina konnte trotz mehrerer vorausgegangener Fehlgeburten jederzeit einen lebensfähigen Prätendenten zur Welt bringen.

Die Sorge blieb indessen unbegründet. Sieben Jahre nach dem Ende Dmitris, Anfang Januar 1598, starb der Zar Fjodor Iwanowitsch, ohne einen Nachfolger für den Thron bestimmt zu haben. Außerdem: Es stand ein Mann bereit, der nur darauf wartete, den Thron besteigen zu können. Da mit Zar Fjodor die Dynastie der Rjurikiden auf dem Thron endgültig ausgestorben war und sich in den Wirren der Zeit noch keine neue Familie zur Herrschaft profiliert hatte, machte er sich die größten Hoffnungen, das Erbe der Rjurikiden antreten zu können – Boris Godunow.

LITERATUR

Fedor Ivanovič, in: RBS, Bd. 25, S. 277–301.

BORIS FJODOROWITSCH GODUNOW

Boris Fjodorowitsch Godunow

Um 1552–1605

ZAR VON RUSSLAND 1598–1605

Um 1552	Boris Fjodorowitsch Godunow wird als Sohn des Bojaren Fjodor Iwanowitsch Godunow und dessen Gattin Stepanida Iwanowna (als Nonne Sundulija) geboren.
1567	Erstmals wird Godunow als Angehöriger der Opritschnina am Hof Zar Iwans IV. erwähnt.
Um 1571/72	Godunow heiratet Marija Grigorjewna, Tochter des G. L. („Maljuta") Belski-Skuratow, eines Favoriten Iwans IV.
1580	Von Iwan IV. wird Godunow in den Bojarenstand erhoben.
1587–1598	Boris Godunow übt für den Zaren Fjodor Iwanowitsch die Regentschaft über das Moskauer Reich aus.
1589	Der Regent erhebt die russische Metropolie zum Patriarchat.
17. Februar 1598	Nach seiner Wahl durch die Reichsversammlung (Semski Sobor) regiert Godunow als Zar. Die Krönung erfolgt am 3. oder 9. März 1598 in Moskau.
13. April 1605	Zar Boris Fjodorowitsch Godunow stirbt plötzlich und überraschend in Moskau. Er wird im Moskauer Kreml beigesetzt (unter Zar Wassili Schuiski im Troize-Sergejew-Kloster).

Boris Fjodorowitsch Godunow war eine Ausnahmeerscheinung auf dem Moskauer Zarenthron. Obwohl Iwan IV. das Reich in tiefe Not gestürzt hatte, vermochte Boris Godunow mit starker Hand und allen Winkelzügen eines frühneuzeitlichen russischen Potentaten den weiteren Verfall zumindest zeitweilig und im Zentrum des Reichs aufzuhalten. Godunow entstammte weder einer regierenden Dynastie noch der russischen Aristokratie. Darum wurde er von den renommierten Bojarengeschlechtern auch ewig als „Emporkömmling" verachtet und gehaßt. Godunow war einer der wenigen russischen Zaren, die gewählt wurden. Zudem schaffte er als einziger Regent in Rußland den Sprung aus der Regentschaft heraus auf den Thron. Boris Godunows Leben und Wirken läßt sich in drei zeitliche Abschnitte einteilen, und jeder weist seine eigene Spezifik auf: Bis zum Jahr 1584 war er ein treuer Günstling und Vertrauter Iwans IV., vielleicht sogar zeitweilig der engste Ratgeber des Zaren. Bis zum Jahr 1598 herrschte er als Regent über Rußland. Bis 1605 wahrte er dem Volk gegenüber die

Würde als Zar von Rußland – nicht ohne sichtbare Erfolge. Godunows unerwarteter Tod blieb zwar hinsichtlich der konkreten Umstände ein Rätsel, ist offensichtlich aber nicht von dem ihm drohenden politischen und persönlichen Sturz aus dem Zarenamt zu trennen.

Boris Godunows Name und zwiespältiger Ruhm haben die Zeiten ausschließlich durch die Kraft seiner individuellen Persönlichkeit überdauert. Nach seinem Tod versank das Reich für Jahre in Wirrnis und Chaos, obwohl die Krise schon vor Godunows Thronbesteigung begonnen hatte. Die Wahl Boris Godunows zum Regenten und zum Zaren war einerseits die Folge seiner eigenen Anstrengungen, die höchste Macht in Rußland zu erringen, andererseits ein Ausdruck für die Ratlosigkeit der Bojaren und des Semski Sobor, die dynastischen Probleme zu lösen. Zu viele Bojaren erhoben Anspruch auf den Thron. Letztlich wurde das Moskauer Reich durch die Wirren für Jahrzehnte zum Spielball äußerer Mächte, vor allem des alten polnischen Rivalen. Godunows Leben und Werk waren so bedeutungsvoll, daß ihm Friedrich Schiller 1805 in dem Fragment „Demetrius" ein Denkmal setzte. Alexander Puschkin schrieb 1825 die Tragödie „Boris G.", und auch die Oper „Boris Godunow", 1874 von Modest Mussorgski komponiert, hat dafür gesorgt, daß die Erinnerung an das historische Vorbild die Zeiten überdauert hat.

Wie über so viele russische Persönlichkeiten sind auch die Informationen und Kenntnisse über Boris Godunow lückenhaft – ein permanenter Anlaß für Gerüchte und Spekulationen. Das exakte Geburtsdatum Boris Fjodorowitsch Godunows ist ebenso unbekannt geblieben wie die reale familiäre Herkunft. Es scheint zumindest gesichert, daß er einem Geschlecht russischer Dienstadliger – möglicherweise einstmals tatarischer Herkunft – entstammte. Als Urahn der Familie Godunow galt der Mursaschet, der um das Jahr 1330 – aus der Goldenen Horde der Mongolen kommend – in Moskauer Dienste trat. Das mag für die allgemeine Vorstellung über die Tatarenherrschaft in Rußland merkwürdig erscheinen. Es war jedoch durchaus kein ungewöhnlicher Vorgang, denn daß tatarische Dienstfürsten in Moskau um Asyl nachsuchten und nach erfolgter Aufnahme mit Moskauer fürstlichen Geschlechtern im Adel verschmolzen, gehörte zu den spezifischen Entwicklungsbedingungen des russischen Adels. Der Name Godunow erschien erst im Jahr 1515. Damals trug ein Wojewode im Teilfürstentum Rjasan den Namen Godunow. Den Bojarenrang erwarb die Familie im Jahr 1580, zu einer Zeit, in der Boris Fjodorowitsch bei Hof bereits aufgestiegen war – vier Jahre vor Antritt seiner Regentschaft. Boris Godunow blieb wohl die einzige herausragende Persönlichkeit in einer Familie – abgesehen von der relativ kurzen Herrschaft seines Sohnes auf dem Zarenthron –, die im 18. Jahrhundert wieder erloschen ist.

Ebenso wie über die Herkunft ist auch über den Lebensablauf Godunows bis zu seiner exponierten Rolle unter Iwan IV. relativ wenig bekannt. Vor allem die Jugendjahre liegen weitgehend im dunkeln. Offensichtlich ist er aber schon am Hof Iwans IV. erzogen worden. 1567, Godunow war etwa 17 Jahre alt, erschien als Mitglied der gefürchteten Mördertruppe Iwans IV., der Opritschniki. Godunow muß recht früh Kurs auf eine erfolgreiche Karriere bei Hof genommen haben. Nicht nur, daß er 1570 die Tochter des grausamen Anführers der Opritschniki – G. (Maljuta) L. Belski-Skuratow – heiratete (Skuratow hatte 1569 auf Befehl Iwans IV. den Metropoliten Filipp ermordet, was Godunow später belastete und angelastet wurde). Familienbande knüpften ihn auch unmittelbar an die Rjurikiden: Boris Godunows Schwester Irina war mit dem Sohn Iwans IV., Fjodor Iwanowitsch, verheiratet – eben jenem späteren Zaren Fjodor, dem Godunow als Regent diente. Boris ist nicht der einzige Godunow am Hof Iwans IV. gewesen. Offensichtlich befand er sich im Schoß eines ganzen Familienclans, zu dem auch sein Onkel D. I. Godunow gehörte, der als Kämmerer zeitweilig zur engsten Umgebung des Zaren gehörte und diesen auf Feldzügen in nächster Nähe begleitete. Die Familie Godunow zählte zum Kreis jener Adelsgeschlechter, die erbittert um Platz und Ansehen in der Gunst des Zaren gegeneinander rivalisierten.

Der junge Boris Godunow überzeugte Zar Iwan IV. offenbar nicht nur durch verwandtschaftliche Qualitäten: Iwan schätzte diesen schönen Mann von majestätischem Wuchs und durchtriebenem Verstand von Tag zu Tag mehr. Das war außergewöhnlich, denn das Mißtrauen des Zaren gegenüber jedermann war sprichwörtlich. Boris Godunow aber besaß das Ohr des Zaren und verstand es, Iwan bei allen sich bietenden Gelegenheiten zu biegsamer und elastischer Taktik, List und Hintergründigkeit zu raten. Er war sich über den Charakter seines Herrschers offensichtlich völlig im klaren und hätte sich niemals unterstanden, Iwan mit moralischen Vorhaltungen über sein schreckliches Tun aufzuhalten. Allein Vernunft und Zweckmäßigkeit beherrschten Godunow, selbst wenn er den Zaren zur Mäßigung seiner maßlosen Ausbrüche anhalten wollte. Es ist sehr wohl möglich, daß Iwan auf Godunows Drängen hin die Opritschnina schließlich aufgelöst hat, vor allem, weil deren Ausschreitungen sein, Iwans IV., Ansehen im Ausland negativ beeinflußt hatten. Es war auch Boris Godunow, der dem Zaren vorschlug, „die Polen und Litauer mit honigsüßen Worten einzuschläfern, um ihr Vertrauen zu gewinnen und von ihnen kampflos die angestrebte Krone zu erlangen".

Wenn man bedenkt, daß Godunow zum Zeitpunkt der Opritschnina-Auflösung im Jahr 1572 höchstens 22 Jahre alt gewesen sein kann, dann muß er über besondere Fähigkeiten und Mittel zum Einfluß auf den Zaren verfügt haben. Als nach dem Ende der Opritschnina unter den adligen Bojaren ein zermürbender Streit um Titel, Rang und Anerkennung losbrach, setzte sich Zar Iwan im Falle Boris Godunows ohne Erklärungen über alle widerstreitenden Meinungen hinweg. Der junge Bojar Godunow war stets an seiner Seite, nicht nur bei den Kriegszügen gegen die Schweden, nicht nur beim Niederbrennen von Städten, Dörfern und dem Mord an Menschen – auch als Iwan IV. im November 1581 im Wutrausch seinen ältesten Sohn Iwan erschlug, war Godunow am Tatort – und empfing selbst Hiebe. Den rasenden Zaren konnte er nicht aufhalten. Iwan schreckte nicht einmal davor zurück, seinen Schwiegervater

Afanasi Nagoi foltern zu lassen, weil dieser angeblich Boris Godunow verleumdet hatte. Ohne Zweifel gehörte Boris Godunow zu den permanenten Günstlingen des ansonsten in Zuneigungen und Haßausbrüchen gleichermaßen unberechenbaren Zaren. Zielstrebig erkämpfte und verteidigte Boris die Positionen, die ihn in die Lage versetzten, nach Iwans Tod alle Zügel des Staates und der Regierung in die Hand zu nehmen und sich zum Regenten Rußlands aufzuschwingen.

Iwan IV. hatte vor seinem Tod angeordnet, daß für den Sohn Fjodor, der nach dem erschlagenen Iwan Iwanowitsch erster Anwärter auf die Thronfolge wurde – Fjodor war 1557 der ersten Ehe Iwans IV. mit Anastassija Romanowna Sacharjina-Jurjewa entsprungen –, ein Regentschaftsrat eingerichtet werden sollte. Zu dem Rat gehörten angesehene Aristokraten: Nikita Romanowitsch Sacharjin-Jurjew (ein Bruder Anastassijas), Fürst Iwan Petrowitsch Schuiski, ein Rjurikide, und Fürst Iwan Fjodoro-witsch Mstislawski, ein Litauer aus dem Geschlecht der Gediminiden, deren Ansehen dem der Rjurikiden keineswegs nachstand. Zu diesen gesellten sich der Opritschnik Bogdan Jakowlewitsch Belski. Boris Godunow gehörte dem Regentschaftsrat zunächst und nach dem Willen Iwans IV. nicht an. Erst nach dem Tod Iwans ernannte sich Boris Godunow selbst zum Mitglied dieses Rates. So sehr alle Mitglieder des Regent-schaftsrates auch um die Gunst des künftigen Zaren Fjodor warben, Godunow hatte ihnen eines voraus: Da seine Schwester Irina mit Fjodor verheiratet war, konnte er als Schwager im Regentschaftsrat zusehends an Einfluß gewinnen und seine Macht ziel-strebig ausbauen. Zunächst schlug er seinen ärgsten Opritschnik-Konkurrenten Iwan Schuiski aus dem Felde. 1587 floh Schuiski in ein Kloster, nachdem er zuvor einen erfolglosen Volksaufstand gegen den von ihm als Usurpator betrachteten Godunow inszeniert hatte. Nachdem er die anderen Angehörigen des Regentschaftsrates faktisch beiseite geschoben hatte, konnte Boris Godunow als alleiniger Regent schalten und walten, wie er wollte. Es ist nicht bekannt, daß Zar Fjodor ihm Widerstand entgegen-gesetzt hätte. Godunow löste den Regentschaftsrat danach auch offiziell auf und nahm 1588 den Titel eines Regenten an: „Des Großen Herrschers Schwager und Regent, Diener und Stallmeister, der Bojar, Hofwojewode und Erhalter der großen Herrschaftsgebiete und der Zartümer Kasan und Astrachan." Vielleicht erscheinen gerade solche Persönlichkeiten wie Boris Godunow nur in geschichtlichen Übergangs-zeiten, wie eine solche durch das faktische Ende der Rjurikiden-Dynastie ausgelöst worden war, ehe sich mit den Romanows neue dynastische Stabilität einzustellen begann. Zumindest die Art und Weise der Machtergreifung, das Auseinanderbrechen überkommener Strukturen und die Tatsache, daß keine festgefügte politische Rahmenordnung bestand, ermöglichten solchen talentierten und zugleich skrupellosen Persönlichkeiten wie Boris Godunow den instinktiv sicheren Zugriff zur Macht. Die Opritschnina und die Willkür eines Iwan IV. waren dafür der geeignete Nährboden.

Inzwischen widmete sich Boris Godunow allen wichtigen Aufgaben, vor denen der Moskauer Staat stand. Auch ihm, dem verachteten Emporkömmling, ging es um die Wahrung und Mehrung der Besitzstände Rußlands. Er erreichte eine Reihe bemerkenswerter Erfolge – natürlich stets im Namen des Zaren Fjodor Iwanowitsch. Godunow bewies viel Geschick bei der Lösung außenpolitischer Probleme, namentlich gegenüber den Dauerrivalen Polen und Schweden. Allerdings beschränkten sich diese Erfolge vor allem auf die Zeit seiner Regentschaft. Er erreichte, daß Schweden im Jahr 1590 die Städte Jam, Koporje und Iwangorod zurückgab. Dadurch erhielt Rußland wieder den so begehrten unmittelbaren Zugang zur Ostsee, wenn auch vorläufig nur auf einem sehr schmalen Streifen. Fünf Jahre später – im Mai 1595 – schloß Moskau sogar in Teusino mit Schweden einen „Ewigen Frieden". Der Vertrag beendete nicht nur die seit 1591 anhaltenden russisch-schwedischen Konflikte, sondern Moskau erhielt zudem auch einen Gebietsstreifen auf der Karelischen Landenge zurück.

Traditionelle Konflikte beunruhigten Boris Godunow auch an den südlichen, östlichen und westlichen Grenzen des Moskauer Reichs. Nach wie vor bildeten die Krim-Tataren ebenso einen Unruheherd, wie die Kosaken an Don und Terek. Die Tataren drangen 1591 noch einmal in einem Kriegszug bis nach Moskau vor. Zum Schutz vor den anhaltenden Überfällen ließ Boris Godunow eine Kette befestigter Plätze und Städte anlegen. Diesem Schutzwall verdanken unter anderem die Städte Woronesh (1586), Kursk (1587) und Belgorod (1593) ihre Existenz. Aber auch Ufa, Samara oder Zarizyn (1586) und Saratow (1593) gehörten in den Kranz dieser Festungen. In der gleichen Zeit stieß Rußland weiter nach Sibirien – maßgeblich unterstützt von den „russischen Fuggern", der Familie Stroganow – und in den nördlichen Kaukasus vor. Faktisch wurde Sibirien durch Boris Godunow und das Geld der Familie Stroganow zum zweiten Mal erobert, denn die unter Iwan IV. vorgetragenen Kriegszüge hatten die weite sibirische Taiga noch nicht fest und dauerhaft an das Reich binden können.

Godunow war auch klug genug, neben den Maßnahmen zum Schutz der Landesgrenzen die Fäden nach Westeuropa weiter auszuspinnen. Gerade unter seiner Regentschaft erhielten namentlich englische Handelsherren in Rußland umfangreiche neue Privilegien, die sie in Moskau selbst zu aktiver Tätigkeit nutzten. Der gegenseitige Vorteil wurde beiderseits erkannt und auch von der englischen Königin Elisabeth I. nach Kräften gefördert. Godunow verhielt sich in seinen außenpolitischen Aktivitäten sehr umsichtig und überlegt. Selbst seine Gegner erkannten dem Emporkömmling Klugheit und Weisheit zu. Er war nach allen Veranlagungen eher ein Diplomat als ein Kriegsmann, obgleich er sich seine ersten Sporen unter Iwan IV. durch Gewalttaten verdient hatte. Dem schwedischen König und auch dem Khan der Krim erklärte er gleichlautend: „Wir wünschen Euch nichts Böses und wir bedrohen niemanden, doch wenn ihr uns bedroht, kann es sein, daß es für Euch böse ausgeht. Der Frieden ist viel einträglicher als der Krieg – unserer Meinung nach."

Godunow leistete auch in innenpolitischer Hinsicht Rußland wichtige Dienste. Gewiß, er war erbarmungslos und strebte nach Macht und persönlichem Reichtum. Er kannte auf seinem Weg zur Alleinherrschaft keinerlei Skrupel. Aber vorerst gab ihm der Erfolg recht. Klug und ausgerüstet mit sicherem politischen Instinkt, erwarb er sich die Achtung und das Ansehen auch westeuropäischer Zeitgenossen. Es war ein Erfolg Godunows, das im Livländischen Krieg und durch Iwan IV. demoralisierte und verwüstete Rußland wieder auf einen relativ stabilen Boden zu stellen. Zu den Ergebnissen seiner Politik zählt, daß es ihm gelang, die russische Kirche mit einem eigenen Patriarchat auszustatten: Nach schwierigen Verhandlungen mit dem ökumenischen Patriarchen Jeremias II. erhob Godunow die russische Kirche Anfang 1589 aus dem Rang einer Metropolie (Bistum) in die Würde des Patriarchats. Er setzte einen eigenen Moskauer Patriarchen (Jow) ein. Fünf Jahre währte das Ringen um die internationale Anerkennung der russischen Kirchenorganisation in einem eigenständigen und autokephalen Patriarchat. 1593 war das Ziel erreicht, als die Patriarchen von Konstantinopel, Antiochia, Jerusalem, Alexandria und Serbien die russische Gründung anerkannten. Rußland wurde nicht zum „Dritten Rom", aber der Akt erhöhte zweifelsohne die russische Kirchen- und Staatsautorität in Europa. Der seit etwa anderthalb Jahrhunderten währende beharrliche Kampf um die Autokephalie der russisch-orthodoxen Kirche war damit erfolgreich abgeschlossen worden.

Godunow war gezwungen, mit harter Hand zu regieren. Er mußte die bäuerlichen Fluchtbewegungen zum Stillstand bringen. Ab 1589 tolerierte er neue Rechtsaufzeichnungen für die im nördlichen Gebiet Rußlands lebenden Staatsbauern, um ihnen größere Sicherheit zu geben. Durchsetzen konnte er das Gesetzbuch in ganz Rußland offensichtlich nicht. Demgegenüber konnten mit Verordnungen aus den Jahren 1588 und 1594 die bis dahin noch nicht steuerpflichtigen Teile der städtischen Bevölkerung zu Abgaben an den Staat verpflichtet werden. Auch in den Süden geflohene Bauern durften dort auf Staatsländereien verbleiben und siedeln. Insgesamt war die Bauernpolitik darauf gerichtet, den Besitz der für Godunow wichtigen Dienstleute zu erhalten und zu mehren. Zu diesem Zweck wurden weitere Kirchenländereien säkularisiert. Boris Godunows Bauernpolitik festigte mit der Wirtschaft zugleich die Leibeigenschaft. Die seit Iwan IV. bestehenden, örtlich und zeitlich begrenzten „Verbotsjahre" wurden im Anschluß an eine von 1581 bis 1592 währende neue Landvermessung und Zählung zum allgemeinen Verbot des freien Abzugs erhoben, und 1597 wurden sogenannte „Fristjahre" eingeführt, wobei zunächst jeweils nach Ablauf von fünf Jahren eine Bauernflucht verjährt war. Gleichzeitig verloren die Knechte im Statut von 1597 das Recht auf Freikauf, und diese Gruppe wurde durch vorher freie Leute erweitert, während die Herren zur Registrierung ihrer Leute verpflichtet wurden. Aber den Arbeitskräftemangel und die Entvölkerung der Zentralgebiete konnte der Regent und Herrscher damit auch nicht verhindern.

1597 erließ der Zar einen Ukas, mit dem festgeschrieben wurde, daß der bäuerliche Dienst für einen Herrn auf einem persönlichen Schuldverhältnis beruhe, das nicht aufgehoben werden konnte, solange der Herr lebte.

Neben den täglichen Mühen um die Bewahrung des Reichs plagten den ehrgeizigen und in der Wahl seiner Methoden keineswegs zimperlichen Boris Godunow noch ganz andere Sorgen. Die traten deutlicher als bisher zutage, als im Januar 1598 Zar

Fjodor Iwanowitsch starb und der Thron quasi verwaiste, obwohl der Zar noch seine Gattin Irina zur Thronerbin eingesetzt hatte. Als Fjodor tot war, liefen sofort Gerüchte um, Boris Godunow sei schuld am Ableben des Zaren – dieser sei vergiftet worden.

Eine alte Geschichte wurde erneut ausgegraben, die bereits sieben Jahre zurücklag. 1583 hatte Maria Fjodorowna Nagaja, die letzte Frau Iwans IV., den Sohn Dmitri geboren. Nach dem Tod des Zaren lebte Dmitri mit seiner Mutter als Teilfürst in Uglitsch an der Wolga – dorthin verbannt durch den Regenten-Usurpator Boris Godunow, denn nicht die Nagaja oder Dmitri übten die Staatsgewalt in Uglitsch aus, sondern der von Moskau dorthin entsandte Beamte Bitiagowski. Zwischen der Zaren-Witwe und Bitiagowski bestand ein permanenter Kriegszustand – voller persönlichem Hader und Bosheiten. Auch Dmitri wurde im Haß gegen die Moskauer Bojaren, die das Erbe Iwans IV. so schäbig behandelten, erzogen. Im Mai 1591 starb Dmitri völlig überraschend. Die Zarin fand ihren Sohn auf dem Hof, aus einer tödlichen Wunde am Hals blutend. Marija Nagaja bezichtigte in ihrer ersten Verzweiflung Bitiagowski des Mordes. Der wurde auch prompt von der aufgebrachten Volksmenge mit seinem Sohn und zehn Anhängern erschlagen. Böse Zungen trugen sofort umher, Godunow habe den jungen Zarewitsch getötet, um selbst die Macht zu behaupten. Godunow entsandte unverzüglich eine Untersuchungskommission nach Uglitsch. Geleitet wurde diese durch den Metropoliten von Krutiza, Gelassi, und durch den Bojaren Wassili Schuiski. Die Kommission berichtete nach Moskau, der Zarewitsch habe sich mit Freunden im Messerstechen geübt. Bei einem seiner plötzlichen epileptischen Anfälle – die relativ häufig gewesen sein sollen – habe er sich in Krämpfen die Wunde selbst beigebracht. Marija Nagaja habe mithin Bitiagowski zu Unrecht der Mordtat bezichtigt und obendrein das Volk zu einer Bluttat wider die Obrigkeit aufgehetzt.

Diese Aussage enthielt natürlich eine Tendenz. Tatsächlich sprachen die Moskauer Bojaren die Nagajas ob ihres angeblich eigenmächtigen Handelns schuldig: Marija mußte ins Kloster gehen, weitere Familienmitglieder wurden in die Verbannung geschickt. Den Zarewitsch aber setzte man feierlich in der Kathedrale von Uglitsch bei. Dmitris Ende ist niemals völlig aufgeklärt worden. Es ist möglich, daß sich der epileptische Junge beim Spielen selbst tödlich verletzte, es ist möglich, daß er auf andere Weise zu Tode gekommen ist. Das Volk aber wollte glauben, Boris Godunow habe über Bitiagowski die Hand im Spiel gehabt. Sogar nach dem Tod Godunows, als 1606 die Reliquien des heiliggesprochenen Dmitri enthüllt wurden, verkündete man lauthals, daß der Zarewitsch „unschuldig den Tod von dem ungetreuen Knecht Boris Godunow erlitten" habe.

Und nun, da die Krone vakant war – Irina hatte dem Thron entsagt und den Schleier genommen –, mutmaßte man erneut eine Urheberschaft Godunows. Aber der Verweser konnte gar nicht unmittelbar auf dem Zarenthron Platz nehmen. Zunächst übernahm die Bojarenduma die Aufgaben eines Regentschaftsrats, und in ihr wirkte der Patriarch Jow mit, der nunmehr seinerseits als Reichsverweser auftrat, denn daß Boris Godunow um die Zarenkrone kämpfen wollte, das wurde sehr schnell klar. Er konnte sich auch einer ausgedehnten Lobby erfreuen, denn er hatte natürlich die Regentschaft genutzt, alle wichtigen Ämter mit Freunden und Anhängern zu besetzen. Aber es gab Konkurrenten, namentlich die Familie Romanow. Sie leitete ihre Ansprüche daraus ab, daß Anastassija Romanowa Iwans IV. erste Gemahlin gewesen war.

Boris Godunow konnte zwar auf keine direkte Blutsverwandtschaft pochen – außer der Tatsache, daß eine Schwester Gemahlin Zar Fjodors war –, aber er besaß dennoch die besseren Karten. Jetzt zahlte es sich aus, daß er den Dienstadel privilegiert hatte, und er konnte auf die Sympathie des Patriarchen setzen. Jow berief zum 17. Februar 1598 den Semski Sobor ein und präsentierte Boris Godunow als seinen einzigen Kandidaten. Am Sobor beteiligte sich der Rat des Patriarchen, die Bojarenduma, Vertreter der Dienstleute und aus der handel- und gewerbetreibenden Bevölkerung Moskaus. Boris besaß einen Konkurrenten, der ebenfalls für den Thron in Frage kam: Fjodor Nikititsch Romanow, Neffe der Zarin Anastassija Romanowa und ältester Sohn Nikita Romanowitschs. Aber Jows Einfluß ließ diesen chancenlos bleiben.

In Rußland kochte wieder einmal die Volksseele. Fjodor war ohne Nachkommen gestorben. Wanderprediger hatten Konjunktur und weissagten alles, was das Volk glauben wollte. In dieser von Gerüchten, Legenden und falschen Prophetien flirrenden Atmosphäre begann der Sobor im Moskauer Kreml sein wahrhaftiges Prätendenten-Roulette. Behäbige Prälaten und Bojaren ließen sich Zeit und heizten damit des Volkes Stimme weiter an. Die Soldaten, Kaufleute, Handwerker und Bewohner der Sloboden hatten sich längst entschieden. Der gegenüber den Aristokraten hochmütige und unnahbare, aber dem Volk zugetane Boris Godunow sollte ihr Herrscher sein. Während noch Rjurikiden im Kreml hoch- und niedergeschrieen wurden, wuchs die Volksmenge vor dem Kreml von Tag zu Tag bedrohlicher an: Boris Godunow!

Der Semski Sobor tat sich schwer mit der Wahl, votierte letztendlich jedoch im Februar 1598 einstimmig für Boris Godunow. Standesgemäß zierte sich Godunow zunächst, die Krone anzunehmen, aber eine zweifellos organisierte Bittprozession der Bevölkerung zum Nowodewitschi-Kloster, wohin sich Godunow mit der verwitweten Zarin Irina zurückgezogen hatte, bewirkte Wunder. Der Patriarch half sanft nach, indem er erklärte, er werde im Falle der Weigerung, die Krone anzunehmen, alle Kirchen schließen lassen. Godunow nahm die Wahl an. Irina erteilte ihm ihren Segen. Damit war zum ersten Mal in der russischen Geschichte ein Adliger zum Zaren von Rußland gewählt worden – durch eine Reichsversammlung, der Vertreter verschiedener Stände angehörten. Mit der Wahl Godunows verbanden sich keine Ansätze einer ständischen Staatsverfassung, wie sie für viele europäische Staaten am Beginn der Neuzeit charakteristisch war. Offensichtlich wirkte wesentlich stärker die verhaltene, unauffällige und hintergründige Regie des Prätendenten selbst auf das Wahlergebnis. Man wählte ihn nicht nur aus Furcht vor dem Opritschnik, sondern auch wegen seiner „Weisheit und Gerechtigkeit" und wegen seiner „festen Regierung". Nun war er – der „Emporkömmling" – russischer Zar und ließ sich, zunächst noch vorsichtig abwartend, am 1. September 1598 endlich auch standesgemäß krönen.

Zwischen seinen innenpolitischen Zielen während der Regentschaft und dem Zartum trat bei Zar Boris kein unmittelbarer Bruch ein. Nach wie vor stützte er den Dienstadel und sicherte dessen Landbesitz. Neu war indessen, daß Godunow, als er sich sicher genug wähnte, gegen seine Konkurrenten – vor allem aus der Familie Romanow – sehr energisch zu Felde zog. An und für sich war das kein so ungewöhnlicher Vorgang innerhalb der herrschenden Dynastie. Doch Boris Godunow wurde ein solcher Akt persönlich verübelt, denn wie konnte es der Ehrgeizling „niederer" Herkunft wagen, Hand an die besten Köpfe traditionsreicher Bojarengeschlechter zu legen! Aber er wagte es. Godunow nutzte jede Gelegenheit, wirkliche oder vermeintliche Rivalen aus dem Felde zu schlagen. Bei der Zarenwahl hatte ihn der Ambitionismus Bogdan Jakowlewitsch Belskis gestört. Belski wurde 1600 in das Wolgagebiet verbannt. In den Jahren 1600 und 1601 wurden alle Romanows nach einer Denunziation vor Gericht gestellt. Die fünf Brüder mußten nach Nordrußland gehen. Die Fürsten Schuiski und Golizyn – direkte Nachkommen der Rjurikiden und der Gedeminiden – erhielten fern von Moskau Wojewodenämter und zitterten ständig vor dem Zorn Godunows. Mißgunst und Haß waren die Folgen – auf allen an dem Drama beteiligten Seiten. Boris Godunow selbst vermochte sie am allerwenigsten abzulegen. So gestaltete sich seine Zeit als Zar von Rußland wenig glückvoll. Was dem Reichsverweser von den Bojaren und Höflingen noch zähneknirschend zugebilligt worden war, für den Zaren gab es kein Pardon. Godunow gab seinen Gegnern auch genügend Munition in die Hand. Seine Verfolgungen und Gewaltakte riefen sehr schnell die Furcht hervor, die Opritschnina könne zurückkehren. Die Bojaren murrten, die Städte unterwarfen sich nur unwillig dem staatlichen Export- und Importmonopol, ständig darauf bedacht, eigene Handels- und Wirtschaftsprivilegien zu verlangen.

Konservativen Unmut erregten auch die Versuche, die Verbindungen zum westlichen Ausland zu festigen. Godunow holte Handwerker und Kaufleute nach Rußland und entsandte umgekehrt junge Adlige an Universitäten in Deutschland, England und Frankreich. Das erwies sich zwar als ein Fehlschlag, denn die Adligen blieben alle in Westeuropa. Keiner kehrte in das altväterische Moskowien zurück. Dennoch ließ Godunow seinem Sohn Fjodor eine gute Ausbildung angedeihen. Der Mißerfolg bei den schüchternen Versuchen, dem Adel Bildung zu vermitteln, blieb weder das einzige noch das wichtigste Problem.

Weit schwerwiegender waren die Hungersnöte zwischen 1601 und 1603, die alle Versuche, die Wirtschaftskraft des Landes zu stärken, zunichte machten. Öffentliche Massenspeisungen und Geldgeschenke, aber auch die Schaffung neuer Arbeit durch den Zaren halfen wenig, weder gegen Seuchen noch gegen die ausbrechenden Hungerrevolten. Auch Gutsherren verjagten ihre Bauern und Knechte, um wenigstens selbst überleben zu können. Boris Godunow sah sich schließlich sogar gezwungen, das Verbot für den Abzug der Bauern zu bestimmten Fristen aufzuheben. Knechte und Bauern zogen entwurzelt im Land umher, vagabundierten und verbreiteten den Geist neuer Revolten und Unruhen. Im Jahr 1603 erhoben sich solche „kosakierenden"

Bauern und Knechte unter der Führung Chlopko Kossolaps und drangen bis in die Moskauer Umgebung vor, ehe sie geschlagen wurden.

Allen Rebellionen und Hungersnöten zum Trotz arbeitete der Zar an der Mehrung des Reichs. Er streckte seine Hände weiter nach Sibirien und in den Kaukasus aus, mußte sich jedoch mit der permanenten Beunruhigung durch die Tataren im Süden des Reichs abfinden. Wenig glücklich und intensiv gestalteten sich unter Zar Boris Godunow die Beziehungen zu den westlichen Nachbarn wie Polen, Schweden, Deutschland oder England.

Alle diese Erscheinungen im wirtschaftlichen, politischen und äußeren Bereich dokumentierten, daß Godunows Handlungsfähigkeit als Zar spürbar gehemmt war. Wenn man nach den Ursachen fragt, steht immer wieder an erster Stelle, daß Godunow zwar ein gesalbter Zar von großer Frömmigkeit war, daß ihm von den Aristokraten jedoch niemals seine niedere Herkunft verziehen wurde. Aus diesem Grund blieb er als Zar stets unsicher und gehemmt. Außerdem: Solange Boris Godunow Regent unter Zar Fjodor war, konnte er sich einer relativ hohen Gunst im Volk erfreuen. Als Zar aber konnte er sich sehr bald nur mehr auf das Militär stützen, denn in der Hauptstadt wurde eine Verschwörung nach der anderen gegen ihn inszeniert. An diesen Verschwörungen beteiligten sich vor allem die Angehörigen der Familie Romanow. Das Oberhaupt dieser Familie, Fjodor Nikititsch Romanow, Sohn des Nikita Romanowitsch, wurde als Mönch Filaret ins Kloster gezwungen – ebenso seine Frau. Nur den kleinen Sohn Michail hielt Zar Godunow für zu unwichtig, überhaupt beachtet zu werden. Und dennoch sollten es gerade Filaret und Michail sein, die Rußland Jahre später aus der tiefen und wirren Krise herausführten.

Zu dieser Unsicherheit trug vor allem die wahre oder auch erfundene Last der Vergangenheit bei. Schon in den Anfangsjahren des 17. Jahrhunderts tauchten bei Hof und im ganzen Land Gerüchte auf, die besagten, der Zarewitsch Dmitri sei 1591 in Uglitsch nicht umgekommen, er sei am Leben und beginne von Polen aus, den ihm rechtmäßig zustehenden Zarenthron zurückzuerobern. Legenden von wiederauf-erstandenen Zaren fanden immer wieder Eingang in die russische Geschichte, besonders in unruhigen Zeiten, wie dem 17. Jahrhundert. Aber das Gerücht nahm lebendige Gestalt an. Es erschien auf der politischen Bildfläche Polens und Rußlands tatsächlich ein junger Mann, der sich als wahrer und rechtmäßiger Dmitri Iwanowitsch, legitimer Sohn Iwans IV., ausgab.

Boris Godunow litt zum Zeitpunkt des Auftauchens dieses Thronprätendenten bereits an einer schweren Krankheit, möglicherweise besaß er ein unheilbar krankes Herz. Er war nicht mehr in der Lage, dem mit Heeresmacht und partieller polnischer Unterstützung gegen Moskau ziehenden angeblichen Prätendenten energischen Widerstand zu leisten. Anfang April 1605 wandte sich Godunow an den polnischen König, der möge doch seine Unterstützung für den angeblichen Dmitri einstellen. Aber der Pole reagierte brüsk negativ. Was blieb Godunow? Er beauftragte Wojewo-den, Moskaus Verteidigung vorzubereiten. Aber die Militärs zeigten sich nicht besonders engagiert. Vielleicht richteten sie sich bereits auf den neuen Herrscher, auf die neuen polnischen Herren ein. Boris Godunow wurde einer entscheidenden Auseinandersetzung enthoben. Am 13. April 1605 starb er plötzlich und unerwartet. Sein Tod ist ein Rätsel geblieben. Vielleicht raffte ihn die Krankheit dahin, vielleicht ist er auch durch Selbstmord geendet. Godunow war ein von persönlichem Ehrgeiz getriebener Mann. Aber das Urteil der Geschichte hat ihm übel mitgespielt. Seine Zeitgenossen, die ihm die Krone neideten und sich seiner Herkunft schämten, stempelten ihn als überheblichen, schlauen und grausamen Verbrecher ab: Ein fremder Emporkömmling, der so unselig und verhängnisvoll in der Mariä-Himmelfahrts-Kathedrale zum Zaren gekrönt worden war, mußte einfach schrecklicher als der Schreckliche gewesen sein. So war die untrennbare Verbindung des toten Dmitri in Uglitsch mit Boris Godunow geradezu logisch. Dabei ist das nur eine Scheinlogik, denn der epileptische Dmitri hatte – nach allem, was über seine Krankheit bekannt ist – keinerlei Chance, jemals regierungsfähig zu werden. Er besaß überhaupt nur eine kurze Lebenserwartung. Freilich, rivalisierende Familien konnten ihn jederzeit gegen Zar Boris ausspielen. Nein, Ehrgeiz allein konnte den Haß gegen Boris nicht motivieren. Und Ehrgeiz allein trieb Boris auch nicht zu seinen Handlungen. Er war vor allem ein kluger Staatsmann, dem bewußt war, daß Rußlands Isolierung zugleich Rußlands Verhängnis war. Um diesen Staat stark und selbstbewußt zu machen, wandte Boris Godunow all seine Kraft und seinen Mut auf. Um so merkwürdiger bleibt, daß er nicht mit gleicher Kraft und gleichem Mut den Gerüchten über seine Mittäterschaft in Uglitsch widersprach. Letztlich ist er doch gerade an diesem Gerücht gescheitert.

Mit dem Ende des Zaren Boris Godunow, dem von vielen Bojaren und Aristokraten erhofften Ableben des gehaßten Opritschnik, des Usurpators, des Emporkömmlings, stürzte das Reich in eine noch tiefere Krise. Was 1598 mit dem Ende der Rjurikiden als dynastische Krise begonnen hatte, weitete sich nunmehr zu einer Herrschaftskrise des Reichs aus – die Zeit der Wirren nahm ihren Lauf. Vor den Toren Moskaus stand ein neuer Usurpator. Boris Godunow ließ einen schutzlosen 16jährigen Sohn, Fjodor Borisowitsch Godunow, zurück, dem es nun obliegen sollte, die Zarenwürde weiterzutragen. Ein schier aussichtsloses Unterfangen.

LITERATUR

C. Emerson, Boris Godunov. Transpositions of a Russian Thema, Bloomington, Indianapolis 1986.

C. de Grunwald, La vraie histoire de Boris Godunow, Paris 1961.

Kraevskij, Car' Boris Fedorovič Godunov, St. Petersburg 1836.

H. Neubauer, Boris Fedorovič Godunov, in: JfGOE, 12, 1964, S. 321–330.

S. F. Platonov, Boris Godunov, Prag 1924 (französische Ausgabe: Paris 1929).

R. G. Skrynnikov, Boris Godunov, Moskau 1979.

Henry Troyat, Iwan der Schreckliche, München 1987.

K. Waliszewski, La crise révolutionnaire 1584–1614, Paris 1906.

G. Vernadsky, Die Tragödie von Uglič und ihre Folgen, in: JfGOE, 3, 1955, S. 41–49.

Fjodor Borisowitsch Godunow

1589–1605

ZAR VON RUSSLAND 13. April 1605–1. Juni 1605

1589	Fjodor wird als Sohn des Regenten und nachmaligen Zaren Boris Godunow und dessen Gattin Marija Skuratowa geboren.
13. April	1605 Fjodor besteigt nach dem Tod seines Vaters den Thron.
1. Juni 1605	Zar Fjodor Godunow wird gestürzt.
10. Juni 1605	Zar Fjodor wird gemeinsam mit seiner Mutter auf Geheiß des ersten falschen Dmitri hingerichtet. Er wird im Warsonofij-Kloster beigesetzt. Unter Zar Wassili Schuiski erfolgt die Umbettung in das Troitze-Sergijew-Kloster im Kreml.

Es war ein kurzes Leben und ein tragisches Schicksal, das der Knabe Fjodor Borisowitsch Godunow erleiden durfte und mußte. Die Geschichte der russischen Herrscher ist reich an bedückenden Lebenswegen. Aber, ähnlich dem Leidensweg Iwans VI., traf das Schicksal einen jungen Menschen, der faktisch bereits in der Kindheit aller seiner Hoffnungen gewaltsam beraubt worden war, dessen einzige Schuld in der Herkunft und der Tatsache begründet lag, daß er der Sohn Boris Godunows war, auf dem Zarenthron saß und einem Usurpator im Wege stand.

Fjodors Vater, der adlige Emporkömmling Boris Godunow, hatte sich mit den Mitteln seiner Zeit redlich gemüht, Rußland aus dem Tal der Opritschnina und des Livländischen Krieges zu Ordnung und Stabilität zu führen. Diesem Anliegen widmete er auch die Erziehung seines Sohnes. Fjodor sollte dereinst Rußland regieren, die neue Dynastie der Godunows fortführen und alle Voraussetzungen besitzen, diese Dynastie zu sichern und das Reich zu mehren. Er war der erste russische Thronfolger – bei den nachfolgenden Romanows sollte das durchaus nicht in jedem Fall üblich werden –, der systematisch und zielstrebig auf seine künftige Aufgabe vorbereitet wurde. Zar Boris bezog den Knaben von Anfang an in die wichtigsten Bereiche des Hofzeremoniells und in offizielle Dokumente ein. Neben dem Zaren trug der Sohn sogar den Titel „Großer Herrscher". Fjodor genoß nicht nur eine an westeuropäischen Maßstäben gemessene Ausbildung, der Vater bemühte sich besonders darum, ihn den Vertretern westeuropäischer Mächte als künftigen Zaren zu präsentieren.

Aber all die Vorbereitungen langten nicht aus, ersetzten nicht den von Gott gesandten Zaren der Rjurikiden-Dynastie. Auf des Knaben Kopf entlud sich all der Haß gegen den Vater. Fjodor stand den Problemen seines Vaters hilflos gegenüber. Die Wut gedemütigter aristokratischer Familien, der Romanows, der Schuiskis und anderer, kannte keine Grenzen. Am 13. April 1605 leistete man ihm in Moskau noch den Treueid. Aber der Druck des auf Moskau marschierenden Usurpators, des falschen Demetrius, war zu stark: Zwischen dem 5. und dem 7. Mai lief die Masse der dem Zaren zur Verfügung stehenden Truppen bei Kromy – noch 350 Kilometer vor Moskau – zum heranrückenden Feind über. Auch das Heer hatte zunächst noch den Eid auf den Zaren geleistet, aber die Heerführer P. F. Basmanow, M. G. Saltykow und I. W. Golizyn bereiteten schon den Verrat vor. Selbst die Wojewoden, die Fjodor zu seinem Schutz und zur Kontrolle über ihre Handlungen nach Moskau rief, halfen ihm nicht. Im Gegenteil. Unter ihnen befand sich auch jener zwielichtige Wassili Schuiski, der bereits unter Boris Godunow repressiert worden war, der den Verrat und die Intrige liebte und dessen eigentliches Ziel in der Zarenkrone für sich selbst bestand. Fjodor konnte keinen schlechteren Verteidiger seiner Interessen finden. Tatsächlich war es auch jener Wassili Schuiski, der den Zaren Fjodor mit Mutter und Schwester an den Usurpator auslieferte. Er war maßgeblich daran beteiligt, in Moskau den Aufruhr zu schüren. Den Bewohnern wurde eine allgemeine Straffreiheit zugesichert – wenn sie die Anhänger Godunows nur festsetzten und dem Richterspruch übergäben. Das Volk wollte sich zu gerne retten und plünderte den Besitz der Godunows und den Kreml.

Nachdem man Fjodor Godunow mit seiner Mutter am 1. Juni 1605 festgesetzt hatte, der falsche Dmitri hatte Moskau noch nicht einmal erreicht, wurden beide am 10. Juni 1605 erwürgt. Erst zehn Tage später zog der Usurpator in Moskau ein. Fjodors Schwester Ksenija erlitt das schwere Schicksal auf andere Art: Der falsche Demetrius zwang sie, ihm zu Willen zu sein, dann verschwand sie in einem Kloster.

Ein Herrscherleben war zu Ende, bevor es überhaupt begonnen hatte. Aber letztlich ist dieses tragische Schicksal, frei von Schuld und Sühne, nur ein Ausdruck jener wirren Jahre gewesen, in denen Rußland ständig am Rande der Katastrophe dahinwankte. Das Ende der Rjurikidendynastie und das allgemeine Elend im Land gebaren eine Zeit der Wirren, die solche Erscheinungen, wie den unglücklichen Zaren Fjodor, hervorbrachte. Aber mit seinem Tod nahm das Unglück einen noch bedrohlicheren Verlauf, denn nunmehr wurde Moskau gar von einem falschen Zaren regiert. Boris Godunow hatte sich schon mit List und Gewalt selbst auf den Thron gesetzt. Was nun folgte, war die Posse eines Autokraten.

LITERATUR

C. Bussow, Zeit der Wirren. Moskowitische Chronik der Jahre 1584 bis 1613, Leipzig 1991.
S. F. Platonov, Geschichte Rußlands. Vom Beginn bis zur Jetztzeit, Leipzig 1927.
S. F. Platonov, The Time of Troubles. A Historical Study of the Internal Crisis and Social Struggle in Sixteenth- and Seventeenth-Century Muscovy, Lawrence/Kansas 1970.

DEMETRIUS I. – DMITRI I.

Demetrius I. – Dmitri I.

Pseudodmitri, erster falscher Demetrius, Samoswanez

ca. 1580–1606

ZAR VON RUSSLAND 1605–1606

ca. 1580	Vermutlich als Juri (als Mönch Grigori) Otrepjew, Sohn des Bogdan Otrepjew, geboren.
20. Juni 1605	Der erste falsche Demetrius wird in Moskau zum Zaren proklamiert, die Krönung folgt am 21. Juli 1605 in Moskau.
8. Mai 1606	Demetrius I. heiratet in Moskau öffentlich die polnische Aristokratin Maryna Mniszechowna, Tochter des Wojewoden von Sandomir. Die eigentliche Hochzeit hatte wohl bereits 1604 stattgefunden.
17. Mai 1606	Demetrius I. wird durch eine Erhebung der Moskauer Einwohner vom Thron gestoßen und bei seiner Flucht umgebracht. Die Asche seiner sterblichen Überreste wird verstreut.

Über die Herkunft des Abenteurers und Usurpators ist wenig bekannt. Vieles liegt im dunkeln, und selbst ein Teil der wenigen Kenntnisse verdanken wir nur der in Rußland beliebten politischen Legendenbildung.

Bereits im Leben und in der Herrschaft Boris Godunows hatte das Gerücht eine wichtige Rolle gespielt, der Sohn Iwans IV., der am 19. Oktober 1583 geborene Dmitri Iwanowitsch, sei im Mai 1591 ermordet worden. Das Gerücht lastete Godunow die frevelhafte Tat an. Tatsächlich lebte der kleine Dmitri mit seiner Mutter Marija Nagaja als Teilfürst in Uglitsch an der Wolga – wenn auch ohne jegliche politische Macht. Die genauen Umstände seines Todes sind nicht geklärt. Es ist ebenso eine gewaltsame Ermordung möglich, wie auch die Version, daß sich der an Epilepsie leidende Junge mit dem Messer selbst eine tödliche Verletzung beigebracht hat. Wie dem auch gewesen sein mag, der Vorwurf des Mordes an dem Zarewitsch lastete schwer auf dem Reichsverweser Boris Godunow. In den folgenden Jahren, in denen Boris Godunow als Zar regierte, boten die verworrenen Nachrichten aus Uglitsch die Grundlage für das Gerücht, der Zarewitsch lebe und werde eines Tages kommen, um Rußland von dem ungeliebten Zaren Boris zu erlösen. Der Glaube an die Wiederkehr verschollener Zarensöhne oder Zaren bildete in der russischen Geschichte keineswegs einen Einzelfall. Er basierte auf der vollständigen Abgeschiedenheit und Entrücktheit der Selbstherrscher, auf ihrer vollständigen Trennung vom Leben des Volkes. Stets standen jedoch im konkreten Fall auch handfeste politische Machtinteressen hinter

dem jeweiligen Gerücht – in diesem Fall das Ziel der vom Hof verbannten Familie
Romanow, den Usurpator Boris Godunow, wenn man seine Wahl durch den Semski
Sobor schon nicht anfechten konnte, durch eine Intrige zu stürzen. Nur eine Kraft
konnte die Wahl Godunows annullieren: der wiedererstandene natürliche Sohn und
Thronfolger Iwans IV. Das war die Basis, auf der ein junger Mann aufbauen konnte,
der sich in aller Öffentlichkeit als Demetrius – Dmitri – ausgab. Niemand wußte
genau, woher er gekommen war. Nach der offiziellen Verlautbarung durch die Regierung Boris Godunows – die auch nach Polen übermittelt wurde, ohne dort einen
Eindruck zu hinterlassen – war der Prätendent ein Diakon namens Grigori Otrepjew,
der aus dem Tschudow-Kloster, in der Nähe Moskaus gelegen, entwichen war. Sein
Vater soll ein Kleinadliger namens Bogdan Otrepjew, Hundertschaftsführer in einem
Schützenregiment, gewesen sein. Die wissenschaftliche Forschung hat sogar ermittelt,
daß er ein begabter junger Mensch gewesen sei, dem die Kirche in mehreren Klöstern
eine gute Ausbildung angedeihen ließ. Namentlich in dem Moskau nahegelegenen
Tschudow-Kloster hatte der junge Mann gute Gelegenheiten, das Leben in der Hauptstadt, im Kreml und auch in der hohen Geistlichkeit zu studieren. Er erwarb dort
offensichtlich Kenntnisse, die ihm noch sehr nützlich werden sollten. Die Auseinandersetzungen der gegeneinander rivalisierenden Bojarengruppen und auch die
Legenden um Dmitri können ihm dort bereits bekannt geworden sein.

Otrepjew war 1601 offensichtlich über Kiew und das dortige Höhlenkloster nach
Polen-Litauen gegangen, um die militärische Unterstützung zu erhalten, die er benö-
tigte, um Boris Godunow zu stürzen und selbst die Krone Rußlands zu erlangen. Der
Weg dorthin, seine Handlungsmotive und Wegbegleiter, das alles ist weitgehend unbekannt geblieben. Wir wissen lediglich, daß im Jahr 1603 in Südrußland und in
Polen das Gerücht auftauchte, der wahre Dmitri lebe noch. Otrepjew inszenierte mit
großer Sicherheit seinen Auftritt in der Geschichte selbst. Er tauchte zuerst bei dem
Fürsten Adam Wisniowiezki auf und gelangte über ihn an den polnischen Edelmann
Mniszech, der ihn in seinem Schloß Sandomir aufnahm. Im März 1604 wurde er vom
polnischen König Sigismund III. in einer Privataudienz empfangen. Otrepjew gab an,
er sei den von Godunow ausgesandten Mördern entkommen und wolle nunmehr den
ihm rechtmäßig zustehenden Moskauer Thron erstreiten. König Sigismund mag zunächst zurückhaltend auf die sicherlich auch etwas unklaren Vorstellungen des jungen
Mannes reagiert haben. Ob Otrepjew nun durch diese Audienz die Aufmerksamkeit
der katholischen Kirche erregte oder ob er sie selbst suchte, um über diese den polnischen König für seine abenteuerlichen Pläne zu gewinnen, mag dahingestellt bleiben.
Auf jeden Fall konvertierte der orthodoxe Mönch sehr schnell zum Katholizismus –
bereits im April 1604 –, nannte sich von nun an Demetrius (Dmitri) und unterstellte
sich der sorgenden und führenden Hand von Jesuitenpatres. Der Vorgang erweckt den
Eindruck, daß der kühne Mönch mehr und mehr nach den Interessen der polnischen
Krone und des katholischen Klerus gegenüber dem Moskauer Reich zurechtgestutzt
wurde. Es ist sogar möglich, daß Otrepjew selbst von seiner zarischen Herkunft

überzeugt war. Man redete ihm ein, er sei nach seiner Rettung aus Uglitsch unter falschem Namen aufgezogen und zum Mönch gemacht worden, um ihn so besser vor den Nachstellungen Godunows sichern zu können. Demetrius scheint überhaupt keine Furcht gekannt zu haben, man könne ihn nicht für den echten Zarensohn halten. Vielleicht ist ihm nicht einmal bewußt gewesen, in welchem Maße er von rebellierenden russischen Bojaren – darunter hervorragend die Romanows –, dem polnischen katholischen Klerus und der polnischen Krone benutzt und mißbraucht worden ist, um einen gewählten Zaren vom Thron zu stoßen. Die Rolle des blinden Opfers taugte jedoch so absolut für Demetrius nicht. Er wollte Moskauer Zar werden – und er wurde es.

In Sandomir durfte er mit Hilfe des Wojewoden und anderer polnischer Adliger ein Heer zum Zug gegen Moskau aufstellen. Gleichzeitig wiegelten seine Helfer und Emissäre die Kosaken vom Don und im „wilden Feld" gegen Boris Godunow auf. Schließlich waren die Vorbereitungen abgeschlossen, und Sigismund III. entschied sich, Demetrius mit einem Heer zu unterstützen. Mit dem polnischen König im Rücken sollte der Prätendent Moskau erobern. Die Aussicht, den Zarenthron besteigen zu dürfen, konnte dabei nicht schaden. Dann sollte es gemeinsam gegen Schweden gehen. Sigismund wollte die schwedische Krone zurückgewinnen. Allerdings, in der Öffentlichkeit hielt sich der polnische König in seinem Engagement für den Demetrius weitgehend zurück. Er mußte innenpolitische Rücksichten nehmen. Der polnische Sejm lehnte Anfang 1605 den Feldzug gegen Moskau ab, so daß bei dem Heerzug mitunter sogar von einem Privatunternehmen des polnischen Adels gesprochen wird. Ja, namentlich der Wojewode von Sandomir, Jerzy Mniszech, der auch seine Tochter mit Demetrius verheiratete, soll an dem Kriegszug interessiert gewesen sein, um sich im Erfolgsfall aus seinen finanziellen Schwierigkeiten helfen zu können. Das alles klingt sehr nebulos und konstruiert. Wahrheit und Legende sind auf ewig unauflösbar miteinander verflochten.

Die Dimensionen und das Ergebnis des Unternehmens sprechen allerdings relativ wenig davon, daß es sich bei dem Feldzug gegen Moskau nur um eine Privatinitiative auf den Thron versessener polnischer Adliger gehandelt habe. Die mit Demetrius angestrebten Ziele waren für den polnischen Adel und für den polnischen König in gleicher Weise attraktiv. Aber vielleicht kannte Sigismund bereits den Satz, nach dem man sich den Pelz waschen kann, ohne dabei naß zu werden. Zu dem gleichen Verwirrspiel um den falschen Dmitri gehört auch die Motivationsvariante, daß der Usurpator – natürlich nicht ohne polnische Hilfe – von den innenpolitischen Gegnern Boris Godunows aufgebaut wurde, namentlich von den Romanows und den Schuiskis. Wassili Schuiski hatte in der Geschichte seit 1591 eine merkwürdige Rolle gespielt. Mehrfach – je nach politischer Ziellage – änderte er seine Meinung über den Tod Dmitris. Jetzt, im Frühjahr 1605, unterstützte er jedenfalls erst einmal den falschen Dmitri – auch mit der Behauptung, frühere Aussagen seien unwahr gewesen, der echte Dmitri lebe und kehre auf den Thron nach Moskau zurück!

Und Dmitri marschierte tatsächlich. Von Sandomir aus, mit polnischen und russischen Soldaten, vorbei an Kiew und in Richtung Tschernigow. In der Ukraine hoffte er, sein Heer weiter verstärken zu können. Diese Hoffnung trog nicht. Während Boris Godunow in Moskau keinerlei Anzeichen von Unruhe über den Kriegszug erkennen und nach der Identität Dmitris fahnden ließ, liefen dem Prätendenten laufend größere Gruppen von Kosaken und umherziehenden Bauern, aber auch Aristokraten, Dienstadlige und Beamte aus den Moskauer Städten zu. Einzelne Regierungstruppen, die sich ihm entgegenstellten, bildeten in der Endkonsequenz – trotz anfänglicher Erfolge – für die anschwellende Streitmacht kein Hindernis, und der Ruf, er werde den Zarenmörder und Usurpator Boris Godunow aus Moskau vertreiben, öffnete ihm ganze Städte. Dmitris Anspruch, „die alte Ordnung" in Rußland wiederherstellen zu wollen, entsprach den Wünschen des Volkes. Freilich, problemlos verlief der Feldzug für Demetrius nicht. Bei Nowgorod-Sewersk wurde ihm Widerstand entgegengesetzt, und in der Nähe des Dorfes Dobrynitschi erlitt er sogar eine Niederlage, die ihn bis an die Grenze des Moskauer Reichs, bis Putiwl, zurückweichen ließ. Aber gerade hier in Putiwl konnte Demetrius weitere Kosaken und die Garnison auf seine Seite ziehen. Wieder marschierte er nach Norden und besetzte die kleine Stadt Kromy. Godunows Truppen schlossen die Stadt ein und belagerten sie bis zum Frühjahr 1605.

Während Dmitri noch in Kromy festsaß, wandte sich Godunow Anfang April 1605 an den polnischen König, er möge doch seine Unterstützung für den Heereszug aufgeben. Sigismund lehnte entschieden ab, und Dmitris Stern stieg wieder, zumal das Moskauer Heer nach dem Winterfeldzug erschöpft war und zunehmend in Unordnung geriet – wohl auch, weil die Wojewoden und Heerführer sich deutlich sichtbar von Godunow abwandten. In dieser Situation kam Dmitri ein Ereignis zu Hilfe, das seine Erfolgsaussichten wesentlich erhöhte. Am 13. April 1605 starb Boris Godunow, plötzlich und unerwartet. Zwar wurde Godunows 16jähriger Sohn Fjodor sofort auf den Thron gesetzt, Rußland hatte einen Zaren, aber es war ein Herrscher ohne Macht. Und die Versuche seiner Mutter Marija Grigorjewna, der so unbeliebten Tochter des Opritschniks Maljuta Skuratow, Einfluß auf die Regierung zu nehmen, beschleunigten das schnelle Ende Fjodors nur noch mehr. Die russischen Truppen liefen Anfang Mai schon über 300 Kilometer südlich von Moskau zum Usurpator über. Moskauer Bojaren und Wojewoden waren es, die das Heer den Eid auf Demetrius schwören ließen, und Moskauer Bojaren eilten auch nach Putiwl, um den neuen Zaren nach Moskau zu geleiten. Gleichzeitig erklärte Fürst Wassili Schuiski öffentlich, der wahre Zarewitsch Dmitri lebe und werde nunmehr nach Moskau zurückkehren. In der Hauptstadt wurde Zar Fjodor während einer von den abtrünnigen Bojaren inszenierten Revolte gefangengenommen und gemeinsam mit seiner Mutter am 10. Juni 1605 ermordet.

Bereits zehn Tage später zog Demetrius in Moskau ein, und am darauffolgenden Tag, dem 21. Juni 1605, ließ er sich in der Mariä-Himmelfahrts-Kathedrale des Kreml zum „Zaren von ganz Rußland" krönen. Ein polnisches Flugblatt – es wurde aus diesem Anlaß verbreitet – zeigte den „Zaren" mit dem kleinen Kopf unter üppiger

Pelzmütze: ein verschlagenes Gesicht, schmal, die Haut spannte sich über die Backenknochen. Das Zarenwappen in der rechten oberen Ecke. Der Zar jedoch ohne die auf derartigen Abbildungen sonst üblichen Herrschaftsinsignien – das Zepter und den Reichsapfel.

Wie sollte es auch anders sein? Demetrius I. war eben nur ein Usurpator ohne Tradition, ohne Dynastie und ohne gesellschaftliche Basis, aber umgeben von Jesuiten und polnischen Adligen. Die Ablehnung des ungeliebten Godunow und die Musketen der Polen hatten ihn auf den Thron geschleudert. Die Macht zu behaupten und Rußland zu regieren, das war eine ganz andere Angelegenheit, zumal die Bojaren Moskaus um die Familien Romanow, Schuiski oder Golizyn die Herrschaft der Godunows durchaus nicht gestürzt hatten, um einem Usurpator auf den Thron, den sie für sich selbst beanspruchten, zu verhelfen. Diese Absicht aber stand vollständig im Gegensatz zu den polnischen Interessen, die auf die Schwächung Rußlands, auf reiche Beute und darauf gerichtet waren, das Land dem Papst zuzuführen. Die Bojaren wußten schon vor dem Einzug von Demetrius, mit wem sie es zu tun hatten und daß ihre eigenen Chancen auf den Thron mit dem Näherrücken des Usurpators immer geringer wurden. Sie hatten ihn für ihre eigenen Ziele gerufen und wurden nun seiner nicht mehr Herr. Und als gar das Volk Partei für Demetrius ergriff, versuchte Wassili Schuiski verzweifelt, die Menschen zu überreden, Demetrius die Moskauer Tore nicht zu öffnen. Aber man glaubte ihm nicht und sperrte ihn einfach ein.

Demetrius aber zeigte sich letztlich den polnischen und höfischen Intrigen nicht gewachsen. Zwar ließ er die Mutter des echten Dmitri, die Nonne Marfa, aus der Verbannung nach Moskau holen, aber nur, damit sie ihn als Sohn anerkannte. Marfa tat ihm den Gefallen. Er ließ auch die von Boris Godunow verbannten Bojaren zurückkehren – vor allem die Romanows und die Nagais. Aber er beging entscheidende Fehler, die ihm die Gunst derjenigen, die ihn emporgetragen hatten, entzogen. Die Begeisterung der Soldaten, Kosaken und Adligen schwand sehr schnell, als sie merkten, daß der neue Herrscher mit den gewohnten Traditionen am Moskauer Hof nichts im Sinn hatte. Nicht nur, daß er sich mit einer fremdländischen Söldnergarde umgab. So, wie er sich bewegte, konnte er unmöglich der „echte" Dmitri sein. Dmitri sprach oft und gern über seinen „Vater", über Iwan IV., und gab Erinnerungen zum besten, bei denen auch dem blauäugigen Anhänger bewußt werden mußte, daß die Erinnerungen trogen: als Iwan IV. 1584 starb, war der echte Dmitri erst wenige Monate alt, zu jung, um irgendwelche Erinnerungen zu besitzen. Der zwielichtige Bojar Wassili Iwanowitsch Schuiski sprach im Gegensatz zu seinen bisherigen Behauptungen immer wieder offen aus, was viele am Hof dachten (und auch wußten): der Zar ist kein Zar, sondern ein Scharlatan, der ein abenteuerliches Spiel treibt und Rußland an Polen verkauft. Dabei war der Übertritt Dmitris zum katholischen Glauben noch nicht einmal bekannt.

Dmitri mag den Stimmungsumschwung wohl bemerkt haben, wenngleich er sich nach außen arrogant und selbstgefällig gab. Er versuchte verschiedene Gruppen des

Volkes durch Reformen und Veränderungen in der Gesetzgebung für sich zu gewinnen. Er folgte durchaus bestimmten traditionellen Gepflogenheiten, wenn er versuchte, den Dienstadel durch bestimmte Privilegien auf seine Seite zu ziehen, und sparte weder mit Geldzuwendungen noch Ämtern. Es war wohl auch ein Hinweis auf die russischen Hintermänner seiner Usurpation, wenn Demetrius nunmehr seinerseits die von Godunow verfemten Romanows förderte. Fjodor Nikititsch Romanow – der Mönch Filaret – wurde zum Metropoliten von Rostow ernannt. Der Zar griff auch in die Rechte der Grundherren ein und hob die Erblichkeit der bäuerlichen Dienstverpflichtungen auf. Außerdem erhielten die Kosaken erhebliche Zuwendungen.

Weil Demetrius über keine Hausmacht verfügte, mußte er zwischen den verschiedenen Gruppen lavieren, ohne dabei im inneren Gefüge der halbständischen Gesellschaft Fuß fassen zu können. Seine Herrschaft war in allen ihren Äußerungen und Maßnahmen eine Erscheinung der Wirren, von denen Rußland geplagt wurde. So wenig es ihm gelang, im Innern eine Machtbasis zu erhaschen, so ungeschickt verhielt er sich auch in der Außenpolitik. Der schwerste Fehler bestand darin, gegenüber Polen eine eigenständige Politik betreiben zu wollen. Vor allem verweigerte sich Demetrius dem entscheidenden Ziel Sigismunds: einer polnisch-litauisch-russischen Koalition gegen Schweden, um die schwedische Krone für Sigismund zu erringen. Und sein früheres Versprechen, Polen russisches Territorium zu übergeben und den katholischen Glauben in Rußland einzuführen, wollte er ohnehin nicht einlösen. Lediglich ein gemeinsamer Kriegszug gegen die Tataren und Türken fand seine tätige Fürsprache. Jesuiten und polnische Diplomaten wurden immer unzufriedener. So war es für russische Bojaren – unter denen wiederum Wassili Schuiski eine dominierende Rolle spielte – nicht schwer, gemeinsam mit dem Polenkönig ein Komplott gegen den widerspenstigen Demetrius zu schmieden. Der Preis war jedoch zu hoch für Rußland: Sigismunds Sohn Wladislaw sollte die Krone Monomachs tragen. Das sollte sich als ebenso unrealistisch erweisen, wie das ganze Epos des falschen Dmitri.

Den zeichnete neben seinem Lavieren und der antipolnischen Obstruktion zudem ein geharnischtes Maß an Unbekümmertheit gegenüber den realen persönlichen und politischen Gefahren aus. Vielleicht ist er auch einfach nur ein Psychopath gewesen. Es hat in der Geschichte mehrere Fälle gegeben, da diktatorische Autokraten in der Stunde ihres Endes rauschende Feste gefeiert haben. Demetrius jedenfalls veranstaltete am 8. Mai 1606 in Moskau ein riesiges Hochzeitsfest mit der polnischen Aristokratin Maryna Mniszech. Da hatte er noch neun Tage zu regieren. Die Festivitäten, zu denen vor allem die polnischen Gäste und Hofbeamten im Kreml zugelassen waren, sowie das anmaßende Auftreten der Polen brachten das Faß zum Überlaufen. Die Bojaren nutzten die Gunst der Stunde. Abermals unter Führung Wassili Schuiskis wurde eine Verschwörung organisiert. Am 17. Mai 1606 ließ man gegenüber dem Kreml die Kirchenglocken Sturm läuten. Mit dem Ruf der Bojaren, „die polnischen Pane morden die Bojaren" fegte eine Erhebung der Moskauer den Usurpator hinweg. Die Verschwörer drangen in den Kreml ein, fanden Demetrius in einem Hinterhof und ermordeten ihn. Die junge Zarin Maryna wurde mit ihrem gesamten Anhang verhaftet. In Moskau wütete der Mob, dem die Bojaren nur unter großen Mühen Einhalt gebieten konnten. Mehr als 2000 Ausländer fielen einem Pogrom zum Opfer.

Der erste Demetrius verschwand so unbemerkt, wie er aus dem Dunkel der Geschichte aufgetaucht war. Immerhin war Demetrius der einzige Vertreter jener großen Schar falscher Zaren, der wirklich auf den Thron gelangte und zumindest fast ein Jahr lang regierte. Und weil er so recht den Geist der Wirren zum Ausdruck brachte und sein Leben so geheimnisvoll blieb, erregt er bis heute die Phantasie von Historikern. Eine nachhaltige Bedeutung hat er für Rußland jedoch nicht besessen. Einen streng wissenschaftlichen Beweis dafür, ob er nun der echte oder ein falscher Dmitri gewesen ist, gibt es wohl nicht. Die Indizien sprechen indessen gegen ihn. Es bleiben viele Fragen offen. In der Geschichte ist so manchem gekrönten Haupt der Wechsel von einer Religion zur anderen nicht besonders schwergefallen (Heinrich IV. in Frankreich, August der Starke in Sachsen), aber einem Herrscher auf dem russischen Zarenthron wäre dieser Gedanke ob seines orthodoxen Sendungsbewußtseins am allerwenigsten gekommen. Und ein weiterer Fakt spricht gegen ihn: Polen und Litauen zögerten, ihn materiell und militärisch zu unterstützen. Selbst sein Schwiegervater in spe, der Wojewode von Sandomir Mniszech bewilligte nur zweitausend Soldaten. Erst die Mär von Dmitri, dem „rechtmäßigen Zaren", führte dazu, daß ihm Kosaken und allerlei Unzufriedene in der Südwestecke des Reichs in Scharen zuliefen. Jetzt kamen die Erfolge, jetzt marschierte er auf Moskau, und jetzt erst verstärkten auch Polen und Litauen ihre Unterstützung. Da freilich hatte er deren Hilfe nicht mehr so dringend nötig. So bleibt auch das für Rußland katastrophale Zwischenspiel mit dem ersten falschen Dmitri ein Lehrstück realer Machtpolitik – im frühneuzeitlichen Rußland.

Nach der Ermordung des Demetrius wütete der Aufstand zwei Tage in Moskau. Auf den ersten falschen Demetrius folgte nach dem Beschluß einer einflußreichen Adelsgruppe am 19. Mai 1606 Wassili Iwanowitsch Schuiski auf den Zarenthron. Eine Gestalt, die nicht minder zwielichtig war, eine Person, die die Wirren im Moskauer Reich weiter vorantrieb.

LITERATUR

Ph. L. Barbour, Dimitrij. Abenteurer auf dem Zarenthron, Stuttgart 1967.

S. F. Platonov, Očerki po istorii smuty v moskovskom gosudarstve XVI–XVII vv. (Abrisse zur Geschichte der Wirren im Moskauer Staat des 16. und 17. Jahrhunderts), Moskau 1899.

S. F. Platonov, Smutnoe vremja (Die Zeit der Wirren), Moskau 1924.

F. Kämpfer, Pseudo-Demetrius im „Thesaurus Picturarum", in: JfGOE 33, 1985, S. 161–174.

S. F. Platonov, Geschichte Rußlands. Vom Beginn bis zur Jetztzeit, Leipzig 1927.

R. G. Skrynnikov, The Time of Troubles. Russia in Crisis 1604–1618, Gulf Breeze 1988.

R. G. Skrynnikov, Samozvancy v Rossii v načale XVII v.: Grigorij Otrepev (Die selbsternannten Zaren in Rußland am Beginn des XVII. Jahrhunderts: Grigorij Otrepev), Nowosibirsk 1987.

ВАСИЛИ ІОАННОВИЧЪ ШУЙСКОЙ
Царь и Самодержецъ всероссійскій
Wassili Ioannowicz Schuiskoi
Tzaar et Autocrator totius Russiae

WASSILI IWANOWITSCH SCHUISKI

Wassili Iwanowitsch Schuiski

1552–1612

ZAR VON RUSSLAND 1606–1610

1552	W. I. Schuiski wird als Sohn des Fürsten von Susdal geboren.
1584	Wassili Schuiski wird in den Bojarenstand erhoben.
1587	Wassili Schuiski fällt beim Zaren Boris Godunow in Ungnade und muß Moskau verlassen.
April 1605	Mit dem Tod Boris Godunows kehrt Schuiski zurück und stellt sich zunächst auf die Seite des ersten falschen Demetrius, wenig später wendet er sich gegen diesen.
19. Mai 1606	Schuiski wird von seinen Parteigängern unter den Bojaren zum Zaren von Rußland proklamiert. Am 1. Juni folgt in Moskau die offizielle Krönung.
1608	Heirat mit Marija Buinosowa-Rostowskaja (in erster Ehe war Schuiski mit Jelena Repnina verheiratet – Daten unbekannt).
17. Juli 1610	Schuiski wird als Zar gestürzt und als Mönch in das Tschudow-Kloster verbannt.
September 1610	Wassili Schuiski wird an den polnischen Hetman Stanislaw Zolkiewski übergeben und nach Masowien gebracht.
12. September 1612	Wassili Schuiski stirbt als Gefangener auf der Burg Gostynin in Polen. Dort wird er bestattet, aber der Leichnam 1635 in den Moskauer Kreml überführt und dort beigesetzt.

Wassili Iwanowitsch Schuiski war ein nicht geringerer Abenteurer als Demetrius I. und ist dennoch nicht mit diesem zu vergleichen. Während Grigori Otrepjew ein dahergelaufener Niemand war, jederzeit erpreßbar und weitgehend ein Werkzeug in der Hand gewichtigerer russischer und polnischer Persönlichkeiten geblieben ist, zeichneten Schuiski von vornherein die aristokratische Herkunft und die höfische Erfahrung im Intrigenspiel um die Macht aus. Dieses Spiel beherrschte Schuiski mit tödlicher Brillanz und Virtuosität. Ein gewissenloser Karrierist, wechselte er die politischen Fronten nach Belieben.

In das Rampenlicht der Öffentlichkeit war er getreten, als er zu Zeiten Boris Godunows als Führer der „Knjashaten" alles tat, um dem politischen Kampf um die

Macht jenes Maß an Würde und Stil zu nehmen, das Boris Godunow immerhin ausgezeichnet hatte. Wassili Schuiski geriet sehr bald zum Sinnbild für das opportunistische und anarchische Machtgerangel am Moskauer Hof, das für die Jahre der Wirren so charakteristisch werden sollte. In der Geschichte der Romanow-Dynastie bemühten sich die gekrönten Nachfahren in späteren Jahrhunderten eifrig, die Herrschaftsperiode Schuiskis vergessen zu machen. Zu anrüchig war dieser Usurpator.

Die Schuiskis gehörten zum alten russischen Adel. Sie konnten ihre Verwandtschaft mit dem großen Fürsten Alexander Newski als Ehrenschild schmücken. Das hinderte den aristokratischen Sproß Wassili nicht, zu einem der markantesten politischen Mantelträger am Beginn des 17. Jahrhunderts zu werden. Bereits im Jahr 1587, kurz nach dem Tod Iwans IV., als sich abzuzeichnen begann, daß die Dynastie der Rjurikiden ihrem Absterben entgegenging, versuchte Wassili Schuiski, der eigenen Familie den Thron zu sichern. Er initiierte eine Intrige zum Sturz des Regenten Boris Godunow, scheiterte jedoch. Godunow erkannte in den Schuiskis gefährliche Feinde und bestrafte sie – wie auch die aufsässigen Romanows. Nur Wassili Schuiski entging der Bestrafung. Als wendiger Intrigant hatte er rechtzeitig eine Loyalitätserklärung gegenüber Boris Godunow zur Hand und überlebte im wahrsten Sinne des Wortes.

Weitere „Sporen" verdiente sich Wassili Schuiski, als er von Boris Godunow beauftragt worden war, die offiziellen Untersuchungen über die Ursachen für den Tod des Zarewitsch Dmitri in Uglitsch zu führen. Der Untersuchungsbericht, den er dem Regenten vorlegte, wurde in gewisser Weise zu Schuiskis „Markenzeichen" und verfolgte ihn in seinem weiteren Leben. Wassili Schuiski gelangte „in erster Instanz" – Godunow-freundlich – zu dem Schluß, der Zarewitsch sei lediglich das Opfer eines Unfalls geworden – von Verschwörungen oder gar Mord gäbe es keine Spur. Aber in den folgenden Jahren, je nach den sich wandelnden Machtverhältnissen, wechselten seine feierlichen Eidesleistungen über den Tod oder das Weiterleben Dmitris geradezu bedenkenlos. Nach Boris Godunows Tod, als dessen Sohn Fjodor kurzzeitig regierte und einige Wojewoden zum Schutz Moskaus rief, war auch Wassili Schuiski unter ihnen. Unter dem Druck des auf Moskau marschierenden ersten falschen Dmitri soll Schuiski feierlich bezeugt haben, der Zarewitsch Dmitri sei 1591 einem Mordanschlag Boris Godunows entronnen und komme nunmehr nach Moskau. Schuiski begründete die neue Version einfach mit seiner angeblichen bisherigen Furcht, die Wahrheit zu sagen. Er war von einer aufgebrachten Menge auf den Roten Platz in Moskau gezerrt worden und rief in verzweifeltem Versuch der Selbstrettung aus: „Ja, orthodoxes Volk von Moskau, Boris wollte das Kind umbringen lassen, aber gute christliche Menschen retteten den Prinzen, und der kleine Sohn eines Priesters wurde an seiner Statt getötet."

In diesem Fall gingen Schuiskis Rechnungen jedoch nicht auf. Die eilfertige Anbiederung an den falschen Dmitri – Schuiski war es auch, der im Frühjahr 1605 in Moskau die Revolte inszeniert hatte, die Godunows Sohn Fjodor stürzte und dem Usurpator den Einzug in die Stadt ermöglichte (obwohl er im letzten Moment den Einzug von Demetrius in Moskau noch verhindern wollte) – wurde von diesem nicht gelohnt. Im Gegenteil: Während Demetrius I. die von Godunow diskriminierten Romanows privilegierte, ließ er Wassili Schuiski wegen Meineides in den Aussagen über die Ereignisse von Uglitsch den Prozeß machen. Er wurde zum Tod verurteilt und erst in letzter Sekunde zur Verbannung begnadigt. Aber der Usurpator hatte damit eine falsche Entscheidung getroffen, denn Wassili Schuiski war nicht nur schlechthin von adligem Geblüt, sondern er besaß obendrein den Vorzug, eine lange Ahnenreihe in der Dynastie der Rjurikiden nachweisen zu können. Er war ein Rjurikide, und der Emporkömmling hatte es gewagt, Hand an dieses alte Herrschergeschlecht zu legen! Schuiski besaß weder politischen Charakter noch besondere herausragende persönliche Fähigkeiten. Aber er war Rjurikide, und Demetrius' Angriff ließ ihn in die Rolle eines Märtyrers hineinwachsen, ohne daß er dafür etwas tun mußte. Anfang 1606 mußte er gar wieder nach Moskau zurückgeholt werden.

Schuiski dankte dem Usurpator die Rückkehr auf seine Weise. Es war für ihn leicht, nunmehr die Legitimität des falschen Demetrius öffentlich in Zweifel zu ziehen und auf den Sturz des Usurpators hinzuarbeiten, der seinerseits alles tat, um sein Ende zu beschleunigen. Schuiski bereitete nicht einfach den Sturz oder eine Adelsverschwörung und Volksrebellion vor, sondern vor allem seine eigene Thronerhebung. Am 17. Mai 1606 stürzten die Bojaren den Usurpator, der mehr als 2000 Polen-Litauer mit seinem Sturz in den Tod riß.

Zwei Tage nach dem Ende des falschen Dmitri, am 19. Mai 1606, kürte eine Volksmenge Wassili Schuiski, den Sproß aus dem Fürstenhaus, das seine Herkunft von einem Sohn Alexander Newskis ableiten und nachweisen konnte, per Zuruf zum Zaren. Schuiski wurde zwar nicht von einer Reichsversammlung zum Zaren erwählt, aber er verfügte über eine respektable genealogische Reputation und Legitimität. Die genügte keineswegs, um ihm die Unterstützung des Dienstadels und der Gutsbesitzer zu sichern, die er benötigte, wollte er im Innern und nach außen Stabilität erlangen. Den ersten Schritt tat er, als er bei der Thronbesteigung versprach, künftig niemanden ohne Gerichtsurteil mehr verbannen oder hinrichten zu lassen, Sippenhaftung und Verleumdungen abzuschaffen. Das hieß, jene Willkür im Umgang mit dem Adel außer Kraft zu setzen, die die Herrschaften sowohl Iwans IV. als auch Boris Godunows charakterisiert hatten. Die Bojaren, die Schuiski auf ihren Schild hoben, hatten ihm dieses Versprechen zum eigenen Schutz abgerungen. Er leistete den Eid, um die Krone zu bekommen, dann vergaß er sein Versprechen wieder, regierte eigensinnig und rachsüchtig.

So blieb die Herrschaft Schuiskis, des „Bojarenzaren", dem alle Attribute eines autokratischen Regententums fehlen mußten, ebenfalls nur ein verhängnisvolles Zwischenspiel in der Zeit der Wirren, dessen unrühmliches Markenzeichen darin bestand, daß das Land von ausgedehnten Bauernerhebungen, von sich vertiefenden Konflikten mit Polen und Schweden und vor allem von der erstmaligen Machtteilung zwischen zwei einander bekämpfenden Zaren – Schuiski und Pseudodmitri II. – weiter zerrissen wurde.

Zar Schuiski hatte zwar das Ziel der Thronerhebung erreicht, sah sich jedoch sofort einer langen Kette ungelöster Probleme gegenüber. Zunächst mußte er dem Volk in Rußlands Weiten erst einmal mitteilen, daß der falsche Demetrius gestürzt und er selbst den Zarenthron erklommen hatte. Er mußte nachweisen, daß Demetrius tatsächlich ein Usurpator gewesen war und er, Schuiski, die Legitimation auf den Thron besaß. Schuiski wählte einen neuen Patriarchen: den Patriarchen von Kasan, Hermogen. Ohne dessen Ankunft in Moskau abzuwarten, unternahm er zwei notwendige, aber hastige Schritte zur eigenen Reputationsfestigung. Am 1. Juni 1606 ließ er sich in Moskau offiziell krönen. Zwei Tage später wurde der Leichnam Dmitris aus Uglitsch nach Moskau überführt. Er soll nicht verwest gewesen sein. Dmitri wurde heiliggesprochen. So wähnte sich Schuiski sicher: Offiziell gekrönt, die Reliquien des heiligen Dmitri verehrend, konnte er dem Volk den Machtwechsel in Moskau und den Untergang des (falschen) Demetrius plausibel machen.

Schuiski wurde vom russischen Volk kaum anerkannt. Es half ihm auch nicht viel, daß er die sterblichen Überreste Dmitris öffentlich ausstellen ließ, zum Zeichen, Dmitri sei wirklich tot. Man glaubte ihm im Volk nicht. Gerüchte liefen um, Demetrius sei gar nicht tot, er habe sich in Sicherheit bringen können und werde bald wieder auftauchen, um den Kampf gegen die hochmütigen Bojaren aufzunehmen. Gerade dort, wo Demetrius schon einmal seine Stützen gefunden hatte, im Süden des Reichs, entstand eine neue Bewegung zugunsten von Demetrius. Abermals stand Putiwl im Zentrum des Aufruhrs. Zunächst ließ sich jedoch kein neuer Usurpator blicken. Statt dessen führte der Wojewode Fürst Grigori Schachowskoi die Unruhen an. Sie weiteten sich schnell aus: Der Dienstadel von Tula und Rjasan schloß sich an, bis hinunter nach Astrachan stand das Land in Flammen. Bis zum Herbst 1606 entfaltete sich ein Aufstand gegen Schuiski und die Bojaren, der halb Rußland erfaßte, Jahre anhielt und sowohl in der Erhebung Iwan Bolotnikows als auch im Auftreten des zweiten falschen Demetrius und im Eingreifen der Polen und Schweden in die inneren Konflikte Moskaus markierende Eckpunkte fand.

Gleichzeitig erwuchsen dem neuen Zaren in Gestalt der Familie Romanow auch im Innern mächtige Feinde. Deren Oberhaupt, Filaret, Metropolit von Rostow und Jaroslawl, sollte von Schuiski zum Moskauer Patriarchen erhoben werden. Aber der Zar ließ den Plan wieder fallen und ernannte Hermogen. Inzwischen versuchte Schuiski alles in seinen Kräften Stehende, um Macht und Ansehen zu stärken. Er wollte die polnische Bestätigung erhalten, Sigismund III. werde nicht noch einmal einen falschen Dmitri unterstützen. Der Wunsch hatte mehrere Gründe. Zar Wassili hatte erfahren, welche Gefahr von dem mit polnischer Hilfe inszenierten Kriegszug des falschen Dmitri für den Thron in Moskau ausgegangen war. Darum beobachtete er die Entwicklung im Süden aufmerksam und suchte ihr energisch zu begegnen.

Iwan Bolotnikow war ein unfreier Bauer des Fürsten Teliatewski. Als er den Aufstand begann, hatte er ein abenteuerliches Leben hinter sich: Als tatarischer Gefangener war er in die Türkei verkauft worden, floh über Italien und Polen nach Rußland.

Er lernte den Fürsten Grigori Schachowskoi kennen, und in dessen Umfeld führte Bolotnikow eine der vielen bewaffneten Banden gegen Zar Wassili. Bolotnikow vereinte den Machtkampf mit einer sozialen Bewegung, in der die Forderung nach Aufhebung der Leibeigenschaft dicht neben dem Wunsch zur Vernichtung der „argen Bojaren" stand. Bauern und Adlige vereinten sich zu einem Feldzug gegen Moskau, obwohl es kaum Interessenverbindungen zwischen ihnen gab. Sie versuchten in gewaltiger Heeresmacht die Belagerung der Stadt, gelangten bis Kolomenskoje und wurden schließlich abgewiesen. Schuiski kam die Tatsache zugute, daß der Rjasaner Adel zu seinen Gunsten die Front wechselte. Die Aufrührer wurden bis nach Tula und Kaluga zurückgedrängt. Über ein Jahr lang mußte sich Schuiski ihrer Angriffe erwehren und erhebliche Mittel dafür bereitstellen. Der Zar verfolgte die Rebellen bis Tula, überschwemmte die Stadt und zwang Bolotnikow zur Aufgabe. Schuiski richtete ein Blutbad an, dem sicherlich auch Iwan Bolotnikow selbst zum Opfer fiel: Er blieb verschwunden.

Außerdem versuchte Schuiski, der Erhebung durch andere Mittel Herr zu werden. Im März 1607 wurde ein Statut *(Uloshenije)* erlassen, mit dem die Bauern an diejenigen Besitzer gebunden wurden, denen sie gemäß den Grundbüchern seit 1590 gehörten. Die Fristenjahre wurden auf 15 erhöht. Knechte durften nur auf Grund eines Dokuments gehalten werden. Schuiski unternahm Anstrengungen, die Leibeigenschaft der Bauern zu verstärken und ihre Abhängigkeit zu vergrößern. Der Aufstand Bolotnikows war gefährlichster Ausdruck allgemeiner Unruhen, die mit Ausnahme des Nordens und Nordostens alle Teile des Moskauer Reichs über Jahre hinweg erfaßten und erschütterten. Unter Schuiskis Herrschaft erreichte die Zeit der Wirren ihren schlimmsten Tiefpunkt. Schuiski verlor die Kontrolle über weite Teile des Landes. Der Sieg über die Truppen Iwan Bolotnikows brachte die Herrschaft nicht zurück. Statt dessen tauchten im ganzen Land neue falsche Zarewitsche und Zaren auf, die Ansprüche auf den Moskauer Thron geltend machten und dabei zu den zauberhaftesten Legitimitätslegenden griffen.

Nur einem war es beschieden, nicht nur die Verwüstung des Landes zu verstärken, sondern auch so etwas wie Macht zu demonstrieren, sie zumindest dem Schuiski streitig zu machen: dem „Wor" – dem Räuber, Demetrius II., dem zweiten falschen Dmitri. Im Juli 1607 in Starodub faktisch aus dem Nichts erschienen, stand er im Mai 1608 mit einem russisch-polnischen Heer vor Moskau, errichtete im Vorort Tuschino eine Zarenherrschaft, Regierung und Hofhaltung: Rußland besaß zwei Zaren und zwei Regierungen. Kaum hatte Schuiski die Rebellen Bolotnikows geschlagen, sah er sich schon wieder unmittelbar vor den Toren Moskaus einer neuen elementaren Gefahr ausgesetzt. Er sandte Kuriere mit dem Befehl in die russischen Garnisonsstädte, Entsatztruppen zu schicken. Es entstand eine Situation, die bei jedem der beiden Kampfhähne den Willen erweckte, sich zu eigenen Gunsten der ausländischen Einmischung zu versichern. Andererseits bot die so betriebene Schwächung Rußlands eine ideale Voraussetzung besonders für Polen-Litauen und Schweden, ihre Einflüsse im

Moskauer Land zu stärken. Alles war in außerordentlich kompakter Weise miteinander verbunden.

Schuiski sandte seinen Neffen, den Fürsten Michail Wassiljewitsch Skopin-Schuiski nach Nowgorod, um dort sowohl die russischen Streitkräfte zusammenzufassen als auch Schwedens Hilfe zu erbitten. Die Schweden wollten Truppen bereitstellen, verlangten jedoch dafür die Städte Iwangorod, Jam, Koporje, Oreschek und Korela. Einst hatte Iwan IV. die Städte abgetreten, aber Zar Fjodor Iwanowitsch hatte sie wiedergewonnen. Im Jahr 1608 schloß Zar Wassili einen Vertrag mit dem Schwedenkönig Karl IX. Schweden verfolgte im Moskauer Reich eigene Ziele. Es hatte schon seit längerer Zeit Rußland Hilfe zur Abwehr der polnischen Ansprüche auf den Moskauer Thron angeboten. Das Angebot war nicht selbstlos. Insgeheim spekulierte Schweden auf Besitzrechte nicht nur am reichen Nowgorod, und im Kalkül schwedischer Politiker blieb auch die Hoffnung auf eine schwedische Sekundogenitur in Moskau. Wassili Schuiski dachte lange über das Angebot nach und nahm es erst an, als die Truppen des zweiten falschen Demetrius begannen, Moskau von Norden her zu umzingeln. Die Schweden griffen sofort ein und unterstützten ein Moskauer Truppenaufgebot, das Skopin-Schuiski bei Nowgorod gesammelt hatte. Gemeinsam schlugen sie 1609 die Streitmacht des Usurpators und trieben ihn über die Wolga zurück. Sie konnten sich auf eine breite Abwehrfront der Bevölkerung in den nördlichen und mittleren Regionen Rußlands stützen. Die Bauern und Städtebürger schlossen sich um Wologda und Ustjug zusammen, als sie sahen, der zweite falsche Demetrius wollte sie nicht von Schuiski befreien, sondern nur ausrauben, plündern und das Land an Polen-Litauen ausliefern.

Skopin-Schuiski rettete den bedrängten Onkel jedoch noch weit mehr, als er im darauffolgenden Jahr den zweiten falschen Demetrius aus Tuschino hinausdrängte. Skopin rückte mit seinen Truppen von Nowgorod bis zur Alexandrowska sloboda, der Moskauer Vorstadt, vor. Dort trafen auch die Truppen Fjodor Iwanowitsch Scheremetjews ein. Zusammen bildeten sie eine gewaltige Streitmacht, die Demetrius vertrieb. Der tapfere und mutige Feldherr Skopin-Schuiski starb im Jahr 1610, obwohl er gerade 24 Jahre alt war. Sofort wurde gemunkelt, Wassili Schuiski habe ihn aus Konkurrenzneid vergiften lassen. Ein Gerücht, typisch für die Zeit, den Charakter des Moskauer Reichs und auch für die Person des Zaren. Bewiesen wurde gar nichts.

Dafür drückte der Ärger von anderer Seite. Schwedens Intervention rief einen polnisch-litauischen Einfall nach Rußland hervor. König Sigismund III. stieß im Herbst 1609 nach Smolensk vor und belagerte es. Als Skopin Demetrius aus Tuschino vertrieben hatte, war man allgemein der Meinung, er werde sich nun gegen die Polen vor Smolensk wenden. Aber der überraschende Tod Skopins ließ die Hoffnung zerrinnen. An seiner Stelle trat Dmitri Schuiski, ein Bruder des Zaren, an die Spitze des Heeres. Dmitri Schuiski zog gegen Smolensk, wurde jedoch nahe der Stadt Gshatsk, bei Kluschino, von den Truppen des polnischen Hetmans Stanislaw Zolkiewski gestellt und geschlagen. Die Schweden zogen sich auf den Finnischen Meerbusen zurück, die von ihnen besetzten Städte – einschließlich Nowgorods – gaben sie nicht wieder heraus.

Die russischen Truppen flohen nach Moskau, Zolkiewski folgte ihnen auf den Fersen. Gleichzeitig nutzte Demetrius die Gunst der Stunde und rührte sich in Kaluga. Auch er marschierte wieder gegen Moskau.

Zu der Zeit, da die militärischen Erfolge hin und her wogten, tobte im Hintergrund der intrigante und diplomatische Kampf um die Krone. Ein Teil jener Moskauer Bojaren, die dem zweiten Demetrius gedient hatten, wollte weder mit nach Kaluga gehen, noch sich reumütig Schuiski unterwerfen. Ihr Wortführer war ein Romanow: der Metropolit von Rostow, Filaret, der sich von Demetrius zum Patriarchen von ganz Rußland hatte ernennen lassen. Gemeinsam mit Angehörigen der Bojarenfamilie Saltykow wandte sich Filaret an den vor Smolensk befindlichen König Sigismund III., er möge seinem Sohn Wladislaw erlauben, nach dem Sturz Schuiskis die Zarenkrone anzunehmen. Voraussetzung war, daß Wladislaw nicht autokratisch, sondern gemeinsam mit dem Bojarenrat und dem Semski Sobor regieren würde. Sigismund nahm den Vorschlag zunächst positiv auf und schloß mit den ehemaligen Anhängern des zweiten Demetrius am 4. Februar 1610 den Vertrag über eine Personalunion zwischen Polen-Litauen und Rußland zugunsten einer Thronbesteigung seines Sohnes Wladislaw in Moskau. Filaret begab sich persönlich auf den Weg nach Smolensk, um an den Verhandlungen teilzunehmen. Aber Filaret lebte im Unglück. Anhänger Schuiskis fingen ihn ab und brachten ihn nach Moskau zurück, wo dem Geistlichen offensichtlich kein Haar gekrümmt wurde. Immerhin war er gerade dabei, den Zaren Schuiski zu beseitigen! Zumindest besaß er die Freiheit, gemeinsam mit den ihm verwandten Saltykows am Sturz Schuiskis arbeiten zu können. Schuiski bemerkte vielleicht nicht einmal, in welch starkem Maße ihn der Tod Skopin-Schuiskis moralisch bei jenen Bojaren kompromittiert hatte, die ihn als Usurpator betrachteten und seinen Sturz wünschten. Die Intrigen verstärkten sich in dem Maße, wie seine Anfälligkeit wuchs. Das war vor allem nach der Niederlage seiner Truppen im Juni 1610 gegen die Soldaten König Sigismunds bei Kluschino, westlich von Moshaisk, gegeben.

Schuiski hatte durch den Vormarsch der schwedisch-russischen Armee ein wenig Bewegungsfreiheit erhalten, und die verbündeten Truppen waren im März 1610 sogar in Moskau eingezogen. Dann aber folgte die Niederlage, ein großer Teil der Truppen lief zu den Polen über.

Am 17. Juli 1610 kam es in Moskau zu einer der sich oft wiederholenden Erhebungen und Rebellionen. Die Saltykows nutzten die Situation ebenso aus wie die Rjasaner Adligen Ljapunow, die das Bestreben des einflußreichen Bojaren Wassili Golizyn, den Thron zu besteigen, unterstützten. Wassili Schuiski wurde an diesem 17. Juli 1610 gewaltsam zum Mönch geschoren, damit er nicht wieder auf den Thron zurückkehren konnte. Er wurde in das Kloster Tschudow gebracht. Die aufständischen Bojaren übergaben ihn an die heranrückenden Polen, und die brachten ihn nach Warschau, während in Moskau ein zweites Interregnum eintrat. Die Macht übernahm ein siebenköpfiger Bojarenrat, der dem polnischen Kronhetman Stanislaw Zolkiewski die Tore öffnete. Damit endete das politische Leben Wassili Schuiskis. Über Warschau brachte man ihn nach Masowien, wo er am 12. September 1612 auf der Burg Gostynen als Gefangener starb.

Obwohl Wassili Schuiski – nicht überraschend, aber abrupt – vom Thron gestoßen wurde, war das Kapitel seiner Herrschaft noch nicht zu Ende. Nach Schuiskis politischem Abgang rückte Hetman Zolkiewski mit bewaffneter Macht auf Moskau vor und informierte die Bojaren über den Vertrag zur Wahl Wladislaws auf den Moskauer Thron. Der Hetman bestand auf der sofortigen Exekution des Vertrags. Aber Demetrius lagerte wieder vor Moskau, es war kaum möglich, so schnell einen allgemeinen Semski Sobor zur Zarenwahl zusammenzubringen. Moskau drohte ein Bürgerkrieg. Also wurden eilig die Bojaren der Hauptstadt zusammengerufen und eine Urkunde mit den Bedingungen erarbeitet, nach deren Erfüllung Wladislaw den Thron besteigen sollte: Übertritt zur orthodoxen Kirche, gemeinsame Regierung mit Bojarenduma und Semski Sobor, völlige Selbständigkeit Moskaus von Polen-Litauen nach innen und außen. Zolkiewski erklärte sich mit den Bedingungen einverstanden und leistete als Vertreter Wladislaws den Eid, und die Moskauer Bojaren unterwarfen sich im August 1610 feierlich dem Wladislaw.

Damals mischten sich Stimmen unter die Bojaren, die gegen Wladislaw sprachen und einen Russen auf dem Thron wünschten. Wassili Golizyn und der junge Michail Fjodorowitsch Romanow waren im Gespräch. Der Patriarch Hermogen konnte nur unter Mühen für Wladislaw gewonnen werden. Allein der erneut drohende Räuber aus Tuschino drängte zur Eile und zu allgemeiner Zustimmung für Wladislaw. Es war abzusehen, daß neue Konflikte aus dem Vertrag erwachsen würden. Zolkiewski verdrängte Demetrius von Moskau und besetzte mit polnischen Truppen das Moskauer Zentrum. Die Bojaren hatten es gewollt: Moskau lag in der Hand Polens.

Unverzüglich ging eine Gesandtschaft unter Führung Filarets und Golizyns nach Smolensk. Der Schachzug war von Zolkiewski geschickt eingefädelt, denn mit Filaret und Golizyn wurden die einflußreichsten Männer Moskaus, aber auch die gefährlichsten Nebenbuhler Wladislaws entfernt und zum polnischen König beordert. Sigismund dachte gar nicht daran, seinen Sohn auf Moskaus Thron zu setzen. Moskau war seine eigene Beute, er allein wollte den Thron. Zolkiewski sollte den Eid der Bojaren so formulieren, daß nicht Wladislaw, sondern er selbst, Sigismund, ohne Schaden den Thron besteigen konnte. Zolkiewski erkannte, daß diese Forderung aufgrund des militanten Katholizismus Sigismunds unerfüllbar war, und verließ Moskau – mit dem ehemaligen Zaren Wassili Schuiski „im Gepäck". Sigismund jedoch regierte nach Moskau hinein, betrachtete die Russen als seine Untertanen, Moskau als eine eroberte Stadt.

Sowohl Hermogen als auch Filaret bemerkten sehr bald, welche tatsächlichen Pläne Sigismund verfolgte. Sie bestanden auf der Wahl Wladislaws und dessen schnellstem Übertritt zum orthodoxen Glauben. Diese Halsstarrigkeit hatte für die russischen

Politiker böse Folgen. Filaret wurde verhaftet und nach Polen in ein Gefängnis gebracht – wenngleich er in den folgenden Jahren auch keine persönlichen Qualen erleiden mußte. Hermogen ereilte ein trauriges Schicksal. Um ihn sammelten sich die antipolnischen Kräfte und warteten auf eine Gelegenheit zum befreienden Schlag. Hermogen sollte seinen Einsatz mit dem Leben bezahlen. Wassili Schuiski hatte mit den Erregungen zwischen Russen und Polen in den Jahren 1611 und 1612 nichts mehr zu tun, obwohl er erst im September 1612 starb. Nur ein einziges Mal noch tauchte Wassili Schuiski in den Annalen russischer Geschichte auf: 1634 beendeten Polen und Moskau den Smolensker Krieg durch einen „Ewigen Frieden", den sie an dem kleinen Grenzfluß Polianowka schlossen. In der Folge übergaben die Polen auch die sterblichen Überreste Wassili Schuiskis an Moskau – nun erst fand der unglückliche Zar die letzte Ruhe.

LITERATUR

G. V. Abramovič, Knjaznja Šujskie i Rossijskij tron, Leningrad 1990.

S. F. Platonov, Geschichte Rußlands. Vom Beginn bis zur Jetztzeit, Leipzig 1927.

R. G. Skrynnikov, Smuta v Rossii v načale XVII v.: Ivan Bolotnikov, Leningrad 1988.

K. Stählin, Geschichte Rußlands von den Anfängen bis zur Gegenwart, Bd. 1, Stuttgart 1923.

Demetrius II. – Dmitri II.

zweiter falscher Demetrius,
Wor – Gauner, zweiter Pseudodmitri

?–1610

PSEUDOZAR 1607–1610

Juli 1607   Der zweite falsche Demetrius taucht in Starodub –
              zwischen Gomel und Brjansk – auf.
11. Dezember 1610 Der zweite falsche Demetrius wird in Kaluga erschlagen.

Er kam aus dem Dunkel der Geschichte und verschwand darin auch wieder, obwohl Zeit und Ort seines Todes im Unterschied zur Herkunft bekannt sind. Er war eine Ausgeburt der wirren russischen Jahre am Beginn des 17. Jahrhunderts und prägte sie weitgehend mit. Drei Jahre lang bewegte sein Name Rußland, Polen und auch Schweden. Vor allem beunruhigte er jedoch den Zaren Wassili Schuiski, der selbst unter zweifelhaften Vorzeichen auf den Zarenthron gelangt war. Rußland erlebte ein Interregnum, wie es sich niemals wiederholen sollte. Aber daran waren nicht nur die obskuren Personen schuld, die sich auf ihre wackeligen Zarenthrone manipuliert hatten.

Der erste Pseudodmitri war seit dem Juni 1606 tot, und Wassili Schuiski regierte als Zar von ganz Rußland in Moskau. Da tauchte im Juli 1607, während Tula durch Truppen des Zaren Schuiski belagert wurde, in Starodub, zwischen Gomel und Brjansk, ein Mann auf, der von sich behauptete, Dmitri, der wahre Sohn Iwans des Schrecklichen, zu sein. Er sei im Juni 1606 lebend entkommen, man habe ihn nicht getötet. Ihm sei die Flucht nach Litauen gelungen. Jetzt aber komme er, um den Thron zurückzuerobern.

Seine tatsächliche Identität und Herkunft waren und sind vollkommen unbekannt. Vielleicht stammte er aus dem Umfeld des gerade niedergeschlagenen Bolotnikow-Aufstandes. Vielleicht kam er aus den unruhigen südlichen Steppen oder aus Polen. Auf jeden Fall muß der Mann, der sich in den folgenden Monaten zum „Gauner von Tuschino" profilieren und dem russischen Zaren den Thron streitig machen sollte, mit solcher Intelligenz und solchem Machtinstinkt wie auch Organisationstalent ausgestattet gewesen sein, daß er die politische Situation erfaßte, nutzen konnte und daraus Kapital schlug. Allein die Tatsache, daß er sich für den wahren Dmitri ausgab, reichte nicht aus. In jenen Jahren geisterten Schwärme von verkannten und verkappten Zaren durch Rußland, ohne jemals die Chance besessen zu haben, mehr Aufmerksamkeit als das von ihnen erhobene Geschrei auf Märkten und Plätzen zu erringen. Es war sicher auch kein Zufall, daß gerade dem neuen „wahren" Dmitri Kosakenatamane wie I. M. Zaruzkij, der schon dem ersten falschen Demetrius gedient hatte und ihm mit 6000 Mann nach Kaluga gefolgt war, oder polnische und litauische Adlige zuliefen, Glücksritter, die nach einer gescheiterten Meuterei gegen ihren König nun in die russischen Steppen auswichen, um dort vielleicht ihr Glück zu suchen, wenn nötig, auch gegen den großen Zaren in Moskau. Dazu kamen versprengte Gruppen aufständischer Bauern, Cholopen und Kosaken, die nach der Niederlage Iwan Bolotnikows im Lande umherirrten. Alle diese entwurzelten Menschen sammelte der zweite falsche Dmitri um sich. Dazu kamen Vertreter der Schuiski feindlich gesinnten russischen Bojarengeschlechter und, nicht zu vergessen, polnische desertierte Soldaten, die gerade in einem Aufstand gegen König Sigismund eine Niederlage erlitten hatten. Ihnen folgten alsbald auch polnische Soldaten und Dienstleute, die mit Einverständnis ihres Königs unter die Fahnen des „Wor" – des Räubers – traten.

Es hieße jedoch den zweiten falschen Demetrius unterschätzen, wollte man ihm nur die Möglichkeiten und Fähigkeiten eines mittelmäßigen Desperados zuschreiben. Es muß auch mehr hinter der Sache gesteckt haben als nur der Glücksumstand, daß sein Sinnen auf die bereitwillige Gegenliebe verletzter Moskauer Bojaren traf. Alles das ist nicht klar, und so sprechen die Fakten ihren eigenen Beweis. Demetrius verdankte es den militärischen Fähigkeiten eines Jan Sapieha – und nicht eigenem strategischen Handeln, daß er von Starodub an der polnisch-litauischen Grenze über Brjansk und Tula bis in das Dorf Tuschino im Vorfeld Moskaus vorstoßen konnte – ohne von den Streitkräften Zar Schuiskis aufgehalten worden zu sein. Demetrius verfügte über bedeutende Truppenkontingente. Er besiegte das Zarenheer bei Bolchow am Oberlauf der Oka. Im April/Mai 1608 stießen seine Abteilungen über Koselsk, Moshaisk und Swenigorod nach Moskau vor. Mehr noch: Demetrius kreiste die Stadt regelrecht ein, freilich, zwei Schlupflöcher nach Norden und Süden mußte er offenlassen: zum Troize-Sergejew-Kloster und die Straße nach Rjasan. Die Mönche verteidigten ihr Kloster verbissen und konnten eine längere Belagerung überstehen, ohne sich zu ergeben. Die Straße nach Rjasan hielten Moskauer Streitkräfte, denn das war ihre einzige Lebensader zur Versorgung mit lebensnotwendigen Gütern geblieben.

In dem zehn Kilometer von Moskau entfernten Tuschino, einem Dorf, das auf Grund seiner Lage als uneinnehmbar galt, wo er eine verschwenderische Hofhaltung einrichtete, muß Dmitri nicht wenig erstaunt gewesen sein, daß sich ihm Männer aus den vornehmsten Häusern des russischen Bojarenadels anschlossen. Der Name allein und die Enttäuschung über den ersten falschen Dmitri können nicht bewirkt haben, daß Schuiskis Widersacher aus den Häusern Romanow oder Trubezkoi nach Tuschino eilten. Ja, der Metropolit von Rostow, Filaret, kam persönlich, um sich mit dem neuen Stern am russischen Machthimmel zu verbinden. Es war der Haß gegen Wassili Schuiski, aber auch die Hoffnung auf neue Beute und Gewinn, die Moskaus Aristokraten den Weg zum „Wor" finden ließen. Es gab auch Leute, die sich beide Optionen offenhielten. Diese „Zugvögel" umwarben Schuiski und Demetrius, stets in dem Glau-

ben, von beiden Land und Würden erhalten zu können. Schließlich traf 1608 noch
Maryna Mniszech mit ihrem Vater, dem Wojewoden von Sandomir, in Tuschino ein.
Sie erkannte den zweiten falschen Dmitri als ihren Mann an. Kaum eine andere
Tatsache charakterisiert das Wesen des „Gauners von Tuschino" so, wie diese Verbin-
dung. Maryna war bereits die Ehefrau des ersten falschen Dmitri und ihr Vater, der
Wojewode, war schon dessen Mäzen: Es war der zweite Versuch des polnischen Adels,
unterstützt vom polnischen König, den Moskauer Zarenthron an sich zu bringen.

Aber die Wege der Geschichte sind bisweilen merkwürdig verschlungen, und nicht
in jedem Fall gehen einmal geplante Aktionen so aus, wie es die Initiatoren erwartet
und gewünscht hatten. Demetrius bildete in Tuschino eine Gegenregierung, einen aus
zwölf Personen bestehenden Rat. Dem gehörten die besten Familien Rußlands an: die
Fürsten Trubezkoi, Tscherkasski, Schachowskoi oder Dolgoruki. Filaret hatte einen so
vorzüglichen Eindruck auf den Gauner gemacht, daß er Patriarch von ganz Rußland
werden durfte. Die Regierung erhielt einen Verwaltungsapparat, der – man staune –
zum Teil sogar eifrig mit den Zentralämtern des Zaren in Moskau zusammenarbeitete.
Sicher in gemeinsamer Opposition gegen Wassili Schuiski. Dafür spricht auch, daß
eine Reihe von Adligen mehrfach die Fronten wechselte.

Die Lage des „Gauners" spitzte sich jedoch bald wieder zu, und zwischen dem
Usurpator und den russischen Bojaren, auf die er sich in starkem Maße stützte, kam
es in der Haltung gegenüber Polen zu gravierenden Spannungen. Außerdem hatte das
gemeine Volk die Raubzüge der marodierenden Kosaken, die auf Demetrius' Seite
standen, einfach satt. Entscheidend für den schnellen Niedergang war jedoch die
Haltung des polnischen Königs Sigismund III. selbst. Der „Gauner" besaß keine
eigene politische Konzeption, und sehr schnell zeigte sich, daß nicht so sehr die russischen Bojaren, sondern vielmehr die polnischen Militärs die wahren Herren von
Tuschino waren.

Es kam zum Krieg. Zar Schuiski hatte im Februar 1609 mit den Schweden ein
Bündnis geschlossen und im Interesse seiner Selbstbehauptung auf Livland verzichten
müssen. Ab Mai 1609 marschierten die Schweden von Nowgorod aus nach Rußland
ein. Es war eine bunte und multinationale Söldnertruppe, die unter dem Befehl von
Jacob de la Gardie stand. Mit den Schweden vereinigten sich die russischen Truppen
unter Michail Wassiljewitsch Skopin-Schuiski. Mitte 1609 marschierten die verbündeten Truppen auf Tuschino zu.

Das aber rief König Sigismund III. August auf den Plan. Er erhielt vom polnischen
Sejm die Zustimmung zu einer militärischen Intervention in Rußland. Er stellte seine
polnisch-litauischen Truppen unter das Kommando des Kronhetmans Stanislaw
Zolkiewski. Ohne Kriegserklärung marschierte der im August 1609 in Richtung
Orscha. Da Sigismund III. selbst mit dem Gedanken spielte, sich die Zarenkrone aufs
Haupt zu setzen, brachte er Wassili Schuiski und den zweiten falschen Dmitri in
gleicher Weise in Bedrängnis. In aller Eile versuchte jeder mit den Polen zu verhandeln
und eine eigene Übereinkunft zu erzielen. In diesem Spiel besaß Dmitri die schlechte-

ren Karten, weil Sigismund seine Auslieferung verlangte. So doppelten sich die Ereignisse: Schuiskis Truppen wurden von den Polen bedrängt (und im Sommer 1610 geschlagen) und das Lager in Tuschino zerfiel zusehends, die Belagerung Moskaus mußte aufgegeben werden.

Der zweite falsche Dmitri mußte Ende 1609 Tuschino verlassen. Mit etwa 6000 Mann, auf die seine Streitkräfte zusammengeschmolzen waren – Kosaken des Atamans Saruzki –, setzte er sich in Begleitung mehrerer russischer Aristokraten nach Kaluga ab, wo er die Bauern zu einer Erhebung mobilisieren wollte. Das gelang nur unvollkommen. Entkleidet der ihn tragenden politischen und militärischen Hilfe – der polnischen Militärs und der russischen Bojaren –, konnte er nur noch Scheingefechte liefern. Im Sommer 1610 zog er noch einmal gegen Moskau, aber der Zug scheiterte, und gleichsam folgerichtig wurde der zweite falsche Dmitri im Dezember 1610 in Kaluga von den eigenen Leuten erschlagen.

Wieder war ein Abenteurer auf dem – diesmal selbstgezimmerten – Zarenthron verschwunden. Das Jahr 1610 hat in Rußland zwei Zaren verschlungen, die beide unter zumindest außergewöhnlichen Bedingungen an die Spitze der Machtpyramide getreten waren. Zeitgenossen glaubten damit bereits den Tiefpunkt in der russischen Staats- und Gesellschaftskrise erreicht zu haben. Aber das Chaos wurde noch schlimmer, denn in in den folgenden zwei Jahren gab es in Rußland gar keinen Herrscher mehr: Die Polen regierten Moskau, und die russischen Bojaren stritten sich, ehe die Romanows an die Spitze eines neuen Herrscherhauses traten. Darüber verging die Zeit. Inzwischen sah es zeitweilig so aus, als sollte der polnische Prinz Wladislaw den Zarenthron besteigen. Angesichts der traditionellen Feindschaft zwischen Rußland und Polen-Litauen hätte ein solcher Machtwechsel natürlich nicht absehbare Konsequenzen gehabt. Angetreten hat er das Amt nie. So geriet das Zarenreich immer tiefer unter die ungeklärte polnische Herrschaft.

LITERATUR

Ph. L. Barbour, Dimitrij. Abenteurer auf dem Zarenthron, Stuttgart 1967.

S. F. Platonov, Očerki po istorii smuty v moskovskom gosudarstve XVI–XVII vv. (Abrisse zur Geschichte der Wirren im Moskauer Staat des 16. und 17. Jahrhunderts), Moskau 1899.

S. F. Platonov: Smutnoe vremja (Die Zeit der Wirren), Moskau 1924.

F. Kämpfer, Pseudo-Demetrius im „Thesaurus Picturarum", in: JfGOE 33, 1985, S. 161–174.

S. F. Platonov, Geschichte Rußlands. Vom Beginn bis zur Jetztzeit, Leipzig 1927.

R. G. Skrynnikov, The Time of Troubles. Russia in Crisis 1604–1618, Gulf Breeze 1988.

R. G. Skrynnikov, Samozvancy v Rossii v načale XVII v.: Grigorij Otrepev (Die selbsternannten Zaren in Rußland am Beginn des XVII. Jahrhunderts: Grigorij Otrepev), Nowosibirsk 1987.

MICHEL PHEDORWITZ GRAND DVC
de Moscovie de l'an 1612 il est de la religion des grecs schismatiques et grand Capitaine

MICHAIL FJODOROWITSCH ROMANOW

Michail Fjodorowitsch Romanow

1596–1645

ZAR VON RUSSLAND 1613–1645

12. Juli 1596	Michail wird als vierter Sohn Fjodor Nikititsch Romanow-Jurjew-Sacharjins (Filaret) und Ksenija Iwanowna Schestowas in Moskau geboren.
7. Februar 1613	Vom Semski Sobor wird Michail zum russischen Zaren gewählt. Er ist der erste Zar der Dynastie Romanow. Am 21. Februar erfolgt die Proklamation. Am 11. Juli 1613 wird Michail in Moskau offiziell zum Zaren gekrönt.
September 1624	Michail heiratet Marija Wladimirowna Dolgorukaja, die 1625 im Kindbett stirbt, ohne ein Kind zu hinterlassen.
5. Februar 1626	Zweite Ehe Michails mit Jewdokija Lukjanowna Streschnewa.
13. Juli 1645	Tod des Zaren Michail. Er wird im Moskauer Kreml bestattet.

Michail Fjodorowitsch Romanows historisches Gewicht ist für die russische Geschichte eindeutig bestimmbar, obwohl er selbst, als individuelle Herrscherpersönlichkeit, in jeder Hinsicht weitgehend im Schatten und Hintergrund der politischen Bühne geblieben ist: Mit dem 1613 vom Semski Sobor gewählten Zaren endete die Zeit dynastischer Wirren, Kriege und sozialer Erhebungen, die nach dem Tod Iwans IV. im Jahr 1584 begonnen hatte. Nach den Rjurikiden und den Jahren ungeordneter dynastischer Herrschaftsverhältnisse bestiegen nun die Romanows den Moskauer Zarenthron.

Der junge Zar Michail symbolisierte den Ausgangspunkt einer neuen Ära russischer Geschichte, in der er sich zunächst um innere und äußere Stabilität sorgen mußte und auch tatsächlich bemühte, soweit er an den Regierungsgeschäften beteiligt gewesen ist. Das allein wäre bereits historisches Verdienst genug, denn Michail hatte die Herrschaft in einer Situation angetreten, in der das Moskauer Zarenreich praktisch vor dem politischen und sozialen Ende stand. Nur der Befreiungszug des Fürsten Dmitri Michailowitsch Posharski nach Moskau hatte wieder Hoffnungen geweckt.

Rußland brauchte Ruhe. Frieden und Einigkeit – nichts schien nach den qualvollen Jahren der „Smuta" mehr ersehnt zu werden. Das Volk von Nishni Nowgorod hatte sich auf die verzweifelten Aufrufe des im Tschudow-Kloster eingesperrten Patriarchen Hermogen zur Befreiung von der polnischen Fremdherrschaft hin erhoben. Die neuen Helden, der Fleischhauer Kusma Minin und Fürst Posharski gaben mit dem Befreiungszug gegen Moskau den Bojaren endlich jene zweifelhafte Kraft, einen neuen Zaren küren zu wollen, einen Zaren, der Rußlands Leben wieder in geordnete Bahnen lenken sollte. Aber die Wahl erwies sich als außerordentlich schwierig. Posharski wußte um die Pflicht zur Zarenwahl. Sein Wunsch war es, bereits auf dem Heereszug, in Jaroslawl, den neuen Herrscher auszuwählen, damit dieser schon als Zar in Moskau einziehen konnte. Dazu reichte jedoch weder die Zeit, noch stand von vornherein ein passender Kandidat zur Verfügung, noch gab es einen einheitlichen Standpunkt, in welchem Maße polnische und schwedische Interessen bei der Wahl zu berücksichtigen waren: Nach wie vor stand Polens Prinz Wladislaw als bereits von einzelnen Bojaren gewählter Kandidat zur Verfügung. Nach der Vertreibung der Polen aus Moskau – die noch längst keine Beseitigung polnischer Macht auf russischem Boden bedeutete – erschien seine Wahl zwar kaum mehr wahrscheinlich, aber es gab auch noch eine andere Möglichkeit: 1609 hatte Zar Wassili Schuiski die Schweden nach Nowgorod gerufen, und diese hatten die Stadt gezwungen, den Prinzen Karl Philipp, den Bruder des ab 1611 regierenden schwedischen Königs Gustav II. Adolf, zum Fürsten ihrer Stadt zu wählen. Die Schweden waren erklärtermaßen nur bereit, Nowgorod an Moskau zurückzugeben, wenn Karl Philipp die Krone Monomachs erhalten würde.

Fürst Posharski war ein kluger Rechner und wußte, daß die Wahl Karl Philipps eine Menge Vorteile mit sich bringen konnte: zum einen das Bündnis mit Schweden und zum anderen die russisch-schwedische Partnerschaft gegen Polen. Aber alle diese Überlegungen verschwanden hinter der die nationalen Werte des russischen Volkes erhebenden Euphorie, die durch die Vertreibung der Polen aus Moskau ausgelöst und verstärkt wurde.

Soweit nicht durch den immer noch im Land stehenden Feind behindert, kamen die Vertreter von über 50 Städten bis zum Januar 1613 zum Semski Sobor nach Moskau. Gemeinsam mit der Bojarenduma, der hohen Geistlichkeit, den Beamten zentraler Ämter und auch Abgeordneten der Kosakenschaft rangen sie buchstäblich um einen neuen Zaren. Es ist über die näheren Umstände, unter denen die Reichsversammlung, in der der Dienstadel wohl bereits ein starkes Gewicht gehabt hat, tagte, relativ wenig bekannt.

Posharskis Interessen kreuzten sich mit zahlreichen anderen Plänen und gestalteten den Wahlvorgang außerordentlich kompliziert. Nachdem ein ausländischer Prätendent verworfen war, wurde Fürst I. W. Golizyn vorgeschlagen, aber der befand sich gleich Filaret in polnischer Gefangenschaft. Auch Posharski selbst stand als Kandidat zur Debatte, und er wäre wohl gerne Zar geworden. Aber sowohl seine schlechte Gesundheit als auch massive Rivalitäten zwischen seinem Heeresaufgebot und den Kosaken des Fürsten Trubezkoi ließen den Plan trotz kräftiger Geldgeschenke an die Wahlmänner scheitern.

Nach langen Diskussionen fiel die Wahl auf den erst 16jährigen Sohn des umstrittenen Filaret, auf Michail Fjodorowitsch Romanow. Über diese Entscheidung ist viel gerätselt worden. Man kann kaum annehmen, daß die Wahl etwa die Folge zielstrebigen Bemühens seitens der Familie Romanow gewesen ist, weil Filaret, das Oberhaupt der Familie, fern von Moskau war. Der Legende nach soll der Antrag zur Wahl Michails von einem Dienstadligen aus Galitsch und einem Ataman der Donkosaken ausgegangen sein. Weder der Rückgriff auf genealogische Traditionen noch außenpolitische Rücksichten begünstigten die Wahl. Sie scheint sinnvoll gewesen zu sein, weil die Familie Romanow zwar über Anastassija Romanowa mit Iwan IV. und damit auch dessen Sohn Fjodor verwandt war, aber eben nicht zum Kreis der Hocharistokratie, nicht zu den Golizyns oder Dolgorukis zählte und deshalb für das Spiel machtpolitischer Ranküren weniger gefährlich erschien. Ihre Herrschaft würde nicht sofort wieder durch intrigante Sippeninteressen in Frage gestellt werden. Die zwielichtige politische Rolle des Vaters Filaret war zwar in gewisser Weise ein Hindernis für die Nominierung, aber politische Legendenbildung gehörte im russischen Volk nicht zu den schwierigsten Geschäften. Denn schließlich: Der bereits legendäre Patriarch Hermogen, den die Polen im Kreml hatten verhungern lassen, war schon im Jahr 1610 für den Sohn Filarets auf dem Zarenthron eingetreten. Und Filaret? Saß er nicht auch im polnischen „Kerker"? Drohte ihm nicht ein ähnliches Schicksal wie Hermogen? Wer konnte das schon wissen? An Versuchen, ihm eine patriotische Rolle zuzumessen, mangelte es nicht.

Filaret war um 1554/55 geboren worden. Er gilt als der Stammvater der Romanow-Dynastie. Sein eigentlicher Name war Fjodor Nikititsch Romanow. Boris Godunow hatte ihn 1601 in ein Kloster verbannt. Dort nahm er als Mönch den Namen Filaret an. Unter dem ersten falschen Demetrius kehrte Filaret 1605 nach Moskau zurück und wurde in den Rang des Metropoliten von Rostow erhoben. Filaret bereitete den Sturz Boris Godunows mit vor. 1608 geriet er in die Gefangenschaft des zweiten falschen Demetrius. Im Jahr 1610 hatte Filaret Anteil am Sturz des Zaren Wassili Iwanowitsch Schuiski. Er trat engagiert für eine Verbindung Rußlands mit Polen-Litauen ein und favorisierte den polnischen Prinzen Wladislaw für den Zarenthron. Aber der polnische König Sigismund III. August ließ ihn einsperren und nach Polen deportieren. Die Wechselfälle in Filarets Leben und Wirken konnten im Zusammenhang mit der Zarenwahl durchaus auch in vaterländische Leistungen umgedeutet werden. Schließlich war er eine Persönlichkeit, die sich unter allen Fahnen sehr flexibel und wirksam durchsetzen konnte.

Der Semski Sobor entschied sich im Februar 1613 denn auch für den jungen Michail in dem Bewußtsein, daß hinter dem Knaben der Vater stand. In gewisser Weise wurde der Sohn sogar statt des Vaters gewählt, in der Hoffnung, der verhinderte Zar Filaret werde zurückkehren und die Staatszügel in die Hand nehmen.

Aber niemand wußte zunächst, wo sich der Knabe selbst aufhielt. Erst im darauffolgenden Monat fand man ihn mit seiner Mutter Ksenija Iwanowna Schestowa, der

Nonne Marfa, im Ipatjew-Kloster bei Kostroma. Michail war nicht sofort gewillt, die Wahl anzunehmen. Er widersetzte sich heftig und hartnäckig. Offensichtlich stritten die Abgeordneten des Sobor mit dem Prätendenten erbittert um eine positive Entscheidung. Ob das ein rituelles Spektakel gewesen ist, schließlich hatte es ähnliche Weigerungen auch schon bei Boris Godunow gegeben (Iwan der Schreckliche hatte derartige Rituale regelrecht inszeniert), oder ob Michail ganz einfach abwarten mußte, bis seine Mutter zu einer Entscheidung gelangt war, mag dahingestellt bleiben. Marfa mußte sicherlich auch berücksichtigen, wie die Wahl angesichts des Schicksals ihres in Polen eingesperrten Ehemannes Filaret wirken konnte. Sein Rat und vor allem sein Segen fehlten. Aber die Deputierten – Feodorit, Erzbischof von Rjasan und Murom, sowie Fürst Scheremetjew – besaßen ein attraktives Lockmittel: Marfa, die Mutter, wurde zur „Großen Herrscherin" erklärt und besaß damit die notwendige Entscheidungs- und Segensprokura.

Nach langem Gebet stimmte sie den Sohn schließlich um, und der gab sein entscheidendes „Ich will". Aus dieser längeren Verzögerung eines Entschlusses läßt sich indessen nicht die Vermutung schöpfen, daß vielleicht endlos über eine etwaige Wahlkapitulation mit entsprechenden Vorbedingungen für den jungen Michail gestritten werden mußte. Die hat es offensichtlich – wie im Falle Wladislaws – nicht gegeben.

Nachdem Marfa und Michail ihre Einwilligung erteilt hatten, zog die Prozession zurück nach Moskau. Es dauerte jedoch Monate, ehe die Abgeordneten des Sobor durch das verwüstete Land, stets von der Gefahr gewalttätiger Überfälle bedroht, mit Michail am 2. Mai 1613 in die Hauptstadt gelangten. Sie müssen sich im wahrsten Sinne des Wortes durchgeschlagen haben, denn es kam der kritische Augenblick, an dem sich Michail widersetzte weiterzureiten, wenn nicht die Bluttaten sofort beendet würden.

Als sie Moskaus Kreml endlich erreichten, jubelten auf den Straßen zwar Menschen und auch die Kirchenglocken läuteten, aber dem Zaren konnte nicht einmal eine sichere Unterkunft gewährt werden. Die Polen hatten vor ihrer Vertreibung durch die Landwehr des Fürsten Posharski den Kreml geplündert und zerstört. Wäsche, Nahrung und Bettzeug mußten erst in der Nachbarschaft geliehen werden – ein Bettler bestieg Rußlands Thron. Auch der lange Anmarschweg Michails hatte nicht ausgereicht, die gröbsten Schäden zu beseitigen.

Namentlich die Familie Stroganow, die schon die Kriegszüge der Kosaken unter Iwan IV. nach Sibirien finanziert hatte, besaß den Mut – und das Geld –, nach all den schrecklichen Jahren abermals auf den Zaren zu setzen. Mit ihrer Hilfe konnte Michail zunächst die dringendsten Lebensbedürfnisse befriedigen, aber auch einen neuen Holzpalast bauen und vor allem – die Mariä-Himmelfahrts-Kathedrale im Kreml für die Krönung herrichten lassen. Bereits im Juli 1613 konnte der junge Zar in traditioneller Weise gekrönt werden.

Der bauliche und innere Zustand des Kreml spiegelte lediglich die schier hoffnungslose politische und wirtschaftliche Situation Rußlands wider. Moskau war durch

Fürst Posharski befreit worden und es gab jetzt auch wieder einen gewählten Zaren. Michail besaß aber weder die Kraft, die Polen aus den westlichen und südlichen Regionen zu vertreiben, noch den Druck der Schweden von Nowgorod und Pskow zu nehmen, noch die Bojaren und den Adel zu zwingen, ihren Treueschwüren Realität zu verleihen. Der Zar besaß keine Truppen, die den inneren Frieden herstellen, die vagabundierenden Räuber domestizieren oder gar die wildwüchsigen Kosaken bändigen konnten.

Es schien, als sei Rußland, obwohl es in den folgenden Jahrzehnten keineswegs zur Ruhe kam, der inneren Zerrissenheit und des Chaos müde. Allmählich stellte sich eine relative Stabilisierung in den wirtschaftlichen und politischen Verhältnissen ein – ohne daß Michail, so merkwürdig es auch erscheinen mag, in den 23 Jahren seines Zartums nach außen hin besonders sichtbar in Erscheinung trat.

Michail war sicherlich kein „Autokrat" im Sinne Iwans IV. Die Bezeichnung „samodjershez" (Selbstherrscher) wurde sogar aus seinem Titel gestrichen. Das änderte jedoch nichts an der Tatsache, daß Michail, gestützt auf einen allgemeinen Konsens der Reichsversammlung, der ja auch Städtebürger und Kosaken angehörten, einen strikten Kurs in Richtung Wiederbelebung der Autokratie steuerte. Das war ein sehr widersprüchlicher und vielschichtiger Vorgang. Der junge Zar lernte zunächst erst einmal. Das Regieren überließ er vertrauten Ratgebern, dem in Permanenz tagenden Semski Sobor und der Bojarenduma. In den ersten Regierungsjahren, bis zur Rückkehr des Vaters aus polnischer Gefangenschaft nach dem Waffenstillstand von Deulino im Jahr 1619, stand Michail wohl weitestgehend unter dem Einfluß nach wie vor mächtiger Bojaren: Iwan Fjodorowitsch Mstislawski und die Brüder Saltykow. Deren Wirkung und der Sobor waren ein wichtiger Hinweis darauf, daß die russische Aristokratie nach den vielen Jahren ihrer politischen und sozialen Demütigung, aber auch ihrer inneren Fehden, wieder an Stärke gewann. Die Wahl des Michail Fjodorowitsch, eines Familienmitgliedes der Romanows, einer Familie aus den Reihen der Bojarenschaft, kann daher auch als ein Symbol für die wiederentdeckte Kraft und Selbstbehauptung der Bojarenschaft gewertet werden.

Besonders eine Persönlichkeit ragte in ihrem Einfluß auf den jungen Zaren immer wieder hinaus, prägte die gesamte Herrschaft Michails stärker als dieser selbst: der Vater und Patriarch Filaret. Filaret beherrschte faktisch in den Jahren 1619 bis 1633 den Moskauer Staat und hatte wesentlichen Anteil daran, daß Moskau wieder in Rußland hineinwuchs.

Begonnen hatte der Aufstieg Filarets nach vielen vergeblichen Ansätzen im Jahr 1617. Damals saß er noch in recht ehrenhafter polnischer Gefangenschaft und wartete auf seine Chance, nach Möglichkeit selbst in Moskau regieren zu können. Die Chance kam, als sich Polens Prinz Wladislaw 1617 entschloß, seine Thronrechte in Moskau gewaltsam geltend zu machen. Mit einem Heer drang er bis vor die Mauern Moskaus, konnte diese jedoch nicht stürmen. Im Dezember 1618 schlossen Polen-Litauen und Rußland bei dem Dorf Deulino (in der Nähe des heutigen Sagorsk) einen auf vierzehneinhalb Jahre befristeten Waffenstillstand. Dieser Waffenstillstand hatte eine lange Vorgeschichte, die eng mit den polnischen Thronwünschen in Moskau verbunden war und Polens Integration in die „Smuta" seit 1584 charakterisierte. Nach Michails Wahl zum Zaren beharrte nicht nur Wladislaw auf seiner 1610 erfolgten Wahl, sondern auch sein Vater Sigismund III. August konkurrierte weiter mit ihm um die Krone Monomachs. Der Krieg ging weiter, und eine 1616 durch das Haus Habsburg versuchte Vermittlung scheiterte. Erst im Jahr 1618 waren die ohnehin begrenzten beiderseitigen Möglichkeiten zur Kriegführung nahezu erschöpft, und Sigismund III. August sah sich ebenso dem Druck durch den eigenen Sejm ausgesetzt wie sein Sohn Wladislaw. Moskau trat in dem Abkommen von Deulino einige Städte und Gebiete, so die Gegend um Smolensk, an Polen-Litauen ab. Für Michael und die Konsolidierung seines Reiches besaß der Vertrag zwei wesentliche Folgen: Der Krieg gegen Polen wurde vorerst beendet, Michails Regentschaft wurde von Polen-Litauen faktisch anerkannt, wenngleich Wladislaw und Sigismund III. August hier auch noch nicht de jure ihre Anwartschaft auf den Zarenthron begruben; gleichzeitig beschlossen beide Seiten einen Gefangenenaustausch, in dessen Folge Filaret nach Moskau zurückkehren durfte. Damit begann seine Ära, die nach dem Waffenstillstand von Deulino mit der dringend benötigten Atempause zusammenfiel, die Michail, Filaret und der Moskauer Staat zur eigenen Regeneration, aber auch zur Vorbereitung neuer Auseinandersetzungen mit Polen und Schweden nutzen konnten.

Hatte der Waffenstillstand mit Polen-Litauen zu einer zeitweiligen Beruhigung im Verhältnis zum westlichen Hauptfeind geführt, so war das auch eine Folge der Entspannung im Verhältnis zu den Moskau bedrohenden Schweden. In Europa stand eine bewaffnete Auseinandersetzung vor der Tür, der die Geschichte den Namen „Dreißigjähriger Krieg" verliehen hat. Schwedens König Gustav II. Adolf wollte sich im Osten den Rücken freihalten. Er schloß im Februar 1617 in dem Dorf Stolbowo – südlich des Ladoga-Sees – einen Frieden. Ähnlich der Vorgeschichte des Vertrags von Deulino waren die russisch-schwedischen Konflikte eng mit der „Smuta" verbunden, und in gleicher Weise diente der Frieden zur Konsolidierung des Moskauer Staates. Nach Michails Wahl erhob der schwedische König zwar keine Ansprüche mehr auf den Zarenthron, aber Nowgorod blieb in schwedischer Hand, gewissermaßen als ein Faustpfand für künftige weitere Inbesitznahmen. Michail verstand diese Maßnahme zu Recht als Kriegserklärung. 1614 gelang es den russischen Truppen zunächst, die Schweden bei Nowgorod hart zu bedrängen, aber diese eroberten im folgenden Jahr ihre Positionen zurück. Erst 1616 wurden durch Vermittlung Englands und der Niederlande Friedensverhandlungen aufgenommen, die für das geschwächte Moskau im Grunde genommen ungünstig verliefen. Schweden ließ den Russen den Hafen Archangelsk. Aber Ingermanland fiel an Schweden. Rußland erhielt Nowgorod zurück und mußte Reparationen zahlen. Damit wurde Schwedens Vormachtstellung im Raum der Ostsee unterstrichen und Rußland von diesem für den eigenen Handel so wichtigen Binnenmeer getrennt. Es war klar, daß damit für Moskau nicht das letzte

Wort gesprochen worden war. Vorerst aber konnte der Frieden zur inneren Festigung ebenso genutzt werden wie der Waffenstillstand von Deulino. Bemerkenswert bleibt, daß beide Verträge, die von staatsmännischer Klugheit der russischen Regierung sprachen und sicherlich nicht unter Ausschluß Michails abgeschlossen worden waren – es ist bekannt, daß der junge Zar geduldig an den Beratungen der Bojarenduma und des Semski Sobor teilnahm –, unterzeichnet wurden, bevor der später überragende Filaret aus polnischer Gefangenschaft zurückkehrte.

Als Filaret wieder in Moskau war, erhob ihn Michail 1619 sofort in den Patriarchenstand und versicherte sich dadurch der quasi vormundschaftlichen Unterstützung seines Vaters, daß er ihm die Doppelherrschaft anbot. Vielleicht trieb Michail auch die Klugheit zu diesem Schritt, um dem „verhinderten Zaren" die Motivation zur Thronusurpation gegen den eigenen Sohn zu nehmen. Daß Filaret den Titel „Großer Herrscher" trug, entsprach seiner Stellung neben dem Zaren – Boris Godunow hatte diesen Titel auch für seinen Sohn gebraucht. Bis zu seinem Tod im Jahr 1633 regierte Filaret faktisch den Moskauer Staat und trug dazu bei, daß sich Michail weit stärker seinen individuellen Leidenschaften hingeben konnte, als in der Öffentlichkeit regieren zu müssen.

So ist auch zu erklären, daß Michail – zumindest in den Jahren von der Zarenwahl bis zum Tod Filarets – für die historische Forschung als ein Mann gilt, der kaum mit den Maßstäben vorausgegangener und folgender despotischer russischer Autokraten gemessen werden kann. Er war weder Iwan der Schreckliche noch Peter der Große, aber auch nicht Paul I. oder Iwan VI. Michail wird allgemein als unnahbar, verschlossen und mit wenig geistigen Gaben ausgestattet, zudem ständig kränkelnd, dargestellt. Dennoch bestätigten ausländische Besucher und russische Zeitgenossen, daß er seinen zarischen Repräsentationspflichten sehr gewissenhaft und korrekt nachgekommen ist, Besuchern und Ratgebern geduldig zuhören konnte und Ausgeglichenheit demonstrierte.

Alle diese Bilder mögen Mosaiksteine zur Wahrheit darstellen und lassen das Bild über die Persönlichkeit Michails dennoch nur in vagen Konturen hervortreten. Über Michails Kindheit ist kaum etwas bekannt. Das Familienleben der Zaren, auch der Romanows, hat sich in strenger Abgeschiedenheit von der Außenwelt vollzogen. Es hat in seinem inneren Gefüge weit eher tatarischen Traditionen als byzantinischem Glanz entsprochen. Hinter den Kulissen offenbarte der junge Zar eine individuelle Physiognomie, die auf einen naiv-fröhlichen und zugleich standesbewußten Geist schließen läßt.

Im absoluten Verschluß des Terem, des zarischen Familien- und Frauenhauses, aufgewachsen, besaß Michail keine überlebenden Brüder. Von seinen Geschwistern Boris (gestorben 1592), Nikita (gestorben 1592), Lew (gestorben 1597), Tatjana (gestorben 1611) und Iwan (gestorben 1599) sind nicht einmal alle Lebensdaten erhalten. Da er nun einmal zum Zaren gewählt worden war, mußte er sich rechtzeitig Gedanken über die Thronfolge der eigenen Familie in dem damals bereits weitverzweigten Geschlecht der Romanows machen. Michail suchte eine passende Frau. Zunächst war er mit einem Mädchen namens Marija Chlopowa verlobt. Die Brüder Saltykow entdeckten jedoch kurz vor der Hochzeit eine „ansteckende Krankheit". Die Verlobung wurde sofort gelöst und die Familie aus Moskau verbannt. Es war eine Intrige, der anschließend die Intriganten zum Opfer fielen – die Saltykows wurden verbannt. Aber das Mädchen kam als Ehefrau nicht mehr in Frage. Michail verfiel auf die die traditionsbewußte Bojaren schockierende Idee, die Ehe mit einer skandinavischen Prinzessin oder auch mit Katharina von Braunschweig einzugehen. Der Schrecken war jedoch verfrüht, Michail erhielt nur Absagen, so daß er reumütig zur Tradition zurückkehrte und 1624 Marija Wladimirowna Dolgorukaja heiratete. Das Glück, wenn es denn überhaupt ein Glück gewesen ist, währte nicht lange. Bereits am 7. Januar 1625 starb Marija in den Wehen. Ein lebendes Kind brachte sie nicht zur Welt. Allen Verlautbarungen nach konnte von einer Liebesheirat zwischen Michail und Marija keine Rede gewesen sein. Die Ehe war für Michail eine Institution zur Sicherung der Thronfolge. Mit diesem gleichen Gefühl seiner Verantwortung für Rußland heiratete er 1626 Jewdokija Lukjanowna Streschnewa, die Tochter eines Kleinadligen aus Moshaisk. Die zweite Ehe erfüllte ihren Zweck: Jewdokija gebar zehn Kinder. Michail konnte aufatmen: sechs Kinder starben zwar bereits in jungen Jahren, aber die männliche Thronfolge war gesichert, als am 19. März 1629 nach zwei Mädchen der erste Sohn geboren und auf den Namen Alexei Michailowitsch getauft wurde: der künftige Zar Alexei Michailowitsch – Vater Peters des Großen.

Michails Wunsch nach einer „westlichen" Heirat war keineswegs nur eine verschrobene Marotte, um die Bojaren herauszufordern. An seinem Hof entwickelte sich eine starke Tendenz – getragen vor allem vom Vetter Nikita Romanow –, Kleidung, Gebrauchsgegenstände und allerlei Tand „ausländischen" Zuschnitts zu erwerben. Michail bildete da keine Ausnahme. Mit geradezu kindlicher Freude ergötzte sich der Zar in der Heimlichkeit seiner Privatgemächer an Musik und Gesang. Stundenlang konnte er Märchen und Geschichten lauschen. Er hielt 16 Hofzwerge und Narren und war selbst zu Spiel und Spaß aufgelegt. Michail mochte kostbare Kleider, bekam gern Geschenke und schenkte selber mit Leidenschaft. Obwohl die Eheschließungen dynastischen Zwecken dienten, liebte er seine Kinder, besuchte die Familie täglich im Terem und beschäftigte sich viel und lange mit der Auswahl von Spielzeug für die Kinder.

In der Öffentlichkeit und eigenen Haushaltung folgte Michail streng den religiösen Riten. Niemals lächelte er, aber stets blieb er gegenüber Fremden ausgeglichen freundlich. Adam Olearius, der bekannte Reisende aus Holstein, berichtete: Michail „regierete sanfftmüthig / und erzeigte sich so wol gegen Ausländische als Einheimische glimpfflich / daß jedermann dafür hielt / es hätte das Land wider ihre Gewohnheit in viel 100. Jahren nicht einen so frommen Herrn gehabt".

Niemals durfte von den privaten Leidenschaften etwas an die Öffentlichkeit geraten. Der von Gott gesandte und gesalbte Zar war sakrosankt, und kein Untertan hatte das Recht, ihn außerhalb seiner geheiligten Bestimmung, etwa gar als ein normales menschliches Wesen, zu erleben. Nicht einmal die Familie, die Frau und die Kinder, durften jemals die Wohnräume des Zaren betreten. Dennoch versuchte Michail, der sich ganz seiner historischen Sendung bewußt war, der in das autokratische Sendungsbewußtsein – namentlich beeinflußt durch den Vater Filaret – hineinwuchs, am Ende seines Lebens aus diesem streng reglementierten Dasein in gewisser Weise auszubrechen.

Dem gingen Jahre voraus, in denen sich der Zar ganz auf seinen Vater Filaret verließ, ihm in allen Staatsangelegenheiten folgte und in denen es gelang, dem Reich eine relative Ruhe und Festigkeit zu verleihen.

Michail und Filaret konnten unter der Voraussetzung, daß sie selbst niemals beabsichtigten, friedliche Verhältnisse gegenüber Polen-Litauen und Schweden langfristig zu vertiefen, Atem schöpfen. Dabei halfen ihnen sowohl die Gelder der Stroganows als auch die Sehnsucht Rußlands nach Ruhe und Frieden: Das Moskauer Kernland konnte befreit werden, und Rußland wies Schweden und Polen-Litauen zumindest vorübergehend in die Schranken. Vater und Sohn versuchten auch gegenüber den von Süden drohenden Türken, Tataren und Persern Ruhepositionen zu erlangen und zugleich das alle südlichen Regionen latent beunruhigende Kosakenproblem einigermaßen still zu halten. Doch „das Auf und Ab in den diplomatischen Beziehungen Rußlands zum südlichen Raum" charakterisierte nicht nur die gesamteuropäischen Dimensionen in der geopolitischen Lage Rußlands, sondern natürlich vor allem die anhaltende Schwäche des Moskauer Reichs selbst. Rußland brauchte den Frieden, um zunächst seine inneren Probleme einigermaßen zu lösen. Wie eng beide Seiten miteinander verbunden waren, zeigte sich, als der schwedische König 1626 eine Gesandtschaft zu Michail und Filaret schickte, die das russische Herrscherpaar davon überzeugen sollte, gemeinsam mit Schweden gegen den polnischen König Sigismund III. August und gegen den Habsburger Kaiser Ferdinand II. militärisch vorzugehen.

Michail und Filaret ließen sich nicht in den europäischen Krieg hineinziehen. Sie nutzten die Offerte recht geschickt zur Stärkung Rußlands. Sie nahmen die schwedischen Berichte mit Interesse zur Kenntnis und ließen sich die Unterstützung des nördlichen Nachbarn bei der Ausstattung der russischen Streitkräfte mit modernen Waffen gerne gefallen – in eine Koalition gegen das Haus Habsburg traten sie nicht ein. Als 1629 französische Vermittler von Schweden aufgeboten wurden, versprach Michail Getreidelieferungen an die Schweden, die dafür ihrerseits Rußland im Falle eines polnischen Angriffs gegen Moskau militärisch unterstützen sollten.

Dennoch, der Dreißigjährige Krieg und die allgemeine Militarisierung der Politik in Europa blieben auch für den Moskauer Zaren nicht ohne Auswirkungen. Einerseits beobachtete Michail mit großem Unbehagen und Mißtrauen, wie sich die schwedische Kriegsmacht über Mitteleuropa ergoß und der traditionelle Gegner seinem alten Ziel, den gesamten Ostseeraum zu beherrschen, näherrückte. Andererseits, warum sollte man nicht selbst die Gunst der Stunde nutzen und versuchen, die 1618 mit Polen getroffenen Vereinbarungen zu revidieren? Schließlich war Smolensk doch wohl als russische Stadt zu betrachten! Filaret suchte den Angriff diplomatisch vorzubereiten, indem er sich nicht nur um eine Unterstützung durch die südlichen Nachbarn bemühte, sondern sehr geschickt Schwedens Angebot nutzte. Tatsächlich sagte Gustav II. Adolf zu, von Pommern aus Polen anzugreifen – falls russische Soldaten auf Smolensk marschierten.

Zwei Ereignisse bewirkten eine neue machtpolitische Situation: Gustav II. Adolf fiel am 6. November 1632 in der Schlacht bei Lützen, und der polnische König Sigismund III. August war im April des gleichen Jahres gestorben. Damit gelangte jener Prinz Wladislaw auf den polnischen Thron, der in Moskau nach wie vor Ansprüche auf die Krone Monomachs erhob. Der neue russisch-polnische Krieg, der Smolensker Krieg, währte von 1632 bis 1634. Russische Truppen eroberten zunächst einige Grenzstädte und belagerten im Januar 1633 Smolensk, konnten es aber nicht nehmen, weil der neue polnische König Wladislaw IV. Wasa mit einem Entsatzheer herbeigeeilt war. Zu allem russischen Unglück starb im Oktober 1633 auch noch Filaret und überließ Michail die alleinige Verantwortung für den Ausgang des fragwürdigen Kriegsabenteuers. Der Zar tat das ihm einzig vernünftig Erscheinende und wählte den Friedensschluß. Im Mai/Juni 1634 schlossen beide Länder an der Poljanowka einen „Ewigen Frieden". Rußland mußte die besetzten Städte fast alle wieder abtreten und 20.000 Rubel Kriegsentschädigung zahlen. Wichtig war der Frieden für Michail indessen vor allem, weil der neue polnische König in dem Vertrag endgültig und damit auch de jure auf den Zarenthron in Moskau verzichtete. Das war für Michail, dem der Vater schmerzlich fehlte, trotz der Kriegsniederlage ein großer politischer Gewinn, stärkte seine Position in Europa und – rief den Argwohn Schwedens hervor. Eine territoriale Revision des Vertrags von Deulino war aber nicht gelungen.

Als Michail vom Semski Sobor gewählt worden war, hatten sich die in Moskau herrschenden und rivalisierenden aristokratischen Kräfte – und mit ihnen die gesamten wirtschaftlichen, sozialen und politischen Grundlagen – so weit erschöpft, daß der Semski Sobor, der ja eigentlich nur eine beratende und relativ unverbindliche Funktion besaß, diese Wahl entscheiden konnte. Für den Wahlausgang gefährlich werdende Aristokraten konnten ausgeschaltet werden, und die alte Rivalität zwischen Bojaren und Dienstadel erwies sich in diesem Augenblick für die Selbstherrschaft als hinreichend stumpf.

Es gab genügend Gründe für den jungen Zaren und dessen Ratgeber, neben der Abwehr der äußeren Bedrohung den Staat im Innern neu zu ordnen. In dieser Richtung war Filaret der geeignete Mann gewesen, und offensichtlich überließ ihm Michail das ganze weite Feld innerer Stabilisierungsbemühungen, nicht nur aus Gründen seines Selbstverständnisses als Zar, aus Bescheidenheit oder auch Unvermögen, selbst das Ruder in die Hand zu nehmen. Filaret war eine starke Persönlichkeit, die das Manko der Vergangenheit auch dadurch vergessen ließ, daß er Rußland eine gewisse innere Ordnung wiedergab. Er entfernte alle Persönlichkeiten aus der Aristokratie vom

Thron, die seiner und der Herrschaft des Sohnes gefährlich werden konnten. Mit seinen Maßnahmen in der Finanz- und Steuerpolitik erlegte er dem Adel, den Kaufleuten und auch den armen Bauern und Menschen in den Vorstädten harte Lasten auf. Ausländer kamen ins Land. Sibirien wurde 1639 zum ersten Mal erfolgreich durchquert. Aber die Unruhe in der Gesellschaft nahm auf Reichsversammlungen und in Bittschriften wieder zu. Die Schollenbindung der Bauern wurde durch Ausdehnung der Fristenjahre von fünf auf neun (1637) und schließlich auf zehn Jahre (1641) vorbereitet. Rußland war zu erschöpft, als daß sich eine ernsthafte Opposition gegen Filaret erheben konnte. Gewiß, es gab im Reich Aufstände und Erhebungen, die Zeit nach Michails Krönung blieb erregt und aufrührerisch. Aber sowohl die vagen Stabilisierungsbemühungen gegenüber Polen-Litauen und Schweden als auch gegen die Türken, Tataren oder Kosaken, die Erweiterung der Reichsgebiete nach Sibirien und die von Filaret getragene innere Konsolidierung – alles das führte im Gegensatz zu den vorausgegangenen Jahren dazu, daß der junge Zar nicht sofort wieder gestürzt wurde. Unter seiner Herrschaft festigte sich erneut die Selbstherrschaft – obwohl Michail selbst vielleicht nicht einmal das größte Verdienst daran besaß und sein eigenes praktisches Wirken vielfach im Dunkeln der Geschichte versunken ist.

Nach dem Tod Filarets wurden Angehörige der Fürstenfamilien Tscherkasski und Scheremetjew die starken Männer an Michails Seite. Sie waren mit dem Zaren verwandt und konzentrierten in ihrer Hand eine ganze Reihe von Zentralämtern, auf die sie ihre materielle Macht stützten. Sie begannen damit eine Ämterkumulation, die auch für spätere Günstlinge Vorbild wurde.

Wir wissen nicht viel über Michails persönliche Anteile an diesen oder jenen Entscheidungen zur Festigung des Reichs und der Autokratie. Der „Große Herrscher" Filaret tritt da plastischer hervor. Die Machtverteilung entsprach in gewisser Weise sicherlich auch dem traditionellen Bild eines russischen Vater-Sohn-Verhältnisses. Aber dennoch weist auch Zar Michails Leben Episoden aus, die sein Wollen und Handeln eindeutig charakterisieren. Streng von der Öffentlichkeit abgeschirmt, in allen Lebensäußerungen dem Bewußtsein der Gottähnlichkeit und den religiösen Riten folgend, scharf – bis zur Manie – bewacht, war ihm jeder Schritt vorgeschrieben.

Selbst die Entscheidung über den Thronfolger war ein Staatsakt von höchster Priorität. Als Michails Sohn Alexei zum Thronfolger proklamiert wurde, geschah das, indem man den Jungen auf dem Roten Platz, auf einem hohen Podest, der Menge öffentlich zur Schau stellte. Auch schon für Michails Kindheit mag es bezeichnend sein, daß diese Gelegenheit die erste im Leben des Zarewitsch war, bei der ihn eine dritte Person außerhalb des Haushaltes überhaupt sehen durfte.

Michail fügte sich dem Ritual. Gefallen mag es ihm nicht haben, und er wagte einen Versuch, die Tradition zu brechen. Aus seinen intensiven Studien über die russische Geschichte wußte er, daß es auch in seinem Land einstmals die Tradition gegeben hatte, die für das Europa jener Jahrhunderte typisch war: Die Dynastien verheirateten ihre Kinder untereinander. Die lange Tatarenherrschaft hatte diese Tradition im Moskauer Reich gewaltsam unterbrochen, Michail wollte sie wieder ins Leben rufen. Am 22. April 1627 war seine erste Tochter, Irina, geboren worden. Nach russischem Brauch durften Zarentöchter keine russischen Untertanen heiraten, was unter den gegebenen Umständen bedeutete, daß sie überhaupt nicht heiraten durften.

Zar Michails schöne Tochter sollte nach dem Willen ihres Vaters das Schicksal einer gut lebenden Unperson nicht teilen müssen. Er suchte ihr als Bräutigam den Prinzen Waldemar von Dänemark aus. Im Januar 1644 wurden Irina und Waldemar – nach überraschender Zustimmung des Dänenkönigs – offiziell verlobt, obwohl sich beide noch nicht einmal zu Gesicht bekommen hatten. Michail ließ für den Dänenprinzen einen steinernen Palast errichten, und Waldemar kam nach Moskau. Indessen, ein gravierendes Hindernis ließ den Plan scheitern: Waldemar war so tolerant, sich nicht in Irinas Glaubensangelegenheiten zu mischen, spätere Kinder sollten im orthodoxen Glauben erzogen werden. Für sich selbst lehnte er jedoch einen Übertritt zur russisch-orthodoxen Kirche ab. Obwohl der russische Adel den Prinzen mit Sympathie betrachtete – die Kirchenfürsten waren strikt gegen eine solche Verbindung. Michail versuchte das Ansehen seiner Tochter und Dänemarks zu retten und verhandelte zäh mit dem Patriarchen, jedoch ohne Erfolg. Nachdem Michail 1645 gestorben war, entließ der neue Zar Alexei den Prinzen wieder nach Dänemark. Irina aber blieb unverheiratet. In der russischen Öffentlichkeit, die stets empfänglich war für Gerüchte und Spekulationen, mutmaßte man, das Debakel habe den frühen Tod des Zaren Michail befördert. Im Licht der ganzen russischen Geschichte gesehen – auch jener bis zur Herrschaftszeit Michails – war der Plan Michails ein aussichtsloses Experiment, das zu keinem späteren Zeitpunkt wiederholt worden ist. Zwar nahmen sich in späteren Jahren russische Kronprinzen sehr viele ausländische, namentlich deutsche Frauen, aber stets ist damit der Übertritt zum orthodoxen Glauben in aller Konsequenz unabdingbare Voraussetzung gewesen und geblieben.

Viel ist dem Zaren nicht gelungen, aber genug, um den Jahren der Wirren ein vorläufiges Ende zu bereiten. Am 13. Juli 1645 verstarb Zar Michail. Für seine Herrschaft und Persönlichkeit bleibt das Fazit: „Der erste Romanow wurde zwar gleichsam von den Armen eines Sturmes auf den Thron gehoben, doch entsprach dies keineswegs seiner Wesensart. Er lebte in der traditionellen Abgeschlossenheit, und seine Persönlichkeit erinnert an einen ummauerten Garten. Keine seiner beiden Ehen hat sein Herz berührt, aber es gibt Beweise für seine stille, hingebungsvolle Liebe zu seinen Kindern. Er schätzte Musik und Gesang mehr als Politik, aber er fehlte doch nie bei den Sitzungen der Duma, wenn sie ihn auch noch so langweilten. Er war nicht klug und hinterließ mit Ausnahme der Heiratspläne für Irina nur wenig Spuren von Originalität, doch erfüllte er den Zweck seiner Wahl zum Zaren getreulich: Er war das einigende Symbol, das Rußland zu seiner Gesundung brauchte." Diese wohlwollende Beurteilung stößt in der Geschichtswissenschaft auf strengere Urteile. Da ist nicht ganz zu Unrecht von „despotischer Willkür, Verantwortungsscheu und konfessioneller Engstirnigkeit" die Rede, die mit der „Moskauer Staatsideologie" begründbar war.

Welchem russischen Zaren könnte man diese kritischen Begriffe nicht zuordnen? Es bleibt jedoch nach wie vor schwierig, die Persönlichkeit des ersten Zaren der Romanow-Dynastie aus dem Dunkel der Geschichte zu präparieren.

LITERATUR

Erich Donnert, Das russische Zarenreich, Aufstieg und Untergang einer Weltmacht, München und Leipzig 1992.

Paul Dukes, The Making of Russian Absolutism 1613–1801, London und New York 1990.

J. L. H. Keep, The Regime of Filaret, in: SEER XXXVIII, 1960.

W. Leitsch, Eine Kriegsberichterstatterin des 17. Jahrhunderts: Zum Smolensker Krieg der Jahre 1632–1634, in: Festschrift für Günther Stökl, Köln–Wien 1977.

S. F. Platonov, Moskovskoe pravitel'stvo pri pervych Romanovych, in: Ders., Stat'i po russkoj istorii, St. Petersburg 1912.

Romanovy. Carstvujuščij dom Rossijskoj Imperii s 1613 g. (Die Romanows. Das Herrscherhaus des russischen Imperiums seit 1613), in: RS, Bd. XXII, Jahrgang 1878.

E. D. Stasevskij, Očerki po istorii carstvovanija Michaila Fedoroviča, Bd. 1, Kiev 1913.

Günther Stökl, Russische Geschichte, Von den Anfängen bis zur Gegenwart, Stuttgart 1990, S. 296.

P. G. Vasenko, Bojare Romanovy i vocarenie Michaila Fedoroviča, St. Petersburg 1913.

G. V. Vernadsky, The Tsardom of Muscovy, 1547–1682, 2 Bde., New Haven, CT und London 1969.

ALEXEI — MICHAÉLOVITS
Czaar et Grand Duc de Moscouie ... *Conseruateur de toutles Russes*
et Dominateur de Plus.res terres ... *et Seigneuries, & Fils de Michaël*
Foederoüts Czaar et Grand ... *Duc de Moscouie, auquel Jl à*
Succedé en L'anneé 1645. le 12e ... *Juillet estant Age pour lors de 15.*
Ans Jl à Espousé en L'anneé 1647. la fille d'Jllia Daniloiuts Miloslauskj, &c.
mourut le 8. feurier 1676.

ALEXEI MICHAILOWITSCH

Alexei Michailowitsch

1629–1676

ZAR VON RUSSLAND 1645–1676

19. März 1629	Alexei wird als drittes Kind des Zaren Michail und dessen zweiter Ehefrau, Jewdokija Lukjanowna Streschnewa, in Moskau geboren.
1644	Alexei wird auf dem Roten Platz in Moskau in einer öffentlichen Zeremonie offiziell zum Thronfolger proklamiert.
13. Juli 1645	Nach dem Tod Zar Michails wird Alexei de jure Zar, überläßt die Regierung jedoch seinem Hofmeister Boris Iwanowitsch Morosow. Die Krönung erfolgt am 28. September 1645 in Moskau.
16. Januar 1648	Beginn der Ehe mit Marija Iljinitschna Miloslawskaja.
1648	Ein Aufstand in Moskau gegen die Herrschaft Morosows führt zu dessen Entfernung aus dem Kronrat. Alexei stärkt seine eigene Position als Selbstherrscher.
29. Januar 1649	Durch die Unterschrift des Zaren tritt das Sobornoje Uloshenije in Kraft.
1658	Bruch zwischen Zar Alexei und dem Patriarchen Nikon über die Machtverhältnisse zwischen Kirche und Staat.
22. Januar 1671	Zweite Ehe Alexeis mit Natalja Kirillowna Naryschkina.
29. Januar 1676	Tod Zar Alexei Michajlowitsch Romanows. Sein Sohn aus erster Ehe, Fjodor, besteigt den Thron. Zar Alexei wird im Moskauer Kreml bestattet.

Mit der Thronbesteigung Alexei Michailowitsch Romanows begann sich ein neues Selbstverständnis des Zaren durchzusetzen, das sich auf die Staatsentwicklung Rußlands noch nicht praktisch auswirkte. Nicht mehr durch die Wahlen des Semski Sobor, der ohnehin nach der Thronbesteigung Michail Fjodorowitschs wesentlich an Entscheidungskompetenz verloren hatte, sondern durch die natürliche Erbfolge gewann Alexei den Thron. Er rückte im Unterschied zu seinem Vater selbst stärker in das politische Rampenlicht und gewann den Titel des „Samodershez" zurück. Ähnlich der Funktion Filarets bei Michail, spielten Geistliche in Alexeis Leben und Politik neben anderen herausragenden politischen Ratgebern eine wichtige Rolle: sei es der Moskauer Patriarch Josef bei der mitunter eher tragikomischen Patriarchalisierung des „Domostroj" (Hausbuch), sei es der gescheite und ehrgeizige Patriarch Nikon (Nikita Minow) bei der Vorbereitung und Durchsetzung des „Sobornoje Uloshenije" oder der Nikonschen Reformen, die Staat, Kirche und Gesellschaft belastenden Wandlungen unterwarfen. Die Einheit von Kirche und Staat und die tiefe Religiosität der die Kirche beherrschenden Autokraten war Prinzip und bedurfte keiner so engen Vater-Sohn-Bindung wie im Falle Filarets und Michails.

Mit Alexei Michailowitsch begann im eigentlichen Sinne das autokratische Bewußtsein der Dynastie Romanow. Alexei trat nicht nur aus dem Schatten verwandt-schaftlicher Berater – er umgab sich bereits mit klugen Ratgebern aus Bojarenschaft und Dienstadel, von denen Afanassi Lawrentjewitsch Ordin-Naschtschokin und Artamon Sergejewitsch Matwejew eine besonders hohe Bedeutung erlangten. Alexeis Herrschaft war mit Marksteinen russischer Reichsgeschichte verbunden, die das Ant-litz der Dynastie und des ganzen Staates in unverwechselbarer Weise prägten. Die Verabschiedung des „Sobornoje Uloshenije" im Jahr 1649 band die Bauern endgültig an die Scholle und war die erste zusammenfassende Gesetzeskodifikation seit den Zeiten Iwans IV. Alexei bezog weite Teile der Ukraine in den Moskauer Staat ein, während seines Zartums begann in Rußland die Kirchenspaltung. Außerdem, nicht zu vergessen: Zar Alexei war der Vater Peters des Großen – wenn er es denn tatsächlich gewesen ist!

Am Ende seines Lebens wurde der Zar von Skorbut und Wassersucht geplagt. Man sagte ihm nach, daß er schwächlich, wankelmütig und leicht beeinflußbar gewesen sei. Es habe ihn Überwindung gekostet, überhaupt eine Entscheidung zu treffen. Der hinhaltende Kampf gegen die Kirchenspaltung, gegen die aufständischen Kosaken und Bauern unter Stepan Timofejewitsch Rasin, gegen Türken, Polen und Schweden habe ihn ebenso zermürbt wie der innere Widerstand seiner russischen Bojaren, und ihn beflügelt, zumindest in der eigenen Lebensweise den Anschluß an Westeuropa zu suchen. Vielleicht hatte die junge, kokette und sinnenfreudige, 1671 geheiratete zweite Ehefrau Natalja Kirillowna Naryschkina tatsächlich Grund, sich an ihren zahlreichen Liebhabern schadlos zu halten. Das alles klingt in der historischen Rückschau jedoch eher tendenziös als logisch oder schlüssig.

Dennoch gibt es Anhaltspunkte für die Annahme, daß Alexei Michailowitsch der Romanow-Dynastie stärker als sein Vater Status und Inhalt verliehen hat. Freilich darf dabei auch nicht vergessen werden, daß Alexei auf jenes Maß an Ordnung und relativer Stabilität aufbauen konnte, das der Vater und der Großvater (Filaret) nach den Wirren bereits geschaffen hatten. Denn als Alexei am 19. März 1629 als drittes Kind und erster Sohn Zar Michails geboren wurde, lebte zumindest Moskau wieder in einigermaßen geordneten Bahnen. Im streng abgeschirmten Kreml und in jenen wiedererrichteten Palästen, in denen die Zarin mit ihrem Hofstaat und den Kindern lebte, war davon nur insofern etwas zu spüren, als Reichtum und Wohlstand des eigenen Hausstandes nicht mehr gefährdet erschienen. Die zarische Hofhaltung zeichnete sich im Unterschied zu den wirtschaftlichen Niederungen des Landes durch einen geradezu provozierenden Luxus aus.

Die in sich abgeschlossene Welt der Zarinnen – der Terem – hat den kleinen Alexei geprägt. Bis zum Jahr 1634 hat er die reine Frauenwelt in finsteren Gemäuern des Kreml niemals verlassen dürfen. Lediglich der Vater besaß Zugang. Das junge Leben des Zarewitsch erschöpfte sich in einer geradezu manisch bewachten Festung. Selbst wenn die Familie aus religiösen Gründen eine Kirche, ein Kloster oder einen anderen Wallfahrtsort besuchte, entzogen sich die Familienangehörigen des Zaren durch eng aufgerückte Wachen, verschlossene und verhängte Kutschen und eine entsprechende Kleidung jeglichem Blick der Öffentlichkeit. Unter diesem dichten Vorhang drangen keinerlei Nachrichten über das Leben oder Befinden der Zarenfamilie in die Öffentlichkeit. Da selbst der Zar nur zu offiziellen Anlässen außerhalb seiner weltlichen und religiösen Gemächer erschien, waren die Angehörigen seiner Familie, die Frauen, Kinder oder Geschwister, für das Volk lediglich Namen ohne jegliches Gesicht.

Für Alexei trat in diesem Martyrium, das er wohl kaum als ein solches empfunden haben mag, denn er kannte keine andere als diese Umwelt, eine gewisse Veränderung ein, als er 1634 den Terem verließ. Zar Michail hatte für den Sohn, von dem erhofft wurde, daß er der künftige Zar sein werde, einen eigenen Palast aus Stein errichten lassen, mit eigenem Hofstaat. Nach den Wirren und angesichts des russischen Elends war es verwunderlich, sprach jedoch für den Macht- und Geldinstinkt der Familie Romanow, daß Alexeis Palast mit einem unvorstellbaren Luxus ausgestattet war. Kostbare Brokate, Edelsteine, Gold und Silber füllten das Heim des fünfjährigen Jungen bis zum Überfluß. Neben einem umfangreichen Stab von Bediensteten standen Alexei 20 gleichaltrige Spielgefährten zur Seite, und Boris Iwanowitsch Morosow, ein 1590 geborener Bojar, führte die Schar der Lehrer an. Sie unterrichteten den Knaben, lehrten ihn lesen, schreiben, rechnen und Kirchengesang.

Das tägliche Leben des Jungen verlief abwechslungsreich und war darauf orientiert, wenn auch nicht besonders konsequent, ihn in seine künftige Rolle als Herrscher langsam hineinwachsen zu lassen. Man überforderte ihn nicht, sich schon in den jungen Jahren mit der Staatskunst vollzustopfen, aber der natürliche Alltag ließ die Tendenz erkennen. Während Nahrung und Spielsachen einfach und bescheiden blieben, waren jene Gegenstände der kindlichen Umwelt offenbar bewußt herausgehoben, die Symbole für die späteren Aufgaben darstellten: Die Kleider strotzten vor Edelsteinen. Ein holländischer Waffenschmied fertigte eine spezielle Rüstung; das Schaukelpferd war kostbar, mit natürlichem Roßhaar; die Fahne aus Seide.

Mit dem Umzug in den neuen Palast entfloh Alexei der bisherigen düsteren Abgeschiedenheit. Jetzt konnte er sich ganz einfach an der frischen Luft bewegen, durfte dort spielen und jenen Tätigkeiten nachgehen, die sich für den aristokratischen Nachwuchs „schickten". Dabei leitete Boris Morosow den Jungen sehr überlegt und zielgerichtet. Er lehrte ihn die Falknerei, interessierte ihn für andere Länder und Kulturen und unterwies den aufgeweckten Schüler auch in ganz praktischen Tätigkeiten des russischen Landlebens, von denen der Grundbesitzer Morosow viel verstand. Morosow stattete den Jungen mit Kenntnissen aus, die ein künftiger Herrscher unbedingt benötigte, überforderte ihn jedoch nicht mit zuviel Lehrstunden in der Staatskunst. Einerseits war Alexei noch sehr jung und, obwohl er schon wußte, daß er der Thronerbe war, lagen die Aufgaben eines Herrschers für ihn noch in weiter Ferne. Andererseits konnte die zielgerichtete Auswahl des Lehrstoffes in Verbindung mit den kommenden Aufgaben eines Zaren den Einfluß und die Unabkömmlichkeit Morosows vergrößern. Morosow bereitete den Thronfolger so vor, daß er, Morosow, einen gewichtigen Platz an dessen Seite einnehmen konnte. Einstweilen stieß der Lehrer auf einen bewundernswert fleißigen, aktiven, wissensbereiten und aufgeschlossenen Schüler, der zugleich einen unausgeglichenen Charakter erkennen ließ, denn während er im allgemeinen ruhig und freundlich war, konnte er sich doch zu jähzornigen Gefühlsausbrüchen hinreißen lassen, die bisweilen bis zur Grausamkeit reichten.

Es ist schwer, ein Pauschalurteil zu fällen, ob Alexei auf seine Verantwortung als Herrscher sorgfältig genug vorbereitet war. Abgesehen von den persönlichen Intentionen Morosows überstürzten sich die Ereignisse derart, daß die sorgfältig gelegten Grundlagen kaum in Ruhe reifen konnten. Und wann wäre denn schon jemals ein Knabe von 16 Jahren auf die Verantwortung eines russischen Zaren „genügend" vorbereitet gewesen? Am Neujahrstag 1644 war Alexei in einer öffentlichen Zeremonie auf dem Roten Platz in Moskau dem Volk offiziell als Thronfolger vorgestellt worden. Damals hatte der reale Machtantritt scheinbar noch in weiter Ferne gelegen. Am 13. Juli 1645 starb überraschend Zar Michail Fjodorowitsch, und am 8. August desselben Jahres folgte ihm seine Ehefrau Jewdokija Lukjanowna. Über Nacht stand Alexei ohne Eltern da. Über Nacht mußte er die Herrschaft übernehmen.

Alexei trat die Herrschaft an. Freilich, nach allen Voraussetzungen war nicht zu erwarten, daß er sie auch wirklich sofort in der Praxis ausübte. Denn die Macht war durchaus noch nicht sicher in den Händen der Familie Romanow. Abgesehen von Fällen der Eidesverweigerung bei der Inthronisation des jungen Zaren, tauchten in guter russischer Tradition bis zum Jahr 1653 neue falsche Thronprätendenten auf – diesmal u. a. als angeblicher Sohn Wassili Schuiskis – und erhoben immer wieder neue und ungerechtfertigte Machtansprüche. Gerade der angebliche Sohn Schuiskis bereitete den Moskauer Würdenträgern über acht Jahre hinweg erhebliche Sorgen. Er trat über den „üblichen" Rahmen hinaus und wandte sich nicht nur nach Polen, sondern gleich an mehrere westliche Länder. Auch das war neu für die russische Geschichte! Der vermeintliche Sohn Schuiskis war Schreiber eines Moskauer Zentralamtes und hieß Timofei Akundinow. Er bändelte während seiner „Prätendenten-Karriere" auch mit den Kosaken Chmelnizkis an, aber sein Schicksal verlief noch weit unrühmlicher als das der falschen Dmitri: Der Herzog von Holstein tauschte ihn 1653 gegen Handelsprivilegien für dänische Kaufleute. Akundinow wurde in Moskau hingerichtet.

Möglicherweise ging auch die Saat Morosows auf. Boris Morosow war als ein geistvoller und gebildeter, aber eigennütziger und ruhmsüchtiger Mensch bekannt. Er regierte im Kronrat für den Zaren, der seinerseits die bei Morosow erlernten Tätigkeiten in der freien Natur ausübte. Aber Morosow hatte zwei Faktoren nur ungenügend überdacht und kalkuliert: das notwendige Augenmaß bei der Regelung der Staatsfinanzen und die Bereitschaft Alexeis, bei sich bietender Gelegenheit die Herrschaft selbst zu übernehmen. Sonst hätte Boris Morosow wohl kaum die Taktlosigkeit begangen, 1648, zehn Tage nach der Eheschließung Alexeis mit Marija Miloslawskaja, die Schwester der jungen Zarin zu heiraten. Diese Ungeschicklichkeit, gepaart mit gravierenden politischen Fehlern in der Finanzpolitik, beschleunigten den Sturz Morosows, obwohl der Zar ihm gegenüber aufmerksame Wertschätzung und Ehrfurcht bewahrte.

So kam es, daß die Herrschaft Morosows und der durch ihn protegierten Günstlinge aus der Familie Miloslawski im Grunde eine kurze – wenn auch spektakuläre – Episode in der über 30jährigen Herrschaft Alexeis wurde. Eine Episode, die den Zustand des Staates deutlich zum Vorschein brachte und Alexei die Mittel in die Hand gab, selbst zu regieren. Morosow versuchte eine Reform der Verwaltung und der Finanzen und erließ in diesem Zusammenhang 1646 eine äußerst drückende Salzsteuer. Im Zusammenhang mit der offensichtlichen Korruption, Vetternwirtschaft und zumindest versuchten Verdrängung der Romanows zugunsten der Miloslawskis durch die Morosow-Partei verbanden sich die Interessen der Stadtbewohner mit denen der alten Bojarengeschlechter und des Dienstadels. Am 1. Juni 1648 brach sich in Moskau die Erbitterung Bahn. Dem Aufstand der Stadtbewohner im Zentrum und in den Vorstädten schlossen sich Strelitzen und das Adelsaufgebot an. Alexei wurde von der Menge bedrängt, die Hauptverantwortlichen für die Korruption, mithin auch Morosow selbst, ihrem Zorn auszuliefern. Gerüchte besagten, daß Morosows Leute während der Erhebung in Moskau einen Brand gelegt hatten.

Der Zar, der sich gerade in seinem Landsitz Kolomenskoje bei Moskau aufhielt, befand sich in einer komplizierten Lage, die nicht etwa nur aus der Furcht, dem Willen der Menge nachzugeben, geboren war. 1647 hatte er sich entschlossen, zur Sicherung seiner Macht und der Thronfolge zu heiraten. Unter 200 Mädchen wählte er sich eine Tochter aus der Familie Wsewoloshewski aus. Plötzlich tauchte das Gerücht auf, das Mädchen leide unter Epilepsie: Die ganze Familie Wsewoloshewski wurde aus Moskau verbannt. Bereits damals behaupteten Zeitgenossen, Morosow habe die Verdächtigung ausgestreut, um Alexeis Verbindung mit dem Mädchen zu vereiteln. Schließlich hatte es bei Alexeis Vater Michail bereits einen ähnlichen Vorfall gegeben. Das Gerücht scheint auch im aktuellen Fall nicht unbegründet gewesen zu sein. Am 16. Januar 1648 heiratete Alexei Marija Iljinitschna Miloslawskaja – ein Mädchen aus jener Familie, die von Morosow favorisiert wurde. Zehn Tage später folgte die für Morosow verhängnisvolle Heirat der Schwester Marijas, Anna! Entweder war es ein abgesprochenes Komplott Alexeis und Morosows, oder der Lehrer Morosow setzte seinen Schüler Alexei unter Druck, sich seinem Willen zu beugen. In jedem Fall stand vor Alexei, wollte er sich als Selbstherrscher behaupten, das Problem, sich aus der Abhängigkeit Morosows zu befreien, ohne den verehrten Erzieher, nunmehrigen Schwager und faktischen Regenten gleich umbringen zu lassen. Dafür bot der Moskauer Aufstand Gelegenheit. Alexei opferte die im Volk verhaßten Parteigänger Morosows, Pjotr Tichonowitsch Trachaniotow (Leiter des Außenamtes) und Leonti Stepanowitsch Pleschtschejew (Leiter des Landesamtes). Sie wurden ermordet. In den folgenden Wochen wurden die Brandopfer entschädigt und die Menge durch Geschenke langsam besänftigt. Aber die Unruhen hielten noch über Monate hinweg an.

Morosow selbst wurde vorübergehend in die Verbannung „gerettet". Nach vier Monaten kehrte er wieder zurück und wurde vom Zaren in die Ausarbeitung des neuen Reichsgesetzbuches *(Sobornoje Uloshenije)* einbezogen. Boris Morosow übte weiterhin wichtige Staatsämter aus, blieb am Hof ein einflußreicher und überdies schwerreicher Mann. Seinen beherrschenden Einfluß auf den Zaren verlor er jedoch. Alexei war nach dem Aufstand von 1648 gewillt, seinen persönlichen Einfluß auf die Staatsgeschäfte entscheidend zu vergrößern. Das tat er mit Energie und rechtem Geschick, dabei verdeutlichend, daß der Aufstand eben doch eine schwerwiegende Dimension für Rußland besaß. Denn immerhin hatten die Aufständischen der Regierung zwischen Juni und Oktober 1648 faktisch die Macht im Lande aus den Händen genommen. Der Aufstand verdeutlichte, daß Dienstadel und Stadtbewohner zunehmendes Gewicht erhielten und sowohl das Bojarentum als auch die orthodoxe Kirche in ihrem staatspolitischen Einfluß langsam zurückdrängten. So gesehen war der Moskauer Aufstand eine russische Reflexion auf das europäische Jahr 1648, das mit dem Ende des Dreißigjährigen Krieges in eine neue Etappe der Entwicklung des Kontinents eintrat. Der Moskauer Aufstand löste eine überaus ereignisreiche Regierungsperiode aus, in der der Zar das Reich in entscheidenden Bereichen veränderte und weiterentwickelte.

Zu diesem Zweck besetzte er die zentralen Verwaltungsinstitutionen *(Prikase)* neu. Er stellte ein Mitglied aus der eigenen Familie an die Spitze der Bojarenduma und richtete gleichzeitig eine zentrale Kanzlei für geheime Staatsangelegenheiten ein, die ihm ein Instrumentarium schaffte, nicht nur die Regierung und allgemeine Verwaltung zu kontrollieren, sondern die Kanzlei bildete quasi eine eigenständige Regierung, mit der der Zar ungehindert selbst regieren konnte.

Alexei erkannte, daß die Revolte von 1648 nicht nur der spontane Ausbruch der Volkswut gegen einige korrupte Beamte gewesen war. Nicht nur in Moskau war es zu Übergriffen auf Staatsdiener und Bojaren gekommen. Unter den Handelsleuten, den Städtern, dem Dienstadel – überall herrschte Unzufriedenheit mit dem wirtschaftlichen und politischen Zustand des Reichs. Davon zeugten in diesen und in späteren Jahren zahlreiche Petitionen, Erhebungen und Aufstände im Land: 1650 in Nowgorod und Pskow, 1662 der „Kupfergeld-Aufstand" und als Höhepunkt 1667 bis 1671 der Bauernaufstand unter Führung Stepan Rasins. Alexei entschloß sich im Juli 1648, für den 1. September einen Semski Sobor nach Moskau einzuberufen, der im Interesse einer allgemeinen Ordnung des Staatswesens ein neues „Uloshenije", ein Gesetzbuch, erörtern und verabschieden sollte. Die letzte Gesetzeskodifizierung lag seit dem Sudebnik Iwans IV. von 1550 bereits fast 100 Jahre zurück, und welche Stürme waren seitdem über die russischen Weiten gebraust!

Seither hatten die Zaren und Regierungen zahlreiche Ukasse und Weisungen mit Gesetzeskraft erlassen. Da sie weder zusammenfassend gesammelt noch veröffentlicht worden sind, besaßen nur wenige Menschen davon Kenntnis und sie konnten nicht als Grundlage für eine allgemeine und verläßliche Rechtsprechung dienen. Die Zeit der Wirren schuf zudem eine permanent anhaltende Rechtlosigkeit.

Zur Erarbeitung dieses russischen Reichsgesetzbuches wurde am 1. September 1648 der Semski Sobor eröffnet. Die Kodifizierung übernahm eine fünfköpfige Kommission unter Vorsitz des Bojaren Fürst Nikita Iwanowitsch Odojewski. Als Grundlage dienten die Rechtsbücher *(Sudebniki)* Iwans III. von 1497 und Iwans IV. von 1550, dazu Protokollbücher der Prikase, Exzerpte aus der Heiligen Schrift, Konzilsbeschlüsse und Schriften der Kirchenväter, Gesetzessammlungen des Byzantinischen Reichs, das Litauische Statut von 1588 und andere Rechtsaufzeichnungen.

Auf dem Semski Sobor von 1648/49 besaß der Dienstadel das zahlenmäßige Übergewicht. Relativ stark waren auch die Stadtbürger vertreten. Der Einfluß des dienstadligen Grundbesitzes geht aus dem Inhalt des Gesetzeswerkes hervor. So wurde im Kapitel 11, betitelt „Gericht über die Bauern", verlangt, entlaufene Bauern „mit ihren Brüdern, Kindern, Neffen und Enkeln sowie deren Frauen und Kindern, mit all ihrem Vieh und mit dem Getreide, das noch auf den Feldern steht, und mit dem schon ausgedroschenen Getreide von ihrem Fluchtort den Personen zurückzugeben, denen sie entlaufen sind, nach den Grundbüchern und ohne Verjährungsfrist". Auch durfte künftig niemand mehr fremde Bauern aufnehmen und bei sich behalten. Mit dieser Festlegung war die Bindung des Bauern an den Boden, die Leibeigenschaft, Gesetz geworden.

In wenigen Monaten schufen die Fürsten Odojewski, Prosorowski und Wolkonski sowie die Djaken Leontjew und Gribojedow ein umfassendes Gesetzeswerk, das mit seinen 967 Paragraphen nicht nur den Sudebnik Iwans IV. im Umfang um das Zehnfache übertraf, das byzantinisches und litauisches Recht verarbeitete und das auch weitgehend Vorschläge der Reichsversammlung berücksichtigte. Das Gesetzbuch blieb – mit zahlreichen Änderungen – im Prinzip bis in das 19. Jahrhundert hinein gültig. Es fußte auf den Interessen des Selbstherrschers und dem Ausgleich zwischen ihm und den Bojaren, der Geistlichkeit, dem Dienstadel, den Städten, einschließlich der Bewohner der Vorstädte. Das Gesetzbuch schrieb eine ständische Ordnung fest, in deren Mittelpunkt die Leibeigenschaft der Bauern stand und die in vollem Maße den Intentionen der Autokratie Rechnung trug. Die Tatsache, daß das Uloshenije über 150 Jahre Bestand hatte, kennzeichnete die Stabilität und das Beharrungsvermögen des selbstherrschaftlichen Prinzips in Rußland. Selbst als am Beginn des 19. Jahrhunderts durch Alexander I. und Michail Speranski eine umfangreiche neue Kodifizierung der

Reichsgesetze vorgenommen wurde, war damit weder die Abschaffung der Leibeigenschaft noch die des autokratischen Prinzips verbunden.

So ragen im „Sobornoje Uloshenije" Alexei Michailowitschs eben jene Paragraphen heraus, die die Lage der Bauern, der Städte und der Kirche berührten. Die Bauern wurden jeglicher persönlicher Freiheitsrechte beraubt. Das „Krepostnoje prawo" – „die unauflösbare Bindung des Bauern an den von ihm bestellten Boden" – war Gesetz geworden. Gleichzeitig gebot das „Uloshenije" jedem bojarischen, geistlichen und ausländischen Wildwuchs Einhalt. „Sloboden", das heißt Vorstädte, zu gründen und dort nach eigenem Gutdünken zu wirtschaften, wurde untersagt. Alle „Sloboden" wurden aufgelöst und die „Posadskije ljudi" der Stadtbindung und der staatlichen Steuerpflicht unterworfen. Nur der Herrscher durfte weiterhin eigene Sloboden in Moskau und in anderen Städten unterhalten. So wie das „Uloshenije" den Bauern an die Scholle fesselte, band es auch die Stadtbewohner an ihren Wohnort. Damit führte Alexei gleichzeitig einen entscheidenden Schlag gegen den reichen Kirchenbesitz und die staatspolitische Machtstellung der Kirche. Das „Uloshenije" verbot den kirchlichen Einrichtungen jeden weiteren Erwerb von Grundbesitz. Es wurde ein staatliches „Klosteramt" (Monastyrskij Prikas) gegründet, „dem hinfort Geistliche und kirchliche Institutionen in allen weltlichen Belangen als Grundbesitzer unterstanden und vor dem sie weltlichen Prozeßgegnern gegenüber keine Rechtsvorteile mehr genossen". Der Staat, also der Zar, übte die Kontrolle über alle kirchlichen Angelegenheiten aus. Darin lag der Samen für die Säkularisierung des kirchlichen Grundbesitzes – ein Keim für permanente Konflikte zwischen Herrscher und Kirche, aber auch für die Unterordnung der Kirche unter den Staat. Und die Konflikte sollten nicht auf sich warten lassen.

Das „Sobornoje Uloshenije" trat mit der Unterschrift des Zaren am 29. Januar 1649 in Kraft und wurde in 2000 gedruckten Exemplaren der Öffentlichkeit zugänglich gemacht. Oppositionelle Stimmen kamen aus kirchlichen Kreisen. So meinte der Patriarch Nikon, der energisch gegen die Säkularisierungsbestrebungen des Zaren Stellung nahm, der Semski Sobor und das neue Gesetzeswerk seien „nicht freiwillig" und „nicht um der Gerechtigkeit willen" zustande gekommen, sondern aus „Furcht vor den gemeinen Leuten", das heißt im Gefolge der Aufstandsbewegungen, die auch nach 1648 weiter anhielten.

Der Moskauer Aufstand löste in diesem Zusammenhang auch eine andere Entwicklung aus, in der Alexei das Bewußtsein seiner eigenen Verantwortung für das Reich artikulierte. Er verlieh dem im 16. Jahrhundert von dem Nowgoroder Priester Silvester – der war bekanntlich ein Iwan IV. freundschaftlich verbundener Geistlicher, der später vom Zarenhof verstoßen wurde – zusammengefaßten und geschriebenen hyperpuritanischen „Domostroj" eine gesamtnationale, aber fast absurde Bedeutung. Dieser Vorgang ist durchaus vor dem Hintergrund des persönlichen und staatspolitischen Verhältnisses Alexeis gegenüber der religiösen Tradition und Wirklichkeit im Land zu betrachten.

In Moskau wirkte zur Regierungszeit Alexeis der alte und starrsinnige Patriarch Josef, der alle Übel des Landes aus Lustbarkeiten und Trunksucht erklärte. Nach dem Tod des zumindest im persönlichen Bereich fröhlichen Michail und der temporären Verbannung Morosows sah er seine Stunde gekommen. Er übte auf Alexei großen Einfluß aus, denn der war ein äußerst gläubiger Mensch, der sich streng allen Bräuchen seiner orthodoxen Kirche und Religion unterwarf. Andachten, Beten, Fastenzeiten und tagtägliche mehrfache Kirchgänge bestimmten das Leben des Zaren. Selbst der Beischlaf des zarischen Ehepaares erfolgte nach dem Terminkalender der Kirche. Innerhalb weniger Monate wurden 1648 durch Erlasse des Zaren alle Fröhlichkeiten und Spiele, Lustbarkeiten und Scherze im Reich verboten. Strenge Strafen wurden angedroht und selbst bei der Hochzeit des Zaren nur Psalmen gesungen. Einerseits entsprachen die merkwürdigen Reglementierungen dem nach der Zeit der Wirren strengen Zeitgeist, andererseits lösten sie das einfache Volk mit drakonischen Strafen von den Wurzeln seines Selbstwertgefühls. Es war abzusehen, daß sich die einfachen Menschen mit religiös motivierten Strafartikeln auf Dauer kaum von ihrer naturgegebenen Unbeschwertheit trennen ließen. Auch Zar Alexei, der die Einführung des „Domostroj" ermöglichte, blieb in seinem eigenen Verhalten inkonsequent. In zwei Punkten folgte Alexei dem „Domostroj" nicht: Auf die Jagd wollte er nicht verzichten und die „Kinder Lucifers" – die Ausländer – wurden von ihm immer häufiger empfangen.

Alexei lebte in Luxus, die Pracht des Hofes blendete viele Ausländer. Das Land blieb arm und lebte von der Hand in den Mund, von Steuern, Einfuhrzöllen und Landkonfiskationen. Alexei war ungeheuer reich, weil ihn sein Vetter Iwanowitsch, der als einer der reichsten Grundbesitzer galt und kinderlos gestorben war, zum Universalerben eingesetzt hatte. Dennoch bewirkte das „Hausbuch" eine Erstarrung im öffentlichen Leben, die mit den zeitlich parallel einhergehenden religiösen Auseinandersetzungen in Rußland korrespondierte.

Nicht nur im Zusammenhang mit dem Uloshenije, sondern für die gesamte Regierungspolitik Alexeis spielte der Geistliche Nikon eine wichtige Rolle. Nikon hieß eigentlich Nikita Minow und war 1605 geboren worden (gestorben ist er am 17. August 1681). In den Jahren 1652 bis 1667 war er Patriarch von Rußland. Der Sohn eines Bauern wirkte schon mit 20 Jahren als Geistlicher. 1635 wurde er Mönch und 1643 Klosterabt. Sein energisches Auftreten erregte die Aufmerksamkeit des Zaren. Er berief Nikon nach Moskau und ließ ihn schnell zu seinem engen Ratgeber werden. Nikon begann eine steile Karriere: 1646 Archimandrit des Moskauer Neuen-Erlöser-Klosters, der Begräbnisstätte der Romanows. 1648 Metropolit von Nowgorod – dort wirkte er maßgeblich an der Niederwerfung des Aufstands von 1652 mit. Schließlich 1652: Patriarch von Rußland.

In Übereinstimmung mit dem Zaren und auf der Grundlage des Uloshenije leitete Nikon 1653 umfangreiche Kirchenreformen ein (die Nikonschen Reformen), die weitreichende Bedeutung erlangen sollten: Er überprüfte und vereinheitlichte die kirchlichen Überlieferungen und die Liturgie in Anlehnung an griechische Vorbilder.

Dadurch hervorgerufen trennten sich die Altgläubigen, und es kam zur folgenschweren Kirchenspaltung, dem Raskol (oder Schisma), die erst 1971 auf einem Unionskonzil der orthodoxen Kirche für aufgehoben erklärt wurde. Nikons Reformen stießen bei den Geistlichen Iwan Neronow, Awwakum und Daniil von Kostroma auf scharfe Ablehnung. Aber die widerspenstigen Anführer der Altgläubigen (Altritualisten) wurden 1653 auf der Reformsynode mit schweren Strafen belegt. Ein besonders anschauliches Beispiel für die grausamen Bräuche der Zeit im Umgang mit Andersdenkenden bildete das Schicksal des Protopopen Awwakum, der 1655 erstmals verbannt wurde, nach 1667 im nördlichen Pustosersk 15 Jahre in einem Erdloch unter strengster Bewachung verbringen mußte und 1682 schließlich in Moskau als Ketzer verbrannt wurde – der jedoch mit seiner Autobiographie aus dem „Leben des Protopopen Awwakum, von ihm selbst aufgeschrieben", ein neues Genre in der russischen Literatur begründete, die Verbindung zwischen Kirche und einfachem Volk zu bewahren suchte und der durch die Pflege vornikonianischer Gestaltungsprinzipien der Ikonographie vieles aus der russischen Geschichte für die Moderne bewahrte, was sonst der Vergessenheit anheim gefallen wäre.

Indessen, weder Awwakum noch die Raskolniki vermochten die Nikonschen Reformen aufzuhalten. Die Kirchenversammlungen bestätigten das Vorgehen Nikons, den Gottesdienst in Anlehnung an die griechischen Typika umzugestalten. Nikon erhielt freie Hand für die Textkorrekturen in den Kirchenführern. Als Ergebnis erschien 1655 ein neues Meßbuch. Auch die liturgischen Änderungen Nikons wurden auf der Synode von 1656 bestätigt. Jedoch weigerte sich 1658 eine Versammlung der Bruderschaft des Solowezki-Klosters am Weißen Meer, die von Nikon verfügten Neuerungen einzuführen. Sie wandte sich in mehreren Bittschriften, in denen sie ihre abweichenden Meinungen darlegten, direkt an den Zaren.

Im gleichen Jahr 1658 kam es zwischen Alexei und Nikon zum Bruch. In der Folgezeit erwuchs aus dem Streit ein Machtkampf um das Primat von Kirche oder Staat. Alexei wollte Nikons Reformen vor allem nutzen, um die Kirche dem Staat unterzuordnen – Nikon vertrat einen entgegengesetzten Standpunkt. Der Patriarch verzichtete schließlich sogar auf sein Amt. Es war aber wohl eher eine radikale Drohgebärde. Er ging in das nahe Moskau gelegene Kloster Neu-Jerusalem, wo er seine Wiederberufung abwarten wollte. Alexei wollte sich keineswegs durch solche Demonstration erpressen lassen. Er ließ Nikon im Jahr 1660 durch eine Bischofsynode seines Amtes entheben. Die Reformen selbst wurden fortgesetzt. 1666/67 billigte eine große Kirchensynode in Moskau unter Anwesenheit der Patriarchen von Antiochien und Alexandrien die Nikonschen Reformen: Jeder, der sich ihnen versagte, wurde aus der Kirche ausgestoßen und mit dem Bannfluch belegt. Damit war die Kirchenspaltung endgültig zur Tatsache geworden. Patriarch Nikon, der wie Filaret auch den Titel „Großer Herrscher" führte und der das Verhältnis des Zaren zum Patriarchat wie das des Mondes zur Sonne charakterisierte, wurde wegen dieser Ansicht ein zweites Mal abgesetzt und in das Ferapont-Kloster von Beloosero eingewiesen. Erst 1681 erlaubte ihm Zar Fjodor Alexejewitsch die Rückkehr in das Kloster Neu-Jerusalem. Auf dem Weg dorthin starb Nikon. Insgesamt waren die öffentlichen und persönlichen Beziehungen zwischen Alexei und Nikon außerordentlich ambivalent und in ihren Äußerungen mitunter schwer durchschaubar. Sie waren befreundet und standen doch auf gegensätzlichen Positionen, die keine Kompromisse duldeten: Alexei stürzte den Freund und beschenkte ihn. Er ernannte ihn zum „Großen Herrscher", aber als Alexei ins Feld zog, mißbrauchte Nikon seine Funktion. Alexei protestierte, und erst da zog sich Nikon in sein Kloster zurück. Nicht die Unruhe im Volk, die Nikons Reformen hervorgebracht hatten, erschreckte Alexei: Es war die persönliche Amtsanmaßung Nikons – der ewige Kampf um die Macht von Kirche und Staat –, der zwei Männer auseinandertrieb, die viel getan haben, das russische Gesicht im 17. Jahrhundert zu prägen.

Die Durchsetzung des „Sobornoje Uloshenije" und die Nikonschen Reformen, das waren historische Leistungen, die der Herrschaft Alexeis einen unverwechselbaren Stempel aufdrückten. Mit ihnen wurde Alexei zu einer historischen Persönlichkeit. Sein Gottesgnadentum hinderte ihn nicht, sehr persönliche und menschliche Eigenschaften an den Tag zu legen. Bei den russischen Zaren hat stets eine große Furcht vor Angriffen auf das eigene Leben bestanden. Sie führte in Übereinstimmung mit dem autokratischen Selbstverständnis und der Entrücktheit vom Volk zu einer ständigen Furcht vor Attentaten, Verschwörungen wider den Zaren oder sonstigen Angriffen. Auch bei Alexei versiegte niemals die Angst vor einem Angriff auf die geheiligte Person des Zaren. Insbesondere die Hinrichtung Karls I. durch das britische Parlament vergrößerte seine Furcht elementar. Vor allem war er in diesem Fall jedoch empört. Er ergriff restriktive Maßnahmen gegen alle Engländer in Rußland und gegen den Handel mit England, während er den englischen Royalisten jegliche Unterstützung – zumindest verbal – zusagte.

Das Erschrecken Alexeis über die englischen Vorgänge, sein Entsetzen, daß Menschen, die ihrem gesalbten Monarchen ewige Treue geschworen hatten, diesen einfach hinmordeten, war kein außenpolitisches Problem. Es berührte das eigene autokratische Selbstverständnis. Es ragte in außenpolitische Fragen hinein, die mit der europäischen Machtkonstellation in Verbindung standen. Für Rußland genossen die Sicherung und Erweiterung der Grenzen nach Nordwesten, Westen und Süden absolute Priorität. 1653, im Jahr der ersten Nikonschen Reformsynode, begann ein neuer Krieg gegen Polen, der 13 Jahre dauerte und in dem es für Rußland darum ging, seine Grenzen nach Westen auszudehnen. Der Krieg begann mit dem Aufstand Bogdan Chmelnizkis, Hetman der Saporoger Kosaken, der sich mit der Bitte um Hilfe gegen die Polen an Moskau wandte.

Die Ukraine sowie Podolien und Wolhynien befanden sich in polnischem Besitz. Polen benutzte die Kosaken als Prellbock gegen die Krimtataren und entrechtete sie dabei faktisch bis auf das Niveau von Leibeigenen. Dem dadurch entfachten Widerstand der Kosaken verlieh Bogdan Chmelnizki Gestalt und Aussage.

Bogdan-Sinowi Michailowitsch Chmelnizki (ukrainisch: Bohdan-Sinowy Chmel-nyzkyj) wurde um 1605 geboren, er starb am 27. Juli 1657. Der Sohn eines niederen Adligen erhielt seine Bildung am Jesuitenkolleg in Lemberg. 1620 war er in türkische Gefangenschaft geraten. Nach seiner Rückkehr und Flucht aus polnischem Gewahr-sam begab er sich 1647 an den Unterlauf des Dnjepr, und die Saporoger Kosaken wählten ihn zu ihrem Hetman. Er wurde zu einer Symbolfigur des Kampfes gegen die polnische Herrschaft. Im Februar 1648 sicherte sich Chmelnizki vertraglich die mili-tärische Unterstützung der Krimtataren gegen Polen, und im Mai 1648 schlug er an den Blauen Wassern und bei Korsun polnische Heere. Gleichzeitig schrieb er im Juni 1648 an den Zaren Alexei und bat um militärische Unterstützung. Nicht ungeschickt betonte Chmelnizki in dem Schreiben die Verfolgung der orthodoxen Bevölkerung durch die Polen.

Alexei war zunächst unentschlossen. Er hegte zwar keine Sympathie für die Polen, aber den Kosaken vertraute er ebenfalls nicht. Alexei besprach die Frage mit seinem engsten Vertrauten, dem Kanzler Afanassi Ordin-Naschtschokin, und dieser empfahl, den Rat der Bojaren-Duma einzuholen. Die Duma sprach sich für die Unterstützung Chmelnizkis aus, um die Polen aufs Haupt zu schlagen. Ob des antipolnischen Eifers der Bojaren schlug Alexei ironisch vor, das Heer selbst gegen Polen zu führen. Aber die Bojaren verstanden die Ironie nicht. Sie bestätigten den Vorschlag, und der Zar rückte an der Spitze seines Heeres aus. 1654, im „Eid von Perejaslawl", nahm Alexei die „kosakischen Glaubensbrüder" als Untertanen unter seinen Schutz, und der Krieg begann.

Der Feldzug verlief mit Unterstützung der Kosaken für Alexei günstig, und bald befanden sich die Ukraine und große Teile Galiziens in russischer Hand. Auch Weiß-rußland und Litauen gerieten vorübergehend bis 1655 unter russische Kontrolle. Obwohl Ordin-Naschtschokin dringend zu einem Waffenstillstand mit Polen riet, setzte der Zar den Feldzug fort, der eine jähe Wende erlebte, als Schweden einen neuen Krieg eröffnete, um sich die polnischen Ostseehäfen zu sichern. Karl X. Gustav, gerade erst König geworden, marschierte in Litauen ein, beschimpfte König Jan Kasimir von Polen als Usurpator – und verlangte selbst nach der polnischen Krone. Zu diesem Zweck schlug Schweden Rußland ein Teilungsbündnis vor, das Alexei jedoch ab-lehnte. Ordin-Naschtschokin wußte, daß die Westmächte die Ausweitung der schwe-dischen Macht voll Mißtrauen betrachteten, und versuchte Zar Alexei zu beeinflussen, es wegen der aufrührerischen Kosaken nicht auf einen langwierigen Streit mit Polen ankommen zu lassen. Für Rußland sei es dienlicher, Schweden den Krieg zu erklären und sich die Gebiete, die am Beginn des Jahrhunderts verlorengegangen waren, zu-rückzuholen. Ein einziger Stützpunkt an der Ostsee sei für Rußland wichtiger als der Besitz polnischer Städte. Alexei stimmte seinem Kanzler zwar zu, weigerte sich indes-sen, direkte Friedensverhandlungen mit Polen zu beginnen. Er versuchte dafür die habsburgische Vermittlung zu erhalten und wandte sich gleichzeitig gegen Schweden. Er nahm an, daß Polens Widerstand gegen die schwedische Invasion, der Bruch einer brandenburgisch-schwedischen Allianz und ein erneuter dänisch-schwedischer Krieg günstige Voraussetzungen für den eigenen Feldzug schaffen würden. Diese Kombinationen waren ein wenig verwirrend, lassen jedoch erkennen, in welchem Maß Zar Alexei nach dem Dreißigjährigen Krieg in die gesamteuropäischen Kabalen verstrickt gewesen ist. Die 1656/57 vorgetragenen russischen Angriffe gegen Ingermanland und Livland brachen die schwedische Macht nicht. Alexei willigte 1658 in Waffenstillstandsverhandlungen ein, die sich langwierig und quälend über drei Jahre hinzogen und schließlich am 21. Juni 1661 im Frieden von Kardis abgeschlossen wurden. In dem Friedensvertrag wurde der Vertrag von Stolbowo aus dem Jahr 1617 bestätigt. Es war enttäuschend: Rußland bekam wieder keine Besitzungen an der baltischen Küste. Der offensichtliche Verzicht Alexeis auf seine Eroberungsziele im baltischen Raum hatte für ihn jedoch eine Reihe guter Gründe. 1657 hatte sich die politische und militärische Lage in der Ukraine entscheidend verändert. Nach dem Tod Chmelnizkis taktierten die Kosaken und provozierten einen neuen Konflikt zwischen Rußland und Polen. Im Vertrag von Hadziacz führte der neue Hetman die Ukraine wieder Polen zu, wodurch erbitterte Auseinandersetzungen zwischen den Kosaken beiderseits des Dnjepr ausgelöst wurden. Alexei berief sich auf den Treueid von 1654, und der Krieg ging weiter. Polen hatte inzwischen 1660 in Oliva einen Frieden mit Schweden geschlossen und verfügte gemeinsam mit Kosaken und Tataren über ein so starkes Heer, daß die Truppen Alexeis 1660 bei Tschudnow vernichtend geschlagen wurden. Nun folgte Schlag auf Schlag. Bis 1664 drangen Alexeis Gegner in die Nähe Moskaus vor. Aber der Schein trog, denn auch Polen war von dem langen Krieg erschöpft, und in seinem Innern regten sich starke Widerstände gegen dessen Fortsetzung. Auch der türkische Angriff auf Polen, der Jan Kasimir zwang, Teile seiner Streitkräfte nach Süden zu werfen, bewahrte Alexei vor einer militärischen Katastrophe. 1667 beendete schließlich der Waffenstillstandsvertrag von Andrussowo das russisch-polnische Gemetzel. Die Bedingungen waren für Rußland relativ günstig. Smolensk und Kiew sowie die links des Dnjepr liegenden Gebiete der Ukraine kamen zu Rußland. Aber die baltische Frage, die Ordin-Naschtschokin vor allem lösen wollte, blieb weiterhin offen. Dennoch, Moskau erweiterte sein Territorium, und gewisse Anzeichen sprachen dafür, daß künftig beim Kampf gegen die gemeinsamen Gegner im Süden, gegen die Tataren und die Türken, ein Zusammenwirken zwischen Moskau und Polen möglich sein könnte.

Der Zar führte Krieg und sicherte das Reich – mit wechselndem Glück. Gleichzeitig plagte ihn die Sorge um den Erhalt seiner Dynastie. In der ganzen Zeit des Krieges gegen Polen und Schweden verband Alexei wachsende Hoffnungen mit seinem am 7. Februar 1654 geborenen Sohn Alexei. Der Junge, der wie andere Zarensöhne mit fünf Jahren den Terem verließ und in einen eigenen Steinpalast zog, erwies sich als besonders intelligent und aufgeschlossen für alle Wissensgebiete, Naturereignisse und das Leben insgesamt. Vielleicht wird er etwas idealisiert dargestellt, aber er besaß die besten Lehrer, unter anderem Ordin-Naschtschokin, und versprach Anlagen für einen

Monarchen hervorzubringen, der die russische Enge und Abgeschiedenheit überwinden könnte. Leider war die Hoffnung vergebens. Am 17. Januar 1670 starb Alexei, noch nicht einmal 16 Jahre alt. Das Unglück war um so größer, als der am 30. Mai 1661 geborene Sohn Fjodor noch schwächlicher war als sein Großvater, Zar Michail, und weil der dritte Sohn, der am 27. August 1666 geborene Iwan, „einen trüben Kopf" hatte, also als schwachsinnig galt. Daß damals im Terem ein 13jähriges Mädchen lebte, das ebenfalls klug, intelligent und von hohen geistigen Gaben war – die am 5. (17.?) September 1657 geborene Tochter Sofja Alexejewna –, erregte weder den Zaren noch einen Würdenträger. Das Schicksal der Zarentöchter war nicht der Thron des Autokraten, sondern das Kloster.

Die Ereignisse der Zeit, Aufstände, Unruhen auch in Moskau, das Uloshenije, die Kriege gegen Polen und Schweden, die Kirchenreformen Nikons und der Raskol, der Einfluß so talentierter Persönlichkeiten wie Ordin-Naschtschokin oder Artamon Matwejew und Fürst Iwan Golizyn – das alles waren geschichtliche Vorgänge, die Rußland objektiv langsam der Welt öffneten und andererseits einem so puritanischen Werk wie dem „Domostroj" langsam den Boden entzogen.

1671 heiratete Alexei zum zweiten Mal: Natalja Kirillowna Naryschkina. Das Mädchen war 20 Jahre alt. Musik, Tanz und Lebensfreude kehrten in den Kreml ein. Natalja war ein schönes und aufgewecktes, aber nicht sehr kluges Mädchen, das von Artamon Matwejew erzogen worden war und das durch die schottische Frau des Ziehvaters westliche Ideen vermittelt bekommen hatte. Im Kreml wurde das erste Theater gebaut und biblische Stücke von Simeon Polozki aufgeführt. Diese radikale Wende in der Auslegung des „Domostroj" war nicht der jungen Naryschkina zu verdanken. Das Hausbuch als übermoralisierter Sittenkodex verschwand ebenso schnell, wie es eingeführt worden war.

Alexei demonstrierte durch sein tägliches Leben, daß er den schönen Dingen zugetan war. Er interessierte sich aktiv und lebhaft für Landwirtschaft, Gartenbau, Ethnographie und viele andere Dinge. Es blieb im wesentlichen eine Beschäftigung zur eigenen Befriedigung und strahlte kaum oder gar nicht auf das Land aus. Alexei war sich der Würde des Autokraten vollkommen bewußt – aber nicht immer der Pflichten und Konsequenzen, die sie ihm auferlegten. Er machte arge Fehler bezüglich der künftigen Politik gegenüber Schweden und hinterließ ein beunruhigendes Vermächtnis. Er bewältigte weder die Unruhen im Süden noch einen Ausgleich mit der Türkei. Auch seine Vorstellung über Polen war relativ allgemein. Alexei war zugleich gütig und extrem jähzornig. Und er war kein besonders engagierter Menschenfreund. Er führte die Bauern endgültig in die Leibeigenschaft. Er sah seine Aufgabe darin, die Rechte jeden Standes zu schützen und die Pflichten einzufordern, ohne daß die Pflichten eines Standes die Rechte eines anderen schmälern durften.

1672 wurde Alexei in der zweiten Ehe ein unerwartet kräftiges Kind geboren. Das erfreute ihn. Zugleich vergifteten die Flügelkämpfe zwischen den Sippen der Miloslawskis (der Familie seiner ersten Frau) und den Naryschkins zunehmend die

Atmosphäre im Kreml. Das Leben Alexeis in seinen letzten Lebensjahren wurde immer belastender. Zudem erhöhte der Aufstand des Kosaken Stepan Timofejewitsch Rasin 1667 bis 1671 seine Angst vor Feinden und Verschwörern. Er zog sich immer mehr aus der Öffentlichkeit zurück. Im Januar 1676 schlief er „friedlich" – so der offiziellen Verlautbarung folgend – ein.

Zar Alexei Michailowitsch hatte insgesamt 16 Kinder. Regierungsfähig war außer dem starken Sohn Peter nur Fjodor, der nunmehr den Thron bestieg. Das Erbe Alexeis sollte heftig umkämpft werden. In offiziellen Gebeten ist für Alexei oft der Begriff „sehr sanftmütig und still" benutzt worden. Das muß nicht unbedingt auf seinen wahren Charakter schließen lassen. Aber seine Frömmigkeit war über jeden Zweifel erhaben. Er begab sich ebenso gern auf Wallfahrten wie auch auf die Falkenjagd, über die er sogar ein Buch geschrieben hat. Zar Alexei war der erste russische Herrscher, von dem eigenhändige Privatkorrespondenzen erhalten blieben und über den auch realistische Porträts angefertigt wurden. Besonders seine Briefe an die beiden Leiter des Außenamtes Afanassi Ordin-Naschtschokin und Artamon Matwejew, mit welchen ihn eine persönliche Freundschaft verband, zeugen von dem fürsorglichen, oftmals sogar moralisierenden Ton, den er in seiner Auffassung vom Zarenamt als patriarchalischem Richteramt gebrauchte. Alexei war auch der erste Zar, der Gesetze persönlich unterschrieb, Anteil an den Verwaltungsgeschäften des Reichs nahm und der selbst wieder an Feldzügen teilnahm. Er wohnte als erster russischer Zar Theateraufführungen bei: der deutschen Inszenierung des „Dramas von Artaxerxes" durch den englischen Pastor Grigorii in der zarischen Sommerresidenz Preobrashenskoje, am 17. Oktober 1672. Alexei tolerierte sogar die erste Ballettaufführung in Rußland. Das zeugte von seiner Fähigkeit, die Zeichen der Zeit zu erkennen.

Die geistige Grundhaltung des theologisch gebildeten Zaren war dennoch auf die Bewahrung der bestehenden Werte gerichtet. Die Anknüpfung an die Zeit Iwans IV., für den er wiederholt Totenmessen lesen ließ, war ihm nicht nur unter dem Gesichtspunkt der Sicherung der neuen Dynastie wichtig. Allein aus religiösen Motiven redete er in seiner Osteransprache 1655 von der Befreiung der orthodoxen Glaubensbrüder auf dem Balkan. Alexei kümmerte sich um eine zentrale Zusammenfassung des nationalen Heiligenschatzes. Er ließ 1653 die Gebeine der Patriarchen Jow und Hermogen, wie auch des durch Iwan IV. ermordeten Metropoliten Filipp, in den Kreml betten. Überhaupt war von der voluntaristischen Zukunftshinwendung seines Sohnes Peter bei Alexei noch nichts zu spüren. Dennoch legte er, seiner Zeit folgend, die Grundlagen für den russischen Absolutismus und leitete eine Entwicklung ein, die erst von Peter zur Blüte gebracht wurde. Zunächst folgte jedoch Fjodor Alexejewitsch auf dem russischen Zarenthron.

Literatur

Aleksej Michajlovič, in: RBS, Bd. 2, S. 23–35.

A. P. Bel'kovskij, Vtoroj car' iz doma Romanovych Aleksej Michajlovič, Moskau 1913.

Paul Dukes, The Making of Russian Absolutism 1613–1801, London und New York 1990.

J. T. Fuhrmann, Tsar Alexis. His Reign and His Russia, Gulf Breeze 1981.

N. M. Kataev, Car' Aleksej Michajlovič i ego vremja, Moskau 1901.

Ph. Longworth, Alexis. Tsar of All the Russians, New York 1984.

P. Medovikov, Istoričeskoe značenie carstvovanija Alekseja Michajloviča, Moskau 1854.

S. F. Platonov, Car' Aleksej Michajlovič (Opyt charakteristiki), in: ders.: Stat'i po russkoj istorii (1883–1912), in: Sočinenija, Bd. 1, Petersburg 1912.

A. E. Presnjakov, Car' Aleksej Michajlovič, in: Gosudari iz doma Romanovych, Bd. 1, Moskau 1913.

Ju. A. Sorokin, Aleksej Michajlovič, in: VI, 1992, Heft 4/5, S. 73–89.

A. I. Zaozerskij, Carskaja votčina XVII veka. Iz istorii chozjajstvennoj i prikaznoj politiki carja Alekseja Michajloviča, Moskau 1937.

Günther Stökl, Russische Geschichte, Von den Anfängen bis zur Gegenwart, Stuttgart 1990, S. 302.

Hans-Joachim Torke, Die staatsbedingte Gesellschaft im Moskauer Reich, Leiden 1974.

FJODOR III. ALEXEJEWITSCH

Fjodor III. Alexejewitsch
1661–1682

ZAR VON RUSSLAND 1676–1682

30. Mai 1661	Fjodor wird als neuntes Kind des Zaren Alexei Michailowitsch in dessen erster Ehe mit Marija Iljinitschna Miloslawskaja in Moskau geboren.
30. Januar 1676	Nach dem Tod von Zar Alexei besteigt Fjodor in natürlicher Erbfolge den russischen Thron. Am 16. Juni 1676 folgt in Moskau die Krönung.
1680	Fjodor heiratet die Polin Agafja Semjonowna Gruszezka, die bereits 1681 im Kindbett stirbt.
Februar 1682	Zar Fjodor heiratet in zweiter Ehe Marfa Matwejewna Apraxina.
27. April 1682	Zar Fjodor Alexejewitsch stirbt in Moskau, ohne einen Thronfolger ernannt zu haben. Übernahme der Regentschaft durch Sofja Alexejewna.

Die allgemeinen Lebensdaten Zar Fjodor Alexejewitschs deuten darauf hin, daß seine Regierungszeit kaum durch besonders herausragende oder gar historisch zu nennende Leistungen in die Annalen der russischen Geschichte eingegangen sein dürfte. Daß Fjodor mit 15 Jahren den Thron bestieg, war nicht ungewöhnlich. Aber es blieben ihm für seine Regierungszeit lediglich sechs Jahre. Der schmale zeitliche Rahmen trügt jedoch. Dank eigener Intelligenz und Klugheit, dank einsatzbereiter und befähigter Ratgeber setzte Fjodors Herrschaft markante Wegzeichen für Rußlands Durchbruch in die Neuzeit. Zwar konnte der geistig wache Fjodor weder dramatische Hofintrigen noch ein Übermaß verknöcherter Traditionen überwinden, aber seine Innen- und Außenpolitik waren durch einen tätigen Reformeifer und Umsicht charakterisiert. Fjodors Politik öffnete Rußlands Tür nach Europa ein Stück weiter. Fjodor hinterließ trotz zweier Ehen keine Kinder, die seinen Spuren hätten folgen können. Das war zunächst ein Unglück für das orthodox-autokratische Rußland und für den Zaren selbst, eröffnete aber Alexeis Tochter Sofja Alexejewna einen sehr ungewöhnlichen eigenen Lebensweg. Schließlich profitierte auch Peter der Große von den Imponderabilien in der Thronfolge und erhielt die historische Chance, das russische Tor nach Westen weit zu öffnen.

Es wäre ein Fehler, Fjodors Regierungszeit in dem Bemühen, die geschichtliche Leistung Sofja Alexejewnas gegenüber Peter dem Großen aufzuwerten, in den Schatten der Tatkraft Sofjas stellen zu wollen. Zar Fjodor Alexejewitsch hat trotz Jugend, Krankheit und mangelndem Thronfolger ein eigenes Gesicht in der Geschichte der Romanows und Rußlands.

Fjodor Alexejewitsch war gerade neun Jahre alt, als sein älterer Bruder Alexei starb und er automatisch in den Rang des russischen Thronfolgers aufrückte. Wie alle Zarenkinder hatte Fjodor die ersten Lebensjahre im geheimnisumwitterten Terem verbracht, und wir wissen nichts über das konkrete Heranwachsen Fjodors in seiner Kindheit. Man kann nur ahnen, daß die lebensfrohen Bemühungen seiner um vier Jahre älteren Schwester Sofja, die gewohnten Schranken des Terem zu überwinden, auch auf Fjodor nicht ohne Eindruck geblieben sind. Zumindest verband ihn in späteren Jahren mit dieser Schwester eine herzliche Zuneigung, und er gewährte ihr Freiheiten bei der Regierungsbeteiligung, die niemandem sonst vergönnt gewesen sind.

Fjodors Vater legte sofort Wert darauf, daß sein kleiner Sohn im Sinne der späteren Thronfolge erzogen wurde. Ob er zur Herrschaft geeignet war, mußte sich erweisen. Auf jeden Fall war das Kind musisch sehr begabt und verfaßte sogar selbst Kirchengesänge. Fjodors Lehrer war ausgezeichnet geeignet, die offenbar herausragenden intellektuellen Anlagen des Zarewitsch sinnvoll zu entwickeln. Dieser Lehrer war der gelehrte weißrussische Mönch, Dichter und Publizist Simeon Polozki. Polozki hatte schon den Zarewitsch Alexei erzogen. Er besaß großen Einfluß und Ansehen und durfte auch Sofja Alexejewna unterrichten. Der kluge Polozki unterwies seine Schüler nicht nur in der altgriechischen Sprache, er brachte ihnen auch die Sprache des Erzfeindes – Polnisch – bei. Da die Aufmerksamkeit Zar Alexeis in seinen letzten Regierungsjahren sehr stark von den Beziehungen zu Polen und zu den westlichen Teilen des Russischen Reichs in Anspruch genommen wurde, kam der junge Fjodor nahezu automatisch über seinen Lehrer und über die polnische Kultur mit der westeuropäischen Lebensweise in Berührung. Später, als er regierte, sollte er der erste russische Zar werden, der sich westlich kleidete und nicht mehr nur im geheimen Resultate westlicher Zivilisation bewunderte.

Dennoch war es ein außergewöhnliches Ereignis, daß Fjodors erste Frau – Agafja Semjonowna Gruszezka – eine Polin gewesen ist. Ausländerinnen – und gar Polinnen – waren auf dem Moskauer Thron nicht sehr erwünscht. Auch Zar Michail hatte da schon bittere Erfahrungen machen müssen. Allein die Tatsache einer polnischen Gattin charakterisierte Fjodor jedoch noch nicht als einen Zaren von westlicher Aufgeschlossenheit. Die Ehewahl erfolgte auch bei ihm ausschließlich nach traditionellen Gewohnheiten. Fjodor sah das Mädchen bei einem Passionsgang und es gefiel ihm. Er zog Erkundigungen ein und erfuhr, daß Agafja bei ihrer Tante, der Frau des Duma-Djaken Semen Saborowski, in Moskau lebte. Es wurde die übliche Brautwahl veranstaltet, und Zar Fjodor wählte Agafja aus dem Reigen der vorgeführten Mädchen aus. Glücklich machte ihn diese Ehe nicht, denn seine Frau starb bereits 1681 im Kindbett.

Bei allen positiven Bemühungen des Zaren, gibt es auch keinen Anlaß, Fjodors Persönlichkeit etwa wegen seiner Sympathien für den Westen Europas in einem besonders strahlenden Glanz zu zeigen. Fjodor war körperlich sehr schwächlich, krank und so sehr von Skorbut gezeichnet, daß er schließlich nicht einmal mehr allein gehen konnte. Es heißt, er wurde nach seiner Thronbesteigung von Günstlingen beherrscht, unter anderen von Iwan Maximowitsch Jasykow. In der Tat umgaben Fjodor sehr fähige Günstlinge und Ratgeber, zu denen neben Jasykow auch Fürst Nikita Iwanowitsch Odojewski oder Fürst Wassili Wassiljewitsch Golizyn gehörten. Auch der nachdrückliche Einfluß der ehrgeizigen Sofja war nicht auszuschließen.

Der politisch außerordentlich kluge Leiter des Außenamtes Artamon Matwejew unternahm beim Ableben Zar Alexeis im Jahr 1676 den Versuch, statt des kranken Fjodor dessen gesunden und starken Halbbruder Peter auf den Thron zu setzen. Peter, der erst später der Große werden sollte, war 1676 zwar erst vier Jahre alt, aber er war gesund und von einer Kraft, die angesichts des körperlichen Zustandes Fjodors nur Bewunderung erregen konnte. Matwejew werden jedoch andere Motive als die körperliche Schwäche Fjodors zu diesem Versuch getrieben haben: Er war mit der Familie von Peters Mutter, der zweiten Frau Zar Alexeis, Natalja Naryschkina, verwandt und hoffte, Familienpolitik zu eigenem Nutzen betreiben zu können. Aber Fjodor war klug und handelte trotz seiner Gebrechen überraschend schnell. Nach dem Tod des Vaters ließ er in aller Eile die vorgeschriebenen Eidesleistungen vornehmen, und Matwejew hatte das Nachsehen: Zar Fjodor schickte ihn in die Verbannung.

Das Nachsehen hatte allerdings in gewisser Weise auch Fjodor selbst, denn Matwejew zählte zu den fähigsten Politikern seiner Zeit und war für den Zaren namentlich in außenpolitischer Hinsicht kaum ersetzbar. Das zeigte sich auch darin, daß die von Matwejew konzipierte Politik zum weiteren Anschluß der Ukraine an Rußland trotz der Verbannung fortgeführt wurde. Diese Politik war jedoch nicht unbedingt günstig für die Stabilisierung des Russischen Reichs, denn namentlich wegen der ukrainischen Frage mußte Rußland 1677 bis 1681 seinen ersten Krieg gegen das Osmanische Reich führen, nachdem es sich seit Jahren geweigert hatte, gemeinsam mit westeuropäischen Staaten eine antitürkische Koalition einzugehen. Seit 1672 wurde das anders. Moskau demonstrierte eine europäische Neuorientierung. Darin lag zugleich eine ironisch zu betrachtende Komponente: Auch im Interesse einer antiosmanischen Waffenfront warben Habsburg und Polen 1647 eifrig um eine russische Kandidatur für den polnischen Thron. Wie lange war es her, daß Polens König Sigismund III. August den russischen Thron für sich in Anspruch genommen hatte? Aber auch diesmal scheiterte alles an der Religionsfrage: Für einen orthodoxen Prinzen war ein Übertritt zum römisch-katholischen Glauben ein Ding der Unmöglichkeit.

Wie bei allen Konflikten in diesem geographischen Raum lag auch diesem eine verworrene militärpolitische Konstellation zugrunde. Nachdem Moskau und Polen die Ukraine 1667 untereinander aufgeteilt hatten, fühlten sich beide Mächte durch Interventionen von Krim-Tataren und Osmanen bedroht. Zudem revoltierte der Hetman der Saporoger Kosaken, Petro Doroschenko, westlich des Dnjepr. Er wollte die Ukraine unter osmanische Oberhoheit stellen. Darüber kam es 1672 zu einem osmanisch-polnischen Krieg, an dem Polens Bündnispartner Moskau zunächst nur indirekt teilhatte. Aber Moskau ging gegen Doroschenko vor. 1676 – Polen und das Osmanische Reich schlossen gerade miteinander Frieden – eroberten Kosaken und Moskauer Truppen Doroschenkos Festung Tschigirin und unterwarfen den Hetman. Diese Tatsache löste wiederum den direkten Konflikt mit der Hohen Pforte aus. Die Türken hielten in Istanbul Juri Chmelnizki – den Sohn des aufständischen Hetmans Bogdan Chmelnizki – gefangen. Den proklamierten sie 1677 zum neuen Hetman der Saporoger Kosaken und eröffneten gemeinsam mit tatarischen Truppen in der Ukraine einen Feldzug gegen Moskau. 1678 gelang ihnen zwar die Rückeroberung Tschigirins, aber das osmanische Heer war erschöpft und die Pforte bot Friedensverhandlungen an, die 1680 auf der Krim begannen und im darauffolgenden Jahr im Frieden von Bachtschissarai endeten. Die Türkei erkannte die 1667 vollzogene Teilung der Ukraine und die Herrschaft Zar Fjodors über das Land östlich des Dnjepr und die Stadt Kiew an. Auch das war ein Ergebnis des Krieges: Moskau zeigte erstmals nicht mehr die bisher bewahrte Neutralität gegenüber dem Osmanischen Reich, die alte Feindschaft gegenüber Polen schlug in ein Bündnis um, und Moskau orientierte sich an der Heiligen Liga. Damit wurde sowohl eine neue Expansionsrichtung angezeigt als auch die Bereitschaft, sich stärker in die europäischen politischen Dimensionen zu integrieren. Der von russischer Seite trotzdem relativ lustlos geführte Krieg gegen das Osmanische Reich endete mit einer 20jährigen Waffenruhe.

In der gleichen Zeit, in der Fjodor gegen Kosaken und Türken Krieg führte, setzte er die innere Reformierung des Reichs, die bereits unter seinem Großvater und Vater begonnen hatte, fort. Seine wichtigste Reform war die des Heeres am Beginn der achtziger Jahre. Wichtig vor allem, weil sie als Ausdruck und zugleich Ausgangspunkt weiterreichender Reformen in Wirtschaft, Verwaltung und staatlichem Leben gelten kann. Aus Kostengründen wurde das seit den dreißiger Jahren des 17. Jahrhunderts in Rußland existierende stehende Heer – die „Truppen neuer Ordnung" – quantitativ reduziert und umgestaltet. Diese Truppen waren zunächst aus Strelitzen und Reitern des Adelsaufgebots zusammengestellt worden. Der schottische Oberst Alexander Leslie hatte seit 1632, unterstützt von mehr als 2500 westlichen Militärs und Handwerkern, aus diesen Truppenteilen innerhalb von zwei Jahren acht Soldatenregimenter, ein Reiter- und ein Dragonerregiment, insgesamt 17.000 Mann, aufgestellt. Nach dem Smolensker Krieg hatten Adel und Geistlichkeit gegen dieses stehende Heer massiv Front gemacht und dessen Auflösung erzwungen. Aber nach und nach entstanden die Regimenter neu. Rußland war das erste europäische Land, das über ein stehendes Heer verfügte. Die Soldaten kamen mit lebenslanger Dienstpflicht zunächst aus dem unbegüterten Adel oder waren Freiwillige. Später mußten auch die Steuern zahlenden Bevölkerungsschichten Rekruten stellen. Das Offizierskorps wurde aus westeuropäischen Söldnern, aber auch aus Strelitzen gebildet. Im Jahr 1663 gab es etwa 90 Regimenter, die ob ihrer Ausbildung und Diszipliniertheit sowohl den Strelitzen als auch dem Adelsaufgebot weit überlegen waren. Zar Fjodor mußte die große Anzahl der Regimenter aus finanziellen Gründen reduzieren. Sie wurden umstrukturiert und modernisiert, aber in ihrer Substanz blieben sie erhalten, wirkten als Vorbild für die übrigen Truppenteile und überdauerten die Zeiten, um dann später den Kern für die Streitkräfte Peters des Großen zu bilden.

Aus der Heeresreform Fjodors – und das sprach für ihren tragenden Sinn – übernahm Peter der Große später weitere Veränderungen: Die unter Fjodor eingeführten Heeresbezirke dienten als Grundlage für die Einrichtung von Gouvernements. Aus der gleichen Reform ging Anfang 1682 auch die Abschaffung der „Rangplatzordnung" (*mestnitschestwo*) hervor, die über Jahrhunderte gewachsen war und das hierarchische Beziehungsgefüge des Adels und der Autokratie geregelt hatte. Dieses Beziehungsgefüge war mit der langsamen Unterordnung der Teilfürstentümer unter das Moskauer Großfürstentum entstanden. Im 15. Jahrhundert hatte es seine volle Ausprägung erfahren. Einstmals war die Rangplatzordnung aus der Sitzordnung an der fürstlichen Tafel hervorgegangen. Da es im Moskauer Fürstentum aber nicht jene aus Westeuropa bekannten Lehensbeziehungen gab, legte die Rangplatzordnung allmählich in einer Vermischung von Abstammungs- und Dienstrechten die offiziell beanspruchte Würde der Fürsten und Bojaren fest. Das heißt, nicht die Ämter, sondern die Dienstbeziehungen zwischen den Familien der Fürsten und Bojaren wurden vererbt. Die Herkunft des Adligen entschied über seine Stellung gegenüber den Mitgliedern der eigenen und jenen fremder Familien. Entscheidender Maßstab war der Dienst als Bojar in Moskau. Iwan IV. hatte zur Regelung dabei entstehender Streitfragen ein „Herrscherliches Geschlechterbuch" anlegen lassen. Danach war es möglich, innerhalb der eigenen Familie den Abstand zum gemeinsamen Vorfahren zu bestimmen. Bei Ernennungen im Zarendienst mußten dann der Rangplatz in der Familie und die Rangstellung des Amtes in der Hierarchie einander genau entsprechen. Fürwahr, eine komplizierte Aufgabe, die oftmals nur gerichtlich gelöst werden konnte, sich aber noch weit schwieriger gestaltete, wenn es um den Rangvergleich mit fremden Familien und Geschlechtern ging. Da waren nicht nur die genealogische Herkunft der Vorfahren, sondern auch deren Dienstkarrieren zu berücksichtigen. Dafür wurden spezielle Dienstlisten angelegt, die wiederum von einer zentralen Verwaltungsbehörde, dem Dienstlistenamt, geführt wurden. Auch für dieses Ordnungsprinzip hatte Iwan IV. schon 1556 eine „Herrscherliche Dienstliste" zusammentragen lassen.

Die Rangplatzordnung entsprach am Beginn der Neuzeit den überkommenen und bereits erstarrenden Traditionen im Werden und Wachsen der russischen Autokratie, und es wird wohl kaum einen Zeitpunkt gegeben haben, in dem sie nicht nur ordnend, sondern auch hemmend gewirkt hat. Sie diente dem Selbstherrscher und wurde von diesem, wenn sie sich für ihn als hinderlich erwies, geändert. Schon Iwan IV. hatte die Ordnung für Kriegszeiten bei Heerführern außer Kraft gesetzt. Seit 1621 galt sie bei diplomatischen Missionen nicht mehr und ab 1678 nicht weiter bei kirchlichen Prozessionen. Insofern standen Fjodors Bemühungen zur endgültigen Abschaffung der Ordnung sowohl in der Tradition der Autokratie als auch im Einklang mit seinen übrigen Bemühungen, das Land zu modernisieren und nach Westen zu öffnen. Dabei mußte er berücksichtigen, daß die Ordnung nicht nur Instrument des Selbstherrschers blieb, sondern im Adel, auch im Dienstadel, eine Verselbständigung und eigene historische Logik entwickelte.

Auch zentrale Einschränkungen und Verbote hoben das tradierte und auch gewohnte Rangplatzdenken im gesamten Adel und selbst in der Kaufmannschaft nicht auf. So lagen Mißachtung durch die Regierung, Verfall und Perversion der Rangplatzordnung dicht beieinander und blieben auch auf das sich mit der Modernisierung zwangsläufig entwickelnde Leistungsdenken im Dienst nicht ohne Einfluß. Die Tradition erwies sich als zählebig: Zar Fjodor hob die Rangplatzordnung durch das Manifest vom 12. Januar 1682 auf. Peter der Große führte eine neue Rangtabelle ein. Aber bis zum Jahr 1917 wurden Gerichtsprozesse zu Streitigkeiten geführt, die aus der alten Rangplatzordnung resultierten.

Namentlich der Dienstadel, dessen sich die Zaren in ihrer Auseinandersetzung mit den alten Bojarengeschlechtern ständig neu bedienten und darum auch immer wieder neu prägten und hofierten, litt unter der altväterlichen Rangplatzordnung. So wurden die Vorschläge zu ihrer Abschaffung auch von solchen dienstadligen Günstlingen und Beratern Fjodors eingebracht, die der alte Bojarenadel abfällig als Emporkömmlinge betrachtete. Allerdings, aus dem alten Geschlecht der Golizyns schloß sich – nicht uneigennützig – mit Wassili Wassiljewitsch ein renommierter Aristokrat den Reformplänen an. Die Reformer stellten den Entwurf einer neuen „Rangtabelle" auf, in dem erstmals der Zivil- und der Militärdienst mit jeweils speziellen Rangordnungen voneinander getrennt wurden. Dazu kam die Einrichtung von Statthaltern, die Erweiterung der kirchlichen Eparchien sowie die Neuordnung der obersten Gerichts- und Verwaltungsinstitutionen, wobei man an die Reform der Bojarenduma von 1680 (Einrichtung der Exekutivgerichtskammer) anknüpfen konnte.

Zar Fjodor gab den Reformvorstellungen seinen Segen, nicht aber die Kirche. Auch der hohe Adel wehrte sich verbissen gegen die Aufgabe althergebrachter Privilegien und Stammplätze. Daran scheiterten die Reformen dann letztlich auch, zumindest vorerst und in der Praxis. Der hohe Adel fürchtete, mit dem Statthalterschaftsprojekt vom Hof entfernt und in die Provinz verbannt zu werden. Um den Eifer der Reformer zu bremsen, wurde ihnen die Abschaffung der alten Rangplatzordnung und auch die Heeresreform zugestanden – indem Wassili Golizyn zum Leiter eines neuen Zentralamtes für militärische Angelegenheiten ernannt wurde. Wassili Golizyn leitete auch den 1681 einberufenen Sobor zur Ausarbeitung der neuen Rangplatzordnung. Damit stand er eigentlich zwei getrennten Versammlungen bzw. Institutionen der Dienstleute und der Steuerleute (Leute, die Steuern zu zahlen hatten) vor.

Während die Dienstleute neben der Heeresreform auch über die längst fällige, aber erst von Sofja verwirklichte Landvermessungsordnung berieten, sollten die Städter –

die Steuerleute – die Steuerreform fortführen, die Fjodor von Anfang an betrieben hatte: Die bereits von Filaret eingeleitete Ablösung der Landbesteuerung durch eine Hofsteuer wurde konsequent zu Ende geführt, indem nach einer Zählung der Höfe und der steuerpflichtigen Bevölkerung in den Jahren 1678/79 die Registrierung von Grundbüchern *(piscovye knigi)* auf Revisionsbücher *(perepisnye knigi)* umgestellt wurde. Außerdem und gleichzeitig wurde eine Vielzahl früherer Steuern zu der einheitlichen „Strelitzensteuer" zusammengefaßt, die in 93 Städten als Naturalabgabe („Strelitzengetreide") geleistet wurde und dem Unterhalt der Dienstleute diente, die, wie sich aus dem ersten erhaltenen Budget von 1680 ergibt, den größten Teil der Ausgaben ausmachte. Die Versammlung von 1682 sollte für mehr Steuergerechtigkeit sorgen. Aber Zar Fjodor starb, und das Projekt wurde abgebrochen.

Wie bei der Vervollkommnung des Steuersystems läßt sich auch in der weiterentwickelten Zentralverwaltung ein Grundzug in Richtung weiterer Zentralisierung des Staates, also zur Zusammenlegung von Ämtern und Kompetenzen durch die Regierung Zar Fjodors erkennen. Auf der lokalen Ebene wurden 1676 und 1681 Aufgaben der Wojewoden erstmals an gewählte Vertrauenspersonen aus der Bevölkerung übergeben. Obwohl damals schon mit diesen Umwandlungen staatlicher und regionaler Kompetenzen sehr viele Experimente verbunden waren, handelte es sich bei all diesen Maßnahmen um einen großangelegten Versuch zur Modernisierung im Rahmen des aufkommenden Absolutismus und um eine wichtige Vorstufe zu den Reformen Peters des Großen – und das, obwohl der relativ junge Zar immer wieder als krank und schwächlich charakterisiert wird. Zu dieser Modernisierung gehörten auch die Humanisierung des Strafrechts und die Gründung der ersten russischen Hochschule, der „Slavisch-griechisch-lateinischen Schule". Kulturgeschichtlich bestand Zar Fjodors größte Leistung wohl in der Initiative zur Gründung dieser Einrichtung, deren Eröffnung (1687) er selbst nicht mehr erleben konnte. Das erste Statut für die Schule legten Simeon Polozki und dessen Schüler Silvester Medwedjew dem kranken Fjodor noch kurz vor seinem Tod im Jahr 1682 vor. Dabei bezog sich der Zar auf den Begriff des Allgemeinwohls und ließ, ebenso wie im Manifest über die Abschaffung der Rangplatzordnung, naturrechtliche Auffassungen erkennen. Auch diese Erscheinung frühaufklärerischer Ein- und Ansichten weist die Herrschaft Fjodors zwei Jahrzehnte vor Peter dem Großen als einen Schritt zur Einbettung Rußlands in die europäische Neuzeit aus.

Kurz vor seinem Tod heiratete Fjodor noch einmal, obwohl ihm die Ärzte bereits dringend von dieser Eheschließung abrieten. Marfa Matwejewna Apraxina war 1667 geboren worden. Ihre Auswahl ging auf den Einfluß Saltykows zurück. Marfa war das Patenkind Artamon Matwejews! Aber auch aus dieser Ehe ging kein Thronfolger hervor. So wie Fjodors Gesundheitszustand in den letzten Lebensjahren allgemein geschildert wird, war mit keinem Thronfolger zu rechnen. Damit ist zugleich die Frage nach dem tatsächlichen Anteil des Zaren an dem frühaufklärerischen Reformeifer seiner Regierung aufgeworfen. Obwohl Fjodor körperlich schwach gewesen ist, zeich-

nete er sich durch überdurchschnittliche geistige Fähigkeiten aus, die es sehr wohl
erlauben, ihm zuzugestehen, wesentliche Impulse in den Reformprozeß investiert zu
haben. Allein die Tatsache, daß er seiner klugen Schwester Sofja wider alle Tradition
autokratischen Selbstverständnisses erlaubte, an seinen persönlichen Beratungen, in
der Regierung, in der Bojarenduma oder beim Sobor anwesend zu sein und gar die
Stimme zu erheben, spricht für Fjodors großherziges und vernünftiges Verständnis
gegenüber den Problemen des Landes. Es darf nicht vergessen werden, daß sich seine
Regierung unter den Bedingungen scharfer Machtkämpfe bei Hof, namentlich zwischen den Familien der Miloslawskis und der Naryschkins vollzogen, die Fronten im
tagtäglichen intriganten Gerangel hin und her wogten und eine weitreichende Staats-
politik behinderten. Es wird Fjodor auch nicht entgangen sein, daß Sofja in den
Kabalen nach eigener Selbstbestätigung und Macht suchte oder daß sein wichtiger
Ratgeber Wassili Golizyn der Geliebte Sofjas gewesen ist. Fjodor wird wohl kaum als
weiser Zar unberührt über den ewigen Streitereien der verfeindeten Familien gestanden haben. Dennoch ist seine Lebensleistung für Rußland erstaunlich und keinesfalls
nur als ein Nebenprodukt etwa Sofjas zu betrachten – im Vorfeld Peters des Großen.

Fjodors Leben ging sehr schnell zu Ende. Der kränkelnde Reformer mußte zwar
noch am Schluß den massiven Protest der konservativen Beharrlichkeit Rußlands
gegen seine recht kühnen Reformen erleben. Die Strelitzen empörten sich als erste und
brachten aggressive Bittschriften vor. Aber diese Ereignisse überschritten bereits die
Lebensgrenze Fjodors und mußten von seinen Nachfolgern gelöst werden. Wer aber
sollte ihm auf den Thron folgen? Zunächst brachen erst einmal wieder die erbitterten
Machtkämpfe der einander befehdenden Familien Miloslawski und Naryschkin aus,
die zu einer neuen dynastischen Krise führten. Fjodor lebte im Volk mit durchaus
guten Erinnerungen fort. Noch im 19. Jahrhundert konnte sein Biograph F. A. Berch
schreiben: „Nach dem Zeugnis aller damaligen Chronisten hat der Zar viele Gefangene
befreit und selbst jeden Bittsteller empfangen. Als die beiden vorausgegangenen Zaren
gestorben sind, hat das Volk geweint. Aber über ihn hieß es einmütig: Er hat zur
uneingeschränkten Freude des Volkes gelebt, und sein Tod hat allen leid getan."

LITERATUR

Fedor Alekseevič, in: RBS, Bd. 25, S. 249–264.

F. A. Berch', Carstvovanie carja Feodora Alekseeviča i istorija pervago streleckago bunta,
Teil II, St. Petersburg 1835, o. S.

A. V. Černov, Vooruzennye sily Russkogo gosudarstva XV–XVII vv., Moskau 1954.

Kostomarov', Russkaja istorija v' Zizneopisanijach' eja glavnejšich' dejatelej, St. Petersburg
1874, S. 459–473.

E. E. Zamyslovskij, Carstvovanie Feodora Alekseeviča, Bd. I, Einführung: Quellenübersicht,
St. Petersburg 1871.

IWAN V. ALEXEJEWITSCH

Iwan V. Alexejewitsch

1666–1696

ZAR VON RUSSLAND
(gemeinsam mit Peter I.) 1682–1696

27. August 1666	Iwan wird als letzter Sohn des Zaren Alexei Michailowitsch und dessen erster Ehefrau, Marija Miloslawskaja, in Moskau geboren.
23. Mai 1682	Iwan und Peter werden zu Zaren proklamiert. Drei Tage später wird Iwan von der Bojarenduma zum „ersten Zaren", aber gemeinsam mit Peter, gekrönt.
Anfang 1684	Heirat mit Praskowja Saltykowa.
29. Januar 1696	Zar Iwan V. stirbt in Moskau.

Unter all den russischen Zaren nahm Iwan V. insofern eine besondere Stellung ein, als er, zeitlebens im Schatten seines Halbbruders Peter stehend, zwar mit diesem seit 1682 offiziell die Herrschaft teilte, sie jedoch praktisch nicht ausübte. Das überließ der kranke, schwächliche und nahezu blinde Iwan dem kleinen – Großen – Peter. Er galt als „Narr in Christo", als Geistesschwacher, denen man in Rußland allgemein Verehrung entgegenbrachte und die auch, da es keine schriftlich fixierten Gesetze über die Thronfolge gab, von dieser nicht grundsätzlich ausgeschlossen blieben. Dabei bewahrte auch der ungestüme und despotische Peter gegenüber Iwan menschliche Aufmerksamkeit und Achtung. Iwan war wohl einer der wenigen Menschen, denen Peter eine lebenslange, gleichmäßige Fürsorge angedeihen ließ. Als Iwan 1696 starb, empfand Peter echte Trauer. Eine gewisse Ironie der Geschichte besteht darin, daß der kranke Iwan keine minderen Verdienste für die Sicherung der Erbfolge im Haus Romanow aufzuweisen hat als der kraftstrotzende Peter: die Kaiserin Anna und der unglückliche Iwan VI. entstammten seinem Familienstamm. In der politischen Gestaltung des Landes spielte Iwan nur insofern eine Rolle, als er nach dem Tod Zar Fjodors in den Strudel machtpolitischer Intrigen hineingezogen wurde, ohne die Chance zu besitzen, darin einen aktiven Part zu spielen. Die Miloslawskis und die Naryschkins – die Familien, aus denen die beiden Ehefrauen Zar Alexeis stammten – lieferten sich nach dessen Tod einen erbitterten Machtkampf um die Vorherrschaft am Zarenhof. Zar Fjodor Alexejewitsch regierte noch, aber jede Familie wollte ihren Thronerben an der Staatsspitze sehen. Iwan Alexejewitsch gehörte zu den Miloslawskis. Er war neben Fjodor der nächste Thronanwärter. Als Fjodor 1682 starb, entbrannte der Streit zwischen den rivalisierenden Sippen in voller Schärfe und Brutalität. Iwan, ohnehin erst 16 Jahre alt, konnte in dem Handel nur ein willenloser Spielball sein. Sein Halbbruder Peter – er zählte zu den Naryschkins, war zwar kräftig, aber auch erst zehn Jahre alt. Über ihnen stand die ehrgeizige und zielbewußte Schwester Sofja, die selbst nach der Macht strebte.

Als Zar Fjodor am 27. April 1682 starb, wurde zunächst Peter zum Zaren ausgerufen. Patriarch Joakim hatte diese Wahl in einer geheimen Beratung getroffen und durch die Volksmenge auf dem Roten Platz per Zuruf bestätigen lassen. Der Patriarch hatte eine durchaus parteiliche Aufgabe erfüllt. Obwohl es die Auffassung gegeben hatte, Iwan müsse Zar werden, hatten Günstlinge des Zaren Fjodor wie die Bojaren Jasykow und Lichatschow bereits zu Lebzeiten Fjodors Kontakte zur Familie Naryschkin geknüpft. Sie riefen Artamon Matwejew aus der Verbannung zurück und stimmten den Patriarchen auf seine Rolle zur Wahl Peters ein. Die auf dem Platz versammelte Menge bestand aus Vertretern der hohen Geistlichkeit, des Bojarenrats, des Moskauer Dienstadels, der Kaufmannschaft und der Ältesten verschiedener Körperschaften, erfüllte formal mithin die Bedingungen einer Landesversammlung, denn traditionell galt im Reich die Provinz als durch die verschiedenen sozialen Gruppen Moskaus hinreichend vertreten. Die Wahl Peters erfolgte – nach den Zurufen – einstimmig. Es gab eine Minderheit für die Proklamierung des Zaren Iwan. Ihre Argumente waren durch die körperliche und geistige Schwäche Iwans jedoch nicht besonders überzeugend, und außerdem: Die Naryschkins besaßen einfach eine stärkere Anhängerschaft. Iwan wurde in der Thronfolge übergangen.

An der formalen Rechtmäßigkeit der Wahl Peters war kaum zu zweifeln, aber es war offensichtlich, die Partei der Naryschkins, die auffällig, bewußt und zielstrebig mit dem Argument operierte, Iwan sei nicht regierungsfähig, versuchte, die Miloslawskis aus dem Kreml zu verdrängen. Sie hatten jedoch nicht mit der Tatkraft und Übersicht Sofjas gerechnet. Durch eine hintergründige Agitation schürte sie unter den wundergläubigen Moskauern Erinnerungen an Gerüchte über den angeblich gewaltsamen Tod Zar Fjodors und provozierte die Frage, wo sich denn eigentlich der Zarewitsch Iwan befinde. Niemand hatte ihn gesehen, was bei dessen schwacher Gesundheit kein Wunder war. Aber jetzt wollte Sofja, daß er in der Öffentlichkeit erscheine.

Sofja stützte sich geschickt auf die wieder einmal meuternden Strelitzen. Am Todestag Fjodors war – welch ein Zufall – der Aufruhr ausgebrochen. Die Strelitzen waren als konservative Elitetruppe zwar wenig geneigt, von einer Frau regiert zu werden. Aber die offensichtliche Vorliebe des kleinen Peter für westliche Zivilisationsgaben gefiel ihnen noch weit weniger. Es war für Sofja nicht schwer, die Stimmungen unter den Strelitzen zu kanalisieren. Einmal in Gang gebracht, schwoll das Murren der Strelitzen unüberhörbar an. Binnen einer Woche sprachen sich 19 Regimenter für Sofja, die Miloslawskis und für einen Zaren Iwan aus.

Sofja hatte Wind gesät und erntete Sturm. Am 15. Mai 1682 drangen die Strelitzen mit elementarer Zerstörungswut in den Kreml ein und forderten Rache für die angebliche Ermordung Iwans. Um die Situation nicht außer Kontrolle geraten zu lassen, wurde der kranke Iwan aus dem Terem geholt und der Menge präsentiert. Sein Erscheinen wirkte zunächst ernüchternd, jedoch nur für eine kurze Zeit. Iwan soll sogar versucht haben, mit der Bemerkung beruhigend auf die Soldaten einzuwirken, niemand trachte ihm nach dem Leben. Fürst Dolgoruki, Oberbefehlshaber der Strelitzen, wollte die Gunst der Schrecksekunde nutzen und die Soldaten wieder seiner Disziplinierung unterwerfen. Aber dieser Versuch scheiterte vollständig. Im Gegenteil: Sein Befehl brach dem Blutrausch Bahn. Die Masse stürmte den Palast – die beiden vorgeführten Kinder Iwan und Peter wurden unwichtig und drängten sich verängstigt an die Seite, dunkel ahnend, daß auch sie dem Blutgericht nicht entgehen konnten.

Iwan und Peter überlebten das Massaker im Unterschied zu Artamon Matwejew, dem Ratgeber, und einer Reihe von Persönlichkeiten aus der Familie Naryschkin. Die Revolte vertrieb die Naryschkins vom Hof. Es waren äußerst unerfreuliche Szenen, die sich damals in Moskau ereigneten.

Ob nun die Strelitzen selbst die Forderung erhoben oder ob ihnen Sofja und deren Parteigänger den Kampfruf suggeriert hatten: Sie forderten, man solle Iwan und Peter gleichberechtigt nebeneinander auf den Thron setzen. So geschah es: Am 23. Mai 1682 wurden Iwan und Peter in einer Zweizarenherrschaft auf den Thron gehoben. Aber, einmal in Aktion, wollte Sofja noch einen Schritt weiter gehen und in der Doppelherrschaft ihren Prätendenten bevorzugt sehen. Sie erreichte das auch, denn drei Tage später erklärte die Bojarenduma – unzweifelhaft gedrängt durch Sofja und die Strelitzen – Iwan zum „ersten Zaren". Damit war für Sofja der Durchbruch erzielt: Abermals drei Tage später, am 29. Mai, wurde sie formell als Regentin über Iwan und Peter eingesetzt.

Damit war Iwan V., der erst gegen Ende des Jahres 1682 wieder in den Kreml zurückkehrte, nachdem er mit Sofja in einen Vorort ausgewichen war, nominell zum Exponenten der regierenden Machtgruppe – der Miloslawskis – avanciert. Iwan beteiligte sich in keiner Weise an den Machtkämpfen und Auseinandersetzungen zwischen den Hofparteien. Nur in einem Punkt blieb der kranke Zar unbeugsam und fest: Er lehnte jegliche Intrige gegen seinen mitregierenden Halbbruder Peter ab. Auch Peter verweigerte seinem älteren Bruder Iwan den Anstand niemals. Obwohl sie doch quasi an der Spitze der beiden Kampfparteien standen, hat das ihr persönliches Verhältnis zueinander niemals belastet. Als Peter im Jahr 1689 die Regentin Sofja stürzte und die Alleinherrschaft übernahm, ließ er seinem Bruder den politischen Wandel nicht spüren. Im Gegenteil. „In seinem herzlichen und ehrerbietigen Brief an den älteren Bruder (vom September 1689) verlangte Peter nur die Ausschließung Sofjas von der Mitregierung und die Neubesetzung der Prikazleitungen. Keinen Augenblick hat Peter daran gedacht, weder damals noch später, dem schwachsinnigen Halbbruder die Czarenwürde zu nehmen. Der altrussische Respekt vor der von Gott verhängten Geistesschwäche war und blieb ihm selbstverständlich." Daran änderte auch die Tatsache nichts, daß es eine ganze Reihe älterer Bojaren gab, die den sprunghaften und sporadischen Regierungsstil Peters ablehnten und immer wieder Iwan ins Spiel brachten. Peter ignorierte deren Meinung einfach. Seinen Bruder aber forderte er im Zusammenhang mit dem Sturz Sofjas direkt und schriftlich auf, nunmehr mit ihm gemeinsam „das Reich selbst zu regieren".

Iwan dankte dem Bruder die Fürsorge, indem er sich zu keinem Zeitpunkt in dessen Regierungsgeschäfte einmischte und sein Leben ausschließlich mit Beten und Fasten zubrachte. Er nahm zwar an den wichtigen offiziellen Staatsempfängen teil. Aber ausländische Beobachter hatten oftmals den Eindruck, daß er schlief, wenn er neben Peter auf dem Thron saß – während der kleine Peter unruhig hin und her rutschte. An den großen kirchlichen Feiertagen nahm Iwan selbstverständlich an den Prozessionen und Gebeten teil. So war er am 8. Juli 1689 auch Zeuge, als es beim Fest der Gottesmutter von Kasan zum ersten öffentlichen Konflikt zwischen Zar Peter und der Regentin kam: Während Peter bei Sofjas Anblick wutentbrannt den Kreml verließ, begrüßte Iwan seine Schwester mit einer höflichen Verbeugung und führte ungerührt die Prozession an – in die sich die Regentin traditionell hinter dem Zaren einreihte. Auch als sich im gleichen Jahr der radikale Machtwechsel vollzog, Sofja von Peter gestürzt wurde und dieser ohne seinen Bruder regierte, war von Iwan keine Reaktion zu vermelden. Während die Strelitzenregimenter von Sofja abfielen und zu Zar Peter übergingen, lebte Iwan ungestört in irgendeinem Palast des Kreml.

Außerdem muß Iwan V. trotz seiner vielen Krankheiten ein ganz normales Eheleben geführt haben. Denn als Iwan V. am 29. Januar 1696 starb, hinterließ er aus seiner Ehe mit Praskowja Fjodorowna Saltykowa – einer Dame, die als streitsüchtig galt, dennoch im Terem großes Ansehen genoß und außerdem unglaubliche Mengen essen konnte – vier Töchter, von denen eine zu höchstem Rang aufsteigen sollte: Anna, die spätere Herzogin von Kurland und nachmalige Kaiserin Anna. Für sein menschliches und gutherziges Verhalten, für seine Freundlichkeit und Gerechtigkeit im Umgang mit anderen Menschen sprach auch die Tatsache, daß Zar Iwan im Jahr 1694, als die Zarenwitwe Natalja Naryschkina starb, ihr die letzte Ehre erwies – im Gegensatz zu deren leiblichem Sohn Peter und obwohl die Naryschkina Iwan und die Miloslawskis zu Lebzeiten erbittert bekämpft hatte.

Wenn die Biographen der Regentin Sofja deren Leben schon fast ausschließlich im Schatten Peters des Großen verstanden, so verschwand Iwan V. vollständig hinter dessen imponierender Gestalt. Nur in wenigen Momenten – so bei den Maiunruhen von 1682 – erschien er überhaupt in der Öffentlichkeit. Er hat dynastische Spuren hinterlassen, durch seine Kinder und durch seine eigene reine Existenz, indem er Zar gewesen ist. Aber an dem frühaufklärerischen Grundzug seiner Zeit, an den Mühen der Staatsentwicklung und -lenkung hat er keinen bemerkenswerten Anteil genommen – ganz im Gegensatz zu seinem dominierenden Halbbruder: Peter dem Großen. Und dennoch besitzt der scheinbar gesichts- und geschichtslose Iwan V. für die Entwicklung der russischen Autokratie eine nicht zu unterschätzende Bedeutung: Als Iwan am 29. Januar 1696 trotz seiner lebenslangen Krankheiten für alle Beteiligten etwas unerwartet starb, ging ein zunächst noch unsichtbarer Riß durch die russische Geschichte. Iwan hatte bis zu seinem Tod gewissenhaft die für einen Zaren notwendigen Repräsentationspflichten gegenüber dem Staat und der Kirche erfüllt. Mit seinem Ableben starb der alte Moskowiter Staat im traditionsverbundenen Sinne. Die „alten Moskauer Zeiten" waren endgültig vorbei, das gewohnte Leben der Zaren im Moskauer Kreml gehörte der Vergangenheit an. Zum äußeren Zeichen des Wandels verlegte Peter wenige Jahre später die Hauptstadt Rußlands in die Sümpfe an der Newa.

LITERATUR

Reinhard Wittram, Peter I. Czar und Kaiser. Zur Geschichte Peters des Großen in seiner Zeit, Band 1, Göttingen 1964.

SOFJA ALEXEJEWNA

Sofja Alexejewna

1657–1704

REGENTIN VON RUSSLAND 1682–1689

17. September 1657	Sofja wird in Moskau als sechstes Kind des Zaren Alexei und dessen erster Ehefrau Marija Iljinitschna Miloslawskaja geboren.
1665	Simeon Polozki übernimmt die Ausbildung und Erziehung Sofjas.
26. Mai 1682	Sofja wird Regentin für ihren Bruder Iwan V. Alexejewitsch (1666–1696) und ihren Halbbruder Peter I. Alexejewitsch (1672–1725).
7. September 1689	Sturz Sofjas als Regentin durch Peter I.
21. Oktober 1698	Im Zusammenhang mit einem erneuten Aufstand der Strelitzen wird Sofja von ihrem Halbbruder Peter I. der Konspiration bezichtigt und zur Nonne Susanna geschoren.
3. Juli 1704	Sofja stirbt im Moskauer Neu-Jungfrauen-Kloster.

Als vierter Tochter Zar Alexeis und dessen Ehefrau Marija war es Sofja entsprechend den zu ihrer Zeit üblichen Regeln am Zarenhof zunächst erst einmal beschieden, das allgemein bedeutungslose Leben von Zarentöchtern zu erdulden: Ihre Ankunft war ein willkommener Anlaß für prunkvolle geistliche und weltliche Feste, Schenkungen und Gnadenakte in der Hauptstadt. Dann vergaß man das kleine Mädchen schnell wieder. Es verschwand namenlos im Terem, die Mehrheit der russischen Bevölkerung hatte nicht einmal seinen Namen erfahren. In diesem Falle sollten die traditionellen Regeln jedoch bald versagen. Über Sofja Alexejewnas Kindheit in den Räumen des Terem ist allerdings nicht mehr und nicht weniger bekannt als bei ihren Vorgängerinnen: Wir wissen nichts von ihren ersten zehn Lebensjahren, dafür sind die Kenntnisse über den weiteren Lebensweg und ihre Jahre als Regentin um so reichhaltiger.

Zarewna Sofja schaffte es als erste Frau der Romanow-Dynastie, mit Klugheit, Energie, Machtbewußtsein, List und Skrupellosigkeit, dem glücklich-unglücklichen Schicksal von Zarentöchtern zu entfliehen. Sofja verfügte über alle charakterlichen Anlagen eines durchsetzungsfähigen Menschen, und sie besaß außerdem das große Glück, diese individuellen Voraussetzungen in einer Zeit einsetzen zu können, da Rußland trotz seines traditionellen Beharrungsvermögens energische Schritte in die Neuzeit ging. Sofja durfte ihre Talente unter dem Schirm verständnisvoller Zaren – des

Vaters und auch der Brüder Alexei und Fjodor – entwickeln und genoß die Privilegien einer vorzüglichen Ausbildung – vollkommen ungewöhnlich für Zarentöchter und doch ein Ergebnis der sich vorsichtig wandelnden Umwelt – hin zu Modernität und Aufklärung. Sie beteiligte sich aktiv am politischen Geschäft, was ohnehin schon eine ungeheure Novität für Rußland gewesen ist.

Obwohl es ihr niemals gelang, sich selbst die Zarenkrone aufs Haupt zu setzen oder setzen zu lassen, überragt ihre Persönlichkeit und ihr Wirken als Regentin das Niveau vieler anderer gekrönter russischer Zaren um Haupteslänge. Sieben Jahre stand sie an Rußlands Spitze, prägte einen eigenen politischen Stil und trat dann fast so ruhmlos ab, wie es das Schicksal der Zarewnas wollte: Sie beschloß ihr Leben als Nonne im Kloster. Sofja war für Zeitgenossen und spätere Historiker meist das Opfer ihres Halbbruders Peters des Großen. Seinem übermächtigen Schatten und historischen Anspruch mußte sie weichen – im Leben und in der Geschichte. Sofjas Bild in der Geschichte ist allzuoft nur an dem Peters gemessen worden und stellt sie gewöhnlich als gewissenlose Intrigantin dar, als einen Stolperstein auf dem unaufhaltsamen Weg des großen Peter. Das Bild trügt und wird weder ihrer Persönlichkeit noch der Regentschaft, noch dem langjährigen Verhältnis zu Peter und Iwan gerecht.

Sie war ein selbständiger und wacher Mensch, dem ein fester Platz unter den Regenten Rußlands gebührt. Sie scheiterte am Übermaß eigener trügerischer Hoffnungen und an den Traditionen des autokratischen Prinzips. Sie war einfach eine interessante Persönlichkeit, die in sich alle Merkmale des europäischen und russischen 17. Jahrhunderts vereinte und deren Sehnsüchte an den eigenen und zeitbedingten Unvollkommenheiten zerbrachen. Und: Sie war eine Romanowa von Geblüt und Charakter.

Erst mit ihrem zehnten Geburtstag wurde der Schleier über das unbekannte Leben Sofjas ein wenig gelüftet. Man kann nur spekulieren, wie ihr Leben in den vorausgegangenen Jahren verlaufen ist. Ihr Dasein im Terem war bis dahin strengen Regeln unterworfen. Aber mit dem von Zar Alexei initiierten langsamen Aufbruch in die neue Zeit ist durchaus auch anzunehmen, daß diese oder jene westliche Neuheit von den neugierigen Damen am Zarenhof so reflektiert wurde, daß ein waches und energisches kleines Mädchen trotz aller frommen Zucht daraus Gewinn für die eigene spontane Lebensvorstellung ziehen konnte. Es erschien ein Mädchen im Licht der Geschichte, das aufsehenerregend wissensdurstig und vielseitig interessiert war, das aufmerksam den Gesprächen des Zaren mit dem Thronfolger Alexei Alexejewitsch und den Belehrungen der Erzieher folgte. Da trat ein Mädchen quasi aus dem Nichts, das so bedeutende Staatsmänner wie Afanassi Ordin-Naschtschokin persönlich kannte und mit ihnen bescheiden, aber ungezwungen sprechen durfte.

Der designierte Thronfolger Alexei Alexejewitsch schlug dem Zaren vor, den klugen Mönch Simeon Polozki auch zum Erzieher Sofjas zu bestellen. Das sollte sich als ein ausgesprochener Glücksumstand für Sofja erweisen.

Simeon Polozki, der eigentlich Samuel Jemeljanowitsch Petrowski-Sitnianowisch hieß, wurde 1629 geboren. Er starb am 25. August 1680, noch bevor seine Schülerin Sofja die Regentschaft erobert hatte. Er stammte aus Weißrußland, war Gelehrter, Dichter und Schriftsteller. Seine Ausbildung hatte er an der Kiewer Mohyla-Akademie erhalten. 1656 wurde Simeon Mönch, und 1664 übersiedelte er nach Moskau. Hier übernahm er ein Lehramt im Saikono-Spasski-Kloster, das 1665 eröffnet wurde. Gleichzeitig wirkte er als Hauslehrer der Zarenkinder Alexei, Fjodor und Sofja. Als 1678 am Zarenhof eine Druckerei eröffnet wurde, übernahm er deren Leitung. Als Hofdichter erwarb er sich in Moskau eine starke Position, seine Oden verherrlichten Zar Alexei und dessen Familie. Simeon schrieb zahlreiche Texte, die theologische, pädagogische und politische Themen berührten. In seine gelehrten Traktate flocht er geschickt moralische, religiöse und mythologische Themen ein und brachte in seine Poesie eine beinahe enzyklopädische Zusammenstellung der Erkenntnisse über die literarischen Vorbilder und Themen, die um die Mitte des 17. Jahrhunderts im übrigen Europa maßgeblich waren. Er bemühte sich ständig, seine Leser moralisch zu unterweisen und ihnen neue Kenntnisse zu vermitteln. Der Zar Alexei galt ihm als der Befreier der westlichen Gebiete des Russischen Reiches von den andersgläubigen Polen. Gleichzeitig stellte er sich mit seinen Werken im Kampf gegen die Altgläubigen ohne Schwanken auf die Seite der Regierung, so etwa in der Schrift „Das Zepter der Regierung" aus dem Jahr 1667.

Polozki trat in Sofjas Leben, als Zar Alexei von den Polenfeldzügen zurückkehrte und sich intensiv mit europäischen Ideen beschäftigte. Der Mönch breitete all sein Wissen vor Sofja aus, in den Sprachen, in der Wissenschaft und auch in der Politik. Sehr schnell teilte Sofja, der die Möglichkeit eines kritischen Vergleichs mit anderen Ansichten weitgehend fehlte, seinen Standpunkt, daß der Frieden mit Polen nötig war, um sich der Schweden zu erwehren und den Zugang zur Ostsee zu gewinnen. In der Beurteilung westeuropäischer Politik wurde sie sicherer. Ihr Geschichtsbild vertiefte sich durch die Lektionen, die der englische Arzt ihres Vaters, Collins, in englischer Geschichte erteilte. Sofja verdammte den Dreißigjährigen Krieg, weil ihr die bewaffnete Verbindung von weltlicher und kirchlicher Macht nicht begreifbar erschien. Sie betrachtete die Reformation wohlwollend. Hatten nicht auch die Nikonschen Reformen in Rußland zum Raskol geführt? Im Ergebnis der Unterweisungen reifte in Sofja die kühne Erkenntnis, daß sich Rußland dem Westen öffnen müsse und Probleme zu lösen habe, die in der moskowitischen Abschottung nicht lösbar waren. Eine solche Meinung wäre jedoch undenkbar gewesen, wenn sie nicht in der Autorität väterlich-zarischen Wohlwollens einen starken Rückhalt besessen hätte. Zum äußerlich sichtbaren Zeichen ihrer Weltoffenheit pflegte Sofja die polnische Sprache und kleidete sich polnisch. Gleichwohl dürfen derartige jugendlich-schwärmerische Ansichten und Tendenzen in den Auffassungen der noch unreifen Sofja nicht überschätzt werden. Das junge Mädchen, dem niemand eine politische oder auch andere Karriere vorhersagen mochte, durfte bei ihrem weisen Lehrer die Phantasie spielen lassen. Sie durfte sich in ihrer Abgeschlossenheit sogar ketzerischen Gedanken hingeben. Fingerzeige auf ihre spätere Rolle als Regentin waren in diesen Träumen nicht enthalten. Die schwärmerische Begeisterung für den Westen zeigte auch, wie wenig sie damals eigentlich von Rußland verstand.

Obwohl Polozki in erster Linie der Erzieher Alexeis und Fjodors gewesen ist, reizt es, ihn vor allem im Zusammenhang mit der Entwicklung Sofjas näher zu betrachten. Daß dem Zarewitsch eine qualitätvolle Ausbildung angemessen wurde, verstand sich für den Zaren Alexei von selbst. Aber daß die Zarewna Sofja in diese Bildung und Erziehung einbezogen wurde, das war eine absolute Neuheit für die zarische Familiengeschichte. Namentlich nach dem Tod Alexeis, bei den sich verschärfenden Auseinandersetzungen zwischen den widerstreitenden Familien, erwies sich die gebildete Klugheit Sofjas gleichermaßen hilfreich – wie auch voller Risiken.

Bis zu diesen Auseinandersetzungen war es jedoch noch weit. Das Mädchen durchlief zwischen seinem zehnten Lebensjahr und dem Jahr 1682, da Sofja die Regentschaft übernahm, verschiedene Entwicklungsetappen, deren konkrete Umstände das Mädchen bestimmten, nicht nur geistig, sondern mit ihrer ganzen Persönlichkeit aus dem Terem auszubrechen und bis an die Spitze des Staates zu gelangen.

Einmal zu Wissensdurst erwacht, beobachtete Sofja die Entwicklung Rußlands aufmerksam aus dem Zentrum heraus, ohne sich als stumme Zeugin politischer Gespräche aufdringlich in den Vordergrund zu zwängen. Ihre Lehrer und die Politik des Vaters führten sie schrittweise an die Probleme der Beziehungen zu Polen und Schweden heran, ließen ihre Kenntnisse und Erkenntnisse über das Reformwerk Alexeis wachsen. Sie vermittelten einen Begriff von der sich in Rußland verschärfenden Leibeigenschaft. Es wäre überzogen, annehmen zu wollen, daß Sofja alle diese großen und komplizierten Probleme verstand. Schließlich war sie bislang niemals aus Moskau herausgekommen, und auch das eifrigste Studium der Werke Caesars, polnischer und französischer Dichter oder damals vorliegender Landkarten vermittelte nur ein abstraktes Wissen, dem die eigene praktische Erfahrung über das Leben in Rußland weitgehend fehlte.

1670 trat in Sofjas Leben eine erste Wende ein. Sie war 13 Jahre alt, als ihr älterer Bruder, der Thronfolger Alexei, starb. Ihr vier Jahre älterer Bruder Fjodor übernahm die Aufgabe, sich auf die Thronfolge vorzubereiten. Mit 13 Jahren galt Sofja nach damaligen Vorstellungen als erwachsen, und es war im Hinblick auf ihre eigenen Lebensvorstellungen nicht abwegig, daß sie dem kränkelnden und sanften Fjodor, der wie sie selbst Bücher über alles liebte, in seinen Anstrengungen zur Seite stand. Die Bemühungen um die Voraussetzungen zur Thronfolge erhielten einen besonderen Akzent: 1669 war die erste Frau Alexeis, Marija Miloslawskaja, gestorben. 1670 endete das Leben des jüngeren Alexei. Im darauffolgenden Jahr heiratete Zar Alexei ein zweites Mal und nahm die 20jährige Natalja Kirillowna Naryschkina zur Frau. Sofja, Fjodor und auch der kleine Bruder Iwan erhielten nicht nur eine neue Stiefmutter, die nur sechs Jahre älter als Sofja war. Am Hof begann eine neue Phase erbitterter Fehden zwischen den Familien der Miloslawskis und der Naryschkins, in die Sofja einbezogen wurde, ob sie wollte oder nicht. Sie versuchte, die Hahnenkämpfe zu ihrem eigenen Nutzen zu verwerten. Natürlich focht sie für die Miloslawskis, war aber klug genug, ihr Herz nicht auf der Zunge zu tragen. Die Naryschkins, im allgemeinen in ihrem Auftreten etwas dumm und obendrein arrogant, besaßen eigentlich nur einen gescheiten Parteigänger, den Erzieher Nataljas, Artamon Matwejew. Ihn galt es nach Sofjas Ansicht auszuschalten, und darauf konzentrierte sie sich, gleichermaßen energisch wie listenreich.

Der Konflikt verschärfte sich am 30. Mai 1672. An diesem Tag brachte Natalja Naryschkina einen Jungen zur Welt, der auf den Namen Peter Alexejewitsch getauft wurde. Peter strotzte im Gegensatz zum Thronfolger Fjodor – und vor allem im Unterschied zu Iwan – vor Gesundheit. Die Naryschkins trompeteten bereits ihre Priorität in der Thronfolge lautstark heraus. Aber noch lebte Zar Alexei, und noch konnte sich das Geschick wenden. Also beruhigte man sich wieder, ließ den kräftigen Peter wachsen und die Zeit für sich arbeiten.

Am 29. Januar 1676 starb Zar Alexei. Fjodor bestieg den Thron. Fjodor war mit seinen 14 Jahren zwar von überaus zarter Statur und Gesundheit, aber – und hier glich er Sofja – er besaß einen starken Willen, der jeden niederen Streit aus seiner Umgebung verbannte. Fjodor kehrte den Spieß nicht um und verfolgte die Naryschkins in keiner Weise. Seine Großzügigkeit löste die Rivalitäten natürlich nicht auf. Sie durften alle am Hof bleiben, sogar der potentiell gefährliche Artamon Matwejew. Fjodor und Sofja verband eine enge geschwisterliche Freundschaft, und die Verwandten aus der Sippe Miloslawski sahen das nicht ungern. Die kräftige Sofja und der willensstarke Fjodor – damit konnte man hoffentlich die verhaßten Naryschkins aus dem Felde schlagen!

Während die Onkel und Tanten unentwegt stichelten, handelte Sofja und scheute sich auch nicht, ihren Zaren-Bruder Fjodor in das Gespinst gegen die Naryschkins geknüpfter Intrigen einzuweben. Nach außen freundlich, verdächtigte sie Matwejew geschickt und hinterhältig, er habe als Aufseher über die Hofapotheke für falsche Medikamente an den Zaren gesorgt. Fjodor glaubte den Verdacht etwas leichtfertig, und obwohl keine stichhaltigen Beweise erbracht wurden, mußte Artamon Matwejew den Weg in die Verbannung antreten. Da er der einflußreichste Ratgeber der Zarin Natalja Naryschkina war, durfte diese mit ihrem vierjährigen Wildwuchs Peter auch gleich nach Kolomenskoje vor den Toren Moskaus übersiedeln. Die Ära Naryschkin ging erst einmal bei Hof zu Ende.

Sofja triumphierte. Selbstbewußt und unangefochten saß sie bei allen Beratungen über die Zukunft des Russischen Reiches an Fjodors Seite. Im Terem bewohnte sie nun sogar ein eigenes Zimmer, in das wider alle Sitte fremde Männer eintreten durften. Es waren die wichtigsten Ratgeber Zar Fjodors, die mit Sofja Probleme der laufenden Regierungspolitik besprachen, darunter auch der kluge und westlich orientierte Fürst Wassili Wassiljewitsch Golizyn. Die strengen Sitten im Terem lockerten sich durch Sofja sichtbar, auch für die übrigen Damen des Hofes.

Sofja wußte um die schwache Konstitution ihres Bruder-Zaren. Seine Ehen störten sie offenbar nicht sonderlich. Dafür überwachte sie peinlich genau den Gesundheitszustand des Bruders, und wo immer es ging, übernahm sie persönlich seine Pflege: aus Geschwisterliebe und als Mittlerin zwischen Zar und Regierung in der Reichspolitik. Sofja wußte genau über alle Bewegungen der Naryschkins Bescheid, und aufmerksam verfolgte sie auch das ungestüme Treiben Peters in Kolomenskoje. Fjodor erlaubte ihr sogar die offizielle Teilnahme an den Beratungen der Bojarenduma.

Aber alle Umsicht und Aktivität konnten Fjodors Gesundheit nicht retten. 1681 verfiel er zusehends. Dabei war eine für das Reich und Sofja entscheidende Frage noch nicht einmal erörtert worden. Fjodor, der keine lebenden Kinder besaß, hatte bislang keinen Thronfolger festgelegt. Iwan galt als nicht regierungsfähig, Peter war noch viel zu klein und Natalja Naryschkina quoll vor Unbedarftheit über. Sofja schwieg bei diesem Thema eisern und wartete ab. Ihre Chance würde schon noch kommen. Das unausweichliche Ereignis trat schnell ein. Am 27. April 1682 starb Zar Fjodor, die Thronfolge war offengeblieben. Noch am selben Tag berief der Patriarch von Moskau und ganz Rußland Joakim eine Beratung ein. Joakim war kein Parteigänger der Miloslawskis, und es schien alles wohl organisiert. Auf dem Roten (Schönen) Platz tobte bereits die bestellte Volksmenge und forderte Peter zum Zaren. Es begann ein wahrhaftiges Wettrennen zum Kreml. Die Naryschkins, geführt von Natalja, eilten herbei und probten die Machtergreifung. Sofja wurde als Verräterin, als Hure und gar als Ketzerin geschmäht. Sie verbarrikadierte sich im Terem und wartete ab. Bei der Beisetzung Fjodors ergriff Sofja ihrerseits die Initiative. Vor der erneut versammelten Menschenmenge brach sie ostentativ in Tränen aus und klagte lautstark: „Oh, hier sind wir nun, ganz verlassen und niemand beschützt uns ... Die Rechte meines Bruders Iwan sind höchst ungerecht übergangen worden. Wenn ihm oder mir irgend etwas Unrechtes nachgesagt werden sollte, so wäre es das beste für uns, die Heimat zu verlassen und im Ausland unter wahren Christen zu leben, die uns nicht hassen. Und alle in Moskau sollten wissen, daß es böse Menschen mit dem Tod meines armen Bruders Fjodor sehr eilig hatten." Eine Mischung zwischen Drohung, Verzweiflung und Verdacht, nicht unwirksam für das Volk. Iwan IV. hatte mit derartigen Klageliedern stets seine Ziele verwirklicht. Sofja berechnete genau, daß die Naryschkins zum gegebenen Augenblick zur Regierung nicht fähig waren, weder durch die dumme Zarin Natalja noch durch den in Kolomenskoje Soldat spielenden kleinen Peter, der auch erst zehn Jahre alt war.

Sie selbst wagte den Schritt ins Unbekannte. Nach ihrer überraschenden Rede auf dem Roten Platz, durch die sie das Volk in Ratlosigkeit und Verwirrung gestürzt hatte, rief sie sofort ihre Anhänger zusammen. Geschickt nutzten die Miloslawskis die latente Unzufriedenheit der in Moskau stationierten Strelitzen und sahen in deren Rebellion gegen die korrupten Offiziere eine willkommene Gelegenheit im eigenen Machtpoker. Allerdings hatte sich Sofja in der elementaren Kraft der Strelitzen getäuscht. Die auf den Kreml zustürmenden Regimenter entglitten jeglicher Kontrolle. Am 15. Mai 1682 brach sich ihr Unmut Bahn. Die Strelitzen drangen in die Paläste des Kreml ein und schrien, die Naryschkins hätten den kranken Zarewitsch Iwan ermordet, und diese Bluttat müsse mit Blut gesühnt werden. Mit einem Schlag stand der debile Iwanuschka, um den sich noch nie ein Mensch gekümmert hatte, der sich so völlig außerhalb schwankender Machtinteressen befand, im Zentrum des Geschehens. Die Miloslawskis holten den vor Angst bebenden Iwan ebenso aus seinem Zimmer wie den kleinen Peter und zeigten beide Kinder der tobenden, waffenstarrenden Menge. Die verharrte einen Augenblick unschlüssig, aber dann war der Blutrausch nicht mehr aufzuhalten, fegte Artamon Matwejew wie weitere Anhänger der Naryschkins in seinen tödlichen Strudel. Am Rande der tobenden Menge stand ein hoch aufgeschossener Knabe mit vor Entsetzen geweiteten Augen – Peter Alexejewitsch Romanow. Was er hier sah, sollte er niemals vergessen.

Der Aufruhr legte sich wieder, Sofja konnte die Zügel erneut in ihre Hand nehmen: Die Strelitzen gehorchten und forderten ganz geschickt, Peter und Iwan sollten doch gemeinsam zu Zaren ausgerufen werden und Sofja sollte Regentin sein, solange Peter noch minderjährig war, denn daß Iwan keine großen Perspektiven als alleiniger Regent besaß, das sahen selbst die kochenden Strelitzen. Klerus und Duma konnten sich in der gegebenen Situation nur dem Willen der Strelitzen unterwerfen. Allein Sofja erkannte wohl, wie unsicher die Unterstützung durch die Schützen war. Immerhin, sie hatte zunächst die Alleinherrschaft Peters verhindert, und am 29. Mai 1682 erklärte sie sich selbst offiziell zur Regentin. Die Rolle Sofjas bei dem dreitägigen Massaker der Strelitzen bleibt weitgehend ungeklärt. Sie war nicht die Initiatorin des Aufmarschs. Tatsache bleibt jedoch, daß sie die Ereignisse zu ihren eigenen Gunsten gewendet hat.

Nun besaß sie die Macht und mußte damit umgehen – im Sinne Altmoskowiter Tradition und im Geiste Simeon Polozkis. Mit bekannter List und Klugheit löste sie im folgenden halben Jahr zunächst das sie besonders bedrängende Problem der Strelitzen durch eine Mischung von Konzessionen, öffentlichen Bloßstellungen und Gewalttaten. Sie war die Regentin und wollte die Macht nicht wieder aus den Händen geben. Zunächst sammelte sie eine Schar vertrauter Männer um sich, von denen sie annahm, daß diese ihr nicht nur treu ergeben waren, sondern die Geschicke des Landes leiten konnten. Der ihr seit Kindertagen nahestehende Onkel Iwan Miloslawski zählte dazu und Wassili Golizyn, von dem es hieß, er sei Sofjas Geliebter. Sie wurden Schatz- bzw. Außenminister. Ein anderer Geliebter, Schaklowity, wurde zu einem „faktischen" Ministerpräsidenten ernannt.

Besonders tiefe Gedanken machte sich Sofja, wie sie das Amt des Kriegsministers besetzen sollte, um ihr aktuelles Hauptproblem – die Strelitzenfrage – schnell und gründlich zu lösen. Der Offizier mit dem größten Einfluß auf die Strelitzen war der Fürst Iwan Andrejewitsch Chowanski. Chowanski, der sehr schön und sehr reich war, bildete sich aus irgendeinem Grund ein, Sofja Alexejewna zur Frau nehmen zu können. Aber Sofja wurde von Zweifeln geplagt. Sie störte Chowanskis Eitelkeit und sein vertrautes Verhältnis zu den Strelitzen. Aber er war ein glänzender Soldat und wurde ernannt, obwohl Sofja im Grunde ihres Herzens damit gar nicht einverstanden war. Ihr Mißtrauen war nicht unbegründet.

Um die folgende Verschwörung Chowanskis zu verstehen, muß das in dieser Zeit erneut aufflammende Problem des Verhältnisses von Recht- und Altgläubigen betrachtet werden. Knapp 30 Jahre lagen die Nikonschen Reformen zurück, die zur Kirchenspaltung und zur Absonderung der Altgläubigen geführt hatten. Die Altgläubigen, die auf dem Boden der althergebrachten nationalrussischen Traditionen standen und immer wieder als Opposition zum Staat und zur Regierung auftraten, besaßen in den Strelitzen eine starke Stütze. Nachdem der von den Strelitzen vergötterte Chowanski in den Umkreis der Regentin geraten war, erblickten darin nicht nur die Strelitzen eine Aufwertung ihrer zarenkürenden Funktion, sondern die zahlreichen Altgläubigen unter ihnen sahen sich generell im staatspolitischen Aufwind. Sofja hatte mehrere schlafende Hunde geweckt, konnte sie aber alle bei geschickter Politik wieder zum Schweigen bringen. Sie operierte überaus listreich.

Zunächst berief Sofja auf den 5. Juli 1682 eine Diskussionsrunde von orthodoxen und altgläubigen Christen unter Aufsicht der Strelitzen in den Kreml ein. Aber wie so oft, wenn es um Glaubensfragen vor konkret politischem Hintergrund geht, die Debatte geriet zum Krawall und endete in Handgreiflichkeiten. Sofja wollte die altgläubigen Prügelhelden aus dem Saal verweisen. Das verärgerte die wachhabenden Strelitzen. Drohungen gegen die Regentin wurden laut.

Ob Sofja den ganzen Vorfall organisiert oder provoziert hatte oder ob sie nur sehr gewieft auf sich entwickelnde Situationen reagierte, mag dahingestellt bleiben. Tatsache ist, daß sie nach dem Vorfall ihre inzwischen gekrönten Brüder Peter und Iwan, ihre Vertrauten, Familienangehörigen und Freunde um sich sammelte. Sofja erklärte, der Kreml könne keinesfalls mehr die Sicherheit der Zaren, der Regentin und des Hofstaats sichern. Das ganze Gefolge verließ den Kreml und Moskau, zog in kurzen Abständen von Residenz zu Residenz, von Kloster zu Kloster. Auch diese Aktion entsprach den von Iwan dem Schrecklichen inszenierten Schauspielen. Immer wieder sprach Sofja von Verschwörungen gegen die geheiligten Personen der Zaren. Die Beamten und die Strelitzen wurden unsicher. Sofja erreichte ihr Ziel, besser gesagt, Chowanski tappte in die gewünschte Falle, die der Auszug des Hofstaates aufgestellt hatte.

Während Sofja Verschwörungen herbeiredete, organisierte Chowanski eine Intrige. Er wollte sich selbst zum Zaren krönen lassen – gestützt auf die Gewalt der Strelitzen. Sofja hielt sich gerade in Ismailowo auf. Sie berief die Duma ein, und ein streng geheimes Gericht verurteilte Chowanski zum Tod. Chowanski war in Moskau, als ihn Sofjas Einladung nach Ismailowo erreichte. Es bleibt unbegreiflich, warum er dieser Einladung arglos folgte. Das Argument, die Strelitzen hätten ihn gedeckt, kann kaum Gewicht besitzen. Wer sich in Rußland aus einer Verschwörung heraus auf den Zarensessel setzen wollte, mußte schon mehr Vorsicht walten lassen. Kaum hatte

Chowanski am 17. September 1682 Ismailowo erreicht, wurde er auch schon geköpft. Die ganze Verschwörung brach in sich zusammen. Die Strelitzen unterwarfen sich Sofja, die ihnen großmütig ihre Schuld vergab und als Siegerin in den Kreml zurückkehrte – ganz wie einst Iwan IV.

Die Episode mag symptomatisch für das Leben am Hof, besonders aber für das Wesen und die Politik Sofjas sein. Bezeichnend war indessen auch, mit welcher Ernsthaftigkeit und Energie sich Sofja auf die wichtigen Probleme im Land konzentrierte.

Neuer Leiter des Strelitzenamtes wurde jetzt der ihr nahezu sklavisch ergebene F. L. Schaklowity. Alle weiteren Regierungsgeschäfte leitete der hochgebildete und die „westlerischen" Neigungen Sofjas weitestgehend unterstützende Wassili Golizyn, der sich schon seit 1682 als Leiter des Außenamtes an dem Titel eines „Kanzlers" erfreuen durfte. Wassili Golizyn war nicht nur ein fähiger Politiker, er blieb auch der Geliebte Sofjas, was einander nicht ausschloß und in den folgenden Jahrzehnten zum normalen Lebensgefühl russischer Zarinnen werden sollte.

Golizyn scheint hochfliegende innenpolitische Pläne gehabt zu haben. In der Praxis schlug sich davon allerdings recht wenig nieder. Zudem benötigte Sofja keine ambitionierten Reformen. Sie mußte mit handfesten Mitteln ihre Macht sichern. Als Regentin, zwar aus dem Hause Romanow, aber doch ungekrönt, stützte sie sich vor allem auf den kleinen und Dienstadel und befriedigte viele seiner seit Jahren immer wieder vorgetragenen Wünsche: fast völlige rechtliche Angleichung des Dienstgutes an das Erbgut, verstärkte Versuche zur Festigung der Leibeigenschaft, Vereinheitlichung der Landbesitzverhältnisse und eine neue Generalvermessung in der Mitte der achtziger Jahre. Andererseits wurde im Interesse der Grenzverteidigung die Bestrafung entflohener Bauern mehrmals ausgesetzt. Sofja förderte die Eisen- und Textilherstellung und beseitigte 1687 die Zollschranken gegenüber der Ukraine.

Der allgemeinen Landesentwicklung diente die 1689 ausgesprochene Einladung an die Hugenotten, sich in Rußland niederzulassen. Andererseits nahm die Verfolgung der Altgläubigen unter Sofja rigorose Formen an – aus Furcht, die Altgläubigen könnten sich einem neuen Strelitzenaufstand anschließen und die Unruhe im Land verstärken. Sofja genügten in dieser Hinsicht die Erfahrungen von 1682. Überhaupt schlugen in ihren Regierungsjahren die Wellen religiös-theologischer Polemik hoch, wie die Ereignisse von 1682 und jene um die Gründung der „Slawisch-griechisch-lateinischen Schule" oder auch „Hellenisch-slawischen Akademie" im Jahr 1687 zeigten. Mit dieser ersten großen Hochschule ging Sofja den von Zar Fjodor eingeschlagenen Weg in die Frühaufklärung konsequent weiter. Sie kümmerte sich um die Ordnung und Sauberkeit in den Städten, nahm den schier ausweglosen Kampf gegen Bürokratie und Korruption auf, reorganisierte die Streitkräfte und öffnete das Land weiter nach Westen. Sofja ließ neue Handelsverträge mit Polen und Schweden unterzeichnen, senkte die Exportzölle für Eisenwaren und Textilien und erweiterte den Handel mit England, mit den Niederlanden, aber auch mit Brandenburg und Sachsen. Es schien, daß sie eine überaus erfolgreiche Regentin werden könne. Aber zwei Probleme bestimmten ihre

Grenzen: die Versuche zu einer eigenständigen Außenpolitik und der unaufhaltsam heranwachsende Halbbruder Peter Alexejewitsch.

Sofja scheiterte in der Außenpolitik, und ihre Niederlagen konnte Peter für sich nutzen. Dabei gab es einige außenpolitische Erfolge, die für die Tradition und Fortsetzung der äußeren Ziele Zar Fjodors sprachen und von denen sich Sofja die Stärkung ihrer Position erhoffte. Dazu zählte der am 26. April 1686 in Moskau unterzeichnete Ewige Frieden mit Polen. Mit dem Frieden beteiligte sich Rußland an der antitürkischen Heiligen Liga. 1683 waren die Türken vor Wien geschlagen worden. Sofjas Regierung erhoffte sich durch den Beitritt zur Heiligen Liga die Verwirklichung eigener Ziele: Der Zugang zum Schwarzen Meer und die Krim sollten gewonnen werden. Dazu brauchte Rußland die Unterstützung Polens, denn ein Angriff auf das Krim-Khanat wäre ja mit dem Bruch des 1681 durch Fjodor abgeschlossenen Friedens von Bachtschissarai gleichbedeutend gewesen. Tatsächlich war Polen bereit, den Waffenstillstand von Andrussowo in einen Ewigen Frieden mit Rußland umzuwandeln. Nachdem in Moskau die politischen und diplomatischen Voraussetzungen geschaffen waren, glaubte sich Sofja in die Lage versetzt, gegen den Khan der Krim ziehen zu können, obwohl alle weiteren Bemühungen, in Westeuropa Verbündete für den Feldzug zu gewinnen, gescheitert waren.

Sofja ernannte Wassili Golizyn zum militärischen Oberbefehlshaber des ersten Feldzugs gegen die Krim, der 1687 eröffnet wurde. Sofja beging mit dieser Ernennung einen schwerwiegenden persönlichen Fehler – einen Fehler, auf den der heranwachsende Peter, der so scheinbar unbekümmert mit seinen Mustersoldaten spielte, vielleicht sogar wartete. Golizyn war ein erfolgreicher und glänzender Diplomat und Politiker. Von militärischer Kriegführung verstand er nichts. Dennoch wurde er in die südrussischen Steppen geschickt. Sein Heer, verstärkt durch Kosaken vom Dnjepr und vom Don, brach in Richtung Krim auf, erreichte jedoch den vorgesehenen Kampfplatz nicht. Ein Steppenbrand hielt die Regimenter auf, beraubte sie der Weidemöglichkeiten für ihre Pferde und erzwang den schmählichen Rückzug. Vielleicht ging Golizyn gar nicht so ungern wieder zurück. Die Kosaken witterten Unrat, denn offensichtlich machte man sie für den Mißerfolg verantwortlich: Der Hetman der Saporoger Kosaken, Samoilowitsch, wurde abgesetzt und durch Mazepa ersetzt. In Moskau aber zogen die russischen Truppen überraschend als Sieger ein. Sofja überschüttete nicht nur ihren Geliebten Golizyn mit Ehren, sondern die Niederlage wurde in einen Erfolg umgemünzt. Zar Peter beobachtete die makabren Szenen mit Grollen. Er hielt sich fern, ließ die Schwester Sofja noch gewähren.

Dem ersten Feldzug folgte im Frühjahr 1689 ein zweiter. Abermals stand Fürst Golizyn an der Spitze, ihm zur Seite der berühmte schottische General Patrick Gordon. Zunächst wehrte er die tatarischen Angriffe gegen sein vorrückendes Heer ab und drang mit den etwa 200.000 Soldaten und Offizieren bis zu den Toren der Festung Perekop, die den Zugang zur Krim deckte. Aber hier hielt Golizyn ein. Sofja erklärte er später seinen Verzicht auf den Sturm gegen die Festung damit, daß der Krim-Khan einen günstigen Waffenstillstand angeboten hätte. Moskaus Heer zog sich zurück, ohne sein Ziel erreicht zu haben. Golizyn hatte versagt. Bei seiner zweiten Rückkehr aus dem Süden konnte das Desaster nicht noch einmal in einen Sieg umgedeutet werden. Sofja spürte instinktiv, daß sich drohende Wolken einer baldigen Krise über ihrem Kopf zusammenballten. Es nützte auch nichts, daß es russischen Diplomaten gelang, am 27. August 1689 in Nertschinsk das erste Abkommen eines europäischen Staates mit China abzuschließen. Seit den 1640er Jahren war es wiederholt zu kriegerischen Auseinandersetzungen zwischen aus Sibirien vordringenden Kosaken-Verbänden, chinesischen Soldaten und den einheimischen Tungusen gekommen. Im Vertrag von Nertschinsk wurden erstmals Grenzen abgesteckt, nicht in jedem Falle exakt, aber die Tatsache an sich war ebenso bedeutungsvoll wie der gemeinsam vereinbarte grenzüberschreitende Handel. Obwohl bald wieder Grenzkomplikationen eintraten, die Peter den Großen zu langwierigen Verhandlungen zwangen, war der Vertrag 1689 erst einmal ein außenpolitischer Erfolg. Aber er kompensierte die Niederlagen im Süden Rußlands nicht, und er hielt auch den Sturz Sofjas nicht auf.

Schon über einen Monat vor dem Vertrag von Nertschinsk, am 8. Juli 1689, war es im Moskauer Kreml zu einem öffentlichen Zusammenstoß zwischen Sofja und ihrem Bruder Peter gekommen, der die Gemüter erhitzte, dunkle Ahnungen belebte und aus dem heraus sich die Höflinge an so manche Reibereien in der Vergangenheit erinnerten. An diesem Tag fand im Kreml das Fest der Gottesmutter von Rjasan statt – eine Prozession zur Erinnerung an die Befreiung Moskaus von polnischer Herrschaft im Jahr 1612. Wie in den vorausgegangenen Jahren nahmen beide Zaren und die Regentin an dem feierlichen Zug teil. Aber etwas war anders als zuvor: Als Peter die verschleierte Sofja sah, befahl er ihr, sofort in den Palast zurückzukehren. Sofja reagierte nicht, rot vor Wut sprang Zar Peter auf ein Pferd und galoppierte davon. Es war tatsächlich nicht der erste Konflikt zwischen den beiden Halbgeschwistern.

Sofja hatte während ihrer ganzen Regentschaft das familiäre Umfeld stets sehr sorgsam beobachtet und versucht, auf alle ihr gefährlich erscheinenden Regungen aus Peters Hofhaltung in Preobrashenskoje zu reagieren. Denn sie wußte sehr genau: mit 16 Jahren würde Peter volljährig werden, und wenn nicht er selbst, so würden doch die Naryschkins spätestens zu diesem Zeitpunkt die Krone beanspruchen. Die Regentin nannte sich seit 1686 „Selbstherrscherin" und strebte ohne Zweifel ihre Krönung an.

Am Beginn der Regentschaft hatten ausländische Gesandte noch den Eindruck, Zar Iwan wirke abwesend, Zar Peter interessiert und aufgeweckt, aber das Regiment liege bei Sofja. Der Eindruck war zunächst auch richtig. Aber Sofja stand vor einem großen Problem. Ihr Anhang unter den Miloslawskis war offensichtlich der Meinung, Sofja als Regentin reiche in Verbindung mit der Existenz Zar Iwans V. aus, der Familie die Herrschaft zu sichern. Sofja hatte in der Duma viele Feinde, allein aus der Tatsache heraus, daß sie eine Frau war – klug und überlegen. Und sie war nicht gekrönt. Dieser Makel machte ihr zu schaffen. Einen ihr ergebenen Adel konnte sie nicht schaffen, das

durfte nicht einmal ein Zar. Also mußte sich Sofja darauf beschränken, den heranwachsenden Peter im Auge zu behalten und an seiner Entwicklung ihre eigenen Chancen für die Macht zu messen. Das war außerordentlich aufreibend, schwierig und
riskant, denn nach wie vor galt in der Romanow-Dynastie das Prinzip der Primogenitur – der natürlichen Erbfolge auf dem Zarenthron. Insofern war Sofjas staatspolitische und dynastische Situation mit der der russischen Kaiserinnen aus dem
18. Jahrhundert nicht vergleichbar. Die konnten sich alle auf Peters des Großen
Manifest berufen, nach dem allein der Selbstherrscher die Verantwortung für seinen
Nachfolger auf dem Thron trug. Es war aber nicht nur dieser dynastische Grund, der
Sofjas Stellung so deutlich von den Frauen im 18. Jahrhundert unterschied. Die
Scheidelinie bildete die Persönlichkeit Peters selbst. Während die ihm nachfolgenden
Kaiserinnen sein Lebenswerk in jeder Hinsicht wie einen schützenden Schild über sich
spürten – gleich, ob sie seinem despotischen Reformweg folgten oder nicht –, raste
Peter wie ein durchbohrender Pfeil auf Sofja zu. Ohne Schild besaß diese nur geringe
Abwehrmöglichkeiten.

Sofja wußte alles über das tägliche Leben des 15jährigen Peter und dessen Hofhaltung in Kolomenskoje und in Preobrashenskoje. Sie kannte seine Vorliebe für Soldaten, Schiffe, technische Neuerungen, Ausländer und lebenslustige Frauen. Sie kannte
seine Klugheit, Energie und Wildheit, seinen ungestümen Charakter und seine Unbe-
herrschtheit, ja, seinen unberechenbaren Jähzorn. Sofja gab sich keinen Illusionen hin:
Peter würde seinen Machtanspruch eines Tages geltend machen. Und dieser Tag
rückte heran. Zunächst erschien Peter überraschend bei den Sitzungen der Duma, auf
denen Sofja ernsthafte Probleme der Reichsentwicklung beraten ließ. Peter blickte nur
wild um sich, sprach kein Wort und verschwand ebenso unmotiviert wie er gekommen
war. Nach dem ersten mißlungenen Krim-Feldzug verweigerte Peter dem unglücklichen Feldherrn Golizyn die Audienz. Sofja versuchte da noch mit ironischen Seiten-
hieben das Problem zu bagatellisieren: „Mein Bruder hat wahrscheinlich viel zu tun
mit seinen Festungen und Schiffen." In Wirklichkeit wuchs ihre Unruhe von Tag zu
Tag, denn sie wußte trotz ihrer Klugheit und ihres taktischen Geschicks zu keinem
Zeitpunkt, von welcher Seite Peter angreifen werde. Noch stand das Militär trotz der
schmählichen Krim-Feldzüge auf ihrer Seite. Aber welche Sicherheit damit verbunden
war, wußte Sofja aus den Tagen, da sie selbst die Regentschaft erstritten hatte.

Der Zusammenstoß erfolgte am 8. Juli 1689 beim Kirchgang. Die abergläubischen
Moskowiter waren davon überzeugt, daß der junge Peter seine Seele an den Teufel
verkauft hätte. Für Sofja besaß das Problem andere Dimensionen. Ihre Regentschaft
war formal schon lange zu Ende, denn 1689 war Peter bereits 18 Jahre alt und hätte
seit zwei Jahren regieren können. Sofja wollte nicht auf die Macht verzichten: weil sie
die Macht besaß und weil sie Peter noch nicht für regierungsfähig hielt. Beide Ge-
sichtspunkte spielten eine Rolle. Der Dualismus lähmte ihre Entschlußkraft. Was
folgte, war ein Spektakel, über dessen Ursachen und Mechanismen die Nachfahren bis
zur Unendlichkeit spekulieren können – die wahren Vorgänge werden sie nie erfahren.

Noch im Juli 1689 soll Peter in seinem Schloß Kolomenskoje bei Moskau nächtens die Nachricht von einem Mordanschlag auf seine Person erhalten haben. In wilder Flucht suchte er Schutz im nahe gelegenen Dreifaltigkeitskloster. Sofjas Vertraute Schaklowity und Medwedjew sollen zwar einen Plan erarbeitet haben, Peter der Krone zu berauben. Aber ein Mordanschlag wurde von ihnen energisch bestritten. Es liegt eine gewisse Logik in dem Argument, wenn Sofja Peter hätte umbringen lassen wollen, dann hätte sie wohl kaum bis nach dem Erreichen seiner Volljährigkeit damit gewartet. Welches auch die Handlungsmotive beider Seiten waren, das Ereignis selbst markierte den entscheidenden Wendepunkt in den machtpolitischen Auseinandersetzungen zwischen der Regentin Sofja Alexejewna und dem Zaren Peter Alexejewitsch – zwischen den verfeindeten Halbgeschwistern, die es dem dritten Kraftzentrum gegenüber, dem arglosen Zaren und Bruder Iwan, nicht an Aufmerksamkeit und Zuneigung fehlen ließen.

Während Peters Aufenthalt im Kloster für ihn günstige Wirkungen erzielte und der ständig auf ihn einredende Patriarch ausstreuen ließ, der Wildfang sei auf dem Weg der Bekehrung, versuchte Sofja den Eindruck hervorzurufen, es habe sich um einen alltäglichen Familienstreit gehandelt, eine Bagatelle, Peter werde sich sicherlich bei seiner älteren Schwester für sein flegelhaftes Benehmen entschuldigen. Peter reagierte nicht, und merkwürdig, die öffentliche Stimmung wandte sich langsam immer stärker gegen Sofja. Der Eklat folgte, als Sofja offensichtlich die Nerven verlor, sich selbst auf den Weg zum Dreifaltigkeitskloster machte und unterwegs von Reisigen Peters barsch angewiesen wurde, sofort nach Moskau zurückzukehren. Sofja besaß zu diesem Zeitpunkt wohl schon keine andere Möglichkeit mehr als die, klein beizugeben. Sie kehrte um. Die nächsten Tage müssen für sie voll Ungewißheit gewesen sein. Am 1. September – dem Neujahrstag nach dem altrussischen Kalender – unternahm Sofja einen letzten Versuch, ihre Macht zu retten. Sie sprach auf dem Roten Platz zu einer Menschenmenge und wies jegliche Anschuldigung des versuchten Brudermordes weit von sich. Man hörte ihr schweigend zu, niemand erhob das Schwert zu ihrem Schutz. Ein Regiment nach dem anderen fiel von Sofja ab und bekannte sich zu Peter. Im Grunde war es gar keine dramatische Situation, sondern ein einfacher Machtwechsel, der die dynastische Gerechtigkeit herstellte, die längst überfällig gewesen war. Die Szene war nicht annähernd so grausam, wie zu jener Zeit im Jahr 1682, als der kleine Peter die Morde im Kreml miterleben mußte – als Sofja die Regentschaft übernahm.

Peter ließ Schaklowity verhaften. Wassili Golizyn drang in Sofja, ins Ausland zu fliehen. Die Regentin aber bewies historische Größe oder einfach nur den Mut der Verzweiflung: „Ich bin eine Zarentochter. Meinem Land jetzt zu entfliehen wäre nur das Eingeständnis der mir vorgeworfenen Schuld. Ich bleibe, wo ich bin und wohin ich mein ganzes Leben lang gehört habe." Es war eine große Geste, die mit Sofjas weiterem Verhalten korrespondierte. Peter ließ seine Halbschwester im Neuen-Jungfrauen-Kloster unterbringen, sie leistete keinerlei Widerstand. Niemals wieder erlangte sie die Freiheit und niemand hat Sofja jemals wieder in der Öffentlichkeit gesehen.

Und was passierte mit ihren treuen Anhängern Golizyn, Medwedjew, Schaklowity und anderen? Peter setzte eine Untersuchungskommission ein. Mit Folter und Erpressung sollte Sofjas „Schuld" erwiesen werden, ein Mordkomplott gegen ihren Bruder inszeniert zu haben. Es gab jedoch keine Schuld. Alle mußten darüber hinsterben. Nur Golizyn konnte sein Leben in die Verbannung retten. Die gequälten Menschen gaben zu, daß ein Plan bestanden hätte, Peter als Zaren abzusetzen. Aber ein Mordkomplott gegen ihn war absurd.

Währenddessen vergingen für Sofja die Jahre im Kloster, in der Öffentlichkeit war sie bereits fast vergessen. Jedoch nicht für Peter, der voller Rache an seine Schwester dachte. Neun Jahre später, im Jahr 1698, Peter hielt sich gerade mit der „Großen Gesandtschaft" in Westeuropa auf, revoltierten die Strelitzen noch einmal – zum letzten Mal. Peter eilte zurück nach Moskau und veranstaltete ein fürchterliches Blutbad. Wieder sollte bewiesen werden, daß Sofja hinter der Revolte stand. Aber dieser Beweis konnte beim besten Willen nicht erbracht werden. Sicherlich hatte es bei den meuternden Strelitzen diesen oder jenen Gedanken gegeben, Sofja an Peters Statt auf den Thron zu heben. Aber in keinem Fall war Sofja die Urheberin dieser Vorstellungen. Zar Peter aber tat den letzten Schritt: Er ließ seine Schwester zwar nicht ermorden, aber zur Nonne scheren, und als Schwester Susanna beendete sie 1704 im Kloster ihr Leben; vergessen von der Welt, für die sie einstmals den Glanz und die Würde Rußlands verkörpert hatte.

Die energische, kluge, weitsichtige und dennoch tief in der Tradition ihres Volkes und der Autokratie verwurzelte Sofja hat nicht nur durch ihre politische Aktivität den Weg der altrussischen Frau in die Neuzeit mitbereitet. Sie war in ihrem ganzen Wesen eine Romanowa, mit allen Vorzügen und Nachteilen des Selbstverständnisses gegenüber der Macht. Willkürlicher und hemmungsloser Jähzorn trieb sie nicht. Durch die Art ihrer Machtübernahme hat sie auch das Modell für die Palastrevolutionen der Kaiserinnen des 18. Jahrhunderts geprägt. Aber was bedeutet das schon? Zar Iwan IV. oder Zar Peter I. sind in der Wahl ihrer Mittel wahrlich nicht zimperlicher gewesen. Die Geschichte hat das Urteil gefällt: Mit Zar Alexei Michailowitsch begann Rußlands Aufbruch in die moderne Welt, und Zar Fjodor hat diesen Weg beschleunigt. Die Regentin Sofja hat ihn nicht unterbrochen. Trotz ihrer schweren Fehler in den Krim-Feldzügen pflasterte auch sie den Pfad weiter, den Peter zu einem Weg ausbauen konnte. Ihr „Verbrechen" bestand wohl nur in einem Segen für Rußland. Indem sie Peter zunächst die Alleinherrschaft streitig machte und klug regierte, verhinderte sie, daß die Willkür eines kleinen Tollkopfes in den Rivalitäten der Miloslawskis und Naryschkins zermahlen wurde. Der große Reformer durfte reifen, und als er die Macht übernahm, waren die Familienfehden im Vergleich zu den vorausgegangenen Jahren wesentlich geringer.

Literatur

E. M. Almedingen, Die Romanows. Die Geschichte einer Dynastie. Rußland 1613–1917, Frankfurt am Main und Berlin 1992, S. 90f.

Paul Dukes, The Making of Russian Absolutism 1613–1801, London und New York 1990.

L. Hughes, Sophia. Regent of Russia 1657–1704, New Haven und London 1990.

C. B. O'Brien, Russia under the Two Tsars 1682–1689. The Regency of Sophia Alekseevna, Berkeley/Los Angeles 1952.

E. F. Smurlo, Padenie Carevny Sof'i, in: Zurnal Ministerstva narodnogo prosveščenija, 1896, Heft 1.

Sof'ja Alekseevna, in: RBS, Bd. 19, S. 126–144.

PETER I. ALEXEJEWITSCH – DER GROSSE

Peter I. Alexejewitsch – der Große

1672–1725

ZAR UND KAISER VON RUSSLAND 1682/89–1725

30. Mai 1672	Peter wird als ältester Sohn aus der zweiten Ehe des Zaren Alexei Michailowitsch – mit Natalja Kirillowna Naryschkina – in Moskau geboren.
30. Januar 1676	Peters Vater, Zar Alexei Michailowitsch, stirbt. Ihm folgt – der Sohn aus erster Ehe – Fjodor auf den Thron.
27. April 1682	Zar Fjodor stirbt. Der Semski Sobor wählt den zehnjährigen Peter zum Nachfolger und bestimmt seine Mutter Natalja Naryschkina zur Regentin.
15. Mai 1682	Die Strelitzen erheben sich in Moskau.
23.–29. Mai 1682	Der Strelitzenaufstand führt dazu, daß Peters Machtbefugnisse mit seinem Halbbruder Iwan Alexejewitsch geteilt werden. Sofja übernimmt die Regentschaft.
25. Juni 1682	Peter I. und Iwan V. werden gemeinsam in Moskau zu Zaren von Rußland gekrönt.
27. Januar 1689	Peter I. heiratet Jewdokija Fjodorowna Lopuchina.
6. Oktober 1689	Peter I. übernimmt in Moskau faktisch die alleinige Herrschaft über Rußland.
29. Januar 1696	Zar Iwan V. stirbt.
1699	Peter I. verstößt seine Frau Jewdokija, die als Nonne in ein Kloster nach Susdal geschickt wird.
19. Februar 1711	Peter I. erkennt Katharina Alexejewna (Martha Skawronskaja) offiziell als seine Ehefrau an. Im Februar 1712 geht er die formale Ehe mit ihr ein.
1712	Peter I. verlegt den Sitz der Regierung von Moskau in die 1703 von ihm gegründete Stadt St. Petersburg.
22. Oktober 1721	Der Senat erkennt Peter den Titel „der Große, Kaiser der Reußen" zu. Peter wird zum Kaiser gekrönt.
Februar 1722	Peter der Große erläßt das Gesetz über die Thronfolge; der Imperator bestimmt seinen Nachfolger in freier Wahl und nicht nach dem Gesetz der natürlichen Erbfolge.
7. Mai 1724	Katharina wird in Moskau zur Kaiserin gekrönt.
28. Januar 1725	Peter der Große stirbt. Seine Frau folgt ihm als Kaiserin Katharina I. auf den Thron. Peter wird in der Kathedrale der Peter-Pauls-Festung in St. Petersburg beigesetzt.

Der Zar und Kaiser Peter I. – der Große – ist als der bedeutendste Herrscher aus der Romanow-Dynastie in die russische und europäische Geschichte eingegangen. Was machte ihn so groß und bedeutsam? Die Antwort ist nicht in einem banalen Klischee zu finden, etwa jenem, er war der große Reformer, der Rußland im europäischen Sinne umzustülpen versuchte. Tat er das wirklich? Hat er nicht vielmehr lediglich die Öffnung des Landes durch Alexei Michailowitsch auf sehr drastische und radikale Weise fortgesetzt? Nein, die Antwort muß umfassender gesucht werden: Es war sein ganzes ungestümes und rastloses Leben, das ihn groß machte, das ihn seine Vorgänger und Nachfahren überragen ließ. Niemals zuvor und danach – vielleicht mit Ausnahme Iwans IV. – hat ein russischer Zar die Mittel autokratischer Despotie so brutal und zugleich weitsichtig genutzt, um seinem Volk und seinem Land die eigenen Ideen und Träume aufzupressen. Was der Zar und Kaiser Peter seinem Volk wirklich an Modernität brachte, ist sehr bescheiden, ja, geradezu erschreckend wenig gewesen; es wurde später zum Teil wieder verspielt.

Peter der Große – das war die urwüchsige Mutwilligkeit seiner Spielregimenter, der spontane Griff zur Axt beim Schiffsbau, die staunende Naivität in der Bewunderung westlicher Zivilisationsgüter, die grausame Unterwerfung der Strelitzen, die Rücksichtslosigkeit im Umgang selbst mit nahestehenden Menschen, die Skrupellosigkeit bei der Durchsetzung von Macht oder auch die glühende und rasende Liebe. Peter I. ist der Große geworden, weil niemals ein anderer Herrscher in der russischen Geschichte mit seiner Persönlichkeit so sehr den Nerv der russischen Mentalität getroffen hat: Peter war Rußland in seiner ursprünglichsten und reinsten Form. Staunen macht lediglich die Tatsache, daß ein einziger Mensch just in dem am besten geeigneten geschichtlichen Moment die Fähigkeiten besessen hat, alles das zusammenzufassen und auszudrücken, was Rußland charakterisierte und benötigte. Peter wurde nicht „der Große", weil er die Schlacht bei Poltawa gewonnen, Asow berannt oder den Aristokraten die Bärte gestutzt hatte. Peter – das ist das „ewige Rußland", das „Dritte Rom", die große eurasische Landmacht, die Alternative zum westlichen Europa, zu einer Zivilisation, die man erreichen möchte, die aber durch das Wunder eines Propheten dem Volk gegeben werden wird. Bis dahin leidet das russische Volk – wie der große Peter für Rußland gelitten hat, sein ganzes Leben lang.

Es gab im Leben Peter Alexejewitschs zu keiner Zeit Elemente, die Ruhe und Beschaulichkeit ausgestrahlt hätten. Es war rastlos, hektisch und in allererster Linie von Spontaneität und Kampf getragen. Vielleicht hat es die Geschichtsforschung über die Romanow-Dynastie auch so sehen wollen. Denn welcher andere russische Herrscher auf dem Zarenthron hat schon die Fähigkeit besessen, alles das zu verkörpern, was die russische imperiale Nation war und sein wollte? Kein einziger, auch nicht die große Katharina II. – die Usurpatorin aus Anhalt-Zerbst, protegiert vom Preußenkönig Friedrich II. – die Gattenmörderin.

Bereits Peters Kindheit war durch die Machtkabalen zwischen den beiden Familien Naryschkin und Miloslawski in jeder Hinsicht aufregend, obgleich nicht ungewöhnlich. Der erbitterte Kampf um den Thron, um Einfluß und Macht am Hof, gehörte zum Alltag jedes Selbstherrschers, zumindest bis zum Beginn des 19. Jahrhunderts. Während die Mutter Peter eine sorgfältige religiöse Erziehung vermitteln ließ und selbst praktizierte, zog ihn sein eigener unruhiger Geist sehr früh zu militärischen, technischen und maritimen Spielen. Die kostete er mit aller Wildheit seiner jungen Jahre aus. In seiner Spontaneität und Lebenslust wird er auch die Machtkämpfe am Hof nicht so intensiv wahrgenommen haben. Die ersten Kindheitsjahre verliefen sorglos, inmitten einer bunten und fröhlichen Spielzeugwelt. Natürlich achtete Alexei auf eine Erziehung zum religiös-autokratischen Selbstverständnis, aber die Zeiten einer absoluten Trennung vom wirklichen Leben gehörten bei der Kindererziehung am Zarenhof der Vergangenheit an. Ausfahrten zum Sommersitz in Preobrashenskoje oder nach Kolomenskoje brachten unbeschwerte Abwechslung mit sich.

Erst mit sieben Jahren begann für Peter ein regelmäßiger Unterricht. Er lernte an Hand von heiligen Büchern lesen und schreiben. Gegenüber seinen Stiefgeschwistern war er benachteiligt. Die hatten durch Simeon Polozki eine ausgezeichnete Ausbildung genossen. Peter nicht. Sein Lehrer Nikita Moissejewitsch Sotow konnte die überschäumende Wißbegierde des Jungen nicht befriedigen und mußte kapitulieren. Vielleicht erklärt sich die ein Leben lang geübte Neugier Peters und der Zwang, alles selbst beherrschen zu müssen, auch aus dem Willen, das in der Kindheit Versäumte nachzuholen. Alles in allem waren es glückliche Jahre, mit denen Peter in das Leben hineinwuchs. Die unbeschwerte Kindheit endete im Jahr 1682 abrupt und auf sehr drastische Weise, obwohl es der ungestüme Junge vielleicht gar nicht so empfunden haben wird.

Peter war und blieb der einzige Sohn aus der zweiten Ehe des Zaren Alexei Michailowitsch mit Natalja Naryschkina. Am 27. April 1682, nach dem Tod des kinderlosen Zaren Fjodor, mußte die Frage gelöst werden, wer auf den Zarenthron folgen sollte: dem Erbrecht entsprechend der älteste, aber kränkelnde Sohn Alexeis, Iwan, der kleine lebendige und kräftige Peter – oder vielleicht die ehrgeizige Sofja? Nicht nur der Gesundheitszustand oder das Kräfteverhältnis bei Hof waren zu überlegen. Zar Fjodor hatte durch die Reform der Rangordnung des Adels die Privilegien der Bojaren reduziert. Wer würde Fjodors Politik folgen? Sicherlich stand der gütige Iwan solchen Plänen näher als der aufbrausende und menschlich noch vollkommen unfertige Peter.

Zum unverzichtbaren Ritual des reinen Machtspiels hinter den Kulissen gab es auch in Rußland ein probates Mittel: Man befragte „das Volk", wen es denn für den geeigneten Zaren hielt. Es kam nur auf die zweckdienliche und zielgerichtete Vorbereitung der Befragung an. So eilte denn der Patriarch Joakim nach dem Tod Fjodors, umgeben von den Edlen des Reichs, auf die „Schöne Treppe" im Moskauer Kreml und fragte die nicht zufällig versammelten Moskauer ganz artig, wen sie als neuen Zaren

wünschten. Spontan entschieden sich die Kaufleute, Gesellen und Dienstmannen für
den jüngeren Peter Alexejewitsch, obwohl sie weder über Iwans noch über Peters
Qualitäten aktuell im Bild gewesen sein dürften. Eiligst trat am 27. April 1682 ein
Semski Sobor zusammen und huldigte dem neuen Zaren Peter, für den seine Mutter
Natalja Naryschkina die Regentschaft übernehmen sollte.

Sofort setzte die Familie Miloslawski alle Hebel in Bewegung, um Iwan auf den
Thron zu bringen. Es folgten die blutigen Maitage von 1682, der Staatsstreich mit
seinen Grausamkeiten, ausgeführt durch die marodierenden Strelitzen. Die Strelitzen
waren seit langem mit ihrer sozialen Lage unzufrieden und verdächtigten ihre Vorgesetzten der anhaltenden Korruption. Der Verdacht war vollkommen begründet. Es
war für die Miloslawskis nicht schwer, die Regimenter zum Aufruhr zu bewegen. Die
Soldaten sammelten sich, stürmten zum Kreml und glaubten dem Gerücht, Iwan sei
ermordet worden. Obwohl sich Natalja mit Peter und Iwan auf der Treppe zeigte,
tobte die bewaffnete Menge. Sie forderte ihr Blutopfer.

Fürst Michail Dolgoruki, Kommandeur der Strelitzen, Artamon Matwejew, zwei
Brüder der Zarin, der deutsche Arzt Stephan Gaden und andere Anhänger der
Naryschkins wurden gepackt und über die Balustrade in die aufgestellten Spieße der
Strelitzen gestürzt. Es war ein erbärmliches Schauspiel und Sinnbild für das Morden,
das drei Tage und Nächte anhielt.

In der historischen Literatur wird dem Ereignis in bezug auf Peters späteren
Lebensweg eine traumatische Bedeutung zugemessen. Ohne Zweifel war der zehnjährige Junge – ebenso wie sein älterer Bruder – entsetzt. Sie krochen vor Angst in sich
zusammen und werden die schaurigen Bilder lange nicht vergessen haben. Es bleibt
jedoch ein Zweifel, ob der Schock bei der starken Persönlichkeit Peters so tief gewirkt
haben soll, daß daraus spätere Grausamkeiten gegen die Strelitzen herleitbar wären.
Iwan IV. hat in nachfolgenden Jahren zur Begründung seines schrecklichen Tuns
immer wieder düstere Kindheitserlebnisse ins Spiel gebracht. Es war ihm ein Mittel
zum Zweck. Peter hat das nicht getan. Selbst gesundheitliche Probleme, mit denen
Peter sein Leben lang zu kämpfen hatte, lassen sich nur schwer mit den Maiereignissen
von 1682 ursächlich in Verbindung bringen.

So beschränken wir uns auf das signifikante Ergebnis der Maitage von 1682. Dem
Willen der Miloslawskis folgend, forderten die Strelitzen, Iwan und Peter sollten gemeinsam regieren. Iwan durfte unter beiden der „höhere" Zar sein. Sofja Alexejewna
bekam die Prokura, als Regentin praktische Politik zu betreiben. Der Patriarch und die
Bojarenduma schlossen sich dem vorformulierten Votum an. Am 25. Juni 1682 folgte
in der Mariä-Himmelfahrts-Kathedrale die feierliche Krönung der beiden Kinderzaren: Iwan Alexejewitsch und Peter Alexejewitsch.

Nun war Peter Zar von Rußland, aber in seinem tagtäglichen Leben änderte sich
vorerst kaum etwas. Auch in den folgenden Jahren ließ er sich fast ausschließlich von
seinen persönlichen Leidenschaften beherrschen. Sicher, es gab offizielle Anlässe und
Zeremonien, bei denen er die Staatsrobe überwerfen und repräsentieren mußte, aber

die überwiegende Zeit verbrachte er in Preobrashenskoje und dem Nachbardorf Semjonowskoje. Zwei Leidenschaften füllten den heranwachsenden hübschen Jungen aus: die Bereicherung seiner Kenntnisse auf allen nur möglichen, vorwiegend technischen und naturwissenschaftlichen Gebieten und das Militär. Wie Peter mit Hilfe ausländischer Ausbilder seine Spielzeugsoldaten drillte, kleine Festungen baute und Spielkriege führte, wie aus dem Spiel langsam Ernst wurde und die bestens bewaffneten und ausgebildeten russischen Garderegimenter Preobrashenski und Semjonowski wuchsen, das ist in der Literatur so oft beschrieben worden, daß es zum Klischee für Peters Jugendjahre geworden ist.

Natürlich bereitete ihm das Soldatenspiel Vergnügen, und es wäre weit überzogen, wollte man dahinter zielstrebige Vorbereitungen auf die künftige alleinige Macht vermuten. Peters wachsenden Vorstellungen von seiner bereits vorhandenen Verantwortung als Zar entsprach ein natürliches Selbstverständnis für die Rolle des Militärs. Diese Vorliebe haben auch spätere, weit weniger bedeutende Zaren geteilt: Peter III., Paul I. und andere. Für den großen Peter war die Beherrschung des Kriegshandwerks ein spontan-emotionales Vergnügen, das ihm den Blick für seine technischen Interessen besonders gut öffnete – und überdies konnte das Vergnügen später sehr nützlich sein. Noch ehe Peter seine alleinige Herrschaft antrat, hatte er in Preobrashenskoje und Semjonowskoje aus reiner Spielleidenschaft eine Militärbasis errichtet, die Moskau gefährlich werden konnte. In diese für ihn doch glücklichen Jugendjahre reichte auch die Liebe zum Meer und für den Schiffsbau zurück. Eigentlich hatte er eher durch einen Zufall im Sommer 1688 in Ismailowo ein altes, marodes Segelboot entdeckt. Die technische Neugier trieb Peter. Holländische Freunde setzten den Kahn instand, und Peter segelte auf der Jausa, jenem kleinen Fluß, der durch Preobrashenskoje floß. Eine neue Leidenschaft fesselte ihn und ließ zeitweilig sogar die Spielregimenter in den Hintergrund treten. Peter hielt sich über Monate in der Stadt Perejaslawl-Salesski, am dortigen Pleschtschejew-See auf, baute Schiffe, segelte und traktierte seine Mutter mit Hilfeersuchen um neue Ausrüstungsgegenstände. Astronomie, Nautik und die vielfältigen schiffsbautechnischen Gewerke, alles studierte der Jüngling, der eine so magere Elementarbildung erhalten hatte und der selbst in der Muttersprache nur holprige Zeilen produzieren konnte. Er fand über die Empirie in rastloser Selbsttätigkeit zu theoretischen Verallgemeinerungen: ein Autodidakt als Handwerker, Kriegs- und Staatsmann. Von klein an begleiteten ihn geschickte und mitteilungsbedürftige Holländer, Deutsche oder Engländer, wiesen ihm Wege nicht nur in der Infanterietaktik oder zum Spleißen eines Taues. Sie lehrten ihn eine neue Lebensart. Und alles zusammen: Krieg, Schiffe, fremde Länder und die eigene vaterländische moskowitische Tradition, alle Lebensbereiche seiner glücklichen, ungestümen und nicht von Exzessen freien Kindheit und Jugend bestimmten Peters Lebensweg in die Unsterblichkeit.

Freude am Spiel und Hingabe an eigene Leidenschaften änderten nichts an der Tatsache, daß Peter seit seinem zehnten Lebensjahr Zar von Rußland war, gemeinsam mit einem friedvollen Halbbruder und unter der Regentschaft einer ambitionierten

Stiefschwester. Nach wie vor waren die Fronten zwischen den Miloslawskis und Naryschkins nicht geklärt. Peter kümmerte das Ränkespiel zunächst wenig. Aber es gab einen Menschen an seiner Seite, der sich große Sorgen um seine Zukunft machte: die Mutter, Natalja Naryschkina. Sie war eine weltoffene Frau und besaß einen nüchternen Verstand, wenn es um die Methoden der Herrschaft ging. Für sie war Peter ein Herumtreiber, der mit allerlei Späßen die Zeit vergeudete. Daß er permanent mit Ausländern zechte, Pfeife rauchte und jungen Mädchen zudringlich den Hof machte, das war nicht Moskowiter Sitte: Es war erst 40 Jahre her, daß Zar Michail den „Tabaksäufern" öffentlich die Nasen abschneiden ließ.

Peters Mutter versuchte, den Flügelschlag des jungen Falken zu dämpfen, ihn an Sitte und Ordnung zu gewöhnen. Eine ordentliche Zarenmutter, selbst wenn sie in der Politik keine Stimme besaß und selten in der Öffentlichkeit erschien, regelte das Problem, indem sie den Sohn verheiratete. Sie selbst entstammte einem einfachen Adelsgeschlecht, und so schien es ihr geraten, auch für Peter eine Frau zu suchen, die keiner der rivalisierenden Hofparteien angehörte. Eine solche fand sie in Jewdokija Fjodorowna Lopuchina, einem einfachen, geradlinigen und zurückhaltenden Mädchen, das in den folgenden Jahren alles in seinen Kräften Stehende tat, den Gatten zufriedenzustellen.

Aber es war vergebliche Liebesmüh. Jewdokija war und blieb für Peter und dessen hochfliegenden Pläne ohne jegliches Interesse. Er nahm die Hochzeit am 27. Januar 1689 als unliebsame Unterbrechung seiner Spiele hin. Für ihn – den gläubigen orthodoxen Christen – war die Eheschließung ein Ordnungspunkt wie so viele andere, man mußte sich nicht besonders darum kümmern. Welche Empfindungen Jewdokija besaß, ob sie glücklich war oder an ihrem Ehemann litt, es war egal. Kinder? Ja, die Thronfolge mußte gesichert werden. Jewdokija brachte erwartungsgemäß zwei Jungen zur Welt: im Februar 1690 wurde Alexei geboren, im Oktober 1691 Alexander (der bald darauf starb). Alexei sollte ihr – und auch Peters – Schicksal werden, ihr Leben entscheidend wandeln, die russische Thronfolgeregelung verändern und auch Peter schwer belasten. Bis dahin war es noch weit, vorerst drängte Peter weiter durch seine Leidenschaften – Jewdokija wartete demütig und ergeben auf ihr erstes Kind.

Dieses Bild verdient eine Erweiterung. Peter war mit seiner Mutter nicht freiwillig nach Preobrashenskoje gegangen. Sofja beobachtete den Wildfang sehr sorgfältig und wußte, welche Energien in dem jungen Kraftbündel steckten. Sie wußte, daß er mit dem Erreichen seiner Volljährigkeit im Jahr 1689 Thronansprüche geltend machen konnte. Peter sah sicherlich, daß Sofja nicht auf die Macht verzichten wollte. Es ist nicht auszuschließen, daß Peter von seiten der Familie mehr oder weniger diskrete Hinweise erhielt, der Herrschaft Sofjas ein Ende zu setzen. Peter hatte sich in den zurückliegenden Jahren wenig um die Staatsgeschäfte gekümmert. Ab und zu war er in der Duma aufgetaucht, hatte stumm dagesessen, an den Fingernägeln gekaut und war ebenso überraschend und mit den Augen rollend wieder verschwunden. Sofja ließ sich durch das ungebärdige Benehmen Peters nicht täuschen. In die moderne Sprache übersetzt: der Konflikt war vorprogrammiert. Der dumpfe Trommelschlag der Garden drang von Preobrashenskoje bis in die finsteren Gänge des Kreml!

Tatsächlich kam es am 8. Juli 1689 zu einem ersten direkten Zusammenstoß zwischen Sofja und Peter. Man feierte wie üblich in der Mariä-Himmelfahrts-Kathedrale des Kreml das Fest der Gottesmutter von Kjasan. Die damit verbundene Prozession war nur Männern vorbehalten. Sofja stellte sich zu Peter und Iwan und hielt obendrein eine wundertätige Ikone in der Hand – gleichfalls ein Privileg männlicher Herrscher. Peter zitterte vor Wut über diese Anmaßung und ritt empört nach Preobrashenskoje zurück.

Sofja konnte nicht annehmen, daß diese Runde an sie gegangen war, denn wenige Tage später kam es zu einem zweiten Eklat. Sofja hatte die Niederlagen ihres Favoriten Wassili Golizyn gegen die Krim-Tataren in bedeutende Siege umgedeutet und lud zur Auszeichnung der Generäle. Peter lehnte brüsk ab und weigerte sich, den „Triumphator" zu empfangen. Gerade diese Haltung trug ihm sehr viel Sympathie sowohl im einfachen Volk als auch bei einer großen Zahl von Bojaren ein.

Alle Ereignisse jener Tage und Wochen liefen auf einen offenen Machtkampf zwischen Sofja und Peter hinaus. 1682 hatte sich Sofja bei ihrem ersten Staatsstreich der Strelitzen bedient. Jetzt wählte sie die gleichen Mittel. In der Nacht zum 8. August 1689 sollten die Strelitzen angeblich – so sagt es eine Legende – Preobrashenskoje umzingeln und alles niedermachen, was sich ihnen in den Weg stellte – auch Zar Peter und dessen Mutter. Aber in der Nacht zuvor brachten zwei Überläufer den Plan nach Preobrashenskoje. Peter geriet in wilde Panik und floh im Nachthemd in das 60 Kilometer nordöstlich von Moskau gelegene und stark befestigte Sergius-Dreifaltigkeitskloster. Mutter und Gattin folgten wenig später – aber beherrschter. Auch die Regimenter aus Preobrashenskoje fanden sich bei dem Kloster ein, ebenso wie Strelitzen, die sich auf Peters Seite schlagen wollten. Sofjas Staatsstreich war vorerst mißlungen, der Überfall im Keim gescheitert. Kampflos wollte sie nicht auf die Macht verzichten. Es blieb ihr der Verhandlungsweg. Andererseits saß Peter in der Festung des wehrhaften Klosters fest. Die Machtfrage war nicht entschieden. Ihr Ausgang hing davon ab, auf welche Seite sich die Streitkräfte, namentlich die Strelitzen, und die Kirche stellten. Noch residierte Patriarch Joakim in Moskau. Es begann ein im Grunde erbärmliches Spiel um die Soldaten. Beide Seiten überboten sich in Geldgeschenken an die Strelitzen. Die Kuriere jagten zwischen Moskau und dem Kloster hin und her, begrüßten sich fröhlich und wußten, daß sie nur gewinnen konnten. Peter besaß offensichtlich die größeren Reserven: Die Soldaten traten mehr und mehr auf seine Seite über, auch die ausländischen Söldner verließen Moskau in Richtung Kloster. Sofja bat den Patriarchen um Vermittlung in dem Konflikt: Joakim kehrte aus dem Dreifaltigkeitskloster gar nicht erst wieder in den Kreml zurück.

Es gibt ein eindrucksvolles Dokument aus jenen Tagen, das Peters Stimmungen, seine Lage, Wünsche und Hoffnungen sehr eindeutig dokumentiert. Er schrieb in der zweiten Septemberwoche an seinen mitregierenden Bruder Iwan: „Wisse, Herr, daß ich Deiner Unterstützung bedarf für folgende Überlegungen: Durch Gottes Gnade wurde ... im Jahr 7190 (1682) die Regierung Rußlands uns beiden, dem einen, wie dem anderen, übertragen, indem wir Brüder gekrönt und als Herrscher anerkannt wurden. Von einer dritten Person, die an den Staatsgeschäften teilhaben sollte, war damals keine Rede. Dennoch hat unsere Schwester, die Zarewna Sophia Alexejewna, eigenmächtig und entgegen unseren Wünschen und denen des Volkes die Führung unserer Regierung übernommen. Ich erinnere Dich daran, daß unsere Geduld lange währte. Heute hat ein Schurke, Fedja Schaklowiti, unter der Folter befragt, gestanden, daß er und andere seiner Komplizen, unser Wohlwollen mißbrauchend, einen Anschlag gegen Unser Leben und das Unserer Mutter geplant hatten. Jetzt, mein Bruder Zar, da wir beide volljährig geworden sind, ist der Zeitpunkt gekommen, selbst über dieses Land zu herrschen, das Gott uns anvertraut hat. Erlauben wir nicht einer dritten Person ... unseren Titel zu teilen und sich in Angelegenheiten einzumischen, die wir beide zu entscheiden haben. Ich zweifele nicht daran, daß Du dem beipflichtest ..."

Iwan V. schwieg zu diesen Vorgängen. Der Bösewicht Schaklowity – der letzte Günstling der Regentin – wurde neben anderen Anhängern Sofjas am 11. September geköpft. Kirche und Soldaten wechselten die Front – für Sofja war das Spiel aus. Sie begab sich selbst auf den Weg zum Dreifaltigkeitskloster. Unterwegs hielt man sie auf: Peter ordnete an, sie habe sich in das Neue-Jungfrauen-Kloster bei Moskau zurückzuziehen, vorerst noch nicht als Nonne.

Am 6. Oktober 1689 zog Peter mit großem und militärischem Gefolge in Moskau ein. Die Menge jubelte. Zar Iwan wartete im Kreml, auf dem Vorplatz zur Himmelfahrts-Kathedrale, auf den Bruder Zar. Sie sanken sich beide in die Arme und dazu läuteten in ganz Moskau die Glocken ... Es war keine gespielte Idylle, denn Iwan liebte seinen Bruder Peter ebenso, wie Peter den älteren Bruder mit Achtung und Respekt behandelte. So rücksichtslos Zar Peter mit Menschen umging und auch die Ehefrau nicht schonte – für den Bruder Iwan empfand er stets zärtliches Mitgefühl – eine Ausnahme.

Nun waren die „Wahl"-Ergebnisse von 1682 wiederhergestellt. Peter und Iwan herrschten als Zaren. Das hieß, Iwan ließ Peter quasi allein regieren, obwohl er sich selbst offiziellen Verpflichtungen nicht entzog. Peter tat in den ersten Jahren recht wenig, um den Beweis anzutreten, daß er tatsächlich regieren wollte. Er ernannte Minister und Beauftragte – und ließ sie gewähren. Er selbst lebte weiter ungebrochen seinen ungestümen Leidenschaften, mit dem Unterschied, daß er sie aus der dörflichen Enge von Preobrashenskoje auf ein „gesamtrussisches Niveau" heben konnte. Seine Interessen wurden in ihren inhaltlichen, geographischen und auch mutwilligen Dimensionen größer, anspruchsvoller und bisweilen unerklärlicher.

Es begann mit dem schottischen General Patrick Gordon, der ihn in die „Deutsche Vorstadt" und zu seiner Geliebten Anna Mons führte, der Peter aber auch tiefer in die Kunst des Krieges eindringen ließ. Ein weiterer Weggefährte aus diesen Tagen war der Abenteurer Franz Lefort, dessen Brillanz dem jungen Russen die Feinheiten westeuropäischer Lebensweise so recht schmackhaft machte. Gemeinsam mit vielen russischen und ausländischen Freunden trieben sie allerlei Schabernack, gründeten das merkwürdige „Narren- und Saufkonzil", über dessen Bedeutung und Rolle Zeitgenossen und Nachwelt viel gerätselt haben.

Peter organisierte mit dem „Konzil" eine feste Instanz mit strengen Regeln und Rangordnungen. Der „Fürst-Papst", von Peter mit der deutschen Anrede „Herr König" ausgezeichnet, führte ein Regiment, dem sich auch Peter unterordnete. Mit dem „Konzil" schien Peter alle moralischen Werte in Frage zu stellen, denn die Festumzüge und Trinkgelage waren ein öffentliches Ärgernis. Die Mitglieder des „Konzils" tranken bis zur Bewußtlosigkeit, pflegten antike Bräuche und drangsalierten in aller Öffentlichkeit andere Menschen. Ihr Benehmen erschien als gottlos, und namentlich die tief religiösen und abergläubischen Moskauer konnten nicht verstehen, was da für ein Unheil geschah. Peter ordnete sich dem „Fürst-Papst" nicht einfach unter, er übertrug ihm sogar die Befehlsgewalt des Zaren und ließ ihn während seiner Abwesenheit regieren.

Auf den ersten Blick erinnerte die Posse an das seltsame Benehmen Iwans IV., als er 1575 Simeon Bekbulatowitsch zum „Großfürsten ganz Rußlands" ernannte und sich selbst in die Petrowka zurückzog. Bei Iwan IV. war das ein irrationaler Nachklang der Opritschnina, und er behielt sich vor, den „Großfürsten" jederzeit abzusetzen – so geschah es dann auch. Bei Peter I. müssen die Motive für seine merkwürdigen Handlungen anders gelegen haben. Es war bekannt, daß er sich ungestüm und grobschlächtig gegen bestehende Konventionen auflehnte, daß er gern und unmäßig trank, daß ihm alle Einflüsse aus dem Ausland verlockend und nachahmenswert erschienen. Er war religiös, konnte sich aber mit der russischen Kirche und ihren Repräsentanten nicht anfreunden. So kamen viele Motive für sein Handeln zusammen: Peter trieb gerne Possen, verstellte sich gerne und hatte seine Freude daran, andere Menschen auf sehr rohe Weise zu foppen. Die Narretei war jedoch weder reiner Selbstzweck, noch verbarg sich dahinter eine etwa politisch motivierte feste Absicht. Das närrische Konzil lieferte ein getreues Spiegelbild der facettenreichen Persönlichkeit Peter Alexejewitschs an einer problembeladenen Wendemarke zwischen Altmoskowiter Tradition und dem unverarbeiteten Aufbruch nach Europa. Peter war ein durch und durch widersprüchlicher Mensch, den es unaufhörlich nach praktischer Tätigkeit rief. Als seine Mutter 1694 starb, schrieb er wohl voll Trauer an Fjodor Apraxin: „Betäubt teile ich mein Leid mit und die daraus folgende Traurigkeit, von der ausführlich zu schreiben meine Hand nicht imstande ist, und wobei mein Herz verstummt." Peter ist nicht zur Beisetzung seiner Mutter erschienen. Das hat er seinem Stiefbruder Iwan überlassen. Er tröstete sich mit dem Gedanken: „Hiernach, gleichwie Noah meinem Leid eine Zeitlang hingegeben, lasse ich Unwiederbringliches zurück und schreibe nun von Lebendem ..."

Die Vorbereitungen auf eine Reise nach Archangelsk waren ihm wichtiger. Dort atmete das freie Meer, außerdem wurde die Fregatte „Heilige Weissagung" sehnlichst erwartet, ein Kriegsschiff, das in Holland in Auftrag gegeben worden war. Als das

Schiff endlich auf der Reede von Archangelsk kreuzte, freute sich Peter wie ein Kind: „Nun ist eingetreten, was ich seit langem begehrte. Kapitän Jan Flam traf wohlbehalten ein, 44 Kanonen und 40 Mann an Bord ... Bacchus wird nun geehrt, wie stets in solchen Fällen ..." Der Kaiser trank und trank, weinte vor Freude über das schöne Schiff und sah sich als Beherrscher der Meere.

Doch plötzlich hielt er ein. Franz Lefort hatte ihm einen Vorschlag gemacht: Gemeinsam wollten sie Österreich, die Schweiz und Holland bereisen, Peter sollte seine Neugier auf die westliche Kultur stillen. Dem Kaiser kam schlagartig zu Bewußtsein, worüber er früher nie nachgedacht hatte: Er war ja nicht mehr der von den Miloslawskis gejagte junge Bursche aus Preobraschenskoje. Er stand an der Spitze des Russischen Reichs. Seine Aufmerksamkeit durfte nicht mehr nur auf die Takelage eines Schiffes oder die Ausrüstung von Spielregimentern gerichtet sein. Seine Obhutspflicht mußte einem großen Reich gelten. Wenn er ins Ausland ging, hatte er dieses Reich zu repräsentieren. Es stand jedoch schlecht um das Reich – innen und nach außen. Das zarische Desinteresse an der Politik hatte Mißwirtschaft, Korruption und allgemeine Schlamperei in einem lange nicht gesehenen Ausmaß gefördert. Die von Peter eingesetzte Staatsduma erfüllte keine ihrer Aufgaben. In Südrußland brodelte es: Schamlos fielen die Tataren ein, plünderten und raubten. In der Ukraine liebäugelte der Hetman Mazepa mit Polen. Der türkische Sultan Ahmed II. hatte es nicht einmal für notwendig befunden, Peter über seine Thronbesteigung zu informieren.

Rußland war ein notleidendes und gebeuteltes Land. Es genoß weder in Europa noch im Nahen Osten Achtung. Peter war klug genug, zu begreifen, daß er sich so nicht im Ausland sehen lassen konnte. Zunächst mußte er sein Prestige festigen und das Wohlwollen Westeuropas erringen. Das schien ihm nicht etwa durch eine Verbesserung des inneren sozialen Milieus erreichbar, dieser Gedanke ist Peter sicherlich überhaupt nicht gekommen, sondern durch einen spektakulären Beitrag zur abendländischen Zivilisation. Da gab es nur eine Möglichkeit: Er mußte einen erfolgreichen Krieg gegen die ungläubigen Türken führen. Damit konnte er sich die westeuropäische Achtung erwerben und etwas für die Sicherheit seiner Landeskinder tun.

Mitten im Winter 1695 machte Peter mobil. Es war erstaunlich, daß er die unter Golizyn schon mehrfach gescheiterten Feldzugspläne wieder hervorholte, diese allerdings in einem entscheidenden Punkt abänderte: diesmal sollte nicht Perekop, sondern Asow im Mündungsdelta des Don das Ziel sein. Während General Scheremetjew einen Scheinangriff gegen befestigte türkische Orte an der Dnjepr-Mündung vorbereitete, marschierte Peter mit einer kleineren Truppe und geführt von den Militärs Gordon, Golowin und Lefort gegen Asow. Er selbst durfte als Bombardier Peter Alexejew nur wie ein Artilleriehauptmann behandelt werden. Wie schon im Falle Wassili Golizyns ging auch dieser Feldzug schief und endete mit einem Reinfall. Die Generäle waren untereinander uneins, Ausrüstung und taktische Einstellung der Soldaten waren miserabel, die Strelitzen unlustig und der türkische Gegner im befestigten Asow hoch motiviert. Dauerregen demoralisierte die Angreifer. Nach sechsmonatiger Belagerung mußten sich die Russen unter großen Verlusten durch die sie bedrängenden Tataren zurückziehen.

In Moskau zog Peter – wie einst Golizyn, den er so geschmäht hatte – als Sieger ein. Der Zar gab sich gleichzeitig keinen Selbsttäuschungen hin. Er verstand, daß ein militärischer Erfolg in Asow nur möglich war, wenn die Festung vom Land und von der See her bedrängt wurde. Also mußte eine Flotte her! Mit einem Kraftaufwand ohnegleichen, der das ganze Ausmaß petrinischer despotischer Modernisierung erahnen ließ, stampfte Peter 1695/96 auf den neu errichteten Werften in Woronesh eine Flotte aus dem Boden. Das ganze Land, die Zarenfamilie, der Adel und die Kirche, mußten ihren Beitrag leisten. Bauern und Arbeitsleute wurden zu Zehntausenden auf die Werften gepreßt und kamen zu Tausenden um. Es war alles andere unwichtig: Die Flotte mußte her, Rußlands Peter brauchte einen Sieg über die Türken!

Der Erfolg gab Peter recht: Im Mai 1696 verließen 23 Galeeren und vier Brander Woronesh. Der Kapitän Peter Alexejew zog seine Streitkräfte auf dem Wasser und auf dem Land um Asow zusammen. Aber so groß Wille und Aufwand auch gewesen sind, die Gegner widerstanden den Angriffen erneut, Rußlands Kräfte reichten noch immer nicht aus, die Festung Asow in die Knie zu zwingen. In seiner Ratlosigkeit ließ Peter eine allgemeine Soldatenberatung einberufen. Sie sollte klären, wie man Asow einnehmen könnte. Strelitzen schlugen vor, man sollte einen Damm aufschütten, so hoch wie die Mauern, über den man dann in die Stadt eindringen könnte. Peter, ein Mann von schnellen Entschlüssen, setzte 15.000 Menschen dem mörderischen Feuer durch die Belagerten aus: vergeblich. Erst das Eintreffen österreichischer Artillerieoffiziere wendete das Blatt. Nicht Erdaufschüttung, sondern genaues Richten der Kanonen war ihre Devise. Im Juli 1696 fiel Asow den Russen in die Hände. Peters Mut, seine Tatkraft und westliche Technologie und Disziplin hatten Europa einen Sieg über die Türken beschert.

Im September 1696 zog das siegreiche Heer in einem Triumphzug in Moskau ein. Es war ein überwältigendes und rauschendes Fest, all die heldenhaften Generäle, Admiräle, Fahnen, Truppen und Gefangenen zu sehen. Die ganze Siegesparade wurde vom „Fürst-Papst", dem stadtbekannten Säufer Nikita Sotow, angeführt. Unter den paradierenden Truppen aber ging in grober Uniform ein einfacher Marineoffizier: groß, stark und erhobenen Hauptes. Jedermann wußte es, das war Peter I., Zar von ganz Rußland.

Während Moskau feierte, schweiften Peters Gedanken weiter. Asow – das war noch nicht das Schwarze Meer, noch kein durchschlagender Erfolg über die Türken. Die Österreicher hatten vor Asow gezeigt, wie wichtig es war, das Waffenhandwerk zu beherrschen. Also, sagte sich der Herrscher, müßten möglichst viele Russen in moderner Navigation und Waffenkunde ausgebildet werden. Er bestimmte, 50 ausgewählte Aristokraten hatten sich zum Studium der Militärwissenschaften ins Ausland zu begeben und durften erst zurückkehren, wenn sie ihr Metier beherrschten. Und da Peter nichts von anderen Menschen verlangte, wozu er nicht selber bereit war, ging er mit gutem Beispiel voran: In einer „Großen Gesandtschaft" wollte sich der Zar nach Westen aufmachen und die Errungenschaften abendländischer Zivilisation studieren. Jetzt, nach dem Sieg bei Asow, konnte er es sich leisten, etwas zu wagen, was noch kein russischer Zar seit dem Jahr 1075, als Großfürst Isjaslaw, aus Kiew vertrieben, König Heinrich IV. in Mainz besucht hatte, getan hatte: Rußland verlassen.

Als er der Duma im Dezember 1696 den Plan einer „Großen Gesandtschaft" darlegte, stieß er auf bedenkliche Gesichter und Meinungen. Aber der notwendige Krieg gegen die „Ungläubigen" war ein starkes Argument. Er verlangte westliche Bildung und westliche Verbündete. So ließ sich Peter nicht nur von der Axt des Schiffszimmermanns in Holland locken, sondern auch von der Möglichkeit, in Berlin, Wien, Rom, Kopenhagen, Venedig und London jene Koalition zu schmieden, die ihm den Weg nach Konstantinopel eröffnen sollte.

Es war eine beeindruckende Kavalkade, die sich im März 1697 von Moskau aus auf den Weg machte. Die Leitung war Franz Lefort, Fjodor Golowin und Prokofi Bogdanowitsch Wosnizyn anvertraut worden. Sie verfügten über ein Heer von Adligen, Pagen, Dienstleuten und Soldaten – insgesamt 250 Personen. Im Troß führten sie große Mengen von Geschenken, Nahrungsmitteln und Waren mit sich. Die Gesandtschaft mußte sich selbst versorgen und rechnete mit einem hohen Kostenaufwand. Einen besonderen Status besaßen 35 „Freiwillige", die sich den Umgang mit Ausländern abschauen und merken sollten. Zu ihnen gehörte ein gewisser Peter Michailow. Der Zar wünschte dieses Inkognito, und es war bei strenger Strafe verboten, daran zu rütteln. Gewahrt werden konnte es nicht, und an den westlichen Höfen war man merkwürdig berührt, warum ein großer Herrscher, wie Peter es sein wollte, zu derart merkwürdigen Umgangsformen griff.

Bevor die Reisegruppe starten konnte, kam es in Moskau zu einem folgenschweren Zwischenfall. Zwei Strelitzen enthüllten ein Mordkomplott gegen Peter, angeführt von ihrem Oberst Iwan Ziegler. Die Verschwörer wollten Peter töten, den Zarewitsch Alexei auf den Thron heben und Sofja als Regentin einsetzen. Der Zar war entsetzt, daß die Strelitzen wieder ihr Haupt erhoben. Er vermutete sofort, daß Sofja hinter dem Attentatsplan stand. In nur zehn Tagen veranstaltete Zar Peter ein Strafgericht, wie es grausamer nicht sein konnte. Ziegler und dessen Anhänger wurden buchstäblich öffentlich zerhackt und ihr Fleisch zur Schau gestellt. Erst dann war der Zar beruhigt und reiste ins Ausland ab – Sofja wurde nicht belästigt. Während seiner Abwesenheit regierte ein aus drei Mitgliedern bestehender Rat. Außerdem setzte Peter den Fürsten Romodanowski zum Schutz Moskaus ein und verlegte vorsorglich einige Strelitzenregimenter an die Peripherie des Reichs.

Die Reise mit so viel Menschen und Gepäck war schwierig. Den ersten Ärger gab es in dem von Schweden besetzten Riga. Obwohl Peter streng auf sein Inkognito achtete, fühlte er sich durch das abwertende Benehmen des Gouverneurs Dahlbergh verletzt und verzieh es niemals. Im übrigen waren die Russen in Riga noch voller Elan und knieten sich in ihre Aufgaben. Sie notierten alles Bemerkenswerte, krochen in der

Festung umher und benahmen sich so, daß die Schweden sie für eine Ansammlung hochrangiger Spione hielten.

Über Mitau und Libau gelangte der Zar mit dem Schiff nach Königsberg. Ehe die Gesandtschaft auf dem Landwege eintraf, nahm er bei einem Obersten von Sternfeld Artillerieunterricht und erhielt darüber ein so günstiges Zertifikat, daß er sich „Kanonier Peter Michailow" nannte. In Königsberg wollte Peter den Kurfürsten Friedrich III. von Brandenburg treffen. Der aber schickte nur zwei Vertreter zu dem Festmahl. Peter war schon betrunken, als sie kamen, und er warf sie kurzerhand hinaus. Der Vorgang trübte sein Verhältnis zum Kurfürsten jedoch nicht. Friedrich überschüttete die Gesandtschaft mit Ehrungen und machte auch gegenüber dem „Kanonier" Peter gute Miene zum bösen Spiel, obwohl sich der Zar in seinen Lebensäußerungen unmöglich aufführte. Dafür konnten die beiden Herrscher miteinander ganz gut über Politik sprechen. Es ging um das Verhältnis zu Schweden und – nach dem Tod König Johanns III. Sobieski – um die Neubesetzung des polnischen Königsthrons. Sie hatten zwar unterschiedliche Ziele, das tat der Freundschaft jedoch keinen Abbruch. Peter ging es vor allem um Polen. Schweden war zu diesem Zeitpunkt für ihn noch nicht so interessant. Er hatte die Absicht, Sachsens Friedrich August I. auf den Thron zu setzen. Der Kurfürst von Brandenburg erwies dabei nicht die rechte Hilfe. Peter ließ Romodanowski russische Truppen an der polnischen Grenze aufmarschieren, und Friedrich August eroberte Krakau. Damit war die polnische Königswahl zugunsten des Sachsen entschieden, und der Kanonier Peter Michailow konnte beruhigt aus Königsberg abreisen.

Peter bewegte sich nur bedingt im Gros der Gesandtschaft und ging viele eigene Wege. Er erreichte Amsterdam, fuhr aber mit einem kleinen Boot weiter nach Zaandam, von dem er gehört hatte, daß es eine Fundgrube für moderne Schiffsbautechnologie sei. Acht Tage hielt er sich in dem kleinen Ort auf, arbeitete „wie ein Teufel" in Handwerksbetrieben, lebte spartanisch und segelte so oft er konnte. Auch in Zaandam konnte das Inkognito nicht gewahrt bleiben. Man erkannte ihn, und Peter mußte sich von Tag zu Tag drastischer der Menge ihm auf Schritt und Tritt folgender Gaffer erwehren. Schließlich hielt er es nicht mehr aus und kehrte verärgert nach Amsterdam zurück.

Neben den offiziellen Festlichkeiten und Empfängen fand der Zar Zeit, als einfacher Arbeiter auf der Werft der Ostindischen Handelsgesellschaft in Oostenburg zu arbeiten. Keine Tätigkeit war gering genug, daß er sie nicht geleistet hätte. Auf Zeugnisse, wie jenes vom Meister Gerric Klaas Pool ausgestellt, war er besonders stolz: „Piter erwies sich als guter und geschickter Zimmermann beim Bau der hundert Fuß langen Fregatte Peter und Paul, an der er von Anfang bis Ende mitgearbeitet hat. Außerdem hat er unter meiner Anleitung den Schiffsbau und das Anfertigen von Plänen eingehend studiert und sich nach meiner Ansicht für die Ausübung dieser Künste genügend ausgebildet."

Von Amsterdam reiste die Gesandtschaft nach Den Haag weiter, Peter mußte wohl oder übel mitfahren. Aber im Haag, wo man sich der Unterstützung durch die Generalstaaten für ein Bündnis gegen die Türkei versichern wollte, verließ Peter ganz unhöflich den für ihn organisierten Empfang. Den Haag brachte neben den endlosen Stunden auf Werften und in Handwerksbetrieben noch eine andere Erfahrung mit sich. Nachdem Peter den Mediziner Professor Ruysch besucht hatte, entdeckte er seine Liebe zur Anatomie und studierte den menschlichen Körper in allen seinen Teilen. Er kaufte ein chirurgisches Besteck, das er bis zum Lebensende bei sich trug, ebenso wie eine Ausrüstung zum Zähneziehen. Da Peter der Meinung war, alles, was er einmal gelernt hatte, könne er ebensogut wie die Fachleute, war es künftig für die Menschen seiner Umgebung sehr gefährlich, mit einem Leiden vor den Zaren zu treten, es sei denn, man rechnete es sich zur Ehre an, vom Zaren höchstpersönlich operiert zu werden. Tatsächlich begann Peter seine somatologische Praxis bereits in der „Großen Gesandtschaft" und erfreute sich immer wieder an dem kleinen Beutel mit Zähnen, die er hochwohlgeborenen Russen buchstäblich herausgerissen hatte.

Peter erkannte in Holland, daß er von der englischen Seemacht noch sehr viel mehr lernen konnte, und folgte mit wenigen Mitgliedern der Gesandtschaft einer Einladung des englischen Königs, Wilhelm III. von Oranien, nach London. Das war bereits im Januar 1698. Peter setzte auf der Insel praktisch das Leben fort, das er bereits in Holland geführt hatte. Er interessierte sich für das englische Parlament, es beeindruckte ihn jedoch nicht sehr. In England erhielt der Bischof Burnet den Auftrag, Peter über die verschiedenen religiösen Dogmen und Kirchen zu unterrichten. Burnet hat wohl eine der treffendsten Charakteristiken über den Zaren hinterlassen, frei von Vorurteilen und objektiv, dennoch aber in den Denkmustern eines Westeuropäers befangen: „Er ist ein Mann von heftigem Temperament, der sich der geringsten Bagatelle wegen ereifert und dann nur seinen Trieben folgt. Dieser aufbrausende Wesenszug erfährt noch eine Steigerung durch Branntwein und andere geistige Getränke, für die er eine Neigung hat, wenn er sich auch große Mühe gibt, sie zu überwinden. Er leidet an nervösen Zuckungen; sie sind vielleicht der Grund, warum er den Kopf gesenkt hält und es ihn manchmal krankhaft schüttelt. Es mangelt ihm nicht an Geist, und er verfügt über mehr Kenntnisse, als man bei einem Fürsten erwartet, dem eine ebenso grausame wie barbarische Erziehung zuteil wurde ... Er hat eine ausgesprochene Vorliebe für das Handwerk; seine natürliche Veranlagung scheint eher einem guten Zimmermann als einem großen Fürsten zu entsprechen. Sein Hauptvergnügen besteht darin, mit seinen eigenen Händen zu arbeiten und Schiffe zu entwerfen ... Sein Gemüt ist eine Mischung aus Jähzorn und Grausamkeit ... Nach langen Gesprächen mit ihm (durch die Vermittlung eines Dolmetschers) konnte ich mich nicht genug über die Pläne der Vorsehung wundern, die einen so gewalttätigen Mann auf eine so hohe Stufe der Macht und zur Herrschaft über einen so großen Teil der Erde erhoben hat."

Dabei hatte der Bischof noch nicht einmal erfahren, wie sich die Delegation im Haus des Admirals John Evelyn in Deptford aufgeführt hatte: Peter war mit seinen

Begleitern für drei Monate in das Haus gezogen. Als sie es wieder verließen, um nach Amsterdam zurückzukehren, war das Haus nicht mehr bewohnbar. Türen und Fenster verbrannt, Tapeten heruntergerissen, Bilder als Zielscheiben benutzt, ein Schmutz zum Gotterbarmen. Aber der Admiral hatte Glück – die Regierung in London zahlte ihm anstandslos die Kosten für eine Generalrenovierung. Zar Peter wurde mit der Bagatelle nicht belästigt.

Er reiste inzwischen durch Europa. Die Generalstaaten boten keine Unterstützung für einen antitürkischen Krieg. Also weiter nach Österreich. Holland atmete auf: „Der Staat und unsere kleine Stadt wurde von diesem berühmten, so ehrenwerten, so außergewöhnlichen und so anspruchsvollen Besuch befreit und entlastet", sagte man in Amsterdam.

In Wien angekommen, setzte Peter gegenüber Kaiser Leopold I. das Inkognito fort. Der Kaiser war irritiert, ging höflich, wenn auch etwas peinlich verwundert, auf die Posse ein und letztlich amüsierte man sich ganz ordentlich. Die Bälle, Kostümfeste und Feuerwerke verdeckten die Tatsache nicht, daß Peters „Große Gesandtschaft" astronomische Kosten verschlungen hatte, daß man etwas von der westlichen Lebensweise mitbekommen hatte, von dem man nicht wußte, ob man es in Rußland je anwenden konnte. Zar Peter persönlich hatte eine Fülle handwerklicher Erfahrungen gesammelt. Es gelang, zahlreiche hochspezialisierte Fachleute nach Rußland zu verpflichten, die sich als außerordentlich nützlich erwiesen. Aber das ungeschlachte Benehmen des östlichen Herrschers hatte nicht dazu beigetragen, die Bereitschaft des Westens für einen Kreuzzug gegen die „ungläubigen" Türken zu fördern. Nachdem am 20. September 1697 durch den Frieden von Rijswijk der Pfälzer Erbfolgekrieg abgeschlossen worden war, drohte nun der Spanische Erbfolgekrieg. Europa konzentrierte sich auf die Iberische Halbinsel und nicht auf das Schwarze Meer.

Peter erkannte nicht, in welchem Maße er selbst seine Koalitionspläne behinderte, sah aber die politischen Optionen seiner Verhandlungspartner. Als praktischer Mensch ohne strategische Konzeption war es für ihn selbstverständlich, Krieg zu führen und durch Waffen an der Erweiterung des Reichs zu arbeiten. Nun gut, wenn er nicht gegen die Türken Krieg führen konnte, dann eben gegen Schweden: Der schwedische Gouverneur in Riga hatte ihn ohnehin bei der Ausreise zur „Großen Gesandtschaft" über die Maßen gekränkt. Obendrein: dem Sachsen Friedrich August hatte Peter auf den polnischen Thron geholfen. Sachsen und Polen mußten für eine antischwedische Attacke bereit sein. Das alles war noch nicht durchdacht und zunächst nur eine Idee.

Obwohl Peter sah, daß die Reise ihre politischen Ziele nicht erreichen konnte, wollte er an dem einmal gefaßten Plan festhalten und Venedig einen Besuch abstatten. Dazu kam es jedoch nicht mehr. In Wien erhielt der Zar die Schreckensnachricht: Die Strelitzen hatten sich wieder erhoben!

Außer sich vor Wut und ohne Rücksicht auf die Möglichkeit, selbst die geringen politischen Resultate der Gesandtschaft in Frage zu stellen, raste der Zar nach Moskau:

im leichten Wagen, dreißig Kavalleristen atemlos zur Seite, Lefort und Golowin um Anschluß bemüht. Die Gesandtschaft wartete in Wien weitere Befehle ab.

In Rußland war folgendes geschehen: Die an die Grenze verlegten Strelitzen-regimenter waren über den Verlust ihres bequemen Moskauer Lebens empört und verlangten die Rückverlegung. Geschlossen marschierten sie auf Moskau. Sie hatten Verbindung zu Sofja aufgenommen, wollten Peters Sohn Alexei auf den Thron setzen und Sofja zur Regentin bestimmen. Gerüchte machten wie üblich die Runde: Zar Peter sei im Ausland umgekommen. Peter aber war sehr lebendig. Über Kuriere trieb er Romodanowski an. Der schickte General Gordon gegen die Insurgenten. Gordon bemühte sich um eine friedliche Beilegung des Konflikts, er ging selbst in das Lager der Strelitzen. Seine Versuche scheiterten und er kartätschte die Aufständischen nieder. 56 Meuterer ließ er sofort hängen, über 2000 wanderten in Gefängnisse. Die Revolte war zu Ende.

Peter erfuhr in Krakau vom Sieg Gordons. Er entspannte sich und unterbrach die hastige Reise in Rawa bei Lemberg. Dort traf er sich mit „seinem" Polenkönig August II. Die Monarchen verstanden sich prächtig: beim Trinken und in dem Willen eines Feldzugs gegen die Schweden. Zar Peter hatte einen neuen Freund gefunden und beruhigte sich etwas. Als er am 4. September 1698 wieder in Moskau eintraf, fuhr er erst einmal in die deutsche Vorstadt zu seiner Geliebten Anna Mons und dann zu Franz Lefort, bei dem Zeitgenossen mehrfach den Eindruck hatten, er sei dem Zaren Peter mehr als nur ein üblicher Zechkumpan oder selbstloser Freund. Besonders in Holland war aufgefallen, wie herzlich die beiden miteinander umgingen. Der Kreml, die Ehefrau und auch die Strelitzen – das hatte alles noch Zeit.

In den folgenden Tagen kam es zu jenen bekannten Szenen, da Zar Peter eigen-händig seinen verdienten Mitstreitern, Generalissimus Schejn und Fürst Romoda-nowski, die Bärte abschnitt. Peters Zwerge mußten sich weitere Aristokraten vorneh-men, und fünf Tage später sah sich der Monarch anläßlich eines Banketts bei Franz Lefort nur noch glattrasierten Gesichtern gegenüber. Dabei hatte Patriarch Adrian erst wenige Tage zuvor alle Kraft aufgewandt, um in einem Hirtenbrief das Bekenntnis zum Bart als Zeichen orthodoxer Frömmigkeit und Tradition zu würdigen. Wieder setzte sich Peter über die Kirche hinweg: Wenn seine Russen schon nicht wie die Holländer und Engländer waren, dann sollten sie wenigstens wie diese aussehen.

Das aufwendige Spektakel verhüllte keineswegs, daß sich Peter zur gleichen Zeit sehr intensiv mit den bisherigen Untersuchungen gegen die Strelitzen befaßte. Er hatte die Miloslawskis und vor allem Sofja nicht vergessen. Das Schicksal der Strelitzen war ihm gleichgültig: Gesindel, blutige Fleischklumpen, reif fürs Schafott. Sofja mußte ausgeschaltet werden. Ihre Schuld nachzuweisen, das war das Ziel der Kommission, die Romodanowski leitete. In Preobrashenskoje wurden die Strelitzen erbarmungslos ge-foltert. Selbst die Peiniger ermüdeten. Nur Peter wütete, schlug, brannte und fragte – rasend und atemlos, zuckend und halb von Sinnen. Zwei Wochen hielten die Quäle-reien an. Am 30. September erfolgte die erste Hinrichtungswelle – so mancher der

Gemarterten mag das Ende herbeigesehnt haben. Zar Peter I., angetan mit der polnischen Galauniform, die ihm August II. in Rawa geschenkt hatte, schaute im Kreise seiner Freunde und des diplomatischen Korps dem makabren Schauspiel zu.

Im Oktober gingen die Folterungen und Massenhinrichtungen weiter. Peter suchte Sofja im Kloster auf und verhörte sie. Aber es war ihr keine Verschwörung gegen den Zaren nachzuweisen. Auch als Initiatorin des Aufstands der Strelitzen konnte sie nicht namhaft gemacht werden. Peter glaubte ihr nicht. Er ließ 195 Strelitzen unmittelbar vor den Fenstern ihrer Klosterzelle aufhängen. Und er beteiligte sich persönlich am Köpfen der gemarterten Strelitzen.

Die Hinrichtungen zogen sich bis in den Februar 1699 hin. Noch Monate später lagen die verstümmelten Leichen rund um den Kreml. Die Reste wurden schließlich eingesammelt und auf Karren in Provinzstädten ausgestellt, ehe sie endgültig verscharrt wurden. Die Strelitzenregimenter löste man auf, die überlebenden Männer, aber auch die Witwen und Waisen der Verurteilten erklärte man für vogelfrei. Das war das Ende einer militär-politischen Tradition, die eng mit dem Aufstieg Moskaus zum frühneuzeitlichen Zarenreich verbunden war. Das Ende der Strelitzen besaß eine nicht zu unterschätzende Symbolkraft für den Aufbruch Rußlands in die Moderne. Auf welche Weise dieses Ende erfolgte, zeigte, wie eng Tradition und Modernisierung in der emotionalen Spontaneität Zar Peters miteinander verwoben waren.

Im Vergleich zum Umgang mit den Strelitzen verfuhr Peter mit seiner Schwester geradezu mildtätig. Sie blieb im Kloster, mußte den Schleier nehmen und starb am 14. Juli 1704 als Nonne Susanne. Und weil Peter gerade dabei war, seine Familienangelegenheiten neu zu regeln, holte er noch weiter aus: er ließ seine Ehefrau Jewdokija kommen und befahl ihr, als Nonne ins Kloster zu gehen. Sie verteidigte sich, daß sie in keinem Zusammenhang mit dem Aufruhr der Strelitzen gestanden habe. Es nützte nichts. Peter wollte die ihn langweilende Frau, die in ihrer Biederkeit so gar nichts von der frivolen Eleganz jener Damen besaß, die sich ihm in Westeuropa hingegeben hatten, einfach loswerden. Jewdokija wurde als Nonne Helene in das Kloster Zur Fürsprache der Heiligen Jungfrau in Susdal gebracht. Sie verlor alle Titel und Ansprüche sowie ihren Sohn Alexei. Peter galt damit für die Kirche als Witwer, er konnte tun und lassen, was er wollte.

Nachdem die Frage von Macht und Freiheit geklärt war, konnte Peter weiter zur Modernisierung Rußlands schreiten – so, wie er sich ein modernes Rußland vorstellte: Durch Zaren-Ukasse zur Einführung einer Bartsteuer erhob er das Festhalten an altrussischen Traditionen zum finanziellen Problem, dem sich nur die Bauern widersetzten. Der altrussischen Kleidung setzte er Verordnungen entgegen: Die Russen hatten wie Deutsche, Holländer oder Engländer zu gehen. Wenn sie zunächst auch wie Karikaturen wirkten: Die Russen würden, so glaubte der Zar, in der neuen Kleidung bald die gleiche Eleganz an den Tag legen wie die westeuropäischen Brüder. Im September 1699 schaffte er den byzantinischen Kalender ab. Gemäß dem Julianischen Kalender begann das Jahr nunmehr nicht am 1. September, sondern am 1. Januar. Für diesen Tag wurde das Schmücken von Gebäuden, Gottesdienste, Böllerschüsse und Feuerwerke angeordnet. Die Russen rieben sich die Augen, ächzten und waren nicht davon zu überzeugen, daß Gott der Herr die Welt mitten im kalten Winter erschaffen habe. Arglistige Häretiker wußten: „Die Bibel sagt voraus, daß der Antichrist die Zeitrechnung ändern wird. Also ist Peter I. der Antichrist."

Der Antichrist stiftete den Andreas-Orden, öffnete den Terem und beseitigte die abgeschiedene Stellung der Frauen in der Zarenfamilie. Er ließ erste russische Zeitungen drucken, sorgte sich um den Buchdruck und die Wissensverbreitung. Er trauerte ehrlich und aufrichtig, als 1699 seine engen Freunde Franz Lefort und Patrick Gordon starben. Der Tod des Patriarchen Adrian im Dezember 1700 ging ihm dagegen nicht nahe. Obwohl sich die Kirche seinen Wünschen nie ernsthaft widersetzt hatte – selbst bei dem Massenmord an den Strelitzen war ihr Protest verbal geblieben –, begann Peter, ihren Einfluß weiter zu verdrängen.

Im übrigen lebte und liebte er in diesen Monaten nach der Rückkehr aus Westeuropa: vor allem die Deutsche Anna Mons, aber auch deren Freundin Helene Fadenrecht. Anna Mons gewann großen Einfluß auf Peter, er überhäufte sie mit Geschenken und dachte bisweilen daran, sie zu heiraten. Der unaufhaltsame Aufstieg der Mons endete sehr plötzlich, als man entdeckte, daß sie die heimliche Geliebte des bei Narwa ertrunkenen sächsischen Gesandten Königseck war. Sie mußte für einige Zeit ins Gefängnis, gab sich aber nicht geschlagen. Als sie wieder in Freiheit war, wurde sie die Geliebte und später die Ehefrau des preußischen Gesandten Keyserling. Die Moskauer nannten sie eine Hure, aber das störte weder Peter noch Königseck, noch den Herrn Keyserling. Die Moskauer hatten schließlich von westlichen Freuden keine Ahnung. Im übrigen trennte sich Peter etwa zu jenem Zeitpunkt von Anna Mons, als ihm über seinen Freund Menschikow, der faktisch die Stelle des verstorbenen Lefort eingenommen hatte, bei der Eroberung Marienburgs 1702 die schöne Martha Skawronskaja zugeführt wurde! Das mag ein Zufall gewesen sein. Es war jedoch kein Zufall, daß sich Peter 1703 vor Narwa aufhielt.

1703 – Zar Peter I. regierte seit 15 Jahren. 1696 war Iwan V. gestorben. Die Bilanz der 15jährigen Herrschaft war recht bescheiden. Der Zar hatte vor allem seinen persönlichen Leidenschaften gelebt und sich darin keinerlei Grenzen setzen lassen. Er hatte den Türken Asow abgerungen – dank der Hilfe durch österreichische und holländische Spezialisten. Peter hatte eine Auslandsreise unternommen und dabei wie ein ungeschlachter Spaßmacher gewirkt, der sich auf die Meisterprüfung in vielen Handwerksberufen vorbereitete. Er hatte an den Strelitzen eine widerliche Massenschlächterei vorgenommen, wie sie kaum bei Iwan IV. zu finden war. Und Peter hatte einige Reformen eingeleitet, die das äußere altrussische Erscheinungsbild Moskaus westlichen Moden anpaßte. Die außenpolitischen Resultate waren, abgesehen von der Wahl des sächsischen Kurfürsten auf den polnischen Thron, kaum nennenswert, eine systematische und zielstrebige Politik nicht erkennbar.

Dennoch bildeten diese 15 Jahre das Vorspiel zu jenen Ereignissen, die Peter groß machten und die er 1700 mit dem Krieg gegen Schweden eröffnet hatte: Er legte in Woronesh den Grundstein für eine russische Flotte, bescheiden öffnete er das Land nach Europa und ließ elementare Züge einer künftigen kontinentalen russischen Großmacht erahnen, deren Wesenszug die Expansion und eine unverwechselbare Kombination von Moskowiter Tradition und europäischer Modernisierung bildeten.

Sofort, als mit der „Großen Gesandtschaft" 1698 die Pläne für eine antitürkische Koalition scheiterten, schaltete der emotional und rein praktisch agierende Peter vom Süden auf den Norden um: Nicht Konstantinopel, sondern Schweden hieß die Aufgabe. Darüber hatte er sich in Rawa mit August II. geeinigt, und dessen findiger Berater Johann Heinrich von Patkul hatte den Plan einer dänisch-polnisch-russischen Koalition ausgearbeitet. Die Einigkeit des Dreigestirns begann mit Mißerfolgen. Peter mußte erst den Friedensschluß mit der Türkei abwarten, da schlugen Dänemark und Polen schon los, übereilt und unabgestimmt. Die Folge: Die Schweden Karls XII. drangen in Kopenhagen ein, die Dänen mußten kapitulieren und August kam auch nur bis Dünaburg, an Riga biß er sich die Zähne aus.

Als im Juli 1700 ein 30jähriger Frieden mit der Türkei unter Dach und Fach war, setzte Peter seine Truppen sofort nach Livland in Marsch. Seine einzige Begründung für den Feldzug gegen Riga war der Unmut über die Demütigungen, die er dort seinerzeit bei der Durchreise der „Großen Gesandtschaft" erfahren hatte. Peter glaubte, den 18jährigen Schwedenkönig Karl XII. schnell und leicht besiegen zu können. Karl XII. war genauso ein ungehobelter und mutwilliger Mensch wie Peter I. und lebte ausschließlich seinen Launen und Leidenschaften. Es ist schwer nachvollziehbar, daß gerade Peter aus den Undiszipliniertheiten des jungen Karl den Schluß zog, leichtes Spiel mit Schweden zu haben. Als der Krieg begann und die Russen angriffen, vollzog sich in Karl eine Wandlung, die Peter nie erreichte: Karl verzichtete auf alle Ausschweifungen und stellte sich allein der Armee und seinem Vaterland zur Verfügung.

Zur ersten großen Konfrontation kam es vor Narwa, und diese Auftaktrunde ging eindeutig an Karl XII. Zar Peter erkannte bei der mehrmonatigen Belagerung Narwas, wie schlecht seine Truppen auf einen Krieg vorbereitet waren. Als die Nachricht eintraf, Karl habe sich von den Dänen gelöst und eile nach Narwa, ergriff Peter Panik. Er floh vom Feld der Ehre und ließ seine Soldaten schmählich im Stich. Offiziell erging die Mitteilung: „Am 18. (November) begab sich Seine Majestät nach Nowgorod, um den Marsch der Regimenter zu beschleunigen, die zur Belagerung von Narwa eingesetzt werden sollten; der Hauptgrund seiner Abreise war der Wunsch, sich mit dem König von Polen zu treffen, der die Belagerung von Riga aufgehoben hatte, und mit ihm die weiteren Pläne zu besprechen." Das war eine glatte Lüge. Peter wollte nicht mit seiner Armee untergehen: Als Karl XII. eintraf, überrannten die vom Eilmarsch erschöpften Schweden die zahlenmäßig weit überlegenen Russen und ermöglichten ihnen sogar noch die Flucht.

Über Nacht war Rußlands großer Zar zur beliebtesten Spottfigur Europas geworden. Die panische Flucht aus Preobrashenskoje im Jahr 1689 stand wieder vor aller

Augen. Eine Niederlage konnte jeder Monarch erleiden. Aber so schmählich aus der Schlacht zu fliehen, so unfähig zum Widerstand – das suchte seinesgleichen. Wie war er auf seinen Reisen durch Westeuropa anmaßend aufgetreten. Und nun dies. Peter versank in Melancholie. Er konnte die Dinge jedoch drehen und wenden wie er wollte. Es gab nur einen einzigen Ausweg aus der Misere: Er mußte eine Schlacht gegen die Schweden gewinnen, schon, um sich persönlich zu rehabilitieren. Der große Nordische Krieg war erst eröffnet! Tatsächlich besann sich der Zar recht schnell auf seine Kraft. Aus der Spontaneität seiner Gedanken erwuchs langsam ein Staatsmann, dem die Größe des Reichs und dessen unerschöpflichen Möglichkeiten bewußt wurden. Peter reifte an der Niederlage: „Dieser Sieg (der Schweden) wurde als Zeichen angesehen, daß Gott uns heftig zürnt; aber bei genauer Betrachtung der Absichten des Himmels erkennt man, daß er uns eher günstig gesinnt war; denn hätten wir, die wir so wenig erfahren in der Kunst des Krieges und der Politik sind, einen Sieg über die Schweden errungen, in welchen Abgrund hätte uns ein solches Glück später gerissen?" Das war zwar ein wenig demagogisch, aber nicht falsch formuliert.

Mit einer Intensität und Vollkommenheit, wie sie nur autokratischen Staaten möglich ist, stampfte Zar Peter I. in den folgenden Monaten eine neue Armee aus dem Boden des russischen Volkes. Sogar die verhaßten Strelitzen-Regimenter ließ Peter wieder aufstellen. Auch mit Polen und Dänemark wurde das Bündnis erneuert und gestärkt. Aber Gott schien den Russen und ihren Verbündeten weiter zu zürnen. Karl XII. verjagte sie aus Livland und Kurland. Erst im Winter 1701 gelang General Scheremetjew ein Teilerfolg an der Embach. Peter war überglücklich und sah schon die Wende herannahen. Der Eindruck war trügerisch, das Kriegsglück wechselte 1702 unaufhörlich: Russische Truppen siegten zwar erneut in Livland, aber Karl XII. marschierte dafür in Krakau ein.

Eine Wende folgte erst im Oktober 1702, obwohl der Ausgang des von Peter in Szene gesetzten Unternehmens zunächst vollkommen ungewiß gewesen ist. Zar Peter richtete seine Aufmerksamkeit auf die Newa und die am Ausfluß aus dem Ladoga-See gelegene Schwedenfestung Nöteborg. Er eroberte sie und gab ihr den Namen Schlüsselburg. Der Zar glaubte, mit der Festung den Schlüssel zur Ostsee in der Hand zu halten. Der Gedanke war verfrüht und nur tendenziell richtig. Den Schlüssel besaß er erst, nachdem am 1. Mai 1703 die am Ausfluß der Newa in den Finnischen Meerbusen drohende Festung Nyenschanz gefallen war. Diese Tatsache und die sich eine Woche später ereignende Episode, in der russische Soldaten von Nyenschanz aus in Booten zwei ahnungslose schwedische Schiffe aufbrachten, stärkte das Selbstbewußtsein des „Kapitäns der Kanoniere Peter" ungeheuer: Er war an der Ostsee angelangt und hatte den ersten Seesieg errungen – eine Tat, würdig, sich selbst (und dem „Oberleutnant Menschikow") den St.-Andreas-Orden zu verleihen. Die kindliche Freude hatte unter anderem 58 schwedische Matrosen das Leben gekostet.

Auf einer kleinen Insel nahe der Festung Nyenschanz wurden für den Zaren und dessen Freunde Holzbaracken errichtet. Man nannte das scherzhaft „Pitterbourch":

der erste Schritt auf dem langen Weg zur künftigen Hauptstadt St. Petersburg. Viel wichtiger war zunächst die Befestigung der Insel Kronstadt. Sie sicherte die Newa-Mündung und versprach gute Stapelplätze für den Schiffsbau. In dem neuen Selbstwertgefühl des Siegers nach einer schmählichen Demütigung stürmte Rußland jetzt unter den Kriegsbannern seines Zaren voran. Scheremetjew fiel erneut in Livland und Estland ein. Peter trat im Juli 1704 vor Dorpat an, und vier Wochen später tilgte er die größte Schande seines Lebens: Narwa wurde erobert. Seine Rachsucht kannte keine Grenzen, das Gemetzel unter den Einwohnern war schrecklich. Dabei verdankte Peter den schnellen Erfolg lediglich der schwachen schwedischen Besatzung. Karl XII. hatte sich auf Polen konzentriert. Er ließ Stanislaus Leszczynski auf den polnischen Königsthron setzen, fiel in Sachsen ein und schloß im September 1706 mit August II. den Frieden von Altranstädt. Peter verlor seinen letzten Bündnispartner.

Karl XII. und Zar Peter waren einander ebenbürtig, so verschieden ihre Charaktere auch waren. Es bestand kein Zweifel, daß der Ausgang ihres Ringens wesentlich über das künftige Schicksal Europas entscheiden würde. Karl verschloß sich vorerst allem Liebeswerben der westlichen Großmächte. Erst mußte Rußland niedergerungen werden. Das langsam wachsende „Pitterbourch", die Newa und Ingermanland, Livland und Kurland – alles wollte Karl zurückgewinnen. Peter war zu keinem Kompromiß bereit. Mit aller Kraft rüstete er sich zum entscheidenden Treffen, ohne Rücksicht auf die Wünsche und Sorgen seiner Landeskinder. Mehr als 90 Prozent aller Staatseinnahmen wurden für Armee und Kriegsflotte eingesetzt.

Karl XII. beging in dieser Situation einen entscheidenden Fehler. Er hielt seine Armee nach den Siegen für unschlagbar und sah weder die inneren russischen Kraftanstrengungen noch, daß die Russen aus dem Krieg gegen Schweden ihre eigene adäquate Kriegskunst geschöpft hatten. Im Juni 1708 fiel Karl XII. im russischen Kernland ein, berannte Smolensk und wähnte sich schon in Moskau. Die Hoffnung schien nicht unbegründet, denn Peter wandte eine Taktik an, die einhundert Jahre später von General Kutusow gegen Napoleon Bonaparte wiederholt wurde. Er ließ die Schweden in eine verwüstete Weite laufen, zog sich immer weiter zurück und wich einer offenen Feldschlacht aus. Karl zog eine zweite Armee unter General Loewenhaupt heran, aber die russischen Truppen verlegten ihr an der Soscha bei Lesnaja den Weg. Es war eine fürchterliche Schlacht, aus der sich nur etwa die Hälfte der 11.000 Schweden, zudem ohne ihre gesamte Artillerie, zum Hauptheer Karls retten konnte. Die Russen hatten ihren ersten Sieg gegen die regulären Streitkräfte Karls errungen und befanden sich im Hochschwang vaterländischer Gefühle. Sie schlugen General Lybecker in Ingermanland.

Der Hunger und die Verluste der Schweden waren so groß, daß der Marsch auf Moskau abgebrochen werden mußte. Karl wandte sich in die Ukraine und erlebte einen neuen Mißerfolg. Der aufrührerische Kosaken-Hetman Masepa konnte ihm nur wenige Soldaten zuführen (er wurde ohnehin von den eigenen Leuten abgesetzt und durch den Hetman Iwan Skoropadski ersetzt). Die Russen operierten unter Men-

schikow auch in der Ukraine und zerstörten wie in Zentralrußland die Lebensgrundlagen, die sich Karl erhofft hatte und dringend benötigte. Der extrem kalte Winter
brachte die schwedische Armee an den Rand einer Katastrophe. Karl kannte nur ein
Ziel: Poltawa. Hier wollte er seine Truppen zu Kräften kommen lassen, neu formieren,
den Nachschub abwarten und dann die Russen mit erhobenem Haupt zur Schlacht
stellen. Erst im Mai 1709 erreichten seine Truppen Poltawa – die Russen immer auf
den Fersen. Karl wagte keinen Angriff auf die nur schwach verteidigte Festung. Seine
erlahmenden Kräfte konnten nicht mehr gleichzeitig eine Stadt erobern und eine
Feldschlacht eröffnen.

König Karl XII. war besessen vom Krieg gegen Rußland. Es mangelte nicht an
warnenden Stimmen. Aber der König verschloß sich allen Vernunftpredigern, er
wollte die Schlacht. Peter konnte den Dingen im Sommer 1709 weit gelassener entge-
gensehen: In den letzten Monaten hatte er Sieg an Sieg gereiht, und die russische
Zermürbungstaktik zeitigte volle Erfolge. Als Karl beschloß, daß die Schlacht im
Morgengrauen des 8. Juni 1709 eröffnet werden sollte, konnte Peter seine Soldaten
siegessicher aufmuntern: „Die Stunde ist gekommen, in der sich das Schicksal der
Heimat entscheiden wird. An sie müßt ihr denken, für sie müßt ihr kämpfen ..."
Scheremetjew, Rönne, Menschikow und Bruce befehligten die russische Streitmacht.
Zar Peter führte ein Bataillon des Nowgoroder Regiments, hielt sich im Grunde aber
nicht an diese Aufgabe. Wie ein rasender Feuergott fuhr er über das Schlachtfeld,
mehrfach den sicheren Tod vor Augen. Obwohl sich Karl XII. mit seinen Soldaten
geradezu fanatisch wehrte, trugen die Russen in dem blutigen Treffen den Sieg davon.
Bei Narwa hatte Peter das Schlachtfeld verlassen, jetzt floh Karl XII. Als seine Truppen
mit dem Rücken zum Dnjepr standen, übergab er das Kommando an Loewenhaupt
und verabschiedete sich in Richtung Türkei. Auch er floh natürlich nicht, sondern
wollte lediglich die Türken für einen neuen Feldzug gegen Rußland gewinnen!

General Loewenhaupt kapitulierte mit etwa 13.000 Mann: Die an Schwedens
Seite kämpfenden Kosaken mußten ausgeliefert werden. Sie wurden wie Rebellen
behandelt, und ihr trauriges Schicksal ist leicht vorstellbar. Mazepa war Karl rechtzeitig
über den Dnjepr gefolgt ... Peter behandelte den geschlagenen schwedischen Gegner
durchaus ehrenvoll. Er hatte eine entscheidende Schlacht, aber noch nicht den ganzen
Krieg gewonnen. Selbstverständlich wurden die russischen Heerführer zum Dank und
als Ansporn reich beschenkt und ausgezeichnet. Peter vergaß sich selbst und Menschikow dabei nicht. Er entsprach huldvoll der Bitte seiner Offiziere, den Rang eines
Generalstabschefs und eines Konteradmirals anzunehmen. Nun mußte er nicht mehr
als „Bombardier" oder „Kapitän" Peter in die Schlachten ziehen und konnte sich selbst
auch in Rang und Würde sonnen.

Nach Poltawa mußte Feldmarschall Scheremetjew Riga belagern und Menschikow
durfte nach Polen eilen. Er sollte Stanislaus Leszczynski vom polnischen Königsthron
stoßen und August II. wieder als König einsetzen. Peter selbst reiste nach Kiew, dort
wartete Martha Skawronskaja auf ihn, die Frau, die er 1702 im Feldlager vor Marien-

burg kennengelernt hatte, die er aus der Gosse aufhob, später zur Kaiserin machte und die ihm als Katharina I. auf dem Thron folgen sollte. Martha Skawronskaja war die Liebe und die Frau seines Lebens. Peter besaß keine Achtung vor Frauen, sie waren ihm bestenfalls Gefährtinnen für wenige Stunden oder eine Nacht. Bei Katharina war das anders. Sie war der einzige Mensch, der mit Peter so umgehen konnte, wie er es benötigte. Martha – Katharina war ein menschliches Phänomen, das dem Phänomen Peter auf seine Art ebenbürtig gewesen ist. Nur sie allein fragte er ernsthaft bei schwierigen politischen Entscheidungen um Rat, und er hörte auch auf ihre Meinung.

Martha war auf seinen Wunsch nach Poltawa gekommen, hatte das Schlachtfeld aber vor dem großen Treffen verlassen und auf ihren Peter in Kiew gewartet. Nun trafen sie sich wieder – Katharina war zum dritten Mal schwanger – und bereiteten sich in aller Ruhe auf die großen Siegesparaden vor, die im Dezember 1709 in Moskau stattfanden. Das war eine triumphale Festivität, die zumindest drei wichtige Ergebnisse zeitigte: Nachdem Scheremetjew und Menschikow in Livland und Polen erfolgreich gewesen waren, demonstrierte der Zar seine neue Rolle als europäischer Ordnungsfaktor. Nicht mehr Schweden war der nördliche Drehpunkt machtpolitischer Kombinationen, sondern Rußland war der neue Stern am europäischen Himmel. Außer Frankreich, der Türkei und natürlich Karl XII. buhlten die europäischen Staaten um die Gunst Rußlands. Zar Peter aber setzte seinen traditionellen Mummenschanz fort: Der Fürst-Papst Romodanowski thronte über der Siegesparade, während Peter sich bescheiden unter das gemeine Volk mischte. Und schließlich: Zur Zeit der Siegesfeiern brachte Katharina in Ismailowo die Tochter Elisabeth zur Welt – die künftige Kaiserin Rußlands.

So spannte das Jahr 1709 die Brücken zwischen gestern und morgen. Peter ahnte, daß seine historische Mission noch lange nicht zu Ende war. Er ließ die Siegesparade in Moskau feiern – nicht in „Sankt-Pitterbourch", jener Retortenschöpfung an der Newa-Mündung, die das neue Zeitalter Rußlands symbolisieren sollte, tatsächlich zum Markenzeichen Peters des Großen wurde und ganz in diesem Sinne Zehntausenden von Menschen das Leben kostete. Im Mai 1703 war der Grundstein gelegt worden. Wider alle sachkundigen Meinungen und Unkenrufe war Peter fest entschlossen, an der sumpfigen Flußmündung, an der es von Krankheitserregern wimmelte, ein zweites Amsterdam in den Grund zu rammen: die russische Abkehr von den Moskowiter Traditionen und Peters Hinwendung nach Europa. 1709 war die Stadt noch nicht viel mehr als ein relativ zusammengewürfeltes Konglomerat von Holzhütten, ersten Steinbauten, Kanälen, Straßen und Werkstätten. An die später so berühmten Petersburger Brücken war noch nicht zu denken. Aber Peter siedelte die Stadt ohne Zimperlichkeiten groß: 1707/08 mußten große Teile des Hofes an die Newa umziehen. Als Moskau wieder einmal brannte, durften die zerstörten Häuser nicht wiederaufgebaut werden. Ihre Bewohner hatten nach Pitterbourch zu gehen: 5000 Familien. Die Stadt wuchs in jeder Beziehung künstlich heran. Es ist erstaunlich, wie diese Kunstschöpfung ohne jegliche Tradition zu einer derartigen Traumstadt mutieren konnte.

Es gab noch einen anderen Grund, warum die Siegesparade nicht in St. Petersburg stattfinden konnte. Drohend waren nach wie vor schwedische Kanonen auf die Stadtsiedlung gerichtet. Erst im Juni 1710 kapitulierte die Festung Wyborg auf der Karelischen Landenge. Einen Monat später fiel Riga in russische Hände. Reval, von der Pest heimgesucht, ergab sich erst im September. Damit waren das nördliche und das südliche Ufer des Finnischen Meerbusens in Peters Hand und Petersburg mit der vorgelagerten Festung Kronstadt erstmals sicher. Sicher? Nicht ganz. Karl XII. von Schweden saß im fernen Konstantinopel und wetterte gegen den Zaren. Seine immer noch beträchtlichen finanziellen Mittel und Rußlands wachsende Macht veranlaßten Sultan Ahmed III. im November 1710, dem russischen Nachbarn erneut den Krieg zu erklären.

Peter nahm den Fehdehandschuh auf. Voller Selbstvertrauen glaubte er, nach dem Sieg über die Schweden nun den heiligen Kreuzzug gegen die „Ungläubigen" erfolgreich durchstehen zu können. Den ganzen Januar und Februar 1711 bereitete er sich und sein Land gewissenhaft auf den Feldzug vor, auch in der Hoffnung, daß die slawischen Brüder auf dem Balkan sein Unternehmen unterstützen würden. Er heiratete Katharina offiziell und ernannte sie mit allen Rechten und Pflichten zur Zarin von Rußland – sie sollte und wollte ihn als Glücksbringerin ins Feld begleiten.

Der Kriegszug stand unter keinem guten Stern. Peter erkrankte an Skorbut, quälte sich, und seine Stimmung sank auf den Nullpunkt. Lediglich Kantemir, der Hospodar der Moldau, trat mit einer eher symbolischen Streitmacht von 5000 Lanzenreitern an seine Seite. Während die Türken bereits die Donau überschritten, mühten sich die Russen unter erheblichen Verlusten durch die glühenden Steppen am Dnjestr bis zum Pruth. Kaum hatten sie ihr Kriegslager bezogen, sahen sie sich von einer türkischen Streitmacht in die Zange genommen. Peter geriet in eine Lage wie einst bei Narwa: Panik befiel ihn, er wollte fliehen. An den Senat in Petersburg schrieb er: „Ich berichte euch hiermit, daß ich mich mit meiner ganzen Armee, ohne unsere Schuld oder Versehen, lediglich durch erhaltene falsche Nachrichten, von einer viermal so starken türkischen Macht eingeschlossen und von allem Proviant abgeschnitten befinde. Dergestalt, daß ich ohne besondere göttliche Hilfe nichts als unsere gänzliche Niederlage voraussehen kann, oder daß ich in türkische Gefangenschaft gerate. Sollte der letzte Fall geschehen, sollt ihr mich nicht für den Zaren, euren Herrn halten und nichts erfüllen, was etwa von mir, und wenn es auch mein eigenhändiger Befehl wäre, an euch gelangen möchte, bis ich selbst in Person wieder bei euch sein werde. Sollte ich aber umkommen und ihr die gewisse Nachricht von meinem Tod bestätigt erhalten haben, so sollt ihr unter euch den Würdigsten zu meinem Nachfolger erwählen."

Obwohl das Dokument Katharina mit keinem Wort erwähnte, verdankte Peter seiner Frau sehr maßgeblich den relativ glimpflichen Ausgang dieses kriegerischen Unternehmens. Ihr Schmuck, Scheremetjews geschickte Verhandlungtaktik und der noch immer starke Druck der russischen Kavallerie gegen die türkischen Linien erzeugten die notwendige Verhandlungsbereitschaft beim Gegner. Am 23. Juli 1711 wurde der Frieden von Husch geschlossen, der Peter wider Erwarten günstige Bedingungen brachte. Er mußte Asow opfern und versprechen, sich nicht weiter in polnische innere Angelegenheiten zu mischen. Karl XII., dem der Frieden die Möglichkeit einer freien Reise nach Schweden eröffnete, war über dieses Ergebnis wie von Sinnen. Offensichtlich waren die Türken jedoch des rasenden Fanatikers überdrüssig und entgegneten nur kalt, wenn er Peter gefangennehmen wolle, dann könne er das ja mit seinen eigenen Truppen tun ...

Die russische Armee konnte sich geordnet zurückziehen, aber der Narwa-Effekt blieb. Peter redete sich den Frieden von Husch zwar schön, sein Prestige sank jedoch in Europa erneut – man lächelte an den Höfen wieder über den geschlagenen großen Zaren. Peter zog sich erst einmal nach Karlsbad zurück, um sich von den Anstrengungen am Pruth zu erholen. Wenige Wochen später ritt er von Karlsbad nach Torgau. Dort heiratete sein ungeliebter Sohn Alexei, bereits 21 Jahre alt, die Prinzessin Charlotte Christine Sophie von Braunschweig-Wolfenbüttel.

In den kurzen Ruhewochen überdachte der Zar seine Position. Die europäischen Mächte mißtrauten ihm, denn natürlich war seine Absicht bekannt, Schweden endgültig in die Knie zu zwingen und das europäische Gleichgewicht auf den Kopf zu stellen. Niemand wollte Peters Ziele unterstützen. Also handelte er auf eigene Faust. 1713 fiel die regenerierte russische Armee in Finnland ein. Finnland war die Quelle schwedischer Naturreichtümer und Nahrungsmittel und im Bedarfsfall ein vorzügliches Tauschobjekt. Man besetzte wichtige finnische Städte und – Peters Flotte segelte von Sieg zu Sieg. Im Juli 1714 befehligte der Zar das russische Kontingent, das in der Seeschlacht vor Hangö die schwedischen Schiffe in den Grund bohrte. Das war Peters Poltawa zur See und sein ganzer Stolz. Dem Ruhm dieser Schlacht entsprach der Orden vielleicht nicht ganz, den Peter gütig annahm und der mit der Umschrift verziert war: „Der russische Adler fängt keine Fliegen."

Die Schlacht von Poltawa hatte die europäische Ordnung gestört, das Debakel am Pruth die Ruhe scheinbar wiederhergestellt – obwohl den Österreichern eine stärkere Türkei auch nicht recht war. Der russische Seesieg vor Hangö vernichtete die europäische politische Balance. Peters Flotte tauchte vor Kopenhagen auf! Während man rauschende Feste feierte und den Zaren ehrte, wurden aus Angst vor den russischen Soldaten Waffen an die dänischen Bürger verteilt. Das sonderbarste Schauspiel war jedoch die Flottenparade von dänischen, englischen und holländischen Schiffen, die Peter von Bord der „Ingermanland" aus abnahm. Zar Peter von Rußland kommandierte die Flotten der größten Seemächte der Welt! Aus westlicher Sicht war höchste Eile geboten. Man mußte dem russischen Adler die Flügel stutzen. Schon verheiratete der seine Nichte Katharina mit dem Herzog Karl-Leopold von Mecklenburg: 40.000 russische Soldaten sicherten das Bündnis von Holstein bis Pommern. Es durfte nicht sein, daß der „wilde Zimmermann" aus Petersburg die europäische Koalition gegen Schweden anführte. Also stritt man sich im verbündeten Kriegsrat zu Kopenhagen so sehr, daß Peter verärgert nach Amsterdam abreiste. Unterwegs erneuerte er das Bündnis mit dem König von Preußen.

Das Wiedersehen mit Holland konnte sich nicht lange in lieben Erinnerungen an
einstmals gemeinsam geschwungene Zimmermannsäxte ergehen. Der neue Herr Europas
klopfte an die schmalen Häuser in den stillen Grachten. Er war so zornig und
verbittert aus Kopenhagen angereist, daß er ganz gegen seine offenen Gewohnheiten zu
intriganten Mitteln bereit war, die alles auf den Kopf stellen konnten: Zar Peter
verhandelte mit dem Freiherrn von Görtz – einem Vertrauten Karls XII. Görtz schlug
ein Komplott vor: Rußland könne alle Ostseebesitzungen behalten, wenn es Karl helfe,
Norwegen zu erobern. König Georg I. sollte in England gestürzt und durch Jakob II.
ersetzt werden. Es war eine klassische Intrige, die da gesponnen wurde, die aber an das
Licht der Sonnen kam, zumal allgemein bekannt war, wie gespannt zuvor die russisch-
französischen Beziehungen gewesen waren. Georg I. erhielt einen Wink und tobte vor
Wut. Die Intrige scheiterte. Es ist kaum wahrscheinlich, daß Peter tatsächlich auf
einen solchen Plan eingegangen wäre. Er hatte in jenen Tagen ein anderes Ziel vor
Augen.

Seit vielen Jahren waren die Beziehungen zwischen Rußland und Frankreich
schlecht. Ludwig XIV. unterstützte traditionell die Türkei und besaß einen Vertrag
mit den Schweden. Als Peter mit der „Großen Gesandtschaft" durch Europa tourte,
hatte man ihn unter allerlei Vorwänden nicht nach Frankreich hineingelassen. Am
1. September 1715 bestieg Ludwig XV., ein Kind, unter dem Regenten Philipp von
Orléans den Thron. Peter drängte nach Frankreich, aber in Versailles zierte man sich
weiter. Peters ungestümer Druck wuchs, und man konnte schließlich nicht umhin,
den ungeliebten königlichen Bruder zu empfangen.

Peter verzichtete darauf, seine geliebte Katharina nach Paris mitzunehmen. Der
Entschluß entbehrt nicht einer gewissen Pikanterie. Sie erschien ihm zu grob, zu
ungebildet und von zu schlechtem Geschmack, als daß er sie der sarkastischen Eleganz
in Paris aussetzen wollte. Vielleicht hatte Peter auch nur von der frivolen Leichtigkeit
gewisser Pariser Damen gehört und wollte einmal ungestört prüfen, ob da etwas dran
war. Aber er blieb sich treu. Während Katharina in Amsterdam wartete, schrieb er ihr
von jeder Station seiner Reise einen Brief – und betrog sie nach Strich und Faden.

Am 21. April 1717 ging Peter mit seiner 80köpfigen Begleitung in Dünkirchen an
Land. Sofort begann der Ärger. Man stritt sich um die Reisespesen, die französischen
Begleitpersonen waren entsetzt: „Dieser kleine Hofstaat ist außerordentlich unentschlossen und vom Thron bis zum Stall sehr jähzornig. Der Zar hat wohl Keime der
Tugend in sich, aber ganz unkultivierte ... Er steht in aller Frühe auf, speist gegen zehn
Uhr zu Mittag, verzehrt, wenn er gut diniert hat, nur ein leichtes Souper und geht um
neun Uhr zu Bett; aber zwischen Mittag- und Abendessen nimmt er gewaltige Mengen
von Anisschnaps, Bier, Wein, Obst und Nahrungsmitteln aller Art zu sich ... Er hat
immer zwei oder drei volle, von seinem Koch zubereitete Teller zur Hand, verläßt eine
prächtig gedeckte Tafel, um in seinem Zimmer zu essen, erklärt das angebotene Bier
für abscheulich und beklagt sich über alles."

Dieser erste Eindruck trog nicht. So etwa verhielt sich Peters Delegation auf dem gesamten Reiseweg. Die Gastgeber glaubten bisweilen nicht mehr daran, daß man Paris überhaupt erreichen werde. Trotz aller Querelen, am 7. Mai 1717 kam der Zar in Frankreichs Hauptstadt an. Man hatte zum Empfang im Louvre eine große Tafel gedeckt, aber Peter verlangte nur Brot, Rübenknollen, viel Wein und Bier und ging ins Hotel. Er hatte eine kleine Herberge gewählt, ließ sich aber auch dort in der Garderobe nur ein Feldbett aufschlagen.

Der Regent besuchte ihn, wurde aber kühl behandelt: für Peter schickte sich der zweite Mann Frankreichs nicht. Am 10. Mai kam der kleine siebenjährige König in Peters Hotel. Sie plauderten, tauschten Höflichkeiten, und beim Abschied kam es zu jener berühmten Szene, die so oft und gern geschildert wird: Der große Peter hob den kleinen Ludwig einfach in die Höhe, küßte ihn und sagte, nun von Angesicht zu Angesicht: „Ich wünsche von Herzen, daß Euer Majestät wohl aufwachsen und einst löblich regieren mögen. Vielleicht werden wir mit der Zeit einander brauchen und nützlich sein können." Peter war dem kleinen Ludwig herzlich zugetan und erwies ihm tags darauf sofort die Ehre. Damit waren die Förmlichkeiten zu Ende, und Peter ging seiner eigenen Wege. Er griff zwar nicht mehr selbst zu Axt und Hobel, aber die Neugier ähnelte sehr stark seinem Verhalten in Amsterdam zu Zeiten der „Großen Gesandtschaft". Sein Umgang erstreckte sich von den höfischen Kreisen über die Pariser Bürgerschaft bis zu den Soldaten und Arbeitsleuten. Peter freute sich wie ein Kind, als man vor seinen Augen in der Münze eine Goldmedaille mit seinem Porträt prägte. Er schockierte die inzwischen 82jährige Madame de Maintenon, die sich bei seinem Besuch im Stift von St. Cyr vor ihm im Bett verkrochen hatte, indem er sich einfach auf das Bett setzte und fragte, woran sie erkrankt sei. Auf ihre Antwort, es sei das Alter, das sie krank mache, erwiderte der Zar nur lakonisch und wenig taktvoll: „Dieser Krankheit sind wir alle unterworfen, wenn wir lange leben." Er wünschte gute Besserung – und vergnügte sich bald darauf im Schloß von Versailles mit Pariser Prostituierten. Peter lebte, wie er es gewohnt war, unbändig, ungezügelt und voller Neugier auf alles Neue in Wissenschaft, Handwerk und Lebensweise.

Eigentlich war er jedoch aus politischen Gründen nach Frankreich gekommen. Er wollte den Krieg gegen Schweden siegreich beenden und Rußlands Gewicht in Europa vergrößern. Frankreich war nicht bereit, seine Bindungen an England und Schweden aufzugeben. Am 15. August 1717 handelten Holland, Frankreich und Rußland zwar den Vertrag von Amsterdam aus, aber außer großen Worten über die ewige Freundschaft zueinander kam nichts dabei heraus. Dennoch verließ der Zar Frankreich am 20. Juni 1717 offenbar nicht mit unguten Gefühlen: Er hatte Paris gesehen und dort wahrhaftig wie ein Gott gelebt. Warum sollte er den Franzosen gram sein, mit den Schweden würde er schon fertig werden. Zunächst, als Folge der Völlerei, riet ihm sein Arzt dringend zu einer Diätkur in Spa. Nach dem Motto „Viel hilft viel", stürzte der Zar Unmengen von Heilwasser, versetzt mit Kirschen, Feigen und Alkohol hinunter und wunderte sich, daß der Heilungsprozeß nicht so recht voranschritt. Um dem abzuhelfen, veranstaltete er die bekannten Freß- und Saufbankette, bei denen sich die feinen Westeuropäer pikiert abwandten, wenn Peter ihnen dazu die Gelegenheit bot. Nach vier Wochen fühlte sich der Zar wieder gesund. Voller Dankbarkeit sandte er später eine Marmortafel in das Kurbad, in die er seine wundersame Heilung eingravieren ließ.

In Amsterdam harrte derweilen Katharina auf die Rückkehr Peters. Gemeinsam suchten sie anschließend den König von Preußen, Friedrich Wilhelm I., heim. Peter wählte sich die Gastgeschenke selber aus, die er gerne nach Rußland mitnehmen wollte. Das war alles sehr peinlich, und außerdem gelang es den Gästen, in den zwei Tagen, die sie in Berlin weilten, das Schloß Monbijou so zu bewohnen, daß es vollkommen ruiniert war und renoviert werden mußte.

Peter hatte eine schöne Auslandsreise hinter sich gebracht, wie sie nur wenigen Russen vergönnt gewesen war. Politisch war die Tour ein Fehlschlag und hatte ihn seinem wichtigsten Ziel, dem Sieg über Schweden, kaum näher gebracht. Er hatte wieder einmal selbst gesehen, was seinen Russen noch alles fehlte, um eine europäische Nation zu werden. Zu Hause wartete ein Problem auf ihn, das sich schon seit Jahren aufgestaut hatte und mehr und mehr zum Trauma seines Lebens wurde: der leibliche Sohn Alexei Petrowitsch. Im Oktober 1715 hatte Peter aus der Festung Schlüsselburg einen Brief an Alexei geschrieben, der die ganze Problematik ihrer gegenseitigen Beziehungen enthielt: „Es kann dir nicht unbekannt sein, wie sehr unser Volk unter dem Druck der Schweden seufzte, ehe dieser Krieg begann ... Du weißt, was uns dieser Krieg zunächst gekostet hat, in dem Gott allein uns führte und führt, bis wir Erfahrungen sammelten in der Kunst des Krieges und jene Vorteile zunichte machten, die unsere unversöhnlichen Feinde über uns erlangt hatten. Gott wird uns weiter auf dem rechten Weg leiten und wir werden uns würdig erweisen und erfahren, daß derselbe Feind, der zunächst andere erzittern ließ, jetzt vielleicht noch mehr vor uns bebt. Dies sind Früchte, die wir, nächst Gottes Beistand, unseren eigenen Mühen verdanken, den Anstrengungen unserer treuen uns herzlich zugetanen Kinder, unserer russischen Untertanen, der wahren Söhne Rußlands.

Erwäge ich diese unserem Vaterlande von Gott verliehene Wohlfahrt und blicke ich dann auf mein Geschlecht, das mir nachfolgen soll, so fühle ich mehr Kummer, was die Zukunft betrifft, als Freude über die Gegenwart, wenn ich dich, den Thronfolger, sehe, der für die Leitung der Angelegenheiten des Staates so sehr untauglich ist, und weil du, mein Sohn, alle diejenigen Mittel verschmähst, die dich nach mir zur Herrschaft tüchtig machen sollen. Gott ist nicht schuld, denn er hat dich nicht ohne Verstand gelassen, hat dir auch die körperliche Stärke nicht ganz genommen. Du hast zwar keine sehr kräftige, aber auch keine ganz schwache Natur. Beabsichtigt, sage ich, ist deine Unfähigkeit." So eingestimmt, offenbarte Peter das Wesen seiner Politik: „Durch kriegerische Tüchtigkeit haben wir das Dunkel durchbrochen, das uns umgab, sind wir den Völkern bekannt geworden, deren Achtung wir jetzt genießen." Daher rührte seine Enttäuschung gegenüber dem Sohn: „Du aber willst von militärischen Dingen nicht einmal reden hören." Peter warf dem Thronfolger vor, nur Ausflüchte zu gebrauchen, um sich der Verantwortung für das Reich zu entziehen. Verantwortung, das war für den Zaren in erster Linie die kriegerische Bereitschaft: „Ich bin ein Mensch und dem Tode unterworfen. Wem soll ich mein Werk hinterlassen, wer soll vollenden, was ich zurückgewonnen habe? Dem, der gleich dem faulen Knecht sein Pfund vergräbt, das heißt, der nicht das Beste aus all dem macht, was Gott ihm anvertraut hat? Dein Eigensinn, deine Bosheit – wie oft habe ich dich dafür getadelt, und nicht nur getadelt, sondern auch geschlagen, wie viele Jahre schon habe ich fast kein Wort mehr mit dir gesprochen. Alles hat nichts genützt, nichts bewirkt. Ich habe nur meine Zeit verschwendet, in den Wind gesprochen. Du bemühst dich nicht im geringsten. Dein ganzes Vergnügen scheint es zu sein, müßig und faul herumzusitzen.

So habe ich also alle diese schlimmen Widrigkeiten erwogen und erkannt, daß ich dich durch meine Beweggründe zum Guten nicht bringen kann. Deshalb tue ich dir diesen meinen letzten Entschluß in schriftlicher Form kund: Ich werde noch ein wenig abwarten, um zu sehen, ob du dich aufrichtig bessern wirst. Geschieht dies nicht, so wisse, daß ich dir die Nachfolge entziehen und dich enterben werde, so wie sich der Körper von einem brandigen Glied trennt. Glaube ja nicht, daß ich dies nur so dahinschreibe, damit ich dich erschrecke, weil ich ja außer dir keinen anderen Sohn habe. Wahrlich, das wird geschehen, wenn es Gott gefällt. Ich schone ja mein eigenes Leben nicht, wenn es um mein Land und um das Wohlergehen meines Volkes geht. Wie also sollte ich dich als Unwürdigen schonen? Lieber ein würdiger Fremder als ein unwürdiger eigener Sohn."

Generationskonflikte zwischen Vätern und Söhnen sind ein alltägliches Problem, besonders, wenn Tatmenschen und in sich selbst versponnene Idealisten aufeinanderprallen. Das Verhältnis zwischen Peter und Alexei besaß noch andere Dimensionen. Hier ging es nicht um individuelle Sinnvorstellungen, sondern um das Reich, um dessen Wohlfahrt, um die Macht und um das Verständnis von Religiosität und Reichsidee. Peter I. war ein religiöser Mensch, und er blieb es bis zu seinem Tod. Er war als Mensch von Tat und Verantwortung religiöser als der träge und bequeme Sohn. Aber Religiosität und russische Kirche waren für ihn zwei verschiedene Dinge. Solange die Kirchenoberen seiner Reichsidee dienten, ehrte er sie. Peter verfügte sogar über so ausgezeichnete kirchliche Ratgeber wie Feofan Prokopowitsch, der sich ganz dem autokratischen Prinzip unterordnete.

Alexei, 1690 geboren, hatte zunächst nur geringen Anteil am Leben seines Vaters. Er wuchs unter der Obhut seiner Mutter Jewdokija Lopuchina in blinder Angst vor den Dogmen der Kirche heran. Wenn man konzediert, daß für Peter die Strelitzenmeuterei von 1682 prägende Bedeutung besaß, dann hatte auch Alexei bei der Hinschlachtung der Strelitzen im Jahr 1698 sein eigenes traumatisches Erlebnis. Es gab einen Unterschied: 1682 war es um den Machtkampf zweier Familien gegangen. 1698 ließ der eigene Vater in einem Nachbeben zu den Ereignissen von 1682 seine blinde Wut an den Strelitzen aus. In diesem Zuge mußte Jewdokija ins Kloster gehen. Alexei verlor das stärkste familiäre Bindeglied. Beide Faktoren, die Strelitzenprozesse und der

Verlust der Mutter, verschmolzen zu einer Einheit, in beiden Fällen war für Alexei der regierende Vater der Exekutor.

Peter vertraute seinen Sohn dem deutschen Baron Huyssen an. Der vermittelte dem Jungen ein enzyklopädisches Wissen. Es war nur eine kurze Epoche im Leben Alexeis. Huyssen erhielt eine andere Aufgabe, und Alexei wurde nach Moskau gebracht. Hier wuchs er, nahezu sich selbst überlassen, im Dunstkreis frömmelnder Eiferer und zwischen Tradition, Pietät und Autorität hin und her schwankend als ein Mensch heran, der mit sich selbst uneins gewesen ist. Alexei hatte Angst vor seinem Vater und respektierte ihn dennoch. Immer wieder waren es Leute der Kirche, die ihn gegen den „Antichrist" mobilisierten. Alexei konnte die einfache Gegenwart des Vaters bald nicht mehr ertragen, heuchelte mehr und mehr Zuneigung und verkroch sich in die Bibel. Welche Motive den Vater bewegten, interessierte ihn nicht. Dazu war er zu sehr Egoist und in seine eigene Scheinwelt versponnen.

Peter konnte auf die Empfindsamkeit seines Sohnes keine Rücksicht nehmen. Er kannte nur eine Maxime: Der Sohn hatte seinem Vater in jeder Beziehung nachzueifern. Er preßte das Kind in die Armee und bedeutete ihm: „Wenn meine Ratschläge in den Wind gesprochen sind, wenn du nicht nach meinen Wünschen handeln willst, werde ich dich nicht mehr als meinen Sohn anerkennen und Gott bitten, daß er dich in dieser und in der anderen Welt straft." Es gab weder im Charakter noch in den Lebensäußerungen, noch in den Lebenszielen eine Gemeinsamkeit zwischen Vater und Sohn. Alexei war die Antithese zu Peter, dieser liebte all das, was jener verabscheute. Peter war ein durch und durch weltlicher Herrscher und Despot, Alexei ein bigotter frommer Eiferer. Es war klar, daß der Konflikt sich in dem Maß verschärfen mußte, in dem Peters Lebenswerk und Lebensalter voranschritten.

Daran trug auch der Umstand Schuld, daß Alexei zu allem Unglück bequem und faul gewesen ist. Es war für ihn wesentlich fröhlicher, sich in Heiligenlegenden zu vertiefen, anstatt dem Ruf des Vaters zu folgen und sich mit Staatspapieren zu beschäftigen. Peter versuchte immer wieder, den Sohn an die Regierungstätigkeit heranzuziehen. Er ernannte ihn 1708 zum Statthalter von Moskau. Aber statt der Akten las Alexei lieber Thomas von Kempen. Außerdem beging Alexei in seiner politischen Dummheit einen schwerwiegenden Fehler: Er öffnete sein Moskauer Haus – bewußt oder unbewußt – Leuten, die mit der kriegerischen und drastischen Reformpolitik Peters unzufrieden waren. Peter, der seinen Sohn überwachen ließ, besaß bald genügend Fakten und Argumente, um eine Verschwörung zu vermuten.

Noch glaubte er mit gewissen Einschränkungen an seinen Sohn. Peter sagte sich, wenn Alexei auf Grund seiner schwächlichen Konstitution nicht für das Kriegshandwerk taugte und ihn auch die Mühen tagtäglicher Politik langweilten, vielleicht konnte er über die Wissenschaft für die Staatskunst gewonnen werden. Also befahl der Zar seinen Sohn nach Dresden, damit er Fremdsprachen, Geometrie, Festungsbau und Politikwissenschaft studiere. Alexei ging nur ungern aus dem frommen Moskau fort, fürchtete sich vor der fremden Welt, sah sich diversen Unbequemlichkeiten ausgesetzt und mußte 1710 doch den Weisungen des Vaters folgen. In Dresden widmete er sich allen möglichen Dingen, nur nicht den vorgeschriebenen Studien: Er ergab sich seinen religiösen Leidenschaften, den Frauen und dem Alkohol. Alexei begriff die neuerliche Chance, die er erhalten hatte, nicht. Da der Vater weit weg war, traute sich Alexei, heimlich Briefe mit Leuten zu wechseln, die eher seinen denn den Intentionen des Vaters nahestanden. Der Vater holte ihn bald wieder ein: Peter wollte Alexei mit einer deutschen Prinzessin verheiraten, mit Charlotte Christine Sophie von Braunschweig-Wolfenbüttel. Alexei, der selbst nicht gerade ein Adonis gewesen ist, war entsetzt: Diese magere, pockennarbige Unschönheit sollte er ehelichen? Noch dazu war sie lutherischen Glaubens. Wieder setzte sich der Vater durch: Am 14. Oktober 1712 nahm Peter selbst an der Zeremonie im Schloß Torgau teil. In Torgau, weil die Patin der Braut Königin von Polen und Kurfürstin von Sachsen war. Nach dem Ehevertrag mußte die Braut nicht einmal zur orthodoxen Kirche übertreten – nur künftige Kinder sollten von Geburt an in diesem Glauben erzogen werden. Die Ehe war nicht glücklich. Obwohl Charlotte sich redliche Mühe gab, ihren Mann zu lieben – der tat es nicht.

Für Alexei war das Eheleben ein neuer Gewaltakt seines Vaters, der ihn permanent aus seiner bequemen Frömmigkeit aufstörte. Demzufolge wurde Alexei gegenüber seiner Frau immer gleichgültiger, sie erduldete das qualvolle Leben einer verkuppelten Prinzessin. Als Charlotte 1714 mit der Tochter Natalija niederkam, war Alexei nicht einmal zu Hause. Er betrank sich gerade in Karlsbad. Als er zurückkehrte, brachte er die Leibeigene Afrosinia, eine häßliche und ordinäre Schlampe, mit in die eheliche Wohnung. Es gab Zeiten im Leben Alexeis, die waren jenen Peters III. in späteren Jahren nicht unähnlich.

Trotz der desolaten Beziehungen zueinander brachte Charlotte am 22. Oktober 1715 ein zweites Kind zur Welt: den Sohn Peter, der von 1727 bis 1730 als Kaiser Peter II. Rußland regieren sollte. Charlotte starb am 2. November 1715 an den Folgen der Geburt, am Kummer, an ihren unerfüllten Träumen. Alexei soll an ihrem Sterbebett dreimal in Ohnmacht gefallen sein. Es ist nicht einmal abzustreiten, daß die Erregung echt gewesen ist. Peter nahm am folgenden Tag persönlich eine Autopsie seiner Schwiegertochter vor. Das war sicher etwas makaber, aber es war ein Sohn und Enkel geboren worden, ein kleiner Mensch, der eines Tages die Krone tragen konnte. Diese Tatsache bestimmte Peter zu einem energischen Schritt gegenüber dem mißratenen Sohn. Als der am 27. November vom Begräbnis seiner Frau kam – das er Seite an Seite mit dem Vater absolviert hatte –, fand er jenen Brief von eben diesem Vater vor, datiert auf den 11. Oktober 1715, möglicherweise aber später geschrieben, der oben ausführlich zitiert worden ist.

Alexei war zunächst verwirrt. Seine Freunde rieten ihm, selbst auf die Thronfolge zu verzichten. Die Entscheidung traf Peters Frau Katharina. Sie gebar dem Zaren am 29. November 1715 den Sohn Peter, und jedermann wurde klar, daß Peter dem Großen die Wahl nicht schwerfallen würde, welchen der beiden kleinen Peter er zum

Nachfolger ernennen würde. Alexei begriff das auch und verzichtete am 30. November in einem eigenhändig geschriebenen Brief auf die Thronfolge. Zar Peter ließ sich mit der Antwort Zeit. Er feierte seinen neuen Sohn Peter und erkrankte außerdem. Erst am 19. Januar 1716 antwortete er dem Sohn Alexei und warf ihm vor, daß er sich nicht gegen die Vorwürfe der Faulheit und Unfähigkeit gewehrt habe. Der Brief enthielt jedoch eine neue Diktion. Peter hatte seinen Sohn noch nicht völlig aufgegeben. Er ließ ihm eine Hintertür für die Verständigung offen, drohte jetzt aber mit schwerer Strafe, falls Alexei weiterhin widerspenstig bleiben sollte: „Jeder weiß, daß Du verabscheust, was ich, ohne meine Gesundheit zu schonen, für mein Volk tue. Und am Ende wirst Du der Zerstörer meines Werkes sein. Es ist unmöglich, daß Du bleibst, was Du zu sein wünschst, weder Fisch noch Fleisch. Ändere also entweder Dein Leben und werde würdig, mein Nachfolger zu sein, oder werde Mönch." Das war eine eindeutige Alternativforderung und aus der Sicht des Zaren vollkommen verständlich. Peter forderte den Sohn zu unverzüglicher Stellungnahme auf und drohte für den Fall erneuter Mißachtung, daß er mit ihm „wie mit einem Schurken verfahren" werde.

Alexei beriet sich mit seinen Freunden Kikin und Ignatjew, und diese rieten ihm, den Weg ins Kloster zu gehen. Es war ein hintergründiger Ratschlag: schließlich sei schon so mancher Märtyrer den Klostermauern entwachsen. Der Rat wurde angenommen. Alexei, politisch nach wie vor naiv, verfertigte mehrere Schriftstücke mit der Aussage, er sei ins Kloster gezwungen worden, und teilte dem Vater mit: „Es verlangt mich danach, Mönch zu werden ..."

Alexei ahnte nicht, wie schwer dem Vater die Leichtigkeit dieses Entschlusses wurde. Der Sohn hatte nicht begriffen, daß es dem Vater nicht darum ging, den Sohn zu drangsalieren. Das Reich und die Dynastie brauchten einen sicheren Thronfolger! Bevor Peter nach Kopenhagen, Amsterdam und Frankreich abreiste, suchte er den Sohn noch einmal persönlich auf und bat inständig, den Entschluß zu überdenken. Peter gewährte noch einmal eine halbjährige Bedenkfrist. Vielleicht hat Alexei diese Gunst mißverstanden. Er wich in den folgenden Monaten kein Jota von den gewohnten Trägheiten ab: morgens die Heilige Schrift und abends Frauen und Alkohol. Peter vergaß seinen Sohn nicht – keinen Tag. Als nach sieben Monaten noch immer keine Reaktion vorlag, schrieb er aus Kopenhagen, Alexei solle entweder sofort nach Dänemark kommen oder ihm Tag und Ort des Klostereintritts mitteilen.

Alexei wählte einen dritten Weg. Er besorgte sich hinter dem Rücken des Vaters von Menschikow und dem Senat Reisegeld und floh über Libau, Frankfurt an der Oder und Prag nach Wien – zu seinem Schwager Kaiser Karl VI. Zar Peter, über das Ausbleiben seines Sohnes beunruhigt und schnell über die Flucht informiert, setzte Verfolger auf dessen Spur. In Wien offenbarte sich Alexei dem Kanzler Schönborn. Alexei machte den Vater, Menschikow, Katharina und alle Welt für sein eigenes menschliches Versagen verantwortlich und brachte Karl VI. in eine peinliche Situation. Der nahm den Flüchtling zwar auf, sperrte ihn aber in die Festung Ehrenberg in Tirol. Der Kaiser hoffte, daß Vater und Sohn sich noch einmal versöhnten.

Peter bekam über seine Spione schnell heraus, wo sich Alexei verbarg. Kaiser Karl versuchte zwar, den Aufenthaltsort zu leugnen, aber die Festung wurde bereits von russischen Beauftragten observiert. Karl schickte Alexei nach Neapel – der russische Hauptmann Rumjanzew blieb ihm auf den Fersen. Peter schrieb einen drakonischen Brief an den Kaiser, der empfing den Grafen Tolstoi und Rumjanzew und befand sich in einer üblen Klemme: Sollte er Peters Befehlen folgen und den Zarewitsch ausliefern? Sollte er einen russischen Einmarsch in Galizien riskieren? Der Kaiser befragte seine Minister, und man kam zu einem salomonischen Vorschlag. Tolstoi und Rumjanzew durften Alexei unter strengen österreichischen Sicherheitsvorkehrungen in Neapel aufsuchen und übergaben ihm am 5. Oktober ein Schreiben des Vaters. Der Zar versprach für den Fall der Rückkehr völlige Straffreiheit und das Bemühen um Zuneigung. Sollte sich Alexei dem Rückkehrbefehl widersetzen, würde der Zar ihn als Verräter verfluchen und bestrafen. Tolstoi und Rumjanzew spielten ihre Rollen gut. Sie schmeichelten, drohten, brüllten, bestachen und taktierten. Sogar Alexeis Geliebte Afrosinia, die ihn bis hierher begleiten durfte, gewannen sie. Nach langen Gesprächen war Alexei bereit heimzukehren, wenn er zuvor Afrosinia heiraten durfte, denn sie war schwanger.

Peters Absicht ging auf. Der Sohn hatte ihn durch die Flucht lächerlich gemacht. Während der Zar um die Gunst Europas bat, entwich der Thronerbe nach Österreich! Er wollte seinem Sproß verzeihen, wenn er nur nach Hause käme. Auch Afrosinia sollte er heiraten dürfen, allerdings nur auf russischem Boden. Noch in Italien trennte er sich von Afrosinia, sie sollte langsamer nachfolgen. Am Abend des 31. Januar 1718 traf Alexei in Moskau ein. Er war in die Falle gegangen. Der Vater empfing ihn nicht einmal. Peter hatte für den 3. Februar einen Rat in den großen Audienzsaal des Kreml einberufen. Das Gebäude wurde von Gardesoldaten umstellt. Offiziere mit blanker Waffe führten den Sohn vor den Zaren. Alexei war in der Hoffnung um Vergebung gekommen, jetzt prasselten alle Verwünschungen der Welt auf ihn herab. Peter wollte nur unter zwei Bedingungen Gnade gewähren: der Sohn sollte erneut den Thronverzicht erklären und alle jene preisgeben, die ihm bei der Flucht geholfen hätten. Zum Verzicht war dieser schnell bereit, aber die Mitwisser zu nennen, dazu bedurfte es des dramatischen väterlichen Nachdrucks: Kikin, Wjasemski, Afanassjew, Fürst Dolgoruki ... viele Namen wurden genannt. In einem feierlichen Schreiben entsagte Alexei nicht nur dem Thron, sondern erkannte auch seinen kleinen Stiefbruder als rechtmäßigen Thronerben an.

Wenn Alexei vielleicht dachte, daß der Vater ihn nun in Ruhe lassen würde, sah er sich arg getäuscht. Peter hatte ein Manifest vorbereiten lassen. Das wurde vor dem versammelten Moskauer Volk auf dem Roten Platz verlesen. Das Schriftstück faßte alle „Verbrechen" des Zarewitsch zusammen und schloß mit den Worten: „Deshalb schließen Wir ihn, unseren Sohn Alexei, zum Wohle des Staates von der Erbfolge aus und ernennen und proklamieren Unseren anderen Sohn Peter zum Erben des besagten Thrones, auch wenn er noch sehr jung ist." Das Manifest hatte zwar eine anderweitige Bestrafung Alexeis ausgeschlossen, aber der letzte Satz eröffnete zwangsläufig weitere

Repressalien: „Wer auch immer sich dieser gegenwärtigen Entscheidung widersetzt und Unseren Sohn Alexei als Unseren Erben betrachtet oder es wagt, ihm irgendwelche Unterstützung anzubieten, wird hiermit zum Verräter an Uns und an der Heimat erklärt."

Der Drohung folgte die Tat. Bereits einen Tag später mußte Alexei unter Androhung der Todesstrafe alle „Mitschuldigen" aufschreiben. In seiner Lebensangst, gepaart mit Feigheit, notierte er etwa 50 Namen – darunter auch die Mutter Jewdokija. Die Untersuchung ging bis an die Grausamkeiten gegen die Strelitzen heran. Sie brachte viel Sympathie für Alexei an den Tag (und auch, daß Jewdokija im Kloster einen Geliebten hatte, mit dem sie intime Beziehungen unterhielt), aber eine tatsächliche Verschwörung gegen den Zaren konnte nicht entdeckt werden. Dennoch, es hagelte unmenschliche Todes- und Körperstrafen. Vergleichsweise mild war das Schicksal Jewdokijas: Sie wurde in ein Kloster am Ladoga-See verbannt und dort öffentlich ausgepeitscht ... Alexei mußte allen Hinrichtungen zusehen und konnte sich davon überzeugen, wie grausam sein Vater strafen konnte.

Dieser zweite Akt beschloß das Drama noch nicht. Man reiste gemeinsam nach Petersburg, und Alexei hatte den Eindruck, die feierlichen Bruderküsse seines Vaters zum Osterfest bedeuteten die endgültige Verzeihung. Peter wartete lediglich ab, bis Afrosinia aus dem Ausland zurückgekehrt war. Sie wurde sofort in die Peter-Pauls-Festung gesperrt. Peter selbst nahm sich Afrosinia vor, nachdem sie ein Kind zur Welt gebracht hatte. Die Frau erkannte schnell, daß es um ihren Kopf ging, und alle Liebesschwüre gegenüber Alexei waren vergessen. Sie konnte Peter zwar keine Neuigkeiten mitteilen, die seine Verschwörungsthese erhärtet hätten, aber sie mischte Nichtigkeiten in Dichtung und Wahrheit so eng miteinander, daß er sich bestätigt fühlen konnte: Auch Alexei wurde in die Peter-Pauls-Festung eingesperrt. Eine Gegenüberstellung Afrosinias mit Alexei in Gegenwart Peters führte zum Zusammenbruch des Zarensohnes. Sein Lebenswille hatte geflackert, solange er an die Liebe zu Afrosinia glauben konnte. Kalt und unbarmherzig klagte sie ihn nun der Verschwörung an. Willenlos gab Alexei alles zu, was man von ihm hören wollte. Erneut reihten sich Verhaftungen, Todesurteile, Verstümmelungen und Hinrichtungen aneinander. Die schrecklichen Jahre Iwans IV. waren wiederauferstanden – in einem Rußland, das sich Europa öffnen wollte. Man fragte sich ernsthaft, wie weit der Zar die Blutorgie treiben werde – nach den Strelitzenmorden, nach dem Todesrausch an angeblichen Verschwörern.

Er ließ keinen Zweifel daran, daß er seinen Sohn für schuldig hielt, aber das eigene Fleisch und Blut zu opfern, davor schreckte selbst der Despot zurück. Er wählte einen nur scheinbar klugen Schachzug und fragte die hohe Geistlichkeit nach ihrer Meinung. Die Kirchenfürsten waren noch klüger. Mit Zitaten aus dem Alten und dem Neuen Testament plädierten sie sowohl für Strenge als auch für Gnade, erklärten sich selbst für inkompetent und legten die Entscheidung in Peters Hände. Aber nach wie vor wollte er nicht die alleinige Verantwortung übernehmen und inszenierte das Schauspiel eines Staatsgerichtshofes. Es war im Grunde eine blutige Posse, denn er selbst wählte die Gerichtsherren aus und ließ sie unter seinem Beisein tagen. Neben dem Verhandlungssaal ließ er eine Folterkammer einrichten. Es war alles vom Zaren vorherbestimmt. Selbstverständlich genügten Alexeis Aussagen nicht. Er sollte gefoltert werden, und man tat es bis zur Bewußtlosigkeit des Opfers, und der Zar war immer dabei, gierig, noch eine selbstbeschuldigende Nichtigkeit aus dem Jungen herauszupressen. Das Urteil stand von vornherein fest und alle unterschrieben sie, die hohen Herren des Reichs von Peters Gnaden: Menschikow, Kanzler Golowkin, Admiral Apraxin, Pjotr Tolstoi, Iwan Buturlin: „24. Juni 1718 ... Wir, die Unterzeichneten, Minister, Senatoren, Funktionäre, Offiziere und Zivilpersonen, versammelt im Saal des Senats von St. Petersburg, haben nach reiflicher Überlegung und inspiriert durch unseren christlichen Glauben kraft der heiligen Gebote des Alten und Neuen Testaments, der heiligen Briefe der Evangelisten und der Apostel, der Regeln und Satzungen der Kirchenväter und Lehrer, des Rechtes der römischen und griechischen Kaiser und jenes der anderen christlichen Herrscher wie auch kraft des russischen Rechtes einstimmig und ohne Widerrede entschieden, daß der Zarewitsch Alexei für seine Schuld und seinen Aufruhr gegen seinen Herrscher und Vater ebensosehr als Sohn wie als Untertan seiner Majestät den Tod verdient.“ Das Recht der christlichen Welt – das war in diesem Falle der Zar und Vater Peter I. Alexejewitsch. Die durch seine Gunst und Gnade mächtigen Günstlinge entschieden skrupellos über das Leben des Sohnes. Ja, es ist noch nicht einmal anzunehmen, daß in ihnen irgendeine Form von Unrechtsbewußtsein existierte. Der Wille des Zaren war ihrer und des Staates Wohl.

Am 26. Juni wurde die Nachricht verbreitet, Alexei habe nach der Urteilsverkündung einen Schlaganfall erlitten, habe gebeichtet, sich mit seinem Vater ausgesöhnt und sei gestorben. Niemand konnte das glauben. So kursierten denn bald die verschiedensten Mordvarianten, und eine Legende wußte zu berichten, Peter habe seinen Sohn nach der Urteilsverkündung noch selbst gefoltert und dabei erschlagen. Alexei bekam ein würdevolles Staatsbegräbnis. Peter küßte seinen geschundenen Sohn. Anschließend ging er zur Feier des neunten Jahrestages der Schlacht von Poltawa. Der Zar war vollkommen davon überzeugt, richtig und im Staatsinteresse gehandelt zu haben. Später sagte er einmal: „Ihr habt gesehen, wie ich die Verbrechen eines undankbaren, heuchlerischen und unvorstellbar böswilligen Sohnes bestraft habe ... Ich hoffe dadurch mein großes Bestreben zu sichern, die russische Nation für immer mächtig und gefürchtet und alle meine Länder blühend zu machen, ein Werk, das mich so viel Mühe und meine Untertanen so viel Blut und Geld gekostet hat und das im ersten Jahr nach meinem Tode zunichte geworden wäre, hätte ich nicht auf diese Weise die Ordnung wiederhergestellt.“

In den Denkvorstellungen eines autokratischen Herrschers am Beginn des 18. Jahrhunderts war Peters Argument logisch und konsequent. Die Nachwelt hat den Zaren ob seines Umgangs mit Alexei für grausam und gefühlsroh gehalten. Das Urteil ist nicht gerecht. Alexei war ein bigotter Frömmler. Zweifelsohne ist er gläubig gewesen. Aber das war Peter auch, zutiefst sogar. Alexeis übertriebene Frömmelei kaschierte lediglich seine Bequemlichkeit, seinen Hang zur Faulheit, zum Müßiggang und zu alkoholischen Ausschweifungen. Seine Orientierung auf altrussische Traditionen war eine Protesthaltung gegenüber dem Vater, dem er in allen Lebensfragen unterlegen war. Peter regierte das Reich. Er besaß eine Vorstellung von der Zukunft dieses Reichs in Europa. Der Zar hatte dafür Sorge zu tragen, daß das Russische Reich seinen Reformintentionen entsprechend und in der herrschenden Dynastie weitergeführt wurde. Alexei konnte und wollte nicht den Zukunftsvisionen der autokratischen Reichsidee seines Vaters folgen. Peter aber handelte in seinem Fall so, wie er grundsätzlich jede Frage entschied: hart, despotisch und ohne Rücksicht auf Menschenschicksale. Nur auf diesem Weg hat er den historischen Beinamen „der Große" erworben. Peter für das Verhalten gegenüber seinem Sohn tadeln hieße ihm die historische Größe für das Gesamtwerk zu nehmen. Alexei besaß als Thronfolger die dynastische, nationale und machtpolitische Pflicht, den Intentionen des Vaters zu folgen. Er tat es nicht und ging unter. Rücksichten familiärer und menschlicher Art hat es überdies in den russischen Herrschergeschlechtern niemals gegeben, wenn es um die Krone und um die Macht ging. Iwan IV. kann da zugute gehalten werden, daß er seinen Sohn Iwan lediglich im jähzornigen Affekt erschlagen hat. Wie aber ist es Fjodor Godunow, Iwan VI., Peter III. oder Paul I. ergangen? Sie waren Opfer zielstrebiger Machtpolitik. In dieser Hinsicht bildete der Umgang Peters mit seinem Sohn Alexei keine Ausnahme, zumal er sich der Unterstützung durch die Kirche sicher sein konnte. Aber die Ironie der Geschichte wollte es, daß im Jahr 1727, nach dem Tod Katharinas I., mit Peter II. der direkte Sohn Alexeis, den Zar Peter immer ignoriert hatte, den russischen Kaiserthron bestieg. Und noch ein Mensch profitierte von dem Drama: Afrosinia. Diese Frau, klein, häßlich und schmierig, hatte für Alexei den letzten Lebenshalt bedeutet, um der Liebe zu ihr hatte er geschwiegen und die Qualen auf sich genommen. Peter bezahlte den Verrat Afrosinias gut, obendrein heiratete sie bald einen russischen Offizier und lebte noch Jahrzehnte in Reichtum, Glück und Heiterkeit.

Für den Zaren Peter I. war die Affäre keine Bagatelle, die er vergessen konnte. Obwohl ihn schwere Sorgen drückten und der Kampf um den Staat immense Kräfte verschlang, blieb sein Sohn stets im Gewissen haften. Auch zu einer Zeit, da der Nordische Krieg seinem Höhepunkt und Abschluß zustrebte. 1718 war nicht nur Alexei gestorben, sondern auch Karl XII. vor Frederikshald gefallen. Seine Schwester Ulrike Eleonore bestieg den Thron und verkündete eine harte Politik gegenüber Rußland. Zar Peter reagierte prompt: Russische Truppen drangen in Südschweden ein, Kosaken standen vor Stockholm. Ulrike Eleonore mußte erkennen, daß ihre Hilfeersuchen an England und den deutschen Kaiser keine Erfolge brachten. Sie dankte ab, und ihr Gemahl Friedrich von Hessen-Kassel bestieg den schwedischen Thron. Durch die Vermittlung des französischen Gesandten Campredon kamen die Kontrahenten 1721 in Nystad zusammen. Nach langen und mühevollen Verhandlungen gelang am 10. September 1721 der Friedensschluß zu Nystad. Mehr als zwei Jahrzehnte hatten Rußland und Schweden gegeneinander Krieg geführt. Rußland erhielt am Ende Livland, Estland, Ingermanland, Teile Kareliens mit der Stadt Wyborg sowie die Inseln Ösel und Dagö. Rußland zahlte dafür zwei Millionen Rubel als Schadenersatz und gab das restliche Finnland an Schweden zurück. In den zu Rußland gekommenen Gebieten durften die Einwohner ihre Religionsfreiheit, ihre Sprache und Kultur beibehalten. Eine zusätzliche Vertragsgarantie wurde in den Unterschriften Polens und Englands gesehen.

Peter I. erlebte ein unglaubliches Glücksgefühl. Er sah sich mit vollem Recht auf dem Höhepunkt seines Lebens. Die Freudenfeste nahmen kein Ende.

Ein letzter, nicht mehr zu überbietender Höhepunkt fand im November statt. Bei einem Tedeum in der Petersburger Dreifaltigkeitskirche erklärte der Kanzler Golowkin öffentlich: „Die glorreichen Unternehmungen Seiner Majestät des Zaren, die Erhabenheit seines Mutes in der Politik ebenso wie im Kriege und seine unermüdliche Arbeit haben uns aus der Dunkelheit und Unwissenheit, in der wir uns befanden, herausgerissen und uns auf dem Theater der Ehre dieser Welt auftreten lassen, so daß man sagen kann, daß Seine Majestät aus nichts etwas Besonderes geschaffen hat, indem er uns in die Reihen der zivilisierten Völker geführt hat." Die historische Leistung verlangte besondere Ehren: „Der Senat nimmt sich die Freiheit, Seine Majestät demütig und in tiefster Ergebenheit zu bitten, den Titel Peter der Große, Vater des Vaterlandes, Kaiser aller Reußen anzunehmen." Es war der 2. November 1721.

Zar Peter war erstaunt, aber es war alles vorbereitet, als hätte er die Ehrung erahnt ... Noch einmal brandeten der Jubel und die Zechgelage auf. Als es abends zum Feuerwerk kommen sollte, war der Pyrotechniker derart betrunken, daß der Kaiser aller Reußen selbst Hand anlegen mußte. Aber das tat er gern, darin kannte er sich bestens aus. Die neue kaiserliche Würde änderte seinen Lebensstil nicht. Es schien ihn auch nicht zu stören, daß ihn zunächst lediglich Preußen, Holland und Schweden als Kaiser anerkannten. Groß, körperlich stark, ebenso unkonventionell wie einfach in Kleidung, Nahrung und Haushaltung, glich Peter weiterhin eher einem in Paläste verschlagenen Matrosen oder Handwerker, denn einer kaiserlichen Majestät. Er aß wie ein Bauer: die Gerichte eines Bauern und mit den Fingern. Obwohl er ständig einen Holzlöffel sowie Messer und Gabel bei sich trug, benutzte er sie kaum. Wenn der Kaiser wirklich einmal „fein" speisen wollte, ging er zu Menschikow. Dort gab es erlesene Sachen. Dafür war Peter permanent dem Alkohol zugetan. Den trank er in allen Arten und zu jeder Tages- und Nachtzeit. Ehe er morgens nicht ein Glas Wodka genommen hatte, war überhaupt nicht an eine sinnvolle Arbeit zu denken. Es war keine Marotte, wenn er nach dem bekannten Wort lebte: „Der Russe ist wie ein Dorsch, wenn man ihn nicht mürbe klopft, wird nichts Rechtes daraus." Peter nahm das wörtlich. Der Umgang mit seinen Ministern, Beratern, Pagen, Bediensteten kannte keine Unterschiede: Je nach der eigenen Laune lobte, küßte oder prügelte er sie. Das Trinken und der Gemütsbewegungen unterworfene Umgang mit seinen Untergebenen und Gästen standen in engem Zusammenhang. Der Kaiser vertrug Unmengen an Alkohol und niemand durfte ohne Erlaubnis die Festtafeln verlassen. Eines zeichnete ihn jedoch aus: Im betrunkenen Zustand hat Peter keine wichtigen politischen oder persönlichen Entscheidungen getroffen. Er war stets für seine Handlungen voll verantwortlich.

Das betrifft auch jene grausamen Züge seines Charakters, die Peters Persönlichkeit in einem vollkommen negativen Licht erscheinen lassen. Es war bekannt, daß er keine Rücksicht gegenüber anderen Menschen kannte, daß ihm Leben oder Tod selbst nahestehender Angehöriger gleichgültig blieben. Er besaß eine geradezu manische Hinwendung zu Gewalt und Brutalität. Es war eine alltägliche Erscheinung. Er, der von Gott gesandte Zar und Kaiser, war in Rußland der Herr über Leben und Tod. Weil er ein ungezügeltes Wesen besaß, lebte er diesen Teil seiner Macht auch mit geradezu grotesken Übertreibungen aus.

Dieses Bild traf auch auf sein Verhältnis zu Religion und Kirche zu. Peter war sehr gläubig, er lebte auch die religiöse Tradition der russischen Herrscher. Eine Sünde wider den Zaren war eine Sünde wider Gott. Der Krieg gegen die Türken wurde als Kreuzzug gegen die Ungläubigen begriffen. Jeden Feldzug schloß ein feierliches Tedeum ab, dem Peter persönlich beiwohnte. Er war umgeben von heiligen Ikonen. Um so abstoßender erschienen die öffentliche Gotteslästerung, die blasphemischen Orgien des närrischen Konzils und der unverhohlene Spott gegenüber der orthodoxen Kirche. Erstaunlich war die Toleranz gegenüber anderen christlichen Religionen. Wie konnte es auch anders sein bei der Hinwendung zur abendländischen Zivilisation? Nur die katholische Kirche betrachtete er mit tiefem Mißtrauen, weil der Papst ihm ein machtpolitischer Mann war. Peter fühlte sich an die Gesetze der Religion, nicht an die der Kirche gebunden. Die Kirche hatte ihm zu dienen und keine eigene Macht zu entfalten. Sie mußte eine Stütze, kein Regulativ des absoluten Herrschers sein. Da sich Peter in keinem Lebensbereich irgendwelchen Beschränkungen unterwerfen ließ, operierte er auch gegenüber der orthodoxen Kirche und ihren Regeln mit der gleichen Unbekümmertheit und Gewalt wie gegenüber jedermann. Antichrist nannte man ihn? Er wies die Kritiker zurecht: „Ich wollte, das Volk kümmerte sich nicht nur um Fastenzeiten, Kniefälle, Kerzen und Weihrauch, sondern faßte Vertrauen zu Gott und begriffe Glaube, Hoffnung und Liebe." Wahre Frömmigkeit verkörperte er selbst, ihm hatte das Volk zu vertrauen und zu glauben. Den Zaren sollte es lieben. Das Patriarchat wurde abgeschafft und durch den „Heiligen Synod", eine staatliche Verwaltungsinstitution, ersetzt. Die reichen und faulen Prälaten hatten jedes Jahr einmal eine Rundreise durch ihren Amtsbezirk zu unternehmen und hatten sich zu bewegen. Peter erkannte die Daseinsberechtigung kirchlicher Institutionen zur Pflege der Dogmatik, in der Seelsorge und im karitativen Dienst am Menschen an. Aber jede Einmischung in die Politik wies er strikt zurück. Kirche und Klöster waren ihm ein Greuel, weil er sie als Horte von Trägheit, Müßiggang und Faulheit betrachtete. Kirchenbesitz hatte nur einen Sinn: Er mußte für den Staat säkularisiert werden. Leider konnte er sein Ziel, die Klöster aufzulösen und in Krankenhäuser und Schulen umzuwandeln, nicht erreichen.

Im übrigen besaß der Zar wenig Skrupel und scherte sich nicht um ewige Grundsätze und theoretische Prinzipien. Er verstand das Leben praktisch und griff es auf praktische Weise an. Alles, was er tat, geschah emotional, folgte unmittelbar nützlichen Erwägungen und niemals einer langfristigen Strategie. Er blieb der ewige Zimmermann seines Reichs, und aus dem Aufwand und der Energie, mit der er das Holz bearbeitete, erwuchs am Ende ein stolzes Schiff – ganz allein von ihm selbst geschaffen: Rußland als europäische Großmacht.

Dieses Bild stellt zugleich die Frage nach jenen Menschen, die Peter zur Seite standen, die mit ihm Pläne schmiedeten, seine Reformen umsetzten und seinen überschäumenden Charakter in die rechten Bahnen lenkten. Es gab in Peters Umgebung viele Menschen, die durch ihn aufstiegen und ihm ergeben waren, seinen Intentionen folgten – aber nur ein einziger Mensch war seiner würdig und ebenbürtig: Martha Skawronskaja – Kaiserin Katharina I. Sie ist wie er selbst gewesen und unterschied sich doch in einem ganz wesentlichen Punkt von ihm: Martha konnte sich in ihren Geliebten, Mann und Kaiser hineinversetzen, ihn verstehen und jene Ruhe vermitteln, die er nach eruptiven Exzessen seiner Seele so dringend benötigte. Sie war ebenso vulgär wie der Kaiser, stark im Leben, Lieben und Trinken, aber ihr Charakter ist fester gewesen. Sie konnte nicht nur für sich selbst, sondern für Peter mitdenken. Katharina war der einzige Mensch, dem Peter volles Vertrauen schenkte. Sie war in der Stunde seines größten Sieges, bei Poltawa, in seiner Nähe. Sie hat ihn am Pruth durch ihre List „herausgehauen", als er schon alles verloren sah. Sie hat ihm Thronerben geschenkt und sie hielt sein Vertrauen an sich selbst und seine Mission wach. Dieses Vertrauen ließ Peter auch zu dem Entschluß kommen, die litauische Dienstmagd zu heiraten. Und er ging noch weiter.

In der Zeit seines Persischen Feldzuges, der ihm 1721/22 den Besitz von Derbent und Baku am Kaspischen Meer brachte, faßte Peter den Entschluß, das Problem der Thronfolge völlig neu zu regeln. Im April 1719 war der kleine Zarewitsch Peter gestorben. Der Kaiser war sich nicht mehr sicher, wer ihm auf den Thron folgen sollte. Am 5. Februar 1722 veröffentlichte er ein Manifest, das mit allen bisherigen Traditionen der russischen Herrschaftsgeschichte brach: Er behielt sich das Recht vor, über den Thron in völlig eigener Freiheit zu entscheiden, „damit es den Kindern der Fürsten wie auch denen des Volkes ein Ansporn sei, tugendhaft zu sein und nicht ähnliche Verwirrungen zu begehen, wie die Unseres Sohnes, dessen Beispiel Uns immer noch zur Warnung dienen sollte".

Diese quasi öffentliche Ausschreibung der Thronfolge war so ernst wohl nicht gemeint. Da ihm obendrein seine damals gerade aktuelle Geliebte Marija Kantemir nicht den erhofften Sohn geboren hatte, präzisierte Peter am 15. November 1722 mit einem Ukas: „Es ist offenkundig, daß die christlichen Potentaten die unwandelbare Gewohnheit hatten, ihre Gemahlinnen krönen zu lassen, wie es schon die orthodoxen Kaiser Basilius, Justinian, Heraklios usw. getan hatten. Und alle wissen, welchen langen Mühen und Gefahren aller Art Wir unter Einsatz Unseres Lebens während

21 Kriegsjahren ausgesetzt waren. Diese Kriege wurden gerade durch einen ebenso günstigen wie ruhmreichen Frieden beendet. Da unsere teure Gemahlin, die Kaiserin Katharina, Uns dabei eine große Hilfe war, Uns überallhin und auf allen Feldzügen aus freien Stücken und auf eigenen Wunsch begleitete, ohne die üblichen Schwächen ihres Geschlechts zu zeigen ... haben Wir beschlossen, kraft der von Uns ausgeübten herrscherlichen Gewalt Unsere Gemahlin in Anerkennung alles dessen zu krönen, was in diesem Winter unweigerlich, so Gott will, in Moskau geschehen wird."

Ganz so eilig hatte es Peter dann aber doch nicht, seine „Katinka" zum Krönungsaltar zu bringen. Erst am 7. Mai 1724 erfolgte mit großem Glanz und Pomp die Erhebung Katharinas in den Rang einer Kaiserin. Allein die von einem russischen Juwelier speziell angefertigte Krone soll anderthalb Millionen Rubel gekostet haben. Wie mag dem in seiner persönlichen Lebenshaltung äußerst bescheidenen Peter da wohl zumute gewesen sein? Das ganze Geld wäre bei den Soldaten oder für die Flotte besser investiert gewesen. Aber es ging um seine Katharina, an der er hing, obwohl ihr Verhältnis zu diesem Zeitpunkt nicht mehr so ungetrübt war. Katharina war die erste Frau in Rußland, die regulär und offiziell zur Zarin und Kaiserin gekrönt wurde. Peter drückte ihr persönlich die Krone auf das Haupt und gab ihr den Reichsapfel in die Hand. Er selbst behielt das Zepter. Katharina durfte herrschen, aber die Macht lag bei ihm. Auch wenn Katharina Kaiserin wurde, eine personelle Entscheidung über die Thronfolge ist damit nicht verbunden gewesen.

Der große Nordische Krieg stand im Zentrum des Lebens Peters des Großen. Im Schmelztiegel dieses Krieges hat Peter Rußland umgeschmolzen, mit einem kaum vertretbaren und erträglichen Aufwand an menschlichem Leid, wirtschaftlicher Kraft, politischer Unterdrückung und militär-technischer Innovation. Das Endergebnis rechtfertigte die Opfer nicht. Rußland schritt auf dem Weg der Modernisierung voran. Peter bewies in seinen militärischen, administrativen und auch diplomatischen Aktivitäten eine reiche politische Begabung, gepaart mit übermenschlichen Willensqualitäten, die trotz aller Ungeduld und Weitläufigkeit den traditionellen Herrschaftsauffassungen vom rechtgläubigen Zaren unbedingt verpflichtet blieben. Zu einer gediegenen und systematischen Reformierung im Innern des Reichs war keine Zeit gewesen. Sie entsprach auch kaum dem charakterlichen Wesen des Zaren. Er wurde jedoch älter, und nach dem Frieden von Nystad hatte der Kaiser mehr Muße, innere Probleme zu lösen. Er selbst definierte das Problem so: „Die Reform wurde in drei Etappen zu je sieben Jahren durchgeführt: 1700 bis 1707 Sammlung der Kräfte; 1707 bis 1714 Vermehrung des Ruhmes Rußlands; 1714 bis 1721 Einführung einer guten Ordnung." Da hatte er sich ein Schema gezimmert, wie er es gerne haben wollte.

So sah die „gute Ordnung" aus: Dem Autokraten dienten eine geheime Kanzlei, ein Rat von ihm ernannter Minister, eine Justizkammer und ein Senat mit gesetzgebender, juristischer und ausführender Autorität. Die altmoskowitischen Prikase wurden in moderne Kollegien umgewandelt. Eine makabre Institution war der Oberfiskal. Ursprünglich geschaffen, um Korruption und Machtmißbrauch zu bekämpfen, wurden die Fiskale materiell an den Ergebnissen ihrer Untersuchungen beteiligt. Sie selbst trieben die Denunziation und Bestechung so weit, daß der Oberfiskal Nesterow öffentlich gerädert und geköpft wurde. Aus dem Amt entstand die Generalstaatsanwaltschaft des Senats, die dem Kaiser direkt unterstellt wurde.

Damit war die Bestechlichkeit jedoch nicht beseitigt. Sie regierte auch den Senat, dessen Mitglieder gelegentlich von Peter verprügelt wurden, wenn sie zu lange schwatzten und nichts entschieden. Bestechlichkeit war unvermeidbar. Der Senat beaufsichtigte die Gouverneure und Provinzchefs der zentralistisch organisierten Territorialstruktur. Da diese Beamten Steuerpächter und Geldeintreiber mit allen nur möglichen Vollmachten waren, die dafür zu sorgen hatten, daß der Staat Krieg führen konnte, war viel durch den Senat zu regulieren ...

Zar und Kaiser Peter sah, daß nicht nur die Verwaltung an der Spitze des Reichs neu geordnet werden mußte. Eigentlich gab es in dem Riesenreich überhaupt keinen Bereich, der nicht revisionsbedürftig gewesen wäre – abgesehen davon, daß Peters Sicht auf ein modernisiertes Rußland aus sich selbst heraus nach tatkräftigen Reformen verlangte. In Rußland herrschte Unordnung. Die provinzielle Verwaltung war korrupt. Die Kriminalität blühte in all ihren Zweigen. Da der Kaiser sein Hauptaugenmerk auf den Krieg (und auf kostspielige Auslandsreisen) legte, mußten die Wirtschaft angekurbelt und der Dienst für das Vaterland zeitgemäß organisiert werden.

Über die Dienstpflicht des Adels hatte es seit Iwan IV. immer wieder unterschiedliche Auffassungen gegeben. Peter regelte die Dienstpflichten neu. Jeder männliche Adlige hatte, beginnend mit dem 15. Lebensjahr, praktisch unbegrenzt Militärdienst zu leisten. Der Adel wurde für Menschen aus unteren Schichten geöffnet: ein „niederer" Soldat konnte durch Tapferkeit und Leistung Offizier werden, als Offizier stieg er in den Erbadel auf. Die permanenten Kriege Peters verlangten nicht nur den geeigneten Offiziersnachwuchs. Der Zar brauchte Soldaten, und Massenaushebungen wurden zur Normalität. Sogar die Basis der sozialen Ordnung wurde dafür in Frage gestellt: Leibeigene durften aus freiem Entschluß unter die Fahnen gehen. Das war die einzige Ausnahme. Peter verschärfte das Leibeigenenrecht. Nach einer „Revision" wurde die „Haussteuer" in eine „Kopfsteuer" umgewandelt: Der Leibeigene wurde fester an den Grundherrn gebunden, und der Staat erhöhte das Steueraufkommen durch den regulären Sklavenhandel mit Leibeigenen.

Die Wirtschaftsförderung konzentrierte sich auf den militärischen Bereich und wurde so intensiv betrieben, daß Rußland trotz der hohen Verluste und verschiedener Niederlagen in Europa nicht nur über die zahlenmäßig stärkste Armee (etwa 300.000 Soldaten und Offiziere), sondern auch über eine Armee mit qualitätvoller Militärtechnik verfügte. Die größte militärische Leistung vollbrachte Zar Peter auf dem Wasser: Er schuf die russische Flotte und investierte ungeheure menschliche und materielle Mittel in dieses Steckenpferd. Der Flotte galt zeitlebens seine besondere Aufmerksamkeit. Sie war persönliche Leidenschaft, anzuerkennender Wirtschaftsfaktor und politische Notwendigkeit zur Verwirklichung eigener Visionen des Zaren. Gerade da lag ein entscheidendes Problem seiner Herrschaft. Peter war sich bewußt, daß Macht und Größe des Reichs ebenso Kriege und territoriale Expansion wie wirtschaftliche Sicherheit und Gesundung im Innern und einen regen Warenaustausch mit dem Ausland bedeuteten. Da es in Rußland nichts gab, was nicht besteuert wurde, von den Köpfen bis zu Gurken und Särgen, war es sehr schwierig, landesweite Produktivität zu entfalten.

Wer dachte, des Kaisers neue russische Kleider paßten nur Soldaten und Matrosen, sah sich getäuscht. Mit der gleichen ungestümen Durchschlagskraft, mit der Peter die Mauern Asows gesprengt und bei Poltawa schwedische Köpfe gespalten hatte, mit der er die Strelitzen abgeschlachtet hatte und Steuern eintreiben ließ, mit der er Erinnerungen an ungehobelten Unflat in Westeuropa zurückließ, mit eben dieser Ursprünglichkeit trieb er die Russen in Landwirtschaft und Industrie voran: Neue Züchtungen von Pflanzen und Tieren, kultivierte Anbaumethoden, die Erschließung natürlicher Ressourcen und neue Produktionsanlagen. Der Zar kümmerte sich um alles. Das ging nicht tief, schlug noch nicht ausreichend feste Wurzeln, aber es schuf Beispiele. Das alles geschah mit autokratischen Mitteln: Verschwieg ein Grundbesitzer Bodenschätze, mußte er mit der Todesstrafe rechnen. Versäumte es der Besitzer einer Kohlelagerstätte, das schwarze Gold abzubauen, wurde er enteignet. Ausländische Prospektoren und Geologen und von Peter bewußt geförderte Fachleute besaßen den entscheidenden Anteil daran, daß die Bergbauunternehmen des Ural um 1720 jährlich etwa 100.000 Tonnen an Kohle und Erz liefern konnten.

Schon damals wurde das Dilemma des modernen Rußland sichtbar. Der Westen langte zwar bereitwillig nach den russischen Rohstoffen, aber die industriellen Erzeugnisse aus dem Osten genossen keine hohe Wertschätzung: Mangelnde Qualität und unliebsame Konkurrenz behinderten die westliche Aufgeschlossenheit gegenüber dem Osthandel. Die Folge: Peter belegte Auslandsprodukte mit extremen Importzöllen, Investitionen russischer und ausländischer Unternehmer im Binnenland erhielten jede nur mögliche Vergünstigung. Auch das war ein Grundzug seines Wesens: Er brach mit vielen Traditionen, und in der drastischen Art seines Regiments zählte erstmals nicht mehr die ererbte Herkunft, sondern der selbst erwirtschaftete Erfolg. Ein „Spezialist" konnte sich auch als Mörder an der Spitze eines Unternehmens wiederfinden, weil er dort für seinen Herrscher nützlicher war als im sibirischen Bergwerk oder auf der Galeere. Der Herrscher konnte die unternehmerische Arbeit auch ganz schnell wieder beenden.

Den Höhepunkt personalpolitischer, ständischer und auch sozioökonomischer Wandlungen im autokratischen Rußland bildete Peters neue „Rangtabelle" vom 24. Januar 1722. Die militärischen, zivilen und höfischen Ränge, abgestimmt in vierzehn Stufen, waren einander gleichwertig. Fähnrich, Kanzleiregistrator und „Tafeldecker" wurden einander ebenso ebenbürtig wie der Reichskanzler, der Feldmarschall und der Großkämmerer. Jedermann besaß die hierarchische Aufstiegschance. Hatte man es einmal bis zum Major oder zum Kanzleiassessor gebracht, gehörte man zum

„besten alten Adel". Aufsteiger wie Alexander Menschikow erschienen unter diesen Bedingungen als Inkarnation des zarischen Reformwillens. Die Kehrseite der Medaille bestand darin: Mit dem staatlichen Tod des Bojaren wuchs eine Vielzahl neuer Grafen und Barone. Peter handelte hier nicht im Sinne Iwans IV. Er rottete die alten Aristo-kratien nicht physisch aus. Sie bildeten auch fürderhin einen oppositionellen Herd gegen die neuen Favoriten, die durch Leistungen aufgestiegen waren.

Der Begriff „Leistung" ist relativ zu verstehen. Verdienste erwarb man sich bei Peter durch praktische Demonstration, nicht durch theoretisches Wissen. Wer einen Kanal durch Sümpfe brechen konnte, eine Festung erobern oder – eine Stadt aus dem Boden stampfen konnte, war ein gemachter Mann. Feingeister hatten es da schwerer. So blieben Peters Bemühungen um das Bildungswesen Stückwerk. Sein Traum waren Hochschulen und Akademien, vor allem für die Seefahrt. Wenn eine Hochschule eingerichtet wurde und Professoren wie zwangsrekrutierte Studenten erst einmal das ABC lernen mußten, dann liefen beide schließlich davon: Es fehlte die Förderung der Elementarbildung, Peters Gründung einer Akademie der Wissenschaften war gut ge-meint, vorerst jedoch wenig produktiv und gewinnbringend. Da war es schon sinn-voller, man schickte seine besten Söhne zum Studium ins Ausland – kommandiert und mit klaren Direktiven sowie Aufsehern, aber mit wenig Geld ausgerüstet. Diese Studenten benahmen sich nicht besser als ihr Zar bei der „Großen Gesandtschaft", erregten überall Ärgernis, aber sie kamen mit einem Wissen zurück, das auf lange Sicht gesehen für Rußland nützlich war.

Peter kümmerte sich in der ihm eigenen großzügigen, spontanen und sprunghaf-ten Art um alle Wissensgebiete. Bei der massenhaften Übersetzung wissenschaftlicher Arbeiten in die russische Sprache war sein Ausspruch charakteristisch: „Man soll sich nicht an jedes Wort klammern, sondern, nachdem man den Sinn des Textes erfaßt hat, ihn so in die eigene Sprache übertragen, daß er möglichst gut verständlich wird." Peters Lebensphilosophie charakterisierte ihn und sein Volk. Mit naiver Fröhlichkeit wurden westliche Bräuche und Sitten, Technologien und Verfahren auf die Moskowiter Lebensweise aufgepfropft. So wie die Admiralität und die Akademie entstanden, ver-ordnete der Kaiser per Ukas geselliges Beisammensein in den „Assemblees" der vorneh-men Häuser Petersburgs, bei denen jeder tun und lassen konnte, was er wollte. West-liche Zivilisation und Lebensweise, mit Verordnungen eigenständigen Traditionen zugeordnet, konnten nicht zu Selbstverständlichkeit führen, sondern mußten zur Ka-rikatur und Posse entarten. So endete jedes Bankett und jeder Empfang mit fürstli-chem Gedeck letztlich doch immer wieder in einer sinnlosen Sauferei, und der Kaiser ging stets mit gutem Beispiel voran. Wenn Peter in dem Glauben lebte, durch sein Werk den Geist der so geliebten Moskauer deutschen Vorstadt auf das Reich übertra-gen zu haben, dann war das nicht nur ein Irrtum. Es war eben nur der Geist einer isolierten Enklave. Peters Zivilisationsversuche atmeten den Geist des modernen Laborversuchs in einer mittelalterlichen Alchimistenküche. Gold kam dabei nicht her-aus, noch nicht einmal das begehrte Porzellan. Aber der Weg dahin wurde vorbereitet.

Zar Peter hatte wiederholt Iwan IV. als für ihn gültiges historisches Vorbild betrachtet. Triumphbögen nach dem Sieg über Schweden zierten beider Porträts. Iwan hatte die autokratische Staatsideologie begründet. Peter versuchte der autokratischen Idee einen europäischen Anstrich zu geben. Beide besaßen eine panische Angst vor Verschwörungen und Attentaten, mißtrauten jedermann – zunehmend mit voranschreitendem Alter. Iwan ließ seine Opritschniki los und mißtraute auch ihnen. Peter förderte ein Spitzel- und Denunziantentum, wie es seinesgleichen suchte. Niemand blieb von Verdächtigungen frei, selbst so enge Freunde wie Menschikow oder Schafirow nicht. Aber bei denen war Peters Mißtrauen vollkommen berechtigt, denn sie waren korrupt wie niemand anderer im ganzen Reich. Außerdem ließ es Peter bei seinen Trinkfreunden nicht bis zu äußersten Strafen kommen.

Ihn beschäftigten in seinen letzten Lebensjahren andere Probleme. Der große Krieg war vorbei, die Reformen gingen schlecht und recht voran, noch aber war die Thronfolge nicht geregelt. Allein die Tatsache seines Bruchs mit den Traditionen und die Krönung Katharinas lösten diese zentrale dynastische Frage nicht. Potentiell standen Katharina, ihre beiden Töchter Anna und Elisabeth auf der Kandidatenliste. Peter, der kleine Sohn Alexeis, war für den Kaiser kein ernsthafter Kandidat – er wurde schlicht ignoriert, aber er existierte. Bei Anna und Elisabeth war sich der Kaiser seiner Sache nicht sicher: Sie waren jung, unerfahren und außerdem wußte man nicht, wie sie sich dereinst verheiraten würden. Im Grunde blieb nur Katharina als Prätendentin übrig – die livländische Magd Martha Skawronskaja an der Spitze des Reichs, eines Reichs in der Zeit nach Asow, Poltawa, Nystad und Baku, mit der neuen Rangtabelle und mit dem gestiegenen europäischen Selbstwertgefühl. Katharina war ihrem Gatten stets eine verläßliche Ratgeberin – aber Kaiserin? Peter betonte bei allen nur möglichen Anlässen seine hohe Wertschätzung für die „Imperatrix Russorum". Aber auch dieses Glück zerbrach.

Im Mai 1724 war Katharina zur Kaiserin gekrönt worden. Nach wenigen Monaten deckte Peter auf, was er sich längst hätte denken können: Seine liebe Katinka war nicht nur bestechlich und korrupt wie Menschikow oder Schafirow, sie besaß auch einen Geliebten – den Kammerherrn William Mons, Bruder der bekannten Anna Mons. Ein Vergleich der Sünden Katharinas mit denen Menschikows und Schafirows weist keine besonders herausragende Bestechlichkeit der Kaiserin aus. Peter hatte sich gegenüber den Verfehlungen seiner Ratgeber trotz der Scheinhinrichtung Schafirows sehr tolerant erwiesen. Katharina ließ er nichts durchgehen. William Mons wurde öffentlich geköpft. Die involvierte Generalin Balk wurde öffentlich ausgepeitscht. Es hagelte Verbannungsstrafen. Bei all dem durfte der Name der Kaiserin niemals genannt werden, obwohl jeder wußte, daß sie der Anlaß für Peters erneute Strafaktion war.

Nur Peter selbst bestrafte die Kaiserin. Ein Ukas verbot allen Ministern, irgendwelchen Weisungen der Kaiserin zu folgen. Katharina erhielt kein Geld mehr, ihr Vermögensamt wurde geschlossen. Die erste Begegnung des Ehepaares nach dem Racheakt gegen Mons verlief dramatisch. Der Zar warf seine Kaiserin in den Schlitten und raste mit ihr zur Hinrichtungsstätte, direkt unter das Rad, auf das der kopflose Leichnam von Mons geflochten war. Katharina lächelte kalt. Daraufhin beging Peter die äußerste Geschmacklosigkeit, ein Branntweinglas mit dem abgeschlagenen Kopf des Mons in Katharinas Zimmer aufzustellen. Sie betrachtete das Stilleben wie einen reizenden Blumenstrauß und brachte ihren Gemahl vollends zur Weißglut. Es schien, als sei Katharina gestorben. Er besaß nicht ihre Nervenstärke, also ignorierte er die Frau, und jedermann dachte, die Träume von einer Thronfolge für Katharina seien ausgeträumt.

Peter machte deutlich, daß er sich um das Glück der beiden überlebenden Töchter kümmerte. Anna sollte den Herzog von Holstein heiraten, und für Elisabeth ersehnte sich Peter den König von Frankreich. Kluge Ratgeber sagten ihm, daß der Zwist mit Katharina, ihre faktische Verstoßung, keine besonders gute Empfehlung für die Ehepläne mit den Töchtern war. Tatsächlich ließen sich Begegnungen nicht vermeiden, so bei der Verlobung Annas mit dem Herzog von Holstein. Peter besaß nach den vielen ruhelosen Jahren nicht mehr die Nerven, einen aufreibenden Streit mit Katharina durchzustehen. Also traf man sich, versöhnte sich und – ging seiner Wege. Katharina war für Peter immer etwas Besonderes gewesen, fast eine Heilige. Er hatte in sich selbst ein Bild errichtet, das sich weiter und weiter von der Wirklichkeit entfernte. Als er erkennen mußte, daß sie genauso war wie alle seine Getreuen, brach das Scheinbild zusammen, und Peter wurde aus allen seinen Träumen gerissen.

Der Bruch mit Katharina war ein Symbol, ein Zeichen für das nahende Ende. Peter lebte wie eh und je, rastlos und unbekümmert. Trotz einer schmerzhaften Blasenerkrankung trank er bis zur Bewußtlosigkeit. Noch immer schwang er die Axt und drang in jeden Handwerksbetrieb ein, um selbst mit Hand anzulegen. Trotz der Kälte im Winter 1724/25 fuhr er zum Ladogakanal, arbeitete in einer Schmiede in Olonez und setzte sich erhitzt aufs Pferd, um nach Petersburg zurückzureiten. In Lachta entdeckte er ein auf einer Sandbank gestrandetes Schiff und ritt sofort ins Wasser. Der Kaiser wollte sich und der Welt beweisen, zu welchen physischen Kraftakten er noch immer fähig war. Alle Schiffbrüchigen konnten gerettet werden, Peter kehrte mit hohem Fieber in die Hauptstadt zurück. Er achtete nicht darauf. Er lebte ausschweifend weiter und mußte bald das Bett hüten. Man stellte Harngries fest, und die alte Syphilis kehrte zurück. Er konnte kein Wasser mehr lassen. Am 23. Januar 1725 entnahm ihm der englische Chirurg Horn vier Liter Urin. Die Erleichterung ging schnell vorüber, Peter wurde schwächer und schwächer. Das Land hielt den Atem an und wartete. Was würde geschehen? Peter war eine so dominierende Persönlichkeit, daß jedermann glaubte, mit seinem Leben und Sterben sei das Schicksal des Reichs verbunden. Sollte man den Imperator für die Ostseeküste preisen oder sollte man ihn für die Zehntausenden Toten in den Sümpfen um St. Petersburg und am Ladoga-See verfluchen? Sollte man ihn für Poltawa und die neue europäische Rolle Rußlands in den Himmel heben oder für Steuern, Leibeigenschaft und Massenhinrichtungen in die Hölle verdammen? Niemand wußte es, ein Mittelweg schien ungangbar, und auch

Katharina weinte lediglich herzzerreißend am Krankenlager des Mannes, der ihr Leben war, trotz alledem.

Aber der Thron? Die Affäre William Mons hatte Katharina vom Thron entfernt. Peter sagte nichts, traf keine Entscheidung. Wenn er in seinem Schweigen fortfuhr, konnte doch noch der Fall eintreten, daß Alexeis Sohn Peter in natürlicher Erbfolge zum Prätendenten wurde. Peter der Große hatte in dem Ukas von 1722 die eigene Machtvollkommenheit in der Thronfolge fixiert, wenn er sie aber nicht wahrnahm? Besonders Katharina wartete mit gespannter Aufmerksamkeit. Sie schluchzte hingebungsvoll, es machte offensichtlich keinen Eindruck. Am 26. Januar wollte Peter Anweisungen erteilen. Katharina hoffte. Es kam nur ein Ukas über den Verkauf von Fischleim und eine Teilamnestie heraus. Katharina beriet sich mit Menschikow. Beide waren ratlos. Am 27. Januar ließ sich Peter Papier und Tinte geben. Mit zitternden Händen schrieb er: „Übergebt alles an ...“ Dann wurde er ohnmächtig. Kurz darauf verlangte er nach seiner Tochter Anna, wollte ihr den Rest des Satzes diktieren, auf den der ganze Hof wartete. Aber alles, was Peter an diesem Tag sagte, blieb undefinierbar. Der erste Kaiser aller Reußen hatte es versäumt, rechtzeitig die von ihm selbst gesetzten Maßstäbe in die Tat umzusetzen, er, dem die Tat in seinem Leben über alles gegangen war. Peter, der Europa neu geordnet hatte, unterlag seinem eigenen Anspruch in der damals entscheidenden dynastischen Frage.

Dennoch zeigte das nahende Ende Peters, wie sehr sich Rußland verändert hatte. Während am Beginn seiner Herrschaft der aus dem Mittelalter erwachsene Familienstreit zwischen den Miloslawskis und Naryschkins über die Thronfolge entschied, standen sich 1725 zwei ganz andere Parteien gegenüber: die neue Reichselite der Menschikows und Tolstois, die durch Peter zu Macht und Ansehen gelangt war. Sie favorisierte Katharina. Andererseits die schon in der Minderheit befindlichen alten Aristokratengeschlechter, die selbstverständlich Alexeis Sohn Peter auf den Thron heben wollten.

Während Peter noch atmete, aber nicht mehr lebte, ordneten die beiden Parteien ihre Schlachtreihen. Katharina versicherte sich über Menschikow der Unterstützung durch den Heiligen Synod und die Kirche sowie der nunmehr entscheidend in den Vordergrund rückenden Garderegimenter. Die Gegenseite konnte da nicht mithalten. Am 28. Januar 1725, um sechs Uhr morgens, starb Peter nach langem, vergeblichem Kampf.

Peter war trotz aller barocken Monstrositäten seines Herrschaftsstils und der altrussisch-barbarischen Züge seiner Persönlichkeit „in Wesen und Denken ... der bedeutendste Herrscher der europäischen Frühaufklärung“.

Dem mag vielleicht die sich seinem Tod anschließende Zeremonie weniger entsprochen haben. Katharina eilte zum Senat, Menschikow hatte mit seinen Freunden vorgearbeitet und nahm das Heft in die Hand: Da der Kaiser keine testamentarische Entscheidung über seinen Nachfolger getroffen habe, könne man davon ausgehen, daß er mit der Krönung Katharinas diese Entscheidung 1724 vorweggenommen habe. Das

war gemäß den europäischen Gewohnheiten bei der Krönung von Königinnen oder
Kaiserinnen weder logisch noch schlüssig, besaß aber den Vorteil, den realen Machtverhältnissen gerecht zu werden. Als Senatoren aus den Familien Repnin, Golizyn oder
Dolgoruki Protest anmeldeten, stürmten Gardeoffiziere in den Saal und marschierten
draußen die treuen Garderegimenter auf. Das Manifest, mit dem Katharina zur Alleinherrscherin proklamiert wurde, war reine Formsache. Nun konnte die neue Kaiserin in
aller Ruhe jenen Mann zu Grabe tragen, den sie geliebt hatte, der ihr Leben gewesen
war und der sie am Ende verstoßen hatte. Ihr Eigennutz hatte ihr noch um ein Haar
die Erbschaft verdorben. Glücklicherweise gab es die Menschikow, Schafirow und
Tolstoi. Jetzt wunderten sich viele Menschen, wie ausgiebig und tränenreich die Gattin
um den Gatten trauern konnte. Mehr als vier Wochen blieb Peter aufgebahrt, und
jeden Tag weinte die Kaiserin an dem offenen Sarg. Erst als kurz darauf ihre kleine
Tochter Natalija starb, entschloß sie sich zu einer gemeinsamen Beisetzung. Am
10. März 1725 erfolgte der feierliche Trauerakt in der Peter-Pauls-Festung. Die Totenrede hielt Feofan Prokopowitsch, Erzbischof von Nowgorod und einer jener Männer,
die die geistigen und theoretischen Grundlagen für den russischen Reformautokraten
gelegt hatten: „Er ist dahingeschieden, aber er hat uns nicht in Mangel und Elend
zurückgelassen ... Der gewaltige Schatz an Kraft und Ruhm, die Frucht seines Wirkens, bleibt uns ... Rußland besteht fort, wie er es geformt hat. Er hat es für die Guten
liebenswert gemacht, und sie werden es weiterhin lieben. Er hat es für die Feinde
furchtbar gemacht, und sie werden es weiterhin fürchten. Vor der ganzen Welt hat er
es mit unsterblichem Ruhm überhäuft ...“

Das war ein sehr idealer Nachruf, der Würde des Augenblicks und den Ansichten
Prokopowitschs angepaßt. In Wirklichkeit waren die Reaktionen auf den Tod Peters
sehr unterschiedlich. Im In- und Ausland überwogen die Stimmen der Erleichterung
über das Hinscheiden des gewalttätigen Despoten. Das machte seine geschichtliche
Leistung nicht kleiner. Über die Länge der russischen Geschichte betrachtet, suchte
Peter der Große tatsächlich seinesgleichen ...

Das Urteil der Nachwelt über Peter und sein Werk ist immer zwiespältig gewesen
und bis heute nicht frei von Kontroversen. Gerade darin aber bestätigte sich Kljutschewskis Diktum, wonach Peters Werk den „Mittelpunkt“ der russischen Geschichte
bilde, „der in sich die Ergebnisse der Vergangenheit und die Anlage der Zukunft
zugleich enthält“. Denn die Nachgeborenen, beginnend bei Katharina I. und endend
bei Nikolaus II. (auch unter Einschluß Katharinas II.), reichten an das ungehobelte
Genie Peters niemals heran.

LITERATUR

Erich Donnert, Peter der Große, Leipzig 1988.
Peter Hoffmann, Rußland im Zeitalter des Absolutismus, Berlin 1988.
Petr Kreksin, Peters des Großen Jugendjahre, Stuttgart 1989.

Robert K. Massie, Peter der Große. Sein Leben und seine Zeit, Königstein/Ts. 1982.

Walther Mediger, Moskaus Weg nach Europa. Der Aufstieg Rußlands zum europäischen Machtstaat im Zeitalter Friedrichs des Großen, Braunschweig 1952.

Reinhold Neumann-Hoditz, Peter der Große in Selbstzeugnissen und Bilddokumenten, Hamburg 1983.

Jacob Stählin, Originalanekdoten von Peter dem Großen, Leipzig 1988.

Henry Troyat, Peter der Große. Zar – Reformer – Despot, München 1990.

Henry Vallotton, Pierre le Grand, Paris 1958.

K. Waliszewski, Pierre le Grand, Paris 1887.

Reinhard Wittram, Peter I. Czar und Kaiser. Zur Geschichte Peters des Großen und seiner Zeit, 2 Bände, Göttingen 1964.

KATHARINA I. ALEXEJEWNA

Katharina I. Alexejewna

1684–1727

KAISERIN VON RUSSLAND 1725–1727

6. April 1684	Martha Skawronskaja, die spätere Katharina I., wird als Tochter des livländischen Bauern Samuel Skawronski in dem Dorf Ringen, Distrikt Dorpat, geboren. Nach einer anderen Version wurde sie in Kreuzbug (Krustpils) geboren.
1703	Martha Skawronskaja wird die Geliebte Peters I.
19. Februar 1711	Zar Peter erkennt Martha Skawronskaja (nunmehr: Katharina Alexejewna) als seine Ehefrau an.
1712	Peter I. heiratet Katharina Alexejewna offiziell.
7. Mai 1724	Katharina Alexejewna wird zur Kaiserin gekrönt.
8. Februar 1725	Nach dem Tod Peters besteigt die Kaiserin als Katharina I. den Thron.
6. Mai 1727	Katharina I. stirbt in St. Petersburg.

Kaiserin Katharina I. führte ein über viele Jahre rätselhaftes und insgesamt aufregendes Leben. Sie stieg durch einen Wink des Schicksals aus der Verlassenheit tiefer baltischer Provinz zu den höchsten Höhen kaiserlichen Glanzes auf und strahlte dort eine kurze Zeit – eine Laune der Geschichte, ein Ausdruck unbekümmerter Selbstgefälligkeit des großen Peter und ein Produkt von dessen frühaufklärerischen Leidenschaften. Es ist interessant und bezeichnend, daß es über die wesentlichen Seiten im Charakter Katharinas I. mehr bewundernde Beschreibungen als überzeugende Fakten zu ihrem originellen Lebensweg gibt. Verwunderlich kann das nicht sein, denn eine Frau von so ungewisser und niederer Herkunft wie Martha Skawronskaja konnte ihr imperiales Prestige als Kaiserin wohl nur mit dem Mantel des Vergessens umkleiden – die Höflinge schmeichelten ihr ohnehin solange sie die Macht verkörperte, und Peter hatte natürlich niemand zu widersprechen gewagt.

Martha Skawronskaja entstammte der livländischen Bauernfamilie des Samuel Skawronski. Bekannt ist, daß sie als Magd im livländischen Marienburg lebte, als die Wirren des Nordischen Krieges sie urplötzlich in russische Gefangenschaft geraten ließen. Marthas Vater war an der Pest gestorben, als sie noch kein Jahr alt war. Die Mutter überlebte ihren Mann um kaum zwei Jahre, der Haushalt wurde aufgelöst und die Kinder in alle Winde zerstreut. Martha, die römisch-katholisch getauft worden war, lebte als Waise in Marienburg im Haus des protestantischen Pastors Glück. Der

Pastor setzte sie vielseitig ein, nicht nur als Dienstmagd, sondern wohl auch als Haustochter. Glück nahm sie sogar an Kindes Statt an und hatte ihr Grundkenntnisse im Katechismus vermittelt. Das mußte durch Gespräche erfolgt sein, denn Martha konnte zunächst weder lesen noch schreiben, auch die russische Sprache beherrschte sie nur ungenügend und mit starkem deutschen Akzent. Dafür kannte sie sich in allen Pflichten einer Hausfrau bestens aus. Sie war ein frühreifes, liebesbedürftiges und schönes Mädchen. Dem Pastor geriet die Moral seiner Kirchenschule durch Martha ins Wanken und er band sie möglichst schnell an einen Trompeter bei den schwedischen Dragonern. Es heißt, daß sich Glücks Ehefrau nachdrücklich für die schnelle Heirat Marthas eingesetzt habe, möglicherweise war sie auf das hübsche Mädchen eifersüchtig. Ob der Pastor Martha mit dem Dragoner Johann Kruse verlobte oder verheiratete, ist nicht genau bekannt und ohnehin wenig von Interesse, denn der Soldat verschwand mit der Zerstörung Marienburgs. Martha sah ihn niemals wieder. Daß Kruse bei der Verteidigung der Stadt gegen die russischen Soldaten umkam, konnte nicht bewiesen werden. Die ganze Ehe (oder das Verlöbnis) hielt nur wenige Wochen, aber daher rührte die Unsicherheit, ob Martha livländischer oder schwedischer Abstammung war.

Als die russischen Truppen unter Führung des Generalfeldmarschalls Boris Petrowitsch Scheremetjew Marienburg belagerten, schwor der schwedische Kommandant, die Festung eher in die Luft zu sprengen, als sich zu ergeben. Er erfüllte seinen Schwur, entließ zuvor jedoch einige Zivilpersonen über die Mauern. Dazu zählte auch die Familie des Pastors Glück mit Martha Skawronskaja. Glück geriet in die Arme der russischen Vorposten, bot seine Dienste als Dolmetscher an und durfte nach Moskau weiterreisen. Die überaus reizvolle Martha, damals gerade 18 Jahre alt, mußte bei Scheremetjew im Lager bleiben, um den Offizieren zur Unterhaltung zu dienen. Aber auch diese Version der Rettung Marthas ist umstritten. Eine andere Deutung spricht davon, daß Martha während des Sturms auf Marienburg in russische Hände geriet. Bereits zu dieser Gelegenheit offenbarte sich ein wesentlicher Grundzug Marthas: Sie lamentierte nicht über die unmoralische Lage, in die sie durch die Gewalt Scheremetjews gezwungen wurde, sondern erblickte im Umgang mit hohen russischen Würdenträgern die Chance für einen neuen Lebensweg. Und sie packte den Stier bei den Hörnern, ohne die geringsten Skrupel.

Zuerst wurde sie die Geliebte eines Unteroffiziers, wechselte dann zum kommandierenden General Scheremetjew selbst, der allerdings vor der lebens- und liebessprühenden jungen Dame kapitulieren mußte. Peters Günstling Alexander Menschikow wurde auf das Mädchen aufmerksam gemacht, weil er als unersättlicher Liebhaber bekannt war, und er machte sie zu seiner Geliebten. Martha wechselte aus dem Bett Scheremetjews in das Menschikows. Dieses Verhältnis war lediglich temporärer Natur. Als Zar Peter eines Tages bei Menschikow zu Gast war, bemerkte er Martha, die sich keine besondere Mühe gegeben hatte, vom Zaren übersehen zu werden. Peter mochte in Liebesdingen keine großen Umstände. Er sprach sie direkt an: „Er fand sie lebhaft und schlagfertig und sagte ihr schließlich, sie müsse ihm die Kerze in sein Zimmer bringen, wenn er zu Bett gehe. Das war ein Befehl, der keinen Widerspruch zuließ, auch wenn er lachend ausgesprochen wurde. Menschikow hatte nichts dagegen. Und die Schöne verbrachte die Nacht mit Einwilligung ihres Herrn im Zimmer des Zaren." Zar Peter scheute sich nicht, die Gespielin seines Ratgebers zu übernehmen, und der freute sich, seinem Herrn einen Dienst zu erweisen: 1703 wurde Martha die Geliebte des Zaren. Das bedeutete nicht, daß Menschikow auf freudvolle Stunden mit Martha von nun an verzichten mußte. Im Gegenteil. Peter und Alexander Menschikow unterhielten sich ganz ungerührt über die Vorzüge und Nachteile der gemeinsamen Geliebten. Es war jedoch abzusehen, daß dieser Zustand Peter nicht lange gefallen würde. Tatsächlich schickte er Martha bald aus dem Feldlager nach Moskau, in ein abgelegenes Haus, in dem ihr eine vornehme Dame Manieren beibringen sollte, obwohl Peter gerade ihre wilde Direktheit und Ungezügeltheit, ihre Spontaneität und Zufriedenheit immer wieder berauschten.

Martha muß bei ihrer stämmigen und lebensvollen Schönheit schon über phänomenale Fähigkeiten verfügt haben. Denn von nun an begann ein unaufhaltsamer Aufstieg an der Seite des anspruchsvollen Zaren. 1703 trat sie zum orthodoxen Glauben über und nahm den Namen Katharina Alexejewna an – Alexei, der Sohn Peters aus erster Ehe, stand ihr als Taufpate zur Seite. Katharina war der einzige Mensch, der in der Lage war, mit Peter so umzugehen, wie er es verlangte, brauchte und wie es ihm guttat. Peter besuchte sie in dem Moskauer Haus regelmäßig und begann sogar, in ihrer Gegenwart Regierungsangelegenheiten zu erledigen: „Er, der eine so schlechte Meinung von den Frauen hatte und sie nur für die Liebe tauglich fand, ist so weit gekommen, daß er Katharina um Rat bittet, wenn er mit seinen Ministern nicht einig ist; er folgt ihrem Urteil, beugt sich ihren Argumenten und behandelt sie, kurz gesagt, wie man es sich von Numa Pompilius der Nymphe Egeria gegenüber erzählt." Schritt für Schritt erwarb sich Katharina über die Liebe, freundschaftliche Aufmerksamkeit und durch häusliche Sorgfalt das Vertrauen Peters. Sie war der einzige Mensch, der es verstand, Peters rasende Wutausbrüche zu zähmen, ihm Ruhe und Selbstsicherheit in schwierigen Entscheidungen zu vermitteln. Sie war ganz einfach da und fand mit traumwandlerisch-sicherem Instinkt den jeweils notwendigen Ton. Sie trank mit ihm, hatte teil an seinen derben und mitunter grausamen Späßen und wußte doch stets, wann der Zeitpunkt und die Situation gekommen waren, ihn zu mäßigen. Katharina scheute sich nicht, ihren Zaren und Gebieter von seinen unmäßigen Zechgelagen wegzuholen und ihrem freundlich-natürlichen Wort: „Es ist Zeit, heimzugehen, Väterchen", folgte er lachend wie ein Kind.

Als Peter Moskau zu den entscheidenden Schlachten gegen Schwedens König Karl XII. verließ, ordnete er an: „Sollte mir durch den Willen Gottes ein Unglück zustoßen, so befehle ich, die dreitausend Rubel, die sich im Hause Menschikows befinden, an Katharina und ihre Tochter auszufolgen." Die Summe war keineswegs üppig ausgelegt, aber Katharina trug es nicht nach. Vielleicht wußte sie nicht einmal von der milden Gabe. Statt dessen umgab sie den großen Despoten auch aus der Ferne mit mütterlicher Liebe. Der Briefwechsel zwischen beiden in den folgenden Wochen atmete eher den Geist häuslicher und biederer Zweisamkeit denn staatspolitischer Weisheiten. Peter schrieb: „Es ist langweilig ohne Dich, und meine Wäsche ist schlecht gepflegt." Katharina argwöhnte in der Antwort, er sei sicher schlecht frisiert! Peter gab ihr recht und schrieb, sie könne ja kommen und den liederlichen Zustand beenden. Tatsächlich reiste Katharina nach Poltawa und machte sich nicht nur bei ihrem Gebieter, sondern auch bei der kämpfenden Truppe nützlich. Sie pflegte Verwundete, teilte Wodka aus und bewies eins ums andere Mal, daß sie für Peter die ideale Frau war. Als es dann jedoch im Juni 1709 zum großen Treffen zwischen Russen und Schweden bei Poltawa kam, schickte Peter seine Katharina vom Schlachtfeld weg. Sie fuhr nach Kiew und wartete dort ab, wie sich die Dinge entwickeln würden. Am Abend nach der Schlacht, die zur Niederlage Karls XII. führte, schrieb Peter sofort: „Guten Tag, Mütterchen! Ich teile Dir mit, daß Gott uns heute in seiner Gnade erlaubt hat, einen beispiellosen Sieg zu erringen. Kurz gesagt, alle feindlichen Truppen sind vernichtet. Ich wollte, daß Du diese Nachricht von mir selbst erführest. Was die Glückwünsche betrifft, mußt Du selbst herkommen! – Im Lager, den 27. Juni 1709 – Piter."

Aber nicht sie kam, sondern Peter fuhr nach Kiew und erhielt eine weitere Siegesmeldung: Katharina war erneut schwanger. Der Gedanke an eine offizielle Heirat kam auf, wurde aber verworfen: zunächst mußte der Sieg bei Poltawa triumphal gefeiert werden. Katharina begab sich zwar mit nach Moskau, zog sich aber sofort in den Vorort Kolomenskoje zurück. Dort erwartete sie die Geburt ihrer Tochter Elisabeth, die am 28. Dezember 1709 das Licht der Welt erblickte.

Acht Jahre lebte sie an seiner Seite, ehe er sie als Ehefrau anerkannte und im Jahr 1712 offiziell heiratete. Die Anerkennung erfolgte im Zusammenhang mit dem Aufbruch Peters zu einem neuen Feldzug in den Süden. Peter hatte lange überlegt, aber Katharina hatte sich im täglichen Leben und vor Poltawa als eine so verläßliche Partnerin erwiesen, daß er sie auch jetzt, da es wieder gegen die Türken gehen sollte, nicht an seiner Seite missen wollte. Wie es seine Art war, handelte er kurz entschlossen und spontan. Am 19. Februar 1711, zu früher Morgenstunde, heirateten in der Privatkapelle Menschikows der „Konteradmiral Peter" und die „gottesfürchtige Katharina Alexejewna". Es waren nur wenige Zeugen anwesend. Als Brautjungfern fungierten die kleinen Töchter Anna und Elisabeth. Der bescheiden feierlichen Zeremonie folgten Bankett, Ball und Feuerwerk. Peter war sichtlich stolz auf die Entscheidung, die er nun endlich getroffen hatte. Angesichts des bevorstehenden Feldzuges legte er seinen Schwestern ans Herz, Katharina vor Gott zu achten. Falls ihm ein persönliches Unglück zustoßen sollte, müsse man ihr den Rang, die Privilegien und auch die Einkünfte einer regulären Zarenwitwe zuerkennen.

In Form einer öffentlichen „Parole" gab Peter am 6. März 1711 durch Herolde bekannt, daß Katharina Alexejewna seine rechtmäßige Gattin und Zarin sei. Peter unternahm diesen Schritt in erster Linie, um die Zukunft seiner Töchter zu sichern. Wahrscheinlich ist aber vor allem, daß er Katharina, die ihn auf dem Feldzug begleitete, eine feste Stellung an seiner Seite geben wollte, denn sie hatte sich als seine Glücksfee bestens bewährt und die konnte er auch auf diesem neuen Feldzug dringend gebrauchen. Peter erkrankte schwer an Skorbut, aber Katharina hielt fest zu ihm. Der Zar ließ darum auch in sein Journal die Worte schreiben: „Seine Majestät hatte die Absicht, seine Gemahlin mit den anderen Damen in eine sichere polnische Stadt zu schicken, um sie vor den Strapazen zu bewahren, die dem schwachen Geschlecht nicht zuträglich sind." Aber Katharina, diesen Schwächen nicht unterworfen „hatte so inständig gebeten, ihr den Verbleib bei der Armee zu gestatten, daß sich Seine Majestät genötigt gesehen hat, einzuwilligen. Seit dieser Zeit begleitet ihn die Zarin auf allen seinen Feldzügen."

Aber dieser Feldzug endete tragisch. Die türkischen Truppen siegten im Juli 1711 am Pruth. Die russische Armee befand sich in einer verzweifelten Lage, und Peter geriet in Panik. Er erdachte eine verwegene Idee nach der anderen, um seiner Frau und sich das nackte Leben zu retten. Katharina erwies sich einmal mehr als Herr der Situation. Während sich der Zar schon als Sklave in der Türkei sah, dann aber mit Kosaken den feindlichen Feuerring durchbrechen wollte, schlug ihm Katharina gelassen vor, ihren Schmuck und ihre Wertsachen dem türkischen Großwesir anzubieten, um Verhandlungen einzuleiten. Peter folgte ihrem Rat, und sie hatten Glück: Katharinas Geschenke, die Gerissenheit des Verhandlungsführers Feldmarschall Scheremetjew und die in Wirklichkeit zweischneidige Lage der Türken, denen leicht die Rückzugswege abgeschnitten werden konnten, führten am 23. Juli 1711 zum Frieden von Husch, der Rußland zwar große Opfer abverlangte – so mußte das mühsam erkämpfte Asow wieder aufgegeben werden und Karl XII. durfte ungehindert nach Schweden zurückkehren –, aber er bewahrte Rußland und den Zaren vor einer Katastrophe. Und daran hatte Katharina keinen unwesentlichen Anteil, dafür wurde ihr auch Jahre später uneingeschränkte Anerkennung zuteil. Nach dem Krieg in Finnland, den Peter 1713/14 führte, stiftete er am 24. November 1714 den Orden der heiligen Katharina. Es war am Namenstag der Zarin, und sie selbst erhielt als erste die Auszeichnung unter ausdrücklichem Hinweis auf ihre Selbstbeherrschung seinerzeit am Pruth, wo man sie „nicht wie eine Frau, sondern wie einen Mann handeln sah".

Katharina war bei aller Impulsivität nicht nur überlegt und ausgewogen, für staatliche Angelegenheiten prädestiniert, sie gebar dem Zaren ein Kind nach dem anderen. Insgesamt gingen elf Kinder, fünf Söhne und sechs Töchter, aus ihrer Verbindung hervor, aber nur zwei Töchter blieben am Leben: Anna, die 1725 den Herzog Karl Friedrich von Holstein-Gottorp heiratete und Mutter des späteren unglücklichen Zaren Peter III. wurde, und Elisabeth, die 1741 durch eine Revolte der Garderegimenter den Thron als Kaiserin bestieg. Obwohl Katharina und Peter eifrig bemüht waren, gemeinsam wichtige staatsmännische Fragen zu beraten und zu entscheiden, die Fruchtbarkeit Katharinas setzte da gewisse Hindernisse in den Weg. Aber da gab es noch einen anderen Umstand. Peter hatte seine Frau in den ersten Jahren kreuz und quer mit sich durch Europa geschleppt. Sie war unentbehrlich. Als er jedoch 1717 zum ersten Mal Frankreich besuchte, verzichtete er auf ihre Anwesenheit. Katharina hatte ihrem Zaren hinsichtlich ungehobelter Manieren, auffälliger, ja, bisweilen schockierender Kleidung und üblicher Trinkgewohnheiten niemals nachgestanden. Nun aber, bei dem Besuch in Paris, der Stadt der Eleganz, der Degen und nicht der Wodkafässer, ließ er seine Frau in Amsterdam. Aber er schrieb ihr von jeder Station seiner Reise. Darunter befanden sich so anschauliche Schilderungen wie diese: „Ich teile Euch mit, daß ich letzten Montag den Besuch des kleinen Königs (Ludwig XV. – D. J.) erhielt, der zwei Finger größer ist als unser Lucas (ein Zwerg am Hof) und ein an Gestalt und Gesichtszügen sehr reizvolles und für sein Alter recht intelligentes Kind." Auch über seine Ausschweifungen berichtete Peter an Katharina, nicht ohne hinzuzufügen, daß er sich schon alt fühle, und überdies sei es ohne sie selbst in Paris langweilig. Katharina aber verzieh alles: „Ich hoffe, einen so liebenswerten Greis bis zum Tode innig zu lieben."

Nach seiner Abreise aus Frankreich traf Peter Katharina in Holland wieder, wo sie auf ihn gewartet hatte. Gemeinsam fuhren sie nach Berlin. Das Zarenpaar hinterließ auch in Preußen zwiespältige Eindrücke, ob seiner Grobschlächtigkeit und der vollkommen ungezügelten Manieren. Die Markgräfin von Bayreuth fällte über Katharina ein vernichtendes Urteil: „Die Zarin war klein, untersetzt und stark gebräunt und hatte weder Ausstrahlung noch Würde. Schon ihr Anblick verriet ihre niedere Herkunft. Man hätte sie in ihrem geschmacklosen Anzug für eine deutsche Komödiantin halten können. Ihr Kleid hatte man wohl in einem Trödlerladen gekauft; es war altmodisch und starrte von Silber und Schmutz ... Vorne an ihm waren von oben bis unten ein Dutzend Orden und ebenso viele Heiligenbilder und Reliquien angebracht, und wenn sie ging, hätte man glauben können, ein Maultier zu hören."

Der Besuch in Preußen fiel allgemein nicht sehr günstig aus. Hier standen zwei verschiedene Lebensweisen und Kulturkreise einander diametral gegenüber. Die übermäßige Pedanterie der Gastgeber und der ungehobelte Umgang der Gäste verstärkten das gegenseitige Unverständnis, die Abneigung und die Aversionen, die nur durch staatspolitische Interessen ausgeglichen und abgeschwächt wurden. Katharina war in das Spiel integriert und setzte in gewisser Weise sogar Maßstäbe – durch den Einfluß auf Peter und durch das eigene Auftreten. Die Preußen ließen keine Gelegenheit aus, sich über die russischen Gäste zu mokieren. Der Freiherr von Pöllnitz aus der Suite König Friedrich Wilhelms I. notierte in einer Mischung von Realitätssinn und Spott über Katharina, deren Gatten und den Petersburger Aufzug: „Ihr (Katharinas – D. J.) Benehmen hatte nichts Anstößiges, und man war versucht, es gut zu nennen, wenn man an ihre Herkunft dachte. Sicher hätte sie, wenn sie eine vernünftige Person neben sich gehabt hätte, sich bilden können, da sie großes Verlangen danach hat, alles richtig zu machen; aber es gab nichts Lächerlicheres als die Damen ihres Gefolges. Man sagt, daß der Zar, ein in allem außergewöhnlicher Fürst, Vergnügen darin gefunden habe, gerade diese auszuwählen, um die anderen Damen seines Hofes zu ärgern, die würdiger gewesen wären." Geradezu unwahrscheinlich klingt dagegen die Erinnerung der Markgräfin von Bayreuth, die boshaft schrieb, daß Katharina 400, meist deutsche Damen in ihrem Gefolge hatte: „Fast alle diese Frauenzimmer trugen ein reichgekleidetes Kind auf dem Arm, und wenn man eine fragte, ob es ihr Kind sei, erwiderte sie mit der tiefen russischen Verbeugung: ‚Der Zar hat mich beehrt, mir dieses Kind zu machen.'"

Möglich wäre es schon, daß sich dieses zugetragen hat, denn die Späße Peters ließen an Grobheit und Anmaßung nichts zu wünschen übrig. Nicht nur, daß er seiner geliebten Katharina in aller Öffentlichkeit androhte, ihr den Kopf abschlagen zu lassen, nur weil sie sich zierte, im Museum für antike Münzen und Statuen eine heidnische Gottheit, die in obszöner Haltung gestaltet war, zu küssen. Die zarische Delegation hatte wie die Vandalen gehaust: „Dieser barbarische Hof reiste endlich nach zwei Tagen ab ... Die Königin begab sich nach Schloß Monbijou. Dort sah es aus wie nach der Zerstörung Jerusalems; ich habe nie etwas Ähnliches gesehen; alles dort war dermaßen ruiniert, daß sich die Königin gezwungen sah, fast das ganze Gebäude renovieren zu lassen." Zar und Zarin sahen die Dinge ganz anders. Sie waren mit der Reise sehr zufrieden, wußten sie nun doch, was noch zu tun sei, um Rußland an das Niveau westeuropäischer Zivilisation heranzuführen ...

Aber offensichtlich konnte Peter die Lehren Westeuropas nur begrenzt verarbeiten, denn das Problem der Thronfolge seines Sohnes Alexei löste er doch eher in der Art eines orientalischen Despoten. Katharina wußte um den Konflikt zwischen Peter und seinem Sohn, schließlich betraf er ihr eigenes Schicksal. Nach den bekannten Zeugnissen hat sie sich in der Affäre tunlichst zurückgehalten. Im Jahr 1708 half sie Alexei, indem sie mäßigend auf den Groll des Vaters gegen seinen Sohn einwirkte. Auch später, im letzten Lebensjahr Alexeis, setzte sich die Stiefmutter Katharina für Alexei ein. Alexei setzte große Hoffnung auf die Vermittlung durch Katharina, obwohl ihn seine Tante, die Zarewna Marija Alexejewna, gewarnt hatte: „Sie ist nicht deine Mutter. Sie hat keinen Grund, dir Gutes zu wollen." Noch zum Osterfest im Jahr 1718, wenige Wochen vor seinem Tod, tauschte Alexei den ritualen dreifachen Friedenskuß mit Katharina – wie auch mit seinem Vater –, flehte sie um Beistand an und wurde nicht abgewiesen.

Am 24. Juni 1718 fällte ein Peter wohlfeiles Gericht das Todesurteil über Alexei. Noch immer konnte der Vater ihn begnadigen. Katharina mahnte zur Gnade: „Begnüge dich damit, ihn zum Mönch zu machen. Sein Tod würde auf dich und deine Nachkommen zurückfallen." Peter hörte nicht, weder auf seine Frau noch auf den stummen Rat seiner Untergebenen. Am 26. Juni wurde dem Delinquenten das Urteil verlesen. Am Abend desselben Tages war Alexei tot. Einen Tag danach feierte der Zar mit seiner Hauptstadt und dem diplomatischen Korps die neunte Wiederkehr des Sieges von Poltawa. Es war alles wie gewohnt, der Zar amüsierte sich prächtig. Nur Katharina schien bei dem Festmahl nachdenklich ...

Indessen, längere Elegien über unvermeidbare Entwicklungen hätten Katharinas Naturell widersprochen – zumal, wenn es sich wie im Falle Alexeis um Personen handelte, die ihren eigenen Interessen entgegenstanden. Als im September 1721 der

Frieden von Nystad gefeiert wurde, war Katharina ausgelassen und hemmungslos wie ihr Gemahl Peter. Schließlich hatte Rußland nach 21 Jahren mit Schweden Frieden geschlossen und das Fenster nach Europa aufgestoßen. Der Senat bat Peter „in tiefster Ergebenheit", den Titel „Peter der Große, Vater des Vaterlande, Kaiser aller Reußen" anzunehmen. Als Peter huldvoll die Glückwünsche entgegennahm, saßen neben ihm Katharina, ganz in mit Silber besticktem roten Samt gekleidet, sowie an seiner linken Seite ihrer beider Töchter Anna und Elisabeth.

Dieser äußere Glanz bei den offiziellen Staatspflichten täuschte nicht darüber hinweg, daß das alltägliche und persönliche, ja, auch das offizielle Leben des Kaiserpaares von Beispielen despotischer Unmoral und eines kaum zu überbietenden Unverständnisses gegenüber anderen Mitmenschen begleitet war, ganz gleich, welchen Ranges und Standes die armseligen Opfer gewesen sind. Peter hat sich nie gescheut, neben seiner geliebten Katinka unzählige Mätressen zu halten. Nicht nur, daß er die bei fremden Mädchen eingehandelte Geschlechtskrankheit auf Katharina übertrug, sondern Katharinas Hofstaat bildete das jederzeit verfügbare Reservoir für Peters schnelle Liebschaften. Seiner Liebe zu Katharina tat das keinen Abbruch. Dabei wurde sie mit den Jahren unförmig dick und zunehmend unansehlicher. Sie trank wie Peter, sie war stark wie Peter und stets zuverlässig und verschwiegen. Aber auch Katharina holte die Vergangenheit ein. Plötzlich wurde ein Postillion namens Fjodor Skawronski aufgegriffen, der sich seiner nahen Verwandtschaft zum Zaren rühmte. Eine Untersuchung ergab, daß der älteste Bruder Katharinas gefunden war. Dazu gesellten sich ein weiterer Bruder und drei Schwestern. Sie alle waren in niederen Berufen tätig – eine sogar als Prostituierte. Durch kleine Pensionen hielt man die Verwandtschaft ruhig, nur die Prostituierte wanderte ins Gefängnis. Damit war das Problem gelöst.

Peter vertraute Katharina uneingeschränkt und setzte nach dem Debakel mit Alexei große Hoffnungen auf ihren gemeinsamen Sohn Peter. Aber der starb im April 1719 ebenso wie alle anderen fünf Brüder. Der Zar war verzweifelt und glaubte an eine göttliche Strafe für das an Alexei verübte Unrecht. Er zog eine für ihn charakteristische Schlußfolgerung: Wenn von Katharina kein lebender Sohn zu erwarten war, mußte eine neue Mätresse die Sehnsucht nach dem geeigneten Thronfolger erfüllen. Nötigenfalls könnte man Katharina im Interesse der Erbfolge verstoßen. Er fand die Geliebte in Marija Kantemir, der Tochter des ehemaligen Hospodars der Moldau. Katharina durchschaute das Spiel, hielt sich aber in ihren Äußerungen zurück. Im Jahr 1722 begab sich Peter auf einen Feldzug gegen Persien – beide Frauen fuhren in seinem Troß mit und waren freundlich zueinander. Nur einen Unterschied gab es: Abends verschwand nicht mehr Katharina im Zelt des Imperators. Als die russischen Truppen Astrachan erreichten, blieb Marija dort zurück: Sie war schwanger und Peter erwartete von ihr einen Sohn. Katharina begleitete ihren Gatten über das Kaspische Meer. Sie erreichten Derbent, litten unter der Hitze und der schlechten Vorbereitung des Feldzuges. Wie seinerzeit am Pruth gab sich Katharina alle erdenkliche Mühe, die Moral ihres Mannes und der Truppen zu stärken. Peter konnte sie wieder einmal nur bewun-

dern. Die Bewunderung verwandelte sich in einen heimlichen Triumph Katharinas, als
sie nach Astrachan zurückkehrten: Marija Kantemir hatte eine Fehlgeburt erlitten.
Peter verstieß sie, und Katharina bewies einmal mehr volles Mitgefühl für den Kummer ihres Mannes!

Inzwischen hatte Peter eine weitreichende Entscheidung getroffen. Durch sein
Manifest vom 5. Februar 1722 hatte er sich selbst dazu auserwählt, über die Erbfolge
zu entscheiden. Ebenfalls in die Zeit vor dem persischen Feldzug fiel auch der Ukas
vom 15. November 1722, in dem Peter unter ausdrücklichem Bezug auf die Teilnahme Katharinas an den vorausgegangenen Kriegszügen anordnete: „Da Unsere teure
Gemahlin, die Kaiserin Katharina, Uns dabei eine große Hilfe war, Uns überallhin und
auf allen Feldzügen aus freien Stücken und auf eigenen Wunsch begleitete, ohne die
üblichen Schwächen ihres Geschlechts zu zeigen ... haben Wir beschlossen, kraft der
von Uns ausgeübten herrscherlichen Gewalt Unsere Gemahlin in Anerkennung alles
dessen zu krönen, was in diesem Winter unweigerlich, so Gott will, in Moskau geschehen wird.“

Das war für Katharina der Höhepunkt ihres bisherigen Lebens. Der Zar stattete sie
für die Zeremonie mit einem Prunk aus, der unbeschreiblich schien. Allein die Krone
war mit 2564 Juwelen besetzt. Der Rubin, der die Krone gemeinsam mit einem
Brillanten aus Peters eigener Krone zierte, besaß die Größe eines Taubeneis und hatte
60.000 Rubel gekostet. Kleider und Kutsche kamen aus Paris, der Krönungsornat war
aus purpurnem Samt und mit goldenen Adlern besetzt und wog 135 Pfund. Dennoch
schritt Katharina würdevoll an der Spitze des langen Krönungszuges einher. Einstmals
wollte Peter seiner Katinka 3000 Rubel hinterlassen. Damals war sie jung und schön,
nun aber aufgeschwemmt und häßlich. Aber sie hatte sich seiner würdig erwiesen, und
das lohnte der Zar, der selbst gewöhnlich im einfachen Arbeitskittel einherging.

Im März 1724 reiste der Hofstaat nach Moskau. Am 7. Mai 1724 fand in der
Erzengel-Michael-Kathedrale im Kreml die feierliche Krönung statt. Der Glanz war
unglaublich. Katharina war so bewegt, daß sie weinte und vor Glück die Knie ihres
Gemahls umarmen wollte. Der hob sie auf, setzte ihr die Krone auf den Kopf und
übergab ihr als Symbol der Herrschaft den Reichsapfel. Das Zepter, das seine Macht
bezeugte, gab er nicht aus der Hand. Die Krönung Katharinas war nicht identisch mit
der Erfüllung des Manifestes über die Entscheidungsgewalt des Imperators bei der
Thronfolge. Er ehrte seine Gemahlin, aber er bestimmte sie damit nicht zur Thronfolge. Wer konnte damals schon ahnen, daß Katharina kein Jahr mehr zu warten
brauchte, um auch das Zepter in ihre Hand nehmen zu müssen.

Aber bis dahin war noch ein Sturm zu überstehen. Das Problem seiner Nachfolge
beschäftigte Peter in den letzten Lebensjahren unablässig. Unter allen Kandidaten
besaß er in Katharina das größte Vertrauen. Nur sie allein verstand ihn als Herrscher,
Politiker und Mensch und schien keinerlei Geheimnisse vor ihm zu haben – im Unterschied zu seinen nächsten Ratgebern. Aber im Sommer 1724 kam Peter, der bei
allen schwerwiegenden charakterlichen Verbiegungen doch stets geradlinig auf sein

Ziel zustürmte, dahinter, daß seine geliebte Katharina korrupt war. Nicht nur er, der Imperator, war ihr Ratgeber, sondern auch Menschikow, der alle Schliche zur eigenen Bereicherung kannte und dafür des öfteren bei Peter in Ungnade fiel. Wie Menschikow ließ sich Katharina ihre Macht und ihren Einfluß gut bezahlen und transferierte den Gewinn ins Ausland. Peter war starr vor Wut und sann auf bittere Strafe. Er hatte Katharina in all den Jahren dem Volk gegenüber als die ideale Herrscherin und Gattin, als „Imperatrix Russorum" gepriesen, so daß er sie nicht öffentlich der Korruption anklagen konnte. Er wollte es wohl auch nicht.

Wieder einmal holte die Geschichte das Kaiserpaar ein. Jedermann, nur der Zar nicht, wußte, daß Katharina mit dem Kammerherrn Peters, mit William Mons, ein Verhältnis hatte. Ausgerechnet mit dem Bruder jener Anna Mons, die Peter in seinen Jugendjahren in die Geheimnisse der Liebe eingeführt hatte! Peter war schockiert, und sein Zorn stieg unermeßlich. Er leitete die Untersuchungen gegen Mons, prügelte und folterte. Der junge Mons gab alle Verfehlungen, deren man ihn beschuldigte, unumwunden zu. Aber der Name der Kaiserin fiel mit keinem Wort. Ihre Ehre mußte gewahrt bleiben: „Mons wurde verurteilt, weil er dem Staat Geld, nicht aber dem Zaren die Frau gestohlen hatte."

Peters Strafe war fürchterlich. Mons wurde am 16. November 1724 öffentlich enthauptet. Andere Höflinge wurden ausgepeitscht und nach Sibirien geschickt. Gleichzeitig ließ der Zar eine Schandliste aushängen, die die Namen aller derjenigen enthielt, die sich die Dienste von Mons durch Bestechung erkauft hatten. In der Liste fehlten weder Fürst Menschikow noch der Kanzler Golowkin. Der ganze Hof erschien in der Öffentlichkeit als ein einziger korrupter Sumpf.

Katharina aber lächelte – gequält, gedemütigt und unter dicker Pudermaske. Als Mons hingerichtet wurde, nahm sie Tanzunterricht. Der Schein trog: „Obgleich die Kaiserin ihren Kummer soweit wie möglich verbirgt, steht er ihr doch im Antlitz geschrieben ... jeder wartet darauf, was noch mit ihr geschehen wird", schrieb der französische Gesandte Campredon. Tatsächlich handelte der Kaiser. Ein Ukas befahl allen Ministern, keiner Weisung seiner Gemahlin nachzukommen. Er entzog ihr die für ihre Existenz notwendigen finanziellen Mittel, und er wurde handgreiflich. Als er sie sah, zerschlug er ein venezianisches Glas und brüllte: „Genauso mach ich es mit dir und den Deinen!" Beherrscht antwortete Katharina: „Du hast gerade eines der schönsten Schmuckstücke unseres Hauses zerstört. Gefällt es dir nun besser?" Diesmal beruhigte ihn die Selbstbeherrschung seiner Frau nicht, sie brachte ihn nur noch mehr in Rage. Eigenhändig kutschierte er sie zur Hinrichtungsstätte und beging die unverzeihliche Geschmacklosigkeit, ihr den abgeschlagenen Kopf des Geliebten in einem Glas voller Branntwein auf den Arbeitstisch zu stellen. Katharina ertrug sogar diese Demütigung mit äußerer Gelassenheit. Der Kopf wurde wieder entfernt.

Aber die alte vertraute Gemeinsamkeit wollte sich nicht wieder einstellen. Das Kaiserpaar ging einander weitestgehend aus dem Weg, und besorgte Höflinge mutmaßten bereits, die Kaiserin werde ein ähnliches Schicksal erleiden wie Peters erste

Frau Jewdokija. Aber die Unken riefen zu Unrecht. Peter konnte seiner Katharina nicht ewig gram sein. Außerdem: Die Heiratspläne für die Töchter Anna und Elisabeth ließen sich wohl nur verwirklichen, wenn ein glücklich geeintes Elternpaar hinter den Mädchen stand. So konnte der sächsische Gesandte Jean Lefort nach Hause berichten: „Die Zarin hat in einem langen, unterwürfigen Kniefall vor dem Zaren um die Vergebung ihrer Schuld gebeten; das Gespräch dauerte drei Stunden; man speiste zusammen, dann trennte man sich." In dem Satz lag ungewollte Symbolkraft. Man arrangierte sich wieder, aber das alte Vertrauen kehrte nicht zurück. Peter hatte erkannt, daß Katharina nicht mehr wert war als alle seine vertrauten Ratgeber, die ihn betrogen, wo sie nur konnten. Er vergaß nicht, daß Katharina sein Leben in einer Weise begleitet hatte, wie es kein anderer Mensch getan hatte: selbstlos, nachsichtig und klug.

Es blieb keine Zeit, über Wert oder Unwert alter und neuer Kränkungen und Freuden nachzudenken. Peter litt an einem Nierenleiden. Im Januar 1725 erkrankte er schwer, nachdem er sich leichtfertig zur Rettung schiffbrüchiger Matrosen ins kalte Wasser gestürzt hatte. Katharina weinte Tag und Nacht an seinem Totenbett. Der Schmerz kam aus reinem Herzen und der Absicht, ihrem Herrn auf diese besondere Weise zu zeigen, wer der würdigste Nachfolger auf dem Kaiserthron sein würde. Wenn Peter in einen unruhigen Schlaf fiel, beriet sie sich eilig mit Menschikow. Am 26. Januar 1725 kam die dramatische und entscheidende Stunde. Noch immer hatte sich Peter nicht über seinen Nachfolger geäußert. Wenn er nichts sagen würde, dann müßte der Sohn Alexeis, Peter, den Thron nach altem Erbrecht besteigen. An diesem Tag, um zwei Uhr nachmittags, schrieb Peter mühsam auf einen Zettel: „Übergebt alles an ..." – dann sank sein Kopf zur Seite. Er erwachte wieder und ließ die Tochter Anna rufen, die die Botschaft zu Ende schreiben sollte. Katharina wartete auf eine Entscheidung. Aber das erlösende Wort kam nicht, weder geschrieben noch gesprochen. Bis zum 28. Januar 1725 quälte sich der Zar über die Schwelle des Todes, er, für den es niemals Grenzen gegeben hatte.

In diesen Tagen vor dem 8. Februar herrschte am Hof hektisches Treiben. Während der Tod des Imperators erwartet wurde, teilten sich die Hofparteien. Eine Minorität setzte auf den kleinen Großfürsten Peter, den Sohn Alexeis, als Thronfolger. Sie war faktisch ohne Chance. Katharina führte für sich selbst die Gegenpartei, die Emporkömmlinge und Machtmenschen Menschikow, Apraxin, Tolstoi oder Buturlin. Der Heilige Synod und die Garde, sie alle standen hinter Katharinas Wunsch nach der Krone des Imperators – jeder aus durchaus eigennützigen Gründen. Die Tage bis zum 8. Februar schienen ewig. Aber sie gingen zu Ende, um sechs Uhr morgens war der Zar tot. Katharina rang verzweifelt die Hände: „Öffne dich, Paradies, diese engelhafte Seele aufzunehmen!" Sie dachte unzweifelhaft an die Seele Peters und war unendlich traurig, daß sie ihren besten Kameraden verloren hatte. Sie vergoß Ströme von Tränen und eilte zum Senat, um die Thronfolge zu regeln, wohl wissend, daß ihr kaum jemand das Erbe streitig machen werde.

Menschikow griff zu einem Trick und behauptete einfach, die kaiserliche Salbung vom Vorjahr sei bereits die Entscheidung Peters für die Nachfolge auf dem Thron gewesen. Die Senatoren nickten eifrig, und Apraxin hatte ein Manifest zur Hand, das Katharina zur legitimen Herrscherin von Rußland erklärte. Den wenigen Opponenten blieb der Protest im Hals stecken, als Gardeoffiziere den Saal im Winterpalast stürmten und spontan den Eid auf die Kaiserin Katharina leisteten. Der Casus war besiegelt. Nun konnte die Gattin in aller Ruhe den teuren Gatten beweinen. Über vier Wochen saß sie an dem offenen Sarg und wollte nicht von Peter lassen – tränenüberströmt. Viele Neugierige kamen, nicht nur um von Peter Abschied zu nehmen, sondern um die Kaiserin in ihrer unverwechselbaren Trauer zu erleben. Der Tote verformte sich. Erst nachdem am 4. März die Tochter Natalja an den Masern gestorben war, entschloß sich Katharina, den Gemahl und das Mädchen gemeinsam zu bestatten. Am 10. März fand die feierliche Beisetzung in der Peter-Pauls-Kathedrale in St. Petersburg statt.

Das Ableben Peters des Großen rief in Rußland und im Ausland zwiespältige Gefühle hervor. Im Volk sah man nicht die Reformen, sondern die unsäglichen Lasten, die sie mit sich gebracht hatten. Die alte Aristokratie sehnte sich nach den vorpetrinischen Zeiten zurück. Jenseits der Grenzen bangte man, welche Überraschungen nun von Rußland ausgehen würden. Allgemein hoffte das Volk darauf, Katharina werde auf dem Thron eine Wende mit sich bringen – worin diese bestehen sollte, darüber herrschte weitgehende Unklarheit.

Die Kaiserin Katharina I. erklärte am ersten Tag ihres Regiments natürlich, daß sie das Werk des großen Peter zu Ende führen werde. Es zeigte sich sehr schnell, daß dieses Streben durch einige bestimmende Faktoren in Katharinas Wesen, aber auch in ihrem Sinnen und Trachten beeinträchtigt wurde. Die Regierungszeit Katharinas erscheint im geschichtlichen Rückblick wie ein Epilog zu den Jahren des großen Peter. Ihm hatte sich Katharina zu jeder Zeit untergeordnet und darauf beschränkt, sein Temperament durch verständnisvolle Ausgeglichenheit zu zügeln. Sie teilte mit Peter die Wollust des Lebens, war aber niemals zu eigener staatspolitischer Weitsicht fähig. Ihre Größe resultierte aus der Übergröße des Despoten. Nun, da er nicht mehr lebte, konnte sie lediglich die gewohnte Völlerei und Willkür fortsetzen, die Führung des Staates ging von Peter an Menschikow über, dem sie aus Unkenntnis, Faulheit und Bequemlichkeit in jeder Beziehung freie Hand ließ. Katharina feierte rauschende Feste, soff, fraß und hurte bis zur Erschöpfung. Selbst wenn von der Kaiserin Katharina einige bemerkenswerte Sätze überliefert worden sind („Das Land ist weiß Gott groß genug. Was wir brauchen, ist ein langer Frieden, um unser Haus zu bestellen und die Staatskasse auf die Füße zu bringen. Kriege sind so verdammt kostspielig"), sagt das noch nichts über die Qualität eigener Regierungsarbeit aus. Menschikow stand derweilen einem von Katharina ernannten „Hohen Geheimen Rat" mit Apraxin, Golowkin, Tolstoi, Golizyn und Ostermann vor – der wahre Herrscher Rußlands. Aber auch der korrupte Alexander Menschikow war nur ein schwaches Abbild seines früheren Herrn, wenn es überhaupt dazu langte.

So war es nicht verwunderlich, daß das Volk sehr bald begann, die Unzucht und den Müßiggang bei Hof gegen das Regiment Peters aufzuwiegen. Dessen Untaten verblaßten, es wuchs die Erinnerung an den Reformer, der Rußlands Größe und Wohl im Auge gehabt hatte. Zudem erlahmten Katharinas Kräfte zusehends. Sie litt nach den ausschweifenden Monaten unter Herzstörungen, wurde immer dicker und träger. Sie, die einst als der gute Geist Peters gefeiert worden war, hatte mit der Machtergreifung den größten Fehler ihres Lebens begangen. Nun wurde sie zum kaiserlichen öffentlichen Ärgernis. Schon mehrten sich Stimmen, den Enkel Peters des Großen, Peter, auf den Thron zu heben. Menschikow erkannte mit feinem und intrigantem Instinkt die Wendung der Stimmungen und suchte sein Heil in der Flucht nach vorn. Er, der zu den eifrigsten Verfolgern Alexeis gehört hatte, wollte nun seine Tochter Marija mit dem damals zwölfjährigen Peter verheiraten, um noch mächtiger zu werden. Er hatte Peter den Großen überlebt, bei dem er noch in dessen späten Jahren in Ungnade gefallen war. Menschikow war der Herr Katharinas während ihrer Regierungszeit. Nun warf er die Schlingen für eine dritte Glanzzeit aus. Er protegierte Peter und suggerierte Katharina, Peter zum Thronfolger zu bestimmen und seiner Tochter zu erlauben, Peter zu heiraten.

In ihren letzten Lebensmonaten wurde Katharina von Tag zu Tag willenloser. Sie stimmte Menschikow bei dessen Plänen zu, aber dennoch kam alles ganz anders. Katharina war körperlich und seelisch vollkommen ausgebrannt. Sie überlebte den Inhalt ihres Lebens, Peter den Großen, nur um gut zwei Jahre. Am 27. Mai 1727 verstarb sie an einem hitzigen Fieber, nachdem sie zuvor noch den kleinen Peter zu ihrem Thronerben ernannt hatte. Nur wenige russische Herrscher konnten sich rühmen, eine derart unbedeutende Rolle während ihrer Regierungszeit gespielt zu haben.

Dennoch brachte die Regierungszeit Katharinas I. und Menschikows eine Reihe staatsrechtlicher Veränderungen mit sich, die dem Erbe Peters entsprachen. Als höchste Regierungsbehörde fungierte seit 1726 der Oberste Geheime Rat, dessen Konstituierung die Reorganisation verschiedener petrinischer Verwaltungseinrichtungen nach sich zog. Katharina gelang, was Peter nicht mehr erreicht hatte: die Eröffnung der Akademie der Wissenschaften im Jahr 1725. Außenpolitisch erfolgte 1726 die bündnispolitische Eingliederung der Großmacht Rußland an der Seite Österreichs in das seit dem Nordischen Krieg grundlegend veränderte europäische Kräfte- und Staatensystem. Auch von Katharina, der amoralischen Frau, darf kein Abschied genommen werden, ohne auf einen ihrer bemerkenswerten Züge zu verweisen: Die Kaiserin versuchte, das Alexei zugefügte Unrecht so weit es ging aus der Welt zu schaffen. Sie nahm die Kinder Alexeis, Peter und Natalja, gütig bei sich auf und umsorgte sie gewissenhaft. Vielleicht lag in der Ernennung des noch kleinen Peter zu ihrem Nachfolger ein Teil jenes Mitgefühls, das sie dessen Vater Alexei ohnmächtig entgegengebracht hatte.

LITERATUR

E. M. Almedingen, Die Romanows. Die Geschichte einer Dynastie. Rußland 1613–1917, Frankfurt am Main und Berlin 1992.

S. F. Platonov, Geschichte Rußlands. Vom Beginn bis zur Jetztzeit, Leipzig 1927.

Tamara Talbot Rice, Elisabeth von Rußland. Die letzte Romanow auf dem Zarenthron, München 1973.

Henri Troyat, Peter der Große. Zar – Reformer – Despot, München 1990.

Reinhard Wittram, Peter I. Czar und Kaiser. Zur Geschichte Peters des Großen und seiner Zeit, 2 Bände, Göttingen 1964.

PETER II. ALEXEJEWITSCH

Peter II. Alexejewitsch

1715–1730

KAISER VON RUSSLAND 1727–1730

12. Oktober 1715	Peter wird als zweites Kind Alexei Petrowitschs, des Sohnes Peters des Großen, und dessen Ehefrau Sophie Charlotte von Braunschweig-Wolfenbüttel in St. Petersburg geboren.
7. Mai 1727	Nach dem Tod Katharinas I. tritt Peter Alexejewitsch als Kaiser Peter II. die Thronfolge an.
25. Mai 1727	Verlobung mit Marija Menschikowa.
30. November 1729	Verlobung mit Katharina Dolgorukaja.
18. Januar 1730	Peter II. stirbt in Moskau an den Pocken. Damit stirbt die Romanow-Dynastie in der direkten männlichen Erbfolge auf dem Zarenthron aus.

Nach dem Tod Peters des Großen und der mit seiner Person verbundenen stürmisch despotischen Erneuerung wichtiger Lebensformen schien es, als müsse sich das Land erst einmal wieder sammeln. Dabei kam es nun gerade darauf an, das Reformwerk zu festigen und über den Rahmen von Einzelmaßnahmen hinauszugehen. In den breiten Volksschichten hatte sich noch kein Bewußtsein dafür entwickeln können, welche große Bedeutung das Lebenswerk des großen Peter für Rußland besaß. Katharina I. war 1727 bereits nach zwei Jahren ihrer Regentschaft gestorben, mit Peter II. gelangte ein zwölfjähriger Knabe auf den Thron, der zwar gute geistige Veranlagungen zur Herrschaftsausübung mit sich brachte, aber noch keineswegs für das Amt vorbereitet war. Trotz seiner Jugend führte er spezifische Eigensichten in die Regierungspolitik ein, über deren Perspektive es müßig ist zu diskutieren. Peter II. regierte kaum drei Jahre. In dieser Zeit trennte er sich in entscheidenden Punkten von seinem Großvater Peter I.: Er befreite Jewdokija Lopuchina aus dem Kloster, schickte den Fürsten Menschikow in die Verbannung und wählte vorübergehend Moskau als ersten Herrschaftssitz – der altmoskowitische Adel durfte über die unruhigen Reformer von der Newa triumphieren. Peter II. schickte sich an, die Verbrechen an seinem unglücklichen Vater Alexei Petrowitsch zu rächen – und das im Alter von 15 Jahren! Nur sein früher Tod behinderte die von ihm erstrebte Mischung von Restauration und Anerkennung gewachsener neuer Staatsstrukturen und ließ ihn keine herausragende politische Leistung vollenden.

Peter Alexejewitsch dürfte das Martyrium seines Vaters kaum bewußt erlebt haben. Auch die hinter seinem Vater stehende Opposition des Moskauer Adels blieb dem 1718 dreijährigen Jungen verschlossen.

Als Peter der Große 1725 starb, war die Situation ganz anders. Zu diesem Zeitpunkt war der Knabe neun Jahre alt. Sein Großvater hatte die Thronfolge nicht geregelt und keinen Nachfolger bestimmt. So sah sich der kleine Peter Alexejewitsch plötzlich neben Katharina, deren Töchtern Anna und Elisabeth, den zwei Töchtern Iwans V. (den Herzoginnen Katharina von Mecklenburg-Schwerin und Anna von Kurland) und der Tochter Katharinas von Mecklenburg-Schwerin, Anna Leopoldowna, in den Kreis der Kronprätendenten gerückt.

Peter besaß als einziger männlicher Erbe Aussichten, die Thronfolge antreten zu können. In den nach Peters des Großen Tod einsetzenden Verhandlungen wurde er sowohl vom Senat als auch von den Kirchenfürsten und von einem Teil des alten Adels favorisiert. Indessen zogen die Günstlinge Peters des Großen ihre politischen Kreise. Sie waren sich einig, daß eine Wahl des Sohnes von Alexei Petrowitsch ihren eigenen politischen Tod einleiten und den Verlust aller so emsig erworbenen Privilegien bedeuten würde. Alexander Menschikow, Peter Tolstoi und Pawel Jaguschinski, Oberprokurator des Senats, begruben zeitweilig ihre Rivalitäten und boten allen Einfluß auf, die Wahl Peters zu verhindern. Sie bearbeiteten die Senatoren und Bischöfe, konspirierten, überstimmten die Militärbefehlshaber und schreckten den unter Peter I. protegierten Teil des Adels mit der Rache des altmoskowitischen Adels. Und sie erreichten ihr Ziel: Nicht Peter Alexejewitsch oder Elisabeth, sondern Katharina Alexejewna bestieg den Zarenthron als Kaiserin von Rußland.

Zwei Jahre nur regierte Katharina, ehe sie starb. Ihre Regentschaft strahlte nicht jene Kraft aus, die ihren Einfluß auf Peter den Großen besessen hatte. Dessen Günstlinge regierten das Land weiterhin: Menschikow, Ostermann ... Nur in einem Punkt änderte Katharina I. ihr Verhalten im Vergleich zu Peter I. grundsätzlich: Sie holte den inzwischen zehnjährigen Peter Alexejewitsch und dessen Schwester Natalja zu sich an den Hof nach Petersburg.

Die beiden Kinder hatten zu Lebzeiten ihres Großvaters ein beklagenswertes Leben geführt. Peter der Große dehnte den Haß auf seinen Sohn auf dessen Kinder aus. Ihr Vater war umgekommen, als Peter drei und seine Schwester vier Jahre alt waren. Die Mutter, Sophie Charlotte von Braunschweig-Wolfenbüttel war kurz nach der Geburt Peters gestorben – sie wurde nur 21 Jahre alt. Die Kinder konnten sich an ihre Eltern kaum erinnern, den Großvater erinnerten sie immer an den für ihn traumatischen Sohn. Sie wurden in einen Vorort St. Petersburgs verbannt und durften dem Imperator nicht unter die Augen treten. Ihre materielle Versorgung war so kläglich, daß sie nur mit Mühe der Not und dem Hunger entgingen. Zwar sorgte der Zar für eine gute Erziehung des Jungen, aber elterliche Fürsorge und Zuneigung oder gar großväterliche Liebe erfuhren sie niemals. Auch an den offiziellen Förmlichkeiten durfte Peter, der ja stets einen legitimen und natürlichen Anspruch auf den Thron besaß, nicht teilhaben.

Mit der gleichermaßen dummen wie lapidaren Abwertung: „Der Apfel fällt nicht weit vom Stamm", lehnte der Großvater jeden Kontakt mit seinem Enkel ab. Die Höflinge nutzten den Konflikt weidlich aus, verhöhnten die Kinder und trieben sie tiefer in ihre physische und psychische Isolation, vor der sie sich selbst durch ihre hingebungsvolle Geschwisterliebe zu retten trachteten. Peter I. kam nicht umhin, an seinen Enkel erinnert zu werden und dessen Existenz Rechnung zu tragen. Dafür sorgte nicht nur Kaiser Karl VI., der Onkel Peter Alexejewitschs, der sich grundsätzlich nicht in inner-russische Verhältnisse einmischen wollte. Anlaß war der Tod Peter Petrowitschs, des leiblichen Sohnes Peters I., am 25. April 1719. Damit war die Thronfolge wieder offen, und Peter I. mußte seinen Enkel zur Kenntnis nehmen, ob er wollte oder nicht. Im Herbst 1724 gab es Anzeichen dafür, daß Peter Alexejewitschs Aussichten auf die Thronfolge leicht stiegen. Österreichische Berichte sprachen von einer freundlichen Aufmerksamkeit durch Peter I., der seinen Enkel behandle, „wie eingleichen russischen Fürsten und bojaren denselben mit ganzem herzen sichtlich zugethan seynd, ausser gar wenigen, die nemblich den hochseeligen cronprinzen verfolgen geholffen undt von denen Tolstoy wohl der erste ist. Von dem gemeinen Volckh aber wird dieser prinz gar unbeschreiblich geliebet." Der Bericht war anscheinend Karl VI. zuliebe abgefaßt worden, denn in Petersburg selbst legte Peter I. nach wie vor erhebliche Einwände gegen eine Nominierung des kleinen Jungen an den Tag. Ja, es gab sogar die Meinung: „Oeffentlich darf sich Niemand dem Großfürsten favorable zeigen, wo er nicht dem Tode in den Rachen laufen will."

Ihre Situation änderte sich aber bald und radikal. Katharina I. hatte Peters Ableh-nung gegenüber den Enkeln nicht geteilt. Kaum hatte sie den Thron bestiegen, ließ sie die Kinder zu sich rufen und überschüttete sie mit Wohltaten. Erziehung, Geld, Spei-sen, Kleidung – alle notwendigen Lebensgrundlagen standen nun ausreichend zur Verfügung. Und vor allem, die zärtliche Zuneigung der Geschwister fand eine selbst-lose Ergänzung durch die Stiefschwiegergroßmutter und deren beiden Töchter, selbst-los, denn sie alle standen direkt mit dem Thron und dessen Erbe im Zusammenhang. Katharina ließ vor aller Welt keinen Zweifel daran aufkommen, daß sie den unglück-lichen Peter als den wahren Thronprätendenten betrachtete.

Da gab es jedoch ein Hindernis. Katharina lebte zügellos und ruinierte ihre Ge-sundheit. Im Januar 1727 erkrankte sie, und bis zu ihrem Tod am 6. Mai führten wieder Menschikow und Ostermann das Regiment. Menschikow war nichts daran gelegen, Peter auf den Thron zu heben. Er war jedoch klug genug zu bemerken, daß Katharina vor Wohlwollen für den jungen Prinzen und dessen Schwester überlief. Menschikow änderte seine Taktik. Wenn er die Herrschaft Peters nicht mehr verhin-dern konnte, dann wollte er sie sich nutzbar machen. Mit diesem Ziel sollte seine Tochter Marija den jungen Großfürsten Peter heiraten. Jedoch, der unter dem großen Peter so strahlende und erfolgreiche Menschikow bemerkte nicht, daß sein Stern sank und daß alle wohlgesponnenen Intrigen mit dem Netz der eigenen Vergangenheit zerrissen.

Peter Alexejewitsch bestieg den Thron. Der Tradition folgend, wurde ein Regent-schaftsrat eingesetzt, der für den minderjährigen Zaren regierte. Noch blieb Menschi-kow an der Spitze des Rates. Ihm standen vier Mitglieder des Obersten Kronrates und beide lebenden Töchter Peters des Großen zur Seite. Nach wie vor spielte Graf Oster-mann als Haushofmeister neben Menschikow eine entscheidende Rolle im Leben des jungen Zaren.

Aber das Verhältnis zwischen Peter und Menschikow wurde zum Prüfstein für Peters politische und gesellschaftliche Strategie, für sein Verständnis von der Ver-gangenheit und Gegenwart der Dynastie und für seine Art des Umgangs mit der russischen Geschichte. Nach allen Voraussetzungen konnte Zar Peter II. gegenüber Menschikow nur feindselige Gefühle hegen. Er wußte um Menschikows verderbliche Rolle beim Tod des Vaters, und Peter hatte die gramvollen Jahre seiner Kindheit nicht vergessen. Für den sensiblen und intelligenten jungen Zaren verband sich mit der Person Menschikows alle Düsternis der Vergangenheit. Es war nur eine Frage der Zeit, wann sich das erste Gewitter zwischen dem aufstrebenden und charakterstarken Impe-rator und dem intriganten Günstling Peters des Großen entladen würde.

Den Anlaß bot ein Ereignis aus der Vergangenheit. Peter I. hatte 1689 Jewdokija Fjodorowna Lopuchina geheiratet, 1690 war Alexei geboren worden und 1698 hatte Peter Jewdokija verstoßen. Im Kloster Mariä Schutz und Fürbitte in Susdal mußte sie ihr Leben als Nonne Helene verbringen. Daran hatte auch die Herrschaft Katharinas nichts geändert. Nun kümmerte sich Peter II. um die verstoßene Großmutter – fast 30 Jahre, nachdem sie gewaltsam zur Nonne geschoren worden war! Sofort nach dem Antritt der Thronfolge verlangte Peter die Freilassung Jewdokijas. Menschikow wehrte sich entschieden, wohl wissend, daß seine eigene Rolle bei der Abschiebung Jewdokijas ans Licht kommen würde, daß ein erster Schritt gegangen werden sollte, der ihn selbst um alle Macht und allen Einfluß bringen konnte, der ihn dorthin zurückstoßen würde, woher er gekommen war: in die Gosse. Menschikow argumentierte gegenüber dem jungen Zaren mit drohenden Unruhen im Falle einer Freilassung Jewdokijas. Der konterte historisch und politisch vollkommen logisch: „Sie glauben, daß sich dann die Freunde meines Vaters um mich scharen werden." Menschikow hatte kein so folge-richtiges Gegenargument zur Hand und konnte nur haßerfüllt und völlig überflüssig prahlen. „Ich weigere mich, eine solche Verfügung zu treffen, ich bin der Regent." Das ließ Peter unberührt: „Und ich bin der Kaiser", entgegnete er kaltblütig.

Peters Wille geschah. Es war ein heftiger Schlagabtausch, der in wenigen Wochen die politischen und Machtfronten veränderte. Menschikow hatte sich verrechnet. Er unterschätzte den Einfluß des Moskauer Adels auf den jungen Peter und glaubte, der Ehemann von Peters I. Tochter Anna, Herzog Karl Friedrich von Holstein-Gottorp, sei stärker. Dem wurde kurzerhand nahegelegt, in seine Heimat zurückzukehren. Jewdokija wurde in Freiheit gesetzt und kam nach Moskau, wo die damals 57jährige Frau bleiben wollte. Es war keine persönliche Entscheidung, sondern ein Wunsch, der die altmoskowitischen Traditionen beleben sollte, einen bewußten Gegensatz zur

Modernisierung Peters des Großen schuf und der seine Wirkungen nicht verfehlte. Peter II. und die Schwester Natalja fuhren sofort von Petersburg nach Moskau und sprachen der alten Hauptstadt ihre Sympathie aus. Obgleich der Zar bald wieder – zumindest vorübergehend – nach Petersburg reiste, die Geste und ihr Geist ermunterten den Moskauer Adel, sich dem Thron zu nähern. Damit sank der Einfluß Menschikows, der sich so verächtlich gegenüber den alten Bojaren und Aristokraten verhalten hatte. Seine Vorstellung, Peter mit der eigenen Tochter Marija zu verheiraten, erwies sich mehr und mehr als Schaum. Vertreter alter Adelsgeschlechter aus den Familien Dolgoruki und Golizyn agitierten ganz offen gegen Menschikow, der es wagte, sich als Emporkömmling mit der Familie Romanow verbinden zu wollen. Was sollte Menschikow noch gegen den neuen Zaren unternehmen? Aller Möglichkeiten beraubt, geriet er in Panik, sah überall Verschwörungen und faßte den abenteuerlichen Plan, Peter gefangenzunehmen und in seinem Palast auf der Petersburger Wassili-Insel zu verstecken. Es war abenteuerlich und ein verzweifelter Versuch, die Macht zu wahren. Aber der große Menschikow stürzte über den kleinen Peter: Im September 1727 reiste Menschikow auf dem berüchtigten Etappenweg und in Ketten nach Sibirien. Niemals wieder tauchte er in Europa oder in St. Petersburg auf, jener Stadt, die ihn groß gemacht hatte.

Peter II. eilte erneut nach Moskau – hier besaß er seine Hauptstadt, in der er im März 1728 zum Imperator von ganz Rußland gekrönt wurde. Peter beschränkte sich nicht darauf, selbst nach Moskau zu gehen. Die obersten Reichsbehörden, der Oberste Kronrat, der Senat oder der Synod und die wichtigsten Verwaltungsinstitutionen mußten von der Newa an die Moskwa übersiedeln. Es war eine grundsätzliche Entscheidung: eine Abkehr vom despotischen Modernismus, ein Bekenntnis zur vorpetrinischen Tradition und eine Trotzreaktion auf das Verbrechen gegen die Großmutter, den Vater und die eigene verlorene Kindheit. Und es war eine Entscheidung, die maßgeblich unter dem Einfluß jener altadligen Kräfte, denen der Despotismus Peters den Boden entzogen hatte, erfolgte. Die Fürsten Dolgoruki und Golizyn blieben die offiziellen Regenten. Sie übten den entscheidenden Einfluß auf den Monarchen aus und schickten sich zur Familienverbindung mit den Romanows an. Dem wendigen und fähigen Ostermann gelang es, die Außenpolitik des Reichs zu lenken.

Ostermann war es auch, der den jungen Zaren in den Regeln und Fallstricken der Staatsführung unterwies. Überhaupt lernte der Zar, als gekröntes Haupt zahlreiche offizielle Verpflichtungen zu erfüllen. Er war charakterstark, wissensdurstig und verfügte über eine schnelle Auffassungsgabe. Von Gestalt groß – er entwickelte ein Körpermaß, das dem seines Großvaters nahekam –, konnten ihn auch dessen Anfälle von Jähzorn erfassen. Die Übersiedlung des Petersburger Hofes nach Moskau blieb eine Episode. Diese Übersiedlung war ebenso wie der Abschluß der unter Katharina I. begonnenen Revision der petrinischen Reform der Lokalverwaltung und die Einstellung des Flottenbaus eine Absage an besonders einschneidende und kostenaufwendige Neuerungen Peters, aber keine generelle Ablehnung des petrinischen Reformwerks oder gar eine grundsätzliche Rückkehr zu den alten Moskauer Traditionen. Dem petrinischen Erbe verpflichtet war die Regierung Peters II. in der Wirtschafts- und Außenpolitik. Um Handel und Gewerbe zu fördern, wurde 1727 eine spezielle Kommission eingerichtet. Es wurde das Salz- und Tabakmonopol aufgehoben. Die Verpflichtung, alle Exportgeschäfte über St. Petersburg zu leiten, wurde außer Kraft gesetzt. Man erließ ein Wechselkursgesetz, und der Handel erhielt große Freiheiten. Die außenpolitisch bedeutsamsten Ereignisse waren die Unterzeichnung des russisch-chinesischen Vertrags von Kjachta im Jahr 1727 und Rußlands Teilnahme an der Konferenz von Soissons (1728–1730), der ersten europäischen Friedenskonferenz.

Peter pflegte nach seiner Thronerhebung die liebevolle Beziehung zur Schwester Natalja, die ihn ständig umgab und umsorgte, wie die nur wenige Jahre ältere Tante Elisabeth. Für Peter war der frühe Tod Nataljas im Dezember 1728 ein schmerzlicher und unersetzbarer Verlust, über den ihm die Verbindung mit Katharina Dolgorukaja kaum hinweghelfen konnte. Probleme der Thronfolge berührten auch den erst 14jährigen Zaren Peter II., und die wieder zu Ehren gelangten Fürstengeschlechter besaßen ein Interesse daran, die Thronfolge möglichst schnell zu ihrem eigenen Nutzen und Vorteil zu regeln. So wird die im Dezember 1729 bekanntgegebene Verlobung Peters mit Katharina Dolgorukaja in erster Linie dynastischen Überlegungen gefolgt sein – gepaart mit dem Einfluß der Dolgorukis. Jedoch – die Natur machte einen Strich durch alle weiteren politischen und dynastischen Überlegungen. Am 30. Januar 1730 sollte die Hochzeit stattfinden. Wenige Tage zuvor erkrankte der Monarch an den Pocken, und am Morgen des Tages, der sein Hochzeitstag werden sollte, verstarb er.

Peter II. konnte kein Lebenswerk vollbringen. Er starb – schon ein Kaiser und doch noch ein Kind. Politisch, geistig und intellektuell hatte er für das Amt gute Veranlagungen mitgebracht. Obwohl es kaum erkennbare Ansätze für eine zielstrebige Regierungspolitik gab, die darauf hindeuteten, ob und wie das Erbe Peters des Großen bewahrt werden und einen Platz in der Geschichte Rußlands bekommen sollte, tendierten die Klugheit und der Scharfsinn des jungen Mannes letztlich wohl eher in Richtung einer Symbiose von moskowitischer Tradition und petrinischer Reform. Der euphorische Aufschrei, man möge die Namen der Petersburger Paläste in seiner Gegenwart niemals nennen, er regiere Rußland und seine Hauptstadt heiße Moskau, charakterisieren eher den schmerzvollen Trotz eines Kindes mit düsteren Kindheitserlebnissen als die Weisheit eines reifenden Monarchen, der Peter II. durchaus hätte werden können. Die ihm nachgesagten Eigenschaften wie Güte, Friedensliebe, Fröhlichkeit, Familiensinn und Aufrichtigkeit in den zwischenmenschlichen Beziehungen sprachen dafür. So blieb alles unvollendet.

Mit Peter II. starb der letzte rechtmäßige Romanow in der direkten männlichen Erblinie. Nicht nur der Thron war damit verwaist, sondern die Dynastie drohte auf dem Thron zu erlöschen. Der Oberste Kronrat beriet Tag und Nacht, wie man aus dem Dilemma herauskommen könnte. Vorschlag prallte auf Vorschlag: Elisabeth, der Sohn der 1728 verstorbenen Herzogin Anna von Holstein (Karl Peter Ulrich – der

spätere Peter III.), der zweiten Tochter Peters I. aus seiner zweiten Ehe. Den Ausschlag
gab schließlich Fürst Dmitri Golizyn. Er schlug Anna vor, die Tochter Zar Iwans V.,
die seit 1711 verwitwete Herzogin von Kurland. Mit ihr sollte die Macht des Adels neu
errichtet und die Herrschaft der Autokratie beseitigt werden. Aber die greisen Mitglieder des Obersten Kronrates ahnten nicht, wie sehr sie sich verrechneten.

LITERATUR

K. I. Arsen'ev, Carstvovanie Petra II, St. Petersburg 1839.
Handbuch der Geschichte Rußlands, Bd. 2, 1, Stuttgart 1986.
Reinhard Wittram, Peter I. Czar und Kaiser, 2 Bände, Göttingen 1964.

ANNA I. IWANOWNA

Anna I. Iwanowna

1693–1740

KAISERIN VON RUSSLAND 1730–1740

28. Januar 1693   Anna wird als zweite (überlebende) Tochter Zar Iwans V. und dessen Ehefrau Praskowja Fjodorowna Saltykowa in Moskau geboren.

31. Oktober 1710   Anna Iwanowna heiratet den Herzog von Kurland, Friedrich Wilhelm, und lebt nach dessen frühem Tod im Jahr 1711 als Witwe in der kurländischen Residenz Mitau.

15. Februar 1730   Anna tritt auf Beschluß des Obersten Geheimen Rates die Thronfolge auf dem russischen Kaiserthron an.

17. Oktober 1740   Kaiserin Anna stirbt kinderlos in Petersburg. Vor ihrem Tod hat sie den minderjährigen Iwan Antonowitsch von Braunschweig-Wolfenbüttel zum Thronerben bestimmt.

Das Leben und die zehnjährige Regierungszeit Anna Iwanownas waren in mancher Hinsicht typisch für die langen und turbulenten Jahrzehnte zwischen dem Tod Peters des Großen und der Thronbesteigung Katharinas II. Relativ schnelle Machtwechsel unter schwierigen dynastischen Voraussetzungen nach dem Thronfolgeukas Peters I. paarten sich mit usurpatorischen Tendenzen, die ihre fragwürdige Legitimation dem Votum der Garderegimenter verdankten. Die von Peter I. voller Hoffnung bereitwillig ins Land geholten Ausländer, deren fachlicher Rat mitunter weit über den persönlich-menschlichen Qualitäten lag, mauserten sich zu einer höfischen Diktatur, die den Zorn und die Abwehr des russischen Adels und des Volkes hervorrief.

Es war aber auch die „Stunde der Frauen". Dabei waren die Zarinnen und Regentinnen – auch die Kaiserin Anna – keine farblosen Marionetten in den Händen arroganter deutscher Günstlinge. Kaiserin Anna Iwanowna setzte eigene politische Akzente, ohne die Autokratie dadurch gleich herausragend zu prägen. Sie ist keineswegs lediglich deshalb in die Geschichte eingegangen, weil ihr etwa der Ruf einer vulgären Giftschlange angehaftet hätte. Auch andere Zaren zeichneten sich nicht durch übertriebene Herzensgüte und Mildtätigkeit aus.

Anna gelangte in einem erbitterten, aber nicht unüblichen Machtkampf auf den Thron. Peter II. war im 15. Lebensjahr gestorben. Der letzte direkte männliche Nachkomme der Romanows auf dem Zarenthron war ohne leiblichen Erben geblieben. Wer sollte nun in Rußland herrschen? 1726, während der Regierungszeit Katharinas I., war

eine Institution geschaffen worden, die nicht nur eine Machtlücke im petrinischen
Verwaltungsapparat beseitigen, sondern unter den Bedingungen einer relativ schwach
legitimierten Kaiserin den Einfluß der Günstlinge Peters I. gegenüber der traditionellen aristokratischen Opposition sichern sollte: Der Oberste Geheime Rat entschied alle
inneren und äußeren Angelegenheiten im Reich. Unter Peter II. war er entscheidenden
personellen Wandlungen unterworfen worden. Peters ablehnende Haltung gegenüber
dem imperialen Großvater, seine Hinwendung an das alte Moskau, ließen den Einfluß
Menschikows und der Parteigänger Peters I. rapide sinken, statt dessen wurden vom
Zaren die Familien Dolgoruki und Golizyn favorisiert. Zu keinem Zeitpunkt hatte der
Oberste Geheime Rat die Autokratie in Frage gestellt. Jetzt, nach dem überraschenden
Tod Peters II., bei der Suche nach einem neuen Imperator, wollten sich die Oligarchen
ihre Macht und ihren Einfluß sichern: Sie wählten Anna, die Herzogin von Kurland,
aus, weil sie – die Dolgorukis und Golizyns – die Herzogin für eine Marionette hielten.
Das sollte sich als verhängnisvoller Irrtum erweisen.

Anna war im 17. Lebensjahr mit dem Herzog Friedrich Wilhelm von Kurland
verheiratet worden. Der Ehegemahl starb bereits im darauffolgenden Jahr 1711. Seitdem lebte die Herzogin-Witwe in der kurländischen Residenz Mitau, und hier erreichte sie auch das Angebot des Obersten Geheimen Rats, als Nachfolgerin Peters II.
auf den russischen Thron zu steigen. Wenn es nach Recht und Gesetz gegangen wäre,
hätte eigentlich eine der leiblichen Töchter Peters des Großen und Katharinas I. den
Thron besteigen müssen. Aber der Rat entschied nach langer Debatte anders. Er wollte
verhindern, daß andere Günstlinge den Hof überschwemmten, und trachtete danach,
wie es Fürst Dmitri Golizyn formulierte, „... die eigene Freiheit zu mehren ...“. Der Rat
unterbreitete Anna Wahlkapitulationen als Bedingung für die Thronfolge, die einer
Aufhebung der Autokratie gleichkamen und die Macht des Rates selbst vermehrten.
Als Vorbild für ihre „Konditionen“ suchten sich die Ratsmitglieder jene schwedischen
Gesetze heraus, in denen die Tätigkeit des schwedischen Senats und seines Verhältnisses zum König geregelt worden waren. Ohne Rücksprache mit anderen Würdenträgern wollte der Oberste Geheime Rat Anna verpflichten, weder erneut zu heiraten
noch einen Thronfolger zu benennen. Sie sollte als Kaiserin keine persönliche Entscheidung ohne die Zustimmung des Obersten Geheimen Rats treffen dürfen. Der Rat
sollte überdies seine Mitglieder selbst wählen und die wichtigsten Beamten in der
Administration ernennen. Schließlich sollte der Oberbefehl über das Heer und die
Garde nicht bei der Kaiserin, sondern gleichfalls beim Obersten Geheimen Rat liegen.
Das bedeutete, die Zarin sollte entgegen allen autokratischen Traditionen und Prinzipien Rußlands lediglich das Reich repräsentieren dürfen. Dieser Versuch einer oligar-
chischen Diktatur ohne den Zaren widersprach so sehr allen machtpolitischen Regeln
und Erfahrungen des Russischen Reichs, daß er über kurz oder lang scheitern mußte.
Die Kaiserin Anna selbst bereitete den Spekulationen sehr schnell ein Ende.

Zur Überraschung der Ratsmitglieder nahm Anna die für die Würde des Monarchen demütigenden Bedingungen sofort und ohne Widerspruch an. Sie unterschrieb

die „Konditionen" und reiste ohne weitere Umstände von Mitau nach Moskau. Erst jetzt informierten die Ratsmitglieder den Senat, den Adel und die Geistlichkeit in groben Zügen über den Inhalt der „Konditionen", ohne die Bestimmungen selbst in ihrem gesamten Wortlaut zu veröffentlichen. Es wurde mitgeteilt, der Rat sei entschlossen, Anna, die Herzogin von Kurland, auf den Thron zu heben – alle stimmten zu. Aber die Verfahrensweise rief auch Argwohn unter dem Adel hervor. Die Hofhaltung Peters II. hatte dazu geführt, daß sich ein großer Teil des Adels, der Garderegimenter und der Beamtenschaft in Moskau aufhielt. Gerüchte über die geheimen „Konditionen" schweiften umher, und der naheliegende Verdacht, vor allem die Familien der Fürsten Golizyn und Dolgoruki wollten die Thronerhebung Annas nutzen, um ihre eigene Macht zu errichten, verdichtete sich von Tag zu Tag. Die Nachricht sickerte durch, daß Anna unterschrieben habe, auf ihre autokratische Macht zu verzichten und mit dem Obersten Geheimen Rat gemeinsam zu regieren. Sofort bildeten sich in Moskau mehrere Adelsparteien, die gemeinsam gegen den Rat standen, untereinander jedoch die verschiedensten Ziele verfolgten: von der Stärkung der Selbstherrschaft bis zur Erweiterung der Rechte des niederen Adels. Petitionen wurden an den Rat gerichtet, verschwanden jedoch unbeachtet.

Am 25. Januar 1730 bestieg Anna den Thron. Die widerstreitenden Parteien nutzten die Gelegenheit, der neuen Kaiserin ihren Unmut über die Handlungen des Rats mitzuteilen. Dieser Protest kam der Kaiserin gelegen. Es gelang Anna, die verschiedenen adligen Interessengruppen zusammenzuführen und gegen den Rat zu orientieren. Vom niederen Adel gingen jene Sympathieerklärungen aus, die Anna bei eigener geschickter Regie aufforderten, die Selbstherrschaft wiederherzustellen, den Obersten Geheimen Rat aufzuheben und den Senat in seine alten Rechte einzusetzen. Anna erfüllte diese Bitten nur zu gerne. Eine ihrer ersten Amtshandlungen bestand darin, die ihr auferlegten Bedingungen zum Entsetzen des Obersten Geheimen Rates einfach zu zerreißen und für null und nichtig zu erklären. Sie konnte diesen keineswegs risikofreien Schritt wagen, weil breite Kreise des Adels gegen die Machtansprüche des Obersten Geheimen Rates rebellierten.

Es wäre übertrieben, wollte man annehmen, „objektive" Sachinteressen einzelner sozialer Schichten hätten Anna den Weg zum Thron bereitet. In erster Linie setzte sie sich selbst skrupellos in den rivalisierenden Mächtegruppierungen durch und nutzte geschickt die Schwächen ihrer Gegner. Ein junger baltischer Baron schrieb einmal über Anna: „Sie ist eine ausgesprochene Giftnatter und obendrein noch vulgär. Man hört, sie soll die Äpfel an den Bäumen zählen aus Angst, die Gärtner könnten sie betrügen. Ich wünsche diesem barbarischen Rußland viel Vergnügen mit ihr." Das war zwar ein böses Wort, wird aber wohl nicht fern der Wahrheit gelegen haben.

Als Anna den Thron bestieg, besaß sie mit ihren 37 Jahren eine Vergangenheit, die nicht nur aus der unglücklichen Ehe mit dem verstorbenen Herzog von Kurland bestand. Sie war dick, besaß einen verkniffenen Mund und benahm sich bäurisch. Ihr ganzes Wesen atmete den von Schrecken begleiteten Lebensweg. Der Vater war lange

krank gewesen, die Mutter hatte sich um das Kind kaum gekümmert. Annas eigene
Ehe war erzwungen worden und der Gatte voller Laster. Ihre Herrschaft geriet zu einer
Mischung aus der Rache für alles erlebte und eingebildete Unrecht und dem Hochge-
nuß einmal errungener Freiheit. Die Devise lautete: Nur weg aus dem ungeliebten
Mitau, in Moskau wird man dann schon sehen! Tatsächlich bereitete Moskau der
Tochter Iwans V. einen triumphalen Empfang. Peter II. hatte Moskau teilweise zur
Residenz gewählt, mit Anna würde das alte Moskau wieder endgültig an die Spitze des
Reichs treten. Aber diese Hoffnung sollte sich nur allzubald als Irrtum erweisen.

Die Kaiserin entmachtete den Obersten Geheimen Rat. Statt dessen richtete Anna
ein „Ministerkabinett" ein, dessen Existenz 1731 öffentlich bekanntgegeben wurde.
Das war ein Beratungsgremium mit weitgehenden, sowohl gesetzgeberischen als auch
administrativen Kompetenzen, dem drei Staatsmänner angehörten. Anders als die vor
und nach Anna bestehende kaiserliche Privatkanzlei („Kabinett Seiner (Ihrer) Kaiserlichen Majestät") wurde dieses Gremium 1735 in den Rang einer Regierungs-
institution erhoben, als die Kaiserin bestimmte, daß die Unterschriften der drei
„Minister" ihrer eigenen gleichkämen.

Die strukturellen Veränderungen sagen relativ wenig darüber aus, wer die tatsächliche Macht im Land ausübte. Die Kaiserin enttäuschte die Hoffnungen ihrer Landeskinder sehr schwer. Sie mißtraute den alten Aristokratengeschlechtern ebenso wie dem
Dienstadel und stützte sich auf ihre baltischen Erfahrungen. Die unvorbereitet an die
Regierung gelangte und zumeist mit ihren persönlichen Angelegenheiten und Vergnügungen beschäftigte Kaiserin bevorzugte als Ratgeber vornehmlich Deutsche. Sie
reiste mit der Kavalkade ihrer deutschen Freunde aus Mitau an und favorisierte den
nachmaligen Reichsgrafen, Herzog von Kurland und Regenten Ernst Johann Bühren
(Biron). Biron war ein Enkel des Mathias Bühren aus Mecklenburg, des Kammerdie-
ners Jacobs, des dritten Herzogs von Kurland, der sich bei seinem Herrn so beliebt
gemacht hatte, daß dieser ihm sowohl die Würde eines Freiherrn als auch ein kleines
Gut zum Geschenk gemacht hatte. Ernst Johann Bühren, der als Geliebter und Sekretär Annas in Moskau anreiste, war ein so eifriger Liebhaber französischer Sitten, daß er
seinen Namen Bühren in Biron abwandelte und sich das Wappen der in Frankreich
ausgestorbenen Familie Biron aneignete.

Die deutschen Berater Annas stießen in Moskau auf etablierte deutsche Würden-
träger, die unter Peter I. zu Ruhm und Ansehen gelangt waren, darunter der Graf
Burchard Christoph von Münnich – später Generalfeldmarschall und ebenfalls
Reichsregent – und vor allem der Graf und bedeutende Staatsmann Heinrich Johann
Friedrich Ostermann.

Anna enttäuschte die Moskowiter noch auf andere Weise. Sie verließ Moskau und
setzte sich in St. Petersburg fest. Von hier aus entfaltete sie ihre Rachsucht, unter der
nicht nur der Dienstadel zu leiden hatte, sondern auch jene Fürstenfamilien, die es
gewagt hatten, der Kaiserin Bedingungen zu diktieren. Und von Petersburg aus konnte
der abenteuerliche Günstling Biron ungestört seine intriganten Netze über Rußland

ausbreiten. Ostermann wurde Kabinettsminister, Münnich erhielt den Oberbefehl
über die Streitkräfte. Die Orientierung auf die Deutschen machte Anna beim russischen Adel und auch im „Volke" nicht populärer und brachte ihrer zehnjährigen
Regierungszeit die abwertende Bezeichnung „Deutschen-Herrschaft" ein. Die Ablehnung der Russen gegen die fremden Deutschen war grundsätzlicher Natur, resultierte
konkret jedoch aus deren Auftreten.

Zunächst wurden nicht nur die Dolgorukis und die Golizyns verfolgt, sondern
Annas und ihrer Günstlinge Haß richtete sich auch gegen den Grafen Tolstoi, der sich
dafür eingesetzt hatte, daß Elisabeth Peters II. Nachfolgerin auf dem Thron würde.
Elisabeth wurde auf einen abgelegenen Landsitz verbannt, und die unglückliche Braut
Peters II. verschwand auf Lebenszeit nach Sibirien.

Anna besetzte alle wichtigen Staatsämter mit ihren deutsch-baltischen Freunden.
Sie stellte neben den traditionsreichen Garderegimentern Preobrashenski und
Semjonowski zwei neue Regimenter (Ismailow und das Reiterregiment) auf, die von
baltischen Offizieren kommandiert wurden. Mochte das noch hingehen, so wurde der
Name Birons zum Schreckenssymbol für alle Verbrechen im Namen der Zarin. Die
„Bironowschtschina" galt als Markenzeichen für Bereicherung, Denunziation, Folter
und Willkür. Biron verachtete die Russen und ließ es sie spüren. Nicht das Wohl des
Staates und der Untertanen trieb ihn, sondern die schiere habgierige materielle Ge-
winnsucht. Gnadenlos wurden alle Stände ausgepreßt, jedes vermeintliche Aufbegehren gegen die Geldeintreiberei zur Verschwörung gegen den Staat und gegen den
Zaren stilisiert. Die von Anna und Biron geschaffene „Geheime Kanzlei" überwachte
das politische Leben im Land und überzog Rußland mit einem Spitzelsystem nie
gekannten Ausmaßes. Jeder konnte jeden denunzieren und aus dem Wege räumen.
Die Agenten der „Geheimen Kanzlei" durchstreiften in ihren grünen Uniformen das
ganze Land. Mit dem Wahlspruch „Wort und Tat" erschreckten sie jeden Menschen.
Ihre Opfer verschwanden unauffindbar: Alle Verfahren wurden geheim geführt, Urteile nicht veröffentlicht und die Gerichtsprotokolle verschlüsselt abgefaßt und in
Geheimarchiven aufbewahrt. Einflußreiche Fürsten aus den Familien der Golizyns,
der Dolgorukis oder der Jussupows wurden verbannt oder hingerichtet, ohne daß sie
einer Schuld gegenüber der Zarin angeklagt werden konnten. Der Kabinettsminister
Artemi Wolynski wurde 1740 nur hingerichtet, weil er in seiner Verantwortung vor
dem Staat gewagt hatte, die Zarin vor den Umtrieben Birons zu warnen. Weil Anna
den Einflüsterungen Birons, der schon im Lachen von Straßenjungen ein Anzeichen
für Verschwörungen erblickte, erlegen war, trieben sie gemeinsam in den Untergang.

Zehn lange Jahre währten die Regierungszeit Annas und das Schreckensregiment
Birons, an dem viele Würdenträger, Militärs, Beamte und Adlige partizipierten. Auf
sich allein gestellt, hätte der Dämon Biron dieses Regiment niemals überstehen können. In der Tat entfaltete der kaiserliche Hof einen Glanz und Luxus, der in der
russischen Geschichte seinesgleichen suchte. Zahllose Überlieferungen und Legenden
zeugen von der zarischen Verschwendungssucht. Annas Toilettetisch und Spiegel

waren aus massivem Gold, die Wohnmöbel überreich mit Edelmetallen und Edelsteinen verziert. Selbst wenn manche Schilderung übertrieben sein mag, so sprachen die
zahlreichen Herrenhäuser, der Besitz an ausgedehnten Ländereien, der Luxus an den
höfischen Tafeln und märchenhafte Geschenke an den Günstling Biron ihre eigene
Sprache. Anna lebte hemmungslos und mit ihr diejenigen, die sich ihrer Gunst erfreu-
ten. Bälle, Maskenfeste, Jagden und andere diverse Vergnügungen lösten einander in
bunter Reihe ab. Anna, die einst in Kurland die nackte Armut kennengelernt hatte,
schwelgte im Luxus und legte sich keinerlei Fesseln an. Keine andere russische Herrscherin, auch Kaiserin Elisabeth nicht, lebte derart hemmungslos wie Anna Iwanowna.
Es war nur eine Frage der Zeit, wann das ausschweifende Leben seinen Tribut einfordern würde. Dabei war die Kaiserin durchaus intelligent. Sie verfügte über einen
politischen Scharfsinn, der viele Zeitgenossen verblüffte. Bei etwas mehr Fleiß und
Disziplin hätte die Kaiserin in die Reihe der schöpferischen Autokraten ihres Landes
eingehen können. Sie konnte die nützlichen Seiten vorgeschlagener Maßnahmen oder
Verträge sehr schnell erkennen. Anna umgab sich nicht nur mit Kreaturen wie Biron,
sondern andere Vertraute, wie zum Beispiel Ostermann oder Münnich – natürlich
auch sie nicht frei von Korruption an einem korrupten Hof –, besaßen einen politischen Weitblick, den Anna erkannte und zielbewußt nutzte. So ist erklärlich, daß das
Regiment Annas nicht ausschließlich eine Zeit der Völlerei, Intrigen und des Drucks
auf das einfache Volk gewesen ist, sondern sinnvolle Veränderungen im russischen
Gesellschaftsbau einschloß. Den wichtigsten innenpolitischen Grundzug bildeten
Maßnahmen zur Privilegierung des Adels. Dazu gehörten die Aufhebung des Gesetzes
über die Einerbfolge im Jahr 1730; die Einrichtung des Kadettenkorps im Jahr 1731;
die Befristung der lebenslangen Dienstpflicht auf 25 Jahre von 1736. In der Regierungszeit Annas stehen zahlreichen regressiven Tendenzen bemerkenswerte Fortschritte auf kulturell-wissenschaftlichem und wirtschaftlichem Gebiet gegenüber.
    Außenpolitisch erwies sich die Regierungszeit Annas, in die der erste formelle
zwischenstaatliche Handelsvertrag Rußlands (1734 mit England) fiel, als eine Phase
der Konsolidierung der im großen Nordischen Krieg erlangten Großmachtstellung.
Im Polnischen Thronfolgekrieg (1733–1735) gelang es nach dem Tod Augusts II.
dessen Sohn durch militärische Intervention als August III. zum König von Polen
einzusetzen und Rußlands hegemoniale Vormacht in Osteuropa gegen Frankreichs
Politik der Barriere de l'Est zu sichern. Der Krieg gegen das Osmanische Reich (1735
bis 1739) war zwar militärisch ein Erfolg, endete jedoch 1739 im Frieden von Konstantinopel ohne nennenswerten politischen Gewinn. Daraus zog Anna Lehren. Sie
erkannte, daß die russischen Truppen in der Lage waren, die Auseinandersetzungen
mit der Türkei siegreich zu gestalten. Annas Feldzüge gegen die Türken riefen die
besorgte Aufmerksamkeit Europas hervor. Die Kaiserin war der festen Überzeugung,
daß es ihr noch gelingen werde, den Frieden von Konstantinopel zu revidieren. Dazu
sollte es jedoch nicht mehr kommen. Kurz vor ihrem Tod bestimmte Anna ihren
minderjährigen Großneffen Iwan Antonowitsch, den nachfolgenden Iwan VI., zum

Thronerben und ernannte Anna Leopoldowna zur Regentin. Sie schien der Auffassung gewesen zu sein, daß durch die Ehe ihrer Nichte Anna von Mecklenburg-Schwerin mit Anton Ulrich von Braunschweig-Wolfenbüttel und deren gemeinsamem Sohn Iwan alle notwendigen Voraussetzungen für die Thronfolge gegeben seien. Sie hatte keine andere Vorsorge getroffen und wollte sich nicht anders entscheiden, denn immerhin lebte ja Elisabeth noch. Aber die wurde abermals übergangen. Anna erlitt nach dem ersten Schlaganfall im September 1740 im Folgemonat einen zweiten Schlaganfall. Die Ärzte sahen keine Hoffnung mehr. Biron wich nicht von Annas Kranken- und Totenbett. Mit seiner ganzen Überredungskunst versuchte er die sterbende Kaiserin zu überzeugen, sie möge doch ihn statt Anna Leopoldowna zum Regenten über den kleinen Zaren Iwan einsetzen. Die Kaiserin gab schließlich seinem ungestümen Drängen nach. Sie starb jedoch, ehe sie das Dokument unterschreiben konnte.

Am 17. Oktober 1740 starb die Kaiserin Anna Iwanowna. Nur wenige Menschen im Russischen Reich empfanden echte Trauer. Diejenigen, die sie schmerzlich vermißten, trauerten, weil sie um ihre eigenen Privilegien fürchteten. Ostermann, Münnich und Biron waren sich in dieser Hinsicht zunächst einig. Aber jeder beanspruchte für sich die reichste Beute. Ostermann hatte zu Lebzeiten Annas veranlaßt, daß die Kindeseltern und die nächste Thronprätendentin, Großfürstin Elisabeth, den Treueid auf den Thronfolger leisteten. Kaum war die Zarin tot, mußte dieser Treueid noch einmal geleistet werden. Ostermann präsentierte dem Adel das nicht mehr von Anna unterschriebene Testament, nachdem Biron zum Regenten bestimmt wurde. Es war offensichtlich eine Fälschung. Der Adel, soweit in die Geschehnisse involviert, war entsetzt. Iwan war wenige Monate alt, sein Lebensweg vollkommen unbestimmt. Nach dem Gesetz drohte, daß alle seine künftigen Geschwister unmittelbare Thronfolger würden. Die russischen Aristokraten wollten den Zarenthron weder dem Hause Braunschweig-Wolfenbüttel noch Mecklenburg-Schwerin überantworten. Sie wollten weder Biron noch Münnich oder Ostermann an der Spitze des Reichs sehen.

Die Kaiserin Anna zählte zwar nicht zu jenen russischen Herrschern, deren überragende oder auch nur starke Persönlichkeit wesentliche Staatsentscheidungen, die in der russischen Geschichte Meilensteine dastellten, trafen. Dennoch erschien ihre Regierungszeit den Zeitgenossen als Fortsetzung der Herrschaft Peters des Großen, weil dessen innere und äußere Entscheidungen und Maßnahmen weitgehend erhalten und gefestigt wurden.

LITERATUR

E. M. Almedingen, Die Romanows. Die Geschichte einer Dynastie. Rußland 1613–1917, Frankfurt am Main, Berlin 1992.

Anna Ioannovna, in: RBS, Bd. 2, S. 158–178.

Ph. Longworth, The Three Empresses. Catherine I., Anne and Elisabeth of Russia, London 1972.

S. F. Platonov, Geschichte Rußlands. Vom Beginn bis zur Jetztzeit, Leipzig 1927.

Iwan VI. Antonowitsch

1740–1764

NOMINELLER ZAR VON RUSSLAND
Oktober 1740–Dezember 1741

2. August 1740	Iwan wird als ältester Sohn der Prinzessin Anna Leopoldowna und des Prinzen Anton Ulrich von Braunschweig-Wolfenbüttel-Bevern in St. Petersburg geboren.
17. Oktober 1740	Iwan tritt als Iwan VI. die Thronfolge der verstorbenen Kaiserin Anna an. Er wird jedoch nicht gekrönt.
25. November 1741	Iwan VI. wird durch Elisabeth, die zweite Tochter Peters des Großen, entthront.
1744	Iwan VI. wird von seinen Eltern im Verbannungsort Cholmogory getrennt und nacheinander in die Festungen Solowski (1746), Schlüsselburg (1756), Kexholm (1762 – zwei Monate) und wieder Schlüsselburg eingesperrt.
5. Juli 1764	Iwan VI. wird in der Festung Schlüsselburg ermordet.

Das Leben des russischen Kaisers Iwan VI. hat gewiß nicht zu den Ruhmesepochen der Romanow-Dynastie gehört. Deren Geschichte ist wahrlich nicht arm an Schreckensszenen gewesen. Iwans Schicksal war besonders tragisch und berührte jene Seiten im Wesen des Herrschergeschlechts, die von elementarer Grausamkeit und Rigorosität bei der Sicherung von Herrschaftsansprüchen gekennzeichnet waren. Es ist schwer möglich, ein lebendiges Bild seiner Persönlichkeit zu zeichnen: Ein Mensch, ein Kaiser, dessen Entwicklung sich vom zweiten bis zum vierundzwanzigsten und letzten Lebensjahr in der Verbannung und in dunklen Kerkern und Verliesen, ausgeschlossen von jeglicher persönlichen und geistigen Kommunikation vollzogen hat, kann keine ausgereifte individuelle Physiognomie hervorgebracht haben. Dennoch war der „Nicht-Imperator" ein Mensch, der sich auch in der erzwungenen Abgeschlossenheit zumindest in elementaren Ansätzen seiner Rolle als ein russischer Fürst bewußt wurde. Er ahnte, zunächst dumpf, dann immer deutlicher, daß er lediglich den ehrgeizigen und zugleich furchtsamen Machtintrigen zweier Kaiserinnen zum Opfer fiel: Elisabeth I. und Katharina II., die in ihm unbewußt und ungewollt das Gefühl für die Bedeutung seiner Herkunft weckten.

Im Grunde genommen verband Iwan nur noch relativ wenig originales Blut mit den „echten" Romanows. Lediglich die Großmutter in der mütterlichen Linie,

Jekaterina – Tochter Iwans V., des Stiefbruders Peters des Großen –, hatte das genealogische Bindeglied hergestellt. Jekaterina hatte 1716, im Alter von 25 Jahren, den Herzog von Mecklenburg-Schwerin, Karl Leopold, geheiratet. Aus ihrer Ehe ging 1718 in Rostock als einziges Kind die Tochter Anna Leopoldowna (Prinzessin Elisabeth Katharina Christine von Mecklenburg-Schwerin) hervor. Anna wiederum – sie war die Nichte der Kaiserin Anna I. Iwanowna – heiratete 1739 den Herzog von Braunschweig-Wolfenbüttel-Bevern, Anton Ulrich.

Gerade in dieser Ehe sah die kinderlose Kaiserin Anna I. Iwanowna die einzig mögliche und sichere Hoffnung für die Thronfolgesicherung zugunsten der Romanows, nachdem 1730 mit Peter II. die direkte männliche Erblinie der Dynastie ausgestorben war. Aus der Familie Peters des Großen lebte noch die zweite Tochter Elisabeth. Anna, die Tochter Iwans V., galt nicht als Thronprätendentin und wurde einfach übergangen. Der zugeheiratete Anton Ulrich war zwar nicht gerade das Musterbild einer prägenden Persönlichkeit, aber von ihm konnte man immerhin Anpassungsfähigkeit erwarten. Außerdem sollte er lediglich die Thronfolge durch einen einigermaßen geeigneten Erben sichern. Blaß und farblos reiste er auf Kaiserin Annas Wunsch mit seiner Frau an den Petersburger Hof, und hier kam am 2. August 1740 wunschgemäß der kleine Iwan (Johann) Antonowitsch zur Welt.

Das Familienglück währte nur wenige Wochen. Im Oktober 1740 erlitt Kaiserin Anna einen Schlaganfall. Bevor sie am 17. Oktober starb, setzte sie ihren gerade zwei Monate alten Großneffen Iwan Antonowitsch zum Thronfolger ein und bestimmte ihren Geliebten, den Reichsgrafen Ernst Johann von Biron, Herzog von Kurland, zum Regenten. Birons machtpolitische und persönliche Physiognomie war durch sein unheilvolles Wirken unter der Kaiserin Anna hinreichend bekannt. Anna Leopoldowna war gewarnt. Nun dirigierte er zumindest für drei Wochen die Eltern des Thronfolgers nach seinem Willen. Auch jetzt versuchte er, Rußland „mit dem Korporalstock zu zivilisieren". Das „Braunschweig-Quartett", bestehend aus Anna Leopoldowna, dem Gatten Anton Ulrich, dessen Mätresse Julia Mengden und dem Kammerherrn Graf Lynar (der Liebhaber Anna Leopoldownas) mußte aufgeregt und willenlos den unsinnigsten Weisungen Birons gehorchen. Mit kalter Grausamkeit ließ Biron Hunderte von Menschen töten. Mehr als 20.000 soll er während der kurzen Zeit seiner Regentschaft in die Verbannung geschickt haben.

Erst das beherzte Eingreifen von Feldmarschall Burchard Christoph von Münnich und Graf Heinrich Johann Friedrich Ostermann befreite die Braunschweiger unter maßgeblichem Dirigat durch Anna Leopoldowna aus den Fängen Birons, ohne daß dadurch die Herrschaft der „Deutschen" am Zarenhof geschmälert wurde.

Anna Leopoldowna beschwerte sich bei Münnich über die gewalttätigen Anmaßungen Birons. Münnich fragte, ob sie schon mit irgend jemand über ihre Ängste gesprochen habe. Anna verneinte, und Münnich forderte sie zum Schweigen auf, er wolle für sie handeln. Am 8. November 1740, einen Tag nach der Unterredung mit Anna, war Münnich bei Biron zu Gast, und man tafelte ausgiebig. Münnich entfernte sich für kurze Zeit, um der Mutter Iwans VI. zu sagen, sie solle sich für die kommende Nacht vorbereitet halten. Zurückgekehrt, wurde Münnich, der angeregt über seine Kriegsabenteuer plauderte, vom Grafen Löwenhaupt gefragt, ob er, Münnich, denn während der Feldzüge auch nächtliche Expeditionen unternommen hätte. Münnich gab auf diese an sich harmlose Frage eine Antwort, die Biron aufhorchen ließ: „Ich habe deren zu jeder Stunde gemacht." Letztlich blieb die Bemerkung ohne Folgen und man ging recht freundschaftlich auseinander, soweit das bei rivalisierenden Würdenträgern überhaupt möglich war.

Münnich begab sich in seine Wohnung und befahl dem Adjutanten Manstein, sich für zwei Uhr nachts bereitzuhalten. Um diese Stunde bestiegen beide eine Kutsche, fuhren zum Winterpalais und weckten Anna Leopoldowna. Anton Ulrich wurde wach, seine Frau beruhigte ihn, es handele sich nur um eine kleine Unpäßlichkeit. Der Herzog schlief ahnungslos weiter, Anna dagegen ging mit Münnich zu den Soldaten des Regiments Preobraschenski und klagte über ihre demütigende Lage, über die Roheiten Birons, stellte künftige Verbesserungen für die Soldaten in Aussicht. Münnich ließ die Gewehre laden. Während Anna unter soldatischem Schutz zurückblieb, marschierte Münnich mit seinem Adjutanten und 80 Soldaten zum Palast des Regenten.

Der Feldmarschall befahl Manstein, Biron zu verhaften und – tot oder lebendig – herbeizuschaffen. Manstein ging in das Schlafzimmer des Herzogs von Kurland. Die diensthabenden Wachen sahen schweigend zu. Manstein zitterte noch nach Jahren: „Wäre ein einziger treuer Offizier oder Soldat dagewesen, wären wir verloren gewesen." Biron war so verhaßt, daß der Adjutant ungehindert bis in das Schlafzimmer vordringen konnte und den verängstigten Biron unter dem Bett hervorzerren lassen mußte. So einfach vollzogen sich damals in Rußland Staatsstreiche!

Während Biron, einer Verschwörung bezichtigt und zunächst zum Tod verurteilt, dann aber zur Verbannung in das im hohen Norden gelegene Pelym begnadigt, mit seinem Anhang den Weg in die Verbannung antreten mußte, übernahm Anna Leopoldowna de jure die Regentschaft. Sie ließ sich mit dem Titel einer „Großfürstin" ausstatten und veranlaßte, daß ihr Ehegemahl Anton Ulrich den Oberbefehl über die russische Armee erhielt. Der kleine Kaiser schlief und spielte in seinem Kinderbett.

Iwan konnte die Regierung nicht ausüben, seine Mutter war dazu nach ihrer Persönlichkeitsstruktur völlig ungeeignet. Ihr Interesse galt oberflächlichen höfischen Vergnügungen, so daß Graf Ostermann de facto als Regent über Rußland herrschte. Direkt wurde er mit der Führung der Außenpolitik betraut, während Marschall Münnich sich um die Staatsgeschäfte und Heeresangelegenheiten zu kümmern hatte. Münnich hatte zunächst auch die wirkliche Macht in seinen Händen. Aber Anna Leopoldowna besaß kein großes Vertrauen zu ihm, obwohl er den Sturz Birons in die Wege geleitet hatte. Vielleicht war er ihr gerade aus diesem Grund suspekt. Bereits im März 1741 trat Ostermann an seine Stelle.

Ostermann mußte alle Kraft aufwenden, um das russische Staatsschiff in dem schwierigen Jahr 1741 nicht aus dem Ruder laufen zu lassen. Von allen Seiten drohten

Gefahren. In Österreich war der Erbfolgekrieg ausgebrochen, die Hohe Pforte wurde unruhig und aktivierte die Krim-Tataren gegen Rußland. Schweden erklärte Rußland den Krieg, drang in Finnland ein und wurde unter großen Mühen geschlagen.

Ostermann konnte den Wünschen und Zielen der Regentin nur unvollkommen entsprechen. Anna Leopoldowna wäre selbst gar zu gern Kaiserin von Rußland geworden, aber da gab es gravierende Hindernisse. Traditionell für die russische Volksseele führte die Tatsache, daß ein nichtregierungsfähiger Monarch von einem Regentschaftsrat vertreten wurde, zu den unsinnigsten Gerüchten. Besonders die beharrliche Machtausübung fremdländischer und fremdgläubiger Staatsmänner wie Ostermann oder Münnich provozierte Unruhen, brachte die Volksseele zum Kochen und leistete allerlei Intrigen machthungriger russischer Würdenträger Vorschub. Dennoch, Verschwörungen gab es in den ersten Monaten, da der Imperator unberührt vom Machtgerangel in seinem Kinderbett spielte, nicht. Aber der Schein trog, denn neben den machtbewußten „deutschen" Politikern Münnich und Ostermann, neben Anna Leopoldowna, gab es noch eine Frau, die bereits zweimal bei der Thronfolge übergangen worden war und diese Ausgrenzung nicht hinnehmen wollte: Elisabeth, die Tochter Peters I., die neben den Mitgliedern der Familie Braunschweig-Wolfenbüttel einen natürlichen genealogischen Anspruch auf den Zarenthron besaß.

Zumindest bis zu jener kalten Nacht im November 1741, da Iwan jäh aus seinen noch nicht entdeckten Kinderträumen gerissen wurde, gab es keine konkreten Hinweise auf etwaige Verschwörungen gegen den Zaren. Kaiser Iwan VI. wurde im Alter von nur wenig mehr als einem Lebensjahr seiner Herrschaft beraubt, ohne selbst verstehen zu können, was da um ihn herum vor sich ging: Eine neue Zarin, Elisabeth, hatte sich mit Hilfe der Garderegimenter auf den Thron gesetzt. Ihre Motive und Ziele konnten den kleinen Iwan nicht erreichen und nicht beeindrucken. Er verstand noch nichts davon, daß es nicht nur der persönliche Ehrgeiz Elisabeths gewesen war, der die Regentschaft Anna Leopoldownas beendete. Gerade in den schwierigen äußeren Verhältnissen Rußlands lag ein weiterer Schlüssel für deren Sturz. Anna hatte mit der Österreicherin Maria Theresia eine Allianz geschlossen und den französischen Hof verärgert. Mit Hilfe des Arztes Lestocq und des französischen Gesandten La Chétardie wurde eine Intrige zur Beseitigung Annas geschmiedet. Elisabeth, als ordinär und wollüstig geltend, hatte an eine solche Lösung zunächst nicht gedacht, eher vergnügte sie sich in den Kasernen der Garderegimenter bei alkoholischen Exzessen. Als man ihr einredete, die Regentin wollte die Tochter Peters des Großen zur Nonne scheren lassen, hielt die es lieber mit dem Zarenthron. Das Geld La Chétardies, bereitwillig unter den Gardesoldaten ausgestreut, tat ein übriges. Es kam zu jener dramatischen Szene am 25. November 1741, in der die Großfürstin Elisabeth in der Wachstube des Preobrashenski-Regiments auftauchte. Die betrunkenen Soldaten proklamierten mit dem Schlachtruf: „Befiehl, Mutter, befiehl, und wir erwürgen sie alle!" eine neue Kaiserin – Elisabeth. Der Vorgang schien das Wort zu bestätigen, das damals in Europa die Runde machte: „In Rußland kann man mit ein paar Talern und einigen

Fässern Wodka alles machen." Es wird allerdings auch wichtig gewesen sein, daß sich französisches Geld und russischer Wodka gegen eine „deutsche" Kamarilla verbündeten, um einen russischen Potentaten auf den Thron zu heben.

Noch in derselben Nacht wurde Anna Leopoldowna mit ihrer gesamten Familie verhaftet. Wieder wurde Anton Ulrich aus dem Schlaf gerissen. Diesmal konnte ihn seine Frau nicht beruhigen: Zwei Soldaten wickelten ihn in ein Bettuch und brachten ihn in ein Gefängnis, aus dem er nur entlassen wurde, um in der Verbannung zu leben und zu sterben. In dieser Nacht begann das Martyrium des rechtmäßigen Imperators.

Iwan wurde mit den Eltern in die abgelegene Festung Dünamünde an der baltischen Küste gebracht. Später überführte man ihn über Ranenburg in das nordrussische Cholmogory und abschließend in die Festung Schlüsselburg am Ladoga-See – mit einem kurzen Zwischenspiel in der Festung Kexholm. Wie sollte sich ein Kind, ein Mensch, unter den unerträglichen russischen Festungsbedingungen körperlich und geistig entwickeln, zumal, wenn er als „namenloser Gefangener Nummer eins" besonders streng bewacht und niemals unbeobachtet blieb? Iwan sah niemals die Lieblichkeit der nordrussischen Ebene, die blaue Schönheit des Ladoga-Sees, obwohl alles zum Greifen nahe war. Trotzdem blieb Iwan ein Faktum, mit dem alle folgenden Herrscher rechnen mußten. Dennoch machte er eine bescheidene geistige und körperliche Entwicklung durch, die jene Behauptungen Lügen straften, er sei wahnsinnig und regierungsunfähig gewesen. Obwohl er wie ein Kaspar Hauser gehalten wurde – Iwan wußte um seine Herkunft und Bestimmung.

Iwan VI. erwarb erste Lebensbewußtheiten schon im Exil von Dünamünde, in Ranenburg und Cholmogory, noch im Kreis der Familie. Es war Preußens König Friedrich II., der gerade an einer preußisch-schwedisch-russischen Allianz baute und nach guten Beziehungen zum Hof Elisabeths trachtete, der der Kaiserin empfahl, die Familie Anna Leopoldownas an einen sichereren Ort als Riga zu bringen. Anna war mit der österreichischen Herrscherin Maria Theresia verwandt. Elisabeth schloß nicht nur einen Freundschaftsvertrag mit Preußen, sondern am 13. Januar 1744 wurde die Familie Anna Leopoldownas von Riga über Rjasan nach Cholmogory gebracht. Noch hatte die ehemalige Regentin ihren ganzen Hofstaat bei sich, aber schon im Juli 1744 wurde der Hofdame Julie von Mengden der weitere Aufenthalt bei der Familie verweigert. Die Reise vollzog sich unter so widrigen Umständen, daß sie in Cholmogory endete. Der Plan, den gesamten Hofstaat, der etwa 130 Personen umfaßte, nach Solowezk zu bringen, mußte aufgegeben werden. In Cholmogory quartierte man das Gefolge im Palast des dortigen Erzbischofs ein. Der Palast wurde mit einer Mauer umgeben, die Einfriedung durfte von den Gefangenen nicht verlassen werden.

In den Jahren 1741 bis 1746 bereicherten vier Geschwister Iwans innere Umwelt: Jekaterina, Elisabeth, Peter und Alexei. Auch als er mit vier Jahren gewaltsam von seinen Eltern getrennt wurde, blieb er in Cholmogory, in einem kleinen bewachten Haus, nur wenige hundert Meter von der Familie entfernt. In Cholmogory lebte ein Pastor Korf, der den kleinen Iwan oft besuchen durfte, der vermutlich auch über die

Familie erzählte und der dem Jungen das russische Alphabet beibrachte: Für das weitere Leben Iwans sollte es sich als entscheidend erweisen, daß er lesen konnte.

Am 26. Februar 1746 starb Anna Leopoldowna. Anton Ulrich blieb mit seinen Kindern für Jahrzehnte in der Verbannung. Nach 29 Jahren starb der Prinz Anton Ulrich in Cholmogory. Seine drei Töchter überlebten ihn. Sie wandten sich schon zu des Vaters Lebzeiten an die Kaiserin mit der Bitte, sie freizulassen. Elisabeth hatte das abgelehnt. Erst Katharina II. wendete ihr Schicksal. Im Jahr 1780 wandte sich Anton Ulrichs Schwester Katharina, Königin von Dänemark, an Katharina II. und bat, die Prinzessinnen freizulassen. Die Kaiserin erfüllte den Wunsch – Iwan VI. war bereits ermordet worden. Sie stattete die Prinzessinnen mit Kleidung, Möbeln, Tafelsilber und Geld sowie mit einer tragbaren Kirche aus und entließ sie nach Dänemark. Bis 1787 waren zwei der Töchter Anna Leopoldownas gestorben, die dritte, Elisabeth, stocktaub. Sie beherrschte nur die russische Sprache und wurde in ihrer Einsamkeit fast verrückt. Noch einmal bewiesen die russischen Zaren auch an ihr Unnachgiebigkeit: Alexander I. entschied 1803 ihr Gesuch, nach Rußland zurückkehren zu dürfen, negativ. Vier Jahre später starb auch Elisabeth.

Kaiserin Elisabeth fand, daß Iwan zu nahe beim Vater lebte, daß er nicht genügend von der Welt isoliert war. Also wurde er auf die Inselfestung Solowski im Weißen Meer, an das Ende der Welt, gebracht. Iwan war sechs Jahre alt. Zehn Jahre vegetierte er in Solowski, ehe der Weg in die Festung Schlüsselburg folgte.

Elisabeth bestimmte, daß Name und Herkunft des „Gefangenen Nummer eins" unbekannt bleiben mußten. Er sollte ein Gefangener ohne Gesicht sein. Die beiden Offiziere, die ihn bewachten, durften nicht mit ihm sprechen. Von dem übrigen Wachpersonal wurde Iwan sorgsam abgeschirmt und stets in Einzelhaft gehalten, in düsteren Zellen, deren vergitterte Fenster so hoch angebracht waren, daß niemand den heranwachsenden Knaben von außen sehen konnte. Selbst beim Festungswechsel oder wenn er die Zelle verließ, um den Kaiserinnen vorgeführt zu werden, mußte er einen Sack über den Kopf ziehen, um von niemandem erkannt zu werden. Zwischen seinem 6. und 22. Lebensjahr hat Iwan VI. außer Wächtern und den Imperatoren Elisabeth, Peter III. und Katharina II. kein menschliches Gesicht gesehen! Er sollte verschwunden bleiben, er durfte im Kampf um die Macht kein Konkurrent sein und war doch immer eine fortwährende Bedrohung für jeden Herrscher, zumal Iwan sich mit zunehmendem Alter in den engen Grenzen seiner geistigen und körperlichen Möglichkeiten mehr und mehr bewußt wurde, daß er nicht nur eine „namenlose Nummer eins" war.

Erschreckend war vor allem, daß das Verdikt der Zaren gegenüber Iwan nicht nur während der Regierungszeit Elisabeths galt. Auch sie blieb kinderlos, suchte in Deutschland nach dem geeigneten Thronfolger (Peter III.) und ließ sich in diesem Zusammenhang auch den Gefangenen kommen. Über das Gespräch, den Zeitpunkt und die Wirkungen ist nichts direkt vermerkt. Auf jeden Fall schied Iwan, den sie ja selbst entmachtet hatte, für Elisabeth als Thronfolger aus. Auch nach ihrem Tod 1761 fand sich niemand, der dem „namenlosen Gefangenen" in der einsamen Festung

Schlüsselburg Gerechtigkeit widerfahren lassen wollte. Weder Peter III. als Nachfolger Elisabeths, der den Gefangenen 1762 in Schlüsselburg besuchte, noch die den Thron mit Hilfe der Garderegimenter usurpierende große Kaiserin Katharina.

Diese wußte seit ihrer Ankunft in Rußland im Januar 1744 um das Schicksal Iwans VI. In ihren Memoiren, die sie 1771 begonnen hatte, schrieb sie: „Am nächsten Tage machte uns Marschall Lascy seinen Besuch, mit ihm die vornehmsten der Stadt, unter anderen General Wassili Fjodorowitsch Saltykow; dieser war hier, weil er im Schloß Dünamünde mit der Bewachung des Prinzen Anton Ulrich von Braunschweig und seiner Gemahlin Prinzessin Anna von Mecklenburg mit ihren Kindern und ihrem Gefolge betraut war. Kaiserin Elisabeth hatte zu Beginn ihrer Regierung beschlossen, sie in ihre Heimat zurückzuschicken, und das wäre auch das Beste gewesen, was sie hätte tun können. Als sie aber in Riga angelangt waren, befahl die Kaiserin, die Reise bis auf weiteren Befehl aufzuschieben. Dieser neue Befehl kam wenige Tage, nachdem wir durch Riga gekommen waren (d. h., im Januar 1744 – D. J.), und anstatt diese unglückliche Familie außer Landes zu schicken, holte man sie wieder zurück und sandte sie nach Ranenburg, einer Stadt, die der berühmte Fürst Menschikow jenseits von Moskau hatte bauen lassen. Dort wurden der kleine Prinz Johann (Kaiser Iwan VI. – D. J.), Julia Mengden (die Vertraute der Prinzessin) und Herr Heimburg (der Favorit des Prinzen) von dem Prinzen und der Prinzessin getrennt, die nach kurzem Aufenthalt von Ranenburg nach Cholmogory gebracht wurden."

Katharina beließ es nicht bei dieser Notiz. So sehr sie interessiert war, die Existenz des rechtmäßigen Zaren zu verschweigen, ihre Neugier war groß. Und noch 1772, acht Jahre nach Iwans gewaltsamem Tod, notierte Katharina auf einem besonderen Blatt: „Der Prinz Iwan war schwachsinnig; ich habe ihn im Jahr 1762 gesehen; außerdem stotterte er." Sollte das eine Rechtfertigung für die Mitverantwortung am Tod des Kaisers sein? Zumindest entsprach die späte Notiz ihren unmittelbaren Eindrücken. Schon zwei Jahre nach der Unterredung war der Satz veröffentlicht worden: „Abgesehen von einem peinlichen und nahezu unverständlichen Gestammel war er bar jedes menschlichen Begriffsvermögens." Die Worte waren ausschließlich durch den Zweck bestimmt und entsprachen keineswegs der Wahrheit.

Katharina war durch einen Staatsstreich an die Macht gekommen und hatte ihren Ehemann, Peter III., verhaften lassen. Sie dachte daran, ihn in die Festung Schlüsselburg einzuliefern. Allerdings – Iwan VI. und Peter III. gleichzeitig in der Festung –, das Risiko schien groß. Sie ließ Iwan in die Festung Kexholm bringen. Zwei Monate blieb er dort, Katharina besuchte ihn für wenige Minuten: Das Urteil stand fest. Aber Peter III. wurde schon eine Woche nach seiner erzwungenen Abdankung, am 5. Juli 1762, ermordet und Katharinas Problem wurde gegenstandslos.

Im Hinblick auf die Persönlichkeit Iwans fällte Katharina ein falsches Urteil. Peter III. hatte nach seinem Besuch in Schlüsselburg eine andere Auffassung. Offensichtlich berichtete er darüber dem englischen Botschafter Keith, denn dieser informierte seine Regierung, Iwan habe in dem Gespräch mit Peter gewisse Anzeichen geistiger

Verwirrung, aber auch eines Hanges zum Mystizismus erkennen lassen, weil er äußerte, „der Prinz" sei lange im Himmel, während er – „Iwan" – alle Ansprüche der Person geltend machen könnte, deren Namen er trage. Aus Peters Sicht mag darin Verwirrung und Mystik gelegen haben. Bei näherem Hinsehen und Vergleich mit anderen Äußerungen wird deutlich, daß Iwan sehr wohl ein Ziel für seine Person formuliert hatte: die Wiederherstellung seines legitimen Thronanspruchs. Tatsache bleibt auch, daß Katharina nach ihrem Besuch in Kexholm anordnete, dem Gefangenen jeglichen ärztlichen Beistand zu verweigern. Und sie erließ den Befehl, daß in jedem Falle, wenn sich eine beliebige Person dem Gefangenen ohne ausdrückliche schriftliche Genehmigung der Kaiserin nähern sollte, die Wächter den Auftrag hätten, den Gefangenen zu töten und niemandem zu gestatten, sich seiner lebendig zu bemächtigen.

Nein, von einem verwirrten oder gar geistig umnachteten Iwan konnte keine Rede sein. Aus diesem Grunde war er für Elisabeth, Peter und Katharina gefährlich. Er tat ihnen nicht den Gefallen, an seiner Einsamkeit zugrunde zu gehen. Seinen Wächtern sagte Iwan: „Ich bin ein Fürst dieses Landes, ich bin Euer Herrscher." Man hatte Iwan erst zu einem Zeitpunkt isoliert, als er schon die Grundzüge seines Daseins in sich aufgenommen hatte. Er blieb von erstaunlicher Gesundheit und – er konnte lesen. Man gab ihm zwar nur Heiligengeschichten in die Hand und legte ihm sogar nahe, Mönch zu werden. Aber Iwan verfügte bei all seiner überaus begrenzten Weltsicht über die Fähigkeit, sein archaisches Sendungsbewußtsein mit den Heiligengeschichten in Übereinstimmung zu bringen. Er war sich bewußt, daß kein Wächter das Recht hatte, die Hand gegen ihn zu erheben. Und wenn sie es dennoch taten, dann empörte sich Iwan dagegen. Die Empörung wurde als „Wahnsinn" interpretiert, stand in ihren Ausbrüchen jedoch weit hinter der Roheit der Wächter und den Grausamkeiten zurück, die ihm die Herrscher der Romanow-Dynastie zufügten.

Rußland wäre nicht Rußland, wenn sich nicht zur Befreiung Iwans VI. Verschwörer gefunden hätten. Obwohl sein Name im Volk weitgehend unbekannt war, am Zarenhof wußte man um die Existenz des jungen Gefangenen, wußte man, daß am Ladoga-See noch ein zweiter Kaiser dahindämmerte, der politisch gegen den jeweiligen Herrscher genutzt werden konnte. Bereits am Tag nach ihrer Krönung, am 8. Juli 1762, erhielt Katharina die Nachricht, daß angeblich 70 Offiziere aus den Regimentern Ismailowski und Ingermanland Iwan VI. wieder auf den Thron heben wollten. Die Information erwies sich als falsch. Lediglich die Offiziere Pjotr Chruschtschow und Simon Gurjew hatten laut darüber nachgedacht, daß Katharina eigentlich nicht auf den Thron gehörte.

Im Jahr 1764 entstand eine Verschwörung mit dem Ziel, Iwan auf den Thron zu heben. Aber eigentlich war das keine Verschwörung, wie sie in den vorausgegangenen Jahren vorgekommen war, um einen neuen Herrscher zu proklamieren. Man nannte zwar den Namen des 1743 aus Rußland ausgewiesenen österreichischen Gesandten Botta d'Adorno, aber das waren gezielte Gerüchte. Denn diese Verschwörung war die Tat eines einzelnen Offiziers.

Der Leutnant des Smolensker Regiments, Wassili Jakowlewitsch Mirowitsch, diente in der Festung Schlüsselburg und wollte Iwan befreien. Er entstammte dem verarmten ukrainischen Landadel, der seinen Besitz durch Peter den Großen verloren hatte. Mirowitsch, ein übler Sauf- und Raufbold, attackierte die Petersburger Behörden, wollte den Familienbesitz einfordern und stieß immer wieder auf taube Ohren. Er war, möglicherweise wegen seiner tadelhaften Lebensführung, für einige Zeit nach Schlüsselburg kommandiert worden. Die Petersburger Beamten entledigten sich eines räsonierenden Querulanten. Mirowitsch glich keineswegs den idealen Helden aus den Romanen von Alexander Dumas. Aber er erfuhr von dem geheimnisvollen Gefangenen, den seine gleichgestellten Offiziere mitleidig bedauerten. Etwa im gleichen Alter wie Iwan, verband Mirowitsch mit seiner verhängnisvollen Tat den Enthusiasmus eines für die Gerechtigkeit legitimer Thronerben fechtenden Ritters und die Rache des gebeutelten und im Leben zu kurz gekommenen militanten Provinzadligen. Mit seinem vertrauten Freund Uschakow, der noch vor Ausführung der Tat ertrank, entwarf Mirowitsch ein Manifest, in dem die Garderegimenter zur Erhebung gegen Katharina gewonnen werden sollten.

Im Juli 1764 reiste die Zarin durch Livland. Mirowitsch sah den Zeitpunkt für die Tat gekommen. Was folgte, besaß das Kolorit einer großen italienischen Oper. Der Leutnant ließ seine Soldaten antreten und verlangte, sie sollten die Kasematten der Festung stürmen, Iwan befreien und zum Kaiser proklamieren. Tatsächlich gelang der Sturm, und mit dem erhabenen Ruf: „Wo ist mein Kaiser?" brach Mirowitsch in die Zelle Iwans ein. Aber der Rebell traf nur auf einen Sterbenden. Befehlsgemäß, wie es die Order Katharinas vorgesehen hatten, waren die beiden Wächter – Wlassjew und Tschekin – beim geringsten Anzeichen von drohender Unruhe zu ihrem Häftling gestürzt und hatten ihn trotz heftigster Gegenwehr erstochen.

Mirowitsch verharrte in der selbstgewählten Heldenpose: er trug den blutenden Leichnam zu den Soldaten auf den Hof, küßte dessen Hände und bedeckte den Körper mit einer Flagge. Dann schloß er die Zeremonie mit den entsagenden Worten: „Dort liegt euer Kaiser. Jetzt macht mit mir, was ihr wollt." So geschah es denn auch. Mirowitsch wurde mit seinen wenigen Anhängern entwaffnet und festgenommen.

Als Katharina die Nachricht vom Tod Iwans erhielt, schrieb sie unverzüglich und glücklich an Nikita Panin: „Die Wege Gottes sind wunderbar und unerforschlich ... Die Vorsehung hat mir sichtlich ihre Gunst bewiesen, indem sie diese Angelegenheit so gut enden ließ ..." Vielleicht war sie auch tatsächlich froh darüber, nicht selbst mit Hand anlegen zu müssen, den Tod Iwans zu organisieren. Merkwürdig bleibt indessen, daß Panin kurz vor der Verschwörung erstmals positiv auf die wiederholten Entlassungsgesuche der Wächter Iwans reagiert hatte – selbstverständlich bei getreuer Pflichterfüllung ...

Mirowitsch wurde vor Gericht gestellt und als Einzeltäter zum Tod verurteilt. Die noch auf dem Richtplatz erhoffte Begnadigung blieb aus, er wurde geköpft. Katharina hatte mehrere Gründe, den Tod des Verschwörers zu wünschen. Sie hatte sein in

Schlüsselburg verfaßtes Manifest gelesen und darin alle Anklagepunkte zum Tod Peters III. gefunden, die durch Europa gingen. Mirowitsch betrachtete die Kaiserin als Usurpatorin. Zum anderen hatte sie selbst befohlen, Iwan zu töten, sobald erste Anzeichen eines Angriffs deutlich würden. Eine Begnadigung Mirowitschs hätte die Zarin als Eingeständnis eigener Mitwirkung am Tod Iwans begriffen, zumal Stimmen auftauchten, die davon sprachen, Mirowitsch sei bezahlt worden, um eine Verschwörung vorzutäuschen. Aber in Wirklichkeit scheint die These von der Urheberschaft Katharinas an der Tat Mirowitschs wenig wahrscheinlich. Der ukrainische Kleinadlige war ein zu versponnener, aufrichtiger und idealistischer Träumer, als daß er eines Komplotts fähig gewesen wäre. Katharina hätte ja nur den Gedanken verwirklichen brauchen, die Familie der Braunschweiger ausreisen zu lassen. So aber starb Iwan, starb Mirowitsch. Die Mörder aber, die Wächter Wlassjew und Tschekin, wurden reich belohnt. Sie hatten noch eine Aufgabe zu erfüllen: Sie mußten einen offiziellen Bericht über das Leben und Sterben Iwans verfassen. Darin schrieben sie alles auf, was Katharina von ihnen erwartete und verlangte: daß Iwan ein infantiler und geistesgestörter Schwachsinniger gewesen war. So beruhigte die große Aufklärerin noch einmal ihr Gewissen.

Katharina hatte alle notwendigen Vorkehrungen getroffen: Ein „tödlicher Unfall, der dem namenlosen Gefangenen zugestoßen war", beendete sein Leben. Kaiser Iwan VI., der Urenkel Zar Iwans V. und Großneffe der Kaiserin Anna, wurde im Bereich der Festung Schlüsselburg regelrecht verscharrt. Die Weisungen waren vom Grafen Nikita Panin, dem Vertrauten der Kaiserin, ausgegangen. Auf Iwan wartete kein Staatsbegräbnis in der Peter-und-Pauls-Kathedrale von St. Petersburg. Dabei hatte er nicht einmal die geringste Chance besessen, irgendeine Schuld auf sich zu laden. Sein Verbrechen bestand lediglich darin, der rechtmäßige Thronfolger gewesen zu sein, und dafür mußte er mit seinem ganzen kurzen Leben büßen. Obwohl die Zarin mit einem speziellen „Manifest des Schweigens" alle Kritiker und Gerüchtemacher mundtot zu machen versuchte – ganz Europa diskutierte und schrieb über den Vorfall, und nur wenige Stimmen verteidigten die Zarin.

LITERATUR

V. A. Bil'basov, Ioann Antonovič Mirovič, Moskau 1908.
A. Brückner, Die Familie Braunschweig in Rußland im 18. Jahrhundert, St. Petersburg 1876.
Alexander Herzen, „Vorrede zur Erstausgabe der Memoiren Katharinas II. von 1859". Katharina II. Memoiren. Erster Band. Leipzig 1986.
Zoé Oldenbourg, Katharina die Große. Die Deutsche auf dem Zarenthron. München 1969.

ELISABETH I. PETROWNA

Elisabeth I. Petrowna

1709–1761

KAISERIN VON RUSSLAND 1741–1761

18. Dezember 1709	Elisabeth wird als zweite Tochter Peters des Großen und Katharina Alexejewnas (Marta Skawronskaja) in Kolomenskoje bei Moskau geboren.
25. November 1741	Elisabeth stürzt durch eine Palastrevolution Kaiser Iwan VI. und setzt sich selbst auf den Thron.
25. April 1742	Elisabeth wird in Moskau offiziell zur Kaiserin gekrönt.
25. Dezember 1761	Kaiserin Elisabeth stirbt in St. Petersburg.

Alle russischen Zaren nach Peter dem Großen hatten es schwer, mit einer eigenen historischen Leistung einen achtbaren Platz in der russischen Geschichte zu erobern. Der große Schatten Peters überlagerte alle unmittelbar auf seine Herrschaft folgenden Monarchen. Zumindest mußten sie es sich gefallen lassen, von der Nachwelt an Peter I. gemessen zu werden. Das erging der Kaiserin Elisabeth nicht anders. Obwohl Elisabeths Regierungszeit von der historischen Forschung bis auf den heutigen Tag nicht gerade privilegiert worden ist, kann man sie als eine Periode betrachten, in der nicht nur unter Peter dem Großen eingeschlagene Wege weiterverfolgt wurden. Die Kaiserin hat vielmehr – nicht zuletzt, um ihre eigene Herrschaft zu legitimieren – mit der moralischen Autorität der leiblichen Tochter des großen Reformers weite Teile des Volkes überhaupt erst mit der Idee einer Europäisierung Rußlands bekannt gemacht und vielleicht sogar versöhnt. Darum gebührt dem Leben und Wirken Elisabeths ganze Aufmerksamkeit. Sie verlieh Rußland nach Peter I. und vor Katharina II. eine arteigene nationale Gestalt, die nicht lediglich als undefinierbares Zwischending zwischen zwei „Großen"-Perioden dahinkümmerte.

Als Elisabeth am 18. Dezember 1709 in dem Moskau vorgelagerten ausgedehnten Schloß Kolomenskoje geboren wurde, feierte Zar Peter gerade seinen Sieg über die Schweden bei Poltawa. Peter mußte seine Freude über die Tochter erst einmal für sich behalten, war doch auch Elisabeth ein illegitimes Kind aus seiner unehelichen Verbindung mit Martha Skawronskaja. Elisabeth war bereits das fünfte Kind ihrer Gemeinsamkeit. Zwei Jungen und ein Mädchen waren gestorben, nur die 1708 geborene Anna lebte noch.

Nach ihrer Geburt trat Elisabeth erst wieder in Erscheinung, als Peter und Katharina am 19. Februar 1711 offiziell heirateten. Anna und Elisabeth walteten als Brautjungfrauen – obwohl sie selbst die Aufgaben noch nicht wahrnehmen konnten: Zwei Nichten des Zaren übernahmen ihre Pflichten. Sicherlich waren Anna und Elisabeth auch Zeugen bei der Krönung ihrer Mutter im Jahr 1724. Ansonsten wuchsen sie in dem großen und für sie geheimnisvollen Schloß von Kolomenskoje heran, umgeben von ihren Aufwartefrauen, der Russin Illinitschnaja und der Finnin Lisaweta Andrejewna. Die Eltern waren meist von Kolomenskoje abwesend. Nur bisweilen ließ Peter sein „kleines Hühnchen" Elisabeth kommen und vor Gästen tanzen. Er ließ sie auch von bekannten Malern porträtieren, aber im großen und ganzen verlief das Leben der Kinder in ihren ersten Lebensjahren recht einsam. Wir wissen eigentlich gar nichts darüber.

Peter und Katharina sahen, daß die Töchter eine intensivere Erziehung benötigten, und gaben sie in die Obhut Praskowja Fjodorownas, der Witwe Iwans V. Peter haßte zwar seine Schwägerin Praskowja, weil sie in ihrer mürrischen Mildtätigkeit allen Pilgern und Obdachlosen, Kranken und Notleidenden Hilfe zukommen ließ und dabei schamlos ausgenutzt wurde. Praskowja, das war für Peter das alte Moskau, das er hinter sich gelassen hatte. Dennoch übergab er ihr seine Töchter und sorgte dafür, daß französische, italienische, deutsche und griechische Hauslehrer eingestellt wurden. Der Kontrast hätte nicht größer sein können. Es war zwar das erste Mal, daß Kinder der Zaren von Ausländern erzogen wurden, aber Peter glaubte wohl, mit der Bezahlung der Lehrer seine Pflicht als Vater erfüllt zu haben. Der Unterricht sorgte dafür, daß die Mädchen Fremdsprachen lernten, blieb jedoch in den Elementarkenntnissen stecken. Elisabeth wurde von der Ausbildung nicht entsprechend ihren geistigen Voraussetzungen gefordert.

Statt dessen wurde sie frühzeitig in die politischen Pläne ihres Vaters einbezogen. Als der im Jahr 1717 Paris besuchte, wurde im Interesse eines besseren französisch-russischen Verhältnisses über eine mögliche Ehe zwischen Elisabeth und dem französischen König Ludwig XV., gesprochen. Am französischen Hof nahm man diese Vorstellungen skeptisch auf: Elisabeth war ein uneheliches Kind, und Peters Kaisertitel wurde noch nicht anerkannt. Der Zar begrub seine Pläne, als Ludwig XV. mit der Infantin von Spanien verlobt wurde. Gleichzeitig schlug man Peter den Herzog von Chartres, den Sohn des Regenten, als Bräutigam für Elisabeth in der Hoffnung vor, Peter werde dessen Kandidatur auf den polnischen Thron unterstützen. Peter war nicht bereit, Elisabeth erst nach dem Tod des aktuellen polnischen Königs, Augusts II., Kurfürst von Sachsen, zu verheiraten. Die Verhandlungen gingen über Jahre hin und her und führten zu keinem Ergebnis. 1723 starb der französische Regent, und als Peter 1725 starb, schien die Angelegenheit endgültig begraben.

Kaiserin Katharina I. kümmerte sich weiter intensiv um einen Ehemann für ihre Tochter Elisabeth, nachdem Anna mit Herzog Karl Friedrich von Holstein-Gottorp verheiratet worden war. Für Katharina war der Markgraf Karl von Brandenburg, aus königlich preußischem Geblüt, interessant. Als sie erfuhr, daß das Verlöbnis Ludwigs XV. mit der spanischen Infantin gelöst worden war, schöpfte sie neue französische Hoffnungen. Wieder vergingen Monate des Wartens und mancherlei Intrigen. Als schließlich die Nachricht in St. Petersburg eintraf, Ludwig XV. sei mit Maria Leszczynska, der Tochter des abgesetzten polnischen Königs Stanislaus Leszczynski, verlobt worden, wurde Katharina regelrecht wütend: Wie konnte man in Frankreich die Tochter der Kaiserin von Rußland derartig zurücksetzen! Aus Frankreich kam eine kurze höfliche Absage, in der es hieß, daß die religiöse Zugehörigkeit Elisabeths zur orthodoxen Kirche das Hindernis für eine Heirat sei.

Während Katharina zu stolz war, aus diesem Anlaß die Beziehungen zu Frankreich abzubrechen, tat Elisabeth so, als habe sie von den Heiratsplänen keine Ahnung oder sie berührten sie nicht. Bei Hof hörte man aber nicht auf, sie verheiraten zu wollen. Als sogar Moritz von Sachsen angeboten wurde – dem es eigentlich nur um den Gewinn des Herzogtums Kurland ging –, empörte sich Elisabeth: „Ich will nicht sein wie die anderen Prinzessinnen alle, die man der Staatsraison opfert. Ich will eine Neigungsehe schließen und mich daran erfreuen, den Mann zu lieben, den ich heirate." Natürlich dachte Elisabeth an keinen Bewerber aus der Moskauer Kaufmannschaft. Sie hatte einen anderen Mann im Sinn: Ihr Schwager Karl Friedrich setzte sich nachdrücklich für die Bewerbung seines Vetters Karl August von Holstein ein, dieser war der Bruder des Königs von Schweden und der Prinzessin von Anhalt-Zerbst. Katharina gefiel die Idee, und sie lud Karl August nach Petersburg ein. Er kam am 16. Oktober 1726 in die russische Hauptstadt. Elisabeth fand Gefallen an dem 22jährigen jungen Mann. Katharina verlieh ihm den St.-Andreas-Orden, und der französische Gesandte berichtete schon von der angeblich beschlossenen Hochzeit nach Versailles. Aber das Leben hielt eine andere Wendung bereit. Katharina verfiel in der zweiten Jahreshälfte sichtbar. Alexander Menschikow sah ihren Stern sinken und spann die Intrige zur Eheschließung seiner Tochter Marija mit dem jungen Peter, dem Sohn des ermordeten Alexei Petrowitsch. Nur wenige Höflinge wagten dagegen offenen Widerstand, zu ihnen gehörte der alte Graf Pjotr Tolstoi. Er flehte Katharina an, ihre Zustimmung zu dem Plan Menschikows zu verweigern und statt dessen Elisabeth zur Thronerbin einzusetzen. Die Kaiserin war gerührt – aber sie änderte ihren Entschluß zu Gunsten Menschikows nicht.

Am 7. Januar 1727 sollte die Verlobung Elisabeths mit Karl August öffentlich bekanntgegeben werden. Am Tag davor war Katharina schwer erkrankt, und man wollte mit der Verlobung bis zu ihrer Genesung warten. Die Kaiserin erholte sich zwar ein wenig, im April erlitt sie jedoch einen Rückfall. Die Ärzte befürchteten das baldige Ende. Der französische Gesandte meldete nach Paris, Katharina habe Menschikow auf ihrem Totenbett angefleht, seine Zustimmung zur Thronfolge Elisabeths zu geben. Der habe ihren Widerstand gebrochen, und so sei in letzter Stunde Peter zum Thronerben ernannt worden. Katharina starb. Bis zu Peters Mündigkeit am 16. Geburtstag sollte ein neunköpfiger Regentschaftsrat regieren. Anna Petrowna und Elisabeth waren

die ranghöchsten Mitglieder des Rates. Für den Fall, daß Peter keine Kinder hinterlassen würde, rangierten die beiden Schwestern ihrem Alter entsprechend an der Spitze
der Thronerben.

Katharina hatte zudem ihren Töchtern ein reiches Erbe hinterlassen. Elisabeth
erhielt über eine Million Rubel und außerdem – ebenso wie Anna – für die Übertragung der Thronfolgerechte an Peter ein Jahresgeld von 100.000 Rubel. Das persönliche Erbe Katharinas an Schmuck, Möbeln, Kutschen und Tafelsilber teilten sich die
Schwestern. Arm war Elisabeth also nicht. Sie beweinte ihre Mutter aus reinem Herzen
und fand bei ihrem verhinderten Verlobten Karl August Trost. Aber es gab einen
Stachel, der sie ebenso wie Anna und viele russische Aristokraten beunruhigte: Alexander Menschikow führte sich ihnen gegenüber in geradezu schandbarer und demütigen-
der Weise auf. Er wähnte sich bereits als russischer Alleinherrscher und überredete
Peter tatsächlich, sich mit Marija Menschikowa zu verloben.

Außerdem protegierte Menschikow die baldige Verlobung Elisabeths mit Karl
August, um auf diese friedvolle Art das intelligente und für ihn gefährliche Mädchen
aus Petersburg zu verbannen. Die Verlobung wurde am 27. Mai 1727 bekanntgegeben. Doch leider – abermals gingen Elisabeths Heiratspläne nicht in Erfüllung: Noch
am selben Tag legte sich Karl August krank ins Bett. Er hatte die Blattern und verstarb
vier Tage später. Menschikow bewies in dieser Situation seine ganze Gefühlsroheit. Er
stellte sofort eine neue Bewerberliste für Elisabeth zusammen und prellte sie außerdem,
wie auch ihre Schwester, um einen Teil ihres mütterlichen Erbes. Elisabeth erkämpfte
sich eine bescheidene Hofhaltung, stand aber oft genug ohne Geld da. Die entbeh-
rungsreichen Jahre, die auch unter der Kaiserin Anna Iwanowna ihre Fortsetzung
fanden, prägten sie nachdrücklich. Sehr viel später hielt sie einmal der nachmaligen
Kaiserin Katharina II. vor, „daß man Ausgaben vermeiden müsse, solange man wenig
besäße. Hätte sie Schulden gemacht, so hätte sie sich vor der ewigen Verdammnis
gefürchtet, denn wäre sie gestorben und keiner dagewesen, ihre hinterlassenen Schulden zu begleichen, so wäre ihre Seele zur Hölle gefahren und davor fürchte sie sich. Aus
diesem Grund trüge sie daheim und auswärts bei jeder möglichen Gelegenheit immer
ganz einfache Kleider mit weißem Taftoberteil und einen schwarzen Mantel darüber.
Dadurch spare sie Geld, denn auf dem Lande und auf Reisen sei sie bedacht, niemals
Teures und Kostbares zu tragen."

Viel schwerer war für Elisabeth jedoch zu ertragen, daß sie von Menschikow
ständig gedemütigt wurde. Ihre Schwester Anna entzog sich den Drangsalierereien
durch Menschikow und siedelte 1727 nach Kiel über. Elisabeth blieb allein zurück
und suchte ihr Heil in einer Annäherung an den jungen Zaren Peter und dessen
Schwester Natalja. Sie überredete Peter, sich zu amüsieren, zu jagen, zu reiten und
Feste zu feiern. Peter ging gern darauf ein. Die beiden waren einander aufrichtig
zugetan, und es entsprach keineswegs etwa Elisabeths taktisch begründetem Kalkül,
die Nähe zu Peter vielleicht nur zu suchen, um ihn gegen Menschikow einzunehmen.
Natürlich konnte sie ihren Groll nicht verheimlichen. Als Peter erkrankte, pflegte sie

ihn in Peterhof wochenlang aufopferungsvoll und selbstlos, vergaß aber auch nie, ihn ständig zu ermahnen, doch endlich Menschikow vom Hof zu verweisen. Das war nicht allein Elisabeths persönlicher Wunsch. Namhafte aristokratische Familien, wie etwa die Dolgorukis, teilten ihn mit brennendem Haß.

Natürlich kam Menschikow hinter die Absichten seiner Gegner und bemühte sich seinerseits, Elisabeths Einfluß auf den Zaren zurückzudrängen. Er bestand die Kraftprobe jedoch nicht, zu verhaßt war er dem Zaren. Falls Elisabeth Menschikow tatsächlich über den Zaren stürzen wollte – der Zar machte es ihr nicht schwer. Menschikow wurde am 25. September 1727 unter der Anklage, er stünde in schwedischen Diensten, verhaftet. Peter II. löste die Verlobung mit Menschikows Tochter Marija, und die ganze Familie mußte den Weg nach Sibirien antreten: Niemand überlebte den Weg dorthin.

Nachdem Menschikow aus dem Weg geräumt worden war, verstärkte sich die Zuneigung zwischen Peter und Elisabeth deutlich sichtbar. So mancher Höfling sprach hinter vorgehaltener Hand von angeblicher Liebe. Der umsichtige Graf Ostermann erwog gar die Eheschließung des Neffen mit der Tante! Aber mit Menschikow waren nicht alle Gegner Elisabeths vom Hof verschwunden. Sie wollten die Peter nachgesagten homosexuellen Neigungen nutzen, um die beiden voneinander zu trennen, erreichten jedoch lediglich das Gegenteil. Ein junger und schöner Offizier namens Alexander Buturlin wurde der Suite Peters zugeteilt. Peter besaß bereits in dem Fürsten Iwan Dolgoruki einen sehr guten Freund. Als Dolgoruki ernsthaft erkrankte, pflegte ihn Peter hingebungsvoll. Das wiederum hatte zur Folge, daß Alexander Buturlin über viele freie Stunden verfügte, die er genußvoll mit Elisabeth teilte. Der junge Offizier wurde der erste Geliebte Elisabeths! Von homosexuellen Neigungen war bei Buturlin keine Spur.

Das Jahr 1728 brachte wichtige und einschneidende Ereignisse mit sich: Peter II. wurde in Moskau offiziell zum Kaiser gekrönt. Im fernen Kiel brachte Anna Petrowna ihren Sohn Karl Peter Ulrich zur Welt, sie selbst starb kurz darauf. Elisabeth ging der Tod ihrer Schwester sehr nahe. Sie zog sich zeitweilig vom offiziellen Leben bei Hof zurück. Sofort schwärzten sie die einflußreichen Dolgorukis beim Zaren an und hinterbrachten ihm die Verbindung Elisabeths zu Buturlin. Der Zar geriet, warum nur, in Wut und ließ den jungen Liebhaber zur Armee in die Ukraine versetzen. Elisabeth war enttäuscht und gekränkt. Die zur Kompensation ihres Leides unternommenen Wallfahrten lösten das Problem nicht.

Statt dessen wurden im Zusammenhang mit der geplanten Vermählung Peters II. mit der bildschönen 18jährigen Katharina Dolgorukaja neue Anstrengungen unternommen, für Elisabeth endlich einen passenden Ehemann zu finden. Die aber wies sowohl den Markgrafen von Bayreuth als auch den lasterhaften Iwan Dolgoruki empört zurück. Sie näherte sich dem etwa gleichaltrigen Grafen Semjon Naryschkin an und beschloß, sich mit einem kleinen Hofstaat in den Moskauer Vorort Ismailowo zurückzuziehen. Der Umzug wurde vom Zaren genehmigt. In ihrer Begleitung befanden sich unter anderen Michail Woronzow, Alexander und Pjotr Schuwalow, der französische Arzt Armand Lestocq und – Semjon Naryschkin. Obwohl Naryschkin bald darauf Rußland verlassen mußte, gehörten alle diese Männer zu jenen Persönlichkeiten, die Elisabeth später auf den Thron hoben und ihre Politik maßgeblich beeinflußten – natürlich war da auch Semjon Naryschkin wieder in ihrem Umfeld. Ehe es jedoch so weit war, vergingen noch viele Jahre, angefüllt mit dramatischen Ereignissen.

Am 30. Januar 1730 sollte Peter Katharina Dolgorukaja heiraten. Der Hochzeitstag wurde sein Todestag. Nach der Krönung Peters sollte auch die Hochzeit in Moskau gefeiert werden. Die Vorbereitungen liefen und wurden abgeschlossen. Am 29. Januar legte sich Peters ins Bett: Er hatte die Blattern und verstarb noch am gleichen Tag. In der Nacht zum 30. Januar war der Arzt Lestocq zu Elisabeth nach Ismailowo gefahren und wollte sie überreden, sofort ihre Thronansprüche geltend zu machen. Elisabeth lehnte den Vorschlag empört ab. Sie nahm nach den Berichten des damaligen französischen Gesandten Magnan auch an der Beisetzung Peters nicht teil. Die Behauptung, sie habe sich derweil in Ismailowo sinnlichen Gelüsten hingegeben, entsprang wohl eher den Wünschen ihrer Gegner als der Wahrheit. Elisabeth hatte in den zurückliegenden Jahren so viele Ränke um den Thron erlebt, war zurückgesetzt worden, hatte verzichtet und war gedemütigt worden, daß sie jetzt – in einer entscheidenden Situation – offenbar beschloß, das unausweichlich folgende Gezänk aus der Ferne abzuwarten. Außerdem hatte sie kluge Ratgeber um sich, die sie über alle Entwicklungen unterrichteten. Elisabeth ging davon aus, daß sie nach dem Testament ihrer Mutter Katharina I. nun die nächste Anwärterin auf den Thron war. Sie konnte sich nur eine einzige andere Variante vorstellen: Der minderjährige Sohn ihrer verstorbenen Schwester Anna, Karl Peter Ulrich, würde zum Thronerben proklamiert und sie, Elisabeth, übte die Regentschaft aus.

Die Situation war verworrener. Mit Peter II. starb die männliche Linie der Romanows auf dem Thron 1730 endgültig aus, nachdem sie bereits durch Katharina I. unterbrochen worden war. Es existierten die Ansprüche Elisabeths und des kleinen Holsteiners, außerdem meldete sich Alexei Dolgoruki: Seine Tochter Katharina sollte Kaiserin werden und sei nur durch den Tod Peters um diese Ehre gekommen. Darum müsse man ihre Ansprüche berücksichtigen. Diese Argumentation hatte keinen Bestand. Statt dessen setzte der zusammengerufene Reichsrat die beiden Töchter Iwans V. auf die Kandidatenliste: Anna und Katharina. Letztere schied schnell wieder aus, sie hatte ihren Gatten, den Herzog Karl Leopold von Mecklenburg-Schwerin, verlassen und war mit ihrer dreijährigen Tochter Elisabeth Katharina Christina wieder nach Rußland gekommen. Nun fürchtete man, bei der Wahl Katharinas könne deren Ehegemahl in Moskau auftauchen und gleichfalls Thronansprüche anmelden.

Gegen eine Kandidatur Elisabeths hatte vor allem Ostermann Einwände, er mutmaßte, Peters Tochter wäre mit seinen politischen Maßnahmen nicht einverstanden. Als es zur Abstimmung im Obersten Geheimen Rat kam, legte sich Ostermann lieber ins Bett und meldete sich krank. Ihm war bewußt, wie hoch der Grad einer Anwartschaft Elisabeths auf den Thron war. Also blieb Iwans Tochter Anna übrig. Sie nahm die Krone an und kam aus Mitau nach Moskau zur Krönung.

In dem Dorf Wseswjatskoje unweit Moskaus bereitete sie sich im Gebet auf die Zeremonie vor. Dort empfing sie auch Elisabeth, um herauszufinden, wie die Mitbewerberin um den Thron die Entscheidung des Rates aufgenommen habe. Elisabeth gab sich offen, freimütig und fröhlich, sie sprach unbefangen über die Demütigungen, die sie durch Menschikow erdulden hatte müssen, über das versagte mütterliche Erbe. Anna gelangte zu der Überzeugung, daß sie in Elisabeth keine Rivalin um den Thron besaß, und versprach großzügig, das von Menschikow unterschlagene und verweigerte Erbteil an Elisabeth auszuzahlen.

Anna war nicht umsonst in jungen Jahren von einem Hofnarren mit dem Beinamen „Iwan der Schreckliche" tituliert worden. Sie dachte nicht daran, ihr Versprechen einzulösen. Elisabeth ging abermals leer aus. Sie zog sich wieder nach Ismailowo zurück und führte ein bescheidenes, aber ungebundenes Leben, dessen Verlauf bisweilen idyllisch überhöht worden ist. Ein neuer Geliebter führte zum Abbruch des unbeschwerten Landlebens: Elisabeth arrangierte sich mit dem jungen Soldaten Alexei Schubin. Die Kaiserin Anna erzürnte sich aus irgendwelchen Gründen über die amouröse Verbindung, schickte den Soldaten zur Strafe nach Kamtschatka und beorderte Elisabeth nach Moskau. Sie mußte im Annenhof leben, einem Palast, in dem Anna selbst wohnte. Die Kaiserin begann Elisabeth zu kontrollieren – und Elisabeth fing an, die Kaiserin sehr gründlich zu beobachten. Damit war der erste Schritt zu langwierigen und zähen Auseinandersetzungen der beiden Frauen getan.

1732 siedelte der Hof wieder nach St. Petersburg über, und Elisabeth bezog ihre eigenen Räume im Sommerpalast. Sie sah, daß unter der Kaiserin Anna der Zustrom von Deutschen stärker wurde und daß die Ausländer – anders als bei ihrem Vater – zunehmend in hohen und höchsten Rängen an Macht und Einfluß gewannen: Biron, Münnich und Ostermann, aber auch der Baron Breyern, Baron Mengden, die Brüder Löwenwolde oder der General Manstein. Elisabeths offene Art scheute nicht vor Kritik an der Protegierung alles Deutschen zurück. Dadurch weckte sie das Mißtrauen der Kaiserin, und die umgab sie mit einem Netz von Spitzeln und Denunzianten. Elisabeth geriet in eine ähnliche Lage wie zur Zeit der Menschikowschen Gängelei. Der Hof ignorierte sie. Erstaunlich war nur, daß der gewalttätige und widerwärtige Biron einer der wenigen einflußreichen Männer blieb, die sie höflich und achtungsvoll behandelten. Elisabeth nahm die Ignoranz scheinbar unbeteiligt und gelassen hin, wurde aber regelrecht wütend, wenn sie wieder einmal verheiratet werden sollte.

Zum einen widersprach diese Gängelei Elisabeths Wesen, zum anderen hatte sie in jener Zeit einen Mann gefunden, den sie liebte und der ihr weiteres Leben begleiten sollte. Alexei Rasum war am 17. März 1709 in einer Kosakenfamilie geboren worden. Der Vater war ein Kleinbauer, die Mutter betrieb an der Poststraße von Kosolez nach Tschernigow ein Gasthaus. Alexei stammte – wie Elisabeths Mutter Martha Skawronskaja – aus sehr bescheidenen Verhältnissen. Sein Interesse an Bildung und seine

Intelligenz verliehen ihm den Spitznamen „Rasumowski" (ein Mann der Vernunft), diesen Namen behielt Alexei als Ehrennamen und schließlich als eigentlichen Namen bei. Rasumowski muß ein Idealmensch gewesen sein. Er war nicht nur klug und sehr hübsch, sondern er lernte gut und besaß eine wunderschöne Gesangsstimme. Seinem trunksüchtigen Vater mißfielen derartige Gaben, und er verprügelte den Sohn so lange, bis der von zu Hause ausriß. Alexei hatte Glück. Er flüchtete zum Popen von Tschmer, seinem Lehrer. Dieser ließ ihn im Kirchenchor singen, und dort entdeckte ihn ein durchreisender Oberst Wischnewski, der gerade mit einer Ladung Tokajer für die Kaiserin Anna vom Ungarland nach St. Petersburg reiste. Wischnewski nahm den jungen Kosaken mit in die Hauptstadt und ließ ihn im Kirchenchor der Kaiserlichen Kapelle singen. Dort muß ihn Elisabeth entdeckt haben. Sie lag der Kaiserin immer wieder in den Ohren, bis diese zustimmte, den hübschen Chorknaben als Majordomus im Hause Elisabeths einzustellen, wo er allen Ansprüchen zur vollsten Zufriedenheit seiner Herrin gerecht wurde.

Aber bei einem so schönen Favoriten wird wohl auch Eifersucht im Spiel gewesen sein, denn Anna erfüllte zwar Elisabeths Sehnen, aber ihre Mißgunst gegen die Cousine wuchs. Das wiederum machte sich Annas Schwester Katharina, die Herzogin von Mecklenburg, zunutze: Deren Tochter Elisabeth Katharina Christina wurde unter dem neuen Namen Anna Leopoldowna in die orthodoxe Kirche aufgenommen, erhielt nach dem Tod ihrer Mutter einen eigenen Hausstand, und man munkelte wohl nicht zu Unrecht, daß sie Annas bevorzugte Kandidatin für die einstige Thronfolge sein könnte. Dieses Gerücht sollte sich aber nur indirekt bestätigen. Anna Leopoldowna mußte gegen ihren Willen, aber nach dem Drängen Anna Iwanownas, den Prinzen Anton Ulrich von Braunschweig-Wolfenbüttel-Bevern, heiraten, und aus dieser Ehe entsprang Iwan VI., der unglücklichste Kaiser in der gesamten russischen Herrschaftsgeschichte.

Elisabeth beobachtete die Entwicklung zu dieser Ehe nicht gerade mit Wohlwollen. Aber wie stets zuvor, ließ sie sich nichts anmerken. Sie lebte ihr eigenes Leben und konnte sich im geheimen Wettstreit der Damen bei Hof um Schönheit und männliche Sympathie noch immer in der ersten Reihe sehen lassen: ganz im Gegensatz zu der wenig attraktiven neuen Braut Anna Leopoldowna. Der Kaiserin entging nicht, wie umschwärmt Elisabeth wurde. Geradezu argwöhnisch beobachtete sie, welche Zuneigung Elisabeth bei den Offizieren der Garderegimenter genoß. Es gibt jedoch keinerlei Beweise für etwaige geheime Gedanken der Tochter Peters des Großen, Kontakte aus politischem Kalkül zu pflegen. Sie war zu diesem Zeitpunkt einfach ein fröhlicher und kommunikativer Mensch, offen für alle geistigen und sinnlichen Anregungen des Lebens. Sie wäre nicht die Tochter Peters und Katharinas gewesen, wenn sie die Realitäten des Lebens vergessen hätte.

Elisabeth studierte ihre Umgebung gründlich und genau. Sie registrierte, daß der 1739 neu ernannte französische Gesandte Jacques Joachim Trotti de la Chétardie nach seinem Empfang bei der Zarin zuerst ihr, Elisabeth, seine Aufwartung machte und erst anschließend zu Anna Leopoldowna ging. Die Kaiserin Anna kränkelte zu diesem Zeitpunkt bereits sichtbar. Elisabeth verfolgte ebenso genau die Ereignisse, nachdem Anna Leopoldowna am 24. August 1740 ihren Sohn Iwan geboren hatte. Die Kaiserin ließ den Jungen sofort in ihre eigenen Gemächer bringen, sie sorgte dafür, daß er den Namen Iwan erhielt – nach dem Namen ihres Vaters, des Zaren Iwan V. Elisabeth wartete ruhig ab, obwohl sie die Absichten Annas erkannte und bald bestätigt fand: Vier Wochen nach der Geburt Iwans erlitt die Kaiserin einen Schlaganfall, von dem sie sich noch einmal erholte. Aber sie ernannte den kleinen Iwan zum Thronfolger und setzte dessen Mutter, Anna Leopoldowna, für den Bedarfsfall zur Regentin ein. Ostermann holte die Eltern Iwans, Elisabeth und die rangältesten Offiziere zusammen, und sie leisteten den Treueeid auf den Thronfolger – auch Elisabeth. Wirklich sichtbar enttäuscht war nur Anna Leopoldowna, die sich durch ihren eigenen unschuldigen Sohn vom Thron verdrängt sah.

Am 16. Oktober 1740 erlitt Anna Iwanowna einen zweiten Schlaganfall. Biron beschwor sie, ihr Testament zu ändern und ihn als Regenten einzusetzen. Aber Anna konnte die ihr abgerungene Zustimmung nicht mehr unterschreiben. Von Elisabeth war in keinem Zusammenhang die Rede. Im Gegenteil: Sie mußte auf Verlangen Birons nach Annas Tod noch einmal einen Treueid auf den Zaren Iwan leisten.

Biron riß die Herrschaft an sich. So schrecklich die auch war, Elisabeth behandelte er großzügig und entgegenkommend. Biron war vorsichtig. Die Zarenfamilie umfaßte viele Glieder, und er selbst wollte die Zarenfamilie sein! Also versuchte er, Elisabeth mit seinem ältesten Sohn zu verheiraten, und bezahlte ihre Schulden. Elisabeth durchschaute ihn natürlich, war aber für sein Verhalten dankbar. Diese Art von Dankbarkeit teilten nur wenige, vor allem Anna Leopoldowna ging ganz in ihrem Haß gegen Biron auf. Sie war um ihre Regentschaft gebracht, ihr Mann mußte aus der Armee ausscheiden, und beide hatten sich aus der Öffentlichkeit zurückzuziehen. Sie suchte und fand Verbündete zum Sturz Birons – unter anderen den Feldmarschall Münnich, der gar zu gerne das Herzogtum Kurland gehabt hätte! Ostermann und Löwenhaupt waren mit von der Partie. Gemeinsam verhafteten und stürzten sie Biron im November 1740. Anna Leopoldowna trat nunmehr ihre Rolle als Regentin an, erklärte sich selbst zur „Kaiserlichen Hoheit" und ihren Gatten zum Oberkommandierenden der Armee. Die Macht Birons war zu Ende, nicht aber die Macht der Deutschen bei Hof.

Anna Leopoldowna bemerkte nicht, wie die Zeit gegen sie arbeitete, wie sich unter den Garderegimentern eine Stimmung verbreitete, die den Deutschen allgemein, aber auch der Regentin feindlich gesonnen war. Das war für sie selbst und für Rußland besonders verhängnisvoll, weil sich in Europa politische Veränderungen andeuteten: Österreichs Karl VI. war etwa zeitgleich mit Anna Iwanowna gestorben. Wenige Wochen später, Anfang Dezember 1740, besetzte Preußens Friedrich II. Schlesien, ohne Österreich den Krieg erklärt zu haben. Es begann der Österreichische Erbfolgekrieg, der Europa für Jahre spaltete und in den Siebenjährigen Krieg mündete. Rußland hatte auf Anraten Ostermanns Österreich versprochen, ihm beizustehen, wann immer es angegriffen werde. Nun war der Casus belli eingetreten, und Rußland befand sich mitten in den europäischen Konflikten.

Anna Leopoldowna stand vor einer prekären Situation. In Elisabeth fand sie eine wohlgesinnte Persönlichkeit, mit der sie zunächst auf freundschaftlichem Fuß stand, obwohl Elisabeth von ihren üblichen Lebensgewohnheiten in keiner Weise abrückte. Sie galt in der Öffentlichkeit als ausgesprochen leutselig und erfreute sich insbesondere der Sympathie der Garderegimenter. Sie besaß bei den Gardisten den Bonus, die Tochter Peters des Großen zu sein. Als die Regimenter Biron stürzten, tauchte die Meinung auf, man handele im Namen von „Mütterchen Elisabeth Petrowna". Elisabeth widerstand den diesbezüglichen Wünschen, die der Arzt Lestocq unmißverständlich an sie herangetragen hatte. Noch nach vielen Jahren sagte sie rückschauend auf die Zeit vor und um 1740: „Ich bin recht froh, daß ich es nicht getan habe (mein Thronrecht schon früher geltend zu machen). Ich war zu jung, mein Volk hätte mich nicht akzeptiert."

Die sehr persönlichen Beziehungen zwischen Elisabeth und der Regentin hielten jedoch in Wirklichkeit nur kurze Zeit. Bald ließ sich Peters Tochter nur noch bei offiziellen Anlässen sehen. Sie ärgerte sich darüber, daß auch die neue Regentin dem alten Spiel folgte und sie unbedingt verheiraten wollte. Diesmal sollte Prinz Ludwig von Braunschweig der Auserwählte sein. Im Februar 1741 gab es daraufhin erste Anzeichen für die Entfremdung zwischen den beiden Frauen. Anna Leopoldowna schlug die Mahnungen ihrer Ratgeber in den Wind, die Popularität Elisabeths zu achten, und umgab sie mit einem Netz von Spitzeln. Hier vermischten sich nun persönliche Rivalitäten mit europäischen Intrigen, denn der französische König wollte Elisabeth gar zu gern auf dem Zarenthron sehen, wußte er doch um ihre Sympathie für Frankreich – trotz aller vorausgegangenen Demütigungen. Der französische Gesandte de la Chétardie unternahm alle Anstrengungen, Elisabeth zu beeinflussen, wobei er sich des Arztes Lestocq bediente. Im Juni 1741 trafen sich die beiden, und es ist nur zu wahrscheinlich, daß dabei über eine Thronbesteigung durch Elisabeth gesprochen wurde. De la Chétardie berichtete nach Versailles, Elisabeth glaube, „in ihrer Eigenschaft als Tochter Peters des Großen nach ihres Vaters Wünschen zu handeln, wenn sie auf Frankreichs Freundschaft vertraut und sich beim Geltendmachen ihrer legalen Ansprüche auf Frankreichs Hilfe verläßt". Sicherlich drangen der französische Gesandte und sein hilfreicher Arzt immer wieder in Elisabeth, den Thron zu erringen. Aber für ihre Entscheidung zur Machtergreifung sind weder der französische Druck mit einer möglichen schwedischen Kriegserklärung gegen Rußland noch französisches Geld verantwortlich.

Im Sommer 1741 verschlechterten sich Elisabeths Beziehungen zur Regentin. Ludwig von Braunschweig tauchte in Petersburg auf, er wollte das versprochene Herzogtum Kurland in Empfang nehmen und um die Hand Elisabeths anhalten. Er und der zum gleichen Zweck anwesende Prinz Conti wurden abgewiesen. Eine persische Bewerbung kam auch nicht in Betracht, obwohl Elisabeth von den Geschenken und der Exotik der Delegation beeindruckt war und sich darüber empörte, daß sie die persischen Gesandten nicht empfangen durfte. Die Schuld gab sie dem Grafen Ostermann, dem sie vorwarf, sie bei jeder Gelegenheit zu demütigen: „Er vergißt, was er war und was ich bin; er vergißt, wieviel er meinem Vater schuldet, der ihn als bloßen Schreiber aufgenommen und zu dem gemacht hat, was er jetzt ist." Ostermann konterte, daß Elisabeth nicht die erste Zarentochter Rußlands sein würde, die man in ein Kloster sperrt.

So spitzten sich über den Sommer 1741 hin die Dinge langsam, aber stetig zu. Auch die Regentin Anna Leopoldowna drohte mit dem Kloster, falls Elisabeth nicht den Braunschweiger ehelichte. Peters I. Tochter geriet noch von einer anderen Seite her unter Druck. Ludwig XV. forderte Schweden offen zu einem Angriff auf Rußland auf, damit Elisabeth den Thron besteige und Finnland an Schweden zurückgäbe. Tatsächlich griff Schweden Rußland an, ohne sichtbare Erfolge. Inzwischen vertraute Ostermann dem englischen Gesandten Finch an: „Elisabeths Liebe und Treue zu Rußland sind zu groß, als daß sie den gerüchteweise kolportierten Projekten je nähertreten würde." Immerhin: die Gerüchte befanden sich im Umlauf, und Ostermann mußte auch konzedieren, daß die Prinzessin Elisabeth allenthalben geliebt und geschätzt wird, „während die Regentin nicht die rechte Methode anwendet, dies zu erreichen, aber auch intern ist es bei Hof nicht mehr völlig ruhig".

Frankreichs und Schwedens Anstrengungen bewirkten viel, allerdings im negativen Sinn. Sie führten dazu, daß einflußreiche russische Aristokraten und Politiker die alte Furcht vor allem Ausländischen in einen neuen Isolationismus umwandelten. Der Haß gegen die regierenden „Deutschen" verstärkte sich. Die antideutschen Tendenzen arbeiteten Elisabeths Thronbesteigung so sehr in die Hände, daß sie selbst eigentlich keine besonderen persönlichen Anstrengungen unternehmen mußte. Dem kam auch die Regentin noch entgegen. Sie konnte nicht von ihrem sächsischen Geliebten Graf Lynar lassen und schlug alle Warnungen in den Wind, französische Agenten bereiteten ihren Sturz vor. Immerhin ließ sie sich schließlich erweichen. Sie folgte dem Rat des Grafen Golowkin und bereitete sich auf eine Machtdemonstration vor. Am 7. Dezember 1741, an ihrem Geburtstag, wollte sich Anna Leopoldowna zur Kaiserin von Rußland erklären.

So wurden beide Frauen, Anna Leopoldowna und Elisabeth Pewtrowna, in einen Strudel von Ereignissen geworfen, vor dem sie Angst hatten, den sie nur schwer überschauen konnten und in dem sie letztlich doch handeln mußten. Am 20. November 1741 führten sie ein vertrauliches Gespräch miteinander. Anna beschuldigte die Großfürstin der verschwörerischen Konspiration mit Frankreich und Schweden, um den Thron zu erobern. Elisabeth wies alle Vorwürfe energisch zurück. Sie konnte Anna von ihrer Unschuld überzeugen. Dennoch stieg die Spannung dramatisch an: Anna hatte Elisabeth mitgeteilt, sie werde Lestocq verhaften lassen. De la Chétardie stellte seine Gesandtschaft unter Waffen und zwang Elisabeth, sich in dieser zugespitzten Situation zum Staatsstreich zu bekennen. Sie sollte einen konkreten Termin für den Umsturz festlegen. Elisabeth fühlte sich in die Enge getrieben, stimmte zu und bestimmte den Dreikönigstag zum Tag des Handelns.

Bis zum Dreikönigstag, an dem sich die Elisabeth ergebenen Garderegimenter zur traditionellen Wasserweihe in Petersburg konzentrierten, waren noch sechs Wochen Zeit. Man hatte genügend Spielraum für die Vorbereitungen, und Elisabeth konnte in aller Ruhe über die Konsequenzen ihres Vorhabens nachdenken. Aber schon am 24. November stellte Lestocq Elisabeth wieder vor eine Alternative: Entweder sie ergriffe sofort die Macht oder ihr drohe das Kloster. Gleichzeitig traf die Nachricht ein, Teile der Elisabeth besonders ergebenen Garderegimenter würden an die Front gebracht, also aus der Hauptstadt entfernt. Offiziere bestätigten, daß der Abmarsch für den nächsten Tag geplant sei. Elisabeth hatte sich vor diesem Augenblick gefürchtet, nun mußte sie unverzüglich etwas unternehmen.

Um Mitternacht ging sie, begleitet von Lestocq, ihrem Sekretär Schwartz, Michail Woronzow, den Brüdern Schuwalow und zwei Offizieren in die Unterkünfte der Preobrashenski-Gardegrenadiere. Die Soldaten waren sofort bereit, alle umzubringen, damit Elisabeth auf den Thron kam. Über 300 Grenadiere marschierten durch das nächtliche Petersburg, besetzten wichtige Punkte, verhafteten sorgsam ausgewählte Persönlichkeiten – darunter Ostermann und Münnich – überrumpelten die Wachen im Winterpalais und drangen in das Schlafzimmer Anna Leopoldownas vor. Mit dem Zuruf Elisabeths, „Schwesterchen, es ist Zeit, aufzustehen", erwachte sie, sah, daß es keine Rettung für sie gab, und bat nur noch um Gnade für ihren Sohn, den kleinen Zaren Iwan VI., und für ihre Familie. Elisabeth versprach alles, in diesem Augenblick vielleicht sogar in ehrlicher Überzeugung, denn später sollte sie sich an dieses Versprechen nicht halten.

Die Gefangenen – die Familie Anna Leopoldownas, Ostermann, Münnich, der Kanzler Golowkin, die Brüder Löwenwolde und Baron Mengden – wurden zum Sommerpalais gebracht. Elisabeth teilte ihnen mit, daß sie angeklagt werden würden, weil sie die Tochter Peters des Großen um ihre Erbrechte gebracht hätten, nicht weil sie Hochverrat begangen oder vielleicht mit einer fremden Macht konspiriert hätten, wie die Begründung sonst üblicherweise lautete. Elisabeth hatte eine persönliche Entscheidung aus ganz individuellen Gründen getroffen. So lautete auch ihre Regierungserklärung, die am 25. November 1741 um acht Uhr morgens veröffentlicht wurde. Elisabeth erklärte, sie habe „kraft ihres legalen Erbanspruchs ihres Vaters den Thron bestiegen und die Usurpatoren festnehmen lassen". Der Familie der Braunschweiger wurde die persönliche Sicherheit garantiert. Diese friedfertige Geste trug wesentlich dazu bei, Elisabeth Sympathien zu sichern. Staatsbeamte und die Truppen der Petersburger Garnison schworen den Treueid auf die Kaiserin Elisabeth. Noch am selben Tag informierte sie die Monarchen Europas von ihrer Thronbesteigung. An Frankreichs König Ludwig XV. schrieb sie zwei Tage später einen persönlichen Brief, in dem sie ihren königlichen Bruder ihrer herzlichen Freundschaft versicherte. Von Elisabeth war es ehrlich gemeint, und dennoch war es eine späte Rache für früher erlittene Unbill. Man kann den Brief auch als Dank für die Schützenhilfe bei der Machtusurpation verstehen, denn so blauäugig, wie es erscheinen mag, war Elisabeth nicht auf den Thron gelangt.

Für die Kaiserin Elisabeth begann die wichtigste Etappe ihres Lebens. Für Europa war Elisabeth zunächst ein Rätsel. Man wußte um die Versuche zu ihrer Verheiratung. Sie galt als schön, lebenslustig und ihren Eltern ähnlich: groß und strahlend. Über ihre politischen Absichten und Ideen wußte man fast gar nichts. Darum wurde die französische Rolle beim Staatsstreich auch allgemein überschätzt. Und die Hoffnungen, die sich mit ihrer Thronbesteigung verbanden, entsprachen den allgemeinen Erwartungen an einen neuen Monarchen: Jede der zerstrittenen europäischen Parteien wollte das mächtige Rußland für ihre Ziele okkupieren, aber die Russen selbst sehnten sich nach einer national-patriotischen Regierung, die den Einfluß der Ausländer verdrängte.

Zunächst hatte Elisabeth alle Hände voll zu tun, diejenigen zu belohnen, die ihr bei der Thronerhebung geholfen hatten. Es flossen derartig viele höhere Dienstgrade und Rangerhöhungen, Edelsteine, Titel, Leibeigene, Geld, Ländereien und Ämter an die Getreuen, daß St. Petersburg seinem Ruf, den luxuriösesten Hof Europas zu unterhalten, mehr als gerecht wurde. Einzig und allein der Geliebte Alexei Rasumowski wahrte die Verhältnismäßigkeit: Als er zum Generalfeldmarschall ernannt werden sollte, lehnte er dankend mit der Bemerkung ab, er tauge nicht einmal zum Hauptmann. Viele Menschen, die Elisabeth in früheren Jahren nahegestanden hatten – darunter auch Biron – wurden in ihren Verbannungen gesucht, wenn es ging, zurückgeholt und entschädigt. Einige brachten es wieder zu hohem Ansehen, so Alexei Buturlin, der sich als Feldmarschall im kommenden Krieg gegen Preußen auszeichnete.

Gemäß der Devise des romanhaften Grafen von Monte Christo praktizierte Elisabeth nach der Belohnung der Guten die Bestrafung der Bösen. Zum einen erklärte die Kaiserin in einem Manifest, sie werde ihre Untertanen von der Herrschaft der Ausländer befreien – was bis zu pogromhaften Ausflüssen führte; zum anderen standen ihr de la Chétardie und Lestocq als Ratgeber zur Seite. Hastig, mit sich selbst uneins und in sinnloser Härte verfügte Elisabeth, daß Anna Leopoldowna mit ihrer gesamten Familie – also auch dem Zaren Iwan VI. – des Landes verwiesen würde. Alle Personen, die der Regentin in hohen staatlichen Ämtern gedient hatten, würden als Verräter vor Gericht gestellt. Alle Gegenstände, die Namen oder auch Porträts Annas und des Zaren trügen, seien zu vernichten. Die Braunschweiger wurden unter starker Eskorte in Richtung Deutschland gebracht, gelangten jedoch nur bis Riga. Dort begann das Martyrium Iwans VI., mit dem sich Elisabeth – und später auch Katharina II. – unter den moralischen Schuldspruch der Geschichte begab.

Moralisch zweifelhaft war auch der Umgang mit den nun angeklagten Würdenträgern Ostermann, Münnich, Golowkin, Mengden oder den Brüdern Löwenwolde. Das Gericht verurteilte sie zu grausamen Todesstrafen. Elisabeth schob die Angelegenheit vor sich her, wandelte die Urteile schließlich in Verbannungsstrafen um, die den Delinquenten erst auf dem Richtblock mitgeteilt wurden.

Mit den Handlungen ihrer ersten Regierungstage trug Elisabeth Erfordernissen des Augenblicks Rechnung. Sie ließen noch kein spezifisches Konzept erkennen. Wenn sie einen Grundzug ihrer Regierungszeit demonstrierten, dann den, daß die Kaiserin intuitiv handelte, damit sehr ihrem Vater glich, mehr als dieser jedoch von den Ratschlägen ihrer unmittelbaren Umgebung abhing. Zeit ihrer Regierung sollte sie ihre größten Erfolge in der Personalpolitik haben. Sie umgab sich mit fähigen Ratgebern und interessanten Persönlichkeiten, die das Zeitalter Elisabeths zu den großen Epochen der russischen Geschichte machten, ohne den Widerspruch zwischen Mittelalter und Neuzeit, zwischen Asien und Europa vollkommen aufbrechen zu können. Aber welchem russischen Herrscher ist das jemals gelungen?

Am Beginn ihrer Regierung trat ein Mann an ihre Seite, der von prägendem Einfluß werden sollte: Alexei Petrowitsch Bestuschew-Rjumin. Lestocq hatte ihr den weitgereisten und beschlagenen Mann empfohlen, und sie vertraute ihm als erste Aufgabe den notwendigen und komplizierten Friedensschluß mit Schweden an. Dahinter stand die Lösung des größeren Problems, einen Ausgleich mit Frankreich und mit Preußen zu erzielen, denn Friedrichs Einfall in Schlesien konnte leicht dazu führen, daß Rußland den 1726 mit Österreich geschlossenen Bündnisvertrag erfüllen mußte. Elisabeth fürchtete Schweden nicht, war aber nicht bereit, nur einen Fußbreit jenes Gebietes herzugeben, das Peter der Große erobert hatte. Sie wollte in keinen europäischen Krieg verwickelt werden, erkannte aber auch die preußischen Eroberungen nicht an. An Bestuschews diplomatische Fähigkeiten wurden hohe Anforderungen gestellt, die auch durch die Krönungszeremonien für Elisabeth in Moskau im April und Mai 1742 nicht beeinträchtigt wurden. Vor, während und nach der Zeremonie gab es allerhand Verwirrungen um das Verhältnis zwischen der Kaiserin und dem französischen Botschafter de la Chétardie, bis der doch seinen Abschied nehmen mußte, wobei niemals ganz geklärt wurde, welche Rolle er als Liebhaber Elisabeths spielte. Die beiderseitigen Sympathien übten einen damals zwar üblichen, aber höchst subjektiven Einfluß nicht nur auf das russisch-französische Verhältnis aus: Preußens König Friedrich II. freute sich so sehr über de la Chétardies Abgang, daß im März 1743 ein preußisch-russisches Freundschaftsbündnis zustande kam. König Friedrich nahm sogar Elisabeths Mißbilligung über die schlesische Eroberung offiziell zur Kenntnis und verlieh der Kaiserin den Schwarzen Adlerorden. Damit wurde wiederum Frankreich geärgert.

Bestuschew hatte nicht nur die russisch-preußisch-französischen Kabalen zu bewältigen. Im Mikrokosmos des Moskauer und Petersburger Hofes spiegelte sich die gesamte Auseinandersetzung Rußlands mit den europäischen Mächten wider. Da ging es immer wieder um die Scharmützel mit Schweden, um den russisch-englischen Ausgleich und um die damit verbundenen Intrigen bei Hof. Elisabeth widersprach Bestuschews Vorschlag zur Erneuerung des Freundschaftsvertrages mit England, weil sie auf ein entsprechendes Angebot aus Frankreich hoffte.

Erst als Georg II. von England Elisabeth im Dezember 1742 nicht länger den Titel einer Kaiserin verweigerte, konnte Bestuschew einen Sieg verbuchen: Elisabeth stimmte dem russisch-englischen Freundschaftsvertrag zu. Sie nahm in Kauf, daß Versailles empört war. Dort erregte man sich ohnehin über die Siege russischer Truppen gegen Schweden in Finnland. Als Schweden um Frieden bat, intrigierten Lestocq und Brümmer weiter eifrig gegen Bestuschew, booteten ihn aus den Verhandlungen aus und erreichten, daß Elisabeth gegenüber Schweden territoriale Zugeständnisse machte. Aber dennoch – der Frieden war wiederhergestellt, in Abo, 1743.

Weit mehr beunruhigte Elisabeth in jenen Anfangsjahren ihrer Herrschaft das Gefühl, von Verschwörern umgeben zu sein, die sie stürzen wollten. Aufmerksam ging sie jedem Gerücht nach und ließ drakonische Strafen gegen vermeintliche Übeltäter verhängen. Sie zog mit dem Hof wieder nach St. Petersburg, und die Geheimpolizei Alexander Schuwalows erhielt zusätzliche Mittel, um jeder negativen Äußerung über die Kaiserin wirksam begegnen zu können. Sicher fühlte sich die Kaiserin nicht. Sie fürchtete nicht so sehr um ihre eigene Person und besaß auch keine Angst vor dem Tod, aber sie fürchtete um den Thron, um die Erbfolge, um das Schicksal Rußlands. Darum verfolgte sie den österreichischen Botschafter Botta oder die Gräfin Lopuchina (wobei hier auch krankhafte Selbst- und Eifersucht im Spiel war) so anhaltend und barbarisch: Sie hatten lästerliche Reden wider die Kaiserin geführt! Darum trieb es die Kaiserin ruhelos durch ihre Paläste und durch russische Klöster, ohne daß sie erholenden Schlaf finden konnte und wollte.

Elisabeth wurde sich schon in ihren ersten Regierungsjahren darüber klar, daß sie selbst wohl keine Kinder haben würde und daß auch ihr Holsteiner Neffe Peter kaum Voraussetzungen erwerben würde, Rußland zu regieren. Dennoch holte sie ihn 1742 nach Petersburg und ernannte ihm zum Thronfolger. Sie hielt an ihm fest, beruhigte die eigenen Ängste mit der vagen Hoffnung, er werde an Charakter und Bildung dazugewinnen – und schließlich: Wenn man eine geeignete Frau für ihn finden würde, könnte diese einen positiven Einfluß ausüben. Elisabeth suchte diese Frau. Sie fragte in Europa um Rat, und Friedrich II. von Preußen empfahl ihr jenes Mädchen, das später als Kaiserin Katharina II. Rußlands Thron in neuem Glanz erstrahlen lassen sollte: Sophie Auguste Friederike von Anhalt-Zerbst, Tochter einer dummen und impertinenten Mutter und eines unbedeutenden Vaters, der seine Tochter Sophie zärtlich liebte. Als Elisabeth im Herbst 1743 merkte, wie Peter zusehends verfiel, weil er einsam war, sich schrecklich langweilte und weil die Pflicht zum Lernen seine physischen Kräfte überstieg, ließ sie die kleine Sophie mit ihrer Mutter nach Rußland kommen.

Beide trafen am 9. Februar 1744 in Moskau ein und wurden noch am selben Abend von der Kaiserin empfangen. Diese erste Begegnung wurde entscheidend, so viele Konflikte es später zwischen Elisabeth, Peter Fjodorowitsch und Sophie (Katharina) geben sollte. Sophie war überwältigt vom Glanz, Luxus und der Hoheit der Kaiserin, von deren patriotischer Gesinnung und der offen zur Schau gestellten Liebe zu Rußland. Sophie besaß einen praktischen Verstand. Das arme Mädchen aus der Provinz erkannte mit sicherem Blick die Chance seines Lebens. Mit dem ihr eigenen

Taktgefühl, ihrem Verstand und angeborenem Geschick im Umgang mit anderen
Menschen wußte sie intuitiv jene Ausdrucksformen anzuwenden, die der Kaiserin
imponierten. Reiche Geschenke und vertrauensvolle Zuneigung waren der Lohn.
Sophie konnte auch mit Peter umgehen. In einer Welt der Erwachsenen und des
höfischen Zeremoniells solidarisierten sich die beiden Kinder, deren Schicksal darin
bestand, dereinst über Rußland herrschen zu sollen. Elisabeth verstand niemals, von
welch zielstrebiger Raffinesse die kleine Zerbsterin war. So turbulent die Machtkabalen
in den folgenden Jahren auch sein sollten, Peter ging durch eigene Unvollkommenheit
unter – die beiden Frauen sollten sich als durchaus ebenbürtig erweisen. Elisabeth
vermittelte der kleinen Sophie das entscheidende Rüstzeug, das sie befähigte, nach
Peter I. die zweite „Große" zu werden.

Bis zu diesem Zeitpunkt vergingen noch viele Jahre, und Elisabeths Mühen um die
Thronfolge verbanden sich mit allen anderen höfischen und politischen Problemen,
die Rußland in Europa und Asien bewältigen mußte. So umstritten und beargwöhnt
ihr Großkanzler Bestuschew auch war, so sehr seine Ansichten denen Elisabeths auch
mitunter zuwiderliefen, sie konnte ihm in allen staatspolitischen Fragen vertrauen.
Bestuschew war vor allem deshalb ein wichtiger Mann, weil Elisabeth sich selbst
eigentlich nie für eine intensive und angestrengte Regierungstätigkeit begeistern
konnte. Sie besaß in der Außenpolitik keine großen Erfahrungen. Ihr Hang, wichtige
Entscheidungsfragen hinauszuzögern oder nach Möglichkeit ganz zu umgehen, war
bei den Ratgebern als Ärgernis bekannt. Sie ging lange mit sich zu Rate, zog sich in ein
Kloster oder in ihre Privatgemächer zurück. Aber wenn es erforderlich war, handelte sie
auch entschlossen, bis zu Grausamkeit und Barbarei. Todes- und schreckliche Körperstrafen auch gegen Aristokraten pflasterten den Weg ihrer ersten Regierungsjahre.

Vergleichsweise mild kam de la Chétardie davon. Der Verlust seiner Favoriten-
stellung trieb ihn zu respektlosen Ausfällen gegen die Kaiserin. Bestuschews Geheimpolizei fing die Briefe ab: Der französische Botschafter wurde unter Verlust aller
zarischen Ehren und Geschenke nach Hause geschickt. Nicht anders erging es der
Prinzessin von Anhalt-Zerbst, der Mutter Sophies, die bereits als Person unmöglich
war und obendrein für den preußischen König spionierte.

Elisabeth ließ sich von Bestuschew überreden, künftig die Beziehungen zu England
und Österreich auszubauen – als Gegengewicht zu Preußen –, widmete sich aber lieber
ihren eigenen Problemen. Da war immer wieder die Thronfolge zu beachten. Die
Kaiserin verwandte sehr viel persönliche Kraft auf den Übertritt Sophies zum orthodoxen Glauben. Der wurde am 29. Juni 1744 vollzogen, und das Mädchen trug von nun
an den Namen Katharina – zur Erinnerung an Elisabeths Mutter. Auch die am folgenden Tag stattfindende Verlobungszeremonie der Großfürsten Peter und Katharina
leitete die Kaiserin persönlich. Märchenhafte Geschenke begleiteten die beiden Feste.

Bereits vier Wochen später ging die Kaiserin mit den beiden Großfürsten auf
Reisen. Ziel war die Ukraine: Die künftigen Herrscher sollten ihr Land kennenlernen,
aber die Reise war lang und unbequem. Peter langweilte sich, war kindisch, Katharina

nahm immerhin die trostlose Umwelt der russischen Provinz wahr. Nur Elisabeth blieb euphorisch. Für sie war die Inspektion eine Pilgerreise in das Kiewer Höhlenkloster, und das zusammen – die Ansicht von Mütterchen Rußland und die frommen Exerzitien – verschaffte ihr Freude und Befriedigung.

Die glücklichen Tage von Kiew gingen vorüber, und der Alltag brachte neue Sorgen: England bedrohte Frankreich in den Niederlanden, die Preußen saßen in Prag und marschierten in Böhmen. Da war es eher befriedigend, daß Frankreichs König endlich die kaiserliche Majestät Elisabeths anerkannte und auch Maria Theresia um wechselseitige Freundschaft bemüht war. Zu den politischen gesellten sich persönliche Probleme: Peter erkrankte nach der Rückkehr aus Kiew an einem Sumpffieber, anschließend an den Masern und schließlich auch noch an den Blattern. Daß er überhaupt am Leben blieb, verdankte er ausschließlich der aufopfernden persönlichen Pflege durch die Kaiserin, die nicht verhindern konnte, daß der Thronfolger durch die Blattern entstellt und häßlich wurde. Katharina durfte ihn auf dem Krankenlager nicht besuchen, schrieb ihm aber täglich herzliche Briefe in bestem Russisch, die die Kaiserin von ihrer Liebe zu Rußland überzeugten. Die Episteln wiesen nur einen Makel auf: Nicht Katharina hatte die Briefe geschrieben, sondern der Lehrer Adadurow. Katharina hatte dessen eloquente Entwürfe nur säuberlich abgeschrieben. Als die junge Großfürstin ihren Verlobten nach dessen Krankheit zum ersten Mal wieder sah, erschrak sie. Peter gab sich noch kindischer und absonderlicher als zuvor. Die kühle Katharina aber sagte sich, die Aussicht auf den russischen Kaisertitel mit dem entstellten Peter sei immer noch besser als Zerbst ohne Peter. Also freute sie sich, daß Elisabeth den 21. August 1745 als Hochzeitstag bestimmte.

Europa befand sich im Krieg, und der Krieg pochte auch an Rußlands Tore. Dennoch entwickelte die Kaiserin den persönlichen Ehrgeiz, die glanzvollste Hochzeit auszurichten, die der Kontinent je gesehen hatte. Sie kopierte die Pracht der Schlösser von Dresden und Versailles in einem und übertrumpfte beide durch den Glanz der orthodoxen Kirche. Es war schließlich das erste Mal, daß in St. Petersburg eine kaiserliche Hochzeit gefeiert werden sollte. Elisabeth war von der Idee besessen, bald einen kaiserlichen Nachkommen zu erhalten, der die Thronfolge auf lange Sicht garantierte. Die Kaiserin persönlich verwies das Brautpaar nach dem Festbankett in das Schlafgemach. Aber die herbe Enttäuschung folgte alsbald nach.

Elisabeth gab im Vorgefühl des künftigen Thronerben ein rauschendes Fest nach dem anderen, tanzte, lachte und gab sich mit reiner Freude dem russischen Lebensgefühl hin, das sie mit westlichen geselligen Äußerungen verband. Ihre angeheiratete Nichte Katharina, eine schöne, junge Frau, umgab Elisabeth mit Liebe und Aufmerksamkeit. Großfürst Peter war oft krank und bedurfte besonderer Pflege. Woche um Woche verging und aus dem Schlafzimmer Peters gelangte keine Erfolgsmeldung an das Ohr der Kaiserin. Sie wurde ungeduldig und gereizt, gab Katharina die Schuld am ehelichen Versagen und geriet in Zorn, als Anna Leopoldowna am 26. Februar 1746 in Cholmogory – im Kindbett – gestorben war: Sie hinterließ fünf minderjährige Kinder. Plötzlich war Elisabeths Angst vor dem eingekerkerten Iwan wieder lebendig.

Diese Angst, der wachsende Unwille gegenüber Katharina und deren impertinenter Mutter, der Zorn auf die preußischen Eroberungen in Böhmen und die von Bestuschew geförderte Annäherung an Österreich – all das verwob sich in jenen Jahren eng miteinander. Katharina und Peter wurden streng überwacht und diszipliniert, Österreich erhielt den gewünschten militärischen Beistand, und die Zarin ließ die Armee des Fürsten Repnin gegen Preußen marschieren. Europa war darüber so erschreckt, daß es sich eilig um eine Beilegung des kontinentalen Streits bemühte, was 1748 im Frieden von Aachen – von dem Rußland ausgeschlossen blieb – nur zeitweilig gelang.

Die fortdauernden politischen Spannungen und persönlichen Probleme um Intrigen und Erbfolge, aber auch ihre anhaltend ausschweifende Lebensweise ließen Elisabeth 1749 ernsthaft erkranken und niemals wieder ganz genesen. Die Schlaflosigkeit, Angst vor Verschwörungen, Depressionen, Unlust zu wichtigen politischen Entscheidungen und ein gereiztes Verhältnis zu Katharina und Peter wechselten einander ab und vermischten sich. Bei all ihrer geringen Bildung und Emotionalität begriff sie die wichtige Rolle Rußlands in Europa. Darum ließ sie Bestuschew freie Hand, obwohl ihre engsten Ratgeber, zu denen Alexei Bestuschews Bruder Michail, die drei Brüder Schuwalow, Alexei und Kyrill Rasumowski und Michail Woronzow gehörten, mit der Politik des Großkanzlers nicht immer einverstanden waren. Vor allem die Affinität Elisabeths zu Frankreich blieb ein ewiger Streitpunkt.

Die Jahre gingen dahin, ohne daß sich das Leben am Hof wesentlich änderte. Erst 1754 folgte für Elisabeth ein kaum noch erwarteter Höhepunkt ihres Lebens. Katharina hatte bereits zwei Fehlgeburten überstanden, als am 20. September 1754 endlich ihr drittes Kind lebend zur Welt kam: ein Junge, den Elisabeth sofort zu sich nahm, dem sie den Namen Paul gab und den sie vollkommen in ihrer eigenen Obhut pflegen und erziehen ließ, wobei sie selbst Hand anlegte. Endlich war der lange ersehnte Thronfolger gekommen. Er bedeutete für die Kaiserin ein neues Glück und neue Ängste. Sie entzog sich nicht vollkommen politischen Handlungen, so wurde am 16. September 1756 der englisch-russische Bündnisvertrag erneuert, aber ihre meiste Zeit verbrachte sie mit der Sorge um den kleinen Paul. Das Verhältnis zu Katharina war schlecht geworden, und Peter zeigte keinerlei Veranlagung, das Reich zu regieren. Die einst so vertrauten Peter und Katharina entfremdeten einander immer mehr. Elisabeths Gesundheit ließ sichtbar nach. Im In- und Ausland begann man sich Gedanken über die Zeit nach ihrem Ableben zu machen. Elisabeth wußte, wie gefahrvoll es werden könnte, einen minderjährigen Prinzen zum Thronfolger zu erheben. Gerade in dieser Zeit – 1757 – ließ sie für kurze Zeit Iwan nach Schlüsselburg bringen, sprach sie sogar mit dem verhinderten Kaiser.

Für den Augenblick plagten Elisabeth nicht nur ihre persönlichen Sorgen. Über Nacht war in Europa eine neue und komplizierte Situation eingetreten. Sie hatte nach langem Zögern am 1. Februar 1756 den Vertrag mit England unterzeichnet. Die Tinte war noch nicht trocken, da schlossen England und Preußen einen „halbgeheimen" Vertrag, der die seit Jahrhunderten gewachsene Bündnisstruktur Europas mit einem Schlag umstieß. Der „Westminstervertrag" verpflichtete England zu militärischer Hilfe, falls fremde Truppen in Preußen eindrangen. Bestuschew erkannte sofort, daß dieses Abkommen dem englisch-russischen Bündnis zuwider handelte. Elisabeth war empört und wütend, sie sah sich schon in einen Krieg gegen Frankreich verwickelt und verkündete lauthals, sie fühle sich nicht mehr an das Abkommen mit England gebunden. In London und Potsdam versuchten die Könige abzuwiegeln. Aber sowohl in Frankreich als auch in Österreich und Rußland war man sich einig, daß der Westminstervertrag eine neue Etappe in der europäischen Politik, vielleicht sogar Geschichte, einleitete. Daß er aber zum europäischen Aufstieg Preußens und Rußlands führen sollte, konnte sich wohl niemand konkret vorstellen.

Zunächst erzeugte der Vertrag eine heftige Reaktion Elisabeths. Von England zynisch hintergangen, stürzte das Abkommen Bestuschews politisches System. Elisabeth bildete sofort einen Rat zur Wahrung der russischen Interessen im Ausland und führte selbst den Vorsitz. Alexei Bestuschew gehörte dem Rat noch an, aber neben ihm seine Widersacher Michail Woronzow, die Brüder Schuwalow, Fürst Nikita Trubezkoi und Graf Apraxin: Bestuschew sollte kontrolliert und überwacht werden. Die Kaiserin dekretierte die neuen außenpolitischen Prinzipien: Rückgabe Schlesiens an Österreich und Wiederherstellung der ursprünglichen Grenzen Preußens, militärische Unterstützung Österreichs und Neutralität Frankreichs in dem unabwendbar erscheinenden Krieg. Aber Frankreich schloß am 1. Mai 1756 in Versailles einen Bündnisvertrag mit Österreich. Später wurde der Vertrag auf Rußland und Schweden ausgedehnt. Die Tradition europäischer Balancen wurde damit nicht weniger gebrochen als durch den Westminstervertrag.

Preußen eröffnete mit seinem Einfall in Sachsen den Siebenjährigen Krieg. Großfürst Peter, der blinde Preußenfreund, jubelte über Friedrichs Siege bei Lobositz und Pirna. Elisabeth beobachtete Peters Verhalten mit Entsetzen. Mehrfach befragte sie heimlich den gefangenen Iwan, aber ihren Neffen von der Thronfolge auszuschließen, das brachte sie doch nicht fertig.

1756, in dem entscheidenden Jahr, hatte Elisabeth einen Schlaganfall erlitten und erholte sich nur langsam von dessen Folgen. Rußland drohte Krieg: Der Vertrag mit Österreich war zu erfüllen, Frankreich mußte für Rußland gewonnen werden. Graf Apraxin, schwerfällig, unentschlossen und unlustig, stellte sich an die Spitze der Armee, die Österreich zu Hilfe kommen sollte. Apraxin verzögerte den Abmarsch ins Feld nach Herzenslust, aber Preußen war beunruhigt. Inzwischen bandelte Elisabeth mit Frankreich an. Nach manchen Irritationen auf dem Verhandlungsweg konnte Ende 1756 auch ein russisch-französischer Vertrag ausgehandelt werden, der Europas Spaltung besiegelte: England und Preußen standen gegen die Koalition von Frankreich, Österreich, Sachsen und Rußland.

Weder Elisabeth noch der kluge Bestuschew wußten, daß Ludwig XV. Rußland nicht als vollwertigen Bündnispartner anerkannte, weil Frankreich traditionell Polen und Schweden verpflichtet war, und daß der österreichisch-französische Vertrag Rußland bei einer künftigen territorialen Neuordnung ausschloß. Alexei Bestuschew verfolgte seinerseits eine doppelgleisige Politik. Offiziell mußte er seiner Kaiserin dienen, insgeheim hintertrieb er das Bündnis mit Frankreich. Großfürst Peter war ohnehin Preußen ergeben, und Katharina liebäugelte mit den Briten. Noch war kein einziger russischer Soldat in kriegerische Handlungen verwickelt worden, aber am Petersburger Hof tobte der geheime diplomatische Kampf, der langsam Züge annahm, die in Richtung auf Elisabeths mögliches Hinscheiden gerichtet waren. Sie war ernsthaft krank, konnte kaum noch gehen und verließ ihre Privatgemächer nur noch selten, aber sie wollte treu an den Bündnispflichten gegenüber Österreich und Frankreich festhalten. Feldmarschall Apraxin sah das etwas anders. Für ihn war der ganze Feldzug sehr unbequem. Erst nachhaltige Depeschen der Kaiserin, Bestuschews und auch Katharinas ließen ihn im Mai 1757 die russischen Grenzen überschreiten, um die preußische Armee zum Kampf zu stellen. Im Juli hatte er Memel und Tilsit genommen. Am 30. August 1757 siegten die Russen bei Großjägersdorf. Gleichzeitig drangen österreichische Truppen in die Lausitz und Oberschlesien ein, während Franzosen in Hannover und Hessen vorrückten. Elisabeth verfolgte das Kriegsgeschehen aufmerksam und glaubte an einen kurzen Feldzug.

Aber die Freude war von kurzer Dauer. Am 19. September 1757 erlitt die Kaiserin bei einem Gottesdienst in Zarskoje Selo einen zweiten schweren Schlaganfall, der zu zeitweiligem Sprachverlust führte und die Furcht vor dem baldigen Tod vergrößerte. Zwar erholte sie sich relativ schnell, aber die brodelnden Spekulationen zeigten, wie wichtig Elisabeth und Rußland im aktuellen europäischen Kriegsgeschehen waren. Im Gegensatz dazu zog sich Apraxin nach Erhalt der Nachricht von Elisabeths Erkrankung aus Tilsit zurück. Friedrich sammelte seine Truppen und vertrieb die Russen aus Memel. Alexei Bestuschew stockte das Blut in den Adern. Entsetzt war er aber, als das Gerücht lanciert wurde, er selbst, Bestuschew, habe Apraxin angewiesen, nach Petersburg zurückzukehren. Das Verhängnis kam auf leisen Sohlen und mit schweren Soldatenstiefeln. Elisabeth geriet außer sich. Sie wies Apraxin zum Kampf an, konnte sich aber nicht durchsetzen. Die Armee war angeschlagen und demoralisiert. Preußen nutzte seine Stunde: Die Franzosen wurden bei Roßbach und die Österreicher bei Leuthen-Lissa geschlagen. Bestuschew galt allgemein als der Sündenbock.

Die quälende Sorge um die Thronfolge bedrängte Elisabeth immer mehr, ohne daß sie zu konsequenten Schlüssen fähig war. Letztlich kam sie nicht umhin, Entscheidungen zu treffen. Apraxin wurde seines Postens enthoben. Beweise für eine Schuld Bestuschews ergaben sich nicht, dennoch wurde er nach intrigantem Spiel der Botschafter Österreichs und Frankreichs am 13. Februar 1758 verhaftet. Katharina war ebenfalls in das Spiel verwickelt: Sie hatte Briefe an Apraxin geschrieben, in denen sie ihn auf Bestuschews Wunsch hin zum Angriff drängte. Nun ergriff sie die Flucht nach vorn, warf sich der Kaiserin zu Füßen, beteuerte ihre Unschuld und bat darum, nach Zerbst zurückkehren zu dürfen. Die Kaiserin verzieh ihr, sprach sie aber nicht von einer imaginären Schuld frei. Apraxin entging nach einem Schlaganfall dem Schuldspruch. Nur Bestuschew mußte büßen: Er wurde zum Tod verurteilt, ein Spruch, den Elisabeth nach langem Zögern in eine Verbannung auf sein Landgut Goretowo umwandelte. Als Katharina den Thron bestieg, holte sie Bestuschew sofort zurück an den Hof.

Währenddessen ging der Krieg weiter. Apraxin war durch den alten General Fermor abgelöst worden, und der konnte Elisabeths Wünsche zunächst erfüllen: Im Sommer 1758 nahm er Königsberg ein und drang mit seinen Truppen bis nach Brandenburg vor. Am 25. August 1758 kam es zu dem großen Treffen bei Zorndorf. Der verbissene Kampf forderte bei Russen und Preußen jeweils über 10.000 Gefallene, und niemand konnte genau sagen, wer denn nun eigentlich den Sieg davongetragen hatte. Die Russen galten zwar als Sieger, aber Fermor konnte den Gewinn nicht nutzen. Seine Soldaten waren so geschwächt, daß sie den Feind nicht verfolgen konnten. Fermor wurde dafür des Verrats bezichtigt. Seine Kaiserin war jedoch wesentlich mehr darüber empört, daß Österreich nicht in den Kampf eingegriffen hatte. Sie gab Maria Theresia die Schuld und beschuldigte sie der Falschheit, jene aber schob alle Verantwortung auf die Franzosen. Dennoch blieb die russische Kaiserin fest entschlossen, den Krieg gegen Preußen bis zum Ende zu führen.

Gleichzeitig sah sie sich im Innern ihres Reichs zahlreichen Problemen gegenüber. Ihre körperlichen Leiden verschlimmerten sich. Sie konnte kaum noch gehen, und ihr Gesundheitszustand veranlaßte ihre einstigen intimen Freunde, mehr und mehr auf die preußenfreundlichen Positionen Peters überzugehen. In dem Holsteiner mußten sie nach Lage der Dinge wohl den künftigen Kaiser sehen. Bestuschews Nachfolger als Großkanzler Michail Woronzow und auch die Brüder Schuwalow machten kaum noch ein Geheimnis aus ihrem Sympathiewechsel. Dennoch drang Elisabeth auf den Krieg: Sie bestand darauf, daß sich Österreich und Frankreich an den Feldzügen des Jahres 1759 beteiligten. Die beiden Staaten dachten jedoch nicht daran, zu marschieren, worauf auch General Fermor wütend wurde und sich nicht rührte. Darüber war die Kaiserin so zornig, daß sie Fermor absetzte und durch Pjotr Semjonowitsch Saltykow ersetzte, einen Oberkommandierenden, den Friedrich II. als „den allerdümmsten aller russischen Schwachköpfe" bezeichnete. Die Charakteristik mochte wohl stimmen, aber Saltykow hatte den jungen General Rumjanzew an seiner Seite, und beide zusammen stießen zu Friedrichs Entsetzen bis nach Frankfurt an der Oder vor, durchquerten die Lausitz und erfochten bei Kunersdorf einen glänzenden Sieg. Nur ein eher symbolisches österreichisches Truppenkontingent hatte die Russen unterstützt. 45.000 Preußen fielen in dieser Schlacht – nur 3000 überlebten, unter ihnen mit knapper Müh und Not auch König Friedrich II. Aber erneut versagte die russisch-österreichische „Waffenbrüderschaft". Die Truppen Maria Theresias weigerten sich, an der Verfolgung der Preußen teilzunehmen. So konnten russische Soldaten zwar im

Oktober 1760 für vier Tage in Berlin einrücken, mußten sich aber bald wieder bis hinter die Weichsel zurückziehen: Schlesien blieb bei Preußen.

Elisabeth war zwar entschlossen, den Krieg weiterzuführen, aber die allgemeine Erschöpfung war bereits so groß, daß alle kriegführenden Parteien begannen, Friedensmöglichkeiten zu sondieren, bzw. ihre Netze auswarfen, welche Beute man selbst bei einem notwendig werdenden Friedensschluß gewinnen könnte. Ein erster Schritt war das im Mai 1760 von Elisabeth und Maria Theresia unterzeichnete „Esterhazy-Abkommen", in dem beide Seiten geheim verabredeten, Rußland solle bei einem Friedensschluß, der Schlesien wieder an Österreich geben würde, Gebiete in Ostpreußen erhalten. Obwohl Ludwig XV. energisch gegen die Beteiligung Rußlands an der Kriegsbeute protestierte, erklärte sich Maria Theresia gegenüber Rußland zur Einhaltung der militärischen Bündnispflichten bereit, und die russische Armee startete eine neue Offensive.

Elisabeth war am Beginn des Jahres 1761 kaum noch zu retten. Bewegungslosigkeit und Melancholie wechselten in ununterbrochener Reihenfolge. Aber sie setzte den Krieg fort, ernannte anstelle von Saltykow den Grafen Buturlin zum Oberkommandierenden und trieb Friedrich II. weiter in die Enge. Am 23. Juli 1761 ließ sich Elisabeth bewegungsunfähig nach Peterhof bringen und trieb Buturlin an. Erst im Oktober, Elisabeth hatte sich sterbend nach Petersburg fahren lassen, nahm Buturlin die Festung Schweidnitz ein, und Rumjanzew stand in Kolberg. Für Preußen schien die Lage aussichtslos.

Als der Winter 1761 in Petersburg Einzug hielt, besserte sich Elisabeths Gesundheit plötzlich und unerwartet. Es war ein letztes Aufflackern ihres Lebenswillens. Am 20. Dezember schien die Krise überwunden, die Kaiserin besuchte sogar eine Theateraufführung und hatte Paul, den Sohn Peters und Katharinas, auf dem Schoß: So mancher Höfling mochte daraus folgern, daß sie Paul als Thronfolger favorisierte. Aber darüber war sich Elisabeth wohl selbst nicht klar. Drei Tage später, in der Nacht zum 23. Dezember, folgte der radikale Abfall. Elisabeth erlitt einen weiteren Schlaganfall. Die Nachricht von den Siegen bei Schweidnitz und Kolberg nahm sie kaum noch wahr. Friedrich erhielt über Eilboten sofort Nachricht vom Zustand der Kaiserin und schöpfte neue Hoffnung.

Weder die Brüder Rasumowski noch Katharina, noch Großfürst Peter wichen von dem Totenbett. Ab und zu erlangte die Kaiserin das Bewußtsein wieder. Sie nahm die Sterbesakramente und beschwor Peter, mit ihren Freunden friedvoll umzugehen. Der Großfürst versprach es. Am Nachmittag des 25. Dezember 1761 starb die Kaiserin Elisabeth. Mit letzter Kraft hatte sie ihren Neffen, den Großfürsten Peter, als Peter III. zu ihrem Thronerben bestimmt. Es gab in Europa wohl nur einen Menschen, der erleichtert aufatmete: Friedrich II. von Preußen.

Nach den üblichen Trauerzeremonien wurde Elisabeth in der Peter-und-Pauls-Kathedrale an der Seite ihrer Eltern bestattet. Eine Epoche russischer Geschichte war zu Ende gegangen.

Elisabeth war nach ihren charakterlichen Veranlagungen eine in sich höchst widersprüchliche Frau, sie war zwar wenig gebildet, aber dennoch zeichnete sie sich durch Klugheit und Milde, ja, auch durch Frömmigkeit aus. Diese Eigenschaften kontrastierten mit ihrer Trägheit, Eigenwilligkeit und Verschwendungssucht. Elisabeth neigte bisweilen zu Grausamkeiten. Den aktiven Staatsgeschäften gegenüber verhielt sie sich relativ zurückhaltend, sie besaß kein ehrgeiziges Interesse am tagtäglichen Regieren, dafür liebte sie umso mehr Pracht und Luxus. Am glänzenden Hof gab sie sich intensiv ihren Vergnügungen hin. Eine Fähigkeit zeichnete Elisabeth jedoch aus: Sie betrieb eine äußerst geschickte Personalpolitik. Dadurch erwarb sie sich große Verdienste bei der Herausbildung einer neuen Generation von Staatsmännern, von denen viele erst unter Katharina II. zu ihrer wahren Bedeutung fanden. Wenn ihr nachgesagt wird, daß sie wenig an der Politik interessiert gewesen sei, dann entspricht das keineswegs den Tatsachen. Elisabeth zählte neben Peter dem Großen und Katharina der Großen zu den prägenden Persönlichkeiten des russischen 18. Jahrhunderts. Katharina II., die Elisabeth in- und auswendig kannte, hat ein ziemlich treffendes Psychogramm über ihre Vorgängerin auf dem Zarenthron hinterlassen, das freilich auch von weiblicher Eifer- und Selbstsucht der Autorin zeugte: „Faulheit hielt sie (Elisabeth) davon ab, sich der Bildung ihres Geistes zu widmen ... Es gelang Schmeichlern und Personen, die nichts als Klatsch verbreiteten, eine so öde, kleinliche Atmosphäre um diese Fürstin zu schaffen, daß ihre tägliche Beschäftigung schließlich in nichts mehr bestand als in der Befriedigung ihrer Kapricen, religiösen Übungen und Schwelgerei. Da ihr jegliche Disziplin fehlte und sie ihren Verstand nie ernsthaft mit Konstruktivem und Vernünftigem beschäftigte, wurde sie während der letzten Lebensjahre von solcher Langeweile befallen, daß sie schließlich keinen anderen Ausweg aus ihrer Depression mehr wußte, als soviel wie möglich zu schlafen." Katharina traf das Wesen Elisabeths, aber vielleicht doch etwas abgehoben, wenn sie schrieb, daß diese „mit großer Intelligenz begabt, heiter und von übertriebener Vergnügungssucht" gewesen sei. Katharina hielt Elisabeth für gutmütig, mit natürlicher Würde ausgestattet und voller Eitelkeit: „Meiner Ansicht nach haben ihre äußere Schönheit und angeborene Faulheit ihrem Charakter sehr geschadet. Diese Schönheit hätte sie vor jedem Neid, jedem Gefühl der Rivalität gegenüber allen Frauen, die nicht geradezu abstoßend häßlich waren, bewahren sollen. Doch die Besorgnis, diese ihre Schönheit könne von einer anderen übertroffen werden, machte sie oft derart eifersüchtig, daß es Ihrer Majestät unwürdig war."

Nun, Katharina besaß ihre Sicht: die eines absoluten Monarchen, der um eigene Größe bemühten Nachfolgerin auf dem Thron und nicht zuletzt der weiblichen Konkurrentin. Andere sahen es anders. Lord Hyndfort bewunderte Elisabeths Intellekt, Münnich den Verstand und persönlichen Mut. Der Petersburger Hof galt in Europa als klatschsüchtig und intrigant. Das Urteil lag in Elisabeths Verantwortung, aber auch in jener der aus Europa herbeigeströmten und gerufenen Glücksucher und Abenteurer, die sich von dem nach wie vor geheimnisvollen Land im Osten goldene Einkünfte versprachen. Aber Elisabeth erreichte ein wesentliches dynastisches Ziel: Sie beseitigte den bislang typischen Parteienkampf um die Thronfolge, und darin stand sie ganz in der Tradition ihres Vaters Peter.

Elisabeth liebte das Leben, die Männer und das Essen. Die Prioritäten wandelten sich mit dem Lebensalter. Neben Alexei Rasumowski werden ihr sieben Liebhaber nachgesagt – das hielt sich durchaus im Rahmen absoluter Monarchen. Sie kochte selber gerne und bewirtete ihre intimen Gäste selbst. Am Donnerstag und am Sonntag hielt Elisabeth Cercle. An zwei Abenden der Woche gab es Konzerte, und zweimal wöchentlich wurden Hofbälle arrangiert. Auf Maskenbällen erschien die Kaiserin bisweilen als holländischer Matrose und nannte sich in der Erinnerung an ihren Vater Michailowa.

In ihren späteren Lebensjahren wuchs die Schwermut der Kaiserin. Niemand wußte, wo und wann sie speisen wollte. Die Damen und Herren des Gefolges hatten zu jeder Minute bereit zu sein, ihrer Einladung zu Tisch zu folgen. Oftmals waren sie vom langen Warten so übermüdet, daß sie beim Essen einschliefen. Das rief den wütenden Zorn der Kaiserin ebenso hervor wie die ihr unangenehmen Gesprächsthemen. In späteren Jahren durfte bei Tisch weder über Friedrich von Preußen noch über Voltaire, Krankheit, Tod, schöne Frauen, französische Sitten noch über Fragen der Wissenschaft gesprochen werden. Es war schwierig, bei der Tafel überhaupt ein lohnenswertes Thema zu finden. Also schwiegen die Gäste und erregten damit auch wieder den Zorn ihrer Herrin.

Überhaupt besaß Elisabeth zwar die Schönheit der Mutter, das temperamentvolle und ungestüme Wesen jedoch eher vom Vater. Ruhelos und mutig stürmte sie voran – zumindest in den ersten Regierungsjahren. Sie war gutmütiger als Peter, und im Unterschied zu ihm liebte sie Kinder abgöttisch, vielleicht, weil sie selbst keine bekommen hatte.

Alle ihre Lebensäußerungen und Daseinsformen schlugen sich in der Politik nieder, denn auch und gerade für den russischen Absolutismus in der Epoche Elisabeths galten die Normen des Herrschers als sakrosankt. Als sie den Thron bestiegen hatte, wollte die Kaiserin die Grundlagen der Politik Peters des Großen fortführen. Sie wollte weitere Kriege vermeiden und der Kirche ihre Unabhängigkeit und Macht zurückgeben, die ihr der Vater genommen hatte. Eine teilweise Modernisierung erfolgte vor allem im Bereich der Wirtschaft (1753 Aufhebung der Binnenzölle, 1754 Gründung der ersten staatlichen Banken) und Finanzen sowie in der Heeresorganisation. Beachtliche Fortschritte wurden auch auf kulturellem Gebiet erreicht: 1755 wurde die erste russische Universität in Moskau und 1757 die Akademie der Künste in St. Petersburg gegründet. Einer Reihe weiterer bemerkenswerter Maßnahmen war dagegen kein durchschlagender Erfolg beschieden: Weder in der Verwaltung noch in der Justiz (Kommission zur Ausarbeitung eines neuen Gesetzbuches) ließ sich ein größeres Maß an Effizienz erzielen. Aber weder die Kaiserin noch ihre engsten Ratgeber begriffen wirklich, worin Peters eigentliche Wünsche und Ziele bestanden hatten. Der Schritt vom mittelalterlichen Agrarland zur neuzeitlichen europäischen Großmacht war getan.

Elisabeth fand die Großmacht bereits vor. Aber so wie sie ihren Regierungssitz bald in Petersburg, bald in Moskau nahm, schwankte auch das Reich zwischen moskowitischem Konservatismus und Petersburger Avantgarde.

Elisabeth löste den von Anna Iwanowna begründeten Staatsrat und das Kabinett wieder auf und gab dem von Peter geschaffenen Senat alte Befugnisse zurück. Sie selbst leitete den Senat und nahm an seinen Sitzungen teil. Sie gab dem Kollegium für religiöse Fragen seine volle Unabhängigkeit und ordnete sich selbst die Kollegien für Auswärtige Angelegenheiten, Heer und Marine unter – was Alexei Bestuschew nicht abhielt, unter Umgehung der Rangordnung souverän zu agieren. Und um der Wahrheit die Ehre zu geben: Der Senat arbeitete fleißig, aber nicht in dem großen reformerischen Sinne Peters. Elisabeth gelang es, die widerstreitenden Adelsparteien zu entflechten. Sie hob die von Peter verordnete Dienstpflicht des Adels auf. Viele Adlige zogen sich vom Hof und vom Dienst in Moskau oder Petersburg zurück, schwächten dadurch die Reihen der höfischen Intriganten und stärkten provinzielle Oberschichten. Nicht nur durch diese Umschichtung änderten sich die Verhältnisse – auch die Besitzverhältnisse – auf dem Lande. Elisabeth setzte eine politische Linie fort, die Peter, Katharina, die beiden Annas und auch Peter II. betrieben hatten. Sie beschenkte ihre Günstlinge und jene, die ihr auf den Thron geholfen hatten, mit riesigen Ländereien und den dazugehörigen „Seelen" – leibeigenen Bauern und Handwerkern. Alexei Rasumowski, die Brüder Schuwalow und Michail Woronzow erhielten für ihre Teilnahme am Staatsstreich jeweils 50.000 Leibeigene geschenkt!

Die Lage der Leibeigenen war deprimierend. Ihre soziale Not führte zu Aufständen und Unruhen, die mit Waffengewalt niedergeschlagen wurden. Dennoch befand sich die Landwirtschaft im Aufwind. Das Bevölkerungswachstum führte zur Besiedelung noch brachliegender Schwarzerde-Gebiete im Süden und in Sibirien. Die Technologie der Feldarbeit wurde verbessert, etwa durch tieferes Pflügen. In Rußland wurde um 1760 die Kartoffel eingeführt, mit den weitreichenden Folgen für Landwirtschaft und Industrie, die auch aus anderen Ländern bekannt sind – nur viel langsamer und schwerfälliger.

Die Gesetzgebung zur Sicherung der Ergebenheit des Adels und über die Leibeigenen stand in engem Zusammenhang. Elisabeth erleichterte die Lage der Bauern zwar etwas durch eine Kopfsteuer, aber sie annullierte zum Beispiel das Gesetz Peters des Großen, nach dem Bauern, die sich freiwillig zum Militär meldeten, ihre Freiheit erhielten. 1754 wurde ein Erlaß verkündet, nach dem nur noch der Erbadel ganze Dörfer besitzen durfte. Dadurch wurde der niedere Adel in seinen Besitzrechten eingeschränkt, andererseits sahen sich Bauern plötzlich als Eigentum von Grundherren, die irgendwo, meist in der Hauptstadt, lebten und keine Beziehungen zum Dorf besaßen. Schrecklich war das 1760 verkündete Gesetz: Gutsherren durften Leibeigene unter 40 Jahren wegen schwerer Vergehen nach Sibirien verbannen. Dafür bekam der Gutsherr ein Konskriptionszertifikat mit dem Namen des Verbannten. Zog dessen Familie mit nach Sibirien, bezahlte die Regierung dem Gutsherrn nach einem ge-

staffelten System den Verlust des Bauern. Nach diesem Gesetz konnten die Gutsbesitzer willkürlich handeln, bedeutende Geldmittel einstreichen, und so mancher
verkrüppelte und überflüssige Esser wurde statt kräftiger und gesunder Delinquenten
in die Weiten Sibiriens geschickt.

Dieses Gesetz sollte eigentlich der weiteren Erschließung Sibiriens dienen und die
wirtschaftliche wie militärische Kraft des Reichs stärken helfen. Auf diesen Gebieten
erwarb sich der Vertraute Elisabeths Peter Schuwalow unvergleichliche Verdienste.
Handel, Wirtschaft, Industrie, Steuerwesen, Rüstung und Armee – alles das waren
Bereiche, in denen Peter Schuwalow wirkte und erfolgreich an Rußlands Größe arbeitete.

Dagegen entsprach es Elisabeths Mentalität mehr, sich um religiöse Fragen selbst
zu kümmern. Abergläubisch wie alle russischen Monarchen, war sie tief religiös. Dennoch wurde die staatliche Kuratel, unter die Peter I. die Kirche gestellt hatte, nur
teilweise gelockert. Die Kaiserin konnte für die militärische Rüstung Rußlands nicht
auf die wohlhabende Kirche verzichten. Aus den geistlichen Liegenschaften mußte ein
Teil der Einnahmen direkt an den Staat abgeführt werden. Immerhin verwendete die
Krone das Geld für karitative Zwecke, indem sie es zum Bau von Heimen für verkrüppelte Soldaten verwendete.

Elisabeths Regierungszeit war durch eine sich im Land ausbreitende Frömmigkeit
charakterisiert, die leider Erscheinungen eines blinden eifernden Fanatismus zutage
brachte, an dem die zuständige staatliche Behörde – der Heilige Synod – nicht unschuldig war. Der orthodoxe Glaubensfanatismus führte nicht nur zur Schließung von
Moscheen und Synagogen, sondern bis zu rituell begründeten Morden. Elisabeth
suchte den Exzessen durch eigene Frömmigkeit zu begegnen, die nach damaligem
autokratischen Sittenverständnis durchaus nicht im Widerspruch zur ausschweifenden
Lebensweise stand. Die Kaiserin trachtete nach einer guten Ausbildung der niederen
Geistlichkeit an der Geistlichen Akademie in Moskau.

Fragt man danach, wie Elisabeth die bei Regierungsantritt abgegebenen Ziele und
Versprechen im Innern des Reichs erfüllt hat, ergibt sich ein buntes Bild. Es ist richtig,
daß die Ziele nicht besonders ehrgeizig gewesen sind. Elisabeth war nicht auf den
Thron vorbereitet worden. Elf Jahre Frieden für Rußland und zwanzig Jahre ohne
ernsthafte Verschwörung und ohne Palastrevolte – das waren Zeichen für Stabilität
nach den schwierigen nachpetrinischen Jahren. Elisabeths Gesetze tendierten – besonders im Strafrecht – eher zur Humanität als bei ihren Vorgängern. Vielleicht liegt der
historische Gewinn Elisabeths gerade darin, gesetzgeberische Voraussetzungen für den
späteren aufgeklärten Absolutismus Katharinas II. geschaffen zu haben. Das betraf den
Bereich der Adelsprivilegien und der Machtdezentralisierung. In den Städten kehrte
eine gewisse Ordnung ein. Nichts charakterisierte Rußlands Zustand in der Epoche
Elisabeths so sehr wie die Festlegung für Moskau und St. Petersburg, daß es in den
Straßen frei herumlaufenden Bären nicht länger gestattet wurde, ihr Unwesen zu
treiben!

In außenpolitischer Hinsicht behauptete Rußland unter der Leitung Alexei Petrowitsch Bestuschew-Rjumins seine europäische Großmachtstellung. Der 1741 von Schweden begonnene Revanchekrieg endete zugunsten Rußlands 1743 mit dem Frieden von Abo. Der Bedrohung seiner hegemonialen Vormachtstellung in Osteuropa durch den Machtzuwachs Preußens unter Friedrich II. trat Rußland im Bündnis mit Österreich und Frankreich im Siebenjährigen Krieg erfolgreich entgegen. Ostpreußen wurde 1757 erobert und stand bis 1762 unter russischer Herrschaft. Durch die Siege über die friederizianische Armee bei Großjägersdorf und Kunersdorf erfuhr die russische Militärmacht eine beträchtliche Statuserhöhung.

Als Elisabeth am 25. Dezember 1761 starb, begann ein neues Drama russischer Herrschaftsgeschichte, denn es folgte ihr mit Peter III. ein Mann auf dem Thron, der zu den umstrittensten und zweifelhaftesten Persönlichkeiten zählte, die jemals die Würde der russischen Autokratie zierten. Und letztlich: Elisabeth war die letzte echte Vertreterin des Hauses Romanow auf dem russischen Zarenthron.

LITERATUR

Archives des Affaires Etrangeres, Paris. Russie. Memoires et Documents und Correspondances.

V. Jasevskij, Očerki carstvovanija Elizavety Petrovny, Moskau 1870.

Katharina II. Memoiren, 2 Bände, Leipzig 1986.

W. Bruce Lincoln, The Romanows. Autocrats of All the Russias, New York 1981.

Walther Mediger, Moskaus Weg nach Europa. Der Aufstieg Rußlands zum europäischen Machtstaat im Zeitalter Friedrichs des Großen, Braunschweig 1952.

Dara Olivier, Elizabeth de Russie, Paris 1962.

Tamara Talbot Rice, Elisabeth von Rußland. Die letzte Romanow auf dem Zarenthron, München 1973.

S. M. Solowjow, Istorija Rossiis drevnich vremen, Moskau 1851–1879, Bd. 11, S. 129–130.

A. Vandal, Louis XV et Elizabeth de Russie, Paris 1887.

PETRVS III. IMPERATOR
OMNIVM ROSSIARVM

PETER III. FJODOROWITSCH

Peter III. Fjodorowitsch

1728–1762

KAISER VON RUSSLAND 1761–1762

21. Februar 1728   Karl Peter Ulrich, Herzog von Holstein-Gottorp (seit 1739) wird als Sohn des Herzogs Karl Friedrich von Holstein-Gottorp und Anna Petrownas, der Tochter Peters des Großen und Katharinas I., geboren.

1742   Karl Peter Ulrich wird von Zarin Elisabeth nach Petersburg gerufen. Zum orthodoxen Glauben übergetreten, wird er als Großfürst Peter Fjodorowitsch zum Thronfolger ernannt.

28. August 1745   Peter Fjodorowitsch heiratet Katharina Alexejewna (Sophie Auguste Friederike von Anhalt-Zerbst), die spätere Kaiserin Katharina II.

25. Dezember 1761   Peter Fjodorowitsch besteigt nach dem Tod Elisabeths als Peter III. den russischen Thron.

28. Juni 1762   Peter III. wird durch eine Palastrevolte der Garderegimenter gestürzt und erklärt seinen Thronverzicht.

5. Juli 1762   Peter III. stirbt – wahrscheinlich wurde er ermordet. Er wird im Alexander-Newski-Kloster in St. Petersburg beigesetzt. 1796 läßt Paul I. die sterblichen Überreste Peters III. in die Kathedrale der Peter-Pauls-Festung überführen.

Darstellungen über die Geschichte der Romanow-Dynastie, über die Erben Peters des Großen oder gar über Katharina II. gehen im Falle Peters III. gewöhnlich von einem negativen Erscheinungsbild seiner Persönlichkeit aus. Folgt man populären literarischen Erzeugnissen, so muß Peter geradezu als Kontrast zur lichtvollen Gestalt Katharinas „der Großen" herhalten. Ganz so schlimm, wie ihn die Legende gemacht hat, ist er nicht gewesen. Er mag als Mensch ein Ekel gewesen sein und hat einen gewissen kindlichen Horizont nicht übersteigen können. Die politischen Leistungen seiner allzu kurzen Regierung sprechen jedoch teilweise eine andere Sprache.

Karl Peter Ulrich begründete eine neue Etappe in der Geschichte des russischen Herrscherhauses. Die „reinen" Romanows waren mit Peter II. in der männlichen Linie ausgestorben. Elisabeth war noch eine direkte Tochter Peters des Großen. Dessen zweite überlebende Tochter Anna Petrowna hatte den Herzog Karl Friedrich von Holstein-Gottorp geheiratet. Anna litt an der Schwindsucht und an dem Gram, in

Holstein leben zu müssen und sich so unglücklich verheiratet zu haben. Ihr Mann Karl Friedrich war zwar ein Neffe des Schwedenkönigs Karl XII., aber er war klein, häßlich, kränklich und vor allem arm. Aus dieser Ehe ging am 10. Februar 1728 der Sohn Karl Peter Ulrich hervor. Anna und ihr Mann hatten sich schon fast auseinandergelebt, das Kind – verbunden mit den günstigen dynastischen Perspektiven nicht nur in Holstein, sondern auch in Schweden oder Rußland – gab ihnen für ihre eigene Ehe neue Hoffnung, die sehr schnell wieder enttäuscht wurde: Die Ankunft des Enkels Peters des Großen wurde in Kiel mit Ball und Feuerwerk begangen. Dabei erkältete sich die Mutter so sehr, daß sie am 4. Mai 1728 starb. Sie wurde in Petersburg an der Seite ihrer Eltern beigesetzt – der Tod der Schwester ging Elisabeth außerordentlich nahe.

Der kleine Karl Peter Ulrich war gerade geboren worden, als man sich in Moskau zur Krönung Peters II. rüstete. Auch in Moskau war seine Ankunft mit einem großen Ball gefeiert worden. Der Tod Annas ließ alle Fröhlichkeit verblassen, aber auch – zumindest vorübergehend – den jüngsten Holsteiner etwas in Vergessenheit geraten.

Mit elf Jahren erhielt der Junge den Herzogtitel. Mit 14 Jahren holte ihn seine Tante Elisabeth, Kaiserin in Rußland, nach Petersburg und bestimmte ihn nach dem Übertritt zum orthodoxen Glauben als ihren Nachfolger auf dem Zarenthron.

Die Gefühle, mit denen Elisabeth dem Jungen begegnete, mußten zwiespältig sein. Sie wußte, daß neben diesem Neffen Iwan VI. einen wesentlich größeren Anspruch auf den Thron besaß. Den jungen Herzog von Holstein, das „Kieler Kind", hatte die Kaiserin Anna Iwanowna nur den „kleinen Holsteinischen Teufel" genannt und immer wieder ängstlich gefragt: „Lebt er noch?" Der Vater hatte seinerseits nie den Gedanken geträumt, sein Sohn könne einmal die Schritte nach Rußland lenken. Er sah seinen Sproß nur als den künftigen regierenden Herzog von Holstein und vor allem – als König von Schweden! So lernte der kleine Karl Peter Ulrich auch nichts über Rußland. Er wurde streng protestantisch erzogen, und die Vorstellung, einmal die orthodoxe Religion annehmen zu müssen, schien ihm vollkommen abwegig. Seine Mutter war Russin, aber Rußland wurde ihm von Kindheit an zutiefst verhaßt. Die Erziehung durch den Vater war nicht darauf gerichtet, dem Sohn so etwas wie die Würde eines Herrschers zu vermitteln. Karl Peter Ulrich sollte Soldat und Offizier werden, er wurde gedrillt und abgehärtet, das mußte genügen. Es sind einige bildhafte Episoden überliefert, die das ihm „anerzogene" Wesen so recht charakterisieren.

Karl Peter Ulrich war von Geburt an schwach, kränklich und litt bisweilen unter Ohnmachtsanfällen – das ganze Gegenteil der Urnatur seines Großvaters. Man hätte mit dem Jungen pfleglich und geduldig umgehen müssen, er konnte sich bei den ihm auferlegten Exerzitien kaum konzentrieren und seine tatsächlichen Begabungen, etwa seine Musikalität, verschwanden hinter stumpfem Zwang. Peter wurde nicht erzogen, man drillte ihn mit Strenge, Disziplin und auf Gebieten, denen er sich von Natur aus nur mit Unlust widmete. Der Unterricht in russischer Sprache und orthodoxer Religion schien ihm vollkommen absurd und widerte ihn an. Wenn man am Hof Anna Iwanownas gewußt hätte, wie es um die Lebensqualitäten des für Anna drohenden Thronfolgers tatsächlich stand, man hätte sich wohl weit weniger Gedanken gemacht.

Bis zu seinem siebenten Lebensjahr unterstand der Junge französischen Gouvernanten, dann begann die systematische schulische und militärische Ausbildung, die der gedankenlose und uninteressierte Vater den Offizieren seiner holsteinischen Garde überließ. An dieser Garde sollte Peter ein Leben lang hängen. Denn trotz des Zwanges und Drills zeigte er für militärische Übungen und für Soldaten schon früh Interesse. Er war stolz, als er mit acht Jahren zum Unteroffizier ernannt wurde. Der „schönste Tag seines Lebens" war jener, als der Vater einen Geburtstagsempfang gab und der uniformierte kleine Prinz die Garde in den Festsaal führen durfte. Stocksteif stand er auf seinem Posten, während die Gäste tafelten. Erst der Vater erlöste den Zinnsoldaten: Er beförderte seinen Sohn zum Leutnant und hieß ihn an der Tafel Platz zu nehmen. Peter war derartig beglückt, daß er vor Erregung keinen Bissen hinunterbrachte.

Der Junge wäre zufrieden gewesen, nur Soldat zu sein und auf dieser Stufenleiter emporzuklettern, aber der Vater, der selbst sehr gebildet war, verlangte auch vom Sohn humanistische Bildung: Sprachen, Literatur, Naturwissenschaften. Das mußte gepaukt und verstanden werden. Alles zusammen überstieg aber die Kraftreserven des Jungen.

1739 starb der Vater, und der Herzogstitel ging auf den Sohn über. Zu seinem Vormund wurde der Vetter Friedrich August, Bischof von Lübeck, bestimmt. Dort sollte der kleine Herzog seine weitere Erziehung erhalten. Aber der Vetter stellte mit Baron Brümmer einen Erzieher ein, der seine geistige Beschränktheit durch sadistische Quälereien kompensieren wollte. Karl Peter Ulrichs junge Persönlichkeit wurde durch den Lehrer endgültig und gründlich verbogen, er war sich selbst überlassen und bekam nicht einmal genug zu essen. Hunger galt als wirksames Erziehungsmittel, verbunden mit unglaublichen Demütigungen: Während der Hof speiste, mußte Peter unter der Tür stehen, einen Holzesel um den Hals und eine Rute in der Hand, oder man ließ ihn für lange Stunden auf Erbsen knien. Zeitgenossen sagten von Brümmer, daß er vielleicht Pferde zureiten konnte, von der Erziehung eines Menschen, noch dazu eines so schwachen Menschen, jedoch keine Ahnung besaß. Die Folgen waren katastrophal: Peter bekam Angst vor Menschen und Gegenständen, er mißtraute jedem und wuchs zu allem möglichen heran, nur nicht zu einer Persönlichkeit, der es in die Wiege gelegt war, dereinst entweder über Schweden oder gar über das riesige Russische Reich zu herrschen. Man mußte jedoch gar nicht so weit greifen: Er war bereits der Herzog von Holstein. Das schien niemand zu interessieren. Herzog Karl Peter Ulrich gewöhnte sich mit elf Jahren das Trinken an. In dieser Lage sah ihn auch seine Frau zum ersten Mal. Sie berichtete über die Begegnung: „Ich habe Peter III. zum ersten Mal gesehen, als er elf Jahre alt war, und zwar in Eutin bei seinem Vormund ... Ich war damals zehn Jahre alt ... Bei dieser Familienzusammenkunft hörte ich sagen, der junge Herzog neige zum Trunk und seine Umgebung hindere ihn nur mit Mühe daran, sich bei Tisch zu betrinken; er sei störrisch und jähzornig, liebe seine Umgebung, namentlich Brümmer, nicht; er besitze übrigens eine gewisse Lebhaftigkeit, sei aber von zarter und kränklicher

Körperbeschaffenheit. In der Tat war seine Gesichtsfarbe blaß, und er schien mager und von zarter Konstitution zu sein. Diesen Knaben wollte seine Umgebung als Erwachsenen erscheinen lassen, und deshalb wurde er gequält und einem steten Zwang unterworfen, der ihn falsch machen mußte von der äußeren Haltung bis zum Charakter."

Katharina II. verstand ihren Mann durchaus. Die Veränderung kam erst mit der Einladung nach Rußland. Elisabeth wollte, daß der Enkel ihres Vaters in Rußland erzogen werde, schließlich ging es um die Thronfolge für die unverheiratete Kaiserin. Auch sie sah dem Prätendenten mit zwiespältigen Empfindungen entgegen, weil er als männlicher Enkel Peters des Großen natürlichere und legitimere Thronansprüche geltend machen konnte als die Kaiserin selbst. Wie leicht konnte das von einer rivalisierenden Hofpartei genutzt werden! Der Bischof Friedrich August entsprach dem Willen der Kaiserin und teilte dem Jungen mit, er habe sich mit Baron Brümmer auf den Weg nach St. Petersburg zu begeben. Peter war über den Beschluß tief unglücklich, aber er mußte gehorchen. Im Januar 1742 traf er in seinem künftigen Herrschaftsgebiet ein. Elisabeth war entsetzt: Der Herzog von Holstein besaß nicht nur ein wenig attraktives äußeres Erscheinungsbild, er konnte sich nicht benehmen und bewies allenthalben, wie ungebildet er war. Aber er war ja noch jung, und die Kaiserin gab sich alle Mühe, ihm eine ansprechende Erziehung angedeihen zu lassen. Sie trennte ihn zwar nicht von seinem brutalen Oberhofmarschall Brümmer – der ging indessen bald eigene politische Wege –, aber sie gab dem Jungen Lehrer zur Seite, die durchaus Fähigkeiten besaßen, im menschlich positiven Sinne wirken zu können. Da war das sächsische Naturtalent Jacob von Stählin, der versuchte, den künftigen Großfürsten durch praktische Anschauung zu unterweisen – mit nicht gerade überwältigendem Erfolg. Die bereits erduldeten Lehrmethoden hatten den Jungen nicht für pädagogische Experimente aufgeschlossen. Außerdem: die Bemühungen gingen von der Kaiserin aus, die der Junge nur als zusätzlichen Tyrannen betrachtete. Elisabeth gab dem Jungen ihre ganze hingebungsvolle Liebe, aber verstanden hat sie ihn nicht. Vielleicht hätte sie ihn dann nicht mit ihrer Leidenschaft malträtiert, die er vor allem haßte: Er mußte ständig Menuett und Quadrille tanzen!

Dennoch unternahm Elisabeth einen ungewöhnlichen Schritt. Als sie sich im April 1742 in Moskau krönen ließ, übergab sie ihrem Beichtvater Dubianski ein streng geheimes und versiegeltes Päckchen zur Aufbewahrung im Altar der Krönungskathedrale. Erst Katharina II. öffnete die geheime Botschaft nach vielen Jahren und fand darin den Zettel: „Für das Wohlergehen Ihrer Kaiserlichen Hoheit, der großen Herrscherin von eigenen Gnaden, Kaiserin Elisabeth Petrowna und ihres Erben, des Neffen Peters II. Sire und Großfürst Peter Fjodorowitsch." Katharina kommentierte den Fund: „Sie war von tiefer Religiosität; (sie) muß ihren Nachfolger schon am Tage ihrer Krönung bestimmt haben, nannte ihn zum ersten Male schriftlich so, vertraute ihre Entscheidung einzig Gott an und ließ die Niederschrift voll frommer Scheu im Altar selbst verstecken ..."

Erst im November 1742 wurde Peter durch den Geistlichen Vater Semjon Todorski unter dem Namen Peter Fjodorowitsch in die orthodoxe Kirche aufgenommen. Für den künftigen Großfürsten von Rußland war damit jedoch keine Änderung seiner Überzeugungen verbunden. Er folgte lediglich der Staatsräson bzw. unterwarf sich dem Willen jener Menschen, die ihm sein Leben vorschrieben, die bestimmten, was er zu tun, zu lassen und zu denken hatte. Als ihm die Kaiserin im Dezember 1742 eröffnete, er werde dereinst ihr Erbe und damit der Thronfolger sein, nahm Peter diese Nachricht ohne sichtbare Erregung entgegen. Niemand hatte ihn gefragt, ob er denn überhaupt der Kaiser aller Reußen werden wolle. Überdies – die Zarin erfreute sich bester Gesundheit und Lebensfreude. Der Thronwechsel lag in weiter Ferne. Darum erkannte er auch nicht die Tragweite seines ablehnenden Verhältnisses zur russischen Sprache und Religion. Vorsichtige Zeitgenossen waren der Ansicht, Peter werde wohl niemals ein Glaubensfanatiker werden. Die Botschafter Österreichs und Preußens (Botta und Mardefeld) konnten nach Hause berichten, daß der Großfürst am Tage seiner orthodoxen Glaubensannahme getönt hätte, daß man den Pfaffen viel versprechen könne, was man aber nicht halten müsse ... Dabei sah Peter nicht, daß ihn seine Abneigung gegen die russische Sprache und Zivilisation bei der Kaiserin sehr viel Kredit kostete. Elisabeth hatte aus nationalen und patriotischen Gefühlen mit ihrer Machtergreifung die Herrschaft der Deutschen beseitigt. Aber zu ihrem Nachfolger erwählte sie erneut einen Deutschen, dessen moralische und persönliche Qualitäten fragwürdiger waren als die seiner Vorgänger.

Es ist unter Zeitgenossen und Historikern viel gerätselt worden, warum Elisabeth ihren Neffen gerade zu diesem Zeitpunkt zum Thronfolger ernannte. Die These, sie habe von dem Menetekel Iwan ablenken wollen, wurde allgemein als wenig stichhaltig verworfen. Das Signal wurde als Verzicht Elisabeths auf eigene Kinder gedeutet und in den Zusammenhang mit ihrer – nicht bewiesenen – heimlichen Ehe mit Alexei Rasumowski gebracht. Möglicherweise war die Lösung des Problems viel einfacher. In der Frage Iwans hatte sich Elisabeth entschieden. Karl Peter Ulrich war das Kind ihrer Schwester Anna – der Tochter Peters des Großen. Das allein hatte Gewicht, trotz der vielen Sorgen, die Elisabeth mit Peter hatte. Seine Gesundheit war allzeit so schwach, daß er kaum kontinuierliche Anstrengungen und Belastungen auf sich nehmen konnte. Im Spätsommer des Jahres 1743 wurde er so krank, daß viele glaubten, er werde den Winter nicht mehr erleben. Sein Lehrer Stählin schrieb unter dem 12. Oktober: „Er ist auf das äußerste geschwächt und hat an allem, was ihm während der Krankheit Freude machte, die Lust verloren, selbst an der Musik. Als man eines Samstags nach dem Abendessen im Vorzimmer seiner Hoheit musizierte und der Kastrat seine Lieblingsweise sang, sagte er mit kaum vernehmlicher Stimme: ‚Wann hören sie endlich auf zu singen?, ... Der Großfürst lag mit erloschenen Augen da und röchelte nur noch schwach. Ihre Majestät, die sofort benachrichtigt wurde, eilte herbei. Sie war in Tränen aufgelöst, und man hatte Mühe, sie zu bewegen, sich vom Bett des Großfürsten loszureißen ..." Um so erstaunlicher war es, daß Elisabeth einem Mann vertraute, der den Vorzug genoß, von Peter aus tiefster Seele verachtet und gehaßt zu werden. Brümmer war ein so despotischer und gewalttätiger Mann, daß der im Grunde wehrlose Peter mehrfach zum Säbel griff und drohte, sollten die Gemeinheiten nicht aufhören, werde er seinen Erzieher durchbohren und töten.

Die tiefste und alle Beteiligten bewegende Krise trat ein, als Peter Fjodorowitsch im Dezember 1744 auf einer Reise von Moskau nach St. Petersburg ernsthafter als je zuvor erkrankte. In Kotilowo befielen ihn bei einer Rast Ohnmacht und hohes Fieber. Alle Anzeichen sprachen für die gefährlichen und gefürchteten Pocken. Katharina wurde gegen ihren Willen von der Mutter zur sofortigen Abreise gezwungen. Nur Kaiserin Elisabeth eilte ohne Rücksicht auf die eigene Gesundheit an das Krankenlager Peters und pflegte den Jungen über Wochen hinweg bis zu seiner Genesung. Aber was war das für eine Genesung: Peter überlebte zwar die Pocken, blieb aber für den Rest seiner Tage gezeichnet – innerlich und äußerlich. Alle seine Hoffnungen auf ein kleines Lebensglück zerstoben mit dieser Krankheit. In einer Gesellschaft, die über die Maßen auf Äußerlichkeiten bedacht war, hatte der junge Peter bislang schon keinen überragenden Eindruck hinterlassen. Schüchtern, blaß und unentschlossen, so hatte sein Gesicht die Gemützustände reflektiert. Jetzt war es von den Pockennarben geradezu entstellt worden. Als Peter zum ersten Mal wieder vor Katharina erschien, geschah das in einem abgedunkelten Raum, und er fragte sie voll böser Ahnungen, ob sie ihn denn wiedererkenne. Peter sah das blanke Entsetzen in den dunklen Augen seiner Braut und wußte – alles war zu Ende, bevor es überhaupt begonnen hatte. Der Weg in die Entfremdung und in die Feindschaft begann, noch bevor sie als Mann und Frau verbunden worden waren.

Katharina hatte sich tatsächlich ernste Gedanken um das Wohl ihres Bräutigams gemacht, wenn auch nicht so selbstlos wie es schien. Peter mied seine Braut in den folgenden Wochen nicht, schließlich wohnten sie nebeneinander. Aber mehr und mehr zog er sich in die Welt seiner Kinderträume zurück. Die Krankheit hatte den Organismus weiter zermürbt. Dazu war er während der Pocken unverhältnismäßig gewachsen, so daß der blasse Knabe nun in krankhafter Weise fast an die Körpergröße seines Großvaters heranreichte. Alles zusammen brachte das psychische Labilitätsgefühl weiter aus der Bahn: Schwach, häßlich, überproportioniert und reizbar, fiel Peter mehr und mehr in die schützende Zuflucht seiner Erinnerungen an eine freudlose Kindheit. Der Zwiespalt zwischen seinen Möglichkeiten und den Erwartungen des Hofes klaffte mehr und mehr auseinander. Peter war zeitlebens weder ein Sadist noch ein Idiot – er war einfach ein gebrochener Mensch, der nie das Glück des Selbstbewußtseins seiner Ehefrau kennengelernt hatte und sich seiner Haut wehrte, so gut er eben konnte. Die Pocken hatten dieses Verhalten besonders beeinflußt.

Peter begann seine künftige Gattin zu meiden und umgab sich mit obskuren Liebedienern, die ihn auf obszöne Weise auf das Eheleben vorbereiteten und jeden Rest von Anhänglichkeit an seine Braut vulgär austreiben wollten. Katharina setzte dem energischen Widerstand entgegen und rang um ein zumindest kameradschaftliches Verhältnis zu Peter. Der aber hatte Angst. Angst vor der Kaiserin, vor Spionen und vor Katharina. So entspann sich zwischen den Brautleuten eine ambivalente Beziehung, die in erster Linie von Unberechenbarkeiten geprägt wurde. Während Peter von der Unbill des Lebens in die Isolation gedrängt wurde, nahm Katharina jede Schwierigkeit als Herausforderung an. Zwei so unterschiedliche Charaktere besaßen wohl kaum eine Chance auf harmonische Zweisamkeit.

Elisabeth drängte um des Thronerben willen auf eine baldige Eheschließung und legte den 21. August 1745 als Tag der Hochzeit fest – ohne danach zu fragen, ob die beiden Kinder für das vor ihnen stehende große Abenteuer gerüstet waren. Im Falle Peters war diese Frage ohnehin überflüssig. Kindlich und voller Haß gegen Rußland, durch die Krankheit gezeichnet, nicht unintelligent, aber ohne jegliche Illusion ergab er sich seinem Schicksal und suchte Freiräume, die jenseits des Willens lagen, die Herrschaft über Rußland anzustreben.

Die Hochzeit wurde in orientalischem Prunk gefeiert, und die Kaiserin gab sich alle Mühe, die Kinder so schnell und so diskret wie möglich ins Bett und zum ehelichen Beischlaf zu bringen. Dieser Plan fiel gründlich ins Wasser. Peter dachte nicht daran, die Ehe zu vollziehen, und Katharina war darüber nicht unglücklich. Bald nach der Hochzeit begann ein sich zuspitzendes kompliziertes Wechselspiel zwischen der Kaiserin, Katharina und Peter, das durch sehr unterschiedliche Interessen, Neigungen und Erscheinungen charakterisiert wurde.

Elisabeth glaubte ihre Pflicht für den Thronerben erfüllt zu haben und lastete Katharina die Verantwortung für den Nichtvollzug der Ehe an. Katharina wollte ein wenig Freude am Leben bewahren, der Kaiserin gefallen, die Kameradschaft gegenüber Peter erhalten, sich jedoch nicht durch ihren Gemahl quälen lassen. Peter suchte auf seine Art nach Lebensfreude, die bestand darin, seine Umgebung und vor allem seine Frau zu drangsalieren. Jeder himmelnde Augenaufschlag Katharinas gegenüber einem anderen Mann brachte Peter zu Wutausbrüchen oder lächerlichen Heiterkeiten, und seine damit einhergehende kindliche Schwatzhaftigkeit erregte wiederum Katharina. Auch die Kaiserin brachte er in Wut, zum Beispiel, als er mit einem Bohrer die Wand ihres intimen Séparées aufbohrte und seine Freunde aufforderte, durch das Loch zu sehen, während die Kaiserin drinnen feierte. Katharina brachte das Vorkommnis zur Anzeige und rief bei Elisabeth einen solchen Zornesausbruch hervor, daß böse Worte fielen, die an das Ende des Zarewitsch Alexei, des Sohnes Peters des Großen, erinnerten.

Obwohl er die Verantwortung zum größten Teil selbst dafür trug, daß der Thronerbe ausblieb, litt er darunter, daß die Kaiserin ständig deutlicher unwirsch wurde. Außerdem berührten ihn die Maßnahmen, die Elisabeth gegenüber Katharina ergriff, um den Erben schneller „zu produzieren", genauso wie seine junge Frau. Denn das Zwangsregime, das Elisabeth über die Hofhaltung des jungen Paares legte, traf nicht nur Katharina: Peters alte, ungeliebte Erzieher Brümmer und Bergholz wurden unter dem Verdacht der Sympathie für Preußen nach Holstein zurückgeschickt: Dieser Vor-

wurf galt in erster Linie Peter. Der Großfürst erhielt einen neuen Bewacher: Basil
Repnin, einen Beauftragten Bestuschews.

So verkomplizierte sich das widersprüchliche Dreieck Elisabeth–Peter–Katharina
zusehends und schuf neue Ärgernisse, die die Gefühlsschwankungen in der Beziehung
zwischen Peter und Katharina vergrößerten. Ihr Verhältnis zueinander blieb schwierig,
obgleich nicht übersehen werden darf, daß die beiden noch über Jahre hinaus ein
kameradschaftliches Verhältnis verband, dem freilich jegliche erotische Note fehlte.
Wie zu Beginn blieb Katharina für Peter ein fester Halt in der feindlichen Welt. Die
Kaiserin unternahm im Laufe der Jahre alle Anstrengungen, den jungen Peter seelisch
weiter zu verbiegen. Seine vertrauten Landsleute aus Holstein – selbst wenn er sie, wie
den Brümmer, haßte – wurden nacheinander zurückgeschickt. Peter weinte bitterlich,
als sein alter und geliebter Kammerdiener in die Festung gesperrt wurde. Aber nicht
nur Deutsche litten unter dem Drang Elisabeths, Peter zu isolieren. Jeder Russe, zu
dem der Großfürst freundschaftliche Beziehungen suchte, wurde sofort aus seiner
Umgebung verbannt. Es war überhaupt kein Wunder, daß seine geringen positiven
Anlagen weiter verkümmerten. Katharina blieb sein einziger Halt, so ambivalent der
auch war. Selbst bei seinen sinnlosen Spielen mit Holzsoldaten oder wenn er sich auf
eine neue Marotte verlegte und Jagdhunde zu dressieren begann (weil Peter aber keine
Vorstellung von Hundedressur besaß, endete der Versuch in grausamer Quälerei der
Tiere), war Katharina an seiner Seite und versuchte beharrlich, aber erfolglos, auf ihn
einzuwirken. Bei seinem verkrüppelten Gemüt kam der junge Mann gar nicht auf die
Idee, Katharina als seine Ehefrau zu betrachten. Sie blieb die Spielkameradin und
Vertraute in einer fremden Welt – sie wurde niemals seine Geliebte und Gattin. Beide
litten unter der nicht vollzogenen Ehe, aber Peter war als Persönlichkeit außerstande,
diesen Zustand irgendwie zu ändern.

Die komplizierte Beziehung zu Katharina, seine verspielten Leidenschaften und
der ständige Überwachungsdruck konnten nicht durch die Aufgaben kompensiert
werden, die er als Herzog von Holstein erfüllen mußte. Sein Herzogtum hatte er nach
wie vor zu regieren, und Elisabeth mußte dem Rechnung tragen: Peter stand ein
eigener Hofstaat zur Verfügung. Der Großfürst regierte sein Herzogtum gerne vom,
wie er es sah, russischen Exil aus. Doch diese Freude vergällte ihm die russische Kaiserin: 1745 schloß sie einen Vertrag mit Schweden, in dem sie ganz Schleswig, das ein
Erbteil ihres Neffen war, Dänemark zugestand. Das verzieh Peter niemals. Wenn
später der Plan, Schleswig zurückzuerobern, ein entscheidender Anlaß zu seinem Sturz
wurde, so lagen die Wurzeln für sein Handeln bei Kaiserin Elisabeth.

Vorerst drillte der Großfürst die ihm zeitweilig zugestandenen deutsch-holsteini-
schen Regimenter in einer eigens für sie errichteten kleinen Festung, bis Elisabeth in
Sorge über diese deutschfreundliche Demonstration die Soldaten 1747 nach Hause
schickte. Erneut konnte Peter nur seine Holzsoldaten, die Hunde, seine Geige und
seine Frau malträtieren.

Die Sehnsucht nach der Holsteiner Heimat aber blieb. Er gab weder dem Drängen der Botschafter Dänemarks, Frankreichs und Österreichs noch jenem Elisabeths und Bestuschews nach, Holstein gegen Oldenburg und Delmenhorst zu tauschen: Er hielt an seinem Herzogtum fest, und der kluge Bestuschew erkannte zielsicher, daß Peter den Wunsch nach der Rückeroberung Schleswigs im Innern bewahrte. Für Elisabeth und für Bestuschew wäre das kein ernstzunehmender Faktor gewesen, wenn Peter seine Abneigung gegen Rußland und seine Hingabe für das kleine Holstein nicht mit einer blinden Schwärmerei für Preußens König Friedrich II. verbunden hätte. Gewiß, Peter hatte Friedrich nie gesehen. Aber unabhängig davon bewunderte er dessen Genie, dem er selbst niemals nahekommen würde. So konnte der preußische Botschafter Finckenstein 1747 an seinen König melden: „Man kann darauf wetten, daß der Großfürst niemals in Rußland regieren wird. Abgesehen von seiner schlechten Gesundheit, die einen vorzeitigen Tod zur Folge haben könnte, haßt das russische Volk den Großfürsten, so daß dieser Gefahr läuft, seine Krone auch dann zu verlieren, wenn sie nach dem Tod der Kaiserin ohne weiteres auf ihn übergeht."

Inzwischen hielt Peters Martyrium an. Während die Kaiserin immer ungeduldiger wurde, weil der Thronfolger ausblieb, ergab sich der Großfürst dem Trunk. Aber die Sorge um den Erben ließ ihn nicht aus. Die intensiven Bemühungen der Kaiserin, des Kanzlers Bestuschew, des Bewacher-Ehepaars Tschoglokow und nicht zuletzt Katharinas selbst, über einen geeigneten Liebhaber sowohl zu einem Erben zu gelangen als auch Peter selbst in die Anstrengungen einzuspannen, konnten ohne Peter nicht erfolgreich sein. Während Katharina sich hinreißend um ihren Liebhaber Sergej Saltykow bemühte, wurde Peter die hübsche Witwe Groot zugespielt. Er ließ sich sogar operieren und konnte zeigen, daß er nicht impotent sei. Aber Katharina wurde schwanger und Frau Groot nicht. Peter war offensichtlich steril. Er wußte um die außerehelichen Liebesbeziehungen seiner Frau, war persönlich dadurch aber nicht gekränkt. Er freute sich diebisch, daß das Aufsichtsregime der Tschoglokows hintergangen wurde. Auf die Idee, daß alles durch die Kaiserin und den Kanzler in Szene gesetzt worden war, ist er wohl nicht gekommen. Auch als Katharina 1753 ein zweites Mal schwanger wurde und abermals eine Fehlgeburt erlitt, soll Peter von seinen Gewohnheiten – trinken und spielen – nicht abgewichen sein.

Die Erzählungen über die Affären Katharinas und das auffällige Treiben um den Thronfolger lassen Peter als morbiden Tölpel erscheinen, unfähig, seine eigenen Pflichten als Ehemann zu erfüllen. Das Bild ist oberflächlich, und niemand hat sich die Mühe gemacht, zu ergründen, ob Peter nicht eher Mitleid als Verdammnis verdient hätte. Seine wahren Gefühle in dem intriganten und geradezu peinlichen Spiel um die Thronfolge blieben weitgehend im dunkeln. Jede seiner verbalen und physischen Äußerungen erscheint im negativen Licht – als Vorbereitung auf das damals bereits abzusehende Ende. Dabei war Peter die Tatsache seiner Funktion als offizieller Gatte und Vater durchaus bewußt, und es war nur eine Frage der Zeit, wann er gegen den Mißbrauch seiner Person aufbegehren würde.

Als am 20. September 1754 der Sohn Paul geboren wurde, erhielt er den Vatersnamen Petrowitsch. Es bestand überhaupt kein Zweifel, daß Großfürst Peter die Vaterschaft übernehmen würde. Sein Sohn mag ihn wohl nicht sonderlich interessiert haben, zumindest im Hinblick auf eine persönliche Vater-Kind-Beziehung. Elisabeth nahm den Knaben seinen Eltern weg, bis zu seinem achten Lebensjahr durfte Paul nicht wissen, wer seine Eltern waren. Elisabeths Handlungen dienten einem bestimmten Zweck, und der mußte für Peter interessant sein. Peter liebte Rußland überhaupt nicht, aber in den letzten Jahren vor der Geburt Pauls hatte er sich wiederholt mit dem Gedanken beschäftigt, regieren zu wollen – auch in Rußland. Er kann nicht so einfältig gewesen sein, nicht zu begreifen, daß Kaiserin Elisabeth ihn für denkbar ungeeignet hielt, den Thron zu besteigen. Außerdem war Elisabeth noch jung und trotz ihres ausschweifenden Lebens gesund. Die Frage der Thronfolge stand unter keinem Zwang. So schuf die Geburt Pauls für Peter eine neue Situation: Es entstand die reale Gefahr für ihn, daß er nicht auf den Thron gelangen würde und alle diesbezüglichen Bedenken gegenstandslos wären. In Rußland hatte nicht nur einmal ein Kind als Zar den Thron bestiegen. Wer wußte, wie lange Elisabeth regieren würde? Wer würde das nun beginnende Kräftemessen zwischen Vater und Sohn als Stärkerer überstehen? Es gab auf viele Fragen vorerst keine Antwort, aber über Peter senkte sich das unheildrohende Schwert tiefer herab: durch die Geburt seines eigenen oder vermeintlichen Sohnes!

Peters Leben veränderte sich durch die Geburt Pauls ebenso wie das Katharinas. Während seine Frau von diesem Zeitpunkt ab zielstrebiger in Luxus und Pracht einen auch politisch eigenständigen Weg zu gehen trachtete, zog sich Peter noch mehr in die nur ihm lustig erscheinende Traumwelt seiner Holsteiner Gardisten zurück. Meistens residierte er im Schloß Oranienbaum, südlich der Insel Kronstadt am Finnischen Meerbusen gelegen, einer wunderschönen Idylle, die so gar nicht dem Wesen Peters entsprach. Alkohol, ordinäre Weiber und vulgäre Vergnügungen bestimmten neben kindlichen Spielen und dem naiven Drill seiner Soldaten den Tagesablauf. Hatte er früher jeden Rock platonisch angeschmachtet, so umgab er sich jetzt mit Mätressen.

Nach Pauls Geburt ging Peter noch einen Schritt weiter. Er verband sich mit Elisabeth, der Tochter des Vizekanzlers Woronzow, einer Person, die ebenso häßlich, vulgär und neurotisch war wie er selbst. Woronzow war ein erklärter Gegner Bestuschews, und nichts verdeutlicht den Kontrast mehr: Während sich Katharina mit dem einstigen Gegner Bestuschew verband, liierte sich Peter mit den Woronzows. Gerade in jener Zeit, da Paul geboren war, Katharina ihren Stanislaus Poniatowski und Peter seine Elisabeth besaß, verstand sich das großfürstliche Paar offensichtlich persönlich recht gut. Es wird berichtet, daß alle vier gemeinsamen Vergnügungen nachgingen, sich gegenseitig halfen und jeder den anderen weitgehend respektierte. Peter, dem geistvolle Ironie nicht nachgesagt werden kann, holte sogar einmal, als Poniatowski nach Oranienbaum zu Besuch kam, seine Frau aus dem Bett, führte sie Stanislaus zu und fügte obendrein hinzu: „Meine Lieben, jetzt braucht ihr mich wohl nicht mehr." Womit er durchaus recht hatte.

Man hatte sich arrangiert und lebte ja auch in einer Welt, die dazu zwang.

Poniatowski, der Geliebte Katharinas, war mit Peter vertraut und befreundet, hatte ihm Hilfe aus der Not zu danken und schrieb später: „Die Natur machte aus ihm einen Angsthasen, einen seichten Genießer, eine in jeder Beziehung so komische Figur, daß man bei seinem Anblick sich unwillkürlich sagen mußte: Das ist der Harlekin, wie er im Buche steht. In einem seiner Herzensergüsse, mit denen er mich häufig zu beehren pflegte, sagte er mir einmal: Und warum bin ich unglücklich? Ich sollte in den Dienst des Königs von Preußen treten; ich hätte ihm mit allem Eifer und aller Kraft gedient; heute wäre mir schon ein Regiment, der Grad eines Generalmajors, wenn nicht gar eines Generalleutnants, sicher. Aber nichts dergleichen: Und nur, weil man mich hierher gebracht hat, um mich in diesem verdammten Land zum Großfürsten zu machen. Und dann zog er gegen die russische Nation los, in der ihm eigenen possenhaften Art, aber zuweilen auf eine wahrhaftig amüsante Weise: Er war nicht dumm, sondern verrückt, und da er gern trank, trug er damit noch dazu bei, das bißchen Verstand, das er besaß, vollends zu zerstören."

Man kann nicht sagen, daß Poniatowski ein bösartiges Bild malte. Es war aufrichtig und ein wenig wehmütig, denn vielleicht wollte auch Stanislaus Poniatowski nicht um jeden Preis König von Polen werden – wie es Katharina durchgesetzt hatte. Peter versank immer tiefer in seiner Scheinwelt und griff schließlich zu phantastischen Wunschträumen, die er nie verwirklichen konnte.

Bereits im Jahr 1757 war dem französischen Botschafter Marquis de L'Hôpital bewußt, daß im Todesfall der Kaiserin in Rußland Aufstände ausbrechen würden, „denn man wird niemals den Großfürsten auf den Thron lassen, sondern sich seiner bestimmt entledigen". Der Botschafter benötigte keinen besonders scharfen Blick für diese Erkenntnis, denn Peter selbst klagte immer wieder offen und besonders gern gegenüber seiner Frau, „daß er fühle, nicht für Rußland geschaffen zu sein; daß er den Russen nicht passe und die Russen ihm nicht paßten und er überzeugt sei, daß er in Rußland umkommen werde".

Vorerst schloß er sich eng mit der Geliebten Elisabeth Woronzowa zusammen und lebte sein kindlich-anarchisches Leben, das jedoch auch seine Erschütterungen besaß. Besonders erregt war Peter, als Kaiserin Elisabeth 1756 den Krieg gegen Preußen begann und die preußischen Truppen bei Memel und bei Großjägersdorf geschlagen wurden. Als sich der greise General Apraxin überraschend zurückzog und die gegen Bestuschew und gegen Katharina agierenden Kräfte die Situation zum Sturz Bestuschews nutzten, trat Peter plötzlich als Ankläger auf den Plan. Namentlich er war es, der Katharina nicht nur der Untreue, der Verschwörung gegen die Kaiserin, sondern des Komplotts mit Preußen beschuldigte. Damit wollte Peter selbst aus der Schußlinie kommen, denn er war als der größte Preußenfreund bei Hof bekannt. Aber was er auch anfing, es ging immer schief. Kaiserin Elisabeth und Katharina versöhnten sich, die Großfürstin wurde wieder in Gnaden aufgenommen, und wenn aus der ganzen Angelegenheit für Peter ein Resultat heraussprang, dann dieses, daß seine

Chancen auf die Thronfolge noch geringer wurden, weil Katharina nun unausgesprochen als eigenwillige Rivalin um den Thron auf den Plan trat.

Aber Peter ging zugleich weitere Schritte, die seinen Untergang beschleunigten. In den Jahren des Siebenjährigen Krieges machte er nicht nur aus seiner geradezu blinden Anhänglichkeit an Friedrich II. keinerlei Hehl. Er konspirierte mehr oder weniger offen mit den Preußen. Der russische Großfürst war der beste preußische Spion in Rußland. Während in den Gefechten russische Soldaten und Offiziere in Massen verbluteten, schrieb Peter Meldungen über die Beschlüsse im Kriegsrat der Kaiserin, die über den englischen Botschafter Keith nach Potsdam gelangten. Friedrich II. war mitunter über die russischen Geheimbefehle früher unterrichtet als die russischen Kommandeure.

Es waren aufregende Wochen und Monate, die nach 1756 folgten. Peter unternahm alles, um seine Frau zu kränken, seine ungehobelte Geliebte Elisabeth Woronzowa als künftige Gattin darzustellen – Katharina wollte er verstoßen – und seine eigene Herrschaft nach dem Tod Elisabeths vorzubereiten. Peter wollte regieren, obwohl er sich so lange vor dieser Aufgabe gefürchtet hatte, er wollte die Herrschaft, und sei es nur, um mit den Preußen Frieden zu schließen und sein Herzogtum Holstein durch einen Krieg gegen Dänemark wieder in seinen alten Zustand zu versetzen. Peter sah ganz deutlich, daß er der Thronfolger sein würde. Wenn ihn nicht die Gewalt der Garderegimenter – in denen die drohende Stimmung gegen ihn anwuchs – oder eine andere Verschwörung beseitigte, würde er regieren. Elisabeth war zu unschlüssig und zu schwach und zu krank, als daß sie noch einmal etwas an der Thronfolge geändert hätte.

Es gehört auch zum Bild Peters, daß er in dieser Zeit zu seinem Patenkind, der Fürstin Daschkowa, einer glühenden Verehrerin Katharinas, höchst freimütig bekannte: „Mein Kind, denken Sie daran, daß es sicherer ist, mit Hohlköpfen meiner Art zu tun zu haben als mit solchen erhabenen Geistern, die einer Zitrone allen Saft auspressen, um sie dann wegzuwerfen."

So kam denn der schicksalsschwere Tag heran, der 23. Dezember 1761. Kaiserin Elisabeth bekam einen Schlaganfall. Peter war dabei, ebenso wie seine Ehefrau Katharina, als Elisabeth die Letzte Ölung erhielt: Kein Wort über eine Änderung ihrer Absichten hinsichtlich der Thronfolge kam über die Lippen der Sterbenden. Als sie am Heiligabend gestorben war, konnte Fürst Trubetzkoi den Beginn der Herrschaft Peters III. verkünden.

Während die tote Elisabeth aufrichtig betrauert wurde, leisteten die Kirche, der Adel, Vertreter der Städte und Zünfte und die Armee dem neuen Zaren den Treueid. Peter III. ergriff sofort alle Maßnahmen, um seine Unbeliebtheit zu vergrößern. Während das Volk trauerte – sechs Wochen waren dafür traditionell vorgesehen –, zeigte er sich kaum am Sarg der Tante, gab aber rauschende Feste. Während Katharina bei der zehntägigen öffentlichen Aufbahrung unentwegt vor dem Katafalk kniete, trieb Peter bei der Beisetzung allerlei Possen. Es war offensichtlich, daß Peter die ihm so urplötzlich zugefallene Macht und Freiheit der Willensentscheidung zumindest in seinem öffentlichen Auftreten nicht beherrschte. Er machte sich einfach lächerlich.

Aber nicht nur das. Er hatte lange angekündigt, bei seiner Thronbesteigung werde er sofort Frieden mit Preußen schließen. Die Bündnisverträge mit Frankreich und Österreich traten außer Kraft, und die russische Armee wurde mit einem Federstrich um die Früchte ihres fünfjährigen Krieges gebracht. Mit dem Schlachtruf „Friedrichs Wille ist Gottes Wille" zog sich der junge Kaiser endgültig den Haß der russischen Offiziere zu. Alle Opfer des vergangenen Krieges waren für den russischen Soldaten umsonst. Nun hieß es auch für die traditionsreichen Garderegimenter, in eine Preußen verpflichtete neue Uniform zu schlüpfen.

Nachdem Peter es sich mit der Armee verdorben hatte, trat er zum Kulturkampf gegen die Kirche an, deren Oberhaupt er allerdings erst durch die Krönung werden konnte. Soweit kam es zwar nicht, aber Peter regierte in die Kirche hinein und wollte ihr offensichtlich auf den rechten Weg des Luthertums verhelfen – ein Ansinnen, von dem ihm selbst Friedrich II. energisch abriet. Peter verbot die geliebten Privatkapellen des Adels, sich selbst ließ er eine lutherische Privatkapelle einrichten. Peter verordnete die volle Religionsfreiheit – vor allem für die russischen Protestanten –, befahl die Einziehung der Kirchengüter und stellte die Priester den Staatsbeamten gleich.

So vernünftig einzelne dieser Maßnahmen waren – im Gesamtsystem der propreußischen Hilflosigkeit wurden sie als böswillig eingestuft. Peter III. wollte wie sein Großvater den Popen die Bärte nehmen und die religiösen Riten reformieren. Den großen Peter konnte selbst der Bannfluch der Kirche nicht beeindrucken. Als der kleine Peter jetzt seinen Ahnherrn nachahmen wollte, war das Wort „Ketzer", nur vom einfachen Geistlichen auf der Kanzel gesprochen, bereits tödlich. Und der Kaiser merkte nicht, daß sich seine Gemahlin Katharina in stetig wachsender orthodoxer Frömmigkeit übte ...

Peter III. brachte die Armee und die Kirche gegen sich auf. Es blieb die dritte Stütze: Hof und Beamtenapparat. Die Höflinge handelten wahrlich unpatriotisch nach dem Motto: „Wessen Brot ich esse, dessen Lied ich singe." Am 1. März 1762 verabschiedete Peter ein Manifest, das ihm seine Vertrauten zur Sicherung der Rechte des Adels empfohlen hatten. Er wollte die Gunst des Adels gewinnen. Adlige mußten nur noch im Kriegsfall Staatsdienst leisten und durften im Ausland leben, solange sie wollten. Fürst Daschkow reagierte gerührt: „Der Kaiser verdient, daß man ihm ein Standbild aus Gold errichtet, denn er hat allen Adligen die Freiheit beschert." Das war nicht einmal gelogen, denn kein Nachfolger auf dem Thron wagte es später, das Dekret über die Adelsbefreiung zu widerrufen.

Trotz seiner Bemühungen um die Gunst des Adels ließ sich Peter zu Schritten hinreißen, die das Positive seines Handelns aufhoben. Er holte die von Elisabeth verbannten verhaßten Deutschen aus Sibirien zurück, verfuhr allzu großzügig mit seinen Gegnern, und vor allem – er bereitete einen Krieg gegen Dänemark um seine Erbprovinz Schleswig vor: Der Kaiser von Rußland wollte Krieg um Schleswig führen, ein Land, das die Russen kaum kannten. Selbst das Idol in Potsdam riet dringend von dem Abenteuer ab. Friedrich muß auch entsetzt gewesen sein, als er erfuhr, daß Peter allen Ernstes Elisabeth Woronzow zur Kaiserin machen, Paul als Bastard enterben und Katharina ins Kloster bringen lassen wollte. Peter erzählte das jedenfalls jedem, der es hören wollte, und er ging noch weiter. Bei dem Festgelage zu Ehren des Friedens mit Preußen verstieß er Katharina öffentlich aus der kaiserlichen Familie.

Jede Handlung Peters gegen seine Gemahlin erhöhte deren Sympathien in der Kirche, in der Garde und auch bei Hofe. Sie selbst gab sich zwar Mühe, ihr Ansehen zu steigern, aber eigentlich arbeitete ihr Peter selbst in die Hände. Nach der öffentlichen Beleidigung bei dem Festmahl und der Erklärung Peters, die kaiserliche Familie, das seien nur er selbst und die Herzöge von Holstein, war der Rubikon des Hinnehmbaren überschritten.

Peter glaubte an eine ihm drohende Verschwörung, fand aber keine Gegenmittel. Selbst entschlossene Ratschläge des ihm zur Seite stehenden Onkels, Georg von Holstein, Katharinas Vertraute zu verhaften, konnte er nicht umsetzen: Peter hatte Angst vor neuen Feinden. Die Situation geriet von Tag zu Tag grotesker: Während der Kaiser in Oranienbaum zum Feldzug gegen Dänemark rüstete, bereitete seine Gemahlin Katharina im nahezu benachbarten Peterhof den Sturz Peters vor.

Kaiser Peter wollte seinen Namenstag 1762, den 29. Juni, gemeinsam mit seiner Frau Katharina verbringen und ließ ihr melden, er werde nach Peterhof kommen. Zwei Tage vor dem Termin wurde der Offizier Passek aus dem Preobrashenski-Regiment verhaftet, weil er unbekümmert in der Öffentlichkeit über die Ermordung Peters redete. Die Verhaftung diente den Verschwörern als Signal für den entscheidenden Schlag. Während der Kaiser in Oranienbaum unverdrossen seine Holsteiner paradieren ließ, schritten sie zur Tat.

Peter bekam zunächst nicht mit, daß Katharina am 28. Juni 1762 zur Alleinherrscherin proklamiert wurde. Er traf am 28. Juni in Peterhof ein – zur Namenstagsfeier. Erst dort erfuhr er, daß seine Frau nach Petersburg gefahren war. Er begann zu ahnen, was sich abspielte, und wurde von lähmendem Entsetzen ergriffen. Dabei hätte er in diesem Augenblick das Blatt noch wenden können. Er verfügte trotz aller Feindseligkeiten gegen seine Person über nicht unbedeutende Freunde, bei Narwa hatte er eine vorzüglich ausgebildete Armee für den Feldzug gegen Dänemark konzentriert, die Festung Kronstadt und die dort stationierte Flotte – in unmittelbarer Nähe zu Oranienbaum gelegen – konnten Petersburg bedrohen. Seine Holsteiner Garde stand ebenfalls unter Waffen. Peter mußte nur energisch angreifen und der Staatsstreich wäre unzweifelhaft zusammengebrochen, auch aus Rußland konnte er noch immer fliehen.

Peter konnte sich jedoch zu keiner Handlung aufraffen. Als er endlich nach Kronstadt übersetzte, war die Garnison schon in Katharinas Hand. Bar jeder Handlungsfähigkeit ließ er sich nach Oranienbaum zurückbringen und ergab sich in sein Schicksal. Was sollte er tun? Marschall Trubezkoi und Kanzler Woronzow, die in seinem Auftrag Katharina das Mitregieren versprachen, wurden von der neuen Kaiserin keiner

Antwort gewürdigt. Die Holsteiner wurden entwaffnet und Oranienbaum von Garde-husaren besetzt.

Noch einmal wandte sich Peter in einem Brief an seine Frau, gab sich geschlagen und bat lediglich darum, mit Elisabeth Woronzowa nach Holstein ausreisen zu dürfen. Katharina verlangte die Abdankung, auch darin fügte sich Peter, mechanisch und handlungsunfähig. Er folgte dem Befehl und begab sich nach Peterhof – dorthin, wo Kaiserin Katharina an diesem Tag residierte. Falls er mit dem Gedanken gespielt haben sollte, in einem Gespräch mit seiner Frau die Dinge richten zu können, dann hatte er sich geirrt. Die Kaiserin empfing ihren Gemahl nicht einmal. Er wurde aller seiner Ehren und Würden entkleidet und hatte sich bereitzuhalten, um als Staatsgefangener nach Ropscha oder in die Festung Schlüsselburg gebracht zu werden. Peter muß an diesem Tag am Ende seiner Kräfte gewesen sein. Selbst seine letzte Bitte, Elisabeth Woronzowa möge ihn begleiten, wurde nicht nur abgeschlagen, sondern er mußte die bittere Niedertracht erkennen – wie die Mehrzahl seiner Anhänger hatten sich auch die Woronzows schnell auf Katharinas Seite geschlagen.

Noch am 29. Juni wurde Peter nach Ropscha gebracht und in den Palast unter demütigenden Bedingungen eingesperrt. Katharina gab sich nur scheinbar generös, wenn sie ihm Geige, Hund und deutsche Dienerschaft erlaubte. In Wirklichkeit war-tete sie darauf, daß ihn die Aufregungen des Schicksalsschlages dahinraffen würden. Peter befand sich tatsächlich in furchtbarer Erregung, die sich allenthalben gegen seine Umgebung Luft machte. Er lebte in beständiger Angst vor einem Attentat, aber er starb nicht. Am 6. Juli kamen mehrere Offiziere nach Ropscha, geführt von Alexei Orlow. Man entfernte den Schweizer Kammerdiener gewaltsam – am nächsten Mor-gen war Peter tot. An demselben 6. Juli schrieb Alexei Orlow an Katharina das Schuld-bekenntnis: „... Unsere Gute Mutter – er ist nicht mehr. Aber keiner von uns hat es gewollt, denn wie hätten wir wagen dürfen, an unseren Herrscher Hand anzulegen? Jedoch, Majestät, dieses Unglück ist geschehen. Während des Mahls hatte er begon-nen, sich mit Fürst Fjodor (Barjatinski) zu streiten; wir konnten sie nicht einmal trennen, weil er bereits nicht mehr lebte. Wir wissen nicht einmal mehr, was wir getan haben, aber wir sind allesamt schuldig und verdienen den Tod."

Katharina ließ in einem Manifest vom 7. Juli 1762 verkünden, der Kaiser sei an einer Darmblutung gestorben. Eine Autopsie mußte sich darauf beschränken, festzu-stellen, ob Gift im Spiel gewesen sei. An Gift war der Kaiser nicht gestorben. Ehrenvoll wurde der Kaiser Peter III. im Alexander-Newski-Kloster aufgebahrt und bestattet. Ehrenvoll? Nein, auch im Tod wurde er gedemütigt: Seit Peter dem Großen setzte man die russischen Kaiser in der Kathedrale der Peter-Pauls-Festung bei – in der Uniform des russischen Imperators. Peter III. bekam seinen Holsteiner Rock mit ins Grab, ohne Ehrenzeichen.

Die Rätsel und Legenden um Peters Tod, um die Motive der beteiligten Attentäter und vor allem Katharinas sind Legion. Der einzige stichhaltige Beweis ist der Bekennerbrief Alexei Orlows, aber selbst dieser Brief sagt wenig über Katharinas eigentliche Verantwortung. So halten wir denn fest: Peter III. war der erste russische Kaiser, der nach einem Staatsstreich ermordet wurde. Er sollte nicht der letzte bleiben, den dieses traurige Schicksal ereilte. Die Zeit hatte nicht einmal für eine offizielle Krönung Peters ausgereicht. Neben Iwan VI. blieb er der einzige ungekrönte Zar in der Geschichte der russischen Herrscher.

LITERATUR

H. Fleischhacker, Portrait Peters III., in: JfGOE 5 (1957), S. 127–189.

Katharina II. Memoiren, 2 Bände, München 1988.

C. S. Leonard, Reform and Regicide: The Reign of Peter III of Russia, Bloomington, Indiana 1993.

A. S. Myl'nikov, Petr III, in: VI 1991, Heft 4/5, S. 43–58.

Zoé Oldenburg, Katharina die Große. Die Deutsche auf dem Zarenthron, München 1969.

Tamara Talbot Rice, Elisabeth von Rußland. Die letzte Romanow auf dem Zarenthron, München 1973, S. 92.

K. Stählin, Aus den Papieren Jacob von Stählins – ein biographischer Beitrag zur deutsch-russischen Kulturgeschichte des 18. Jahrhunderts, Königsberg in Preußen und Berlin 1926.

KATHARINA II. – DIE GROSSE

Katharina II. – die Große

1729–1796

KAISERIN VON RUSSLAND 1762–1796

21. April 1729	Sophie Auguste Friederike, Prinzessin von Anhalt-Zerbst, wird in Stettin als erstes Kind des Fürsten Christian August von Zerbst-Dornburg und dessen Ehefrau Johanna Elisabeth von Holstein-Gottorp geboren.
1742	Kaiserin Elisabeth Petrowna holt ihren Neffen Karl Peter Ulrich von Holstein-Gottorp nach Rußland, er wird als Großfürst Peter Fjodorowitsch zum Thronfolger proklamiert.
10. Januar 1744	Die Prinzessin von Anhalt-Zerbst reist mit ihrer Mutter nach Petersburg. Am 28. Juni tritt sie zum orthodoxen Glauben über und erhält den Namen Katharina Alexejewna. Einen Tag später wird sie mit dem Thronfolger verlobt.
21. August 1745	Katharina und Peter werden miteinander vermählt.
25. Dezember 1761	Nach dem Tod der Kaiserin Elisabeth Petrowna tritt Peter Fjodorowitsch als Peter III. ihre Nachfolge an.
28. Juni 1762	Peter III. wird gestürzt und Katharina Alexejewna als Katharina II. zur Kaiserin ausgerufen. Die Krönung erfolgt am 22. September in Moskau.
6. November 1796	Katharina II. stirbt nach einem Schlaganfall in Zarskoje Selo bei St. Petersburg und wird in der Kathedrale der Peter-Pauls-Festung beigesetzt – gemeinsam mit ihrem Ehemann, Peter III., dessen Gebeine aus dem Alexander-Newskij-Kloster dorthin überführt werden.

Katharina II. – Katharina Alexejewna – Sophie Auguste Friederike von Anhalt-Zerbst, die Deutsche auf dem Zarenthron – die Semiramis des Nordens, schlicht: Katharina die Große, sie gilt nach den Russen Iwan dem Schrecklichen und Peter dem Großen wohl als die bedeutendste Persönlichkeit auf dem Herrscherthron in St. Petersburg bzw. in Moskau.

Sophie Auguste Friederike von Anhalt-Zerbst besaß als junges und nur mäßig hübsches, aber auch bedeutungsloses Mädchen nur sehr geringe Chancen, geschichtliche Furore zu machen. Ihr Kindertraum, einmal Königin werden zu wollen, wurde belächelt, weil das anhaltinische Zerbst viel zu unbedeutend war, weil der Vater ein viel zu gewöhnlicher Offizier war und weil die impertinente und geschwätzige Mutter in ihrer Unbedarftheit alles tat, um den ehrgeizigen Sehnsüchten der schwarzhaarigen Sophie möglichst viele Hindernisse in den Weg zu legen. Aber die Geschichte geht eigene Wege, dynastische Heiratspolitik hat schon Wunder vollbracht, und vielleicht war es gerade die unbedeutende Herkunft, die es Preußens König Friedrich II. angeraten erscheinen ließ, seiner kaiserlichen Schwester Elisabeth zu empfehlen, die Unschuld vom Lande für den Thronfolger Karl Peter Ulrich aus Holstein-Gottorp als Ehegemahl zu wählen.

Als die Prinzessin am 2. Mai 1729 im pommerschen Stettin geboren wurde, hatte das anhaltinische Erbrecht – das kein Erstgeburtsrecht kannte – bereits so viele Parzellierungen des Besitzes verursacht, daß auch ihr Vater Christian August, selbst als er „regierender Fürst" wurde (was erst im Jahr 1742 geschah), Mühe hatte, die Armut zumindest nicht in der Öffentlichkeit sichtbar werden zu lassen. Der Fürst konnte gar nicht anders, als das wenige Geld mit eiserner Hand zusammenzuhalten – zum Ärger seiner Frau und auch der Tochter. Sophie schrieb später in ihren Memoiren, der Vater sei „sparsam", die Mutter aber „verschwenderisch" gewesen. Christian August diente als Offizier in der preußischen Armee und schien sich überhaupt durch alle Lehrbuchtugenden eines preußischen Offiziers ausgezeichnet zu haben: Ordnung, Disziplin und Frömmigkeit. Immerhin brachte er es bis zum General und Regimentskommandeur und konnte dann eine „standesgemäße" Ehe eingehen, die ihn an die Seite von Johanna Elisabeth führte, einer Prinzessin aus dem verzweigten Liniengeflecht des Hauses Holstein-Gottorp. Das Mädchen war zwar auch arm, aber das Haus Holstein galt als vornehm, vor allem, weil es mit dem schwedischen Königsthron verbunden war. Außerdem: Peters des Großen Tochter Anna war seit 1725 mit Karl Friedrich, ebenfalls Herzog von Holstein-Gottorp, verheiratet. Aus dieser Ehe ging Rußlands Kurzzeit-Zar Peter III. hervor. Sophie von Anhalt-Zerbst war mit ihrem künftigen Gatten bereits verwandt, als sie ihn noch gar nicht kannte.

Der Altersunterschied zwischen den Eltern Sophies betrug 27 Jahre. Die Mutter wurde durch die Geschichte und durch diverse Geschichtenschreiber sehr widersprüchlich charakterisiert. Dazu trugen Katharinas Memoiren nicht unwesentlich bei. Johanna Elisabeth wurde stets im Licht der großen Katharina betrachtet. Möglicherweise war sie einfach eine adelsstolze, durchschnittliche Frau mit bescheidenen Gaben, die als Gemahlin des schlichten Militär-Gouverneurs von Stettin durch ihre Tochter zwischen den machtpolitischen Interessen Friedrichs II. und der intrigengeschwängerten Atmosphäre des Petersburger Hofes hin und her gerissen wurde und die für sich selbst ein Stück von dem großen Kuchen abschneiden wollte. Dank ihrer Unbedarftheit blieb sie in der Wahl ihrer Mittel unsicher und setzte sich auch prompt zwischen alle Stühle – ganz im Gegensatz zu ihrer geschickten Sophie.

Als diese Sophie geboren wurde, war die Mutter bitter enttäuscht. Sie hatte sich einen Sohn gewünscht. Die Tochter wurde der Obhut von Ammen überlassen, und

Johanna Elisabeth konzentrierte sich auf einen zweiten Anlauf, der auch glückte: 1730 brachte sie einen Jungen zur Welt.

Kinder offenbaren vom ersten Lebenstag an die ererbten Charaktereigenschaften, die später durch die Erziehung verstärkt oder gebremst werden können. Sophie galt von klein auf als willensstark, lebhaft, aufgeweckt und selbstbewußt. Sie schien alle Veranlagungen für eine sich selbst behauptende Persönlichkeit zu besitzen. Sie galt als „naseweis" (so Friedrich II.) oder auch impertinent, weil sie sich nicht zu jeder Minute in den Schraubstock der steifen Etikette zwängen lassen wollte. Die Mutter gab sich zwar Mühe, der Tochter die Allüren auszutreiben, hatte aber wenig Erfolg, denn allzusehr kehrte sie die Abneigung gegen ihre weibliche Erstgeburt hervor. Da besaß die Gouvernante Babette Cardell einen größeren Einfluß auf das Mädchen. Bis an ihr Lebensende sprach Katharina II. mit großer Achtung und Ehrfurcht von dieser Tochter eines nach Deutschland geflohenen französischen Hugenotten. Babette Cardell erschloß ihr den Reichtum der französischen Sprache, Literatur und Geschichte und legte wichtige Grundlagen für Katharinas spätere sehr persönliche Zuneigung zur französischen Aufklärung.

Eigentlich war Sophie ein ganz normales kleines Mädchen, das sich nach seiner Gestalt und seinem Gemüt weit eher unter raufenden Dorfkindern als unter den „feinen" Hofkindern wohl fühlte. Zumindest in dieser Richtung zeigten die Eltern Verständnis. Sophie durfte ganz normal auf der Straße mit ihresgleichen spielen und sich in der kindlichen Ausgelassenheit als Anführerin und „Bestimmerin" bewähren. Nur in einem Punkt kannten weder die Eltern noch die Erzieher – noch Sophie selbst – Konzessionen: Sie wurde durch den Pastor Dowe streng im lutherischen Glauben unterwiesen und hielt sich ernsthaft an die damit verbundenen Haltungen und Aufgaben.

So wuchs Sophie bis zu ihrem zehnten Lebensjahr unbeschwert und ohne besondere Höhepunkte oder Belastungen heran. Es lassen sich für diesen Zeitraum nur zwei charakteristische Merkmale ermitteln: Sophie war überdurchschnittlich selbstbewußt und bestach durch ihre äußere Unansehnlichkeit. Vielleicht schämte sie sich für ihre Häßlichkeit und entwickelte gerade daraus ein übersteigertes Maß an Durchsetzungsvermögen wie auch die Lust am stillen und einsamen Lesen und ihre tiefempfundene Religiosität.

Aber der ihr anhaftende Makel der ausgesprochenen Häßlichkeit verging, als Sophie etwa zehn Jahre alt war. Sie wuchs sich langsam zu einem hübschen, schlanken Mädchen mit äußerem Liebreiz zurecht. 1739 nahmen sie die Eltern zu einem Familienfest der Holsteiner mit nach Kiel. Hier traf sie zum ersten Mal jenen Jungen, der zum Trauma ihres Lebens werden sollte: Karl Peter Ulrich von Holstein-Gottorp, einen der Prätendenten auf den schwedischen und auf den russischen Thron. Obwohl sie ihren entfernten Vetter in der Rückschau zum Teil als schön, liebenswürdig und wohlerzogen idealisierte, überschätzte sie ihn keineswegs. Vor allem bemerkte Sophie die kindliche Verspieltheit des gerade zum Waisen gewordenen elfjährigen Herzogs.

Überdies: Wo die erwachsene Verwandtschaft dominierte, solidarisierten sich die zur Parade mitgeführten Kinder recht schnell, und Sophie entging nicht, daß ihre Mutter und Tanten mehr oder weniger versteckte Anspielungen auf eine künftige Verbindung zwischen der Anhaltinerin und dem Holsteiner fallen ließen.

Es begann ein merkwürdiges Spiel, dessen Tendenz ganz eindeutig war. Sophie machte sich Gedanken um ihre Zukunft, um eine Ehe, um ihren Platz in der Gesellschaft. Warum also nicht Karl Peter Ulrich? Königin zu werden, war nicht das schlechteste Ziel auf Erden! Zudem schritt die Mutter zur Tat: Sie besuchte nicht nur ihren Bruder in Lübeck, der zum Erzieher des verwaisten Herzogs bestimmt worden war, sondern als 1741 in Rußland Elisabeth den Zarenthron bestieg, erinnerte Sophies Mutter auch dort unverzüglich an die engen Familienbande. Fast wäre sie ja die Schwägerin Elisabeths geworden. Sie gab sich alle Mühe, ihr Kind höchstmöglich zu versteigern, ohne wissen zu können, ob sich der Einsatz dereinst auszahlen sollte. Vorerst hätte sie gut daran getan, sich ihren künftigen Schwiegersohn etwas näher zu betrachten und vor allen Dingen größeren Einfluß auf seine Erziehung zu nehmen. Das war aber weder für die Mutter noch deren Tochter Sophie besonders wichtig.

Johanna Elisabeth verstand nicht so recht, welche Motive die Kaiserin Elisabeth bewegten, die Übermacht deutscher Politiker an ihrem Hof zu beseitigen und sich nationalpatriotischen Gefühlen hinzugeben. Für sie zählte nur, daß bald nach Elisabeths Krönung alle offenen und geheimen Anzeichen dafür sprachen, daß Karl Peter Ulrich zum russischen Thronfolger auserwählt worden war. 1742 übersiedelte er nach Rußland. Also schickte Johanna Elisabeth eiligst ein kopiertes Porträt ihrer Tochter nach St. Petersburg, und man soll nicht annehmen, Sophie habe davon nichts gewußt. Der Klatsch am kleinen Hof sorgte dafür, daß die jetzt bereits durchaus berechnende Sophie nicht nur in ihren geheimsten Träumen daran dachte, an der Seite Karl Peter Ulrichs den russischen Thron zu erringen.

Die Hoffnung fand reichliche Nahrung, als am 1. Januar 1774 ein Brief Brümmers eintraf, Mutter und Tochter sollten sofort und heimlich nach Rußland kommen. Johanna Elisabeth befiel die Angst vor der eigenen Courage, und Fürst Christian wollte die geliebte Tochter nicht in die Ferne ziehen lassen: Warum sollte die Reise heimlich erfolgen, wie war das Schicksal Anna Leopoldownas und ihrer braunschweigerisch-lutherischen Familie, wie war das Glaubensschicksal der überzeugten Protestantin Sophie? Es gab ernste Fragen und Zweifel. Die Entscheidung fiel den Eltern auch nicht leichter, als ein Brief Friedrichs II. eintraf, der kurz und bündig erklärte, die Mutter habe alles zu unternehmen, damit Sophie Karl Peter Ulrich heirate und Rußland zu einer preußenfreundlichen Politik fände. Für Sophie war das Problem eher entschieden als für die Eltern. Sie wollte Zarin von Rußland werden, und wenn es mit Karl Peter Ulrich sein mußte, dann eben mit diesem. Die Mutter sah für sich die Zukunft einer eigenen politischen Karriere am Zarenhof. So verbanden sich die Interessen der beiden Frauen zu einer Gemeinschaft, bei der die Argumente des zärtlichen Vaters kaum zählten.

Gemeinsam reisten die drei nach Berlin, um von Preußens König Friedrich II. die letzten Instruktionen für die Reise nach Osten zu empfangen. Friedrich verpflichtete die Mutter zur Tätigkeit einer Geheimagentin in preußischem Auftrag, verbunden mit der ihre Möglichkeiten übersteigenden Aufgabe, den allmächtigen Kanzler Bestuschew-Rjumin zu stürzen. Friedrich besaß damals große Furcht vor Rußland. Das eigene Land war noch arm, zerstreut und von geringem Einfluß. Rußlands Elisabeth machte aus ihrer antipreußischen Einstellung kein Geheimnis, und es war für Preußens König von existentieller Bedeutung, den großen Nachbarn im Osten zumindest neutral im europäischen Streit zu sehen. Von Karl Peter Ulrich war wohl nur Nützliches zu erwarten, und Sophie sollte nun die Kombination abrunden und schien dafür auch hinreichend unverdächtig.

Friedrich befaßte sich ausführlich mit dem Mädchen, lud es an seine Tafel und gewann einen sehr positiven Eindruck vom Selbstverständnis der damals 14jährigen jungen Dame. Er selbst war zu diesem Zeitpunkt erst 30 Jahre alt und keineswegs unfähig, Sophie durch Charme und Grazie zu beeindrucken. Für die Anhaltinerin blieb es ein nachwirkendes Ereignis, vom preußischen König als Grazie und Liebesgöttin umschmeichelt zu werden.

Dann begann die Reise ohne Wiederkehr. In Stettin kam es zum herzzerreißenden Abschied zwischen Vater und Tochter – Fürst Christian war nicht nach Rußland eingeladen worden. Der General sollte sein Kind niemals wiedersehen, er starb bereits im Jahr 1746. Die „Gräfin von Rheinbeck" – so das Inkognito, um die Gegner der angebahnten Verbindung in die Irre zu führen – fuhr mit ihrer Tochter in Richtung Osten, offiziell, um der russischen Kaiserin für erwiesene Wohltaten zu danken. Am 15. Januar 1744 war man in Stettin gestartet. Die Reise in der Kutsche und im Schlitten sollte fünf Wochen dauern, ehe man in Moskau eintraf. Sophie bewegten auf dieser Reise viele Gedanken. Nach allen Zeugnissen beunruhigte sie vor allem der Glaubenswechsel. Sie sah die Dinge aber durchaus rational. Es war mehr die Unkenntnis darüber, was sie erwarten würde, die sie unruhig machte. Karl Peter Ulrich war auf seine Mission nicht vorbereitet worden, aber er hatte zumindest eine Vorstellung vermittelt bekommen, was ihn in Rußland erwarten würde. Sophie wußte gar nichts über Rußland oder höchstens, daß es ein weites und unwirtliches Land mit dichten Wäldern und vor allem mit einem prunkvollen Kaiserhof war. Worüber sie auch nachdachte – ihr künftiger Gatte spielte darin die geringste Rolle. Auch das unterschied sie beide: Sophie nahm alle neuen Eindrücke intensiv in sich auf, verarbeitete sie zum Nutzen ihrer künftigen Rolle als Kaiserin. Peter blieb in seiner Ablehnung alles Russischen im Grunde gleichgültig: Er wollte nicht lernen, seine Umgebung sich selbst untertan zu machen.

Noch im Januar 1744 fuhren die Gräfinnen „Rheinbeck" über die russische Grenze. In Riga wurden sie vom kaiserlichen Kammerherrn Semjon Naryschkin begrüßt und von diesem Augenblick an mit wahrhaft fürstlichem Luxus umgeben, der die Mutter weit eher blendete als die nüchterner denkende Tochter. In Riga kreuzte sich ihr Weg mit dem der in die Verbannung reisenden Familie Anna Leopoldownas – einschließlich des gestürzten Kinderzaren Iwan VI. Im Eiltempo ging es weiter nach Petersburg, aber der dortige imposante Empfang blieb eine Episode, denn der Hof befand sich gerade in Moskau, wo der Geburtstag des Großfürsten Peter feierlich begangen werden sollte. Am 20. Februar trafen die Damen in Moskau ein und wurden noch am selben Tag von Kaiserin Elisabeth empfangen. Die Aufnahme gestaltete sich vollkommen zufriedenstellend: Sophie erinnerte Elisabeth stark an deren ehemaligen Verlobten Karl-Friedrich von Holstein-Gottorp und rührte damit an das Gefühl der Kaiserin. Peter wohnte der Begegnung bei. Sophie sah ihn von Beginn an zwiespältig: Sie honorierte seine Freude, in ihr einen altersgerechten Gesprächspartner gefunden zu haben. Seine unbedachte Schwatzhaftigkeit stieß sie ab. Peter teilte seiner künftigen Gattin gleich bei der ersten Begegnung mit, er sei in ein Fräulein Lopuchina verliebt, werde aber natürlich die Sophie heiraten – die kaiserliche Tante wolle es schließlich so.

Sophie fand sich schnell in ihre neue Rolle hinein – der ihr auserwählte Peter behinderte sie dabei vorerst wenig. Ernsthaft und mit Überlegung folgte sie den Unterweisungen durch den klugen und toleranten Geistlichen Semjon Todorski. Dieser hatte lange in Deutschland gelebt, kannte den Pietismus und war alles andere als ein konservativ-orthodoxer Eiferer. Sophie erkannte, daß die Toleranz Todorskis weit über jener ihres lutherischen Vaters stand. Sophie machte sich dennoch den Glaubenswechsel nicht leicht und opferte den ursprünglichen Protestantismus nicht leichtfertig oder ausschließlich zweckgebundenem politischen Kalkül.

Mit gleichem Fleiß beschäftigte sich Sophie sofort mit der russischen Sprache, Geschichte und Kultur – sehr zur Freude Elisabeths und des Hofs. Auch in dieser Hinsicht hob sie sich deutlich vom künftigen Gemahl ab. Als sich Sophie beim nächtlichen Lernen erkältete und schwer erkrankte, pflegte die Kaiserin sie persönlich und war geradezu entzückt, als Sophie nicht nach einem protestantischen Pastor, sondern nach Semjon Todorski verlangte. Es war eine Krise, in der die Gefahr auftauchte, das Mädchen werde den Strapazen in der neuen Heimat nicht gewachsen sein. Aber Sophies ehrgeiziges Naturell stemmte sich gegen das Gerücht. Ihre Jugend und die Ärzte taten ein übriges, und an ihrem 16. Geburtstag konnte sie sich erstmals wieder in der Öffentlichkeit zeigen. Bereits zwei Wochen später schrieb sie ihrem Vater, daß sie nunmehr bereit sei, „... zu dem neuen Glauben überzutreten".

In den Wochen ihrer Krankheit empfand Sophie auch die Zuneigung Peters. Selbst wenn zwischen den beiden jungen Menschen niemals eine Liebe entstand, besaßen sie doch füreinander Aufmerksamkeit. Peter soll sogar glücklich gewesen sein, als der Fürst von Anhalt-Zerbst seine Einwilligung zur Hochzeit gegeben hatte. In späteren Jahren, namentlich in ihren „Memoiren" – der literarischen Grundlage nahezu jeglicher biographischen Betrachtung über Katharina II. –, hat Katharina versucht, Sophie zu verleugnen und Peter im schlechtesten Licht zu zeichnen. Er war ein Kindskopf, aber Feindseligkeit beherrschten weder ihn noch sie – zumindest nicht im Jahr 1744. Im Gegenteil. Als die Intrige de la Chétardies auflog, des ehemaligen französischen Botschafters, der sich respektlos über seine einstige Geliebte Elisabeth äußerte und dabei auch die für Friedrich II. wirkende Fürstin von Anhalt-Zerbst kompromittierte, nahm zwar das Ansehen der Anhaltinerin Schaden, aber Peter und Sophie schlossen sich enger zusammen.

Kaiserin Elisabeth forcierte die Integration Sophies: Für den 28. Juni 1745 wurde der Übertritt zur orthodoxen Kirche anberaumt. Sophie nahm die andere Religion aus innerer Überzeugung an und verlieh der Zeremonie eine natürliche Würde, die ihr die Anerkennung der Kaiserin und des Hofes eintrug. Von nun an hieß sie Katharina Alexejewna und nahm den Rang einer russischen Großfürstin ein. Gegen die Beibehaltung des Namens Sophie hatte sich Elisabeth energisch gewandt: Ihres Vaters Schwester Sofja war noch immer ein Familiengreuel – wohl zu Unrecht.

Am darauffolgenden Tag schloß sich die offizielle Verlobung Katharinas mit dem Großfürsten Peter an. Es war ein glanzvolles Ereignis, das von Kaiserin Elisabeth mit orientalischem Luxus in Moskau ausgestaltet wurde. Johanna Elisabeth, Katharinas Mutter, die noch immer bei Hof geduldet wurde, beschrieb ihrem Gatten das Ereignis mit überschwenglichen Worten. Sie besaß die unangenehme Eigenschaft, jedes Geschenk und Fest sofort in seinen möglichen Geldwert umzurechnen. Allein für die Verlobungsringe veranschlagte sie 50.000 Taler. Tatsächlich wurde die junge Großfürstin mit kostbaren Geschenken überhäuft. Elisabeth gab dem Mädchen – ebenso wie deren Verlobtem – einen eigenen Hof. Auch die Beziehungen zu Peter selbst ließen sich weiterhin gut an. Die beiden Kinder verstanden einander. Katharina sah in Peter sicherlich keinen idealen Ehemann, aber sie war guter Dinge, ihn nach ihrem Bild formen zu können. Inzwischen waren sie eher Spielkameraden als künftige russische Herrscher, und diese Rolle spielten sie auch, als Elisabeth wenige Wochen nach der Verlobung mit ihrem gesamten Gefolge in Richtung Kiew aufbrach. Katharina und Peter erlebten zum ersten Mal das weite russische Land und die ganze Skala des russischen Volkslebens – vom Fenster ihrer Kutschen aus und bei kirchlichen Prozessionen. Katharina nahm die Eindrücke fest in sich auf und erfreute dadurch die Kaiserin, die das junge Mädchen gegenüber dem Neffen aus Holstein langsam zu favorisieren begann.

Indes, das junge Glück wurde alsbald auf eine ernste Probe gestellt: Im Dezember 1744, auf einer Reise von Moskau nach Petersburg, erkrankte Großfürst Peter an den gefürchteten Pocken. Katharina wollte bei ihm bleiben, aber die Mutter gebot die Weiterreise. Nur Kaiserin Elisabeth pflegte den Thronfolger voller Hingabe. Katharina stand durch diese Krankheit am Scheideweg: Sollte Peter sterben, mußte sie ihre Hoffnungen auf den russischen Thron begraben. Der Großfürst starb jedoch nicht, und dennoch änderte sich alles. Peter wurde von der Krankheit entstellt. Ohnehin von Natur nicht gerade ein Adonis, war Katharina nun über seine äußere Erscheinung entsetzt. Beide ahnten wohl intuitiv nach Peters Genesung, daß ihnen in ihrer gegenseitigen Beziehung kein Glück beschieden sein werde. Während Katharina bis zum Dezember 1744 für Peter viel Sympathie empfunden hatte – auch um seiner selbst willen –, begann danach die Entfremdung, die offene Feindschaft, noch bevor die Ehe zwischen ihnen geschlossen worden war.

Elisabeth spürte das Selbstmitleid Katharinas und tat alles in ihren Kräften Stehende, das Mädchen nicht auf den Gedanken kommen zu lassen, in die Heimat zurückkehren zu wollen: Sie überhäufte die kleine Großfürstin mit Gunstbeweisen und stärkte deren Willen zur Selbstbehauptung am russischen Hof. Die Kaiserin beschleunigte ihre Anstrengungen, Peter und Katharina so bald wie möglich miteinander zu verheiraten. Allen ärztlichen Ratschlägen zum Trotz legte sie die Hochzeit nach der Genesung Peters auf den 21. August 1745 fest. Sie besaß offenbar keine Vorstellung, ob die beiden Jugendlichen in psychischer und biologischer Hinsicht auf die Ehe vorbereitet waren. Das Thronerbe mußte gesichert werden – nichts anderes zählte. Aber für Peter und Katharina – dessen mögen sie sich vielleicht kaum bewußt gewesen sein – war das Risiko dieser kommenden Eheschließung außerordentlich hoch: Peter haßte Rußland, Katharinas Selbsterhaltungstrieb zauberte wunderbare Formen des Opportunismus hervor, Anna Leopoldowna und Iwan VI. lebten quasi in der Verbannung, Elisabeth blieb unverheiratet und kinderlos. Was würde werden, wenn die erste kaiserliche Eheschließung Rußlands ohne Folgen für das Thronerbe blieb? Wohl niemand wagte sich im Sommer 1745 diese Frage vorzulegen – der Hof arbeitete energisch auf den 21. August hin.

Elisabeth legte allen Ehrgeiz darein, mit der Hochzeit aus dem rauhen Zeremoniell des petrinischen Hofes heraus zum europäischen Glanz vorzudringen. Sie sandte nach Versailles und Dresden, ließ die kostbarsten Kleider schneidern, und am Tag der Hochzeit führte man die beiden Kinder, über und über mit Gold, Silber, Perlen und edlen Steinen behängt, zur orthodoxen Trauungszeremonie in die Petersburger Kasaner Kathedrale. Der kaiserliche Hof repräsentierte seine Macht – die Brautleute waren dabei weniger wichtig, und es mag Katharina beschämt haben, daß sie im Grunde gerade bei der Hochzeit lediglich als das zugeführte weibliche Wesen behandelt wurde, geduldet, um dem Thronfolger Kinder zur Welt zu bringen: Ihr Vater war zu der Hochzeit nicht eingeladen worden und für die Mutter bedeutete das Zeremoniell den Abschied von der Tochter. Sie hatte sich mit Elisabeth überworfen und mußte Rußland verlassen.

Der Trauung folgten das Festessen und ein Ball, aber die Kaiserin drängte die Brautleute in das mit Samt und Seide ausgeschlagene Schlafgemach. Auch an dem sich ausschweifend gebenden Petersburger Hof wurde die Brautnacht mit großer Diskretion gehandhabt. Es begann jenes Ereignis, das in jeglicher Kolportageliteratur ein Kernpunkt der intimen Analyse über Peter und Katharina ist: der biologische Vollzug oder Nichtvollzug der Ehe. Es ist sicher übertrieben zu behaupten, die beiden Kinder wußten überhaupt nicht, was sie da gemeinsam in einem Schlafzimmer sollten. Tatsache scheint aber wohl zu sein, daß der junge Ehemann keine Absicht und keine Lust verspürte, sich seiner Spielgefährtin körperlich zu nähern, und die nach allen Berichten nicht aufgeklärte Katharina verübelte ihm dies in keiner Weise.

Der Nacht folgten Wochen voller Freuden. Es wurde gelacht, getanzt, gegessen und getrunken. Elisabeth ließ die Traditionen ihres ruhmreichen Vaters hochleben und beschwor mit einer Fahrt in dem von Peter dem Großen eigenhändig gefertigten Boot auf der Newa Rußlands Großmacht.

Die Heirat ging vorüber, und erst in den Tagen vor und nach diesem Ereignis bemerkte Katharina, daß die so ungeschickte Mutter im Grunde ihr einziger Vertrauter und Verbündeter bei Hof war. Nachdem sie abgereist war, blieb die junge Großfürstin mit ihrem täglich liebloser werdenden Gatten zurück. Die Kaiserin wartete erst einmal ab, welche Früchte die jungen ehelichen Beziehungen tragen würden, und änderte dennoch ihr Verhalten gegenüber den Eheleuten. Als hätte sie mit der Hochzeit ihre Pflicht erfüllt, umgab sie Peter und Katharina mit Mißtrauen, Ungerechtigkeiten und Feindseligkeiten. „Ich sagte mir (so Katharina): Wenn du diesen Menschen liebst, wirst du das unglücklichste Geschöpf auf Erden sein, weil du, so wie du veranlagt bist, nach Gegenseitigkeit verlangst; dieser Mensch beachtet dich quasi gar nicht, er spricht mit dir schier nur von Puppen und erweist jeder anderen Frau mehr Aufmerksamkeit als dir; du bist zu stolz, um darüber zu klagen, also beherrsche deine Zärtlichkeit gegenüber diesem Herrn: Denken Sie an sich, Madame." Gegenseitige Eifersüchteleien und Querelen, Mißverständnisse und Denunziationen waren an der Tagesordnung.

Die Fruchtlosigkeit war für Kaiserin Elisabeth nicht der einzige Stein des Anstoßes. Katharina war in eine Welt hineingestellt, die sich nicht in persönlichen Problemen oder im höfischen Zeremoniell erschöpfte. Sie wurde zunehmend darauf gestoßen – und das mitunter in sehr drastischer Form –, daß sie dem gesellschaftlichen Rang nach an dritter Stelle in Rußland stand, daß sie eine politische Persönlichkeit geworden war, die eine bestimmte Position einzunehmen hatte. Für die kleine Ausländerin war es schwer, sich durch das Geflecht von Intrigen und politischen Lagern bei Hof hindurchzufinden. Sie ging ihren Weg zwar vorsichtig, aber insgesamt recht unbekümmert, darauf bauend, daß die Mutter den Weg weisen werde. Der Holsteiner Peter würde ihr Gemahl werden, und die Gunst der Kaiserin konnte man erwerben, indem man sich russisch-patriotisch gab. Aber so unbedarft war das Leben nicht. Katharinas Mutter diente dem preußischen König – als Agentin. Peter war ein erklärter Freund Friedrichs II. Am Petersburger Hof waren die politischen Interessen gespalten und die „Ausländer" – allen voran de la Chétardie – bekämpften erbittert den Kanzler Bestuschew-Rjumin, der das Vertrauen der Kaiserin besaß, die österreichische, sächsische und englische Karte spielte und im übrigen ein der Kaiserin ergebener, kluger und weitsichtiger Russe war. Friedrich II. hätte sehr viel dafür gegeben, wenn Bestuschew gestürzt worden wäre.

Katharina ließ sich aus Vorsicht und Überlegung nicht in die propreußischen Fäden einspinnen und benutzte auch keinen Geheimcode für intrigante Informationen. Sie wollte leben und lachen, ihrer neuen Stellung bei Hof war sie sich noch nicht bewußt. So kam es, wie es kommen mußte: Wenn sie selbst nicht den Ereignissen ihren Stempel aufdrückte, handelten die anderen. Bestuschew ordnete Katharina in die Phalanx seiner politischen Gegner ein, und Kaiserin Elisabeth beschuldigte das Kind in einer dramatischen Auseinandersetzung unter vier Augen nicht nur des ehelichen Versagens, sondern auch der Spionage für Preußen. Der Eklat schien gewiß, und Katharina wartete nur darauf, von der Kaiserin geschlagen zu werden. Aber in diesem Falle ließ sich Elisabeth so weit nicht hinreißen. Sie überließ die konkreten Konsequenzen ihrem Kanzler Bestuschew, der gründlich durchgriff.

Peter und Katharina mußten faktisch ihre eigene Hofhaltung aufgeben. Sie wurden der ständigen Überwachung durch Bestuschew treu ergebene Aufsichtspersonen unterworfen. In Katharinas Fall war das Marija Semjonowna Tschoglokowa, eine Kusine der Kaiserin. Katharinas Pflichten wurden eindeutig definiert: „Ihre Kaiserliche Hoheit ist erkoren worden, die würdige Gattin unseres lieben Neffen, S. K. H. des Großfürsten und Erben des Kaiserreichs zu sein, und dieselbe (nämlich Katharina) als jetzige Kaiserliche Hoheit ist ausschließlich zu folgendem Zweck erzogen worden: daß Ihre Kaiserliche Hoheit durch ihr Betragen ... und ihre Tugenden in seiner Kaiserlichen Hoheit (dem Großfürsten) eine aufrichtige Liebe erwecke, sein Herz erwärme, so daß auf diese Weise der so sehnlich erwünschte Erbe des Reiches und ein Sproß unseres Hohen Hauses produziert werde." Elisabeths „Unterweisung", das sollte sich bald zeigen, ging meilenweit am wirklichen Leben vorbei. Auch wenn Katharina sich von allen politischen Angelegenheiten fernzuhalten hatte, nicht einmal einen Brief ohne Zensur ins Ausland versenden durfte, so änderte das nichts an ihren Lebensauffassungen. Zudem: Peter Fjodorowitsch wurde dem gleichen schikanösen Regime unterworfen, auch er galt dem Kanzler Bestuschew als suspekt. Es ist aus dieser Sicht kaum verständlich, aber aus späteren Erfahrungen gerechtfertigt, daß Katharina gegenüber Bestuschew ein ausgewogenes Urteil bewahrte: „Er wurde unendlich mehr gefürchtet als geliebt, er war außerordentlich intrigant, mißtrauisch, beharrlich und unerschrocken in seinen Grundsätzen, sehr tyrannisch, ein unerbittlicher Feind, aber treu gegenüber seinen Freunden, die er nur aufgab, wenn sie sich von ihm abwandten, übrigens im Umgang sehr schwierig und oft kleinlich." Bestuschew betrachtete Katharina keineswegs als persönliche Feindin. Er unterwarf sie seinen politischen Grundregeln, fand sie selbst jedoch durchaus sympathisch – später wurden sie sogar Verbündete und Freunde. Auf jeden Fall verbanden sich Katharinas politische Interessen und vorsichtigen Handlungen in den folgenden Jahren immer wieder mit der Persönlichkeit des Großkanzlers Bestuschew-Rjumin. Wenn Katharina ihren Ehrgeiz, um jeden Preis Rußlands Kaiserin werden zu wollen, ernst meinte, dann konnte sie keinen besseren Lehrmeister als Bestuschew finden.

Nach der Beseitigung der deutschen Vormundschaft durch Elisabeth konnte nur ein Mann wie Bestuschew die Wege weisen, wie sich eine Deutsche auf dem Zarenthron zu bewegen hatte, wie sie die Gunst des Hofes, der Garderegimenter und des Volkes erlangen konnte. Natürlich verfügte Katharina über die natürlichen Gaben und Voraussetzungen, sich anzupassen, über den natürlichen Instinkt, in dem für sie voll-

kommen fremden Land der Russen das Richtige zu tun – das ihrem erklärten Ziel
diente.

Ihr Gatte machte es ihr in dieser Beziehung leicht. Er blieb in Rußland ein Fremd-
körper und unterstützte dadurch Katharinas Intentionen: sie war hingebungsvoll
fromm, folgte mit höchster Akribie den orthodoxen Regeln. Sie lernte mit Eifer die
russische Sprache und Geschichte, und sie näherte sich gerade durch ihre Frömmigkeit
den Sitten des russischen Volkes an. Das alles machte sie in den Augen ihrer Zeitgenossen sympathisch. Aber Katharina war eine Opportunistin. Sie schrieb später einmal:
„Die Kaiserin liebte selber einen übertriebenen Aufwand ... und nach diesem Beispiel
richteten sich alle; der Tag war mit Kartenspiel und Umkleiden ausgefüllt. Ich, die der
Welt, in der ich lebte, grundsätzlich gefallen wollte, nahm ihre Lebensart an ... ich
wollte russisch sein, damit die Russen mich liebten." So wird sie sich auch mit dem
Widerspruch zwischen dem offiziellen Repräsentationsluxus und der peinlichen Armut im Alltagsleben abgefunden haben – selbst bei Hof: Wenn die Kaiserin Elisabeth
ihren Hof von Petersburg nach Moskau umsiedelte und wieder zurückkehrte – was
relativ häufig geschah –, mußte das gesamte Mobiliar mitgeführt werden.

Es war eine für sie fremde Welt, in die Katharina hineintauchte. Mag sie sich ob
der Oberflächlichkeit auch gelangweilt haben, mögen ihr viele Traditionen auch
wesensfremd erschienen sein: Sie war in den langen Jahren des Wartens, die ihrer
Heirat folgten, zu sehr zielstrebige Persönlichkeit geworden, um die selbsterwählte
Zweckbestimmung aus den Augen zu verlieren. Die Aussicht – die nicht einmal garantiert war –, eines Tages über Rußland zu herrschen, rückte alle Widrigkeiten in die
zweite Reihe. Katharina schrieb über diese Zeit später zwar: „ Ich habe 18 Jahre lang
ein Leben geführt, bei dem zehn andere irrsinnig geworden und zwanzig andere an
meiner Stelle vor Kummer gestorben wären." Sie aber ist weder irrsinnig geworden
noch gestorben, obwohl sie unter der Langeweile bei Hof, der allgemeinen Schlamperei und Korruption, der Heuchelei und Intrige sehr persönlich litt. Sie war sehr viel
allein, las unzählige Bücher, und sie suchte nach Jahren der Treue zu ihrem ungeliebten Mann, nach Jahren der Unschuld, Trost – in der Liebe. Wenigstens in
diesem Punkt unterschied sich Katharina nicht von ihrer Umgebung. Ansonsten blieb
sie in jeder Hinsicht eigenwillig – trotz ihrer Jugend.

Zunächst las sie Romane, eigentlich rührten sie die Bücher nicht sehr tief an. Nur
das Leben des französischen Königs Heinrich IV. interessierte sie – ein Leben lang.
Bald stieß Katharina auf die Arbeiten berühmter Zeitgenossen: Montesquieu, Voltaire
oder Bayle. Ihre ehrgeizigen Zukunftsvorstellungen ließen sie Werke über Gesetze,
Moral, Politik, Religion, über die philosophischen Träume der Aufklärer verschlingen.
Vielleicht verstand sie nicht alles sofort, aber sie legte mit dieser Lektüre einen wichtigen Grundstein für ihr späteres Leben und Regieren. Man darf Katharina bestätigen,
daß sie ihre angelesenen Lebenserkenntnisse gern auf den Ehegemahl übertragen hätte,
schon um in ihm einen ebenbürtigen Partner sehen zu können. Am Ende, nach zehn-
jähriger erfolgloser Missionsarbeit, resignierte Katharina: „Eine starke Seele ist nicht

dazu geschaffen, eine schwache Seele zu beraten, denn diese ist unfähig, das, was die andere ihrem Charakter entsprechend vorschlägt, zu befolgen oder auch nur gutzu-heißen."

Wenn die Moralisierung Peters ein untaugliches Objekt war, wo sollte Katharina dann mit ihren jungen Fähigkeiten hin? Sie betrachtete ihre Umgebung sehr genau und konnte nicht nur ihren Ehemann gut einschätzen. Sie beobachtete die Kaiserin, von der sie mehr und mehr in eine Isolation gedrängt werden sollte. Sie dachte über den Kanzler Bestuschew nach, über das Verhältnis zu Preußen – sie begann allmählich und langsam aus der Sphäre ihrer unmittelbaren Umgebung in politische Interessen hineinzuwachsen. Wenn Peter eines Tages Kaiser würde – dann wäre sie die Kaiserin!

Das entscheidende Hindernis auf jedem Weg in die Zukunft blieb: Katharina konnte sich in keine Richtung entwickeln, wenn sie nicht ihre vordringlichste Haupt-aufgabe erfüllte – auch nach acht Ehejahren gab es noch keinen Thronfolger!

In diese Situation und Überlegungen hinein spürte Katharina urplötzlich, daß sie eine schöne Frau geworden war, die sich nicht nur allgemeiner Bewunderung erfreute – mit Ausnahme des eigenen Ehemannes –, sondern begehrt wurde. Das neue Lebens-gefühl stand im ursächlichen Zusammenhang zu ihrer ersten großen Liebe: Sie ver-liebte sich in den verheirateten Kammerherrn Sergei Saltykow, den sie als den schön-sten und liebenswertesten Mann bei Hof vergötterte. Sergei Saltykow war kein skrupel-loser Abenteurer, aber ein Bruder Leichtfuß, zynisch und eitel. Er besaß große Erfolge bei Frauen und hatte es sich in den Kopf gesetzt, Katharina zu erobern. Er wandte alle Mittel an, sich die noch immer unschuldige und in Liebesdingen unerfahrene Frau gefügig zu machen. Natürlich erfuhr ihr Ehemann sofort von dem Verhältnis, aber er nahm seiner Frau die Untreue keineswegs übel, sondern freute sich unbändig, daß es Saltykow gelungen war, die allgegenwärtige Aufsicht durch das Ehepaar Tschoglokow zu überlisten. Saltykow fürchtete die Entdeckung der Liaison, denn er wäre nicht der erste junge Mann aus Katharinas und Peters Umgebung gewesen, der schwer bestraft würde, weil er ein zu enges Verhältnis zu dem großfürstlichen Paar unterhielt. Die Sorge war überflüssig. Kaiserin Elisabeth war des Wartens überdrüssig. Sie wollte den Thronfolger, und zwar um jeden Preis.

So begann ein Spiel, das nicht mehr entwirrbar ist und mehrere Möglichkeiten verschiedener Zeugungsvarianten für den späteren Kaiser Paul in sich barg. Katharina wurde von Sergei Saltykow verführt. Gleichzeitig beauftragte die Kaiserin ihre Kusine Madame Tschoglokowa, dem Großfürsten eine Frau Groot, die schöne Witwe eines Malers, zuzuführen, damit er seine Unschuld verliere. Peter erklärte sich just zu diesem Zeitpunkt bereit, die kleine Verschneidung vornehmen zu lassen: Nun konnte er seinen „ehelichen Pflichten" (und außerehelichen Vergnügungen) scheinbar ungehin-dert nachgehen – Katharina wurde schwanger.

Der stürmische Liebhaber Saltykow zog sich nach wenigen Wochen von ihr zu-rück. Da bleibt die Frage erlaubt: Elisabeth hatte über Marija Tschoglokowa bei Peter mit einer Radikalkur eingegriffen – hatte sie es bei Katharina mit dem Kammerdiener

Saltykow vielleicht auch? Entscheidend waren die Ergebnisse: Während Frau Groot keinen Beweis für ihre Tüchtigkeit bei Peter erbringen konnte (das galt ebenso umgekehrt), erlitt Katharina im Dezember 1752 eine Fehlgeburt.

Die Motive für die Abkehr Saltykows von Katharina scheinen nicht eindeutig definierbar. Er selbst argumentierte mit der notwendigen Vorsicht vor Entdeckungen. Das war jedoch nicht sehr stichhaltig. Katharina wollte Saltykow fester an sich binden – sie liebte ihn aufrichtig und durchschaute das Spiel recht wenig. In ihrer Liebe ging sie einen Schritt, der von weitreichender Konsequenz für ihr Leben als Frau und künftige Kaiserin werden sollte: Sie bat den Kanzler Bestuschew um Hilfe und Schutz für ihren Geliebten. Der Kanzler wußte genau, was in Katharinas Schlafzimmer vor sich ging, und war grimmig-fröhlich: die Großfürstin und ihr Erzfeind fanden sich plötzlich als treue Verbündete wieder.

Eine Folge der offensichtlichen Sterilität Peters und der neuen Einkehr Bestuschews (hinter der das Einverständnis der Kaiserin zu vermuten war) bestand darin, daß die ansonsten so wachsame Marija Tschoglokowa plötzlich direkt und zielstrebig in Katharina drang, sie solle ihre Bemühungen nach einem Liebhaber verstärken, egal, ob es sich um Sergei Saltykow oder auch Semjon Naryschkin handelte. Die Großfürstin zierte sich gegenüber dem Ansinnen der Tschoglokowa – und wurde erneut schwanger.

Im Juni 1753 erlitt Katharina eine zweite Fehlgeburt. Aber Katharinas Leidenschaft und die emsigen Bemühungen der Herren ihrer Umgebung wurden letztlich doch von Erfolg gekrönt: im Februar 1754 konnte man schon wieder auf einen Thronfolger hoffen. Saltykow und Naryschkin gehörten zum festen Kreis, den das großfürstliche Paar um sich gesammelt hatte. Niemand argwöhnte etwas, und die Kaiserin war zufrieden, daß sich die Aussichten auf einen Thronfolger verdreifacht hatten.

Ihre Hoffnungen wurden dieses Mal nicht enttäuscht. Katharina kam am 20. September 1754 mit einem Knaben nieder. Das Kind war kaum gewaschen, da wurde es schon weggetragen: Katharina sollte nach einer schweren Geburt nicht das Glück der jungen Mutter kennenlernen. Die Kaiserin trug das Kind in ihre Gemächer, und dort sollte es auch bleiben: Das Reich hatte endlich einen Erben, und da Großfürst Peter ein so unsicherer Kantonist war, wollte sich die Kaiserin selbst um das Kind – um das Reich – mühen. Der Vorgang sollte für alle Beteiligten weitreichende Folgen haben – nicht zuletzt für die Entwicklung des Kindes selbst. Vorerst ließ man Katharina allein liegen. Sie gewann den berechtigten Eindruck, sie habe ihre Mission erfüllt. Während sich Peter auch aus diesem freudigen Anlaß betrank, dachte sich die Kaiserin einen besonders pikanten Schachzug aus: Katharinas Verhältnis mit Sergei Saltykow war an den europäischen Höfen allgemein bekannt, und ausgerechnet Saltykow wurde ausersehen, die frohe Botschaft über den Thronerben an den schwedischen Hof zu tragen. Damit wurde er von Katharina entfernt und obendrein der Lächerlichkeit preisgegeben, denn nichts verbreitete sich so schnell wie der Klatsch, er sei der wahre Vater des Prätendenten.

Dieses Problem wird für Katharina zunächst von sekundärer Bedeutung gewesen sein. Nach allen Zeugnissen fand sie sich äußerlich relativ gelassen mit der Trennung von ihrem Kind ab, verwinden konnte sie es nicht. Es ist schwer zu beurteilen, ob Katharina im Interesse eigener Machtambitionen auf das Kind verzichtete, ob sie tatsächlich wenig innere Interessen und Neigungen zu dem Kind besaß oder ob sie ihre unbändige Sehnsucht nur einfach überspielte. Die Voraussetzungen für ihr künftiges Verhältnis zu Paul waren jedenfalls nach modernen bürgerlichen Maßstäben entwürdigend für die Mutter und den Sohn.

Paul hielt sich in der späteren Rache nach dem Tod der Mutter sehr subjektiv an die Tatsachen: Katharina sah ihr Kind nur sporadisch und nach dem Willen der Kaiserin, um nicht den Zorn Elisabeths auf sich zu ziehen. Bis zu seinem achten Lebensjahr hatte Katharina ihrem Sohn nicht enthüllt, wer seine Eltern waren. Seine Erziehung erfolgte getrennt von den Eltern. Katharina dürfte alsbald die Absicht Elisabeths aufgegangen sein, den kleinen Paul als Konkurrenten Peters aufzubauen. In dem Maß, in dem Paul als Prätendent in Frage kam, dürften auch die Chancen Katharinas, vielleicht einmal selbst den Thron zu besteigen, gesunken sein. Dieser Zwiespalt zwischen Machterbe und Machtverzicht war kein geeigneter Stimulus für den Willen zu herzlicher Mutterliebe.

Dazu kam, daß sie nicht nur in den Stunden nach der Geburt Pauls allein gelassen wurde. Daraus entwickelte sich ein Dauerzustand. Sie hatte ihre Pflicht erfüllt, nun gewann sie den Eindruck, vollkommen überflüssig zu sein. Schäbige Geschenke anläßlich der Geburt – früher hatte die Kaiserin sie mit Gold, Silber und edlen Steinen überhäuft – und eine zunehmende Mißachtung wurden zur Alltäglichkeit. Katharina war gekränkt und beleidigt. Sie zog sich in sich selbst zurück. Auch von ihrem geliebten Sergei Saltykow fühlte sie sich zurückgestoßen, immerhin brachte er sie dazu, wieder mehr in der Öffentlichkeit zu erscheinen, wenngleich Katharina dieses Zugeständnis mit kindlichen Trotzreaktionen verband: „Ich beschloß, diejenigen, die mir so vielfaches Leid angetan hatten, spüren zu lassen, daß es jetzt von mir abhing, ob ich mich ungestraft beleidigen ließ." Tatsächlich, sie folgte keiner Augenblickslaune, die ein sanfter Charakter ohnehin nicht durchgehalten hätte. Sie erwies sich als glänzende Schauspielerin, und die Demütigung der gewaltsamen Trennung von ihrem Kind und der verletzte Stolz riefen bei Katharina charakterliche Veränderungen hervor.

Man begann sie zum ersten Mal zu fürchten, als Persönlichkeit ernstzunehmen und die Frage zu stellen, ob Katharina vielleicht mehr sein könnte als nur die Gemahlin eines infantilen Großfürsten. Wenn sich Katharina neu orientieren wollte, dann mußte sie vor allem das Verhältnis gegenüber dem eigenen Gemahl revidieren. Indem sie das tat, wurde deutlich, was sie eigentlich wollte. Peter sah die Veränderungen in seiner Frau, verstand sie aber nicht. Er setzte sein Spiel mit den zugebilligten Holsteiner Gardisten fort – Katharina konnte sich nicht russisch genug geben. Namentlich der Aufenthalt der Holsteiner Garde wurde zum Stein des Anstoßes: Während Peter von den russischen Gardeoffizieren als Verräter an Rußland bezeichnet wurde, galt ihnen Katharina zunehmend als russische Patriotin. Sie entwickelte in der wachsenden

Distanz zu ihrem Mann eine so praktische Vernunft, daß Peter nichts merkte und sich bei seiner „Madame Ausweg" immer wieder kindlich-offenen Rat holte. Die nutzte seine Vertraulichkeiten, um rundum publik zu machen, daß Peters Wünsche nicht die ihren seien. Katharina, die bis dato als gutmütig, liebenswert und zurückhaltend gegolten hatte, wandelte sich in eine zielstrebige Hofintrigantin, die ganz schnell bewies, daß sie aufmerksam und gelehrig ihre Umwelt studiert hatte und mit deren eigenen Waffen schlagen konnte.

Katharina besaß über sich selbst eine gute Meinung, kannte ihre eigenen Stärken und Schwächen. Dazu gehörte das Eingeständnis: „Mein Unglück ist, daß mein Herz ohne Liebe nicht froh sein kann, nicht eine einzige Stunde lang." Sie mußte respektieren, daß die Welt über sie gleichfalls eine Meinung besaß. Die Welt – das waren in diesem Fall die europäischen Höfe. Dort hatten ihr die Liebe zu Sergei Saltykow und die Geburt Pauls den Ruf eingetragen, ein Mädchen zu sein, das dem Reiz schöner Männer leicht erliege und über diesen Weg politisch nutzbar gemacht werden könne.

Im Frühjahr 1755 trat mit Sir Charles Hanbury-Williams ein britischer Botschafter seinen Dienst in Rußland an, der die Aufgabe hatte, diese realen oder gedachten Eigenschaften Katharinas – wie auch ihre permanente Geldnot – zu nutzen, um sie für die englische Politik zu gewinnen. Sir Charles bediente sich des jungen und hübschen polnischen Edelmannes Stanislaus Poniatowski und erreichte, daß sich Katharina in den Poniatowski verliebte. Aber politisch hatte Sir Charles Pech, denn Katharinas politischer Einfluß war in jenen Jahren, da der Siebenjährige Krieg Europa aufwühlte, eher bescheiden.

Stanislaus Poniatowski, aus der alten polnischen Adelsfamilie Czartoryski stammend, war nach damaligen Vorstellungen nicht nur ein schöner Mensch, sondern geistreich, gebildet und charmant. Er war weder Draufgänger noch Zyniker und schon gar kein Mensch, der – wie Saltykow – Frauen serienweise verführte. Katharina sollte für ihn die einzige Frau seines Lebens bleiben. So sah er seine geliebte Katharina: „Ihr Haar war schwarz, ihr Teint von betörender Weiße, das Kolorit sehr lebhaft, sie hatte große sprechende blaue Augen, einen Mund, der zum Küssen einzuladen schien, herrlich gemeißelte Arme und Hände, einen biegsamen Wuchs, eher groß als klein, einen Gang, der frei und dennoch von höchstem Adel war, und ein Lachen, das so heiter war wie ihre Stimmung." Katharina liebte Poniatowski und ließ sich willig von ihm verführen, aber die Ruchlosigkeit Saltykows hatte ihr wohl nicht minder imponiert. Zudem hatte sich ihre Lebensrolle gewandelt: Sie begann, sich nicht mehr benutzen zu lassen, sondern andere für ihre Ziele zu verwenden. So ist – wenngleich der sachliche Beweis schwerfällt – kaum zu ermitteln, ob der Charme des jungen Stanislaus oder das Geld des alternden Sir Charles einen größeren Reiz auf sie ausgeübt haben. Zumindest zwei Tatsachen stehen fest: Katharina begann zwar ihre politische Zukunft fester zu kalkulieren, aber die Liebe brauchte sie wie das tägliche Brot, und in Geldangelegenheiten verhielt sie sich geradezu sträflich leichtsinnig. Ihr Sinn nach Luxus wurde nur noch durch ihre Schulden übertroffen.

Bezüglich der politischen Absichten wurde Katharina bald durch den Zwang der Umstände herausgefordert. Der russische Hof sprach mehr oder minder versteckt darüber, Kaiserin Elisabeth werde den jungen Paul zum Thronfolger erklären und seine Eltern nach Deutschland zurückschicken. Das entsprach keineswegs Katharinas Absichten. Also mußte sie sich ihrer Haut wehren. Außerdem – seit September 1756 führte Elisabeth Krieg gegen Preußen. Was würde geschehen, wenn Elisabeth sterben sollte und Peter auf den Thron gelangte? Der Kanzler Bestuschew machte sich große Sorgen, auch um seine eigene Person. Er animierte Katharina, seine neue Freundin, zum politischen Handeln. Auf seinen Rat – und offensichtlich auch von Sir Charles – schrieb sie heimlich Briefe an Rußlands Marschall Apraxin, er möge doch energischer gegen Preußen losschlagen. Es waren Briefe, die sie noch bereuen sollte. Vorerst zeigte sich Bestuschew dankbar. Er spannte Katharina in seine eigenen politischen Ziele ein. Wenn Peter zum Regieren nicht fähig sei, dann sollte Katharina in die Regierung einbezogen werden – er selbst, Bestuschew, wollte sich mit der Leitung der wichtigsten Ministerien und dem Kommando über die Garderegimenter bescheiden.

Katharina lehnte Bestuschews Ambitionen ab, setzte aber ihren heimlichen Briefwechsel mit Apraxin fort – wie leicht konnte das als Verschwörung gegen die Kaiserin gewertet werden! Tatsächlich geriet sie bald in eine Falle: Apraxin besetzte Memel und schlug die Preußen im August 1757 bei Großjägersdorf, zog sich danach jedoch so überstürzt und unmotiviert zurück, daß ein Skandal nicht vermeidbar war und eine Untersuchung begann. Elisabeth witterte Verrat, zunächst beim Preußenfreund Peter. Der aber wurde so überwacht, daß er keine Handlungsspielräume besaß. Also bei Katharina. Die Großfürstin war schwanger, brachte das Mädchen Anna zur Welt (man sagte, Stanislaus Poniatowski sei der Vater gewesen) – auch dieses Kind nahm Kaiserin Elisabeth an sich – und lebte in ständiger Furcht, daß sie in die Hochverratsaffäre um Apraxin verwickelt werden könnte. Der Kanzler Bestuschew war bereits so in die Intrige verstrickt, daß sein Sturz bevorstand: Am 14. Februar 1758 wurde er verhaftet.

Niemand sagte Katharina, daß und wessen man sie beschuldigte. Aber sie spürte die wachsende Isolierung, mied den Hof, wo sie nur konnte, und mußte erleben, daß auch Peter, der immer noch eine Art vager Kameradschaft für sie empfand, plötzlich in Haßtiraden ausbrach. Die Großfürstin dachte lange nach und konnte ihr Los doch nicht ertragen. Sie ergriff die Flucht nach vorn, schrieb der Kaiserin einen gefühlvollen Brief und erhob darin nur einen Wunsch zur Forderung: Man möge sie in ihre Heimat entlassen, sie wolle künftig bei ihrer deutschen Familie leben.

Sie wußte, daß Elisabeth diesen Skandal nicht zulassen würde. Katharina brauchte nur zu warten, spielte die Kranke – und war vor Aufregung tatsächlich krank –, ließ nach dem Beichtvater rufen, der zufällig auch der Beichtvater Elisabeths war. Der kluge alte Mann bewegte die Kaiserin, Katharina zu einem klärenden Gespräch zu empfangen. Es wurde eine Schlüsselsituation für Katharinas weiteres Leben, obgleich man den Aufzeichnungen, die 30 Jahre später entstanden, aus gutem Grund mißtrauen darf. Folgt man den Erinnerungen Katharinas, nahmen an der nächtlichen

Begegnung neben Elisabeth die Brüder Alexander und Iwan Schuwalow sowie Großfürst Peter, der gerade seiner Geliebten Elisabeth Woronzowa die Ehe versprochen
hatte, teil. Katharina sah sich ihren ärgsten Feinden gegenüber. Es wurde rundherum
„schmutzige Wäsche gewaschen". Peter beschimpfte seine Ehefrau nach allen Regeln
der Kunst. Wenn Elisabeth vielleicht gehofft hatte, das großfürstliche Paar zu versöhnen – jeder Versuch scheiterte an Peters Unwillen. Man warf Katharina vor, herrsch-
süchtig, untreu und unbotmäßig zu sein, mit Preußen zu konspirieren und sich gegen
die Kaiserin verschworen zu haben, aber es gab keinerlei Beweise. Katharina setzte als
Mittel zur Selbstverteidigung weibliche List ein: Sie weinte hemmungslos und konnte
alles in allem auf die Zuneigung Elisabeths rechnen, der vor allem ihr Neffe Peter
zuwider war. Am Ende – so der Bericht – ging Katharina als Siegerin aus dem Scharmützel hervor: Die Kaiserin war gerührt, sie selbst war gerührt und Peter stand wieder
als dummer Junge da. Elisabeth versprach, daß sie sich das nächste Mal unter vier
Augen treffen würden.

Darüber gingen freilich Wochen hin, in denen Katharina nicht nachließ, ihre
Forderung nach Rückkehr in die Heimat vielfach zu wiederholen. Sie operierte so
geschickt, daß sich Elisabeth letztlich als Schuldige an dem Zerwürfnis empfand, alle
möglichen Gunstbeweise erbrachte (sie trank an Katharinas Geburtstag auf deren
Wohl, und auch der Tölpel Peter, der den Skandal eigentlich inszeniert hatte, schloß
sich dem an) und schließlich der Großfürstin gar erlaubte, ihre beiden Kinder zu
sehen! Aber das beeindruckte Katharina besonders wenig.

Schließlich rückte das Vieraugengespräch heran. Man beschwor sich gegenseitig
der Aufrichtigkeit, und unausgesprochen wurde das seit langem bestehende Bündnis
der beiden Frauen besiegelt. Damit war das Problem der Erbfolge nicht geregelt, im
Gegenteil: Elisabeth mußte erkennen, daß es für das großfürstliche Ehepar wohl kaum
die Chance einer gemeinsamen Regierung geben würde. Katharina konnte vorerst für
sich nur als positiv verbuchen, daß sie die Mutter des Thronerben Paul war. Elisabeths
Erkenntnis über die fehlenden Voraussetzungen bei Peter bewogen sie keinesfalls, ihn
von der Thronfolge auszuschließen. Die vermeintliche, konstruierte Verschwörung
Apraxin–Bestuschew wurde „niedergeschlagen", die beteiligten Männer kamen mit
relativ geringen Strafen davon. Katharina wurde formal wieder in Gnaden aufgenommen und durfte sogar ihre Kinder regelmäßig sehen. Für sich selbst zog sie aus der
Affäre die Erkenntnis, daß es nur einen Weg in die Zukunft geben könne, einen Weg,
den sie unabhängig von jedermann beschreiten müsse.

Es ist nicht sicher belegt, warum sich Katharina in jenen für sie recht strapaziösen
Wochen mit Grigori Orlow, der mit seinen Brüdern als russisches Pendant zu Alexandre Dumas' Musketieren gedient haben könnte, einließ. Es war eine Truppe verwe-
gener Haudegen, ungeschliffen und hemmungslos – genau das Gegenstück zu dem
formvollendeten Kavalier Stanislaus Poniatowski. Grigori Orlow war als ältester Bruder der Anführer dieser mit Offizierstressen ausgezeichneten Räuberbande. Wildheit
und Händelsucht besaßen in der Familie Tradition: Der Großvater hatte bei den

Strelitzen Peters des Großen gedient und stand im Zentrum des legendären Aufstands. Sein Leben hatte er nur gerettet, weil er das Schafott mit so aufrührerischer Empörung bestiegen hatte, daß selbst der im Blutrausch mordende Peter beeindruckt war. Der Enkel Grigori Orlow hatte sich bei Zorndorf gegen die Preußen geschlagen, als keile er in einer Wirtshausschlägerei.

Katharina liebte Männer aller Couleurs. Warum nicht den verwegenen Orlow? Außerdem konnte ein kleiner Leutnant ohne Skrupel durchaus nützlich sein, wenn sie ihren einmal eingeschlagenen Weg gehen wollte. War nicht auch die Kaiserin Elisabeth von Offizieren der Garde auf den Thron getragen worden? Orlow war mit seinen Brüdern gemeinsam intelligent genug, zu erkennen, daß die Kaiserin krank war, daß der Thronfolger Peter unmöglich russischer Zar werden konnte, daß die Großfürstin sich jedoch alle Mühe gab, in ihrer Person – obzwar Deutsche – den Geist und das Gefühl des großen Rußland zu vereinen. Die Brüder Orlow genossen einen Vorteil: Von niederer Herkunft, gehörten sie nicht zu jenem Teil der militärischen Aristokratie, der durch unsichtbare, zahlreiche Fäden mit der Dynastie verbunden war und bei jedem Aufruhr das eigene Schicksal riskierte. Den Leutnants war es relativ egal, wer auf dem Thron saß, wenn er nur gut zahlte und ein angenehmes Leben brachte. Wenn es zudem eine schöne Frau war, eine russische Patriotin voller Sinnlichkeit – umso besser.

Im übrigen war es keinesfalls so, daß Katharina intrigante Fäden zur Machtergreifung spann. Sie wartete geduldig auf ihre Stunde. Rußland führte gegen Preußen einen erfolgreichen Krieg, obwohl die Kräfte Elisabeths rapide abnahmen und ihr Ende langsam in greifbare Nähe rückte. Die Opposition gegen Großfürst Peters Thronübernahme organisierte sich: Graf Panin, seit 1760 Hofmeister des Zarewitsch Paul, wollte diesen auf den Thron heben – ein Regentschaftsrat sollte von Katharina geführt werden. In der Armee stieg die feindselige Stimmung gegen Peter bedrohlich an. Der wollte regieren und wußte genau, daß die Kaiserin zu krank und zu unentschlossen war, um die Thronfolge noch einmal zu ändern. Peter richtete sich auf die Krone ein, und niemand anderes als der von ihm so verehrte Friedrich II. wartete mit gleicher Ungeduld auf den Tod Elisabeths.

Da Friedrich geheime und diskrete Verbindungen zu Katharina aufnehmen ließ, kann man davon ausgehen, daß der Preußenkönig nicht allzu große Hoffnungen auf Großfürst Peter setzte. Die gerade aktuellen großen Familien Rußlands, die Panins, die Schuwalows, die Woronzows, sie alle neigten mehr und mehr Katharina zu. Michail Woronzow, der Kanzler, hatte es dabei nicht leicht, denn seine Nichte Elisabeth war von Peter als künftige Ehefrau auserwählt worden ...

Katharina lebte zurückgezogen und scheinbar abgekehrt vom Hof. So konnte sie die Rolle einer unterdrückten Ehefrau und einer von der Gnade der Kaiserin vernachlässigten Hofdame spielen, zeigen, daß sie an keinerlei Intrigen und Verschwörungen gegen Peter beteiligt war und ihre erneute Schwangerschaft vor der Öffentlichkeit verbergen. Trotzdem waren auch für sie die folgenden Wochen voll höchster Nervenanspannung. Das Kind, das sie noch unter dem Herzen trug, konnte sie auf höchste Weise kompromittieren und beeinträchtigte ihre Handlungsfähigkeit außerordentlich.

Schließlich kam der schicksalhafte Tag heran, auf den so viele warteten und vor dem sich so viele fürchteten: Am Heiligabend 1761 starb Kaiserin Elisabeth. Um vier Uhr am Nachmittag verkündete Fürst Nikita Trubetzkoi dem versammelten Hof den Tod der Kaiserin und den Beginn der Herrschaft Kaiser Peters III.

Bei nüchterner Analyse muß man sagen, daß von diesem Tag an zwischen dem Kaiser und seiner Gemahlin eine neue Beziehung begann. Peter unternahm alles in seinen Kräften Stehende, um sich in Rußland unbeliebt zu machen, den Haß der Kirche und der Armee auf sich zu ziehen, die von Elisabeth beseitigte Herrschaft der Deutschen im Bündnis mit Preußen wiederzuerrichten und seine Gemahlin zugunsten der ordinären Elisabeth Woronzowa zu verstoßen. Katharina ging den entgegengesetzten Weg. Bereits bei den Trauerfeierlichkeiten für Elisabeth betonte sie ihre orthodoxe Frömmigkeit und kniete tagelang vor dem offenen Sarg – in Tränen aufgelöst. Ansonsten zog sie sich geschickt aus der Öffentlichkeit zurück, demutsvoll und bescheiden. So konnte sie ihre Schwangerschaft möglichst unauffällig austragen und entging weitgehend den Ungehörigkeiten ihres Gatten. Am 11. April 1763 kam der Sohn Alexis zur Welt: Peter merkte nicht einmal etwas davon.

Ihre Zurückgezogenheit bewahrte Katharina nicht in jedem Fall vor Demütigungen. Sie konnte ihre Machtergreifung auch nicht in aller Stille vorbereiten. Entscheidend war wohl jenes Bankett, auf dem der Kaiser sein Bündnis mit Preußen feierte. Es kam zum offenen Eklat. Peter brachte einen Trinkspruch auf die kaiserliche Familie aus. Katharina – kühl bis an das Herz – blieb sitzen. Peter ließ sie fragen, warum sie bei dem Toast nicht aufstehe. Sie entgegnete, daß sie als Mitglied der kaiserlichen Familie wohl sitzenbleiben dürfe. Peter nannte sie eine „Idiotin", allein er selbst und die anwesenden Herzöge von Holstein gehörten in dieser Runde zur kaiserlichen Familie. Nach alter russischer Sitte wäre Katharina nur noch der Nonnenschleier geblieben. Aber sie beherrschte sich und wußte, daß ihr die anwesenden Generäle bald eine respektable Genugtuung verschaffen würden.

Später notierte Katharina: „Daraufhin begann ich auf die Vorschläge einzugehen, die man mir seit dem Tod der Kaiserin machte." Das ist hinsichtlich der konkreten Vorbereitungen auf den Staatsstreich durchaus glaubhaft. Derlei Ereignisse haben sich noch stets durch ein hohes Maß an Improvisation ausgezeichnet.

Katharina wußte, daß sie in den Garderegimentern glühende Verehrer besaß, die zum Sturz Peters bereitstanden: Die Brüder Orlow, Passek und Bredikin standen an der Spitze der Verschwörung, zu der leicht an die 10.000 Soldaten mobilisiert werden konnten. Auch der Graf Panin wollte für die Herrschaft Pauls unter der Regentin Katharina den Kaiser stürzen.

Am 28. Juni 1762 traten die Vorbereitungen nach der Verhaftung Passeks in ihre letzte Phase. Die Brüder Orlow und die junge Fürstin Daschkowa ergriffen die Initiative. Fjodor Orlow informierte den Kommandeur des Ismailowski-Regiments, Kyrill

Rasumowski. Der forderte vom Direktor der Akademiedruckerei, Taubert, den sofortigen Druck eines Manifestes, das den Sturz Peters und die Thronbesteigung Katharinas proklamierte. Alexei Orlow weckte Katharina in den Morgenstunden des 28. Juni. Mit einer Kutsche rasten sie von Peterhof in Richtung Petersburg. Unterwegs stieß Grigori Orlow zu ihnen. Es waren dramatische Minuten und Stunden. In dem Dorf Kalinkina erreichten sie den Standort des Ismailowski-Garderegiments. Die Orlows hatten ganze Arbeit geleistet. Katharina stieg aus der Kutsche, und die Offiziere beugten die Knie: „Hurra unserer Mutter Katharina!" Sie leisteten den Treueid auf die Kaiserin und Autokratin Katharina.

Kyrill Rasumowski und der Feldgeistliche des Regiments gesellten sich zur neuen Kaiserin ihrer Wahl, gemeinsam setzten sie die Fahrt fort – von Kaserne zu Kaserne: Nach dem Ismailowski-Regiment schlossen sich auch das Semojonowski- und das Preobrashenski-Regiment der Meuterei an. Die Soldaten marschierten über den Newski-Prospekt und eskortierten die in die Kasaner Kathedrale einziehende Katharina. Dort warteten die Kirchenfürsten bereits auf die neue Kaiserin und segneten sie in einer feierlichen Zeremonie.

Mit diesem Akt der Akzeptanz durch die Kirche wurde die Proklamierung des Thronerben, des „Zarewitsch Paul Petrowitsch", verbunden. Schon in dieser Stunde begann für Katharina das Trauma ihres Lebens: Noch befand sich Kaiser Peter III. auf dem Thron, gerade war sie zur „Alleinherrscherin" ausgerufen worden, da jubelte die Menge vor dem Winterpalast und der Kasaner Kathedrale schon dem kleinen Knaben zu, den die „Kaiserin-Mutter" Katharina auf dem Arm hielt: dem künftigen Kaiser Paul. Obwohl sie zur Alleinherrscherin proklamiert wurde und die Garden vor ihr allein paradierten, Katharina mußte von nun an mit ihrem Sohn rechnen.

Vorerst beschäftigten sie jedoch dringendere Sorgen, denn ihre Position war noch schwach. Sie mußte vor allem die Garnison von Kronstadt auf ihre Seite ziehen, um Petersburg nicht durch die Flotte bedrohen zu lassen – das besorgte Admiral Talysin; sie mußte die von Peter bei Narwa kriegsmäßig für den Feldzug gegen Dänemark stationierten Truppen isolieren, die Holsteiner Garde entwaffnen und Peter selbst von seinen Freunden und Ratgebern trennen. Das alles waren gefahrdrohende Probleme, sie lösten sich letztlich ohne wesentliche Komplikationen, weil Peter selbst hilflos in der Gegend umherirrte und sich endlich in Oranienbaum in sein Schicksal fügte. Katharina ließ ihn nach Peterhof kommen, entehrte ihn und schickte ihn nach Ropscha, wo der Kaiser am 6. Juli ermordet wurde.

Die Frage, ob und inwieweit Katharina am gewaltsamen Tod ihres Gatten schuldig war, beschäftigte Zeitgenossen und Nachfahren mit nimmermüder Ausdauer. Auch sie selbst hat das Thema immer wieder aufgegriffen. Bewiesen ist gar nichts. Der Tod Peters III. hat Katharina II. nicht gehindert, in den Augen Europas „die Große" zu werden, und niemals ist ihr Leben betrachtet worden, ohne zumindest die Frage nach ihrer Mitverantwortung aufzuwerfen.

Katharina ergriff die Macht. Am Beginn stand eine Fülle höchst merkwürdiger

Vorstellungen über den russischen Staat und die russische Gesellschaft sowie darüber, wie deren Probleme zu lösen seien. Die Literatur über das Leben der russischen Zaren enthält oft den Satz: Er ist auf seine Herrschaft nicht genügend vorbereitet worden. Niemand sagt es, aber auf Katharina traf das in ganz besonderer Weise mit einem Unterschied zu: Wie alle in Rußland regierenden Frauen hatte sie sich lange und selbständig mit dem Problem des Regierens vertraut gemacht. Sie wurde nicht dazu erzogen – sie hatte sich alle Kenntnisse selbst erworben: wie Katharina I. an der Seite des großen Peter, wie Sofja, weil sie nicht als Nonne leben wollte, wie Elisabeth, die sich ihrer Rolle als Tochter Peters bewußt war und immer wieder übergangen wurde ...

Da die Selbstbildung von vielen Zufällen abhängig war und keinesfalls das ABC des Regierungsgeschäfts enthielt, blieben die Einsichten in die Notwendigkeiten für den Herrschenden entweder sporadisch oder oberflächlich und abstrakt. Nicht anders erging es Katharina II. Sie wollte am Beginn ihrer Herrschaft Ruhm, Glück, Wohlstand und Gerechtigkeit für ihre Untertanen, und sie wollte die moralischen Prinzipien der Aufklärer auf Rußland anwenden. Aber wie? Sie war gegen die Leibeigenschaft, aber sie wollte diese in Rußland nicht abschaffen. Sie besaß kaum eine reale Vorstellung über deren wirklichen Charakter. Religiöse Toleranz gegenüber den nicht-russischen bzw. nichtchristlichen Völkern im Reich war gewiß edel. Aber konnte sie sich die Lebenswelt etwa fernöstlicher archaischer Völker überhaupt vorstellen?

Katharina hatte viel für die Vorbereitung auf das Herrscheramt getan und sich selbst eine Reihe hehrer Prinzipien zurechtgelegt. Als es soweit war, reichte die Staatskunst vorerst nur zur Palastrevolte rauhbeiniger Gardeoffiziere – der trivialsten Traditionsform im Moskauer Herrscherhaus. Aber sie hatte ihr Ziel erreicht: Katharina II. regierte das Russische Reich ...

Vielleicht hatte sie der Erfolg des Staatsstreichs so erschreckt, vielleicht hatte sie nur die Manie russischer Herrscher angenommen, Günstlinge des Vorgängers zu verbannen und Gesetze außer Kraft zu setzen, auf jeden Fall – Katharina annullierte erst einmal die Festlegungen Peters III.: Kirchengüter wurden nicht weiter eingezogen. Der Krieg gegen Dänemark fand nicht statt und der Bündnisvertrag mit Preußen wurde nicht bestätigt. Katharina wollte es sich auch nicht mit dem großen Friedrich verderben, ihm hatte sie ja wohl ihre Rolle in Rußland auch zu verdanken. Sie wollte keinen Krieg, sondern Frieden für ihr Reich. Den benötigte sie, denn die junge Herrscherin war in all ihrem machtbesessenen Idealismus klug genug, zu erkennen, daß ihre Rolle unter den europäischen Monarchen vorerst erbärmlich war: Eine geistvolle kleine anhaltinische Dame hatte sich über zahlreiche Liebschaften und den Gattenmord an die Macht geputscht. So etwa fiel das allgemeine Urteil aus. Manche bewunderten die Dreistigkeit, andere verabscheuten den Kaisermord. Die Tatsache an sich fand nur wenige Zweifler.

Katharina mußte bedacht sein, ihrer Macht absoluten Ausdruck zu verleihen. Der erste Schritt konnte nur in einer schnellen Krönung bestehen, in Moskaus Mariä-Himmelfahrts-Kathedrale, dort, wo bereits Iwan der Schreckliche gesalbt worden war.

Die Krönung sollte so prunkvoll und stimmungsreich sein, daß sie mit einem Schlag die Identität der Herrscherin mit Rußlands ruhmreicher Geschichte demonstrierte. Es sollte aber nicht nur das Schauspiel sein. Katharina wollte beweisen, daß sie die Herrscherin wirklich war. Also kniete sie sich mit unglaublicher Intensität in jede nur mögliche Form der Staatsgeschäfte und durchschaute sehr schnell, daß diese sich in haarsträubender Unordnung befanden. Man darf es mit Bedacht einmal sagen: Der ihr anerzogene protestantische Ordnungssinn und Fleiß rüttelten das russische Verwaltungssystem gründlich durcheinander – wenn auch nicht mit durchschlagendem Erfolg. Woher hätten sonst im 19. Jahrhundert Schriftsteller wie Nikolai Gogol den Stoff für ihre Erzählungen und Romane nehmen sollen? Auch zu Katharinas Zeiten fragten sich die Kummer gewohnten Leiter von Ministerien und Kanzleien ohne große Aufregung, ob es denn lange dauern werde, bis die kleine kapriziöse Ausländerin aufhören würde, die Rolle eines resoluten und aufgeklärten Staatsmannes zu spielen.

So einfach fiel Katharina nicht in russischen administrativen Trott. Sie besaß einen westeuropäischen praktischen Geschäftssinn und wußte, daß die marode Staatskasse nicht durch ständige Appelle an die Sparvernunft der Bürger gefüllt werden konnte. Wo sollte man sparen, wenn nichts zum Sparen vorhanden war? Sie erschloß neue Einnahmequellen: Sie brauchte Vertrauen in ihre Regierungsfähigkeit und mußte als Herrscherin kreditwürdig werden. Das war die beste Zukunftsinvestition. Dazu mußten erst einmal Unsummen ausgegeben werden, etwa für die Krönungsfeierlichkeiten. Moskau lebte monatelang in einem Taumel turbulenter und aufwendiger Pracht, die in Europa ohne Beispiel war. Der ganze überschwengliche Luxus besaß nur ein Ziel: Rußland und Europa sollten wissen, auf dem Zarenthron saß eine junge und schöne orthodoxe russische Frau voller Tatkraft, proklamiert zur Autokratin und zum Oberhaupt der orthodoxen Kirche.

Katharina hatte am russischen Hof bis dahin eine mehr oder weniger isolierte und untergeordnete Rolle gespielt und ihre persönlichen Verhaltensweisen darauf eingestellt. Nun stand sie im Zentrum der Macht, wurde schärfer beobachtet, und man erwartete von ihr, daß sie ihr Auftreten den neuen Bedingungen anpaßte. Hatten sie in der Vergangenheit Diplomaten und Kavaliere idealisiert porträtiert, so schauten kritische Beobachter nun genauer hin. Selbst ihr französischer Sekretär Favier zeichnete ein realistisches Bild, das fern von den Schmeicheleien früherer Jahre war: „Schön kann man sie nicht nennen; ihre Figur ist schlank und rassig, aber steif, die Haltung vornehm, aber der Gang geziert und ohne Anmut, die Brust schmal, das Gesicht lang, insbesondere das Kinn, sie lächelt unaufhörlich, der Mund ist verkniffen, die Nase leicht gebogen, die Augen sind klein, ihr Blick ist sympathisch ... die Gestalt von mittlerer Größe und ziemlich mager." Gerade das permanente Lächeln, die Sucht, jedermann freundlich zu begegnen, widersprach in besonderem Maße dem Erscheinungsbild russischer Autokraten, die entrückt und wahrhaft von Gott gesandt in der Öffentlichkeit zu erscheinen hatten. So umfing Katharinas Charme wohl jedermann, aber der französische Gesandte Graf Breteuil schrieb nicht zu Unrecht: „Sie muß sich wohl noch ziemlich unsicher fühlen."

Woher sollte die Sicherheit kommen? Jedermann ihrer Umgebung, ob der Feind Woronzow, ob der alte Bestuschew-Rjumin, ob Peter Schuwalow oder Nikita Panin – selbst die primitiven Orlows –, verfolgte bei Hof und in der Politik höchst eigene und selbstsüchtige Interessen. Dank dieser Leute war sie Kaiserin geworden, jeder von ihnen glaubte, ihr seinen Willen diktieren zu können. Katharina wußte das und schrieb resigniert: „Der letzte Gardesoldat bildet sich bei meinem Anblick ein, daß ich sein Werk sei."

Sie dachte nicht lange darüber nach, wie das Problem zu lösen sei. Ihr sicherer Machtinstinkt ließ sie schnell die notwendigen Lösungen finden. Zwar belohnte sie die Drahtzieher der Verschwörung reich mit Geld und Ländereien, zugleich distanzierte sich Katharina Schritt für Schritt von ihnen. Die frühere Intimfreundin Katharina Daschkowa, die sich öffentlich ihres Einflusses auf die Zarin rühmte, wurde in die Schranken gewiesen. Kyrill Rasumowski erhielt nur die ehrenhafte Position des Hetmans der Ukraine und mußte zwei Jahre später auch darauf verzichten.

Komplizierter war das Problem der Orlows. Mit Ehren überhäuft, wähnten sie sich die wahren Herren Rußlands und der Kaiserin. Grigori bildete sich ein, Katharina würde ihn heiraten. Die Brüder, arrogant und maßlos wie vulgär, überschätzten sich und ihren Einfluß auf die Monarchin. Dem Hof erschienen sie einfach penetrant. Als eine Offiziersverschwörung zu ihrer Ermordung bekannt wurde, ließ Katharina den Rädelsführer nur symbolisch bestrafen. Aber sie ließ den Geliebten auch nicht fallen. Zehn weitere Jahre hielt sie an Grigori Orlow fest. Sie liebte ihn, aber sie drückte ihn langsam und sicher in die Rolle des Untergebenen. Er wurde einer der reichsten Männer Rußlands, sein Lebenstraum, durch eine Ehe mit Katharina zur höchsten Würde aufzusteigen, erfüllte sich nicht, so unglücklich er darüber auch war. Ganz anders dagegen Alexej Orlow, der vermutliche Mörder Peters III. Er diente seiner Kaiserin treu und ergeben, erfüllte jeden ihrer Aufträge und überlebte sie.

Die Günstlinge waren eine Seite des Problems – die tatsächliche Machtausübung eine andere. Katharina hatte viele Dinge zu bedenken und zu regeln. Kaiserin sein, das hieß für sie harte Arbeit. Wenn sie sich als „Große" erwies, dann auf jeden Fall durch das Pensum der durch sie geleisteten praktischen Tätigkeit auf den unterschiedlichsten politischen und geistigen Gebieten. Als sie den Thron bestieg, lagen sofort dringende Fragen vor ihr: Katharina hatte schon seit ihren jungen Jahren in Petersburg von der Reichserweiterung nach allen Seiten geträumt. Sie war klug genug, keine Eile an den Tag zu legen. Mit dem Schlagwort „Das Reich braucht vor allem Frieden" verwirrte sie zwar Österreich und Frankreich, aber sie dachte nicht daran, die Kriegshandlungen Elisabeths gegen Preußen von neuem beginnen zu lassen. Das Reich mußte sich sammeln, Kraft schöpfen und jene Gestalt erhalten, die Katharina selbst vorschwebte.

Wieder einmal mußten die hoffnungslos zerrütteten Finanzen neu geordnet werden. Die übermäßige und korrupte Bürokratie mußte ihrer Privilegien beraubt, das

Steuer- und Gesetzeswerk dringend reformiert und die Außenpolitik nach den propreußischen Kapriolen Peters III. wieder in feste Geleise gebracht werden.

Wie viele tätige Menschen ohne gründliche Vorbildung für die einmal übernom-
mene Aufgabe beging Katharina den verhängnisvollen Fehler der Selbstüberschätzung.
Sie wollte alles regeln, alles bearbeiten und entscheiden. Die Kaiserin zog eine Reihe
ehrenvoller und befähigter Männer an ihre Seite. Die Namen der Fürsten Wjasemski,
Schachowskoi oder Repnin besaßen einen guten Klang, Bestuschew bekam wieder
Einfluß, niemals aber gab die Kaiserin die wirkliche Macht aus der Hand, und das auf
keinem Gebiet. Die logische Folge bestand in einer wahren Flut höchst improvisierter
Dekrete, die als Regen auf alle staatlichen Einrichtungen niederprasselten und um die
sich bald niemand mehr kümmerte. Nichts ließ die Kaiserin aus: Sie „regelte" mit
gleichem Eifer den Straßenbau, die Ausbildung von Hebammen, die Verwaltungs-
struktur, die Spesenabrechnungen von Beamten oder die staatlichen Monopole auf
wichtige Naturprodukte und Exportartikel. Nicht müde wurde sie in ihrem Elan,
sondern immer häufiger zornig über das Unmaß von Schlamperei, das in dem Reich
ihrer Träume herrschte.

Mit ähnlicher Unbekümmertheit mischte sie sich in die Außenpolitik ein, gleichwohl stets die Erweiterung des Reichsgebietes nicht aus den Augen lassend. Ohne sich
um den Protest deutscher Fürsten sonderlich zu kümmern, raffte Katharina das kleine
Kurland an sich. Sie argumentierte, daß in Kurland die spätere Kaiserin Anna und
Baron Biron regiert hatten. Kurland, in dem jetzt ein sächsischer Prinz herrschte, fiel
den einmarschierenden russischen Truppen kampflos in die Hände. Katharina sah sich
im Licht Peters des Großen: „Jetzt hat Rußland dreihundert Meilen der baltischen
Küste in der Tasche." Der Gebietsgewinn war wichtig, aber gering im Vergleich zu
Katharinas Erfolg, als es ihr nach dem Tod Augusts III. 1764 mit Unsummen gelang,
den geliebten Stanislaus Poniatowski auf den polnischen Königsthron zu setzen.
Poniatowski wollte die Krone nicht, er sträubte sich mit allen Mitteln, aber Katharina
ließ keine Argumente gelten, schon gar nicht das der mangelnden individuellen Eig-
nung. Poniatowski fügte sich und leistete als König Stanislaus II. August seinem Land
beachtliche aufklärerisch-reformerische Dienste. Leider ist sein Bild in der Geschichte
weit stärker durch die Rolle geprägt, die er bei Katharinas verhängnisvoller Polenpolitik spielte und die zu den drei Teilungen führte. Seine objektive Mitverantwortung
kann dabei nicht negiert werden und sie zwang ihn auch 1795 zum vorzeitigen Rücktritt.

Diese Ereignisse lagen noch in weiter Ferne. Vorerst wurde die Kaiserin durch
andere Probleme belastet. 1764 wurde Iwan VI. in der Festung Schlüsselburg ermordet. Da der Staatshäftling Nr. 1 mit dem Hause Braunschweig verwandt war, horchte
Europa auf. Katharinas Bilanz im zweiten Regierungsjahr war ein wenig anrüchig:
durch eine Militärrevolte an die Macht gekommen, für den Tod des Ehegatten mitver-
antwortlich, und nun war auch noch der eigentlich rechtmäßige Zar in der Haft
gemeuchelt worden. Wilde Gerüchte stilisierten den undurchsichtigen Mord zur na-

tionalen Katastrophe, drohten der Usurpatorin und mündeten in Aktivitäten zur Befreiung der Kinder und des Gatten Anna Leopoldownas, die noch immer verbannt waren. Katharina konnte in dieser Situation nur falsche Reaktionen zeigen. Was sie auch tat, alles konnte gegen sie verwendet werden.

Katharina liebte den Prunk, gab Unsummen für den Luxus aus und lebte dennoch persönlich recht bescheiden. Ihre Art von Luxus unterschied sich von der Elisabeths beträchtlich. Natürlich gab es auch bei Katharina großzügige Bälle, Feste und Geschenke – wie sollte sie diesen Grundzug eines absoluten Monarchen auch vernachlässigen. Aber sie legte das Geld in wertbeständigen Kunstgegenständen an. Sie liebte Bücher und Bibliotheken: „Eine unaufgeklärte Nation ist wie eine Schafherde ohne Leithammel." Das Wort war eigene Lebensmaxime und politisches Programm. Ständig las Katharina, notierte sich wichtige Gedanken und schrieb selbst, aktiv und in vielen Genres. Den größten Reichtum verschaffte sie dem Land und den Menschen durch ihre Bildungspolitik. Die Kaiserin gründete Schulen: für jedes Bildungsniveau und für viele Berufe. Ohne Zweifel hatten die ihr vorausgegangenen Zaren viel für die Bildung des Volkes getan, und als Katharina starb, gab es in Rußland noch immer weit mehr Analphabeten als Wissenskundige. Dennoch ragen Katharinas historische Leistungen gerade durch ihre eigenen Anstrengungen auf diesem Gebiet heraus. Die Bildungspolitik verband sich sinnvoll mit den allgemeinen politischen Zielen der Kaiserin: Die Militärakademien bereiteten die Eroberung neuer Gebiete für das Reich vor, die Handelshochschulen bereicherten die europäische Integration Rußlands, die Bergbauinstitute förderten die Erschließung von Rohstoffen. Großen Wert legte Katharina auf die qualitative Verbesserung der Flotte.

So gab es keinen politischen, wirtschaftlichen oder geistigen Bereich, auf den Katharina nicht persönlich ihre Hand gelegt hätte. Die ungeheure Arbeitswut und die mit List gepaarte, brillante Fähigkeit des absoluten Staatsmanagements verliehen Katharina jene herausgehobene Stellung, die kein anderer russischer Zar innehatte, die sie neben den imperialen Eroberungen groß gemacht hat. Minister waren gut besoldete Berater der Kaiserin. Sie allein leitete die Ministerien, den Senat, die Polizei, erließ Gesetze, baute Schlösser, sammelte Kunstwerke für komplette Galerien und feierte rauschende Feste. Sie allein trug die Verantwortung vor der Geschichte für die Bemühungen zur Reformierung des Staatswesens.

War das die Inkarnation des absoluten Prinzips: „Der Staat bin ich!" Katharina II. ist doch, ganz im Gegenteil, als die große Aufklärerin auf dem Zarenthron in die Geschichte eingegangen! Also hat sie sich als die erste Dienerin des Staates betrachtet? Nichts von alledem. Der aufgeklärte Absolutismus galt in jenen westeuropäischen Staaten, in denen das Wort „Der Staat bin ich" auf die konzentrierte Ablehnung eines nach bürgerlichen Menschenrechten strebenden dritten Standes stieß. Katharina mußte in ihren philanthropischen Moralvorstellungen am Beginn der Regierungszeit nicht fürchten, von den Untertanen verstanden zu werden. Der Adel hatte als sozialer Stand nichts mit der Aufklärung im Sinn, und die leibeigenen Bauern wußten nicht, daß es so etwas gab. Katharina wollte als aufgeklärte Monarchin in die Geschichte eingehen und hat ihr Selbstporträt dementsprechend ausgeschmückt. Subjektives Wollen und objektive Wirkung klaffen mitunter beträchtlich auseinander. Durch ihr geschicktes Taktieren am Hof, mit dem Adel und mit der höheren Verwaltung sowie mit Hilfe der moralischen und sachlichen Kompetenz von aus dem Ausland zugereisten Freimaurern und einheimischen Literaten gewann Katharina in den ersten Regierungsjahren für sich selbst den notwendigen innenpolitischen Spielraum. Auch die „Große Instruktion" und die „Große Kommission", die sie am Beginn ihrer Regierungszeit inszenierte, um den Eindruck eines soliden Staatswesens zu erwecken, dienten primär der Stabilisierung ihrer eigenen Herrschaft, die auf die Länge eine beträchtliche innen- und außenpolitische Konsequenz und Geschlossenheit auszeichnete. Dafür bestand eine wesentliche Voraussetzung darin, daß der Kaiserin eine, wenn auch kleine, aber doch erfahrene Gruppe von Aristokraten, Politikern und Verwaltungspraktikern zur Verfügung stand, die sie zweckdienlich einsetzte.

Aus dem vielschichtigen Geflecht von Träumen, Ansprüchen und Wirklichkeit ragt der rote Faden für den aufgeklärten Absolutismus, ja, Despotismus Katharinas II. heraus. Soziale Utopien haben sich in der Geschichte noch niemals mit realer Machtpolitik vertragen, sondern nur den einfachen Menschen im Volk geschadet. Nicht anders ist es Katharina ergangen. Sie schwärmte für die Ideen der Aufklärung, auch für die Befreiung der Bauern aus der Leibeigenschaft. Als es jedoch galt, den Idealen reformerische Gestalt zu verleihen, kapitulierte die Kaiserin vor den praktischen Problemen und – vor dem Willen des Adels, ihrer stärksten Stütze im Reich. Dennoch wollte sie im Westen gar zu gern als der Voltaire Rußlands gelten. Ihr großer Briefpartner Voltaire, der sie mit dem Begriff „Ein großer Mann, den man Katharina nennt" aus der Ferne umschmeichelte, wollte mit eigenen Augen sehen, was Katharina an aufklärerischen Ideen im fernen Rußland in praktische Politik umgesetzt hatte. Katharina war klug genug, die Begegnung zu verweigern. Nichts wäre in Rußland von den hehren Idealen zu sehen gewesen. Im Gegenteil. Die Leibeigenschaft wurde gestrafft, die Rechte des Adels erweitert und die Autokratie gestärkt.

So erscheint der Hang zur Aufklärung, der vor allem im Westen wirken sollte, als ein Alibi zur Abschwächung der Proteste gegen die Thronusurpation. Katharina wußte, daß sie die russischen Gardeoffiziere und konservativen Landadligen nicht durch allgemeine menschliche Weisheiten, sondern nur durch Münze, Boden und „Seelen" zufriedenstellen konnte. So weist ihr Porträt in der Geschichte einen Januskopf auf, dessen Gesichter nach Westen und nach Osten sehen. Katharina II. rüttelte keinen Tag an ihrer Maxime: „Das russische Kaiserreich ist so weitläufig, daß außer einem Selbstherrscher jede andere Regierungsform ihm schädlich wäre, denn alle anderen sind langsamer in der Ausführung und haben zahllose verschiedenartige Parteilichkeiten in sich, die zur Zerstückelung der Macht und der Kraft treiben, während der eine Herrscher, der das allgemeine Wohl als sein eigenes ansieht, alle Mittel zur Ausrottung aller Schäden hat."

Tatsächlich war das eine Absage an jede Idee von Aufklärung und Gewaltenteilung, und tatsächlich regierte Katharina so, wie sie es 1764 dem Fürsten Alexander
Wjasemski direkt gesagt hatte. Es wäre jedoch unbillig und zeugte von wenig Verständnis für die russische Geschichte, wollte man ausgerechnet Katharina II. für die
Bewahrung des autokratischen Prinzips tadeln, eines Prinzips, nach dem alle Zaren
regierten. Als Deutsche mußte sie die traditionellen Herrschaftsvorstellungen unter
den gegebenen konkreten Umständen besonders sorgfältig wahren. Die nach außen
wirkende aufklärerische Note wird sie als Element zur Herrschaftsstärkung empfunden
haben. Dieses Problem entsprach jedoch keinem einfachen oder gar mechanischen
Schematismus. Als sich Katharina 1765 mit ihrer „Großen Instruktion" an die Regelung des russischen Gesetzeswerkes begab, schrieb sie in 635 Paragraphen jene Grundregeln fest, die etwa Montesquieu in seinem „De l'esprit des lois" vorformuliert hatte.
Graf Nikita Panin las Katharinas Entwurf und bekannte: „Das sind Grundsätze, die
geeignet sind, Mauern einzureißen." Soweit kam es nicht. Die Kommission, die von
Katharina zur Durchsicht des Dokuments berufen worden war, strich die Hälfte der
Paragraphen ganz und veränderte so viel, daß sie selbst ihr hochfliegendes Papier nur
noch als „Regeln, auf die man eine Meinung gründen kann, aber nicht als Gesetz ..."
betrachtete. Es war ein bescheidener Erfolg für die große Aufklärerin, wenn sie den
Schlußstrich zog: „Die Instruktion brachte viel mehr Einheit in alle Regeln und Ge-
sichtspunkte, als dies früher der Fall war. Viele kannten von da an wenigstens den
Willen des Gesetzgebers und begannen auch, danach zu handeln."

Aber noch lag die eigentliche Arbeit vor der Zarin. Das gesäuberte Papier sollte von
der „Gesetzgebenden Kommission" beraten und verabschiedet werden. Etwa 600
Abgeordnete – der Stände, der Städte, der Kosaken und der Kronbauern – berieten ab
30. Juli 1767 im Moskauer Kreml. Die monatelangen ausschweifenden Debatten
brachten der Kaiserin zahlreiche Informationen über den inneren Zustand des Reichs,
aber sie mußte erkennen: auf diesem Weg war Rußland nicht mit einem geschlossenen
Gesetzeswerk zu beglücken. Nach einem erfolglosen Jahr brachte ihr der Ausbruch
eines Krieges gegen die Türkei im September 1768 den willkommenen Anlaß: Katharina löste die plaudernde Versammlung einfach auf. Der wichtigste aufgeklärte Grundzug ihrer Politik war gescheitert. Interessant ist in diesem Zusammenhang, daß Katharina ihr Werk vor den Debatten in die Hauptstädte Westeuropas geschickt hatte. Von
dort war ein geräuschvolles positives Echo gekommen. Friedrich II. hatte die Grundsätze als menschlich bezeichnet.

Katharina war so ehrlich, aus dem einst von Iwan IV. eroberten Kasan an Voltaire
zu schreiben: „Jene Gesetze, von denen man so viel spricht, sind noch nicht verfaßt,
und wer kann für ihre Tauglichkeit bürgen? ... Stellen Sie sich vor, daß Sie Europa und
Asien dienen müssen. Welch ein Unterschied in Klima, Menschen, Gewohnheiten,
vor allem in den Begriffen. Das wollte ich mit eigenen Augen sehen, und da bin ich
nun in Asien. In dieser Stadt gibt es 20 Völker, die sich in keinem Stück gleichen, und
trotzdem muß man ihnen einen Rock nähen, der allen gleich gut sitzt. Es ist leicht,

allgemeine Regeln zu finden, aber die Details? Und welche Details? Das ist fast so
schwer, als müßte man eine ganze Welt erschaffen, sie vereinigen und erhalten."

Inzwischen gab es andere Gesetze und Regelungen durch die Autokratin: Die
Senatsmitglieder, einst von Peter I. berufen, um im Falle seiner Abwesenheit zu regieren, hatten nur noch den Winken der Kaiserin zu gehorchen. Wie kein anderer Herrscher vor ihr säkularisierte Katharina II. den Kirchenbesitz. Der Klerus wurde vom
Staat bezahlt, die Klosterbauern als Kronbauern in die Leibeigenschaft geführt. Wo
sich Widerstand regte, wurde er brutal unterdrückt. Der Erzbischof von Rostow,
Arseni Masejewitsch, bezeichnete Katharina als Thronräuberin und gab ihr die Schuld
am Tod Iwans VI. Vater Arseni endete 1772 wie Iwan VI.: als „namenloser Gefangener" in der Festung Reval.

Katharina betrachtete die Verhältnisse im Land nicht als unabänderlich. In der von
ihr mitgegründeten „Freien Ökonomischen Gesellschaft" (1765) wurde über die Probleme diskutiert. Dort entstanden Anregungen für die Regulierung der Leibeigenschaft im Interesse einer rationalen Gutswirtschaft. Sie verhinderte andererseits die
Übertragung der Leibeigenschaft auf die Gebiete der Kosaken nicht. Die Ansiedlung
ausländischer Kolonisten (seit 1763) war dagegen nicht nur wegen der erhofften wirtschaftlichen Folgen für Rußland bedeutsam. Die besonderen Vergünstigungen, die
den Ansiedlern zugesagt wurden, konnten als Vorgriff auf die langfristig allen russischen Bauern zugedachte Untertanenstellung gedeutet werden, die freilich nicht von
Katharina ausgehen konnte.

Rebellionen und Unruhen von Bauern hatte es in Rußland immer wieder gegeben.
Die Kosaken waren ein ständiger Stachel für die Regierung. Häretiker und Glaubens-
kämpfe hatten das Land erschüttert. Die nationalen „Fremdstämmigen" wehrten sich
gegen die Herrschaft der Zaren – von den unruhigen Turkvölkern an den Grenzen
nicht zu reden.

Durch den Gnadenerlaß Peters III. war der Adel vom unabdingbaren Zarendienst
weitgehend befreit worden. Die leibeigenen Bauern hatten ihm diesen Dienst ermöglicht. Warum sollte der Bauer nun weiter in die Leibeigenschaft eingebunden bleiben?
Katharina erkannte nicht, auf welchem Pulverfaß sie saß. Die von mütterlicher Liebe
und Fürsorge getragene Kaiserin glaubte allen Ernstes, so in einem Brief an Voltaire
vom Juli 1769: „Übrigens sind bei uns die Abgaben so bescheiden, daß es in Rußland
keinen Bauern gibt, der nicht sein Huhn im Topf hat, wenn es ihm beliebt."

Die Situation war im Land ganz anders. Rußland spürte das heraufziehende Un-
wetter. Bauern, Baschkiren, Kosaken, Raskolniki – alle Unzufriedenen im Reich einte
das Gerücht: Peter III. wurde ermordet, weil er den Bauern und den unterdrückten
Völkern die Freiheit geben wollte. So unsinnig die Losung war, bei der allgemeinen
Unruhe, die Katharina nicht sehen wollte, genügte ein Funke, um das Gewitter auszulösen.

Diese Rolle übernahm ein freier Mann vom Don: Jemljan Pugatschow. Als flüch-
tiger Kosak zog er durch Rußland – von der polnischen Grenze bis zum Ural, nachdem

die Armee den Soldaten aus gesundheitlichen Gründen und wegen anhaltender Ver-
stöße gegen die Disziplin ausgemustert hatte. Pugatschow wußte im Unterschied zu
seiner Kaiserin genau um die Sorgen und Nöte der Menschen auf dem Land und in
den Städten. Geschickt nutzte er den Geist der Rebellion und schlüpfte in die Rolle
Peters III. Als der so glücklich wiedererstandene Zar löste Pugatschow im Herbst 1773
bei den Jaik-Kosaken einen Aufstand aus, der binnen weniger Wochen das Wolga-
Becken und den Ural erfaßte. Menschen aller unteren Schichten liefen ihm in Scharen
zu. Er versprach jedem, was er hören wollte. Samara, Pensa und Saratow fielen dem
Rebellenheer zum Opfer. Gutsbesitzer, Offiziere und Staatsbeamte wurden mit ihren
Frauen und Kindern zu Tausenden abgeschlachtet. Der Aufstand breitete sich 1774
immer weiter aus.

Katharina wurde von der größten Staatskrise ihrer Regierungszeit völlig überrascht. Der Bauernkrieg Pugatschows brachte für Rußlands Geschichte, vor allem aber
für Katharinas Leben, eine markante Wende mit sich: Der ungeschlachte Pöbel drang
mit Mord und Brand in die heile Welt aufklärerischer Ideale und höfischer Zeremonien, mit denen die große Katharina ihre Rolle als glückbringende Landesmutter
zelebrierte. Sie schreckte auf aus ihren Träumen. Allein, nicht das Problem berührte
sie, wo denn die sozialen Ursachen der Revolte liegen könnten. Sie verstand die Rebellion überhaupt nicht. Katharina besaß keinerlei Interesse daran, daß das Land bis in
das Vorfeld Moskaus in Flammen stand. Sie war sicher, daß der Aufstand binnen
kurzem niedergeschlagen würde. Ihre Überlegungen gingen einzig und allein in zwei
sehr egoistische Richtungen: Wie konnten die Insurgenten es wagen, Katharinas selbst-
geschneidertes Bild als alleinige Hüterin des Gemeinwohls anzutasten, und: Wie
würde das Ausland über die „Semiramis des Nordens" denken? Am 10. Dezember
1773 schrieb Katharina an den ihr befreundeten Gouverneur von Nowgorod, Jacob
Johann Sievers: „Ich habe vor zwei Jahren die Pest im Herzen des Reiches gehabt (eine
Anspielung auf die Pestepidemie Ende 1770 in Moskau, die aus dem Krieg gegen die
Türken auf dem Balkan eingeschleppt worden war – D. J.); jetzt habe ich an den
Grenzen zu Kasan eine politische Pest, die uns etwas zu raten aufgibt ... Dies wird
gleichfalls mit Hängen enden. Doch welche Aussicht für mich, die das Hängen nicht
liebt. Europa wird uns, in seiner Meinung, in die Zeit des Zaren Iwan Wassiljewitsch
zurückverweisen, solche Ehre für das Reich müssen wir von diesem verächtlichen
Bubenstreich erwarten." An den mit der Niederschlagung des Aufstands beauftragten
General Alexander Bibikow erging der Befehl, sich alle Mühe zu geben, „diese Verbrechen, die uns vor aller Welt beschämen, auszumerzen". Die neugierigen und besorgten
Anfragen aus „aller Welt", welche Gefahr von Pugatschow ausgehe, wollte Katharina
mit beharrlich zur Schau getragener Selbstsicherheit herabspielen: Nur die Zeitungen
machten so viel Lärm um einen Räuber, auf den täglich der Strick warte.

Tatsächlich bedurfte es erheblicher militärischer Anstrengungen, Pugatschows
Herr zu werden. Erst nachdem im Juli 1774 durch einen Friedensschluß mit der
Türkei erfahrene Truppen zur Verfügung standen, konnte das Heer „Peters III." bei

Zarizyn an der Wolga geschlagen werden. Pugatschow entkam, wurde aber von seinen eigenen Leuten ausgeliefert. Am 10. Januar 1775 schlug man ihm in Moskau öffentlich den Kopf ab.

Katharina war tief erschreckt. Die Namen der Rebellen durften nicht mehr genannt werden. Die involvierten Orte wie beispielsweise Jaiski gorodok wurden umbenannt (Uralsk). Es folgten Massenrepressalien gegen die Aufständischen. Entscheidend war jedoch, daß Katharina nach Pugatschow jeglichen Gedanken an liberal gefärbte Reformen, die dem Geist der Aufklärung verpflichtet gewesen wären, fahren ließ. Die Aufklärung reduzierte sie für Rußland auf die eigene geistvolle Lektüre, den persönlichen gelehrten Briefwechsel mit europäischen Aufklärern und auf eine wahre Flut von Papier, das sie allein mit mehr oder weniger brillanten Geistesblitzen beschrieb.

So besaß Katharina II. in ihrer Herrschaft ebenso wie andere russische Zaren eine erste Reformperiode, die in ihrem konkreten Fall eng mit der Aufklärung verbunden war. Diese Periode wurde 1775 durch eine konservative Regierungstätigkeit abgelöst, und an beider Grenze stand Pugatschow. Der hatte die Kaiserin derartig verschreckt, daß sie auch nach 1789 weniger fürchtete, der Geist der Französischen Revolution könnte nach Rußland getragen werden. Viel größere Furcht empfand sie davor, daß die Revolution in Frankreich einen neuen Bauernaufstand à la Pugatschow in Rußland auslösen könnte.

Niemand wird bestreiten können, daß die Zarin in den folgenden Jahren in ihrer großen Arbeitsintensität fortfuhr. Sie arbeitete viel und lebte intensiv. Nur erstreckte sich ihr Engagement für Rußland und die eigene historische Größe nun nicht mehr auf den Traum einer aufklärerischen Europäisierung Rußlands, hervorgerufen durch eine liberale Monarchin. Kein Datum dokumentierte ihren Sinneswandel deutlicher als der 7. August 1782, jener Tag, da sie am Ufer der Newa, auf dem Senatsplatz von St. Petersburg ein Reiterstandbild enthüllen ließ, das die schlichte und doch so programmatische Aufschrift ziert: „Petro Primo Catharina Secunda" – Peter dem Ersten Katharina die Zweite. Katharina war der Begriff „die Große" relativ früh, im Zusammenhang mit ihrer Instruktion, von der Großen Kommission angetragen worden. Auf die gesamte Herrschaft bezogen, ist das Reformwerk nicht so effizient gewesen, daß es das Epitheton „die Große" verdient hätte. Wo war Katharina für Rußland tatsächlich groß? Sie hat es gewußt: Peter I. stieß an der Ostsee das Fenster nach Europa auf. Katharina schlug am Bosporus die Tür auf und schuf in Polen einen europäischen Vorgarten für das russische Haus. Gerade dabei fand sie die eifrigste Unterstützung durch die aufgeklärten Häupter Europas. Diese ihre wahre „Größe" wurde weder durch den Mangel innenpolitischer Reformen noch durch Pugatschow behindert oder zumindest beeinflußt.

Die persönliche Freude an der Macht und am geistvollen aufklärerischen Gespräch, Prunk und Luxus, die selbstüberschätzende Überzeugung, den russischen Untertanen nur Wohltaten zu erweisen, und die imperiale Größe des Reichs, das war Katharinas Maxime, die ihre gesamte Regierung beherrschte. Das Reich mußte wachsen und aus der isolierten Stellung den Anschluß an Europa finden. Peter I. war mit dem traditionellen altrussischen Bewußtsein, die Ostseeküste erobern zu müssen, wie ein mutwilliges Kind umgegangen und hatte voller Staunen Europa für sich selbst gewonnen. Katharina war nach Geist und Erziehung eine Europäerin, die die Traditionen Rußlands zu ihrer eigenen Sache gemacht hatte und zielbewußt danach strebte, Rußland zur allgemein anerkannten europäischen Großmacht wachsen zu lassen.

Die für sie auf dem russischen Weg nach Europa neuralgischen Anknüpfungspunkte lagen nicht in ästhetischen Feingeistereien weniger aufgeklärter Köpfe, sondern in Polen und in der Türkei. Die beiden Problemfelder waren eng miteinander verknüpft, und in ihrer Verbindung lag der Schlüssel zu Europa.

Rußland und Polen hatten in der Vergangenheit eine traditions- und machtbewußte Feindschaft zueinander ausgebildet. Man kann sich auf dem Boden der slawischen Mentalität wohl kaum größere politische Gegensätze als die zwischen dem adelsrepublikanischen polnischen Wahlkönigtum und der moskowitischen Autokratie (auch in der nach Europa gerichteten despotisch-imperialen Gewandung Peters I.) vorstellen. In diesem Zusammenhang erscheint die frühe Liaison der großfürstlichen Katharina mit dem polnischen Adligen Stanislaus Poniatowski in einem anderen Licht. Katharina sollte sich noch an ihren sanften Liebhaber erinnern.

Die polnische Adelsrepublik wirkte zwischen den aufgeklärten Monarchen Friedrich II. und Katharina II. wie ein schwankendes Rohr im Wind. Das nationale Standes- und Staatsbewußtsein des polnischen Adels zeigte Degenerationserscheinungen. Polen hatte sich schwach demokratisiert, und die beiden Autokraten in Potsdam und St. Petersburg wollten daran nichts ändern. Aber das Leben zwang sie zu Entscheidungen: Im Oktober 1763 starb der sächsische Kurfürst und polnische König August III. Sofort holte Katharina Stanislaus Poniatowski als Kandidaten für das Amt des polnischen Königs hervor und überwand dessen Weigerung durch eine vertragliche Zustimmung Friedrichs II. Ein russischer Truppenaufmarsch übte mäßigen Druck aus, und am 7. September 1764 bestieg Poniatowski als Stanislaus II. August den polnischen Königsthron. Katharina machte keinen Hehl daraus, daß Poniatowski ihr Wunschkandidat gewesen war, „weil er von allen Bewerbern am wenigsten Rechte hatte und sich folglich Rußland mehr verpflichtet fühlen mußte als jeder andere".

Allerdings, so rechte Freude mochte Katharina in den folgenden Jahren an ihrem einstigen Geliebten nicht haben. Poniatowski muß sich der Gründe für seine Wahl bewußt gewesen sein. Er wird auch gewußt haben, daß ein Staat mit dem „liberum veto" zwischen den absoluten Herrschern Friedrich und Katharina verloren war. Er bewies Standhaftigkeit und ungeahnten Mut, als er versuchte, es seinen mächtigen Nachbarn nachzutun und, dem Zug der Zeit folgend, dem polnischen König eine eigene Machtposition zu geben. Daß Poniatowski dabei nicht nur gegen die Koalitionäre Friedrich und Katharina kämpfte, sondern einen Teil des polnischen Adels herausforderte, sollte sich bald zeigen.

Wie so oft in der Geschichte entzündete sich der Konflikt an Religionsfragen.

Polen war katholisch – orthodoxe Glaubensbrüder aller Schichten wurden diskriminiert. Katharina forderte deren Gleichberechtigung und verlieh ihrem Wunsch Nachdruck, indem sie Truppen unter Fürst Repnin in Warschau einmarschieren ließ. Das Parlament billigte zwar notgedrungen 1768 Katharinas Forderungen, aber gleichzeitig sammelte Fürst Karol Radziwill im ukrainischen Bar eine Konföderation gegen die Orthodoxen. Vier Jahre lang sollte daraufhin ein polnischer Bürgerkrieg toben, der durch die Erhebung ukrainischer Bauern und Kosaken gegen die polnischen Magnaten besonders grausam wurde. Die innerpolnischen Kämpfe bedingten einen russischen Truppeneinsatz. Die Lage wurde verworren. Polen war nicht nur schwach, sondern wies einen derartig desolaten Zustand auf, daß es für seine Nachbarn als Gefahr erschien.

Katharina hätte die Gelegenheit gern genutzt, das gesamte Staatsgebiet Polens russischem Einfluß unterzuordnen. Indes, ihr Mäzen Friedrich II. war da anderer Meinung. Er wollte Preußen, Brandenburg und Pommern in einem Territorialblock vereinigt sehen. Dazu war das Wohlwollen des römisch-deutschen Kaisers, Josef II., notwendig. Durch freundschaftliche Besuche und Briefe auf höchster Ebene war man sich schnell einig: Polen mußte geteilt werden. Am 5. August 1772 schlossen die drei Seiten in Petersburg einen entsprechenden Vertrag. Rußland erhielt die weißrussischen Gebiete östlich von Düna und Dnjepr, Preußen bekam Westpreußen und Österreich nahm sich Galizien bis an die Weichsel.

Der Eingriff wurde mit der in Polen drohenden Anarchie begründet. Wer allerdings dachte, nun herrsche in Polen Ruhe, sah sich getäuscht, unterschätzte die freiheitlichen Traditionen und den Willen der Polen, für diese eigene Freiheitsvorstellung das Leben in die Schanzen zu werfen. Außerdem: Auch in Polen ging der Geist von Liberalität und Aufklärung um. Katharina mochte hier den Ernst ihrer eigenen aufklärerischen Aura unter Beweis stellen.

Als Folge der Teilung und nach vielen Jahren anhaltender Diskussionen verabschiedete eine polnische Reformströmung 1791 – nach dem Ausbruch der Revolution in Frankreich – die „Verfassung des 3. Mai". Nach dem Ableben Poniatowskis (er starb 1798) sollte Polen eine Erbmonarchie des Hauses Sachsen werden, ohne Konföderationen und ohne „liberum veto". Allerdings stimmte nur eine Minderheit des Sejm für das Projekt. Katharina, verschreckt durch die Revolution in Frankreich, erkannte eine „niederträchtige Verletzung unserer Freundschaft" und fürchtete den Einfluß reformerischer polnischer Ideen auf Rußland.

Die Geschichte Osteuropas ist reich an Beispielen dafür, daß Autokraten immer wieder Parteigänger für ihre eigenen Ziele gefunden haben. In Polen schlossen sich Grundbesitzer in der Konföderation von Targowica zusammen und verabschiedeten einen „Hilferuf" an die russische Kaiserin. Als habe sie nur auf den Appell gewartet, ließ Katharina im Mai 1792 ihre Truppen gegen Warschau marschieren. König Poniatowski ließ in dieser Situation keinen Widerstand zu. Er mußte sich der Konföderation von Targowica anschließen und die Verfassung für nichtig erklären. Widerstand meldete nur Friedrich Wilhelm II. an. Er fürchtete, daß seine kaiserliche Schwester ganz Polen einverleiben wollte. Aber erneut arrangierte man sich: Am 23. Januar 1793 teilten Rußland und Preußen Polen zum zweiten Mal. Katharina erhielt fast das gesamte Territorium Weißrußlands und der Ukraine, während Friedrich Wilhelm „Großpolen" mit Posen, Gnesen, Danzig und Thorn sein eigen nennen durfte.

Die Geschichte wäre unvollständig erzählt, fügte man nicht den polnischen Aufstand des Generals Kosciuszko hinzu, der 1794 die nationale Ehre Polens rettete, aber in einem von russischen und preußischen Truppen angerichteten Blutbad endete. Schlimmer noch: Er zog im Oktober 1795 die dritte Teilung Polens nach sich, an der nun auch wieder Österreich beteiligt war. Den polnischen Staat gab es nicht mehr. Katharina II. war im konkret-historischen Sinn nicht die Initiatorin der Teilungen, aber sie hat diese entscheidend gewollt, gefördert und realisiert. Am Ende ihres Lebens schaute sie voll Wohlgefallen auf die Erweiterung des russischen Reichsgebiets nach Westen.

Im 18. Jahrhundert grenzten Polen und das Osmanische Reich im Gebiet Bessarabiens aneinander. Dem türkischen Sultan konnte die Entwicklung in Polen nicht gleichgültig sein, zumal Katharina ihren Blick auch auf das nördliche Schwarze Meer geworfen hatte, dessen Küste nach wie vor von Tataren und Türken beherrscht wurde. Peters I. Vorstoß auf Asow hatte das Problem für Rußland nicht gelöst. Katharina wollte die Küste des Schwarzen Meeres in ihre Hand bekommen und über Konstantinopel den Zugang zum Mittelmeer erringen. Es wäre übertrieben, wollte man ihr planmäßige Systematik zur erfolgreichen Okkupation nach Süden unterstellen. Vielmehr ergriff der türkische Sultan die Initiative, um Rußland in Polen in die Schranken zu weisen und den russischen Drang nach Süden zu stoppen. Sultan Mustafa III. beging jedoch einen verhängnisvollen Fehler, als er im September 1768 die diplomatischen Beziehungen zu Rußland abbrach und im darauffolgenden Frühjahr Krim-Tataren in die russischen südlichen Grenzlande einbrechen ließ. Der Krieg mit der Türkei war zur Tatsache geworden, früher, als Katharina es sich gewünscht hätte. Sie hatte vor ihrem Machtantritt zahlreiche edle Worte über die russische Friedenssehnsucht gefunden. Die hatten sie am Eingreifen in Polen nicht gehindert. Aber der gleichzeitige Krieg gegen die Türkei stürzte die Kaiserin in Verwirrung. Sie machte sich selbst verbal Mut, wollte den „Türken den Mund stopfen" und fand in Briefen schnell wieder blumige Worte: „Gott weiß, daß nicht ich angefangen habe ... Jetzt fühle ich mich wohl, ich darf tun, was ich kann ... Rußland kann viel, und Katharina II. baut wohl dazwischen Luftschlösser, jetzt gibt es nichts mehr, was ihre Bewegungen hemmt, und jetzt hat man die Katze, welche schlief, aufgeweckt, jetzt wird die Katze die Mäuse jagen ..." Dennoch, eine Unsicherheit blieb, die erst schwand, als sie merkte, daß der alte Voltaire nicht nur hinter ihren polnischen Unternehmungen, sondern auch hinter ihrem Krieg gegen die Türken stand. „... sollten die Türken je aus Europa vertrieben werden, dann wird es, denke ich, durch die Russen geschehen", schrieb Voltaire im November 1768 an Katharina.

Die Kaiserin hatte Glück. Sie verfügte über hervorragende Militärs wie die Generäle Rumjanzew oder Suworow, und die trieben die Türken 1770 bis hinter die Donau zurück. Krieg gegen die Türkei, das waren nicht nur langwierige Operationen in den Schluchten des Balkans. Der Halbmond beherrschte das Schwarze Meer und Teile des Mittelmeers. Katharina schickte ihr Kronstädter Geschwader ins Mittelmeer, um die Griechen zum Aufstand gegen die Türken zu bewegen. Den Oberbefehl führte Admiral Alexei Orlow – jener Mann, der den Mord an Peter III. zu verantworten hatte. Auch dieses Mal war er für seine Kaiserin erfolgreich. Bei Chios und Tschesme wurde die türkische Flotte im Juni 1770 besiegt. Katharina war mit den Erfolgen ihrer Waffen zufrieden. In Europa gab es zwar Stimmen, die Katharinas Macht- und Territorialzuwachs mit argwöhnischen Blicken verfolgten, aber insgesamt herrschte Freude über den Sieg gegen die Osmanen. Der aufgeklärte Herr Goethe ließ sich in „Dichtung und Wahrheit" sogar zu dem Satz hinreißen, der russische Sieg über die „Unchristen" und die brennenden türkischen Schiffe in der Bucht von Tschesme hätten in der gebildeten Welt ein allgemeines Freudenfest hervorgerufen.

Am 10. Juli 1774 besiegelte der Frieden von Kutschük-Kainardschi den ersten russisch-türkischen Krieg. Rußland erhielt Kertsch auf der Krim und einen Landstreifen zwischen Dnjepr und südlichem Bug. Russische Handelsschiffe durften erstmals frei das Schwarze Meer, den Bosporus und die Dardanellen befahren. Die Krim-Tataren wurden von der türkischen Herrschaft gelöst und schließlich 1783 durch Rußland annektiert. Katharina konnte voller Stolz an den verehrten Voltaire schreiben: „Aus jedem seiner Kriege ist Rußland blühender als zuvor hervorgegangen. Tatsächlich haben diese Kriege die Industrie in Schwung gebracht; jeder Krieg war bei uns der Vater irgendeiner neuen Heilsquelle, die Handel und Verkehr belebte."

Sie wußte, wovon sie sprach, hatte Katharina doch etliche Jahre nach dem ersten Türkenkrieg die Gebiete der südlichen Eroberungen ausgiebig bereist. Kaum ein Ereignis ihres Lebens – vielleicht mit Ausnahme der Ermordung des Gemahls Peter III. – ist in der Geschichte so eifrig kommentiert worden wie Katharinas Reise nach „Neurußland" im Jahr 1787. Das hatte gute Gründe. Die Reise war von der Kaiserin als eine außen- und innenpolitische Demonstration der gewachsenen Größe und Kraft des Reichs angelegt worden. Sie bedeutete das Signal zum zweiten Krieg gegen die Türkei, der den Durchbruch zum Schwarzen Meer besiegelte. Die Fahrt in den Süden illustrierte Katharinas Verhältnis zu einem der entscheidenden Männer – Berater, Kriegsherrn, Favoriten, Geliebten – Rußlands, die das Gesicht der Herrschaft der Kaiserin mitgestalteten: zu dem Fürsten Grigori Alexandrowitsch Potjomkin.

Berater und Politiker hatten seit der Herrschaft Michail Fjodorowitschs und seines Vaters Filaret stets eine große Rolle gespielt. Es gab Zeiten, wie unter den Kaiserinnen Katharina I., Anna oder Elisabeth, da die Berater eine dominierende Rolle in der russischen Politik spielten. Unter Katharina II. wandelte sich deren Einfluß. Sie verfügte mit Leuten wie Bestuschew-Rjumin, Saltykow, Rumjanzew, Suworow oder Potjomkin über herausragende Persönlichkeiten, die sie nicht nur – im einen oder anderen Falle – für die Liebe nutzen konnte, sondern die als markante Menschen immer nur in der zweiten Reihe standen, niemals die Kaiserin dominierten. Hier lag ein deutlicher Unterschied zu vorausgegangenen Herrschaften.

Fürst Potjomkin war ein Mann von ganz besonderen Vorzügen und Fähigkeiten. Als Militär kämpfte er erfolgreich gegen Pugatschow, die Türken und gegen meuternde Kosaken. Als Staatsmann, glänzender Organisator und in Wirtschaftsfragen beschlagener Mann besiedelte er die südlichen „neurussischen" Gebiete und baute dort unter erheblichen Anstrengungen eine recht erfolgreiche Wirtschaftsstruktur auf. Zentren seiner Bemühungen wurden die Städte Cherson, Sewastopol und Jekaterinoslaw.

Katharina verfügte zwar über keine tragende politische Konzeption, es sei denn jene, Rußlands Weltgeltung ständig zu vergrößern, aber sie spielte auch kein politisches Vabanque. Man kann davon ausgehen, daß sie den Erfolg ihrer Reise von 1787 sorgfältig kalkulierte. Sonst hätte sie kaum die Gesandten Englands, Frankreichs und Österreichs in ihrem Gefolge mitgeführt, sonst hätte sie auch nicht das Grenztreffen mit dem römisch-deutschen Kaiser Josef II. arrangiert. Fürst Potjomkin stand ihr für das international positive Resultat des Unternehmens. Allerdings, mit den Vorführungen wirtschaftlicher Prosperität ist auch das böse Wort von den „Potjomkinschen Dörfern" verbunden. Es wurde zum geflügelten Wort für die Vorspiegelung falscher Tatsachen. Potjomkin soll ärmliche und schäbige Dörfer durch bunte Fassaden verdeckt haben. Katharina habe das Spiel durchschaut und geduldet. Über die Herkunft dieser bösen Legende existieren mehrere Versionen.

Das Wort beruhte auf einem Irrtum und einer bösartigen Verleumdung. Am Anfang stand die anonyme Denunziation. Zwischen 1797 und 1800 erschien in Hamburg das Journal „Minerva". Die Zeitschrift brachte ohne Autorenangabe den Artikel „Potemkin der Taurier". Er gab ein Gerücht wieder, das unter Diplomaten und russischen Gutsbesitzern kursierte. Fürst Potjomkin habe als Generalgouverneur in Südrußland Attrappen von Häusern errichten lassen, als die Kaiserin 1787 in die neueroberten Gebiete reiste. Er habe seiner aufgeklärten Herrscherin die Existenz einer blühenden Landschaft vorspiegeln wollen und die habe es auch geglaubt. Das Gerücht war einfach dumm.

Als Verfasser dieses Artikels galt nach allgemeiner Ansicht ein Herr G. A. W. von Helbig, der von 1781 bis 1796 sächsischer Gesandtschaftssekretär am Hof in St. Petersburg war. Der Sachse trug die Legende nach Westeuropa und war mithin maßgeblich dafür verantwortlich, daß die „Potjomkinschen Dörfer" seit dem beginnenden 19. Jahrhundert zum bedeutungsvollen Schlagwort geworden sind. Vielleicht handelte der Herr nur leichtfertig, indem er ein getuscheltes Gerücht kritiklos weitertratschte. Vielleicht wollte er seinem Vorgesetzten einen Gefallen tun, um seinen einträglichen Posten nicht zu verlieren. Die historische Forschung fand baldigst heraus, daß der taurische Fürst mit dem einen Auge viel besser war als sein ihm aufgedrängter Ruf. Es ist erwiesen: Potjomkins zweifelhafter Nimbus, ein Meister der

Täuschung zu sein, war nichts anderes als eine pure Erfindung jener russischen Politiker, die Katharinas Orientpolitik verurteilten und im Fürsten Potjomkin deren Urheber sahen. Sie diskreditierten ihn ganz einfach.

In Wirklichkeit tat Potjomkin lediglich etwas, wofür in der heutigen Zeit ganze Legionen von gut bezahlten Politikern und Sicherheitsbeamten engagiert ihr Dasein in die Schanzen werfen. Er betrieb eine erfolgreiche Kolonialpolitik. Aber wo viel Licht ist, ist auch viel Schatten. Also verschönte er die etwas schwächer geratenen Seiten leicht, um die Stärken dafür um so glänzender präsentieren zu können. Konkret: Auf der Paraderoute, die die Zarin nahm, ließ er vorhandene Häuser frisch anstreichen, um die Siedlungen in den Steppenbezirken so reizvoll wie möglich erscheinen zu lassen. Der Kaiserin gefiel es, und sie tadelte ihren Fürsten nicht, sondern hielt ihn für einen tüchtigen Mann, der er zweifelsohne war. Aber „Täuschung", „Vorspiegelung falscher Tatsachen", das waren garstige Worte, die nicht nur der Wahrheit, sondern auch dem politischen Zweck widersprachen. Katharina war begeistert: „Die Anstrengungen des Fürsten Potjomkin haben diese Gegend in ein blühendes Land verwandelt." Wenn Kaiser Josef II. im Verein mit dem französischen Gesandten Ségur skeptischer und kritischer war, hatte das seine Ursachen. Sie waren der Meinung: „Wenn Katharina wieder abgereist ist, wird all diese Herrlichkeit, die Ausschmückung, die Verschönerungen, verschwinden. Potjomkins Theatercoup ist dann zu Ende, und er wird sich mit anderen Szenerien befassen, sei es in Polen oder in der Türkei." Polen oder Türkei – der französische Diplomat, ein Parteigänger türkischer Interessen, wurde nicht müde, das Haar in der Suppe Potjomkins zu suchen und etwas besonders anzuschwärzen, was seit eh und je zum Alltag von Staatsbesuchen zählte.

Katharina ließ sich durch die häßlichen Verdächtigungen nicht beeinflussen. Potjomkin war ein großer Mann mit vielen Ideen und Taten für Rußland. Nicht alles konnte optimal gelingen, und außerdem: Was die Kaiserin in Neurußland und auf der Krim sah, so stellte sie sich ganz Rußland unter ihrer weisen und wohltätigen Führung vor. Potjomkin traf den entscheidenden Nerv seiner Herrin, als er die junge Schwarzmeerflotte vor Sewastopol paradieren und die legendäre Schlacht von Poltawa nachstellen ließ. So hatte Josef II. vollkommen recht, wenn er aus Sewastopol berichtete: „Die Kaiserin vergeht vor Lust, mit den Türken einen Krieg anzufangen." Den Anlaß lieferten die Türken. Sie verlangten, Rußland solle die Krim wieder herausgeben. Katharina dachte nicht daran. Es gab Krieg, und der währte vier Jahre, ehe im Dezember 1791 der Frieden von Jassy die türkische Niederlage und den russischen Besitz bestätigte. Drei Jahre später gründete Katharina die Stadt Odessa – Sinnbild des freien russischen Handels auf dem Schwarzen Meer und in das Mittelmeer. Aber da wirkte Potjomkin schon nicht mehr mit, er war im Oktober 1791 – in Jassy – gestorben. Nur ein Ziel hatten weder er noch seine Kaiserin erreicht: Die Osmanen waren nicht aus Europa verdrängt worden.

Die Außenpolitik Katharinas sicherte die innere Entwicklung vielfältig ab. Die territorialen Erweiterungen brachten Rußland Europa räumlich und geistig näher. Die

Eingliederung der polnischen Gebiete 1772 war beispielgebend für die Gouverne-
mentsreform von 1775. Katharina betrachtete ihre Außenpolitik als eine gesamt-
europäische Angelegenheit. Sie war die beste Interpretin und Propagandistin ihrer
Absichten in Rußland und im aufgeklärten Europa. Das betraf nicht nur die Kriege
gegen die Türkei. Der Siebenjährige Krieg hatte das militärische Gewicht ihres Landes
gezeigt. Im nordischen System vermochte Rußland bis in die achtziger Jahre seine
Interessen wirksam geltend zu machen. Auch nach dem Ende dieser Bündnispolitik
verstand es Katharina, die erreichten Gewinne in Polen zu halten und bis 1795 abzu-
runden. Nach kurzem Krieg gelang es 1790, den Status quo mit Schweden zu sichern.
In den deutschen Angelegenheiten war das Gewicht Rußlands in allen Streitfällen von
Bedeutung. Freilich trafen Katharinas Pläne auf wachsenden Widerstand, der vor
allem von England und Preußen ausging. Die hegemonialen Ansprüche gegenüber der
Türkei verdichteten sich im griechischen Projekt zu einer grandiosen Konzeption
christlich-europäischer Renaissance am Bosporus unter russischer Führung, die freilich
von den europäischen Mächten nicht mitgetragen wurde.

Eine Herrscherin wie Katharina II., deren aufklärerische Ideale an der russischen
Wirklichkeit scheiterten, deren Beitrag zur imperialen Größe Rußlands in Kriegen und
Eroberungen bestand und die den ungetrübten lebenslangen Ehrgeiz entwickelte,
selbst das eigene geschichtliche Urteil zu definieren – eine aufgeklärte absolute
Monarchin, aufgehend in der Wohlfahrt für alle Landeskinder –, mußte zwangsläufig
pausenlos zur Feder greifen. Das verlangten der tägliche Arbeitsprozeß, der selbst-
gewählte Führungsstil und die Pflege des Images einer Aufklärerin. Katharina empfand
sich als Dichterin, Literatin und Journalistin. Sie hielt sich für perfekt in allen literarischen Belangen. Sie spürte den Drang in sich, nicht nur eigene literarische Werke mit
bisweilen für Rußland völlig ungeeigneten moralphilosophischen Sentenzen zu publi-
zieren, sondern sich auch polemisch mit ihren nicht gerade wenigen inneren Gegnern
auseinanderzusetzen.

Sie protegierte das Journal „Wsjakaja Wsjatschina" (Buntes Allerlei), für das sie
anonym edle Artikel über allgemein-philanthropische Fragen schrieb. Die Kritiker,
darunter Nikolai Iwanowitsch Nowikow, ein scharfzüngiger Landadliger, der die sati-
rische Zeitschrift „Trutenj" (Die Drohne) herausgab, amüsierten sich über den literarisch und geistig flachbrüstigen Anonymus. Katharina beging prompt den Fehler,
spitzer Gesellschaftssatire mit Grundsätzen der Staatsautorität zu begegnen, und geriet
ins Hintertreffen, schon, weil sie literarisch weit unbegabter als der Freimaurer Nowikow war. Es kam, wie es kommen mußte: Die geistige Freiheit machte vor der
sakrosankten Person des Imperators halt. Nowikows „Drohne" mußte ihr Erscheinen
einstellen. Die Regel war ganz einfach: Geistige, kulturelle und literarische Vielfalt
reichte in Rußland so weit wie der Arm der Kaiserin. Freimaurern, obwohl in Verbindung zur Aufklärung stehend und von Katharina ins Land geholt, wurde die Logen-
tätigkeit untersagt, weil diese sich dem direkten Zugriff der Kaiserin entzog.

Katharina II. schrieb viele Komödien, lustig und oberflächlich. Die Kritiker gingen schonungslos mit den Stücken um. Aber nicht deshalb allein verflog mit den Jahren die Leichtigkeit. Der Krieg gegen Pugatschow schärfte Katharinas Blick, machte sie mißtrauisch und reizbar. Die Komödien entstanden weiter, erhielten aber ein schärferes geistiges Profil und richteten sich jetzt gegen alle jene Kräfte, die sich der Kontrolle durch den Oberzensor Katharina entziehen wollten. Stein des Anstoßes war immer wieder Nowikow. Er konnte es sich dank guter Freunde und eines beträchtlichen eigenen Vermögens leisten, unabhängig und sozial engagiert zu sein. Ausgerechnet im Jahr ihres größten Triumphes, 1787, als die Kaiserin Südrußland bereiste, wurde das Reich von einer Hungersnot heimgesucht. Nowikow startete karitative Hilfsaktionen und untergrub in Katharinas Augen die hinreichende Wohlfahrt durch den Staat. Sein Beispiel zeigte sehr deutlich, wie die Kaiserin mit unbotmäßigen Geistern umging: zunächst die lustvolle literarische Polemik, dann die polizeiliche Überwachung, Publikationsverbot, Suche nach „religiösen Irrlehren" und „unsinnigen Neuerungen" in den schriftlichen Arbeiten und schließlich (nach dem Ausbruch der Revolution in Frankreich) 1792 die Verhaftung. Die Zarin wußte nicht einmal, wie man Nowikow anklagen sollte, aber sie hielt ihn für einen „gefährlichen Verbrecher", den man eigentlich mit dem Tod bestrafen müsse. Nur dank ihrer „angeborenen Menschenliebe" ließ sie es mit 15 Jahren Festungshaft in der Schlüsselburg bewenden – über vier Jahre saß Nowikow davon ab, ehe ihn Katharinas schärfster Gegner, ihr Sohn Paul, befreite.

Nicht anders als Nowikow erging es dem gebildeten Adligen Alexander Radischtschew, der 1790 das Büchlein „Reise von Petersburg nach Moskau" herausgab. Es war von soviel Empörung über die unhaltbaren Zustände im leibeigenschaftlichen Rußland und von soviel Rebellion gegen den absoluten Monarchen erfüllt, daß Katharina den allein für sein Werk verantwortlichen Radischtschew zum Tod verurteilen ließ und ihn auf zehn Jahre nach Sibirien schickte. Für die Kaiserin atmete das schmale Bändchen nicht nur den verhaßten Geist der Französischen Revolution. Sie hielt Radischtschew für schlimmer als Pugatschow, und eine weitere Steigerungsmöglichkeit der Abscheu stand ihr nicht zur Verfügung.

Es muß für Katharina besonders enttäuschend gewesen sein, daß der laute Widerspruch nicht nur ihre eigene Vorstellungswelt von Rußland störte, sondern daß die rebellischen Wortführer aus dem Adel kamen, jenem Stand, den sie als ihre Stütze empfand, nach Kräften förderte und privilegierte.

Dem Adel diente sowohl die 1775 nach dem Pugatschow-Aufstand neu konstruierte Gouvernementsordnung als auch die Gnadenurkunde aus dem Jahr 1785. Der Adel wurde nicht nur in seinen individuellen Privilegien und bei seinem Einfluß auf die regionalen Verwaltungen gestärkt. Er erhielt das Recht einer ständischen Selbstverwaltung über die Adelsgesellschaften. Fortan bestimmten die Adligen selbst, wer ihrem elitären Stand angehören durfte. Die Adelswürde wurde erblich, ihre Träger mußten keine persönlichen Steuern zahlen und durften Leibeigene besitzen. Der Adlige durfte Dörfer kaufen, Fabrikanlagen errichten und nach eigenem Gutdünken die Bodenschätze seines Besitztums ausbeuten. Wenn er nicht wollte, mußte der Adlige auch

nicht dem Staat dienen. Die Gnadenurkunde drückte lediglich die allgemeine moralische Pflicht aus, daß der Adlige, wenn der autokratische Staat in Not gerät, diesem
sofort und mit aller Kraft zu Hilfe eilt.

Obwohl Katharina im gleichen Jahr 1785 durch eine Gnadenurkunde eine städtische Ordnung einführte, blieb Rußland unter ihrer Herrschaft ein vollkommener
Adelsstaat, in dem die leibeigenen Bauern weiter geknebelt wurden.

Das Bild der Kaiserin Katharina rundet sich in seinen tausendfältigen Facetten.
Dennoch bleibt eine Frage offen: Wie regelte sie, die durch einen Streich der Garde
unter dubiosen Umständen auf den Thron gelangt war, die kaiserliche Erbfolge?

Katharina hatte 1754 ihren Sohn Paul zur Welt gebracht, Elisabeth hatte den
Jungen erzogen. Nach dem Tod der Kaiserin Elisabeth bemühte sich Katharina ernsthaft um den Jungen und errang zeitweise seine Zuneigung. Sie wußte aber bereits am
Tage der Thronbesteigung, daß sie Paul von Rechts wegen am Tag seiner Volljährigkeit den Thron überlassen mußte. Man sagt, sie habe Paul so erziehen lassen, daß ihm
von vornherein die Lust am Regieren vergällt worden sei. Tatsache bleibt indes, daß
Paul mehr und mehr Verhaltensweisen Peters III. annahm, daß er seine Mutter zu
hassen begann, daß Katharina mit Pauls Söhnen Alexander und Konstantin ebenso
verfuhr wie seinerzeit Elisabeth mit ihr und Paul. Sie entwickelte eine abgöttische Liebe
zu Alexander. Nicht nur bei Hof munkelte man, daß die Kaiserin Paul von der Thronfolge zugunsten Alexanders ausschließen werde. Mit den Jahren wurde Katharinas
Angst vor dem legitimen Thronanspruch Pauls tatsächlich immer drängender, und
daraus erklärt sich, daß sie in ihren Memoiren keine Gelegenheit ausließ, dem Leser zu
suggerieren, Paul sei der Sohn Sergei Saltykows und habe kein Recht auf den Thron.
Allen Gerüchten zum Trotz: Die Kaiserin legte sich nicht fest, und Alexander war
nicht bereit, seinem Vater die Krone zu stehlen.

Im September 1796 erlitt Katharina einen leichten Schlaganfall. Sie war maßlos
enttäuscht, weil Gustav IV. von Schweden eine Ehe mit ihrer Enkelin Alexandra
ausgeschlagen hatte. Sie erholte sich aber wieder. Am 6. November 1796 folgte ein
zweiter, tödlicher Schlaganfall. Erst nach Stunden fand man die Kaiserin auf dem
Korridor vor ihrem Ankleidezimmer. Sie lebte zwar noch einige Stunden, erlangte aber
kaum das Bewußtsein wieder.

Trotz aller Notwendigkeit, das Leben Katharinas von idealisierenden Überhöhun-
gen zu befreien und zu fragen, welche Leistungen sie für Rußland, Europa und ihr
Volk tatsächlich im Vergleich zu anderen Zaren erbrachte – eine bedeutende absolute
Herrscherin Europas war gestorben, und ihr Tod kündigte das Ende einer ganzen
Epoche an. Das 19. Jahrhundert mit seinen revolutionären Turbulenzen stand vor den
Toren. Aber mit Paul I. bestieg ein Mann den russischen Kaiserthron, der durch nichts
befähigt gewesen wäre, dem neuen Jahrhundert die russischen Türen zu öffnen. Im
Gegenteil. Der Abschied von seiner ungeliebten Mutter gestaltete sich zu einer De-
monstration niederer Instinkte, unwürdig eines Kaisers von Rußland, selbst wenn er
die leibliche Mutter für eine Usurpatorin hielt.

LITERATUR

B. von Bilbassoff, Katharina II. Kaiserin von Rußland im Urtheile der Weltliteratur, 2 Bde., Berlin 1897.

J. T. Alexander, Catherine the Great. Life and Legend, Oxford 1989.

Alexander Brückner, Katharina die Zweite, Berlin 1883.

Hedwig Fleischhacker, Mit Feder und Zepter. Katharina II. als Autorin, Stuttgart 1978.

Isabel de Madariaga, Katharina die Große. Ein Zeitgemälde, Berlin 1994.

Walther Mediger, Moskaus Weg nach Europa. Der Aufstieg Rußlands zum europäischen Machtstaat im Zeitalter Friedrichs des Großen, Braunschweig 1952.

Reinhold Neumann-Hoditz, Katharina die Große in Selbstzeugnissen und Bilddokumenten, Reinbek bei Hamburg 1988.

Zoé Oldenbourg: Katharina die Große. Die Deutsche auf dem Zarenthron, München 1966.

A. N. Pypin (Hrsg.), Sočinenija imperatricy Ekateriny II, 12 Bde., St. Petersburg 1901–1917.

Marc Raeff (Hrsg.), Catherine the Great – A Profile, New York 1972.

Claus Scharf, Katharina II., Deutschland und die Deutschen, Mainz 1995.

Louis Philippe de Ségur, Mémoires ou Souvenirs et Anécdotes, 3 Bde., Paris 1826–1827.

PAUL I. PETROWITSCH

Paul I. Petrowitsch

1754–1801

KAISER VON RUSSLAND 1796–1801

20. September 1754	Paul wird als einziger Sohn des Großfürsten Peter Fjodorowitsch (Karl Peter Ulrich Herzog von Holstein-Gottorp) und dessen Frau Katharina Alexejewna (Sophie Auguste Friederike von Anhalt-Zerbst) in St. Petersburg geboren.
1773	Erste Ehe mit Natalja Alexejewna (Augustine Wilhelmine von Hessen-Darmstadt).
September 1776	Nach dem Tod Natalja Alexejewnas heiratet Paul in zweiter Ehe Marija Fjodorowna (Sophie-Dorothea von Württemberg-Mömpelgard).
6. November 1796	Nach dem Tod Katharinas II. in Zarskoje Selo folgt ihr Paul I. auf den Thron. Die offizielle Krönung folgt am 5. April 1797 in Moskau.
12. März 1801	Kaiser Paul I. wird durch eine Offiziersverschwörung umgebracht und in der Kathedrale der Peter-Pauls-Festung in St. Petersburg beigesetzt.

Kaiser Paul Petrowitsch besaß ein geradezu dramatisches Schicksal: Am Beginn seines Lebens stand der Mord am vermeintlichen leiblichen Vater, Peter III., und am Ende fiel er selbst einem Mordkomplott zum Opfer. Im ersten Fall ist nicht auszuschließen, daß die Mutter Katharina beteiligt gewesen ist. Im zweiten Fall kann angenommen werden, daß der Sohn Alexander nicht ganz unschuldig war. 40 Jahre mußte Paul Petrowitsch warten, ehe er den Thron besteigen durfte, und dann waren ihm nicht einmal fünf Jahre für sein Regieren und weiteres Leben vergönnt. Ein tragisches Schicksal, wie es auf dem russischen Zarenthron so selten nicht war, hier aber seine spezifische Dramatik besaß, denn das ganze Leben Pauls stand unter einem Unglücksstern. Dazu kam, daß er in eine Zeit hineinregierte, in der sich Europa, ausgelöst durch die Turbulenzen der Revolution in Frankreich, in einem gewaltigen historischen Umbruch befand. Paul war nach allen charakterlichen Veranlagungen kein Mensch, der sich durch einen weiten Horizont, Toleranz und Menschenliebe auszeichnete. Alles das zusammen bewirkte, daß die Rolle Pauls in der russischen Geschichte widersprüchlich interpretiert worden ist, daß die Urteile zwischen einem

„weisen, großen und gütigen Monarchen" und einer Zeit „willkürlicher Laune und Gewalt" schwanken.

Paul Petrowitsch war ein Mensch, dessen Leben aus Demütigungen bestand und der von seiner Mutter Katharina in einer so schamlosen Weise fehlentwickelt wurde, daß er zum Sonderling werden mußte. Sein Leidensweg begann, ehe er überhaupt zur Welt gekommen war. Seit 1745 bemühten sich Kaiserin Elisabeth, Großfürst Peter, Großfürstin Katharina, das Wächterpaar Tschoglokow und die Liebhaber Katharinas Sergei Saltykow und Semjon Naryschkin mit allen ihnen zur Verfügung stehenden und gestellten Mitteln, dem Reich einen Thronfolger zu schenken. Es ist niemals eindeutig ermittelt worden, wer neben der leiblichen Mutter tatsächlich die biologische Verantwortung dafür trug, daß Katharina am 20. September 1754, nach zwei Fehlgeburten, einen Knaben zur Welt brachte: Paul Petrowitsch.

Das Kind war kaum auf der Welt, da nahm es die Initiatorin des ganzen staatspolitisch bedeutsamen Unternehmens, die Kaiserin Elisabeth, sofort an sich und sorgte für seine Pflege und Erziehung. Katharina blieb das Recht, als Bittstellerin ihr Kind ab und zu sehen zu dürfen. Eine natürliche Mutter-Kind-Beziehung konnte da kaum entstehen. Die wesentlichsten Eindrücke, die für die normale Lebensentwicklung eines Kindes unabdingbar sind, waren nicht gegeben. Die lebenslustige und sehr komplizierte kaiserliche Großtante liebte den kleinen Paul ohne Zweifel. Aber ihre Liebe war in erster Linie von dynastischen Interessen getragen. Das Übermaß an Fürsorge, zu der die Kaiserin eine Armee von Bediensteten verpflichtete, bewahrte das Kind vor jeglichem Zwang, sich durchsetzen zu müssen. Von Beginn an verurteilte ihn die Obhut der Kaiserin zu einer Unterentwicklung seiner Persönlichkeit. Liebe und Zuneigung können eine Wohltat sein, Liebe und Aufmerksamkeit, in die staatsautoritäre Zweckbestimmung verfremdet, können tödlich wirken.

Der kleine Paul besaß von Anfang an zu beiden Eltern keine Beziehung. Dem Vater war das offensichtlich relativ egal. Katharina schäumte nicht vor Muttergefühlen über. Sie bemühte sich wenigstens, ihren Sohn hin und wieder sehen zu dürfen. Dann fand sie ihn, wie er „in einem überheizten Zimmer, in Flanell gepackt, in einer mit Schwarzfuß verbrämten Wiege lag; unter einer dichten Atlas-Steppdecke, auf die man noch eine rosenrote, mit Schwarzfuß gefütterte Samtdecke gebreitet hatte. Ich habe ihn danach oft genug so liegen gesehen; der Schweiß rann ihm über das Gesicht und über den ganzen Körper, so daß er, als er größer wurde, sich bei dem geringsten Luftzug erkältete und krank wurde. Noch dazu umgab ihn eine Unzahl alter Matronen, die ihm, aus falsch verstandener Fürsorge und Unvernunft, körperlich und seelisch weit mehr Schaden als Nutzen brachten."

Elisabeth legte nur in den ersten Wochen und Monaten persönlich Hand an die Pflege des Kindes. Sie hegte besonders große Hoffnungen für seine Zukunft. Ihr Verhältnis zum Großfürsten Peter war von Anfang an gespalten. Peter entwickelte sich in keiner Hinsicht zum Anwärter auf den russischen Thron. Nun besaß Elisabeth mit Paul einen Trumpf in der Hand: Bis zu seinem achten Lebensjahr durfte Paul, obwohl er sie hin und wieder sah, nicht wissen, wer seine wirklichen Eltern waren. Paul wurde von Elisabeth nicht als Kind des Großfürstenpaares, sondern als deren politischer Rivale aufgezogen. Die Kaiserin war noch nicht so alt, daß sich Peter unbedingte Hoffnungen auf den Thron machen konnte. Für sie stand Paul als nächster Prätendent bereit. Wahrlich keine glücklichen Voraussetzungen für die Entwicklung einer starken Individualität des Knaben.

Dazu kam die von den Zeitgenossen immer wieder mit allen pikanten Details erörterte Frage, ob Paul der legitime Sohn seines offiziellen Vaters Peter sei. Man sagte Paul gewisse psychische und physische Ähnlichkeiten zu Peter nach. Letztlich war das aber bei den ungezählten diesbezüglichen Beispielen am russischen Hof nicht so sehr entscheidend. Peter der Große wußte bis zum Lebensende nicht, wer sein wirklicher Vater war. Der Konflikt besaß für Paul eine ganz andere Richtung: Er war als legitimer Sohn Peters anerkannt und mußte von seinem Vater gleichzeitig gehaßt worden sein. Zwischen Vater und Sohn stand stets die Frage, wer Elisabeth auf den Thron folgen würde. Daß sie alle beide unter sehr tragischen Bedingungen auf dem Thron sitzen würden und daß die Frau und Mutter den Löwenanteil der Macht tragen würde, das konnte freilich in den ersten Wochen und Monaten nach der Geburt Pauls noch niemand ahnen.

Es ist mehrfach dokumentiert worden, daß sich Peter um den Sohn Paul und dessen Erziehung wenig Gedanken machte. Obwohl Peter in Oranienbaum lebte und sein Sohn in dem nur knapp 20 Kilometer entfernten Palast Peterhof erzogen wurde, gab es keine festeren Bindungen. Der kleine Paul wird als ganz normales Kind mit munteren Augen geschildert und auch auf Porträts so dargestellt. Wenn er von seiner Mutter in den schließlich wöchentlich erlaubten Visiten besucht wurde, erschien er ernst und steif – man durfte sich nicht gehen lassen, die Eifersucht Kaiserin Elisabeths umgab den kleinen Thronfolger mit einem dichten Netz von Spitzeln und Zuträgern. Diese Art des Umgangs führte dazu, daß die positiven Anlagen des Jungen kaum entwickelt wurden.

Paul hat keine schlechte Bildung genossen. Seine Lehrer, unter ihnen der Graf Nikita Panin, hielten ihn für einen klugen und begabten Schüler, bemängelten jedoch schon in frühen Jahren wachsende Ungeduld, Gereiztheit und launisches Betragen.

Niemand wußte zunächst, wie sich sein Schicksal gestalten würde. Aber diese Ungewißheit bedeutete kein Vergessen. Selbst Elisabeth kam bisweilen der Gedanke, wenn Peter für das Amt des Herrschers ungeeignet war, sollte man dann nicht den kleinen Paul offiziell als Thronfolger einsetzen – umgeben von einem Regenten oder einem Regentschaftsrat? Sie fällte keine Entscheidung zugunsten dieser Variante. Andere einflußreiche Politiker spannen den Faden fort. Nach dem Tod Elisabeths faßte vor allen der Graf Nikita Panin den Plan, Kaiser Peter III. durch einen Staatsstreich zu stürzen. Katharina sollte nicht auf den Thron gelangen, sondern lediglich die Rolle der Regentin spielen – unter der Herrschaft Pauls. Paul Petrowitsch war in der behüteten Isoliertheit seiner Kinderzimmer – und ohne daß er etwas davon ahnen konnte –

Gegenstand sehr konkreter machtpolitischer Überlegungen. Es kam der Tag, an dem das Nachdenken in praktische Politik umschlagen mußte. Am 28. Juni 1762 fand der Staatsstreich statt, mit dem sich Katharina auf den Thron setzte. Die Garden und die hohe Geistlichkeit proklamierten sie zwar zur Alleinherrscherin, aber gleichzeitig blieb sie die „Kaiserin-Mutter". Gemeinsam mit der Erhebung Katharinas wurde ihr Sohn Paul Petrowitsch zum Thronerben ausgerufen. Als sich die neue Alleinherrscherin auf dem Palastplatz in St. Petersburg den Menschen zeigte, den kleinen Paul, den man aus dem Schlaf gerissen hatte, auf dem Arm, und dieser nicht begriff, was um ihn herum vorging, konnte sie sich nicht sicher sein, ob der ohrenbetäubende Jubel ihr selbst oder dem männlichen Thronerben galt. Katharina wird die Ovationen für sich in Anspruch genommen haben. Sie war sich unzweifelhaft auch darüber im klaren: Der Ehemann war kaum vom Thron gestoßen, und schon stand ihr Sohn als Konkurrent vor dem Thron. Paul selbst hatte davon nur wenig Ahnung, obwohl er bereits acht Jahre alt war und äußere Eindrücke bewußt aufnehmen konnte. Auch Peter I. mußte im Alter von zehn Jahren die Schrecken seiner Thronerhebung miterleben!

Als Katharina im September 1762 in Moskau gekrönt wurde und nachdenklich-traditionsbewußte Adlige und Bürger hinter vorgehaltener Hand flüsterten, daß eigentlich Paul auf den Thron gehörte und die Mutter lediglich Regentin sein dürfte, beschäftigte ihn das Problem weit weniger als Katharina selbst. Zudem war der zart geratene Paul, der sich nicht eben durch eine ausdrucksstarke äußere Schönheit auszeichnete, krank. Er erkrankte sogar so schwer, daß man kurz nach der Krönung um sein Leben fürchtete. Noch waren die Gerüchte nicht verstummt, die Katharina der Mittäterschaft am Tod ihres Gatten verdächtigten, da tauchte bereits der wirre Gedanke auf, die Mutter helfe nun auch dem Sohn um ihrer eigenen Macht willen zu einem besseren Leben hinüber. Paul konnte die Krankheit überwinden. Er genas, und das Problem der Thronfolge blieb für ihn und seine Mutter erhalten.

Peter I. hatte in einem Ukas verfügt, daß allein der Kaiser für die Thronfolge verantwortlich war. Aber das traditionelle Verständnis einer natürlichen Erbfolge lebte in den Köpfen verantwortlicher Politiker weiter. Paul war offen und öffentlich als legitimer Sohn Katharinas anerkannt. Sogar der grimmige Pugatschow äußerte sich in seiner Rolle als wiedererstandener Peter III. mehrfach wohlwollend über seinen „Sohn" Paul. Das bedeutete, daß Paul in der allgemeinen Volksmeinung als legitimer Thronprätendent galt.

Katharina gab sich nach 1762 große Mühe, den Jungen unter Panins Anleitung gut zu erziehen, sein Herz und sein Vertrauen zu gewinnen. Anfänglich gelang ihr das uneingeschränkt gut. Eine gewisse neue Freiheit beflügelte den kleinen Paul nach der fesselnden Fürsorge Elisabeths. Der Junge war klug genug, nicht nur die glänzende Fassade einer mächtigen Mutter zu sehen. Sein Lehrer Panin, der Paul als Kaiser sehen wollte, mag da keinen unerheblichen Beitrag geleistet haben. Paul, der mit zunehmendem Alter buchstäblich häßlich wurde, störten zunächst nur die schönen Geliebten seiner Mutter, namentlich der aufdringliche Grigori Orlow. Orlow begann zudem auf den Knaben eifersüchtig zu werden – was durchaus auf Gegenseitigkeit beruhte – und bestärkte dadurch Pauls Trotzreaktionen gegenüber der Mutter.

Es gab nicht wenige Leute in Pauls Umgebung, die ihn mehr oder weniger diskret auf seine eigentliche und angestammte Rolle als wahrer Kaiser hinwiesen, die ihm die Mutter versagte. In Paul festigte sich der Gedanke, daß seine Mutter ihm den Thron wissentlich vorenthalte, daß sie seinen Vater Peter III. umgebracht habe und nichts weiter als eine gewissenlose Usurpatorin sei. Er lebte sich in eine Rolle, die der Peters III. nicht unähnlich war: Paul begann Peters Hang zu militärischen Spielen zu kopieren. Es gab jedoch einen gravierenden Unterschied. Peter verharrte zeitlebens mit kindlicher Naivität in seinem Haß auf Rußland. Paul war ein standesbewußter, im Grunde sogar stolzer russischer Großfürst, hart, ungeduldig und von nagenden Zweifeln über seine Zukunft zerrissen. Wenn er Peters militärische Spiele kopierte, dann tat er es verbissen und dogmatisch. In jungen Jahren entwickelte er bereits die Lebenszüge, die seine Herrschaft dominieren sollten.

Mutter Katharina sah, daß ihr der Sohn mehr und mehr entglitt, daß er ihren feingeistigen Schwärmereien abgeneigt war. Was blieb, war die nackte Angst um die Macht. Katharina hatte am Tag des Staatsstreichs versprochen, daß sie sofort zugunsten ihres Sohnes Paul abdanken werde, wenn dieser die Volljährigkeit erreichen würde. Das wäre im Jahr 1770 der Fall gewesen. In dem Jahr näherte sich Katharina jedoch durch den ersten Krieg gegen die Türkei dem Höhepunkt ihrer Macht- und Prachtentfaltung. Sie dachte nicht daran, ihr Versprechen von 1762 einzulösen.

Katharina unternahm offensichtlich Schritte, die ohnehin labile Persönlichkeitsstruktur Pauls zielstrebig zu demontieren. Junge Menschen sind gewöhnlich sehr empfindsam in bezug auf die Wahrung der Würde ihrer eigenen Persönlichkeit. Ein kleiner, häßlicher Kerl wie Paul konnte durch abfällige Bemerkungen über sein Äußeres schnell in Not gebracht werden. Bei Hof wurde ohnehin pausenlos geklatscht. Jeder konnte die wachsenden Spannungen zwischen Mutter und Sohn spüren. Der Mutter wohlgefällige Höflinge beeilten sich, Paul zu attestieren, daß es ihm an der „Energie folgerichtigen Denkens" mangele, daß er „einer unseligen Neigung zu krankhafter, überspannter Exaltation" neige. Diese Bemerkungen sind mit großer Vorsicht aufzunehmen, weil hier gewisse charakterliche Schwächen Pauls zum Politikum erhoben wurden, ihn in dieser Gestalt bedrückten und seine individuellen Probleme verschärften.

Dennoch blieb die Tatsache bestehen, daß Paul der legitime Thronfolger war und daß er für die Sicherung der Erbfolge zu sorgen hatte. Also mußte Katharina eine Ehe für ihn arrangieren. Das altrussische Prinzip, für den künftigen Monarchen eine Russin auszuwählen, galt seit Peter I. nicht mehr, und Katharina selbst hatte als russische Patriotin aus Deutschland dafür kein Verständnis. Paul wurde im Jahr 1773 verheiratet. Die Wahl war auf Prinzessin Augustine Wilhelmine von Hessen-Darmstadt gefallen. Sie war erst 17 Jahre alt, galt als eigenwillig und war Protestantin. Sie trat zum orthodoxen Glauben über und wurde Natalja Alexejewna genannt. Der Ehe war je-

doch kein Glück beschieden. Paul liebte seine junge Frau zwar abgöttisch, aber die
dankte es ihm offensichtlich wenig. Sie war ordinär und gemein und betrog ihn. Paul
bemerkte davon wenig. Natalja starb bereits am 15. April 1776 im Kindbett, und Paul
geriet in Verzweiflung. Katharina bangte sogar, er könnte sich etwas antun. Obwohl
Paul mehr als einmal befürchtete, er könnte ein ähnliches Schicksal wie Peter III.
erleiden, bestand diese Gefahr eigentlich nicht. Katharina griff zu anderen Mitteln. Es
existiert die Legende, die Kaiserin habe den Rat Teplow beauftragt, Paul die Lust am
Regieren abzugewöhnen. Teplow habe dem Großfürsten so lange uninteressante und
trockene Akten als Pflichtlektüre vorgelegt, bis dieser emotional reagiert habe. Wie
dem auch sei, Katharina arbeitete fleißig daran, die Persönlichkeit ihres Sohnes zu
zerstören. Dazu gehörte, daß sie dem nach dem Tod Nataljas depressiven Paul geheime
Liebesbriefe der Verstorbenen an den befreundeten Grafen Rasumowski vorlegte.

Das war roh und herzlos, diente jedoch dem nüchternen Kalkül einer natürlichen
Erbfolge. Paul löste sich aus seiner Verzweiflung und heiratete bereits im selben Jahr
1776 ein zweites Mal. Er wählte die siebzehnjährige Prinzessin Sophie-Dorothea von
Württemberg-Mömpelgard, die nach ihrem Übertritt zum orthodoxen Glauben
Marija Fjodorowna hieß. Diese Wahl war gut getroffen. Marija Fjodorowna spielte in
Pauls Leben eine ausgezeichnete Rolle. Sie liebten und vertrauten einander. Sie hatte es
bei Pauls kompliziertem Charakter nicht leicht, hielt aber stets zu ihm und schenkte
ihm obendrein zehn Kinder.

Das wiederum erfreute die Schwiegermutter Katharina, denn die natürliche Erbfolge in der Dynastie konnte gesichert werden. 1777 wurde der erste Sohn Alexander
geboren, zwei Jahre später folgte Konstantin. Damit begann ein Spiel, das Bestandteil
der weiteren Deformierung Pauls war und zugleich wiederholte, was Elisabeth bereits
praktiziert hatte: Beide Söhne wurden den Eltern von Katharina weggenommen und
unter ihrer Obhut erzogen. Nachdem 1783 als drittes Kind die Tochter Alexandra
geboren worden war, „schenkte" die Kaiserin ihrem Sohn das Schloß in Gatschina bei
St. Petersburg. Sie verbannte ihn quasi vom Hof. Paul entwickelte in Gatschina seine
eigene verschrobene militärische Hofhaltung und prägte dort die absonderlichen
Seiten seines Charakters weiter aus. Es sollte sich zeigen, daß die permanenten
Wechselbäder zwischen dem Petersburger Winterpalais, Peterhof (wo Alexander und
Konstantin erzogen wurden) und Gatschina negative Folgen für die Erziehung der
Jungen mit sich brachten. Man konnte faktisch darauf warten, wann das Gerücht die
Runde machen werde, Katharina bevorzuge Alexander zuungunsten ihres leiblichen
Sohnes als Thronerben.

Wie sich die Dinge zwischen Mutter und Sohn entwickelten, charakterisiert eine
Episode aus den Jahren 1781/82. Paul unternahm mit seiner Frau eine Europareise. In
Preußen traf er auf Friedrich II. und fühlte sich durch den Besuch in seiner von
Peter III. kopierten Prussophilie bestärkt. In Wien weigerten sich Schauspieler eines
Theaters, für den großfürstlichen Besuch Shakespeares Hamlet zu spielen. Sie dachten,
Paul könnte zu sehr an eigene Erlebnisse zu Hause erinnert werden.

Ein russischer Hamlet im Sinne Shakespeares ist Paul nicht gewesen. Gewiß, die Mutter entfernte ihn immer weiter von der Fähigkeit, eines Tages das Reich regieren zu können. Paul durchlebte resignative Perioden, aber die Resignation mündete weniger in abstrakte Selbstzweifel über den Sinn des Herrschens und Regierens. Aus ihr floß der steigende Haß auf die Mutter, maßlose Wut auf die Thronräuberin und der Wille, sein in Gatschina errichtetes militärisch-konservatives Regiment eines Tages auf ganz Rußland auszudehnen. Es bedurfte nicht der Erfahrungen aus der Französischen Revolution, ihm jeden Gedanken an eine liberale Reformierung Rußlands im Sinne der Aufklärung auszutreiben. Dafür sorgte die Mutter selbst. Paul stand mit 30 Jahren fest auf dem Boden der Autokratie. Rußland benötigte nach seiner Auffassung keine Reformgesetze, sondern höchstens eine Sammlung vorhandener Erlässe, Dekrete oder Gesetze. Die Gnadenurkunde Peters III. für den Adel, die Katharina bestätigt hatte, hielt er für überflüssig: Der Adel mußte zu seinen Dienstpflichten zurückgeführt werden. Die Geistlichkeit hatte die reine orthodoxe Lehre zu vertreten, und die Leibeigenschaft war zu festigen.

Alles das schienen vorerst bizarre Träume, denn die Kaiserin erfreute sich bester Gesundheit und ließ mit fortlaufenden Jahren immer offener durchblicken, für wie wenig geeignet sie Paul auf dem Thron ansah. Mit „schierer Affenliebe" protegierte sie den Enkel Alexander sowie dessen Bruder Konstantin. Paul bemerkte selbstverständlich, daß seine Mutter ihn mehr und mehr vom Hof verdrängte. Seine ganzen militärischen Spektakel, die den einsamen Tagesablauf in Gatschina über Jahre hinweg ausfüllten, waren so sehr an den preußisch-holsteinischen Traditionen Peters III. orientiert, daß sie als Trotzreaktionen auf die Boykottierung durch die Mutter verstanden werden konnten. Katharina leitete daraus eine noch größere Distanz ab. Bisweilen steigerten sich die Animositäten zum offenen Konflikt.

Als Katharina 1787 zu ihrer Demonstrationsreise in den Süden startete, wollte Paul sie gerne begleiten. Die Kaiserin lehnte das brüsk ab und entschied, Alexander und Konstantin sollten mit auf die Südfahrt gehen. Konstantin bekam jedoch die Masern und die Knaben blieben zu Hause. Im gleichen Jahr begann unter Fürst Potjomkins und General Suworows Führung der zweite Krieg gegen die Türkei. Paul bereitete sich sorgfältig auf den Krieg vor, aber wieder entschied die Kaiserin anders. Das Gatschiner Regiment sollte zum Schutz der Hauptstadt vor schwedischen Angriffen an Ort und Stelle bleiben. Abermals ging der Zarewitsch leer aus. Er hätte gar zu gern an der Seite Potjomkins und Suworows militärischen Ruhm erlangt – nun wuchs sein Haß auf den Favoriten Potjomkin und auf die Mutter um so mehr.

Die dynastischen Probleme wurden mit dem unvermeidlichen Heranwachsen Alexanders immer komplizierter: Katharina favorisierte mehr und mehr dessen Anwartschaft auf den Thron und beurteilte Pauls militärische Übungen in Gatschina mit wachsendem Unwillen. Aber sie sprach sich niemals eindeutig für die Kandidatur Alexanders aus. Es ist nicht mehr rekonstruierbar, wie weit der kaiserliche Wille ging und wo die höfische Gerüchtemacherei begonnen hatte. Paul wurde in seiner Wut auf die Mutter direkter und wartete brennend auf den Tag, da er die Krone übernehmen und es allen jenen heimzahlen konnte, die ihn demütigten. Alexander wuchs im Zwiespalt zwischen Petersburg und Gatschina auf. Er fürchtete und achtete seinen Vater. Die streng geordnete militärische Welt in Gatschina bedeutete zwar immer wieder einen Bruch mit den kleinen Freiheiten bei Großmutter Katharina, abgelehnt hat sie der heranwachsende Alexander nicht. Er teilte auch die skeptische Haltung seines Vaters gegenüber der Polenpolitik Katharinas. Es gab also mehr Anknüpfungspunkte zwischen Paul und seinem Sohn, als Katharina lieb gewesen sein konnte. Es war nicht damit zu rechnen, daß Alexander seinem Vater Paul die Krone streitig machen würde. Alexander entwickelte bald ein praktisches Gefühl, seine wahren Gedanken vor den widerstreitenden Seiten zu verbergen. Er verdarb es sich weder mit seiner Großmutter noch mit seinen Eltern und setzte offensichtlich auf die Zeit, die eine Lösung bringen werde.

Im November 1796 kam die Zeit der Entscheidung. Katharina erlitt den zweiten Schlaganfall. Paul weilte in Gatschina, Alexander wurde zuerst an das Sterbebett der Großmutter geholt. Aber allen Gerüchten zum Trotz, Katharina hätte sich definitiv für ihn entschieden, fiel weder von ihrer Seite ein entscheidendes Wort noch unternahm Alexander irgendwelche Schritte, die Macht an sich zu reißen. Er schickte sofort den Vertrauten seines Vaters Fjodor Rostoptschin nach Gatschina und wartete ruhig Pauls Ankunft ab.

Großfürst Paul hatte die Information über den Zustand der Mutter bereits erhalten und befand sich auf dem Weg nach Petersburg, als er auf Rostoptschin traf. Dieser hielt offensichtlich die Thronbesteigung Pauls für ganz natürlich und gratulierte seinem neuen Kaiser. Paul wehrte bescheiden ab, schien sich aber seiner Sache dennoch relativ sicher, denn er soll geantwortet haben: „Abwarten, abwarten, mein lieber Freund. Zweiundvierzig Jahre habe ich gelebt, und Gott der Allmächtige hat mir bis heute geholfen. Hoffentlich schenkt er mir die Kraft und die Willensstärke, mein Schicksal zu meistern!" Das waren nicht die Worte eines Mannes, der einen demütigenden Thronverzicht vor Augen hatte. Es war die bescheidene Erhabenheit einer menschlich und politisch extrem erregten Stunde.

Auf dem Weg in die Hauptstadt strömten dem Prätendenten immer mehr Menschen zu – Höflinge, Militärs, Adlige und Bürger. Im Winterpalais warteten Alexander und Konstantin auf den Vater: Sie trugen die grünen Uniformen des Regiments von Gatschina. Das war mehr als ein Symbol! Paul zog als neuer Imperator in das Palais ein. Die Kaiserin lebte noch, die tausendfältigen Gerüchte waren nicht entkräftet, das letzte Wort noch nicht gesprochen – aber Paul regierte. Rachsucht begleitete ihn von Stund an. Es war erstaunlich, wie der kleine verfemte, verachtete und von der Kunst des Regierens ferngehaltene Mann mit eiserner Energie sofort die Zügel des Staates in die Hand nahm.

Er quartierte sich direkt neben dem Sterbezimmer Katharinas ein: Jeder Hofbeamte, der Paul Bericht zu erstatten hatte, mußte an der sterbenden Kaiserin vorbeigehen. Kaum war die Mutter des Vaterlandes gestorben, ließ Kaiser Paul seinen Überzeugungen freien Lauf. Eine Flut von Vorschriften überschwemmte das Land – alle Ukasse, Dekrete und Manifeste besaßen nur einen Sinn: Jede Lebensäußerung wurde in strenge Regeln gefesselt. Die Freiheiten Katharinas waren vorüber, Paul schrieb fortan vor, welche Hüte zu tragen, wie viele Pferde vor eine Kutsche zulässig waren, wer wann welche Abendgesellschaft geben durfte usw.

Nach all den Jahren der Verachtung kostete Paul seine autokratisch-sakrosankte Stellung aus und bestrafte vor allem die Bösen. Seine besondere Verachtung galt der Mutter. Nicht nur, daß fortan alle Paläste, die Katharina und ihre Favoriten bewohnt hatten, leer blieben, Paul dachte sich etwas ganz Besonderes aus: Kaum war Katharina gestorben, befahl er dem Abt des Alexander-Newski-Klosters, die sterblichen Reste Peters III. auszugraben. Sie wurden in einen neuen Sarkophag gelegt und neben Katharina aufgebahrt. Er persönlich überwachte die Vorbereitungen zum Begräbnis der beiden „kaiserlichen Majestäten". Im Trauerzug mußte Alexei Orlow die Zarenkrone hinter dem Sarg Peters hertragen. Es war eine etwas merkwürdige Szenerie, und mancher Zuschauer, auch die Söhne Pauls, fragte sich heimlich, ob denn der neue Kaiser tatsächlich seine Handlungen sorgfältig genug abwägte.

Paul hatte es auch mit der Krönung eilig. Bereits im April 1797 reiste der ganze Hof nach Moskau. Wer aber dachte, Paul werde versuchen, die luxuriöse Pracht der Krönungszeremonie Katharinas II. zu übertreffen, sah sich gründlich getäuscht. Es ging bei den Festlichkeiten streng, nüchtern, militärisch und sehr religiös zu. Paul führte die Regie selbst. Man wußte nicht, ob die Krönungszeremonie oder die sich anschließende Militärparade der Höhepunkt der Feierlichkeiten war. Gewiß, es gab auch Bankette und Bälle, aber niemand wagte, ausgelassen und unbeschwert das Leben zu genießen.

Für Paul war es besonders wichtig, daß am Krönungstag, dem 24. April 1797, sein Ukas die Bestimmung Peters des Großen aus dem Jahr 1722 außer Kraft setzte, nach der nur der Imperator für die Festlegung der Thronfolge verantwortlich war. Die Geschichte hatte bewiesen, wie wenig Peters Wille beachtet worden war: Katharina I. verdankte den Thron der Gerissenheit Menschikows. Elisabeth und Katharina II. waren von der Garde auf den Thron gehoben worden. Um Anna hatten die Aristokraten gefeilscht, und Iwan VI. hatte sein Leben in der Festung verbracht. Das berührte Paul nur insofern, als er derartige Unwägbarkeiten künftig ausschließen und für seine zahlreiche Kinderschar die Thronfolge sichern wollte. Mit dem Ukas ein weiteres Stück der Erinnerung an Katharina II. auszulöschen, gehörte sicher zu seinem Kalkül.

Nun sollte die Krone in natürlicher Erbfolge jeweils auf den erstgeborenen Sohn übergehen. Sollte dieser keinen männlichen Erben besitzen, würde die Krone nach dem Erstgeburtsrecht einem der Brüder zufallen. Diese Thronfolgeregelung war in Rußland weit stabiler als die hochfliegenden Entscheidungen Peters I.: Bis zu Nikolaus II., dem letzten Zaren, wurde der Ukas Pauls ohne nennenswerte Probleme angewandt.

Die konkrete Folge des Ukasses bestand darin, daß Alexander mit der Krönung Pauls offiziell zum Thronfolger und ersten Großfürsten des Reichs proklamiert wurde, ohne daß Paul in seinem Sohn den Nebenbuhler und Konkurrenten fürchten mußte. Aus diesem Vorgang erwächst noch einmal das Erstaunen, wie nahtlos und problemfrei der Wechsel von Katharina auf Paul erfolgte, obwohl genügend Zündstoff in der Luft gelegen hatte.

Sofort nach seiner Krönung unternahm Kaiser Paul mit Alexander eine militärische Inspektionsfahrt in die westlichen Gouvernements, die nichts von dem Demonstrationscharakter der Reisen Katharinas an sich hatte. Paul besuchte die wehrhaften Städte Weißrußland-Litauens Smolensk, Orscha, Mogiljow, Minsk, Wilna, Grodno, Kowno und Mitau. Er studierte die Lage in den ehemals polnischen Gebieten und inspizierte Kurland, ehe er wieder nach Pawlowsk, seiner Sommerresidenz südlich von St. Petersburg, zurückkehrte.

Die Vorliebe Pauls für alle Formen militärischer Disziplin war bekannt. Dennoch hoffte man in Rußland, daß er Reformen einleiten werde, die zumindest die bei Katharina alltägliche Korruptheit der Beamten eindämmen würden. Es ist ein Phänomen der russischen Geschichte, daß von jedem neuen Zaren eine allseitige Reform der Gesellschaft erwartet worden ist. Alexander bemerkte schon im Oktober 1797: „Als mein Vater auf den Thron kam, wollte er alles reformieren. Der Anfang seiner Regierungszeit war vielversprechend, aber später wurden die in ihn gesetzten Erwartungen nicht erfüllt." So subjektiv und auf sein eigenes Leben bezogen diese Gedanken Alexanders auch waren, wenn bereits nach wenigen Monaten Resignation über die Reformfähigkeit Pauls um sich griff, hätte der Kaiser aufmerksam werden müssen.

Paul teilte die hohe Wertschätzung Katharinas gegenüber kameralistischen Finanzlehren. Er verstand es jedoch nicht, seine Herrschaft im Sinne der Aufklärung darzustellen. Der wichtigste Unterschied im Vergleich zu Katharina II. bestand in seinem mangelnden Gespür für die realen Machtverhältnisse und Interessenlagen der unterschiedlichen gesellschaftlichen Gruppen innerhalb seines Reichs. Außerdem unterschätzte er die oppositionellen Strömungen im grundbesitzenden Adel und unter den Offizieren – vor allem der Garde. Dennoch ging ihm das notwendige Augenmaß für die finanziellen Möglichkeiten des Russischen Reichs nicht verloren. Seine Eingriffe in das von Katharina geschaffene staatliche und gesellschaftliche Organisationsgefüge erfolgten aus Kostengründen und in realistischer Einschätzung der Effizienz der groß- und überdimensionierten Verwaltung. So hob er eine Anzahl von behördlichen und ständischen Einrichtungen auf. Neue Gouvernementsbehörden wurden unter Zusammenlegung und Straffung alter geschaffen. Im Jahr 1799 ließ er alle Gouvernements durch Revisionen überprüfen. Wurde das vom Adel und durch die Bürokratie noch hingenommen, so rief Pauls Umgang mit ständischen Sonderrechten Widerstand hervor: Die Forderung nach Wiederbelebung des 1762 abgeschafften Adelszwangsdienstes und die steuerliche Belastung der Gutsbesitzer, in denen Paul nicht mehr sah als seine Polizeimeister, stieß im Adel auf massiven Widerstand.

Seine Fixierung auf eine absolutistische Interpretation der Autokratie mit der Forderung nach Unterordnung und dem Staats- und Militärdienst aller Untertanen ließ
Raum für eine paternalistisch-fürsorgliche Politik gegenüber den Leibeigenen, für die
1797 der Dreitagefrondienst als Norm festgelegt wurde, und gegenüber den (kaiserlichen) Apanagebauern und den Kronbauern. Paul setzte Zeichen für eine Wende in
der Bauernpolitik. Die Reformen in der zentralen Verwaltung ließen eine Umorientie-
rung auf Ministerien erkennen. Die Zeit reichte nicht zum Abschluß der Ansätze,
vieles erwies sich als tragfähig und lange nachwirkend. Für Gedankenfreiheit oder gar
ständische Autonomiewünsche hatte Paul keinen Sinn. Darauf bezog sich zweifelsohne
auch Alexanders Bemerkung vom Oktober 1797, denn der Thronfolger hing in jenen
Jahren liberalen Reformideen an. Für Paul waren unabhängige Gedanken identisch
mit Verrat, und wer von einer liberalen Verfassung träumte, war für ihn ein Jakobiner.

Die extreme Sucht, alle Untertanen zu reglementieren und zu disziplinieren,
wurde für Paul mehr und mehr zu einer Manie. Hatte sie in der Militärreform nach
preußischem Vorbild vielleicht sogar einen gewissen Sinn, weil diese Reform die Streitkräfte tatsächlich modernisierte und schlagkräftiger machte, so empörten sich die
Gardeoffiziere besonders gegen den auch ihren Geist disziplinierenden Drill.

Kein Zar hatte vor Paul so öffentlich und rigoros, so voll demonstrativer Ablehnung, mit den Traditionen des Vorgängers gebrochen und dabei den reformerischen
Hoffnungen in derartig massiver Weise widersprochen. Es war gar nicht so abwegig,
daß bereits im Herbst 1797 erste Gerüchte über einen neuen Putsch der Garde die
Runde machten. Das Gerücht kannte Alexander, und auch die Kaiserin Marija Fjodorowna hat es wie ihr Mann gehört. Pauls Schlußfolgerung entsprach seinem Wesen: Er
analysierte nicht seine Politik und suchte nicht nach Wegen, seiner Herrschaft eine
größere Akzeptanz in der Öffentlichkeit zu verleihen. Paul faßte den Entschluß, inmitten der Hauptstadt eine stark bewehrte Festung zu bauen, die ihn im Falle einer
Verschwörung schützen sollte: den Michailowski-Palast. 1797 wurde mit den Bau-
arbeiten begonnen.

Zahlreiche Zeitgenossen brachten den Festungsbau mit einem sich bei Paul vertiefenden Verfolgungswahn in Verbindung. Es mag sein, daß es derartige Anwandlungen
gab. Tatsache bleibt aber, daß Pauls Vater durch einen Staatsstreich ums Leben gekommen war, daß das 18. Jahrhundert reich an Militärrevolten gewesen ist, daß es
Pugatschow und die Französische Revolution gegeben hatte.

Es ist nicht sehr überzeugend, wenn ausländische Beobachter vom „Wahnsinn"
Pauls sprachen. Kaiser Paul war niemals wahnsinnig. Dazu war er körperlich viel zu
gesund. Wenn Diplomaten dieses Wort in den Mund nahmen, dann in Abhängigkeit
von den Interessen ihrer Herkunftsländer in bezug auf die russische Außenpolitik. Paul
Petrowitsch wollte Rußlands internationale Großmachtstellung festigen. Er wollte den
Geist der Französischen Revolution bannen. Beides zusammen schuf Grundlagen
dafür, daß sein Sohn Alexander und das Russische Reich zur wichtigsten antinapoleonischen Kraft Europas aufsteigen konnten.

Mochten Pauls Wesen und die daraus erwachsene Politik auch sprunghaft, unberechenbar und voller Subjektivismen gewesen sein – ganz Europa war in den damaligen Jahren sprunghaft und irrational. Kein Politiker konnte sagen, wohin Europa nach der Revolution in Frankreich tendieren werde. Gewiß, Pauls Engagement für den Malteserorden mutete etwas abwegig an, angesichts der Tatsache, daß Rußland eine imperiale Kontinentalmacht war..

Paul wollte eine Nichteinmischungspolitik betreiben und attackierte gleichzeitig das revolutionäre Frankreich. Zu diesem Ziel engagierte er sich beim Malteserorden. Paul war als religiöser Mensch der Ansicht, daß allein die katholische Kirche einen dauerhaft haltbaren Damm gegen die revolutionäre Flut errichten könne. Außerdem hielt Paul sein Eintreten für den Ordensstaat geeignet, die offensive Mittelmeerpolitik Katharinas fortzusetzen. Auch Katharina hatte ein Bündnis mit dem Großmeister des Ordens abgeschlossen. 1797 übernahm Paul die Schirmherrschaft über den Orden, ein Jahr später wurde er mit Zustimmung des Papstes Pius VI. dessen Großmeister.

Der Papst wollte durch dieses seltsame Arrangement seinen Einfluß auf Osteuropa ausdehnen, Paul fühlte sich als edler Ritter des Abendlandes, als Hort des europäischen Adels im Kampf gegen die Revolution. Als Napoleon 1798 auf dem Weg nach Ägypten Malta besetzte, trat Paul in den Zweiten Koalitionskrieg gegen Frankreich ein. Da aber Österreich eigene Machtinteressen in Italien vertrat, endete das Bündnis 1799. Auch die Bindung an England verlor Rußland alsbald, weil sich die Malteser nach der Besetzung ihrer Insel durch englische Soldaten als Untertanen der britischen Majestät empfanden und London eine Mitbeteiligung der Russen an der Besetzung der Insel ablehnte.

Auf diese Weise des Bündnisses mit Österreich und England entblößt, suchte Paul einen neuen europäischen Verbündeten und fand ihn in Frankreich. Napoleon war Erster Konsul geworden, und Paul glaubte, daß Frankreich bald zur Monarchie zurückkehren werde. Dann konnte man gemeinsam das hochmütige England angreifen. Paul interessierte sich sehr für den Fortgang der Verhandlungen mit Frankreich, zu einem Ergebnis sollte es unter seiner kurzen Regierung nicht kommen. Der totale Bruch mit England beschleunigte seinen persönlichen Untergang ...

Offensichtlich konnte Paul die außenpolitischen Kurswechsel von England zu Frankreich vor seiner Umgebung nicht beweiskräftig genug begründen. Entscheidend für die umgehenden Gerüchte über eine Verschwörung war die außenpolitische Option wohl nicht. Sie gründeten sich auf die spontane und unberechenbare Willkür des Zaren gegenüber jedem Menschen, mit dem er zu tun hatte, auf die eklatante Beschneidung der Rechte des Adels, auf die propreußische Disziplinierung der Armee und auf die manische Penetranz, alles und jedes zu reglementieren und zu überwachen. Dazu kam der Verfolgungswahn, der selbst vor den treuen und vertrauten Ratgebern Araktschejew und Rostoptschin nicht einhielt: Beide wurden aus St. Petersburg verbannt.

Bisher unwägbare Vermutung und schleichendes Gerücht, nahm das Geraune über eine Verschwörung gegen den Zaren im Frühjahr 1800 konkretere Umrisse an, blieb aber verständlicherweise nebelhaft. Der Diplomat Nikita Panin wurde genannt, auch der Admiral de Ribas und immer wieder der Stadtkommandant von Petersburg, Graf Peter von der Pahlen. Pahlen ergriff offensichtlich die Initiative, Pauls Sohn Alexander in die Verschwörung einzubeziehen. Die Gründe waren zwar naheliegend, für den Zarewitsch aber zweischneidig: Pauls Mutter war den Geruch der Thronräuberin niemals losgeworden, und Alexander wußte, wie schwer sein Vater an diesem Erbe trug. Sollte er sich der Schande seiner Großmutter verbinden und zum Vatermörder werden? In Pahlens Auftrag besuchte Nikita Panin den Thronfolger und besprach mit ihm die Notwendigkeit, Paul vom Thron zu entfernen. Das Vieraugengespräch wurde nicht dokumentiert. Wir wissen nicht, wie konkret Panin geworden ist. Wir wissen auch nicht, ob Alexander seine wahre Meinung äußerte. Es steht zu vermuten, daß Alexander Panins Vorstoß so begriff, daß Paul für eine Weile unter Hausarrest gestellt werden und daß er, Alexander, in dieser Zeit die Regentschaft übernehmen sollte. Selbst zu dieser vagen Variante konnte sich Alexander nicht entschließen.

Die Dinge entwickelten sich über das Jahr 1800 hinweg nicht mit besonderem Eifer. Es ist richtig, daß Pauls unmotivierte Launenhaftigkeit und sein fast krankhaftes Mißtrauen wuchsen und daß seine profranzösischen Optionen schärfer ausgeprägt wurden. Im Dezember 1800 schrieb Paul drei Briefe an Napoleon, schlug ein gemeinsames Treffen vor und vertrat die Ansicht, England sei der entscheidende Friedensstörer in Europa. Das kann der unmittelbare Anlaß für die Forcierung der Verschwörung gewesen sein, zumal Paul es nicht bei dieser diplomatischen Korrespondenz beließ: Mit einem befohlenen Embargo für den englisch-russischen Handel schadete der Kaiser nicht nur den eigenen wirtschaftlichen Interessen, sondern auch denen des Rohstoffe produzierenden Adels. Geradezu abenteuerlich war der Plan, 20.000 Kosaken vom Don aus in Richtung Indien marschieren zu lassen, um dort gemeinsam mit einem französischen Expeditionskorps England zu schlagen. Konstantin, nach Alexander folgender Thronprätendent, erklärte unmißverständlich: „Mein Vater hat dem gesunden Menschenverstand den Krieg erklärt und ist fest davon überzeugt, niemals Frieden mit ihm zu schließen."

In den folgenden zwei Monaten mußte der objektive Betrachter den Eindruck gewinnen, Paul ergebe sich willenlos seinem Verfolgungswahn und seiner Angst vor Verschwörungen. Das Urteil muß jedoch zweischneidig bleiben, weil tatsächlich eine Verschwörung in Szene gesetzt wurde, deren Ausgang vollkommen offen war. Paul verdächtigte auch seine treue und ihn liebende Frau der Konspiration. Erst nach dem 13. Februar 1801 kam der Kaiser ein wenig zur Ruhe. An diesem Tag zog er mit seiner Frau und seiner Geliebten in den Michailowski-Palast ein. Da war inmitten des europäischen Petersburg eine wahrhaft mittelalterliche Schutz- und Trutzburg entstanden: Wassergräben, Zugbrücken, doppelt gesicherte Türen und ein nahezu perfekt organisiertes Wachsystem, von Paul persönlich und regelmäßig kontrolliert, sollten die gewünschte Ruhe und den Schutz vor Attentaten bringen. Der Kaiser verschwand schon vor seinem Tod in einem selbstgewählten Sarg. Drängend verlangte er, daß die beiden Großfürsten Alexander und Konstantin dem Weg hinter die Mauern folgten. Am 5. März zogen sie mit ihren Familien ein – grollend und schaudernd.

Vorher hatte Alexander Ende Februar ein Gespräch mit Graf Pahlen geführt. Dieser wollte herausfinden, wie Alexander zu dem Plan stehe, den Kaiser zum Thronverzicht zu bewegen. Man kam im Vergleich zu der Unterredung mit Panin kaum einen Schritt weiter: Hausarrest für Paul und Regentschaft Alexanders. Der Zarewitsch verlangte, daß seinem Vater bei einem Umsturz – selbstverständlich im Namen des Zaren – kein Leid zugefügt werden dürfe. Pahlen sagte das zu. Über dieses Moment ist später viel diskutiert worden. Zwei Umstände lassen in der Tat Zweifel aufkommen, ob Alexander wirklich geglaubt hat, er könne seinen Vater vor einem gewaltsamen Tod bewahren: Es lagen in Rußland keinerlei Erfahrungen für den menschlichen Umgang mit einem gestürzten Zaren vor; erstmals in der Geschichte der Romanow-Dynastie genoß die Verschwörung eine Breite und Publizität, die kaum zu überbieten war. Hatte bei Elisabeth und Katharina II. eine Handvoll Gardisten mit großer Improvisationsfähigkeit alles auf eine Karte gesetzt, so bereitete sich faktisch der gesamte Petersburger Adel nahezu genüßlich auf den Sturz des verhaßten Despoten vor. Das konnte Alexander, der den Treueid auf seinen Vater geschworen hatte, nicht verborgen bleiben. Wenn man ihm unterstellt, daß er schwankte, taktierte und seine Meinung nicht klar zum Ausdruck brachte, so muß man auch konzidieren, daß er ratlos war, wie er sich verhalten sollte. Allen an der Verschwörung beteiligten Personen war bewußt, daß das Unternehmen nur mit der Zustimmung des Thronfolgers in Gang gesetzt werden konnte. Alexander gab letztlich seine Einwilligung, war aber weder fähig noch bereit, die Folgen bis zur letzten Konsequenz zu durchdenken.

Es war nicht zu erwarten, daß Paul lebend davonkommen würde. Die Verschwörer wurden kaum von objektiven Staatsinteressen getrieben, sondern von sehr persönlich verstandenen Wirtschafts- oder Standesinteressen. Sie wollten ein Joch abschütteln, das ihnen ganz persönlichen Schaden zugefügt hatte und die Privilegien des eigenen Standes mit Füßen trat. Um so erstaunlicher war es, daß an der Spitze der General Levin Bennigsen stand. Der General stammte aus Deutschland, aus Hannover, diente seit Jahrzehnten in der russischen Armee und war der Ansicht, daß Pauls Herrschaft die Grundlagen des Russischen Reichs zerstörte.

Eine Verschwörung mit derartig breiter Basis konnte dem peniblen Paul kaum verborgen bleiben. Dennoch erhielt er erst im März 1801 von den konkreten Plänen Kenntnis. Paul vertraute dem Grafen Pahlen und fragte ihn direkt, was er von einer Verschwörung wisse. Pahlen schien kaum überrascht zu sein und gab zu, daß Gardeoffiziere etwas planten. Selbst für Kaiser Paul war das Argument, er, Pahlen, habe sich in die Verschwörung geschlichen, um sie rechtzeitig aufdecken zu können, provozierend plump und simpel. Paul schrie sofort: „Dann verlieren Sie keine Zeit!" und erinnerte an die Ermordung seines Vaters.

Der Kaiser war durch Pahlens Worte beunruhigt. Bisher hatte er Gerüchte gehört, jetzt wußte er, welches Schicksal ihm bevorstand, wenn er nicht unverzüglich handelte. Zwei sichere Freunde hatte er einst: Rostoptschin und den rüden, aber treuen General Araktschejew. Paul hatte sie vom Hof verbannt. Jetzt rief er sie. Am 21. März ging ein Kurier nach Araktschejews Gut Grusino ab, das sich nur etwa 130 Kilometer von der Hauptstadt entfernt befand. Pahlen fing den Kurier ab.

Pahlen war ein schlauer Mann und ergriff die Flucht nach vorn. Er trug den Brief zum Kaiser und behauptete, daß es sich nur um eine Fälschung handeln könne, um Araktschejew in die Verschwörung einzubeziehen. Der Brief sei schließlich ohne sein, Pahlens, Wissen expediert worden. Der Zar fiel zwar auf die Finte nicht herein und beharrte darauf, Araktschejew zu rufen, aber praktische Bedeutung erlangte sein Willen nicht mehr.

Pahlen rief die Hauptverschwörer am 22. März zusammen. Man vereinbarte, daß am darauffolgenden Abend ein Bataillon des Semjonowski-Garderegiments die Wache im Michailowski-Palast stellen sollte. Um Mitternacht hatte General Bennigsen mit sechs Verschwörern den Kaiser zu verhaften und in die Peter-Pauls-Festung zu bringen. So sah es der Plan vor.

Erst am Abend des 23. März ging Pahlen noch einmal zu Alexander. Pahlen versicherte erneut, Paul würde unversehrt bleiben und auf eines seiner Schlösser in der Umgebung der Hauptstadt gebracht werden. Alexander wollte dieser Erklärung gerne glauben, er wird auch geahnt haben, daß Pahlen log, denn dieser ging von Alexander in die Wohnung des Generals Talysin. Dort warteten etwa 60 Offiziere. Sie tranken und stellten die Gretchenfrage: Was geschieht, wenn Paul sich nicht kampflos ergeben würde? Pahlen wußte die eindeutige Antwort: „Meine Herren, man kann kein Omelett backen, wenn man nicht Eier zerschlägt!"

Während man sich im Vorgefühl des nahen Coups berauschte, aß der Kaiser im Kreis seiner Familie zu Abend. General Kutusow war einer seiner Gäste. Paul schien heiter und ausgelassen, aber der Schein trog. Als die nächtliche Wachaufstellung vorgelegt wurde und Paul sah, daß nicht seine Leibwache, sondern Soldaten des Semjonowski-Regiments aufzogen, bekam er einen Wutanfall und beschimpfte den Grafen Pahlen. Aber geändert hat Paul die Diensteinteilung offensichtlich nicht. Nach dem Abendessen zog er sich in seine Zimmer zurück. Alle Türen wurden fest verschlossen und mit Wachen besetzt.

Über den Ablauf des Attentats existieren mehrere Varianten, und es ist nicht eindeutig bekannt, wie sich alles abgespielt hat. Um elf Uhr nachts öffnete ein Angehöriger des Preobrashenski-Regiments den Verschwörern die Festung, Pahlen ging in die Wohnräume Alexanders. General Bennigsen führte 18 Offiziere in die Zarenräume. Die Wachen wurden überrumpelt, die Türen aufgebrochen. Im flackernden Kerzenlicht lugte Paul verschreckt hinter einem Wandschirm hervor. Bennigsen teilte ihm die Absetzung und Verhaftung „im Namen des Kaisers Alexander" mit. Paul wollte mit den Eindringlingen reden, aber alle waren so erregt, daß die Reden in

Geschrei und das Geschrei in ein Handgemenge mündeten. Man fiel über den kleinen Kaiser her. Ein Offizier (Nikolai Subow) schlug dem Zaren eine Schnupftabakdose gegen die Schläfe. Ein anderer würgte ihn mit einem seidenen Schal. Ein dritter drückte einen malachitenen Briefbeschwerer gegen die Kehle: wenige Minuten nach ein Uhr morgens, am 12. März 1801 – in Westeuropa war das bereits der 24. März –, war Kaiser Paul tot.

Erst jetzt eilte Pahlen direkt mit der Nachricht zu Alexander, Paul sei an einem Schlaganfall gestorben. Der Rest erweckte den Eindruck einer Posse: Alexander gab sich verzweifelt, seine Ehefrau mahnte zu Standhaftigkeit. Alexander fuhr zum Winterpalais und zeigte sich den Garderegimentern. Er sagte, sein Vater sei an einem Schlaganfall gestorben. Der schottische Arzt James Wylie beurkundete diese Todesart. Eine Legende war geboren.

Paul war tot. Selten ertönte in Rußland ein derartiger Jubelschrei, voll innerer Befreiung. Alle Hoffnungen, die despotischen Fesseln abzustreifen, lagen nun bei Alexander. Man wollte die bedrückenden Herrschaftsjahre Pauls so schnell wie möglich vergessen. Gewiß, die öffentliche Meinung ist hart und urteilt mitunter vorschnell, nach den jeweils augenblicklichen Eindrücken. Als Kaiser war Paul sicher unmöglich, obwohl er sich zu zahlreichen Traditionen des autokratischen Rußland bekannte. Als Mensch und Persönlichkeit war er ein Opfer der Willkür seiner aufgeklärten Mutter Katharina. Er war der erste russische Zar und Kaiser, bei dem es die reale Chance gegeben hatte, ihn langfristig, gründlich und einfühlsam auf die natürliche Erbfolge vorzubereiten. Genau das Gegenteil geschah. Die große Katharina II. tat alles in ihren Kräften Stehende, ihren leiblichen Sohn als Persönlichkeit zu deformieren. So regierte er dann auch. Alexander I. bestieg den Thron und versprach, im Geiste seiner aufgeklärten Großmutter Katharina regieren zu wollen.

LITERATUR

Loewenson, Death of Paul, in: SEER 29.
R. E. McGrew, Paul I of Russia 1754–1801, 1992.
Zoé Oldenbourg, Katharina die Große. Die Deutsche auf dem Zarenthron, München 1969.
Alan Palmer, Alexander I. Der rätselhafte Zar, Frankfurt am Main/Berlin 1994.
H. Ragsdale, Tsar Paul and the Question of Madness, 1988.
N. K. Šilder, Imperator Aleksandr I., ego zizn' i carstvovanie, 4 Bde., St. Petersburg 1897.
N. K. Šilder, Imperator Pavel I., St. Petersburg 1901.
Leonid I. Strakhovsky, Alexander I of Russia, London 1949.

ALEXANDER I. PAWLOWITSCH

Alexander I. Pawlowitsch

1777–1825

KAISER VON RUSSLAND 1801–1825

12. Dezember 1777	Alexander wird als erster Sohn des Großfürsten Paul Petrowitsch, des späteren Zaren Paul I., und dessen zweiter Ehefrau Marija Fjodorowna (Sophie-Dorothea von Württemberg-Mömpelgard) in St. Petersburg geboren.
1793	Nach dem Willen Katharinas II. heiratet Alexander die Prinzessin Luise Maria Augusta von Baden-Baden (Elisabeth Alexejewna).
12. März 1801	Nach der Ermordung seines Vaters besteigt Alexander I. den russischen Zarenthron. Die offizielle Krönung folgt am 15. September 1801 in Moskau.
19. November 1825	Alexander I. stirbt im südrussischen Taganrog. Er wird nach Petersburg überführt und dort in der Kathedrale der Peter-Pauls-Festung beigesetzt.

Es gab russische Zaren, denen zu Lebzeiten oder nach ihrem Tod ein charakterisierendes Markenzeichen angehängt wurde: Iwan IV. galt als schrecklich, Peter I. und Katharina II. waren groß, Peter III. wurde als ein infantiler Versager betrachtet, Anna als deutschfreundlich, Elisabeth wurde mit dem Nimbus einer faulen Verschwenderin umgeben, Paul I. erscheint als der despotische Kommißknochen usw. Alexander I. erweckte bei Historikern und Hobbyforschern durch seine Rätselhaftigkeit Interesse.

Die Motive für diese Charakterisierung scheinen vielfältig. Den Geschichtsdeutern blieb es weithin ein Rätsel, warum Alexander Napoleon nach dessen Rußlandfeldzug 1812 den Frieden verweigerte, andererseits jedoch 1815 die stark mystisch-moralisierende Heilige Allianz europäischer Staaten förderte. Mit Wollust wurde lange Zeit herumgestochert, wie und warum der Kaiser 1825 plötzlich und geheimnisvoll im südrussischen Taganrog ums Leben kam. Derartige Fragen werden von der durch die akademische Forschung mitunter als „populistisch" diskriminierten Breitenliteratur gestellt. Die Wissenschaftler abstrahieren. Sie stellen die gleichen Fragen anders: Wie war es möglich, daß Alexander aufklärerische Ziele verfolgte und fest auf dem tradierten Autokratieprinzip beharrte. Warum war er einmal entschlußlos und passiv – ein anderes Mal zielstrebig und aktiv? Wie konnte er Europa und den russischen Expansionsdrang unter einen Hut bekommen? Diese Fragen werden philosophisch, sozialgeschichtlich, mental-individuell oder aus der politischen und Geistesgeschichte zu erklären versucht. Aber außer dem Verweis auf zur Heuchelei des Jungen zwischen dem Hof Katharinas II. und dem kleinen Paradeplatz seines Vaters Paul in Gatschina sowie auf die Turbulenzen in Europa nach der Revolution in Frankreich ist auch die Historiographie dem Problem nicht wesentlich nähergekommen.

Die Zeitgenossen haben sich ausführlich über den Charakter Alexanders I. geäußert. M. M. Speranski hielt ihn für einen „wahren Verführer", A. S. Puschkin für einen „schwächlichen und schlauen Herrscher", P. A. Wjasemski für eine „rätselhafte Sphinx" und A. I. Herzen für einen „gekrönten Hamlet, dessen ganzes Leben unter dem Schatten des ermordeten Vaters lag". Man sah in ihm „eine sonderbare Vermischung zwischen den philosophischen Strömungen des 18. Jahrhunderts mit den Prinzipien der Selbstherrschaft". Sein Jugendfreund Czartoryski sagte später über ihn: „Der Kaiser liebte äußere Formen der Freiheit, wie man solche Vorstellungen lieben kann ... aber außer Formen und Äußerlichkeiten wollte er nichts und er ist auch zu keinem Zeitpunkt geneigt gewesen, sie in die Wirklichkeit umzusetzen." Der General P. A. Tutschkow erwähnte in seinen Memoiren, daß Alexander „am Beginn seiner Herrschaft mit einigen Maßnahmen den Geist der unbegrenzten Autokratie zum Ausdruck brachte: Rachsucht, Nachträglichkeit, Argwohn, Unbeständigkeit und Täuschung." A. I. Turgenjew (der Bruder des Dekabristen N. I. Turgenjew) nannte Alexander „einen Republikaner nach Worten und Autokraten in der Sache" und meinte, daß „der Despotismus Pauls noch immer besser gewesen sei als der heimliche und wechselhafte Despotismus" Alexanders.

Alexander I. zeichnete sich durch die virtuose Fähigkeit aus, seine Erfolge auf die Leichtgläubigkeit anderer aufzubauen; er besaß die „angeborene Gabe der Liebenswürdigkeit" und er konnte geschickt Menschen verschiedener Ansichten und Überzeugungen für sich gewinnen: Mit „Liberalen" konnte er über den „Liberalismus" sprechen, mit Konservativen über die „unerschütterlichen Grundlagen". Er konnte „Tränen vergießen" mit der religiösen Fanatikerin Juliane von Krüdener. Er unterhielt sich mit Quäkern über die Rettung des Geistes und die Toleranz. Für seine schauspielerischen Fähigkeiten bezeichneten Zeitgenossen Alexander als den „Talmas des Nordens" (nach einem damals bekannten französischen Schauspieler).

Alexander liebte sich selbst am meisten, war argwöhnisch und mißtrauisch. Er nutzte geschickt die menschlichen Schwächen, spielte mit der „Offenheit", um sich die Menschen seinem Willen unterzuordnen. Er zog Menschen an sich heran, die einander nicht leiden mochten, nutzte geschickt deren Aversionen und gegenseitige Intrigen, und so erklärte er einmal: „Intriganten sind für den Staat ebenso wichtig wie ehrenhafte Leute, bisweilen sogar noch wichtiger."

M. A. Korf erinnerte sich daran, daß Alexander ähnlich wie seine Großmutter Katharina II. „besonders gut in den Geist und die Seele anderer eindringen konnte, wobei er die eigenen Empfindungen und Überlegungen verheimlichte". Die französische Schriftstellerin Madame de Staël, auf die Alexander großen Eindruck machte, als sie einander 1814 in Paris begegneten, sah ihn als einen „Menschen von beachtenswertem Geist und Wissen". Alexander unterhielt sich mit ihr über die Schädlichkeit des Despotismus und versicherte seinen aufrichtigen Wunsch, die Leibeigenen zu befreien. Im selben Jahr besuchte er England und sagte dort zahlreiche Liebenswürdigkeiten, die er dadurch noch steigerte, daß er behauptete, er sei gewillt, in Rußland eine Opposition zu schaffen, weil sie helfe, sich richtiger zu den Dingen zu verhalten.

„Herzensgüte" und „Freundlichkeit" bescheinigte der deutsche Reformer Freiherr vom und zum Stein. Der preußische Minister verschwieg nicht die dem russischen Kaiser eigene Eigenschaft: „Aber er greift auch oft zu den Waffen Schlauheit und List, um seine Ziele zu erreichen." Bekannt ist der Ausspruch Napoleons: „Alexander ist geistvoll, freundlich und gebildet, aber man darf ihm nicht vertrauen; er ist nicht ehrlich; er ist ein echter Byzantiner ... elegant, falsch, durchtrieben." Ebenso bekannt ist der Spruch des schwedischen Botschafters Lagerbilke: „In der Politik Alexanders sind Feinheiten, spitz wie eine Stecknadel, scharf wie ein Rasiermesser und falsch wie Meerschaum." Der französische Dichter F. Chateaubriand äußerte sich über ihn: „Wendig wie ein Grieche."

Neben der Unaufrichtigkeit, „Sprunghaftigkeit und Zweideutigkeit seines Charakters" bemerkte man bei Alexander Eigensinn, Argwohn, große Eigenliebe und das Bestreben, „Popularität um jeden Preis zu suchen". In der Familie nannte man ihn den „sanften Dickkopf". Der schwedische Botschafter, Baron Steding, sagte über ihn: „Wenn es schon schwer war, ihn von einer Sache zu überzeugen, so ist es noch schwerer gewesen, ihn von einem Gedanken abzubringen, von dem er einmal beherrscht wurde." Besonders eigensinnig wurde er, wenn eine Angelegenheit seine Eigenliebe berührte. Diese Hartnäckigkeit vereinigte sich mit einem schwachen Willen, wie etwa der „Liberalismus" in Worten mit dem Despotismus, ja, der Grausamkeit. Speranski sagte über ihn: „Er ist zu schwach, um zu regieren, und zu stark, regiert zu werden." Speranski erkannte auch die Inkonsequenz des Zaren („Er macht alles nur halb").

Wie intensiv man die Charakteristiken über Alexander auch durchforstet, viel Geheimnisvolles ist daran nicht zu entdecken. Er war ein Mensch mit allen dem Menschen möglichen guten und weniger positiven Eigenschaften. Merkwürdig bleibt nur, daß man gerade Alexander negative Merkmale zugeschrieben hat, die bei anderen Zaren auch vorhanden waren, in deren historischer Bewertung jedoch keine Rolle spielten bzw. anstandslos akzeptiert wurden.

Dabei schadet es nichts, eine große europäische und russische Persönlichkeit am Beginn des 19. Jahrhunderts mit einer gewissen geheimnisvollen Gloriole zu umgeben. Die jedoch erwächst vor allem daraus, daß sich Alexander I. als erster russischer Herrscher berufen fühlte, über die eigenen Landesgrenzen hinaus die politische Landkarte des europäischen Kontinents neu zu zeichnen. Er sah sich als der wahre Gegenspieler Napoleon Bonapartes und war zeitweilig sogar bereit, mit diesem gemeinsam Europa umzugestalten. Alexander I. fühlte sich, da er Napoleon geschlagen hatte, als der rechtmäßige Herr Europas. Das autokratische Selbstverständnis russischer Herrscher sah wohl die permanente Erweiterung der eigenen Landesgrenzen, nicht aber die europäische Vaterschaft vor.

Kein russischer Herrscher war unumstritten. Wie sollte es Alexander I. anders ergehen, zumal am Beginn seiner Herrschaft der Fluch des Vatermordes und am Ende die Verschwörung der Dekabristen stand? Kein russischer Zar oder Kaiser griff so weit nach Europa wie Alexander I. Was Wunder, daß die im Innern des Reichs entrückte autokratische Persönlichkeit jenseits der Grenzen auf viele Fragen stieß. Nur wenige Zeitgenossen waren bereit, dem Zaren ein so günstiges Zeugnis auszustellen, wie der amerikanische Präsident Thomas Jefferson: „Ich glaube, daß es keinen anderen Menschen gibt, der solche Tugenden besitzt und der mit so viel Begeisterung gewillt ist, das Los der Menschheit zu verbessern." Ob Alexander I. in diesem edlen Streben stets durchschaubare Ziele, Mittel und Methoden gewählt hat, das ließ Jefferson offen.

Als Alexander Pawlowitsch am 12. Dezember 1777 geboren wurde, handelte Katharina II. so, wie 1754 die Kaiserin Elisabeth mit seinem Vater Paul Petrowitsch verfahren war: Katharina nahm den Eltern den Jungen weg und kümmerte sich um dessen Pflege und Erziehung. Nicht anders erging es dem im Mai 1779 zur Welt gekommenen Bruder Konstantin. Gleichzeitig war die Trennung der Kinder von ihren Eltern nicht so extrem wie im Falle Pauls. Da Katharina ihrem Sohn Paul gegenüber keine besondere Wertschätzung an den Tag legte, wollte sie wenigstens dessen Söhne nach ihrem Bild formen. Großmütterliche Gefühle und die Suche nach der eigenen verlorenen Jugend und Mutterschaft mögen eine Rolle gespielt haben.

Alexander und Konstantin wurden im Unterschied zu ihrem Vater nicht verzärtelt. Man sagt, daß Nachtlager und Ernährung eher spartanisch waren. Dafür bekam Alexander reichlich geistige Nahrung. Die Großmutter Katharina malte das Lob eines frühreifen und überdurchschnittlich begabten wie lerneifrigen Jungen in allen Farben.

Katharinas größte Leistung für Alexander war im Jahr 1783 die Berufung des gemäßigt-liberalen Schweizer Gelehrten Frédéric César de La Harpe zum Hauslehrer. Ihr Freund Melchior Grimm hatte den Kontakt hergestellt. De La Harpe wurde einer Gruppe von Erziehern zugeteilt, an deren Spitze – nicht ohne Pikanterie sei das vermerkt – General Nikolai Iwanowitsch Saltykow stand, ein jüngerer Bruder des Mannes, der als Vater Pauls galt. Der jüngere Saltykow wurde mit der Hypothek gut fertig, und da er sowohl klug als auch ein Freund militärischer Disziplin war, konnte er es sowohl Katharina als auch Paul recht machen. General Saltykow übte auf Alexander einen großen Einfluß aus, größer vielleicht als de La Harpe. Noch in späteren Jahren – nach 1812 – berief der Kaiser Saltykow zum Vorsitzenden des Ministerkomitees: als Dank und wegen dessen Loyalität gegenüber dem Imperator. Das Gewicht, das Saltykow und die russischen Erzieher im Vergleich zu de La Harpe und Masson für die ideelle Entwicklung Alexanders besessen haben, ist schwer ermittelbar. De La Harpe hatte einen großen Einfluß auf Alexander und prägte dessen aufklärerische und liberale Emotionen in jungen Jahren. Sie entsprachen der individuellen Vorstellungswelt Katharinas und fielen bei Alexander auf fruchtbaren Boden. Ob er allerdings die westlerischen Lehren de La Harpes zielbewußt aufgenommen und verarbeitet hat, läßt sich an den Lebensleistungen nur schwer nachvollziehen. Die folgten eher pragmatisch notwendigen Entscheidungen denn einer liberalen Strategie, vor allem aber religiös-mystischen Abstraktionen.

Es ist an dieser Stelle anzumerken, daß der junge Großfürst in seiner Kindheit weder durch traumatische Erlebnisse wie Iwan IV., Peter I. oder Paul I. belastet wurde noch daß seine ausgezeichnete und gediegene Erziehung die Wiege eines aufschäumenden Liberalismus sein konnte. Es war auch nicht so, daß der Widerspruch zwischen den Höfen in Petersburg und Gatschina nur negative Folgen für die Charakterbildung Alexanders besaß und Heuchelei und Verstellung förderte.

Alexander war ein hübscher Junge, groß und von feinen Gesichtszügen, der gut und leicht lernte. Seine Großmutter kleidete ihn vorzüglich und führte ihn beizeiten an Regierungsaufgaben heran, allerdings in einer Zeit, da sie selbst den Gedanken an aufklärerische Reformbestrebungen längst aufgegeben hatte, da sie Pugatschow fürchten gelernt hatte und sich nur noch von konservativen Manifesten bestimmen ließ. Alexander war ein gelehriger Schüler und tat alles, was von ihm verlangt und erwartet wurde. Katharina mußte einen so wohl geratenen Enkel – dem sogar Fürst Potjomkin gewogen war – für geeignet halten, eines Tages Rußlands Kaiserthron zu besteigen.

Man vermutete, daß Katharina auf die frühe Heirat Alexanders drängte, um die Thronfolge zuungunsten Pauls zu regeln. Es bleibt eine Vermutung. Russische Groß-fürsten wurden in der Regel sehr früh verheiratet, um die Thronfolge über den un-mittelbaren Erben hinaus stabil zu sichern. Alexanders Hochzeit im Jahr 1793 mit der Prinzessin Luise von Baden-Baden war kein logisches Indiz für die beabsichtigte Ent-erbung Pauls.

Der Gedanke erhielt dadurch Nahrung, daß Paul und dessen Frau nicht in die Heiratspläne eingeweiht worden waren, sondern erst Einblick erhielten, als die kleine Luise bereits in Petersburg weilte. Alexander verhielt sich gegenüber seiner künftigen Frau zunächst abweisend, vielleicht war er physisch und psychisch noch nicht auf eine Ehe eingestellt. Paul und dessen Ehefrau Marija Fjodorowna machten gute Miene zum bösen Spiel und trugen der Schwiegertochter die Entscheidung Katharinas nicht nach. Allerdings, Luise wurde sofort in den Konflikt zwischen Katharina und ihrem Sohn Paul einbezogen.

Die Kaiserin übertrug die schwärmerische Anbetung Alexanders auf dessen Frau. Über deren Konversion zur orthodoxen Großfürstin Elisabeth Alexejewna und die Verlobung mit Alexander schrieb Katharina dahinschmelzend: „Alle sagten, daß sich hier zwei Engel die Treue schworen. Es gab nichts Rührenderes zu sehen als diesen 15jährigen Bräutigam mit seiner 14jährigen Braut."

Am 9. Oktober 1793 fand das große Fest der Eheschließung statt. Katharina war überzeugt, daß sie Amor mit Psyche verheiratet hatte, und betrachtete selbst die bana-len Kinderfreuden des sich in die höfische Oberflächlichkeit integrierenden „Ehepaars" mit verklärtem Seufzen: ihr tugendhafter Lieblingsenkel war auf dem rechten Weg! Monat um Monat verging, und die Kinder brachten keine Kinder zur Welt. Katharina wurde unruhig, und es lag mehr als Spott hinter den permanenten Nachfragen Marija Fjodorownas, ob denn die gute Elisabeth nicht in anderen Umständen sei. Marija Fjodorowna brachte selbst ein Kind nach dem anderen zur Welt, darunter 1796 den Sohn Nikolaus – den späteren Kaiser Nikolaus I. Zu Lebzeiten Katharinas gelang es Alexander und Elisabeth nicht mehr, die Thronfolgewünsche der Großmutter zu erfüllen. Darum wandte sich Katharinas Interesse gegen Ende ihres Lebens etwas von dem jungen Alexander ab. Das war ein komplizierter Vorgang, in dem verschiedene Handlungsebenen miteinander verknüpft wurden. Katharina, verschreckt durch die Folgen der Revolution in Frankreich, hielt die weltoffenen Einsichten de La Harpes nicht mehr so günstig für die Entwicklung des Enkels. Ihr Konservatismus tendierte eher zu dem Versuch einer Annäherung an den Sohn Paul bzw. zu dem Gedanken, Alexander stärker in die Traditionen von Orthodoxie und Autokratie einzubinden. Es war ein geschickter Schachzug Katharinas, ausgerechnet de La Harpe – bevor sie ihn nach Hause schickte – zu Paul zu senden und ihn mit der Vermittlung zu beauftragen. Er, den Paul stets mit Mißtrauen betrachtet hatte, gewann dessen Zuneigung und erreichte, daß Paul von nun an seine beiden Söhne Alexander und Konstantin regelmäßig sehen wollte. Die Beziehungen normalisierten sich.

Katharina beschäftigte sich immer wieder mit der Frage, ob Alexander eine Alternative auf dem Thron war. Ihre alte Feindschaft gegenüber Paul – und umgekehrt – blieb, trotz sich äußerlich glättender Wogen. Wenn Katharina tatsächlich so scharfsinnig war, wie sie sich selbst gerne darstellte, dann muß sie bald bemerkt haben, daß Alexander einer solchen Entscheidungsfrage ausweichen würde, daß er nicht nur Respekt, sondern auch Achtung gegenüber seinem Vater empfand und daß er mit Paul zunehmend kritische Übereinstimmung in politischen Fragen fand. Insbesondere verurteilten beide die Polenpolitik Katharinas. Die Zerschlagung des Königreiches Polen hielten sie für unmoralisch, wenn auch aus verschiedenen Motiven heraus. Für den jungen Alexander war der aufständische Tadeusz Kosciuszko ein spontanes Freiheitssymbol. Paul sympathisierte mit dem Polen, weil der ein Opfer Katharinas war.

Dennoch, die Frage einer Thronfolge stand unausweichlich, und Alexander wurde zwischen den unterschiedlichen Interessen hin und her gestoßen. Er spürte die Spannung und sprach darüber mit seinen engen Freunden Adam Czartoryski, Viktor Kotschubei und Alexei Araktschejew. Seine Reaktion war charakteristisch. Er wich aus und wollte allen Problemen entfliehen. Im Mai 1796 schrieb Alexander an Viktor Kotschubei: „Bei uns ist alles durcheinander. Kann unter solchen Umständen ein Mann einen Staat regieren, ohne ihn zu verraten? Das geht über die Kraft eines Menschen, der mehr Fähigkeiten besitzt als ich selbst, sei er auch ein Genie. Ich habe immer gesagt, daß es besser ist, etwas zu unterlassen, als es schlecht zu machen. Es ist meine Absicht, mich mit meiner Frau am Rhein niederzulassen, wo ich in Frieden als Privatperson in der Gesellschaft von Freunden beim Studium der Natur glücklich leben werde." Von dieser Art waren weder Katharina noch Paul. Alexander war keine Alternative für den Thron.

Katharina sah das und traf keine Entscheidung. Nach ihrem ersten Schlaganfall am 22. September 1796 beorderte sie Alexander zu sich. Es gibt keine Dokumente über das lange Gespräch, nur Spekulationen. Der Hinweis, sie habe ihm wichtige Staatspapiere ausgehändigt, entbehrt des Beweises. Das einzige Zeugnis ist ein Billett Alexanders an Katharina, datiert auf den 4. Oktober 1796. Der Enkel zerfloß vor Ehrfurcht für die ihm von der Kaiserin erwiesenen Wohltaten und schrieb: „Aus diesen Papieren, von denen Sie mir Mitteilung machten, geht ganz klar hervor, mit welchen Gedanken sich Eure Majestät beschäftigen. Wenn ich meine Meinung äußern darf, so halte ich sie für gerecht. Noch einmal möchte ich Eurer Kaiserlichen Majestät meine tiefste Dankbarkeit bekunden, und ich nehme die Freiheit, mit tiefer Ehrfurcht und unauflöslicher Anhänglichkeit Eurer Majestät bescheidenster und treuester Diener und Enkel zu sein." Das war edel, in bezug auf das Problem jedoch weder Fisch noch Fleisch. Überdies sagte die Meinungsäußerung nichts darüber aus, welche Ansichten Alexander für „gerecht" hielt.

Gilt das Kriterium der Tat, dann haben sich Großmutter und Enkel an jenem geheimnisvollen 26. September auf die Thronfolge Pauls verständigt, denn am 4. Oktober nannte Alexander seinen Vater bereits „Seine Kaiserliche Hoheit". Entscheidender ist die Tatsache, daß der Thronwechsel nach Katharinas Ableben vollkommen reibungslos auf Paul erfolgte und daß Alexander keinen einzigen Schritt unternahm, den Thronanspruch seines Vaters in Frage zu stellen.

Kaiser Paul I. regierte: hart, despotisch, willkürlich und voller Rache gegenüber vielen Entscheidungen seiner Mutter. Zu seiner Ehre gehört, daß er Katharinas Herrschaftssystem nicht generell in Frage stellte und seine Söhne den Haß gegen die Usurpatorin auf dem Thron nicht spüren ließ. Für Alexander änderte sich das gesamte Leben. Mit Pauls Krönung im April 1797 wurde Peters I. Thronfolgeregelung aufgehoben. Alexander wurde offiziell zum Thronfolger und ersten Großfürsten des Reichs proklamiert: Er war 20 Jahre alt. Von der Krönung in Moskau aus inspizierten Kaiser und Großfürst die westlichen und baltischen Provinzen. Alexander mußte sich auf militärische Fragen konzentrieren und dabei achtgeben, nicht gegen die vom Vater geliebte Disziplin zu verstoßen: Von Kindheit an hörte er auf einem Ohr schwer, bei einem Sturz vom Pferd hatte er sich die Hüfte verletzt, er war linkisch und ungeschickt. Alexei Araktschejew war es zu danken, daß Alexander bei seinem peniblen Vater nicht permanent unangenehm auffiel. Aber er kam treu allen Verpflichtungen nach, die ihm der Kaiser auferlegte – so, wie er früher auch der Großmutter gefolgt war.

Allerdings, der Respekt vor dem Vater und der eigenen Verantwortung hinderten Alexander nicht daran, mitunter recht unorthodoxe Ansichten zu äußern. Er schaute kritisch auf das Regiment Pauls und verband seine Abscheu vor dessen despotischen Zügen mit liberalen Schwärmereien. Bereits im Oktober 1797 schrieb Alexander heimlich an de La Harpe: „Sollte ich jemals an die Regierung kommen, so wird es besser für mich sein, mich nicht in freiwilliges Exil zu begeben, sondern mich der Aufgabe zu widmen, meinem Land Freiheiten zu gewähren, um zu verhindern, daß es in der Zukunft in der Hand eines Wahnsinnigen zu einem Spielzeug wird. Ich bin in Kontakt mit aufgeklärten Menschen, die ebenfalls seit langer Zeit so denken wie ich. Im ganzen sind wir nur vier an der Zahl, und zwar: Nowossilzew, Graf Stroganow, der junge Prinz Czartoryski, mein Adjutant ... und ich selbst. Wir haben die Idee, daß wir während der derzeitigen Regierung möglichst viele ausländische Bücher in die russische Sprache übersetzen sollten. Wir wollen dann von diesen, vorausgesetzt es ist erlaubt, möglichst viele drucken lassen und andere für spätere Gelegenheiten aufheben ... Wenn ich an der Reihe sein werde, so wird es notwendig sein, langsam Schritt für Schritt sich vorwärts zu arbeiten, um den Weg einer Volksvertretung zu ermöglichen ... sollte es auch eine freie Verfassung sein. An diesem Zeitpunkt wäre meine Autorität zweifellos zu Ende, und wenn die Vorsehung unsere Anstrengungen begünstigen sollte, werde ich mich dann irgendwohin zurückziehen und in Frieden leben."

Von einer Verschwörung gegen Paul war in dem Brief keine Rede. Alexander besaß aufklärerische Ideale, die sich harmlos artikulierten. Daß er sich als erster Großfürst in allgemeinen Phrasen Gedanken darüber machen mußte, wie es werden würde, wenn er einmal Regierungsverantwortung übernehmen sollte, kann nur als normal betrachtet werden. Gleichzeitig erkannte Alexander, daß die Mißstimmung und Ablehnung gegenüber der Regierungspolitik seines Vaters in den Garderegimentern und in der hauptstädtischen Administration wuchs. Alexander hatte vorher keine Neigungen zu außergewöhnlichen Taten gezeigt, jetzt unternahm er auch nichts. Wiederum zwangen ihn die Ereignisse zur Stellungnahme.

Seit dem Herbst 1797 munkelte man von einer Verschwörung gegen Paul. Alexander nahm an allen wesentlichen Handlungen seines Vaters teil. Er sah, in welchem Maße sich der Kaiser in eigene Widersprüche verstrickte. Er erlebte auch, daß es in den Jahren 1798/99 keine ernsthaften Anstrengungen zum Sturz des Kaisers gab. Warum sollte er gegen einen Mann, zu dem er sich loyal verhielt, in intriganter Weise vorgehen? Erst zu Beginn des Jahres 1800 sprach Nikita Panin im Auftrag des Grafen von Pahlen mit Alexander. Panin informierte den Zarewitsch über den beabsichtigten Sturz Pauls. Alexander sollte seine Zustimmung zu einer Regentschaft geben, verweigerte diese jedoch und war nicht bereit, sich in irgendeiner Richtung festzulegen.

Abermals verging ein Jahr voller Ungewißheit. Erst als Paul gegen Ende des Jahres 1800 seine außenpolitischen Optionen umdrehte und sich dem zuvor befehdeten Napoleon zuwandte, schritten die Verschwörer zur Tat. Die englandfeindliche Politik Pauls und die sichtbare Zunahme seines Verfolgungswahns ließen den Plan zu seinem Sturz konkret reifen. Als Graf Pahlen Ende Februar 1801 Alexander aufsuchte, fand er diesen noch immer nicht bereit, an einer gewaltsamen Abdankung mitzuwirken. Das Bewußtsein einer unabänderlichen Gesetzlichkeit der Autokratie, der Treueid und nicht zuletzt die Verehrung für den Vater, gepaart mit allgegenwärtiger Entschlußlosigkeit, hielten Alexander zurück. Erst nach stundenlangen Debatten wich er vor Pahlens Beharrlichkeit zurück. Er stimmte zu, daß sein Vater unter Hausarrest gestellt werden sollte und daß er selbst die Regentschaft übernähme. Einzige Bedingung: dem Kaiser dürfe kein Haar gekrümmt werden.

Es gibt kein aussagekräftiges Zeugnis darüber, ob Alexander an die Realisierbarkeit des Kompromisses wirklich geglaubt hat. In der russischen Herrschaftsgeschichte gab es dafür jedenfalls kein Beispiel. Alexander mußte mit jedem Ergebnis rechnen, nachdem die endgültige Entscheidung gefallen war. Am Abend des 23. März 1801 erhielt er abermals den Besuch Pahlens. Der teilte mit, daß die Revolte in der kommenden Nacht vollendet werden würde. Pahlen betonte noch einmal ausdrücklich, daß man den Kaiser nur gefangennehmen wolle. Nichts weiter.

In dieser Nacht wurde Kaiser Paul I. ermordet. Nach der Tat ging Pahlen wieder zu Alexander und sagte ihm, sein Vater sei durch einen Schlaganfall ums Leben gekommen. Der Thronfolger brach zusammen und weinte: über den Tod des Vaters, über den Wortbruch Pahlens, darüber, daß nun eingetreten war, was er bisher nicht wahrhaben wollte, oder über die Tatsache, daß er, der sich nie entscheiden konnte, nun regieren mußte? Alles mag eine Rolle gespielt haben, und da ihm seine Frau gut zuredete, ging er in den Winterpalast, sprach er zur angetretenen Garde und unterwarf sich seinem schweren Regierungsamt in dem Bewußtsein, daß an dessen Beginn eine Verschwörung und ein Vatermord standen.

Pauls schreckliches Ende löste in Rußland Begeisterungsstürme aus. Man erwartete allgemein, daß der junge Kaiser eine Ära liberaler Reformen einleiten würde. Die Erwartung barg Hoffnungen wie Ängste in sich. Es war für Alexander leicht, den rädernden „Domostroi" Pauls über Bord zu werfen, die Menschen in äußerliche Heiterkeit und Zufriedenheit zu versetzen. Für den Fortbestand des Reichs war damit noch nichts gewonnen. Wenn Alexander betonte, daß er das Volk so regieren wolle, „wie es ihm Gott der Allmächtige anvertraut habe, in Übereinstimmung mit den Gesetzen und dem Geist Unserer verehrten verstorbenen Großmutter Katharina der Großen", dann verhieß das zwar eine größere Liberalität gegenüber den Pressionen Pauls, aber noch lange kein Abrücken von Autokratie und Adelsprivilegien. Paul war mit der von Katharina protegierten Elite glimpflich umgegangen, hatte deren Privilegien lediglich in Frage gestellt. Nun erhofften sich die Parteigänger Katharinas einen neuen Frühling – einen konservativen Frühling.

Alexander rief zwar den liberalen de La Harpe zurück, aber der von ihm gebildete Staatsrat erinnerte sehr stark an Katharinas letzte Regierungsjahre, schuf dem Kaiser eine ähnliche Popularität im Adel wie die Bereitschaft zur Reorganisation des Senats. Im Zusammenhang mit den großen Erwartungen an Alexander ist in der historischen Literatur immer wieder auf das „Intime Komitee" verwiesen worden. Alexander diskutierte mit seinen Jugendfreunden Czartoryski, Nowossilzew, Stroganow und Kotschubei an langen Abenden alle damals relevanten gesellschaftspolitischen Probleme Europas und Rußlands. Da wurden weder Verfassungsfragen noch die Leibeigenschaft, weder Aufklärung und Gewaltenteilung noch Bildung, Kultur oder Wirtschaft ausgeklammert. Man redete viel, beschrieb viel Papier, aber außer einer Erweiterung des geistigen Horizonts bei den Diskutanten ist für Rußland nichts dabei herausgekommen. Die Freunde kamen immer wieder nur zu der Überzeugung, daß moderne Gesellschaftstheorien auf Rußland kaum oder gar nicht anwendbar waren. Überdies ließ Alexander im Kontakt mit den Freunden keinen Zweifel daran, daß er, so gern er sich über die Aufklärung, Bildung und die Volkswohlfahrt unterhielt, an den ehernen Prinzipien der Autokratie und deren Grundlagen nicht rütteln werde. Die Verfassung – das war für ihn bestenfalls eine Gesetzessammlung oder eine Felddienstvorschrift militärischen Zuschnitts. Das „Intime Komitee" besaß keinen Einfluß auf die Staatsverwaltung, dort führten die Veteranen aus Katharinas Zeiten das Wort. Das bedeutete jedoch nicht, daß einige seiner Jugendfreunde Alexander nicht durch das ganze Leben begleitet hätten. Adam Czartoryski beriet ihn viele Jahre in der Außenpolitik.

Alexander stürzte sich im Jahr 1801 mit großem Elan in die Regierungstätigkeit und bereitete intensiv seine Krönung vor. Er führte Reformen in der Administration durch und erleichterte auch das Los der Armen und Leibeigenen (in den hauptstädtischen Zeitungen durften Leibeigene nicht mehr öffentlich zum Verkauf ausgeschrieben werden). Letztlich blieben das kosmetische Operationen auf der Haut eines kranken Volkskörpers. Alexanders weiches und schwankendes Gemüt war zu durchgreifenden oder radikalen Veränderungen im Geiste Peters I. nicht fähig.

Im September 1801 fand in Moskau die traditionelle Krönungszeremonie mit ihren wochenlangen und prunkvollen Paraden, Festen, Bällen, Banketten und Prozessionen statt. Alexander und Elisabeth hielten sich streng an das vorgeschriebene Ritual – bis hin zur Pilgerfahrt an das Grab des hl. Sergius im Troizki-Kloster bei Moskau – und waren doch froh und erleichtert, als sie Ende Oktober endlich wieder in das ihnen heimische und vertraute St. Petersburg zurückkehren und sich von den Strapazen erholen konnten. Alexander war innerlich ruhiger aus Moskau gekommen: Sorgfältig und mißtrauisch hatte er bei der Krönung geprüft, ob man ihn für den Tod Pauls verantwortlich machte und ihn gar als Thronräuber empfand. Das schien nicht der Fall zu sein, zumindest hatte er keine Anzeichen für ein abfälliges Verhalten ihm gegenüber bemerkt.

Dennoch ließ ihn der Gedanke an den Vater nicht los. Der war über seine Hinwendung zu Napoleon gestürzt. Im In- und Ausland wartete man gespannt darauf, wie Alexander mit diesem Erbe umgehen würde. Napoleon Bonaparte gewann in Europa zusehends an Macht. Alexander hielt sich vorerst an den von Paul eingeschlagenen Weg: Er mißtraute England und war den politischen Leitlinien Napoleons nicht feindlich gesonnen – vorausgesetzt, der mischte sich nicht in russische Interessen auf dem Balkan und im östlichen Mittelmeer. Tatsächlich schlossen Rußland und Frankreich im Oktober 1801 einen Friedensvertrag. Alexander hatte sich mit seinen Freunden beraten, aber der Verlauf der Ereignisse zeigte, daß dem „Intimen Komitee" keine lange Lebensdauer beschieden sein sollte. Alexander zog die gesamte Außenpolitik an sich und drängte den Einfluß der Freunde zurück. Schon in jenen Wochen regten sich erste Anzeichen, die darauf hindeuteten, daß er sich berufen fühlte, neben Napoleon Bonaparte als Herr Europas aufzutreten und obendrein den preußenfreundlichen Traditionen seines Vaters zu folgen. Marija Fjodorowna, die Witwe Pauls und Mutter Alexanders, besaß einen bestimmenden Einfluß auf den Kaiser. Ihr war auch die Annäherung an König Friedrich Wilhelm III. zu verdanken. Außenminister Graf Kotschubei betrachtete es als einen Affront gegen sich und das ganze „Intime Komitee", daß Alexander ihn über seine Preußenpläne erst informierte, als alle Entscheidungen gefallen waren. Am 10. Juni 1802 traf der Kaiser in Memel mit Friedrich Wilhelm III. zusammen. Obwohl das Treffen mit keinem formalen Abkommen endete, war Alexander zufrieden: Er hatte mit Königin Luise geflirtet, hatte beim Anblick der exakten Potsdamer Regimenter wehmütig der Leidenschaften seines Vaters gedacht, und er hatte den Preußenkönig in seine Netze eingesponnen: Bei langen Gesprächen hatte Alexander dem Großneffen Friedrichs II. verdeutlicht, daß nicht Napoleon, sondern Preußens König und Rußlands Kaiser die wahren Herren Europas seien. Der arme Friedrich Wilhelm konnte diese Rolle nie spielen. Aber er konnte sich mit Rußlands Hilfe in der Illusion wiegen und dadurch die Sendung Alexanders unterstützen.

Es waren unruhige Wochen und Monate, in denen Europa brodelte. Die Kämpfe der Zweiten Koalition gegen Napoleon gingen zu Ende, aber im Jahr 1803 konnte jederzeit ein neuer Krieg ausbrechen. Alexander fühlte sich durch die Freundschaft zu Preußen gestärkt, sah aber, daß er selbst Anstrengungen zur Festigung seiner Militärmacht unternehmen mußte. Es war die Zeit, in der seine Freunde weiter an Einfluß verloren. Der Kaiser schuf neue Ministerien – dadurch konnte der gekränkte Kotschubei ohne Schaden für das Ansehen seiner Person ausscheiden –, setzte ein Ministerkomitee zur Koordinierung von Regierungsaufgaben ein, ernannte den Grafen Alexander Woronzow zum Außenminister und Kanzler und – berief seinen alten Freund Alexei Araktschejew zum Generalinspektor der Artillerie.

Am Hof verfolgte man zur selben Zeit interessiert Gemütsschwankungen, die aus den Familienverhältnissen herrührten. Alexanders Geliebte Marija Naryschkina gebar dem Kaiser ein Kind, und der freute sich darüber, was die Gattin Elisabeth in Rage brachte. Aber letztlich fand das Kaiserpaar doch im versöhnenden Gespräch zu einer Einigung, und der Verdacht, daß Alexanders erstes Kind, die 1799 geborene und 1800 verstorbene Marija, eine Frucht Adam Czartoryskis gewesen sei, wurde nicht wieder aufgerührt. Man hatte Verpflichtungen vor dem Reich. Depressionen und Streit schickten sich nicht in einer Zeit, in der kriegerische Wolken am Horizont aufzogen.

Alexander war unsicher, wie er in dem 1803 aufgebrochenen französisch-englischen Konflikt seine Rolle als europäischer Gebieter spielen sollte. Zur eigenen Überraschung und Freude kam der Handlungsanstoß von Napoleon. Der bat um die Vermittlung im Krieg gegen England. Alexander kam ganz unverhofft in die peinliche Lage, seine europäische Mission konkret darstellen zu müssen, und unverzüglich geriet ihm der Fehltritt. Als er am 19. Juli 1803 seine Vermittlungsvorschläge anbot, raufte man sich in Paris die Haare. So hatte sich Napoleon das nicht vorgestellt: England sollte Malta an russische Truppen übergeben und dafür die Insel Lampedusa bekommen; Frankreich wurden die natürlichen Grenzen und eine Dominanz im nördlichen Italien gesichert; ein Gürtel neutraler Staaten sollte Napoleons Vormacht eindämmen und die gesamte europäische Landkarte verändern. In Frankreich und in England war man empört. Bonaparte hatte Alexander nicht eingeladen, die französischen militärischen Eroberungen neu zu verteilen. Für ihn wurde der russische Kaiser zu einem argwöhnisch beobachteten Konkurrenten. Den Vorschlag selbst wies er brüsk zurück.

In Alexander keimte der Gedanke, daß die von seinem Vater übernommene Idee, sich mit Napoleon in die Herrschaft über Europa teilen zu können, wenig Aussicht auf Erfolg haben würde, zumal die Franzosen auf dem Balkan aktiv wurden und die Entführung und Hinrichtung des Herzogs von Enghien den Zaren zutiefst erschreckte. Geradezu beleidigt war er, als Napoleon den Markgrafen von Baden zur Abdankung zwang. Alexanders Frau Elisabeth entstammte dem Hause Baden: Es war ein antirussischer Akt und zog den sofortigen Abbruch der diplomatischen Beziehungen zu Frankreich nach sich. Der Zar verordnete offizielle Volkstrauer.

Napoleon lächelte über diese hohle Geste, und sein geschmeidiger Außenminister Talleyrand schrieb eine Antwort, die Alexander bis ins Mark treffen sollte: „Wenn zum Beispiel England die Ermordung Pauls I. geplant und die russische Regierung herausgefunden hätte, daß sich die Drahtzieher nur einige Meilen von der russischen Grenze entfernt aufhielten, hätte die russische Regierung nicht auch Schritte unternommen, diese sofort zu ergreifen?" Als Napoleon zum Kaiser der Franzosen proklamiert wurde, lehnte Alexander diese Anmaßung empört ab. Für ihn kam nur noch eine Koalition mit Österreich und Preußen in Frage. England ließe sich vielleicht einbinden. Es war eine so radikale Kehrtwendung, daß innere Reformen auf einen weit dahinter liegenden Platz verdrängt wurden. Die neue außenpolitische Option machte deutlich, worin die Ziele Alexanders bestanden. Ihm ging es keineswegs um ein pragmatisches Militärbündnis gegen den Usurpator in Frankreich. Alexander wollte als Neuordner Europas mehr erreichen.

Er sandte Diplomaten nach England und ließ sie einen Plan vorstellen, der die neue Ordnung des Kontinents nach einem idealistischen Konzept vorsah. „Gleichgesinnte Menschen, die unter sich ihre Zwistigkeiten bereinigen können", sollten nach dem Friedensschluß ein neues Völkerrecht schaffen. Krieg wäre danach nur noch ein äußerster Notfall. England reagierte mit Realismus. Premierminister Pitt bot Alexander ein Ultimatum an, mit dem Napoleon gezwungen werden sollte, Frieden zu schließen. Es war nicht der idealistische Heilsbringer Alexander, der eine Übereinkunft zwischen England und Rußland erreichte, sondern Napoleon führte sie zusammen. Im Mai 1805 krönte er sich zum König von Italien und annektierte sowohl Genua als auch die ligurische Küste.

England, Österreich und Rußland fanden sich in der Dritten Koalition zusammen.

Die Koalitionäre einigten sich auf einen militärischen Operationsplan für das gemeinsame Vorgehen gegen Napoleon. Darin gab es nur einen problematischen Punkt: Preußen. Friedrich Wilhelm III. war militärpolitisch neutral, russische Truppen mußten über das geteilte Territorium Polens marschieren, um an den Feind zu kommen. In diesem Zusammenhang diskutierte man in Petersburg die Frage, wie es gelingen könnte, ein von Rußland abhängiges Polen wiederherzustellen. Alexander konnte sich nicht entscheiden. Er nahm Anfang August 1805 Verhandlungen mit dem Preußenkönig über die Durchmarschfrage auf. Die Korrespondenzen spiegelten einen günstigen Gesprächsverlauf, zwangen aber zur Änderung der Operationspläne. Dadurch brach das Verhängnis herein: Österreich eröffnete in Bayern den Krieg gegen Napoleon, während die Russen noch keine Marschbefehle besaßen. Konfusion machte sich breit und verhinderte ein entschlossenes Vorgehen. Zu allem Überfluß faßte Alexander Anfang September 1805 den allseits mißbilligten Entschluß, selbst an der Spitze seiner Armee ins Feld zu rücken – Sieg oder Niederlage mit den Soldaten zu teilen.

Acht Wochen benötigte Alexander bis zu seinem Feldquartier. Inzwischen stand Napoleon vor Wien. Die Verhandlungen mit Preußen hatten sich in die Länge gezogen, weil Friedrich Wilhelm III. auf seinem Neutralitätsanspruch beharrte. Abermals brachte Napoleon die Entscheidung: Das französische Korps des Marschalls Bernadotte hatte die Integrität der preußischen Enklave Ansbach verletzt. Erst danach gab der Preußenkönig die Zustimmung zum Durchmarsch russischer Truppen durch Schlesien. Alexander war begeistert und eilte nach Berlin – nicht zu seinen Soldaten. Am 25. Oktober – England hatte vier Tage zuvor die französisch-spanische Flotte am Kap Trafalgar geschlagen und seinen Seehelden Admiral Nelson verloren – traf Alexander in Berlin ein. Es wurde eine lustvolle Visite mit Paraden, Bällen und einem glänzend aufgelegten Alexander. Man schwelgte im Vorgefühl des nahen Sieges über Napoleon. Erster Höhepunkt war ein russisch-preußischer Geheimvertrag, den sowohl Österreichs Gesandter Metternich als auch Alexanders Ratgeber und Freund Czartoryski als „Unglück" bezeichneten. Preußen wollte Frankreich Friedensvorschläge unterbreiten, die mit der Dritten Koalition abgestimmt waren. Sollte Napoleon ablehnen, würde Preußen Ende 1805 der Koalition beitreten. Es war abzusehen, daß Napoleon dem Spektakel ein Ende machen würde, bevor ein einziger preußischer Soldat an den Feind kam.

Alexander hatte es nicht sonderlich eilig, ins Feld zu gehen. Bevor er am 5. November abreiste, zelebrierte er mit dem König und Luise von Preußen ein Schauspiel besonderer Art. Zu nächtlicher Stunde stiegen die drei Monarchen bei Fackelschein in die Krypta der Garnisonskirche zu Potsdam. Vor dem Sarg Friedrichs des Großen umarmten sie sich, schworen ewige Freundschaft und wollten einander niemals wehe tun. Das war so recht nach dem Geschmack Alexanders, obgleich die aktuelle Kriegslage und vor allem das geteilte Polen die Absurdität der Szene offenkundig machten.

Alexander eilte nach Mähren. Ein Abstecher nach Weimar zur älteren Schwester

Marija Pawlowna brachte erbauliche Gespräche mit den Herren Goethe und Wieland, aber wenn man bedenkt, daß derweil die französische Trikolore auf dem Schloß Schönbrunn aufgezogen wurde, kann man verstehen, daß die Österreicher verschnupft waren, als Alexander endlich nach zweiwöchiger Reisezeit im Feldquartier zu Olmütz eintraf. Eigentlich war man ja ins Feld gezogen, um Napoleon zu schlagen. Statt dessen mußte Österreich vor Ulm kapitulieren, und der russische General Kutusow, ausgeschickt, um die Donau zu sichern, war nicht bereit, zur Verteidigung Wiens auch nur einen Mann seiner Vorhut zu opfern. Alexander traf durchaus rechtzeitig in Olmütz ein, seine Hauptarmee erreichte die Stadt noch einen Tag später. Hier begegnete Alexander Kutusow wieder, dem alten Schüler Feldmarschall Suworows, der ebensogut Schlachten lenken konnte, wie er gern ein Mittagsschläfchen in weichen Betten hielt. Der General entsprach nicht dem Idealbild eines Offiziers, wie Alexander sich den vorstellte: auf weißem Roß, mit geschwungenem Säbel, von Sieg zu Sieg eilend. Außerdem spürte Alexander jedesmal einen inneren Druck, wenn er Kutusow sah. In der Nacht vor Pauls Ermordung hatten sie gemeinsam beim Kaiser zu Abend gegessen. Nun standen sie in Mähren und wollten gegen den Kaiser Napoleon kämpfen.

Während Russen und Österreicher in Olmütz konferierten, was als nächstes zu tun sei, ergriff Napoleon wieder die Initiative. Aus Wien marschierte er nach Brünn und stand damit den Koalitionären fast gegenüber. Diese beschlossen einen Gegenangriff, um Napoleon in Brünn abzuschneiden. Sie ließen sich von den Truppenbewegungen der Franzosen täuschen, die den Eindruck erweckten, Napoleon setze sich in Brünn fest.

Noch einmal versuchte Alexander einen friedlichen Ausgleich mit dem Kaiser der Franzosen. Sie wechselten Briefe und wollten sich treffen. Aber der Plan schlug fehl, weil Alexander nicht die Rolle eines unterlegenen Bittstellers spielen konnte. Die Schlacht der drei Kaiser am 2. Dezember 1805 bei Austerlitz war nicht mehr aufzuhalten.

Alexander hatte sein Quartier von Olmütz nach Wischau verlegt. Am 1. Dezember ritt er zu Kaiser Franz. Von Napoleon trennten ihn noch sieben Kilometer. Das Schloß Austerlitz befand sich in fünf Kilometer Entfernung. Den Oberbefehl über die Koalitionstruppen führte der österreichische General Weyrother. Sein Operationsplan war vorzüglich – vorausgesetzt, Napoleon handelte so, wie man es von ihm erwartete. Bonapartes militärisches Genie bestand jedoch gerade darin, die Absichten und Gedanken des Gegners zu erkennen, sie durch eigenes taktisches Geschick zu durchkreuzen und so flexibel zu handeln, daß der Gegner in jedem Fall den kürzeren zog. So sollte es bei Austerlitz geschehen.

Um sechs Uhr morgens, in tiefer Dunkelheit, bei Frost und dichtem Nebel, griffen die Österreicher und Russen an. Alexander stand mit Kaiser Franz bei Krzenowitz. Sie ritten zum Dorf Pratzen, wußten aber nicht so recht, was um sie herum vor sich ging. Um acht Uhr etwa trat die Sonne heraus und beschien ein Bild, das auf der Koalitionsseite von einiger Verwirrung geprägt war. Alexander überblickte die Lage nicht, wurde nervös und schrie seinen Marschall Kutusow an, weil der zu passiv handelte. Kutusow hatte mit seinem Abwarten jedoch richtig operiert, und als er jetzt auf Alexanders Befehl die Bataillone marschieren ließ, folgte der vernichtende französische Gegenstoß auf dem Fuß.

Den ganzen 2. Dezember währte die Schlacht. Alexander und Franz ritten an zahlreiche Zentren des Kampfgeschehens und setzten sich mehrfach tödlicher Gefahr aus. Russische Militärführer wie Kutusow, Bagration, Miloradowitsch, Großfürst Konstantin oder Buxhöwden boten mit ihren Offizieren und Soldaten Beispiele an Kampfgeist, Einsatzwillen und Tollkühnheit. Dennoch unterlagen sie der napoleonischen Kriegskunst und ihrem eigenen unkoordinierten Verhalten. Am Abend war die Schlacht für die Koalition verloren. Man mußte sich unter großen Verlusten zurückziehen. Alexander war verzweifelt, weinte, bekam Fieber, suchte seine versprengten Truppen und die Nähe zu Kaiser Franz. Trotz der vielen Opfer verfügte er noch über eine starke Armee, über Reserven und – er hoffte auf das Eingreifen der Preußen. Die Österreicher gaben alles verloren. Kaiser Franz erbat über den Prinzen Johann von Liechtenstein bei Napoleon einen Waffenstillstand und einen Separatfrieden.

Währenddessen eilte Alexander zurück nach St. Petersburg. Er wollte den Krieg bis zu einem gerechten und ehrenvollen Frieden fortsetzen. Er schickte den Fürsten Alexander Dolgoruki nach Berlin und forderte Friedrich Wilhelm III. zum vereinbarten Kriegseintritt auf. Dieser hatte den Schwur über dem Grab Friedrichs des Großen bereits vergessen und schloß am 15. Dezember ein Abkommen mit Napoleon, das ihn in den Besitz von Hannover brachte. Der Krieg mit Rußland gegen Bonaparte war kein Thema mehr. Das war für Alexander das Ende der Schlacht von Austerlitz. Er resignierte und fuhr so schnell er konnte in seine Hauptstadt. Niemand empfing ihn mit Vorwürfen, obwohl die Opfer groß waren – 20.000 Mann an Gefallenen, Verwundeten und Gefangenen. Alexander selbst vergaß und vergab diese schmähliche Niederlage niemals.

Austerlitz war eine offene Wunde, weil die Niederlage Alexanders Hoffnungen auf eine sittliche Botschaft an Europa begrub. Er war ausgezogen, Europa eine neue Ordnung zu geben. Wenn nicht mit Napoleon, dann gegen Napoleon. Nein, er wollte und konnte nicht den Österreichern die Schuld an der Blamage geben – auch nicht den Preußen, obwohl die Verbitterung über den Treuebruch tief saß. Alexander mußte erleben, daß man im eigenen Land und in der eigenen Familie intensiv nach den Ursachen der Niederlage fragte. Der Zustand der Armee, die politischen Berater und die Unentschlossenheit des Zaren wurden kritisch hinterfragt. Alexander mußte sich von Marija Fjodorowna, aber auch von seinem Bruder Konstantin unangenehme Dinge sagen lassen, die hauptsächlich auf sein Verhältnis zu den alten Freunden Araktschejew und Czartoryski abzielten. Die Analyse von Austerlitz mündete in eine regelrechte Regierungskrise, die durch die schwindende Popularität des Kaisers gekennzeichnet war. Er zog sich in sich selbst zurück, war deprimiert, lustlos und klammerte sich trotzdem ganz natürlich daran, wie seine Vorgänger auf dem Thron autokratisch zu regieren. Auch in dieser Hinsicht ging die Botschaft de La Harpes auf. Als dieser 1801 nach Rußland zurückkehrte, war er nicht mehr jener Republikaner oder „Jakobiner" von einst. Jetzt warnte er seinen Zögling vor „der illusionären Freiheit einer Volksversammlung und überhaupt vor liberalen Schwärmereien". Er verwies auf das Beispiel Preußens, wo die starke monarchische Macht „mit gesetzlicher Ordnung" verbunden sei. Er riet, die absolute Macht „unantastbar zu bewahren". De La Harpe sagte: „Lassen Sie sich nicht von dem Widerwillen hinreißen, den sie gegenüber der absoluten Macht empfinden, bewahren Sie sie, ganz und ungeteilt." Er gab den Ratschlag: „Man muß die Minister an den Gedanken gewöhnen, daß sie nur Bevollmächtigte sind", die verpflichtet werden, dem Monarchen alle Angelegenheiten „vollständig und klar" zu berichten; dem Zaren kommt es zu, „aufmerksam ihre Meinung anzuhören, die Entschlüsse aber selbst und ohne sie zu fassen, so daß ihnen nur die Ausführung bleibt".

Alexander war kein Politiker, sondern der Souverän Rußlands. Nach dem Debakel von Austerlitz – der Krieg gegen Frankreich war damit noch nicht beendet – wollte und mußte er Zeit und Abstand gewinnen. Er zögerte alle notwendigen Entscheidungen hinaus: gegenüber Napoleon, Preußen, Polen und in der Innenpolitik. Auch dadurch rief er den Ärger seiner ambitionierten Freunde hervor, die nicht nur „Bevollmächtigte" sein wollten. Adam Czartoryski war maßlos enttäuscht, daß Alexander in der Polenfrage nicht seinen, Czartoryskis, Intentionen gefolgt war. Es kam zum Bruch, nicht, weil der Kaiser es ablehnte, den tatkräftigen liberalen Freunden zu folgen, sondern weil diese sich nicht daran gewöhnen mochten, die Rolle Alexanders als Selbstherrscher in schwerer nationaler Stunde zu akzeptieren. Ob Alexander klug handelte, war eine andere Frage. Aber trotz aller Eitelkeiten und Schwankungen entschied sich Alexander. Nicht für Czartoryskis polnische Sonderinteressen, sondern für die sich selbst einmal auferlegte Rolle als Missionar für ein sittlich einiges Europa.

Das war sehr schwer zu verwirklichen, weil man in Petersburg den militärpolitischen Realitäten Rechnung tragen mußte. In Polen kam es zu Scharmützeln mit französischen Truppen. Die Türkei witterte nach Austerlitz eine günstige Gelegenheit, den nördlichen Nachbarn mit französischer Hilfe zu schwächen. 1806 sah sich Alexander gezwungen, seine Truppen in die Donaufürstentümer einmarschieren zu lassen. Es begann ein russisch-türkischer Krieg, der Alexander mehr als fünf Jahre belasten sollte. Außerdem gab Friedrich Wilhelm III. keine Ruhe. Der Ausschluß aus dem von Napoleon initiierten Rheinbund war eine zu große Demütigung. Er wollte den Krieg gegen Frankreich, wenn er auf russische Hilfe rechnen konnte. Aber Rußland konnte vor dem Winter oder Frühjahr 1807 nicht in Deutschland aktiv werden. Den preußischen König muß der Teufel geritten haben, als er im September 1806 ein Ultimatum an Napoleon richtete, der möge alle östlich des Rheins stehenden Truppen zurückziehen. Napoleon dachte nicht daran, und am 7. Oktober 1806 erklärte Preußen Frankreich den Krieg. Eine Woche später kam es zum Debakel für Preußen, als am 14. Oktober bei Jena und Auerstedt der Ruhm der friederizianischen Armee zu Grabe getragen werden mußte. Napoleon hatte einen weiteren militärischen Erfolg an seine Fahnen geheftet, einen Sieg, der den Konflikt mit Rußland näher brachte: Beim Einmarsch in Berlin erbeuteten französische Beamte Schriftstücke aus der geheimen Korrespondenz zwischen Friedrich Wilhelm III. und Alexander I. Napoleon schloß aus den gegen ihn gerichteten Papieren, daß nun der Krieg gegen Rußland zielgerichtet beginnen müsse.

Es war nicht schwer, den Gegner in Rage zu bringen, denn die Beamten fanden auch Beweise über die zärtliche Leidenschaft Alexanders für die Königin Luise von Preußen. Napoleon trat die delikaten Neuigkeiten zynisch in der Öffentlichkeit breit, und nun war es an Friedrich Wilhelm III. und Alexander, wütend zu reagieren: der eine ob des Seitensprungs der Gemahlin, der andere ob der Taktlosigkeit des Franzosen. Alexander wollte einen Krieg „für die vornehmste und gerechteste Sache" der Welt führen. Er ließ offen, worin er den Inhalt des großen Wortes sah, stockte seine Armee aber auf 600.000 Mann auf.

Ungeachtet der Motive nahm der Krieg rasch konkrete Formen an. Napoleon besetzte Warschau, und Alexander stimmte sein Volk ideologisch auf die kommenden Schlachten ein: Er ließ den Heiligen Synod eine Erklärung von allen Kanzeln verkünden, die den französischen Kaiser zum Antichrist, zum Hauptfeind der Menschheit und zu einem, „der Götzen und Huren anbetet", erklären. Währenddessen plänkelten sich die Gegner in den Winter hinein, abwartend und verhalten die Franzosen, drängend die Russen. Am 26. Dezember kam es bei Pultusk zu einem ersten größeren Treffen, in dem General Bennigsen einen Teilerfolg erzielte, der in Petersburg zu einem großen Sieg stilisiert wurde. Alexander brauchte nach Austerlitz dringend einen bedeutenden Sieg. Pultusk brachte ihn nicht. Die Truppen beider Armeen zogen, sich einander suchend, durch das winterliche Ostpreußen und trafen im Februar bei Preußisch Eylau zufällig aufeinander. Es war die sinnloseste und blutigste Schlacht des ganzen Krieges. Über 50.000 Franzosen, Russen und Preußen wurden im Wintersturm von blutgetränkten Schneemassen begraben. Selbst der hartgesottene Napoleon, nie um ein großes Wort für die Geschichtsbücher verlegen, sagte still: „Solch ein Anblick sollte jeden Herrscher dazu bewegen, den Frieden zu lieben und den Krieg zu hassen." Wenn er sich nur an diese Einsicht gehalten hätte!

Beide Seiten verbuchten für sich den siegreichen Ausgang. Die Franzosen, weil sich die russische Armee nach Königsberg zurückziehen mußte. Dort saß das preußische Königspaar fest. Bennigsen betrachtete sich als den Sieger, weil die Franzosen nach der Schlacht nicht nach Königsberg vorrückten. Alexander aber residierte in Petersburg und träumte schon wieder davon, selbst an der Spitze seines Heeres als rächender Gott über Schlachtfelder zu reiten.

Am 28. März eilte er Hals über Kopf ins Feldquartier. In Memel traf er den preußischen König und Luise. Es war kein Wunder, daß nach all der vorausgegangenen Unbill ihre strahlende Schönheit gelitten hatte. Aber Alexander, der für seine pikanten Affären bekannt war, war derartig verliebt in Luise, daß er die äußeren

Anzeichen des Leids in Merkmale eines inneren Adels umdeutete und in seiner Leidenschaft keineswegs innehielt.

Dabei war er ausgezogen, um Krieg zu führen. Er begleitete Friedrich Wilhelm in die Kampfzonen, und im April schlossen sie in Bartenstein erneut einen Vertrag, der sie zu innigster Freundschaft veranlaßte. Einen Grabesschwur ersparte man sich dieses Mal, vielleicht, weil kein geeignetes Objekt zur Verfügung stand. Weder Alexander noch Friedrich Wilhelm verzichteten bei dieser Gelegenheit auf phantastische Visionen über die künftige Gestaltung Deutschlands und Europas. Nur einen Haken besaßen die Tage von Bartenstein: Napoleon hielt ganz Deutschland besetzt, und was die Österreicher, Engländer oder Schweden von den Visionen hielten, war auch nicht bekannt.

Die Realitäten sollten nicht lange auf sich warten lassen. Beiden Seiten war bewußt, daß eine Feldschlacht um den Besitz Königsbergs unvermeidbar war. Dort saß der preußische König, und die Eroberung Königsbergs wäre für Napoleon ein Symbol der totalen preußischen Niederlage gewesen. Alexander sah das nicht anders. Er konzentrierte sein Heer um die kleine Stadt Tilsit am Njemen und fühlte sich doch nicht wohl in seiner Haut. Auch in seiner unmittelbaren Umgebung gab es genügend Persönlichkeiten, die, wie seine Mutter Marija Fjodorowna, vor einem allzu hohen Einsatz für die Preußen warnten. Wieder traf nicht Alexander, sondern Napoleon die Entscheidung. Am 14. Juni 1807 kam es bei der kleinen Stadt Friedland zu der Entscheidungsschlacht, auf die beide Seiten den ganzen Winter über hingearbeitet hatten. General Bennigsen konnte lediglich 5000 Mann über den Njemen retten. Napoleon hatte erneut gesiegt, nicht nur in einer Schlacht, der Krieg war entschieden.

Für Alexander war die Niederlage bei Friedland weit endgültiger als die bei Austerlitz. Es gab nur einen wesentlichen Unterschied: Austerlitz war seine persönliche Tragödie, Friedland nur die des Generals Bennigsen. Alexander verfiel nicht in Depressionen und entschloß sich zum sofortigen Friedensschluß. Alexander zog sich in das Dorf Olita zurück, während Napoleon in Tilsit einzog und sofort den russischen Parlamentär, den Fürsten Lobanow-Rostowski, empfing. Schon zwei Tage später, am 21. Juni, war ein vierwöchiger Waffenstillstand unterzeichnet. Die russische und die französische Armee standen einander am Njemen und Bug gegenüber. Auch Napoleon wollte den Frieden. Deutschland, Italien und vor allem England, das waren seine nächsten Ziele und Interessengebiete. Er hielt es für möglich, die beiderseitigen Einflußsphären durch die Weichsel zu begrenzen.

Wenn Napoleon derart großzügig dachte, sagte sich Alexander, besteht vielleicht sogar aus der bedrängten Lage heraus eine Chance für die Wiederaufnahme seiner alten Europaideen. Ja, sie kamen nun vielleicht sogar persönlich zusammen, und Alexanders ursprünglicher Traum, Europa gemeinsam mit Napoleon neu zu ordnen, konnte doch noch Wirklichkeit werden. Es war geradezu rührend, wie wenig Alexander über den Realpolitiker Napoleon wußte, als er dem schrieb: „Eine Allianz zwischen Frankreich und Rußland war immer ein ganz besonderer Wunsch von mir, und ich bin davon überzeugt, daß solch ein Bündnis allein das Wohl und den Frieden der Welt garantieren kann." Sofort machte er sich auf den Weg und rückte bis auf zwei Kilometer an Tilsit heran. Napoleon schrieb währenddessen lakonisch an Talleyrand: „Für diese Idee kann ich mich nicht groß begeistern, aber ich kann den Vorschlag nicht ablehnen." So kam es am 25. Juni 1807 zu der ersten denkwürdigen Begegnung der beiden Kaiser auf einem Floß mitten im Njemen. Die Imperatoren zogen sich zu einem Vieraugengespräch zurück, der preußische König wartete mit der Suite Alexanders am Flußufer. Über das Gespräch existieren keine konkreten Aufzeichnungen, nur Gerüchte. Offensichtlich wurde in der beiderseits erklärten Gegnerschaft zu England die Grundlage für das kommende Übereinkommen erkannt. Zunächst steckte man erst einmal in Tilsit eine neutrale Zone ab, um den notwendigen Raum für die Verhandlungen zu schaffen.

Das legendäre Floß wurde bald wieder abgerissen, aber über Nacht entstanden Brücken brüderlich-kaiserlicher Liebe. Es war kaum zu glauben, wie schnell die ehemaligen Kriegsgegner zueinander fanden. Eine Woche lang folgte Freundschaftsbeweis auf Freundschaftsbeweis. Sie tauschten gestickte Taschentücher, brüteten über großflächigen Landkarten, aßen, tranken und redeten: Über sich selbst, Europa und die Welt – wie es sich für große Kaiser geziemte. Im nachhinein ist schwer zu ermitteln, wo die taktische List endete und die wahre Begeisterung begann. Alles vermischte sich miteinander. Der preußische König? Manchmal durfte er mit an der Tafel sitzen, aber im Grunde störte er nur mit seiner penetranten Sorge um das kleine Preußen. Der Franzose und der Russe waren jedenfalls immer froh, wenn der Nörgler endlich wieder weg war und sie ihre großen weltpolitischen Visionen ausbreiten konnten. Für Napoleon war Friedrich Wilhelm einfach lästig, Alexander fügte er ein unangenehmes Gefühl zu. Einerseits gab es den Schwur von Potsdam, gab es das Abkommen von Bartenstein und andererseits erhielt Alexander von seiner geliebten Schwester Katharina auf euphorischen Schwärmereien die nüchterne Antwort: „Solange ich lebe, kann ich mich einfach nicht mit dem Gedanken befreunden, daß Du Tage mit Bonaparte verbringst ... All die Schmeicheleien, mit denen er dieses Land überschüttet hat, sind nur Betrug, denn der Mann selbst ist eine Mischung aus List, Ehrgeiz und Anmaßung ..." Einen kleinen Gedanken während der Gespräche, Katharina könne eine geeignete Partnerin für Napoleons Bruder Jérôme sein, ließ Alexander schnell wieder fallen.

Fragt man nach Ergebnis und Substanz des Treffens, bei dem sich die Häupter zweier europäischer Großreiche trafen, bleiben diese ambivalent. Man sprach über die Möglichkeiten für einen Frieden mit England, über deutsche Grenzen und die Zukunft Polens und der Türkei. In der englischen Frage war Rußland zur allseitigen Unterstützung Frankreichs bereit – bis zum Krieg. Alexander beging einen verhängnisvollen Fehler, als er sich in Tilsit heimlich für den Beitritt zur „Kontinentalsperre" gegen England entschied. In den deutschen Problemen blieb Alexander widerspenstiger. Er stimmte dem Königreich Westfalen zu, aber eine Vernichtung des preußischen Staates gestattete er nicht. Preußen war bereits dadurch gedemütigt, daß sein Schicksal allein in den Händen Alexanders und Napoleons lag – und Luise beklagte sich in Tilsit darüber auch genügend bei Alexander –, aber Preußen blieb unter erheblichen Gebietseinschränkungen bestehen. Eklatante Fehler beging Alexander in der polnischen Frage. Er zeigte sich genierlich in bezug auf die Annahme ehemals preußischer Gebiete und ließ es zu, daß ein Großherzogtum Warschau von Napoleons Gnaden entstand. Es wurde zwar offiziell vom König von Sachsen regiert, aber eine kampfstarke französische Garnison demonstrierte die realen Machtverhältnisse und rief bei den Russen den Argwohn hervor, hier sei eine französische Ausgangsposition für den möglichen Konfliktfall gegen Rußland geschaffen worden. Im Mittelmeer einigte man sich auf die Beibehaltung des französischen Besitzes an allen eroberten Gebieten. Dafür wollten Frankreich und Rußland gemeinsam gegen die Türken auf dem Balkan vorgehen. Im übrigen waren die türkischen Angelegenheiten in weiter Ferne.

Am 7. Juli wurden die Verträge unterzeichnet. Ein russisch-französischer Friedensvertrag stand im Mittelpunkt. Man war allseits zufrieden, zumindest Napoleon und Alexander. Bei Friedrich Wilhelm III. und Luise dürfte das weniger der Fall gewesen sein. Während Napoleon und Alexander nach abschließenden Paraden, gegenseitigen Ordensverleihungen und ausgedehnten Essen ihren Hauptstädten in West und Ost zueilten, reiste das preußische Königspaar betreten nach Memel zurück. Nach Berlin wollten sie nicht.

Alexander kehrte nach Petersburg zurück. Obwohl ein heißer Sommer über der blauen Newa lag und die Spitze der Peter-Pauls-Kathedrale sich in den leichten Wellen spiegelte, herrschte in den Palästen Eiseskälte. Lediglich Elisabeth und der Wirtschaftsminister Graf Nikolai Rumjanzew unterstützten die Ergebnisse von Tilsit. Marija Fjodorowna empfing ihren Sohn nur für eine Minute. Alter und neuer Adel verweigerten die Zustimmung zu der Freundschaft mit Napoleon. Die Stimmung wurde gereizt, und wie stets in ähnlichen Fällen, kolportierte man in Moskau und Petersburg Gerüchte über eine nahende Verschwörung gegen den Imperator. Allerdings, in diesem Fall gab es dafür keine Anhaltspunkte. Der Pakt mit Napoleon war ebenso unpopulär wie das nahe Verhältnis zum preußischen König. Aus dieser Sicht ramponierte Alexander sein Ansehen. Auch die Kontinentalsperre trug ihm den Ärger des exportierenden Adels, der Unternehmer und Kaufleute im Baltikum und in den angrenzenden Gouvernements ein. Aber Alexander hatte es nach den Niederlagen von Austerlitz, Preußisch Eylau und Friedland auch erreicht, kein russisches Territorium abtreten zu müssen. Der Frieden war ehrenvoll. Und schließlich: der Kaiser hatte als Autokrat gehandelt und entschieden. Er setzte seine Auffassung trotz aller inneren Widerstände durch. Das verschaffte ihm nicht Popularität, aber Respekt.

Alexander hielt sich an die Abmachungen von Tilsit. Er begann in Finnland einen Krieg gegen Schweden, der zur Einverleibung Finnlands in das Russische Reich führte. Als Napoleon einen gemeinsamen Feldzug über Konstantinopel nach Asien vorschlug, war Rußlands Kaiser begeistert und schlug ein neues Treffen vor, um nunmehr die Welt untereinander aufzuteilen. In der Praxis zeigte sich sehr bald, von welch starken realistischen Komponenten der russisch-französische Idealpakt getragen wurde. Nicht ein Krieg in Asien, sondern die antifranzösischen Aufstände in Spanien und Portugal, die daraus für Preußen erwachsenden günstigeren Bedingungen und das inner-österreichische Rumoren, nach Austerlitz einen neuen Waffengang gegen Frankreich zu wagen, zwangen Napoleon noch einmal an Alexanders gastfreundlichen Tisch.

Der Rahmen für das Treffen wurde im thüringischen Erfurt gefunden. Napoleon wollte seinen kaiserlichen Bruder mit einer prachtvollen Gala aller von ihm in Europa abhängigen Könige und Potentaten, einschließlich der Rheinbundstaaten, über-raschen. So niedere Menschen wie der Zaunkönig aus Königsberg oder der Kaiser aus Wien sollten selbstverständlich die europäische Freude nicht stören dürfen. Bis zum Erfurter Fürstentag blieb nicht mehr viel Zeit, und Napoleon setzte sich am 22. September 1808 in Marsch. Die politische Situation hatte sich seit Tilsit verändert. Alexander mußte nicht mehr um einen günstigen Frieden nachsuchen, er hatte sich in Rußland trotz aller Widersprüche behauptet und sogar einen siegreichen Krieg gegen Schweden geführt. Jetzt saß Napoleon in der Klemme: Auf der Iberischen Halbinsel brannte es, Österreich und Preußen witterten Morgenluft, zudem hatte es Alexander verstanden, Napoleon über seine innerrussischen Querelen im unklaren zu lassen. Der Kaiser der Franzosen ging mit einem falschen Bild nach Erfurt. Er glaubte, es sei wieder ein leichtes Spiel, Alexander auf seine Seite zu ziehen. Ein folgenschwerer Irrtum des kleinen Korsen.

Bis zum letzten Tag vor seiner Abreise nach Erfurt mußte Alexander kämpfen. So euphorische Begeisterung er 1807 für Napoleon empfunden hatte, so ruhig und ziel-bewußt entgegnete er jetzt seinen Kritikern: „Rußland braucht eine gewisse Zeit, um frei atmen zu können, damit es in dieser Atempause seine Mittel und Kräfte sammeln kann. Wir sind gezwungen, in tiefster Stille zu arbeiten, und keiner darf von unseren Rüstungen und Vorbereitungen wissen. Auch derjenige, den wir herauszufordern ge-denken, darf öffentlich und laut nicht angegriffen werden ... Wenn es der Wille Gottes sein wird, können wir in aller Ruhe seinen Sturz abwarten ... Die Weisheit der Politik liegt im Abwarten, um dann im geeigneten Augenblick zu handeln." Er überzeugte zwar seine Widersacher nicht, ließ sich jedoch nicht von seinem Tun abhalten.

Auf der Reise nach Erfurt besuchte Alexander seine Freunde Friedrich Wilhelm und Luise in Königsberg. Was sollten sie sich sagen? Es war die alte Klage Friedrich Wilhelms, der russische Kaiser sollte sich doch für die Verbesserung der Lage in Preu-ßen einsetzen. Vor allem sollten die französischen Truppen aus Berlin verschwinden. Alexander weckte vage Hoffnungen, wie er das stets tat. Wesentlich tiefer imponierte ihm die Begegnung mit dem Freiherrn vom und zum Stein. Der Reichsfreiherr nahm kein Blatt vor den Mund. Trotz des Tilsiter Abkommens forderte er Kaiser Alexander unverblümt auf, mit Preußen und Österreich einen neuen Krieg gegen Frankreich zu eröffnen. Alexander winkte erst einmal ab.

Am 27. September 1808 trafen Napoleon und Alexander zwischen Weimar und Erfurt – bei dem Dorf Mönchenholzhausen – aufeinander und ritten gemeinsam nach

Erfurt zurück. Die nächsten Tage verliefen scheinbar in der gleichen schönen Harmonie wie jene in Tilsit. In Erfurt war der Rahmen noch glänzender und prächtiger als jener einst am Njemen. Napoleon ließ sich zu der Geschmacklosigkeit verleiten, Alexander persönlich über das Schlachtfeld von Jena zu führen und zu demonstrieren, wie er 1806 die Preußen geschlagen hatte – und merkte nicht, was für ein guter Schauspieler sein vermeintlicher Bewunderer Alexander war. Aus Weimar schrieb dieser an die Schwester Katharina: „Napoleon hält mich für einen Narren, aber derjenige, der zuletzt lacht, lacht am besten." Napoleon erwachte aus seinem Glückstaumel erst, als er bemerkte, daß sich Alexander einer gemeinsamen Militäraktion zur Entwaffnung Österreichs widersetzte. Er tobte und schrie, aber der russische Kaiser blieb beherrscht: „Sie sind zu hitzig und ich bin starrköpfig. Bei mir richtet man mit Wut nichts aus. Es ist besser, wenn wir uns unterhalten und die Sache besprechen – andernfalls werde ich abreisen." Alexander nutzte geschickt die Konflikte zwischen Napoleon und dessen ehemaligem Außenminister Talleyrand, der nicht an der Zerstörung Österreichs interessiert war und in Erfurt eigennützig gegen seinen Kaiser intrigierte. Dabei goß er eifrig Öl auf das Feuer des europäischen Sendungsbewußtseins Alexanders. Dagegen kam selbst Napoleon nicht an.

Es war unter dieser Voraussetzung nicht verwunderlich, daß der am 12. Oktober 1808 in Erfurt vereinbarte russisch-französische Geheimvertrag keinen einzigen Paragraphen enthielt, der in den großen europäischen Problemen konkrete Maßnahmen beider Länder festgeschrieben hätte. Weder gegenüber England noch bezüglich Österreichs oder der Türkei. Von einem gemeinsamen Marsch nach Asien war keine Rede mehr. Der Leidtragende war wieder Preußen: Die französischen Garnisonen blieben bestehen.

Napoleon mußte gegenüber Alexander noch aus einem höchst persönlichen Grunde vorsichtig operieren. Seit längerer Zeit trug er sich mit dem Gedanken einer Trennung von Josephine. Der erhoffte Thronfolger war ausgeblieben – das traf übrigens auch auf Alexander zu –, und bei der Suche nach einer neuen Partnerin wurde Alexanders Schwester Katharina ins Spiel gebracht. Aber in diesem Falle war Alexander mit seiner Mutter Marija Fjodorowna völlig einig: Eine Romanowa kam als Gemahlin für einen Bonaparte niemals in Frage. Napoleon selbst sprach in Erfurt nicht mit Alexander über die Ehefrage. Er beauftragte Talleyrand und Caulaincourt, einen diskreten Vorstoß zu unternehmen. Das Thema war für Alexander so abwegig, daß er in einem abschließenden Gespräch mit Napoleon ganz allgemein formulierte, der Kaiser der Franzosen werde sein Lebenswerk sicherlich noch mit einer neuen Ehe und der Begründung einer Dynastie krönen. Katharinas Name fiel nicht einmal – zum Glück für Napoleon, denn die scharfzüngige und als politisch ambitioniert geltende Katharina hätte sich wohl nicht darin beschieden, die Dynastie Bonaparte um einen Thronfolger zu bereichern. Um allen weiteren Nachfragen aus dem Weg zu gehen, wurde nach dem Erfurter Treffen offiziell mitgeteilt, sie werde in absehbarer Zeit den Prinzen von Holstein-Oldenburg heiraten.

Am 14. Oktober, dem zweiten Jahrestag der Schlacht von Jena und Auerstedt, fuhren die beiden Kaiser dorthin, wo sie sich getroffen hatten: nach Mönchenholzhausen. Äußerlich schien die Stimmung gut, und man ging freundlich miteinander um. Innerlich wußten sie, die kurze Zeit des französisch-russischen Frühlings, da man gemeinsam eine europäische Neuordnung entwerfen wollte, war vorbei. Tatsächlich sahen sie sich niemals wieder, hatten in den folgenden Jahren aber noch viel miteinander zu tun.

In Erfurt hatte Alexander in seiner Suite einen Mann, der sich von den übrigen Begleitern kraß unterschied: Michail Speranski. Nur ein einfacher Beamter ohne aristokratische Herkunft, zeichnete sich der Popensohn durch brillante Intelligenz, präzisen Ausdruck und absolute Verschwiegenheit wie Loyalität aus. Napoleon sprach mit ihm ebenso wie Talleyrand. Speranski sollte seinem Kaiser nach den anstrengenden Jahren mit militärischem Auf und Ab die innere Ordnung Rußlands bringen. Michail Speranski ist als ein überragender Reformstratege in die russische Geschichte eingegangen. In dem autokratischen Gefüge eines so gefühlsbetonten und in den Stimmungen wechselnden Herrn wie Alexander I. mußten auch die edelsten Anstrengungen eines systematischen Reformers Stückwerk bleiben. Aber Alexander vertraute ihm, und wenn es nach Erfurt, in den Jahren 1808/09, in Gesetzgebung, Verwaltung und Finanzen einige Modernisierungs- und Reformansätze gab, dann war das vor allem Speranskis Verdienst. Alexander beriet sich mit seinem fähigen Beamten wieder und wieder und unterstützte ihn vor allem dort, wo es um einen straffen Führungsstil ging. Natürlich, Europa befand sich nach wie vor im Krieg, und der Kaiser mußte viele innere und äußere Probleme vorsichtig gegeneinander abwägen. Da er zudem seinem Wesen nach dazu neigte, schwierige Entscheidungsfragen – wie früher bereits Kaiserin Elisabeth – vor sich herzuschieben, besaß Speranski mehrfach Grund zur Klage, daß seine Vorschläge nur partiell und schleppend in die Tat umgesetzt wurden.

Tatsächlich widmete sich Alexander gemeinsam mit Speranski im Jahr 1809 sehr intensiv den Vorbereitungen auf die Einberufung eines reformierten Staatsrats. Das sollte der Beginn einer umfassenden Erneuerung von Verwaltung und Gesetzgebung sein. Der Staatsrat wurde zu Beginn des Jahres 1810 einberufen und leistete zunächst eine erfolgreiche Arbeit. Aber es verging kein halbes Jahr, und Alexanders Interesse erlahmte, der Widerstand des Adels gegen Reformen schwoll an, und äußere Probleme verdrängten die Bereitschaft zu inneren Reformen. Speranskis Akribie ließ nicht nach, und man denunzierte ihn als französischen Spion. Alexander hielt seinen fähigsten Mitarbeiter noch zwei Jahre, dann mußte er ihn unter dem Druck der Opposition in die Verbannung schicken – natürlich nicht bis an das Lebensende.

Im Grunde verliefen diese beiden Jahre für Alexander jedoch unter dem Blickwinkel außenpolitischer Probleme, und die Reformen Speranskis waren zweitrangiger Natur. Napoleon und der europäische Krieg blieben nach dem Fürstentag von Erfurt das zentrale Thema. Frankreich kämpfte gegen Österreich, und Rußland mußte eine Position beziehen. Kaiser Alexander blieb zwar den in Tilsit und Erfurt gesprochenen

Worten treu, in der Praxis betrieb er eine ausschließlich den eigenen Interessen dienende Politik. Höflich und zuvorkommend, wie es das diplomatische Geschick verlangte, ging er mit den Franzosen um, wiegte sie in seiner Bündnistreue und führte eigene erfolgreiche Kriege gegen Schweden und die Türkei. Geradezu eine antinapoleonische Demonstration war dagegen die Einladung König Friedrich Wilhelms III. und Luises nach Petersburg. Selbst wenn die Visite keine unmittelbaren politischen Konsequenzen nach sich zog, besaß sie doch eine Langzeitwirkung. Alexander ließ sich in seiner Haltung zu Preußen nicht beirren. Rußlands Zar und Preußens Königin liebten einander, das war seit langem offensichtlich. Hier nun sahen sie sich zum letzten Mal. Luise beschwor Alexander, „die Interessen des Königs, das zukünftige Glück meiner Kinder und ganz Preußens" in seine Hände zu nehmen. Anderthalb Jahre später starb sie, und Alexander fühlte sich in den folgenden Jahren an diese innige Bitte einer unglücklichen Monarchin gebunden.

Ganz anderen Gesichtspunkten unterlag das Verhältnis zu Österreich. Als der Krieg zwischen Frankreich und Österreich wieder ausbrach, bedeutete Alexander zwar eilfertig, zu den Beschlüssen von Erfurt zu stehen, in der Tat hielt er sich mit seinen Truppenbewegungen so lange zurück, bis Napoleon den Krieg gewonnen hatte und wieder in Wien saß. Bei der Verteilung der Beute wurde er berücksichtigt. Besonders spannend fand er Napoleons Entgegenkommen gegenüber den russischen Vorstellungen in der polnischen Frage, obwohl vorerst nichts entschieden wurde.

Der Kaiser der Franzosen hatte allen Grund, das Wohlwollen Alexanders zu erhalten. Noch war England nicht geschlagen und – noch immer war der Korse kinderlos und ohne neue Ehefrau. In Erfurt hatte man neben Katharina auch Alexanders 1795 geborene Schwester Anna mit in die Überlegungen einbezogen. Das Kind war aber noch gar zu klein gewesen. 1809/10 kam die französische Seite wieder auf das Thema zurück. Es war schwierig, eine Frau für den vielgeliebten Napoleon zu finden. Er mußte bereits zu dem erpresserischen Trick greifen, Alexanders Zustimmung zu dem Heiratsantrag mit lockenden Zugeständnissen in der polnischen Frage zu verbinden. Der Zar schwankte zwischen seinem autokratischen Bewußtsein, der Abscheu gegenüber dem Usurpator, der Bündnistreue, Bruderliebe und Angst vor der Mutter hin und her. Die Antwort dachte sich Katharina aus. Man beschied dem Kaiser in Paris sehr taktvoll, daß die kleine Anna noch zu jung für eine Ehe sei, man sei über den Antrag geschmeichelt und hoffe auf das Einverständnis Napoleons, noch zwei Jahre zu warten. Der war es nicht gewohnt, zu warten. Er wollte eine schnelle Entscheidung und schloß sich, so absurd es klingen mag, dem Vorschlag an, die Tochter von Kaiser Franz I., die Erzherzogin Marie Louise, zu ehelichen. Gerade hatte er bei Wagram den Österreichern eine erbitterte Schlacht geliefert, gerade hatte er zum zweiten Mal Wien besetzt, da schickte er sich an, die Tochter des Gegners zu heiraten: So kompliziert kann dynastische Politik sein.

Alexander hatte dieses Mal das Nachsehen, denn mit der Information über Napoleons Heiratsabsichten traf die Absage an eine Vereinbarung über Polen ein. Der Zar war empört. Er wollte nicht gerne die Schwester hergeben, aber nun fürchtete er, Frankreich werde von dem Bündnis abrücken und sich Österreich zuwenden. Geradezu wütend war Alexander, weil die Franzosen entgegen seiner eigenen Losung, daß das „Königreich Polen niemals mehr hergestellt wird", schamlos und penetrant vom „Herzogtum Polen" – und nicht mehr Warschau – sprachen. All das vollzog sich vor dem Hintergrund gravierender wirtschaftlicher Probleme. Rußland litt unter der Kontinentalsperre. Es wurde mit französischen Luxusgütern überschwemmt, aber die lebensnotwendigen Dinge konnten weder ex- noch importiert werden. Alexander kämpfte einen schweren Kampf zwischen Selbsterhaltung und Bündnistreue. Seine fähigsten Ratgeber, vor allen Speranski, rieten zur Aushöhlung der restriktiven Handelsbestimmungen. Es bedurfte eines politischen Affronts Napoleons, um Alexander zu einem Entschluß zu bewegen. In Petersburg wurde bekannt, daß Napoleon das Herzogtum Holstein annektieren wollte. Zar Peter III. stammte aus dem Hause Holstein, und erst vor Jahresfrist hatte Katharina mit Georg einen weiteren Holsteiner geheiratet. Am letzten Tag des Jahres 1810 erließ der Kaiser einen Ukas über den Zolltarif. Nach dem Ukas wurden nur noch alle auf dem Landweg eingeführten Waren mit hohen Importzöllen belegt. Exportzölle gab es nicht mehr, und die verschifften Waren konnten ebenfalls ohne Zollerhebungen gelöscht werden. Das bedeutete den Austritt aus der Kontinentalsperre, und Alexander war sich bewußt, daß er mit dem Ukas eine grundsätzliche Entscheidung für sein Verhältnis zu Napoleon und Frankreich, über das Schicksal Rußlands getroffen hatte.

Politische Konflikte wurden in jenen Jahren fast ausschließlich durch Monarchen, in diplomatischen Salons oder auf dem Schlachtfeld entschieden. Für Alexander gab es im Falle Napoleons zum Schlachtfeld keine Alternative. Er bewegte kühne Pläne: Rußland konnte sehr schnell eine Armee von 100.000 Mann mobilisieren. Man mußte nur Österreich und Preußen gewinnen, gemeinsam konnte man Napoleon über die französischen Grenzen zurückdrängen. Alexander ließ dem Gedankensplitter sofort die Tat folgen. Er beorderte fünf kampfstarke Divisionen vom türkischen Kriegsschauplatz zurück, machte den Polen Avancen für ihre Unabhängigkeit und eine liberale Verfassung, und er teilte Friedrich Wilhelm III. und Franz I. seine geheimen Absichten mit. Schneller konnte er die Franzosen wirklich nicht informieren!

Die Initiative zeitigte keine Erfolge. In Polen, Österreich und Preußen winkte man ab. Napoleon traf militärische Gegenmaßnahmen, glaubte aber nicht an einen Präventivschlag aus St. Petersburg. Wirklich erschreckt war Napoleon nur durch Rußlands Austritt aus der Kontinentalsperre. Deshalb warb Napoleon in einem direkten Schreiben an Alexander um eine Entspannung. Die Situation entkrampfte sich. Man sprach von einer Nivellierung des russischen Zolltarifs, von neuen Verhandlungen und von den guten Perspektiven, die noch im beiderseitigen Verhältnis steckten.

Aber das war nur diplomatisches Geplänkel. Tilsit, Erfurt und der Zollukas waren markante Punkte einer absteigenden Linie im russisch-französischen Bündnis. In den vorausgegangenen Jahren hatte sich der französische Gesandte Caulaincourt alle Mühe gegeben, den russisch-französischen Bruderstern hell leuchten zu lassen. Dieser Stern sank, und Caulaincourt spürte das. Immer wieder bat er um seinen Abschied, aber erst im Mai 1811 erhielt er ihn. Alexander verabschiedete sich wie von einem geliebten Bruder und erkannte klar die Situation: „Sollte der Kaiser Napoleon mit mir Krieg anfangen wollen, so ist es möglich, sogar wahrscheinlich, daß wir geschlagen werden. Aber dies wird ihm trotzdem keinen Frieden bringen ... Wir werden niemals einen Kompromiß unterzeichnen; wir haben ein weites Hinterland, und wir werden eine gut organisierte Armee zu behalten wissen ... Ich werde nicht der erste sein, der das Schwert zieht, aber der letzte, der seinen Degen in die Scheide steckt ... Lieber ziehe ich mich nach Kamtschatka zurück, als daß ich auch nur eine einzige Provinz aufgebe oder meine Unterschrift in meiner eroberten Hauptstadt unter einen Vertrag setze, der nichts anderes wäre als ein Waffenstillstand." Natürlich war Caulaincourt über so viel Entschlossenheit erschreckt. Aber er glaubte Alexander – ganz im Gegensatz zu Napoleon, der auf die Information obenhin reagierte: „Es bedarf nur einer erfolgreichen Schlacht, und Sie werden das Ende der guten Vorsätze ihres Freundes Alexander erleben – natürlich auch das Ende seiner auf Sand gebauten Schlösser." Für die Niederlage Napoleons im Rußlandfeldzug mag man viele militärtaktische Ursachen anführen – im Grunde war es die Arroganz des sieggewohnten Usurpators, die das Unternehmen von 1812 bereits im Ansatz scheitern ließ. Er gab sich keine sonderliche Mühe mehr, zu einem neuen Bündnis mit Rußland zu kommen oder Verhandlungen über die strittigen Fragen zu führen. Im August 1811 ordnete Napoleon alle notwendigen Vorbereitungen zum Angriff auf Rußland im folgenden Jahr an.

Auch Rußland unterhielt in Paris Spione und Informanten. Ende 1811 berichtete und warnte der Gesandte Kurakin: „Die Zeit ist nicht mehr fern, in der wir mit Mut und Entschlossenheit unser nationales Erbe und unsere derzeitigen Grenzen schützen müssen." Im Dezember 1811 nannte Alexander Napoleon bereits eine „teuflische Kreatur, die der Fluch der ganzen menschlichen Rasse ist". Rußland rüstete zum Krieg. Alexander kniete sich selbst in diese Aufgabe. Er wußte, was seinem Land nottat: Friedensabschlüsse mit der Türkei und Schweden, eine penible Ausrüstung der Armee durch den Kriegsminister Barclay de Tolly, der sachdienliche Einsatz aus dem Ausland in russische Dienste getretener Militärs – General Pfuël, Oberst von Clausewitz und viele andere – und vor allem: Trotz der Erinnerung an die Wirren von Austerlitz ließ sich Alexander partout nicht davon abbringen, als oberster Kriegsgott an der Spitze seiner Soldaten zu reiten und die russische Armee in siegreiche Schlachten zu führen. Er glaubte fest an seine militärische Sendung.

Es war geradezu absurd, daß ausgerechnet während der Kriegsvorbereitungen der überaus fähige Staatssekretär Michail Speranski durch eine Intrige, an der namentlich Alexanders Schwester Katharina beteiligt war, gestürzt wurde. Wie hätte er seinem Vaterland in dieser schweren Zeit nützlich sein können! Alexander trug schwer an dem Verlust, aber so wenig er sich nach Tilsit seinen inneren Widersachern gebeugt hatte, so sehr gab er jetzt den auf den Erfolg Speranskis neidischen Höflingen nach.

Alexander reagierte auf jeden Zug Napoleons. Im März 1812 war der gegenseitige Truppenaufmarsch im vollen Gange. Die Ursachen für den drohenden Konflikt ließen sich nicht mehr durch Vermittlungsversuche beseitigen: Rußland forderte den von Frankreich verweigerten uneingeschränkten Handel und duldete keine französischen Truppen im östlichen Preußen und im Herzogtum Warschau – Napoleon wollte seine mitteleuropäischen Eroberungen auf ganz Europa ausdehnen und Rußland als Teilhaber an der europäischen Neuordnung ausschalten. Alexander verzichtete zu keinem Zeitpunkt auf seine europäische Mission. Er bemühte sich, für den Fall des französischen Angriffs, antinapoleonische Aufstände im Mittelmeerraum und auch in Preußen anzufachen. Ausdrücklich holte er den Freiherrn vom Stein nach Rußland. Zwar beteuerten beide Seiten immer wieder, daß sie noch im letzten Moment an eine friedliche Lösung des Konflikts glaubten, aber der Kriegsbeginn war nicht mehr aufzuhalten. Bereits am 21. April reiste Alexander seinen nach Westen marschierenden Truppen nach, begleitet vom Patriotismus seiner Landeskinder: „Gestern nachmittag um zwei Uhr fuhr der Kaiser unter Hochrufen und Segenswünschen einer riesigen Menschenmenge ab, die von der Kasaner Kathedrale bis zum Stadttor dicht gedrängt stand. Da diese Leute nicht durch die Polizei herumkommandiert und die Hochrufe nicht von Agenten inspiriert wurden, war er – verständlicherweise – von diesen Zeichen der Zuneigung unseres großartigen Volkes sehr gerührt! Für Gott und Kaiser – so riefen sie. Weder in ihren Herzen noch in ihren Gebeten machen sie einen Unterschied ..."
Der allrussische Patriotismus begleitete ihn bis nach Wilna, einer Stadt, die hauptsächlich von Polen und Juden bewohnt wurde. Aber auch hier spürte der Zar nur Kriegsbegeisterung. Die jungen Damen der Wilnaer Gesellschaft waren von ihrem Kaiser hingerissen: „Trotz der Regelmäßigkeit und Feinheit seiner Gesichtszüge und der Frische seines Teints, war seine körperliche Schönheit auf den ersten Blick nicht so beeindruckend wie seine große Leutseligkeit, mit der er alle Herzen gewann und sofort Vertrauen erweckte. Seine hohe, vornehme und majestätische Gestalt, die manchmal elegant, wie bei einer alten Statue, nach vorn gebeugt war, wurde schon etwas fülliger, aber er sah gut aus. Seine blauen Augen waren aufmerksam und sehr ausdrucksvoll, doch etwas kurzsichtig. Seine Nase war gerade und schön geformt, und er hatte einen kleinen angenehmen Mund. Die runden Züge seines Gesichts und sein Profil ähnelten dem seiner erlauchten Mutter. Seine Stirn war schon etwas kahl, was seiner ganzen Erscheinung einen offenen und abgeklärten Eindruck gab, und sein goldblondes Haar war um die Stirne herum sorgfältig frisiert, wie auf antiken Gemmen oder Medaillons, so daß er aussah, als ob er geboren sei, eine dreifache Krone aus Lorbeer, Myrte oder vom Ölbaum zu tragen."
Das verklärte Bild täuschte. In Wirklichkeit demonstrierte der Kaiser in den acht Wochen seines Aufenthalts in Wilna ein Beispiel personifizierter Entschlußlosigkeit. Obwohl die Grenze und der Gegner nahe waren, konnte er sich weder zu einem konkreten Operationsplan noch zu einer zielgerichteten außenpolitischen Unterfütterung seiner militärischen Vorstellungen entschließen. An der Spitze der Armee

wollte er stehen – es war ein Phantom. Viele Menschen sahen die Gefahr. Schwester Katharina bat händeringend: „Du darfst nicht nur den Hauptmann im Felde, sondern mußt zur gleichen Zeit auch den Herrscher spielen." Alexander hörte nicht auf sie und nicht auf andere.

In der Zwischenzeit hatte Napoleon die Zelte in Dresden aufgeschlagen. Dort umschmeichelten ihn nicht nur Franz I. und selbst Friedrich Wilhelm III., von Dresden aus entsandte er den Grafen Louis de Narbonne zu Alexander: Rußland sollte wieder der Kontinentalsperre beitreten. Gleichzeitig marschierte die „Große Armee" nach Osten. Narbonne übergab am 18. Mai weisungsgemäß Napoleons Friedensangebot und stieß auf kalte Ablehnung. Alexander: „Falls Kaiser Napoleon sich für Krieg entscheidet und das Glück unsere gerechte Sache nicht begünstigt, so wird ihn die Jagd nach einem Friedensvertrag bis an das äußerste Ende der Welt führen." Das Tafeltuch von Tilsit war endgültig zerschnitten und Napoleon reiste aus Dresden an die russische Grenze ab.

Aber selbst diese relative Endgültigkeit des Krieges beflügelte Alexander nicht zu aktivem Handeln. Wilna führte das beschauliche Leben einer Garnison im Frieden. Als man Alexander die Nachricht überbrachte, daß Napoleon mit seiner „Großen Armee" den Njemen überschritten hatte, befand er sich gerade auf einem Sommernachtsball außerhalb Wilnas.

Der Krieg war zur Tatsache geworden. Der Einfall erfolgte über Kowno und Tilsit. Die russischen Truppen waren weit auseinandergezogen und untereinander ohne feste Verbindung. Während Alexander bei der ersten Armee unter Barclay de Tolly in Wilna verharrte, stand die zweite Armee unter Bagration 160 Kilometer südwestlich von Wilna. General Tormassow konzentrierte die dritte Armee in den Pripjetsümpfen, und Kutusow weilte noch an der fernen Moldau. Erste Lagebeurteilungen ergaben eine nicht erwartete französische Übermacht. Alexander richtete an Volk und Armee Manifeste und rief zum Kampf auf, bis der letzte feindliche Soldat russischen Boden verlassen hätte. Ein Sturm patriotischer Begeisterung antwortete ihm.

Drei Tage später rückten Marschall Murats Kavalleristen auf Wilna vor. Eilig verließ der Zar die Stadt und verlegte sein Feldquartier nach dem Dorf Swenzjany – nur 65 Kilometer von Wilna in östlicher Richtung gelegen. In der Stadt entstand Panik. Barclay de Tolly räumte Wilna: Rußland schlug den traditionellen, schon von Peter I. gegenüber Karl XII. praktizierten Weg ein und lockte den Feind immer tiefer in das Landesinnere, um ihn dann später in einer vernichtenden Feldschlacht zu stellen. Zwischen 1709 und 1812 gab es jedoch einen Unterschied: Alexander hatte den „Vaterländischen Krieg" proklamiert, und eine patriotische Begeisterungswelle hatte seinen Willen, an der Spitze der Armee zu stehen, gestützt. Niemand in Rußland verstand so recht, warum er nach wenigen Tagen als erster Soldat den Rückzug antrat. Wäre er doch besser in St. Petersburg geblieben! Allein die in jenen Tagen tobenden schweren Gewitterstürme verhinderten, daß Alexanders Rückzug von Wilna über Swenzjany bis Drissa einer wilden Flucht glich. Er kontrollierte weder die Truppen noch sein Reich. Ein Operationsplan nach dem anderen wurde verworfen. Man wußte nicht, welches Napoleons nächste Ziele waren. Persönliche Animositäten und Verdächtigungen zwischen Bagration, Barclay de Tolly, Araktschejew und anderen militärischen Befehlshabern vergifteten die aufgeregte Atmosphäre des Rückzugs. Es wurde immer deutlicher, daß Alexanders Anwesenheit im Hauptquartier eine Last war: Das Reich blieb unregiert, und sein militärischer Dilettantismus schadete nur. Schließlich faßten sich einflußreiche Männer – unter ihnen Araktschejew, der zum militärischen Sekretär des Zaren avanciert war – ein Herz und baten seine Majestät höflich und in wohlüberlegten Worten um die Abreise in die Hauptstadt.

Zunächst erschraken die Russen. Alexanders Fahrt nach Moskau erschien ihnen wie ein Signal für die drohende Niederlage, dann zeigte sich, daß Alexander keinen klügeren Entschluß hatte fassen können. Moskau, das war das ewige Rußland, der Hort wahren vaterländischen Geistes. Seine Anwesenheit in der alten Hauptstadt stimulierte zum Widerstand gegen den räuberischen Usurpator: Innerhalb von nur vier Wochen stellte der Kaiser sieben neue Regimenter auf. Anfang August kehrte Alexander endgültig nach Petersburg zurück. Er regierte wieder das ganze Rußland.

Die bei ihm eingehenden Nachrichten über den Kriegsverlauf wurden immer beunruhigender, sowohl hinsichtlich des französischen Vormarsches, als auch der nicht endenden Streitereien unter den russischen Befehlshabern. Schließlich entschloß sich Alexander zu einem radikalen Schnitt. Nach eingehender Beratung mit sechs Generälen – darunter Araktschejew und Saltykow – entschied er sich, den alten und bewährten Kutusow trotz der unliebsamen Erinnerungen an Paul I. und an Austerlitz zum Oberbefehlshaber zu ernennen. Bennigsen wurde Generalstabschef und die Kampfhähne Bagration und Barclay de Tolly Armeebefehlshaber (letzterer blieb zugleich Kriegsminister). Der Entschluß erfolgte in höchster Not. Die „Große Armee" hatte Wjasma erobert. Sie stand 240 Kilometer vor Moskau. Unter Barclays Oberbefehl waren die russischen Soldaten 800 Kilometer zurückgewichen. Kutusow traf Ende August im Feldquartier ein, und seine erste große Operation in diesem Krieg war sofort mit historischem Ruhm verbunden. Am 7. September 1812 stellte er die Franzosen bei dem Dorf Borodino zur offenen Feldschlacht – 110 Kilometer westlich von Moskau.

Es war eine verheerende Schlacht, bei der über 70.000 Russen, Franzosen und Verbündete ihr Leben lassen mußten. Beide Seiten konnten sich als Sieger betrachten. Napoleon, weil seine Soldaten in die russischen Linien eingebrochen waren, Kutusow, weil die Russen die Straße nach Moskau hielten. Kutusow beging nicht den Fehler, die am ersten Tag unentschieden ausgehende Schlacht am zweiten Tag wiederaufzunehmen. In nächtlicher Dunkelheit nahm er die Reste seiner Armee auf Moskau zurück und marschierte durch Moskau hindurch. Die Franzosen folgten nach und besetzten die alte russische Hauptstadt. Napoleon Bonaparte ließ sich im Kreml nieder: Seit der Vertreibung der Polen, seit 200 Jahren, saß erstmals wieder ein fremder Eroberer im Herzen Rußlands.

Die Nachrichten über Verlauf und Ergebnisse der Schlacht von Borodino erreichten den Kaiser in St. Petersburg nur langsam und stückweise. Zunächst schwelgte man in Euphorie über einen grandiosen Sieg. Als die bittere Wahrheit schärfere Konturen annahm, machte sich lähmendes Entsetzen breit. Wo immer der Zar sich sehen ließ, er stand einer schweigenden, auf sein Wort wartenden Menge gegenüber. Dem Patriotismus folgte die Erstarrung. Was sollte Alexander den Menschen sagen, was sollte er überhaupt tun? Zunächst besaß er trotz seiner Depressionen Vertrauen in das Volk, die Armee und Kutusow. Friedensfühler Napoleons wies er brüsk zurück. An den schwedischen Kronprinzen Bernadotte, einst Marschall in Napoleons Armee, schrieb Alexander: „Mehr denn je ist mein Volk mit mir verbunden, und wir ziehen es vor, unter den Ruinen vernichtet zu werden, als mit diesem modernen Attila Frieden zu schließen." Die Konsequenzen dieser Haltung bestätigten Alexander. Napoleon hatte keinen Sieg errungen, er war in eine Falle gelaufen. Verzweifelt streckte der Korse Friedensfühler zu Alexander und zu Kutusow aus. Vergeblich: Er erhielt nicht einmal eine Antwort.

Ende Oktober begannen erste russische Gegenoffensiven, taktisch sehr klug, an drei neuralgischen Punkten. Kutusow attackierte Moskau direkt, Kosaken und Partisanen die langen französischen Nachschublinien, und das Korps Wittgenstein griff im Westen, bei Polozk, an. Es wirkte wie ein Fanal, als am 27. Oktober die Nachricht in St. Petersburg eintraf: Napoleon mußte sich aus Moskau zurückziehen – die Stadt war wieder in russischer Hand. Die große Freude war aber noch verfrüht. Der Kaiser der Franzosen sah sich keineswegs militärisch geschwächt. Er wollte seine Kräfte umgruppieren und im Frühjahr 1813 auf St. Petersburg marschieren. Allerdings, schon nach wenigen Tagen, in der Schlacht bei Malojaroslawez, wurden Napoleons Illusionen deutlich. Der Sieg ging zwar an die Franzosen, sie konnten ihn jedoch nicht ausbauen und waren nicht in der Lage, Kutusows ausweichende Hauptarmee zu stellen. Die Marschälle Napoleons drängten: Nach Moshajsk, nach Smolensk, zurück, zurück, heraus aus Rußland, so schnell wie möglich! Napoleon fügte sich und führte seine Armee in den Untergang.

Alexander benötigte einige Wochen, um zu verstehen, daß der Krieg seine entscheidende Wende genommen hatte. In dieser Zeit gab er sich in besonderem Maße religiösen Erbauungen hin. Der Kaiser war wie alle seine Vorfahren auf dem Thron ein gläubiger Mensch. Seine früheren Ideen zu Europa hatten von dem Maß gesprochen, mit dem gläubiges Sendungsbewußtsein und Politik in ihm verbunden waren. Jetzt, in der Stunde der Not, suchte er besonderen Halt: „Ich verschlang die Bibel, und ich fand, daß die Worte meinem Herzen einen unbekannten Frieden gaben und den Durst meiner Seele stillten." Die ersten Kriegserfolge, Napoleons Rückzug, die früh hereinbrechenden Winterstürme und der Hang zum Mystizismus weckten in Alexander erneut den aberwitzigen Wunsch, die Armee zu kommandieren. Man konnte ihn noch aufhalten, bis die Franzosen nach dem Übergang über die Beresina geschlagen und fluchtartig das Land verließen: Napoleon war bereits auf dem Weg nach Paris. Aber am

19. Dezember 1812 hielt Alexander nichts mehr auf. Er mußte unbedingt selber sehen, was an den Grenzen vorging, und reiste nach Wilna ab.

Der Zar kehrte an jenen Punkt zurück, an dem er den Ausbruch des Krieges erlebt hatte. Jetzt nicht mehr in Sorge um sein Reich, sondern abermals in dem hohen Gefühl, nun sei die Stunde gekommen, da er zum Herrn über ein neues Europa aufsteigen könnte. Er wollte als „Retter Europas" in die Geschichte eingehen. Dazu mußten die Franzosen mit militärischer Gewalt nach Mitteleuropa hinein verfolgt und endgültig geschlagen werden. Es mißfiel Alexander sehr, daß Kutusow beharrlich Ruhe für seine Soldaten forderte. Der Kaiser wurde ungeduldig, und er hatte Glück. Am 30. Dezember 1812 schlossen General Johann Ludwig Graf Yorck von Wartenburg, bislang preußischer Befehlshaber in französischen Diensten, und der russische General Diebitsch bei Tauroggen in Ostpreußen eine Neutralitätskonvention ab. Die Auswirkungen waren gravierend. Das preußische Kontingent setzte den Russen keinen Widerstand entgegen, und das bedeutete, daß die französischen Soldaten Königsberg und Ostpreußen auf schnellstem Wege räumen mußten. Alexander erkannte sofort seine Chance. Über den Freiherrn vom Stein und General von Boyen forderte er Friedrich Wilhelm III. auf, unverzüglich mit den Franzosen zu brechen und das Volk zum Aufstand gegen Napoleon zu mobilisieren. Er verließ Wilna am 9. Januar 1813, ging bis Meritz vor und ließ seine Armee den Njemen überschreiten.

Innerhalb von zehn Wochen rückten russische Soldaten bis an die Elbe vor. Preußen und Schweden erklärten Frankreich den Krieg, auch Österreich zog sich von Napoleon zurück. Alexander steigerte sich in einen religiösen Rausch: „Meinen ganzen Sieg weihe ich dem Fortschreiten der Herrschaft unseres Herrn Jesus Christus." In Kalisch schloß er mit Friedrich Wilhelm III. einen Bündnisvertrag. Preußen sollte seine Grenzen von 1806 wiedererhalten, und: „Die Stunde hat geschlagen, in der man Verpflichtungen einhalten muß, mit dem religiösen Glauben heiliger Unverletzlichkeit, der die Macht und Beständigkeit von Nationen zusammenhält." In diesem tiefen inneren Bewußtsein drang Alexander bis nach Dresden, bis nach Berlin vor.

Wenn er geglaubt hatte, der Siegeszug werde bis nach Frankreich hinein anhalten, dann sah er sich bald getäuscht. Napoleon ergab sich nicht tatenlos in sein Schicksal, sondern stellte eine neue Armee auf. Außerdem standen nach wie vor französische Soldaten auf deutschem Boden. In der russischen Militärführung gab es zwischen Kutusow und Wittgenstein unterschiedliche Ansichten über die Weiterführung des Feldzuges: nach Sachsen oder nach Magdeburg und über die Elbe nach Westfalen. Alexander blieb zuversichtlich, obwohl es dafür keinen Grund gab. Es war wie ein Menetekel, daß Kutusow am 28. April in Bunzlau (Schlesien) einem Schlaganfall erlag. Alexander konnte sich gegen die Rangfolgeeitelkeiten seiner Generäle nicht durchsetzen und unterstellte die Korps von Tormassow und Miloradowitsch seinem eigenen Oberkommando. Nun war er endlich am Ziel seiner Wünsche und bekam alsbald die Fehlentscheidung zu spüren.

Zwei Tage nach Kutusows Tod griff Napoleon an. In der Schlacht bei Lützen errang er den ersten Sieg. Die Russen mußten sich wieder hinter die Elbe zurückziehen, und Napoleon zog erneut in Dresden ein. Alexander holte wieder Barclay de Tolly auf den Posten des Oberkommandierenden, aber nach der Niederlage bei Bautzen verschob sich der Kriegsschauplatz weiter in Richtung Osten. Der Kampf hatte große Opfer gekostet, und beide Seiten waren erst einmal an einem Waffenstillstand interessiert. Später würde man weitersehen. Tatsächlich kam am 4. Juni in Pläswitz ein Vertrag zustande, der für sechs Wochen in Schlesien einen bis zu 40 Kilometer breiten neutralen Korridor zwischen die feindlichen Streitkräfte legte.

Es war nur eine Atempause. Alle Seiten loteten die Möglichkeiten einer Friedensregelung bei eigenem Gewinn aus und kamen am Ende zu dem Schluß, daß es für einen europäischen Frieden noch zu früh war. Am 12. August 1813 trat Österreich der Koalition von Rußland, England, Preußen und Schweden bei, und der Krieg begann von neuem. Alexander mußte mit der Verwirklichung seiner vagen Ideen über ein sittlich gereinigtes Europa noch warten. Er mußte nur Geduld haben, denn die in Rußland begonnene Talfahrt Napoleons schritt unaufhaltsam voran. Geduld besaß Rußlands Kaiser nicht mehr. Im Vorgefühl künftiger Siege wollte er sich nun an die Spitze der alliierten Streitkräfte stellen. Nur unter der Drohung, Österreich werde die Fronten wechseln, wenn nicht der Fürst Schwarzenberg den Oberbefehl übertragen bekomme, erreichte Metternich Alexanders Verzicht auf die Kommandostelle, die auszufüllen er nicht fähig gewesen wäre. Das bewies der russische Kaiser wenige Tage später. Er drängte Schwarzenberg zu einem Angriff auf Dresden und erlitt einen Mißerfolg. Dafür gelang ihm am 9. September der Abschluß der „Teplitzer Verträge", die das Bündnis mit Preußen und Österreich zur Zerschlagung des napoleonischen Frankreich besiegelten. Alexander kam mit den Verträgen einen weiteren Schritt auf dem Weg seiner europäischen Mission voran. Natürlich gab es nicht nur Visionen, sondern auch handfeste politische Ziele: Der Rheinbund und das Herzogtum Warschau sollten aufgelöst und die preußischen wie österreichischen Grenzen nach dem Stand von 1805 wiederhergestellt werden. Über Polens Schicksal wollte man sich später einigen.

Unter diesen militärpolitischen Voraussetzungen drängte die Entwicklung zu einer Entscheidung, die, wie sollte es anders sein, militärisch getroffen werden mußte. Als Napoleon seine Kräfte um Leipzig konzentrierte, setzten die Verbündeten nach. Vom 16. bis zum 19. Oktober 1813 tobte die Völkerschlacht bei Leipzig. Napoleons Karten waren von Beginn an schlecht. Die Alliierten besaßen mehr Menschen, mehr Waffen und die Erfahrungen langer Kriege. Napoleon mußte nach viertägigem Ringen den Kampf abbrechen, wenn er nicht einen Totalverlust erleiden wollte. Im Grunde war es bereits ein ungleiches Ringen. Alexander schrieb an seinen geistlichen Freund Golizyn in Petersburg: „Gott der Allmächtige gab uns nach einer viertägigen Schlacht vor den Wällen der Stadt Leipzig einen glorreichen Sieg über den berühmten Napoleon. Der Allmächtige hat gezeigt, daß in seinen Augen niemand auf dieser Welt stark oder groß ist, außer denen, die er selbst erhöht. 27 Generäle haben wir gefangen, beinahe 300 schwere Kanonen und 37.000 Gefangene erbeutet – das ist das Ergebnis der vier aufwühlenden Tage. Und jetzt sind wir nur noch zwei Tagesmärsche von Frankfurt am Main entfernt! Du kannst Dir gut vorstellen, was ich fühle und denke!" Glaube und Politik – und der Säbel! Sachsen, Bayern und Württemberg fielen von den Franzosen ab. Die eilten in wilder Flucht nach Südwesten – in ihre Heimat, stets die Alliierten auf den Fersen, die jetzt schon ein Wettrennen um das eigene Prestige begannen. Wer war zuerst am Rhein?

Das war nicht die einzige Frage. Es ging um die künftige Stellung Frankreichs in Europa. Alexander konnte sich mit seiner Losung durchsetzen: „Laßt uns über den Frieden verhandeln, aber setzt den Vormarsch fort! Wir müssen das Herz Frankreichs erobern, so wie er 15 Monate vorher das Herz Rußlands eroberte!" Die Preußen teilten die Devise – im Prinzip. Alexander mußte jedoch aufpassen, daß solche listigen Realpolitiker wie Fürst Metternich oder der Brite Castlereagh nicht irgendein Arrangement aushandelten, das seinen eigenen moralischen Visionen schaden konnte. Wo aber hat in der Politik jemals die Moral gesiegt? Alexander wollte in seinem heiligen Zorn gegen Napoleon nicht zur Kenntnis nehmen, daß er von Metternich und Castlereagh in deren Baseler Verhandlungen schlicht und einfach ausmanövriert und faktisch isoliert wurde. Als Metternich dem eifernd nach Paris drängenden Zaren vorschlug, man möge doch zur endgültigen Regelung der Zukunft Europas einen internationalen Kongreß nach Wien einberufen, ging Alexander ohne Argwohn auf die Idee ein.

Der Zar wurde etwas ruhiger und überlegter, als die Franzosen im Februar 1814 für einige Zeit wieder militärische Erfolge erzielten. Er hörte jetzt genauer hin, wenn Metternich und Castlereagh sprachen, und stimmte am 9. März dem Vertrag der Großen Allianz in Chaumont zu. Das Abkommen enthielt keine abstrakten Visionen, sondern ein klares politisches Programm: kein Alliierter durfte einen Separatfrieden mit Frankreich schließen; Holland und die Schweiz bewahren ihre Unabhängigkeit; Deutschland wird in einer Konföderation vereinigt; in Spanien und Italien wird die Wiederherstellung der ursprünglichen Ordnung angestrebt; nach dem Friedensschluß mit Frankreich schließen die vier Alliierten ein 20jähriges Bündnis.

Daran hielt man sich, und nach wechselndem Kriegsglück zogen die Alliierten am 31. März 1814 in Paris ein: Kaiser Alexander I. von Rußland an der Spitze. Niemand vermag das Hochgefühl zu beschreiben, das ihn umfing. Paris lag ihm zu Füßen – Tilsit und Moskau befanden sich in ferner historischer Vergangenheit. Dennoch schien die Zukunft noch nicht sicher: Kaiser Napoleon saß abseits von Paris im Schloß Fontainebleau.

Es war wiederum hintergründig, daß Metternich und Castlereagh dem russischen Kaiser die Rolle des Obersten Alliierten zuspielten. Was sollte aus Napoleon werden, und wer sollte künftig in Frankreich herrschen? Alexander war auch geschickt. Er zog den gewitzten Talleyrand zu Rate, der sich bestens in den innerfranzösischen Verhältnissen auskannte und bisher alle Regierungen schadlos überstanden hatte. Talleyrand fand einen Weg und arrangierte ihn auch gleich: Am 2. April setzten 64 Senatoren

Kaiser Napoleon ab und riefen den Bourbonen Ludwig XVIII. als König auf den französischen Thron. Alexander war mit dieser Lösung nicht besonders einverstanden. Seiner Mission entsprach eher die große Geste der Vergebung. Napoleon hatte Moskau und Rußland zwar in Schutt und Asche verlassen, aber Kaiser Alexander war nicht um der Vergeltung willen nach Paris gekommen: Großen geschichtlichen Persönlichkeiten oblag das Verzeihen. Warum sollte ein Autokrat dem anderen Autokraten das Recht der Herrschaft verweigern? Es gab Verhandlungen mit Caulaincourt, und Alexander näherte sich dem Gedanken, die Regentschaft des Sohnes Napoleons in Erwägung zu ziehen. Den Ausschlag gab jedoch der französische Marschall Marmont. Er lief mit seinem Korps zu den Alliierten über. Napoleon besaß keine Streitmacht mehr. Damit war für Alexander die Frage entschieden. Es gab keine Regentschaft durch einen Sproß der Bonapartes. Napoleon hatte bedingungslos abzudanken und sollte auf die Insel Elba ins Exil geschickt werden.

Nachdem Alexander so die heikelsten Probleme bewältigt hatte, erschienen auch Metternich und Castlereagh wieder auf der Bildfläche. Metternich, der die Ehe Napoleons mit Marie Louise von Habsburg eingefädelt hatte, fühlte sich nun für die Tochter und den Enkel seines Dienstherrn verantwortlich. Man moserte über das Exil Elba, aber letztlich, nachdem Napoleon am 6. April abgedankt hatte, einigte man sich am 11. April im Vertrag von Fontainebleau über die Zukunft Napoleon Bonapartes – so wie es sich Alexander mit Talleyrands Hilfe ausgedacht hatte. Napoleon zeichnete gegen und reiste ab.

Vor den Alliierten stand die große Aufgabe, für Frankreich einen Friedensvertrag auszuhandeln und damit den Grundstock für das neue Europa zu legen. Allein die Komplexität des Problems überforderte die Verbündeten. Alexander war in jenen Tagen zwar der militärische Herr Europas, seine Soldaten biwakierten an der Moskwa, am Njemen, an der Weichsel, an der Elbe, am Rhein und an der Seine. Kaiser Alexander hinterließ auch überall einen europäischen und zivilisierten Eindruck – anders als einstmals Peter I. bei seinen Besuchen in Westeuropa. Aber er mußte auf die separaten Interessen der Verbündeten Rücksicht nehmen. Darum wurde am 30. Mai 1814 mit dem „Ersten Frieden von Paris" zunächst nur ein Friedensvertrag mit Frankreich abgeschlossen, der für das besiegte Land großzügige Bedingungen enthielt: Frankreich brauchte keine Reparationen zahlen, sein Heer mußte nicht verkleinert werden, und es wurde nicht besetzt. Das war vor allem Alexanders Verdienst. Die schwierigeren europäischen Fragen sollten im Herbst in Wien weiterverhandelt werden.

Inzwischen reiste Alexander für drei Wochen nach England, um dort an den Siegesfeiern teilzunehmen. Fortschritte für die neue Ordnung Europas wurden bei der Visite nicht erreicht. Aber der Zar beschäftigte sich intensiv mit den Glaubensinhalten der Quäker. Über Bruchsal, wo er auf seine Gemahlin Elisabeth traf, fuhr der Zar anschließend wieder nach St. Petersburg. Anderthalb Jahre war er nicht in seiner Hauptstadt gewesen. Siegesparaden und Feiern lehnte er strikt ab: Der Sieg über

Napoleon war einzig und allein der Gnade Gottes zu verdanken! Er bereitete sich intensiv auf den Wiener Kongreß vor und wollte vor allem die polnischen Gebiete an Rußland binden. Ein neues Königreich Polen sollte entstehen, mit Verfassung und eigener Verwaltung, aber in Personalunion mit Rußland. Dieses Ziel wollte er in Wien erreichen und brach am 20. September in die österreichische Hauptstadt auf.

Der Wiener Kongreß war vor allem ein glänzendes gesellschaftliches Ereignis illustrer Häupter, eine touristische Sensation, ein prächtiges Experimentierfeld diverser Geheimdienste und eine Musterschule für die hohe Kunst diplomatischer Intrigen. Alexander I. tauchte, ob er wollte oder nicht, in den Strudel des tanzenden Kongresses. Bei dem vielen Amüsement war es schwierig, das Ziel, zu dem man nach Wien gekommen war, ins rechte Lot zu bringen: die europäische Friedensordnung. Alexander bekam sofort Ärger. Seine territorialen Wünsche liefen auf die einfache Formel hinaus: Polen zu Rußland, Sachsen zu Preußen. Damit stieß er auf den energischen Widerstand nahezu aller Großmächte und entzweite sich für Monate mit dem großen Regisseur des Kongresses, dem Fürsten Metternich. Nur, den entscheidenden Punkt begriff Alexander nicht: Die Alliierten und auch Frankreich blockierten seine polnisch-sächsischen Forderungen vor allem, weil sie ihn von seiner abstrakten Vision als Friedensstifter für Europa abbringen wollten.

So zog sich der Kongreß hin, die streitenden Parteien ermüdeten, und je länger die Verhandlungen anhielten, um so mehr stieg die Kompromißbereitschaft der miteinander rivalisierenden Politiker und Monarchen. Alexander hatte in den ersten Wochen gelebt, geliebt und gefeiert – ohne Ende. Mitte Dezember 1815 setzte plötzlich ein Stimmungsumschwung ein, in dessen Ergebnis auch zu Polen und Sachsen nur noch allseits gebilligte und vertretbare Kompromisse vereinbart wurden. Der Zar rückte von seiner ursprünglichen politischen Position ab. So entstand „Kongreßpolen".

Es ist über Alexanders Meinungswandel viel spekuliert worden – die Heirat seiner Schwester Katharina mit dem Herzog von Württemberg, eine Geschlechtskrankheit oder die in Wien zwischen seiner Gemahlin Elisabeth und Adam Czartoryski erneut aufflammende Leidenschaft wurden dafür verantwortlich gemacht. Alexander ließ sich von ganz anderen Motiven beeinflussen. Schon einmal, vor dem Jahr 1812, hatte ihn eine eigenartige Welle religiöser Mystik ergriffen: Er, der von Gott gesandte Herrscher, durfte doch nicht mit irgendwelchen Metternichs um einen Landzipfel in Galizien feilschen! Er hatte Europa eine neue religiös-determinierte Ordnung zu geben.

Alexander hatte einen Privatsekretär namens Sturdza, ein gebürtiger Grieche. Dessen Schwester, Roxana Sturdza, diente der Kaiserin Elisabeth als Hofdame. Beide Geschwister waren Anhänger der zu jener Zeit viel gelesenen Bußpredigerin und Evangelistin Juliane von Krüdener, einer lettischen Baronin. Frau von Krüdener schrieb Roxana nach Wien Briefe, in denen sie Alexander als einen Menschen bezeichnete, „dem Gott eine größere Macht übertragen hat, als die Welt im allgemeinen gewahr wird". Die alte Idee erhielt neue Nahrung.

Am 7. März 1815 wurde das ganze Gespinst des Wiener Kongresses und der

Träume Alexanders mit einem Schlag zerrissen. In Wien traf die Schreckensmeldung ein: Napoleon Bonaparte ist von der Insel Elba verschwunden! Alexander war bis auf den Grund blamiert: Es war seine Idee und seine Tat, daß Napoleon in das nahe Exil gekommen war. Metternich, mit dem der russische Zar seit vier Monaten kein Wort gewechselt hatte, beeilte sich mit makabrem Sarkasmus, dem Kaiser die „frohe Botschaft" mitzuteilen. Alexander mobilisierte sofort seine Armee und bot sich – zum dritten Mal – als Oberbefehlshaber alliierter Streitkräfte an. Metternich war immerhin so höflich, darauf nicht zu reagieren.

Jetzt ging alles ganz schnell. In vielen Monaten war keine Einigung erzielt worden. Nun aber, da das „Ungeheuer" wieder vor den Toren stand, einigten sich England, Rußland, Österreich und Preußen sofort auf einen gemeinsamen Feldzug gegen Frankreich, und Hals über Kopf wurden die Beschlüsse des Wiener Kongresses formuliert. Bis Juni 1815 wollte man den abschließenden Vertrag unterzeichnen.

Alexander blieb bis Ende Mai in Wien, hielt Besprechungen ab, las die Bibel und gab sich seinen religiösen Erbauungen hin. Am 29. Mai verließ er Wien, fuhr aber nicht nach St. Petersburg, sondern über München nach Heilbronn. 15 Kilometer von Heilbronn entfernt lag das kleine Dorf Schluchtern. Und dort lebte die Baronin Juliane von Krüdener. Sie hatte seit langem die Gottähnlichkeit des Zaren gepredigt. Alexander hatte das geglaubt, und nun sollten sie sich treffen. Als Frau von Krüdener in dunkler Nacht bei dem Zaren vorsprach – und tatsächlich eingelassen wurde –, sagte sie zwar nichts, was Alexander nicht schon hinsichtlich seiner Gottähnlichkeit gewußt hätte, aber sie sagte es einfach und überzeugend. Die Baronin durfte sich dem kaiserlichen Troß anschließen und zog mit ihrem Weltbefreier ins Feld gegen Napoleon Bonaparte.

In Alexanders Umgebung war nicht jeder von der Redlichkeit überzeugt, die Juliane von Krüdener mit ihrer religiösen Ekstase beanspruchte. Aber die Suche nach der Wahrhaftigkeit ihrer Seele ist müßig. Sie sagte zu Alexander: „Sei erfüllt von der göttlichen Schöpfung! Mach das Leben Christi dir moralisch zum Vorbild deines geistigen Lebens!" Alexander vertraute ihr und handelte nach ihren Ratschlägen. Seine Taten unterliegen der historischen Bewertung.

Von Heilbronn eilte Kaiser Alexander in das neue alliierte Hauptquartier nach Heidelberg. Dort erreichten ihn die Nachrichten von der entscheidenden Schlacht bei Waterloo: Der Herzog von Wellington hatte mit britischen und holländischen Truppen sowie mit preußischen Soldaten unter Blücher und Bülow den Kaiser Napoleon endgültig militärisch bezwungen. Die Alliierten marschierten wieder nach Frankreich und Paris, dieses Mal waren Wellington und Blücher die großen Kriegshelden. Sie zogen als Sieger in Paris ein – so wie ein Jahr zuvor Alexander I., der nun eine vergleichsweise bescheidene Rolle spielte. Das brachte ihm die Sympathie des zuvor verachteten Bourbonenkönigs Ludwig XVIII. ein, der die Engländer und Preußen nicht ausstehen mochte. Bei den Friedensgesprächen übte Alexander äußerste Zurückhaltung. Er überließ alle Verhandlungen seinen Diplomaten. Er las in der Bibel,

meditierte und ließ sich bestenfalls dazu herab, über die großen Ideen Europas hinweg-
zuschweifen.

In Paris versammelte sich wie vordem in Wien die mondäne Welt. Es gab einen
Unterschied. In den Salons brillierte die eloquente Baronin Juliane von Krüdener.
Mancher haßte sie, mancher liebte sie, aber alle nahmen sie zur Kenntnis. Ihr besonders geheimer Gast war Alexander I. Er kam nachts, allein und lieferte der Gesellschaft
ein interessantes Gesprächsthema. Nur bei einer Gelegenheit veranstalteten der Zar
und die Baronin ein öffentliches Schauspiel. Am 11. September 1815 beging Rußland
den Namenstag des heiligen Alexander Newski. Der Kaiser hatte alle verbündeten
Monarchen zu einer großen Truppenparade und zu Gottediensten geladen. Er zelebrierte das Fest gemeinsam mit Frau von Krüdener. Für Alexander war es der schönste
Tag seines Lebens. „Mein Herz wurde mit Liebe für meine Feinde erfüllt. Am Fuße des
Kreuzes brach ich in Tränen aus und betete mit Inbrunst, daß Frankreich gerettet
würde."

Aus dieser ekstatischen Stimmung erwuchs ein Vertragsentwurf, der die Mächtigen des Kontinents in einem Tugendbund zusammenschließen sollte. Die Gebote der
christlichen Religion sollten alleiniger Maßstab für politisches Verhalten sein. Monarchen und Politiker schüttelten erstaunt die Köpfe. Sie waren alle religiöse und gläubige
Menschen, aber diese Art des sittlichen Ethos in der Politik überstieg ihre Lebenserfah-
rungen und Verhaltensmuster. Kaiser Franz I. hielt den Kaiser Alexander I. schlicht für
verrückt. Aber Fürst Metternich wetzte die Scharte aus und machte aus dem Dokument einen konservativ-praktikablen Bündnisvertrag. Der Name „Heilige Allianz"
durfte ruhig beibehalten werden.

Alexander unterschrieb den Vertrag, der eher ein Manifest war, der den „Rat der
Fürsten" verpflichtete, nach den „Maximen Gerechtigkeit, christliche Nächstenliebe
und Friede" zu handeln. Über Nacht war der fesselnde Einfluß der Baronin von
Krüdener verflogen. Sie hatte bei dem Entwurf Alexanders Hand geführt und war auf
die willkommene Bereitschaft zu religiöser Ekstase gestoßen, die den Zaren schon
früher heimgesucht hatte. Frau von Krüdener beging einen schwerwiegenden Fehler.
Sie suchte die persönliche Nähe Alexanders. Sie verlangte, daß er sich ihrer fundamen-
talistischen Exzentrik voll und ganz auslieferte. Dazu war der Kaiser nicht bereit. Sie
stritten sich, und es gab peinliche Auftritte, ihr Verhältnis besaß keinen Bestand und
trieb nach dem Höhepunkt schnell dem Abgrund entgegen. Der Entwurf für die
„Heilige Allianz" war Gipfel und Abschluß ihrer Beziehungen.

Alexander reiste ab. Am Zweiten Frieden von Paris, der am 20. November 1815
geschlossen wurde und Frankreich schwere Lasten und eine Besetzung durch die Alliierten brachte, nahm er persönlich nicht teil. Monatelang reiste er durch Frankreich,
die Schweiz und Deutschland. Er war ausgezogen, Europa eine neue Ordnung zu
bringen. Als er sich jetzt nach Hause begab, war weder von der Vision noch von der
Mission etwas geblieben.

Aber er war dank des Wiener Kongresses König von Polen geworden. Alexander trat seine Herrschaft an, unterschrieb eine Konstitution, die lediglich dem Namen nach liberal gehalten war und übertrug die vollziehende Gewalt seinem Bruder Konstantin, der ihn auf allen Feldzügen begleitet hatte. Weder der polnische Adel war zufrieden noch der russische Kaiser – allerdings aus naheliegenden unterschiedlichen Gründen.

Alexander kehrte nach Hause zurück. Zehn Jahre hatte er Krieg geführt. Statt der althergebrachten Siegesparaden gab es jetzt feierliche Gottesdienste. Auch nach der Trennung von Baronin Krüdener büßte der Kaiser nur wenig von seinem Mystizismus ein. Man erwartete, daß er jetzt mit Elan die zahlreichen ungelösten Probleme im Landesinnern anpacken würde. Rußland lag nach Krieg und Mißwirtschaft darnieder. Zudem hatten die russischen Offiziere und Soldaten das Leben in westlichen Ländern kennengelernt. Sie hofften, daß in ihrer Heimat Ordnung, verbunden mit freiheitlichen Reformen, einkehren werde. Alexander war sich trotz der Depressionen und religiöser Verklärungen der komplizierten Lage im „Heiligen Rußland" bewußt. Nach zehn Jahren im Felde und als treuer Sohn seines Vaters konnte er sich die Regelung der Probleme nur im militärischen Geist vorstellen. Er berief seinen alten Freund und Ratgeber, den General Araktschejew, zum obersten Koordinator aller zentralen administrativen Institutionen und stattete ihn mit umfassenden Vollmachten aus. Araktschejew sollte im Land Disziplin und Ordnung herstellen.

Araktschejew war dem Zaren bedingungslos und treu ergeben, nur ihm war es zu verdanken, wenn überhaupt Kriegsschäden beseitigt und eine gewisse Modernisierung um sich greifen konnten. Gegen die Schlamperei der russischen Provinzverwaltung kämpfte er wie gegen Windmühlenflügel. Darum kam Zar Alexander auf die Idee, spezielle „Militärkolonien" zu schaffen, in denen Soldaten kollektiv Landarbeit verrichteten, ihr eigenes soziales Gefüge und spezielle Verwaltungen besaßen. Araktschejew richtete entsprechend dem Willen seines Herrn für etwa eine Million Soldaten derartige Kolonien ein und erntete nur Undank. Die Gutsbesitzer fürchteten die Konkurrenz, die Bauern wollten nicht militärisch gedrillt werden und die Soldaten liebten die Landarbeit nicht. In Wirklichkeit scheiterte das Projekt, weil es nach obrigkeitsstaatlichen Gesichtspunkten und nicht nach wirtschaftlichen Erfordernissen gestaltet worden war. Alexander hielt jedoch bis an sein Lebensende an diesem untauglichen Versuch fest.

Es ist ihm durchaus zu unterstellen, daß er aus ehrlicher Absicht und dem Gedanken christlicher Nächstenliebe handelte. Er gab sich große Mühe, sein Gewissen zu entlasten und mit der Welt und seinem Gott ins reine zu kommen. Nach 16 Jahren brach er mit seiner Geliebten Marija Naryschkina. Alexander trug sich immer wieder mit dem Gedanken, seine Idee von der „Heiligen Allianz" mit Leben zu erfüllen. Er unterbreitete internationale Abrüstungsvorschläge und erklärte sich mit diplomatischen Gesprächsrunden einverstanden, auf denen das Thema Europa diskutiert werden sollte. Einen Glanzpunkt bedeutete für ihn 1818 der Kongreß von Aachen. Alexander war der strahlende Stern des Treffens. Noch einmal lebte die Heilige Allianz auf.

Er war der Beschützer aller kleinen Staaten und trat für die Unabhängigkeit Frankreichs ein. Alexanders Vorschläge zur Abrüstung und zum Umbau Europas fanden zwar keine Anerkennung, aber man respektierte ihn als Herrn Europas. Zu Hause sah das anders aus. Er war rastlos, unzufrieden, deprimiert, verschanzte sich hinter der Bibel und schien zu keiner staatsmännischen Entscheidung fähig. Man konnte den Eindruck gewinnen, daß er nach den vielen Kriegsjahren nicht mehr auf eine gediegene und systematische innenpolitische Arbeit umschalten konnte. Es war bezeichnend, daß er gerade in dieser Situation zum ersten Mal die Frage der Thronfolge offen ansprach. Alexander hatte in seinem Leben mehrfach mit dem Gedanken eines Überwechselns in das Ausland kokettiert. Jetzt, im Sommer 1819 formulierte er die Idee wieder. Er verband sie mit einer konkreten Zielrichtung. Seinem jüngeren Bruder Nikolaus erklärte Alexander, daß der natürliche Thronfolger Konstantin desinteressiert am Thron und entschlossen sei, seine Thronrechte an Nikolaus und dessen Kinder zu übertragen. Nikolaus war konsterniert und lauschte noch gespannter, als Alexander die für einen Staatsmann bewundernswerten Worte sprach: „Ich bin nicht mehr der Mann, der ich war, und ich glaube, daß es meine Pflicht ist, mich zum richtigen Zeitpunkt zurückzuziehen." Er nannte keinen exakten Termin, aber Nikolaus konnte später nicht sagen, man habe ihn nicht rechtzeitig informiert. Alexander beließ es nicht bei reinen Worten. Als 1820 in Spanien, Portugal und Italien Revolutionen gegen die europäische Ordnung der Heiligen Allianz ausbrachen, initiierte er die Konferenz der Alliierten in Troppau und nahm, weil sich dort die gekrönten Häupter und fähigsten Diplomaten trafen, seinen Bruder Nikolaus mit. Der sollte auf internationalem Parkett agieren lernen. Weder in Troppau noch auf der anschließenden Konferenz in Laibach konnte Alexander seine europäische Idee durchsetzen. Statt dessen führte der Aufstand im italienischen Turin zu einem erneuten Einsatz russischer Truppen an der Seite Österreichs. Ganz kompliziert wurde die Situation, als der in russischen Diensten stehende General Ypsilanti 1821 den Aufstand gegen die Osmanen nach Griechenland trug. Damit war nach Jahren der Ruhe die orientalische Frage wieder ins Spiel gebracht. Alexander konnte nur noch schnell dem Fürsten Metternich versichern, daß Rußland keineswegs auf dem Balkan aktiv werden würde, und eilte in das heimische St. Petersburg. Anfang Juni 1821 erreichte er sein Ziel an der Newa.

Der Aufstand in Griechenland nahm an Schärfe zu. Alexander wand sich in Qualen und befragte sogar noch einmal heimlich die Baronin von Krüdener. Der militärische Einsatz Rußlands gegen das Osmanische Reich wurde erwartet und gefürchtet. Aber Alexander entschloß sich nicht zum Eingreifen. Er wollte den Konflikt friedlich und mit politischen Mitteln auf einer Konferenz in Wien und in Verona lösen.

Wieder begab sich der russische Kaiser auf die Reise, aber er wäre besser zu Hause geblieben. Die Konferenzen brachten kein ihn interessierendes Ergebnis. Er war krank, fühlte sich verbraucht, von Todesahnungen zerquält und tief depressiv. Trotzdem fuhr er nur in langsamen Etappen wieder nach Hause, gleichsam, als meide er die Heimat. Erst im Februar 1823 kam er in Petersburg an.

In den beiden letzten Lebensjahren regierte Alexander kaum noch selbst. Er hatte seinen Mythos überlebt, und die Regierung nahm die Geschäfte mehr und mehr selbst in ihre Hände. Konstantin teilte ihm seinen Thronverzicht mit, und Alexander fertigte im Sommer 1823 ein Papier aus, in dem er Nikolaus zum rechtmäßigen Thronfolger bestimmte. Das Schriftstück war absolut geheim. Es wurde dem Metropoliten von Moskau übergeben, und weder Konstantin noch Nikolaus wußten von der Existenz dieses Dokuments.

Es war charakteristisch, daß sich Alexander in seinem letzten Lebensjahr sehr intensiv mit Familienangelegenheiten beschäftigte. Er machte sich Sorgen um seine drei Brüder Konstantin, Nikolaus und Michael: Der eine lebte in morganatischer Ehe in Warschau und war den Polen verhaßt; der zweite sollte Thronfolger werden, hätte am liebsten aber Krieg gegen die Türkei geführt; der dritte, Michael, interessierte sich nur für das Militär. Das schwierigste Problem war jedoch das Verhältnis zu seiner Gemahlin Elisabeth. Einst war ihre Ehe aus dynastischen Vernunftgründen geschlossen worden. Elisabeth hatte ihrem Mann immer eine freundschaftliche Treue bewahrt. Er hatte ihr diese Zuneigung selten vergolten. Alexander war ein Lebemann und liebte die Frauen. Er fühlte sich aber wieder zu seiner Frau hingezogen, und sie dankte es ihm mit aufrichtiger Liebe. In dieser Zeit erkrankte er sehr schwer, und seine Frau pflegte ihn aufopferungsvoll. Aber dem ersten Unglück folgte ein zweites. Auch Elisabeth erkrankte an einem schwer definierbaren Fieber. Nach langen Überlegungen und Beratungen entschloß sich das kaiserliche Paar, noch vor dem Herbst 1825 nach Taganrog am Asowschen Meer überzusiedeln.

Sie reisten getrennt, damit Elisabeth langsamer fahren und sich schonen konnte. Der Kaiser bewältigte die Strecke von Petersburg nach Taganrog in 13 Tagen, seine Gemahlin traf zehn Tage später, am 5. Oktober 1825, ein. Es hielt Alexander nicht lange an dem Ort. Auf Empfehlung und Einladung seines Adjutanten, General Diebitsch, besuchte er für zwei Wochen die Krim und erlebte sehr bewußt die Naturschönheiten der Halbinsel. Am Ende fühlte er sich wieder schlecht, bekam Schüttelfrost und konnte nichts essen. Alexander eilte nach Taganrog zurück, aber das Fieber ging und kam, das Ende war unaufhaltsam. Am 1. Dezember 1825 starb Kaiser Alexander in Taganrog am „Krim-Fieber". Sein Tod enthält kein Geheimnis. Die Rätsel und Legenden hat die Nachwelt gewoben. Am 25. März 1826 wurde Alexander I. in St. Petersburg beigesetzt. Vorher hatte es noch ein Spektakel um die Thronfolge gegeben, das Alexanders Ruf als „rätselhaften Zaren" mitbegründete – und es hatte den Aufstand der Dekabristen gegeben. Beide Ereignisse standen jedoch dem Leben des designierten Thronfolgers weit näher als dem Alexanders.

LITERATUR

E. M. Almedingen, The Emperor Alexander I., New York 1964.

V. A. Fedorov, Aleksandr I., in: VI 1990, H. 1, S. 50–72.

Janet M. Hartley, Alexander I., London und New York 1994.

A. McConnell, Tsar Alexander I. Paternalistic Reformer, 1970.

S. P. Mel'gunov, Dela i ljudi aleksandrovskogo vremeni, Bd. 1, Berlin 1923, S. 5.

Nikolaj Michajlovič (Velikij knjaz'), Imperator Aleksandr I., St. Petersburg 1912, mehrere Bände.

Alan Palmer, Alexander I. Der rätselhafte Zar, Frankfurt a. M./Berlin 1994.

Polnoe sobranie zakonov Rossijskoj imperii. Sobranie pervoe (PSZ), Bd. 26, Nr. 19779.

A. E. Presnjakov, Aleksandr I., Petrograd 1924.

A. N. Pypin, Obščestvennoe dvizenie v Rossii pri Aleksandr I., St. Petersburg 1900.

A. N. Sacharov, Aleksandr I (K istorii zizni i smerti), in: Rossijskie samoderzcy, Moskau 1994, S. 13–90.

N. K. Šil'der, Imperator Aleksandr Pervyj, ego zizn'i carstvovanie, Bde. 1–4, St. Petersburg 1897–1898.

H. Vallotton, Le Tsar Alexandre I, Paris 1966.

A. Vandal, Napoleon et Alexandre I, 3 Bde., Paris 1897.

НИКОЛАЙ I.
Императоръ и Самодержецъ всероссійскій

NICOLAS I.
l'Empereur et Autocrate de toutes les Russies

NIKOLAUS I. PAWLOWITSCH

Nikolaus I. Pawlowitsch

1796–1855

KAISER VON RUSSLAND 1825–1855

25. Juni 1796	Nikolaus wird als Sohn des Großfürsten Paul Petrowitsch und dessen zweiter Ehefrau Marija Fjodorowna in St. Petersburg geboren.
1. Juli 1817	Großfürst Nikolaus Pawlowitsch heiratet Alexandra Fjodorowna (Friederike Louise Charlotte Wilhelmine von Preußen, Tochter König Friedrich Wilhelms III. und dessen Gattin Luise).
16. August 1823	In einem streng geheimen Manifest bestimmt Alexander I. die Thronfolge seines jüngeren Bruders Nikolaus Pawlowitsch anstatt des nächstjüngeren Bruders Konstantin Pawlowitsch, der auf den Thron verzichtet.
14. Dezember 1825	Großfürst Nikolaus besteigt nach dem Tod Alexanders I. den Zarenthron und wird Kaiser von Rußland. Die offizielle Krönung folgt am 22. August 1826.
18. Februar 1855	Kaiser Nikolaus stirbt und wird in der Kathedrale der Peter-Pauls-Festung in St. Petersburg beigesetzt.

Kaiser Nikolaus I. wird in der Geschichtsbetrachtung allgemein mit negativen Erfahrungen russischer Despotie in Verbindung gebracht. Am Beginn seiner Herrschaft stand die Niederschlagung des Dekabristenaufstandes, am Ende Rußlands Niederlage im Krimkrieg. Dazwischen lagen die „sieben finsteren Jahre" nach der Revolution von 1848/49, in der Rußland während des ungarischen Aufstandes seine europäische Gendarmenrolle spielte. Als Nikolaus starb, atmete Rußland erleichtert auf. Es hoffte auf Veränderungen – Rußland erwartete bei jedem jungen Zaren eine neue Zeitrechnung!

Wer der Versuchung erliegt, die Physiognomie des einst „schönsten Prinzen Europas" nur in das Korsett eines engstirnigen und dogmatischen Despoten zwängen zu wollen, geht allzu einfache Wege und wird dem geschichtlichen Bild von Nikolaus I. nicht gerecht. Nikolaus Pawlowitsch wuchs in einer schwierigen Zeit und mit einem komplizierten Bruder – Kaiser Alexander I. – als Zar heran. Er unternahm in seiner Regierungszeit wesentliche Anstrengungen zur finanziellen und administrativen Reformierung des Russischen Reichs und versuchte gleichzeitig, die modernen liberalen oder gar demokratischen Ideen mit den sie tragenden politischen Kräften abzuwehren. Von der Bekämpfung der liberalen Bewegung waren wesentliche innenpolitische Entscheidungen, aber auch eine Reihe von Maßnahmen in der auswärtigen Politik geprägt. So kämpfte Nikolaus I. unter den Bedingungen seiner Zeit den jahrhundertealten Kampf jedes autokratischen Herrschers zwischen Tradition und Anpassung. Er war keine Persönlichkeit vom Schlag Peters I., er besaß nicht den geistvollen Esprit einer Katharina II. und er verfügte nicht über den charismatischen Charme Alexanders I. Seine Persönlichkeit paßte weit besser zum Erbe Pauls I., der ja sein leiblicher Vater war. Tatsächlich zählt das „nikolaitische Regime" für den Historiker zu den dunkelsten Kapiteln moderner russischer Geschichte.

Dennoch regierte Nikolaus I. Rußland 30 Jahre lang. Mögen noch so viele Anekdoten über die wirkliche und erfundene makabre Einfalt und sture Militärdespotie seines Wesens im Umlauf sein: Unter Kaiser Nikolaus I. wurden die Grundlagen dafür gelegt, daß sein gleichfalls autokratisch regierender Sohn und Nachfolger Alexander II. in Rußland die Leibeigenschaft aufheben und einen Schritt zur modernen Industriegesellschaft gehen konnte.

Nikolaus war der dritte Sohn Pauls I. Der Vater legte – seinem eigenen Wesen folgend – großen Wert auf die militärische Disziplinierung seiner Kinder. Bereits die älteren Brüder Alexander und Konstantin, die von Katharina II. erzogen worden waren, hatten, wenn sie ihre Eltern auf dem Schloß in Gatschina besuchten, regelmäßig militärische Übungen über sich ergehen lassen. Sie genossen zwar gern die Freiheiten am Hof Katharinas, aber sie lehnten die militärische Ordnung beim Vater nicht ab. Nikolaus, der erst im Todesjahr Katharinas II. geboren wurde, sollte nicht anders als seine Brüder erzogen werden. Dennoch gab es zwei Unterschiede: Bei ihm übte die einstmals aufgeklärte Großmutter keinen Erziehungs- und Bildungseinfluß mehr aus, und Nikolaus wurde nicht auf die Rolle des Thronfolgers vorbereitet.

Dadurch erschien er kaum in der Öffentlichkeit. Man weiß wenig über seine Kindheitsjahre – sie werden ohne sonderliche Aufregung verlaufen sein, abgesehen von dem Mißtrauen, das Paul seiner ganzen Familie entgegenbrachte, und der Tatsache, daß der Vater 1801 ermordet wurde. Zahlreiche Zaren beriefen sich zeitlebens zur Erklärung ihrer Willkür auf die Seele belastende Kindheitserlebnisse. Nikolaus stand so im Schatten, daß nicht einmal bekannt ist, wie er – als Fünfjähriger – auf den plötzlichen Tod des Vaters reagierte. Die Wirkung wird nicht sehr tief gewesen sein. Zeitzeugen vermitteln, daß der kleine Nikolaus mutwillig war, daß er ängstlich und feige war, dann wieder in unmotivierten Jähzorn ausbrach. Eine solche Charakteristik läßt auf keinen sensiblen oder empfindsamen Charakter schließen, der durch den Mord an Paul I. einen bleibenden Schock oder gar Schaden erlitten haben könnte.

Nach dem Tod des Vaters gehörte der Junge ganz der mächtigen und einflußreichen Zarenwitwe, seiner Mutter Marija Fjodorowna. Wenn Alexander I. bis zu seinem Lebensende in allen Familienangelegenheiten streng auf das Wort seiner Mutter hörte, dann darf vorausgesetzt werden, daß ihr Einfluß auf den jüngeren Nikolaus noch größer gewesen ist. Sie ließ sich in dessen Erziehung nicht hineinreden, und Alexander I. kümmerte sich um seinen kleinen Bruder überhaupt nicht. Nikolaus war fast 20 Jahre jünger als Alexander. Die Sorge um Nikolaus und dessen jüngeren Bruder Michail schützte Marija Fjodorowna nicht vor gravierenden Erziehungsfehlern, die aber durchaus erklärlich waren. Sie hatte stets zu ihrem Ehegatten Paul gehalten und dessen Exzentrik entschuldigt. Sie hatte auch seiner Sucht nach Soldaten und Paraden entsprochen. So war es nicht erstaunlich, daß sie General Lambsdorff zum Erzieher ihrer kleinen Söhne bestimmte. Es mag sein, daß diese Entscheidung ein Fehler war, der sich verhängnisvoll auf die Charakterbildung von Nikolaus auswirkte. Aber das Erbe Pauls wirkte stark, und obendrein waren es die Jahre, in denen der kaiserliche Bruder Alexander I. über Europas Schlachtfelder ritt und Rußland an den Koalitionskriegen gegen Napoleon beteiligte. Die Stimmung im Land war patriotisch, und die Zarenfamilie bildete keine Ausnahme. Sie ging dem Volk in der Erziehung ihrer Kinder mit gutem Beispiel voran! Weitsichtig war die Entscheidung für Lambsdorff nicht. Niemand berücksichtigte, daß der präsumtive Thronerbe Konstantin Pawlowitsch kein Interesse zeigte, seine Aufgaben als möglicher Nachfolger Alexanders I. wahrzunehmen. Außerdem dachte Konstantin an eine Scheidung von seiner Ehefrau, Großfürstin Anna, die ihn verlassen hatte. Das war zwar kein Hindernis für die Anwartschaft auf den Thron, unterstützte jedoch seine Abneigung, in die Fußstapfen des Vaters zu treten. Es dachte auch kein Mensch daran, daß Alexanders Ehe noch keinen Thronerben hervorgebracht hatte. Lag es nicht nahe, an einen Prätendenten Nikolaus zu denken? Offenbar nicht, denn Lambsdorff bildete Nikolaus lediglich zu einem disziplinierten Soldaten heran. Eine gründliche Allgemeinbildung, gar eine spezielle Vorbereitung auf den Staatsdienst, erhielt der Junge nicht. Sein Wissensniveau war – und leider blieb es das auch später – erschreckend niedrig.

Auslandsbesuche sollten seinen Horizont erweitern. Er bereiste Deutschland, die Schweiz und Teile Frankreichs. Nikolaus lernte jene Regionen kennen, in denen sein Bruder Alexander weitgespannte Anstrengungen unternommen hatte, Europa eine neue Sittlichkeit zu implizieren. Der Atem der Geschichte beeindruckte den jungen Nikolaus nicht in der von ihm erwarteten Weise. Sofern die Visiten nicht mit militärischen Schauspielen verbunden waren, interessierten sie ihn nicht. Die Leidenschaft besaß jedoch ihre Tücken. Nikolaus liebte das Militär auf Paradeplätzen und im Manövergelände. Soldat sein, das war Ordnung, Disziplin und die patriotisch-pathetische Liebe zum Vaterland. Offenbar hat er die Schrecken des „Vaterländischen Krieges" und der europäischen Befreiungskriege nicht erlebt. Angesichts der Tatsache, daß er im Jahr 1812 bereits 16 Jahre alt gewesen ist, in einem Alter, in dem man in Rußland gut und gerne Zar werden konnte, verwundert diese Erkenntnis.

Die Reise besaß dennoch ein schönes Ergebnis. Nikolaus besuchte Potsdam und Preußen. Luise und Friedrich Wilhelm III. besaßen eine hübsche Tochter: die reizende Charlotte von Preußen. Alexander hatte sie bei seinen Besuchen im preußischen Herrscherhaus kennengelernt und war von dem Gedanken mehr als angenehm berührt, das

Mädchen für seinen Bruder zu gewinnen. Die Zarin-Mutter Marija Fjodorowna hatte sich gegenüber Alexanders nahen Beziehungen zu Preußen stets skeptisch verhalten. Bei Charlotte war das anders. Hier stimmte Marija Fjodorowna sofort zu. So wurden der „hübscheste Prinz von ganz Europa" und die schöne Charlotte miteinander verlobt. Auch Nikolaus, der außerhalb der familiären Atmosphäre als kalt, arrogant, verkniffen und brutal galt, vereinte gegenüber seiner Verlobten angenehme Manieren mit Herzlichkeit und Fröhlichkeit. Ganz im Gegensatz zu seinem Fanatismus beim militärischen Dienst. Seine Kameraden haßten und fürchteten ihn. Er war das leibhaftige Ebenbild seines Vaters. Nikolaus blieb lange ein Kind, verklemmt und grausam in der Öffentlichkeit, hingebungsvoll zärtlich bei seiner Verlobten und in der Familie, die 1817 entstand, nachdem er Charlotte (sie nahm den orthodoxen Namen Alexandra Fjodorowna an) geheiratet hatte: Im April 1818 kam mit Alexander Nikolajewitsch der erste Sohn und spätere Kaiser Alexander II. zur Welt.

Wenn sich andere Familienmitglieder lange keine Gedanken um die Zukunft des jungen Nikolaus machten, könnte er es doch selbst getan haben. Das scheint jedoch nicht der Fall gewesen zu sein. Andererseits ist es möglich, daß Alexander I. schon früh an die Möglichkeit dachte, Nikolaus statt Konstantin zum Thronerben zu bestimmen. Darauf deuten mehrere Indizien hin. Konstantin hatte schon vor Jahren seinen Thronverzicht beteuert. Nikolaus wurde nicht mit Charlotte vermählt, weil der Kaiser in ihre Mutter verliebt war, sondern weil dieser die Möglichkeit einer Thronfolge durch Nikolaus ernsthaft erwog. Zumindest muß er sich gegenüber den Preußen so geäußert haben, denn Prinz Friedrich Wilhelm von Preußen hat darüber Zeugnis gegeben. Bei dem vertrauten Verhältnis Alexanders zu Luise erscheint der Gedanke nicht abwegig, daß der in Rußland nachfolgende Kaiser direkt durch Familienbande mit Preußen verbunden werden sollte. Wenn dagegen Charlotte nach der Geburt ihres ersten Sohnes, Alexander Nikolajewitsch, seufzte, daß man sich nicht vorstellen könnte, „in diesem kleinen Säugling einmal den Kaiser von Rußland zu sehen", dann war das kein Indiz für eine Entscheidung des Kaisers. Da aus dessen Ehe nach wie vor kein Thronfolger hervorgegangen war, schien es nur natürlich, daß ein Sohn von Nikolaus eines Tages auf den Thron gelangte.

Erst im Jahr 1819 traf Alexander eine konkrete Aussage. Im Januar war seine Lieblingsschwester Katharina in Württemberg gestorben. Der Kaiser verfiel in tiefe Depressionen, wollte wieder einmal abdanken und raffte sich – um seiner selbst willen – auf, eine Entscheidung zu treffen. Er besuchte seinen Bruder Nikolaus und Alexandra im Sommer in Krasnoje Selo, unweit St. Petersburgs. Dort stand das von Nikolaus befehligte Ismailow-Garderegiment. Alexander lobte den Bruder für seine Pflichtauffassung, „denn auf ihn würde eines Tages die Bürde der Verantwortung fallen". Alexandra hielt die Szene fest: „Er hielt ihn (Nikolaus) für die Person, die sein Nachfolger werden sollte. Dies würde sich viel rascher ereignen, als irgend jemand es sich heute vorstellen könne, denn es würde noch zu seinen Lebzeiten eintreten. Wir saßen wie zwei Statuen da, mit offenem Mund und ganz benommen. Der Kaiser fuhr fort: Ihr scheint erstaunt, aber laßt mich euch erklären, daß mein Bruder Konstantin, der sich nie um den Thron gekümmert hat, fest entschlossen ist, ihn abzulehnen, er ist deshalb bereit, seine Rechte an seinen Bruder Nikolaus und dessen Kinder abzutreten. Was mich betrifft, so habe ich mich entschlossen, mich meiner Pflichten zu entledigen und mich von der Welt zurückzuziehen ... Als er sah, daß wir den Tränen nahe waren, versuchte er uns zu trösten und versicherte uns, es würde sich nicht sofort ereignen und es könne vielleicht noch einige Jahre dauern, bis er seinen Plan durchgeführt habe. Dann ließ er uns allein, und man kann sich vorstellen, in welchem Gemütszustand wir uns befanden."

Es blieb dem jungen Paar genügend Zeit, sich in die neue Situation hineinzufinden, aber zu wenig Möglichkeiten, sich darauf wirklich und sachlich vorzubereiten. Nikolaus scheint nichts unternommen zu haben. Aber die Monate und Jahre vergingen schnell. 1820 wurde Konstantin geschieden, er heiratete seine polnische Geliebte in Warschau, die Gräfin Joanna Grudzinska, und schied damit faktisch endgültig als Thronfolger aus. Nikolaus freundete sich langsam mit seiner neuen Rolle an. Kaiserin Elisabeth schrieb in jenen Tagen in einem Brief, daß er nichts anderes mehr im Kopf habe, „als zu regieren". Die Weichen stellte Alexander. Im Januar 1822 erhielt er von Konstantin einen Brief mit der etwas mehrdeutigen Notiz, daß er auf die „hohe Stellung, auf die er durch die Geburt ein Anrecht hatte, verzichte". Die Floskel war allgemein gehalten, aber im Sinne des Thronverzichts interpretierbar. Der Kaiser ließ sich viel Zeit. Erst nach mehr als anderthalb Jahren schrieb er ein Papier. Darin wurden der freiwillige Thronverzicht Konstantins und die rechtmäßige Thronfolge für Nikolaus festgelegt. Obwohl das Papier streng geheim gehalten und allein dem Metropoliten von Moskau zur Aufbewahrung übergeben wurde, wußten alle Beteiligten über die Entscheidung Bescheid.

Dieser Tatbestand muß betont werden, weil Nikolaus nach dem Tod Alexanders aus der Geheimhaltung des politischen Testaments des Kaisers ein merkwürdiges und für viele Zeitgenossen schwer verständliches Schauspiel ableitete.

Die Nachricht vom Tod Alexanders in Taganrog erreichte Petersburg nach einer Woche. Die Familie war gerade in der Kapelle des Winterpalais, als der Kurier eintraf. Zunächst entstand Verwirrung, die Zarin-Mutter fiel in Ohnmacht. Nikolaus faßte sich schnell. Unter Mitwirkung des Priesters legte er sofort den Treueid auf Konstantin als neuem Imperator ab. Diese Handlung war eigentlich logisch. Alle sprachen zwar seit Jahren von seiner Thronfolge. Aber Alexanders Geheimpapier lag nicht zugänglich vor, und Konstantin hatte sich offiziell nur gegenüber Alexander erklärt. Das heißt, am Tag der Nachricht aus Taganrog hielt Nikolaus keinerlei Schriftstück über seine Thronfolge in den eigenen Händen. Er war jedoch ein treuer Sohn seines Vaters und hatte sich bislang nicht mit politischen Fragen des Reichs beschäftigt. Paul I. hatte aber die Thronfolgeregelung Peters des Großen ausdrücklich außer Kraft gesetzt und der Primogenitur wieder zu ihrem Recht verholfen. Daran hielt sich Nikolaus strikt, und formaljuristisch war er im Recht. Nach allem, was man über den Charakter von

Nikolaus weiß, ist nicht anzunehmen, daß er sich durch die schnelle Eidesleistung vor der Verantwortung des Herrschers drücken wollte: Er war ein Militär, und wie sein Vater übte er Disziplin. Eine andere Erinnerung mag ihm gekommen sein: Der Vater wurde durch eine Militärverschwörung ermordet. Nikolaus war verhaßt beim Militär, und in jenen Jahren hatte sich mit den „Dekabristen" eine Offiziersgruppe zum Widerstand gegen die Autokratie formiert. Es ist nicht bekannt, ob Nikolaus von dieser Gruppe am Tag der Eidesleistung Kenntnis besaß. Aber die Furcht vor einer Revolte mag dennoch ein Motiv für seine Handlungen gewesen sein.

Der Eidesleistung folgte ein erschreckter Aufschrei der aus ihrer Ohnmacht erwachten Marija Fjodorowna: „Aber Niki, was hast du getan? Du wußtest doch, daß du der Erbe unseres Engels bist ..." Nikolaus reagierte mit innerer Erregung: „Wir alle wissen, daß mein Bruder Konstantin unser Gebieter, unser legitimer Souverän ist. Wir haben unsere Pflicht erfüllt, möge kommen, was da wolle." Damit war Konstantin zunächst offiziell russischer Kaiser. Nikolaus mußte sich gegen einen Schwall von Vorwürfen zur Wehr setzen. Er rechtfertigte sich mit den formalen Gesichtspunkten und machte nur eine Einschränkung. Er sei bereit, die Krone zu tragen, falls Konstantin abdankte. Kuriere eilten nach Warschau und brachten die lapidare Antwort Konstantins, er könne nicht abdanken, da er seinen Verzicht erklärt und mithin kein Kaiser wäre. Der „Großmutstreit" nahm groteske Formen an. Nikolaus ordnete die Vereidigung der Verwaltungsbeamten auf Konstantin an, stornierte den Befehl dann aber bis zur Rückkehr Konstantins aus Warschau: „Ich erwarte, daß er Polen sofort verläßt." Konstantin dachte nicht an eine Heimkehr. Ihm übersandte Staatspapiere gingen ungeöffnet nach Petersburg zurück. Er schrieb, sachlich und korrekt, es sei Alexanders Wille gewesen, Nikolaus auf den Thron zu setzen, und so solle es gefälligst geschehen. Drei Wochen hielt das Interregnum an und schien unauflösbar.

Zunächst kursierten die wildesten Gerüchte im Land. Aus der Ungewißheit erhielt die Legendenbildung um Alexander reichliche Nahrung. Wie üblich wurden die Apokalypse und das Ende der Welt beschworen. Durch schauerliche Gerüchte wurde der Thronstreit jedoch nicht aus der Welt geschafft. Es bedurfte eines äußeren Anlasses für die Zerschlagung des Knotens. Die „Dekabristen"-Offiziere sahen in der Verwirrung um den Thron ihre Stunde gekommen und entschlossen sich zum Aufstand. Nikolaus muß eine Information von der geplanten Aktion erhalten haben. Da war sie, die befürchtete Offiziersverschwörung. Todesahnung ergriff ihn, eine Furcht, die im tragischen Ende des Vaters begründet lag. Aber ein Feigling war Nikolaus nicht. In einer Versammlung der Gardeoffiziere erklärte er ohne Pathos und beziehungsvoll: „Sollte ich nur eine Stunde lang Kaiser sein, werde ich mich der Ehre würdig erweisen." Er ging in den Senat und erklärte mit zitternder und tonloser Stimme, nun sei er zur Annahme des Throns gezwungen. Wenn sein Bruder sich beharrlich weigere, habe er keinen anderen Weg. Der Casus war entschieden.

Am 14. Dezember 1825 sollten die Beamten, der Senat und die Armee den Treueid auf den neuen Kaiser Nikolaus I. leisten. Diesen Tag wählten die Dekabristen für

ihre Erhebung. Sie waren junge Idealisten, erstrebten, angefacht durch die vorausgegangenen Revolutionen in Spanien, Italien und auch in Griechenland für Rußland
eine konstitutionelle Monarchie. Die Ziele waren edel, für Rußland jedoch unrealistisch. Ihre Organisation war mangelhaft, und eine soziale Basis für die Insurrektion
gab es überhaupt nicht. Nur wenige geistige Köpfe, wie der Dichter Rylejew, vermochten strategische Ziele zu formulieren. So erschien alles im höchsten Grade dilettantisch:
Am 14. Dezember marschierten sie auf dem Petersburger Senatsplatz auf und verweigerten den Treueid auf Kaiser Nikolaus. Sie riefen nicht nach der Konstitution, sondern nach Konstantin. Es war absurd.

Nikolaus hielt sich im nahen Winterpalast auf und ritt mit dem Mute der Verzweiflung zum Senatsplatz. Die Menge sollte sich zerstreuen, niemand hörte auf ihn.
Das Volk murrte. Nikolaus ließ regierungstreue Regimenter aufmarschieren. Sein Leben war bedroht, der General Miloradowitsch, der so tapfer gegen Napoleon gekämpft
hatte, wurde von den Aufständischen erschossen. Nikolaus bewahrte die Nerven. Der
Tag hatte seinen Zenit längst überschritten, der Kaiser wich nicht vom Platz. Erst als
er keinen anderen Weg mehr sah, befahl er, mit Augen, „kälter als Eis", den Einsatz der
Artillerie. Wenige Salven genügten, und die Insurgenten stoben in alle Himmelsrichtungen auseinander.

Der Aufstand der Dekabristen war die erste Offiziersverschwörung in Rußland, die
nicht mehr das Ziel verfolgte, einen Herrscher durch einen anderen zu ersetzen, sondern die sich prinzipiell gegen das Herrschaftssystem der Autokratie richtete. Das
stellte sich allerdings erst im nachhinein heraus. Nikolaus konnte nur schließen, daß
die Aktion seiner Person und seinem Leben galt – wie bei seinem Vater Paul I. Er ritt
beherrscht in den Winterpalast zurück, obgleich ihm die Knie zitterten. Kaiser Nikolaus hatte die erste persönliche Bewährungsprobe seiner Herrschaft bestanden.

Diese Tatsache hinderte ihn nicht, am selben Tag den ersten gravierenden Fehler
zu begehen. Nikolaus leitete die Verhöre gegen die Dekabristen selbst. Es gab kein
Erbarmen. Den schwersten Schock versetzte ihm die Tatsache, daß die Verschwörer
fast ausschließlich aus dem hohen Adel stammten. Der Kaiser mußte erkennen, daß
die großzügige Adelspolitik seiner Großmutter nur noch ein Phantom war. Die Angst
vor weiteren Verschwörungen und vor revolutionären Ideen fraß sich in ihn hinein,
wurde bestimmend für die gesamte Herrschaft. Vorerst hagelte es schwerste Strafen.
Mehr als sechshundert Personen wurden verdächtigt. Fünf Todesurteile wurden vollstreckt und Hunderte von Menschen wanderten für Jahrzehnte in die Verbannung.
Dennoch ließ Nikolaus die Materialien der Aufständischen sorgfältig nach ihrem
politischen Gehalt analysieren. Durch ein „Komitee vom 6. Dezember" (1826) wollte
er sogar die sichtbar gewordenen Mängel beseitigen.

Wie sollte er nach dem Aufruhr regieren? Diese Frage legte sich Nikolaus I. vor. Es
bleibt unbestritten, daß er über ein sehr durchschnittliches Bildungsniveau verfügte,
wenig intelligent war, das Militär überaus liebte und daß er seiner Frau und der Familie
von Herzen zugeneigt gewesen ist. Er hatte in den Vorjahren mehrere Inspektions-

reisen in verschiedene Landesteile unternommen und durch diese Visiten seine Kenntnisse über Rußland erweitert. Aber die Voraussetzungen für ein eigenständiges politisches Profil, das auf einer starken Persönlichkeit fußte, besaß er nicht. Er orientierte sich an Persönlichkeiten, die nach seiner Auffassung russische Herrschaftsgeschichte geschrieben hatten. Das war zunächst sein Vater. Die Freude am militärischen Drill bewahrte Nikolaus zeitlebens und sie dominierte alle seine Tätigkeiten. Mit dem Vater verband ihn auch die Furcht vor neuerlichen Verschwörungen, und darum hat er so hart gegen die Dekabristen durchgegriffen. Das Ausland reagierte negativ und mit Vorwürfen gegen die grausamen Urteile. Das berührte Nikolaus wenig. In diesem Punkt fühlte er sich zugleich dem Erbe Peters des Großen verpflichtet. Er wollte nicht nur groß sein wie Peter, er wollte ihn durch die eigene Persönlichkeit überragen. Es sind Aussprüche wie dieser überliefert: „Aber ich muß ihn übertreffen, und ich kann es auch."

Peter war der große despotische Träumer, dem für seine Ideen jedes Mittel recht gewesen ist. Nikolaus war ein disziplinierter Soldat in einem Reich, das Peter der Große und Katharina II. an Europa herangeführt hatten. Strenge und Reform entsprangen dem Willen eines engmaschig denkenden und handelnden kleinen Despoten. Nikolaus fühlte sich zur Reformierung Rußlands berufen, und die ersten Schritte führten dazu, daß der im Volk bislang weitgehend unbekannte Zar, der sich durch das Hängen der Dekabristen Negativpunkte verschafft hatte, an positiver Zustimmung gewann.

Nikolaus entließ Alexanders treuen Ratgeber, den General Alexei Araktschejew und schloß die gefürchteten Militärkolonien. Er entließ auch extrem konservative Bildungspolitiker. Er holte Speranski mit dem ausdrücklichen Auftrag aus der Verbannung zurück, eine Justizreform einzuleiten. Alexander Puschkin durfte das Exil verlassen. Es ist Nikolaus vorgeworfen worden, daß er trotz dieser Maßnahmen, trotz seines nahezu vorbildlichen Familienlebens, trotz seines immensen Arbeitspensums und trotz seiner militärischen Geradheit von Anfang an Züge eines beschränkten Despoten an den Tag legte. Zum Beweis werden solche Aussprüche herangezogen: „Ich kann niemandem gestatten, sich meinen Wünschen, wenn sie einmal bekanntgegeben sind, zu widersetzen." Oder: „Da ich Autokrat bin, ist mein Wille Gesetz." Er war Autokrat – nicht minder als Katharina II. oder Paul I. oder der Bruder Alexander I. Reformen bzw. der Wille zu Reformen hatten auch deren Herrschaftsbeginn begleitet. Nikolaus I. hat sich nicht anders verhalten. Wenn Nikolaus allen Beamten eine Uniform aufzwang, folgte er dem Beispiel seines Vaters. Wenn er nur noch Geistlichen, Kaufleuten und Bauern einen Bart erlaubte – entsprach das den Drangsalen Peters des Großen! Nikolaus I. unterschied sich von seinen Vorfahren nicht durch einen höheren Grad autokratischer Despotie. Der Unterschied lag lediglich darin, daß er die autokratisch-despotischen Methoden von Peter I. bis Alexander I. nach Bedarf kopierte – schlecht kopierte – und nicht den Funken einer eigenen Idee oder den Schatten einer eigenständigen Persönlichkeit in seine Tätigkeit für Rußland einbrachte. Nikolaus I.

war in seiner Eitelkeit und Sucht nach Schönheit eine Karikatur auf Peter I., dem er so gerne nacheifern wollte.

Für Nikolaus waren Peter und Katharina große Vorbilder, weil sie durch Macht und Stärke die Ostsee und das Schwarze Meer gewonnen hatten. Diesem Pfad wollte auch er seinen Ruhm in der Geschichte verdanken. Für das Landheer tat er alles in seinen Kräften Stehende, und nun, da er regierte, förderte er auch die Flotte, die unter den Bedingungen des Kontinentalkrieges gegen Napoleon zwangsläufig vernachlässigt worden war. Nikolaus rüstete die Flotte auf, den großartigen Sieg bei Tschesme im Jahr 1770 vor dem geistigen Auge. Es mag dahingestellt bleiben, ob Nikolaus ernsthaft an eine Neuauflage früherer Träume gegen Konstantinopel dachte. Tatsache ist, daß er sehr schnell seine Blicke in den Süden des Reichs richten mußte.

1826 fiel Persien in Transkaukasien ein. Der Feldzug ging für Rußland zwar glücklich aus, aber Nikolaus gab sich hinsichtlich der russischen Stärke beträchtlichen Illusionen hin. Persien unterdrückte die gegen Rußland rebellierenden transkaukasischen Völker, und die Muslime erklärten Rußland den „heiligen Krieg", der über mehrere Jahrzehnte anhielt. Der Kaiser hätte bemerken müssen, daß sich seine Armee seit den Kriegen gegen Napoleon stark verändert hatte. Der Drill auf dem Paradeplatz war kein Äquivalent für eine hohe Gefechtsbereitschaft. Die Armee war nicht mehr intakt. Dennoch wagte der Imperator den Krieg gegen die Türkei.

Es gab Spannungen mit der Hohen Pforte, und Nikolaus schickte seine Truppen los: Über die Donaufürstentümer drangen sie bis nach Varna vor und besetzten Adrianopel. 1828/29 hatte sich der Krieg hingezogen. Er endete mit dem Frieden von Adrianopel. Nikolaus setzte die Orientpolitik seiner Großmutter fort, er bestätigte sich als Romanow mit expansivem Drang über das Schwarze Meer und die Meerengen hinaus. Später, 1833, gelang durch den Vertrag von Unkiar Selessi ein Abkommen mit der Türkei, das Rußlands Positionen auf dem Balkan festigte.

Eigentlich konnte Nikolaus mit dem Beginn seiner Herrschaft zufrieden sein. Eine Verschwörung war niedergeschlagen worden, innenpolitische Reformen wurden eingeleitet, und er hatte zwei Kriege für Rußland günstig gestalten können. Nikolaus war zufrieden. Er gab sich der Illusion hin, das Volk sei glücklich. Aber plötzlich wurde er aus seinen Träumen gerissen. Der Anlaß für die Störung lag in Polen. Alexander I. hatte Polen eine Verfassung gegeben, Polen war in Personalunion mit Rußland vereint, und der Bruder Konstantin sorgte als Vizekönig für Ruhe und Ordnung. So schien es zumindest bis zum Jahr 1830. Im Juli 1830 brachte im fernen Frankreich eine Revolution den „Bürgerkönig" Louis Philippe auf den Thron, die Bourbonen wurden gestürzt. Nikolaus war über diesen Bruch mit dynastischen Traditionen empört. Die revolutionäre Welle schwappte nach Holland über. Nikolaus I. befahl dem Großfürsten Konstantin in völliger Verkennung der realen Tatsachen, polnische Rekruten auszuheben und nach den Niederlanden in Marsch zu setzen. In dieser Situation kam die wahre Stimmung in Polen an den Tag. Konstantin hatte sich bislang vorwiegend um militärische Fragen gekümmert. Die so liberal gepriesene Verfassung war brüchig und wurde kaum eingehalten. Konstantin machte sich über den Sejm nur lustig. Die Polen wurden bei der Ausübung ihres katholischen Glaubens behindert. Der General Benckendorff hatte dem Kaiser zwar nach einer Inspektion entsprechende Berichte übergeben, aber Nikolaus hatte ihm nicht geglaubt.

Er wurde eines Besseren belehrt. Im polnischen Untergrund hatte sich die Bewegung der „Patrioten" gebildet. Auf die erste Nachricht von den Zwangsaushebungen hin erhoben sie sich mit solcher Kraft, daß sich Konstantin verstecken mußte. Die Rebellion weitete sich zu einem landesweiten Aufstand gegen die russische Herrschaft aus. Kaiser Nikolaus I. setzte General Diebitsch mit 80.000 Mann gegen Warschau in Marsch. Das war im Oktober 1830. Zwei Monate später erklärte der Sejm Nikolaus zum „Usurpator der polnischen Krone" und proklamierte Polen zur unabhängigen Republik. Präsident wurde Adam Czartoryski, der Mann, der über viele Jahre hinweg versucht hatte, Alexander I. zu einer liberalen und auf Unabhängigkeit gerichteten Polenpolitik zu bewegen.

General Diebitsch, der 1812 durch die Konvention von Tauroggen eine so weitreichende und beherzte Tat geleistet hatte, war seiner Aufgabe nicht gewachsen. Der russische Vormarsch verlief schleppend und wurde durch das polnische patriotische Heer immer wieder zurückgeschlagen. Diebitsch mußte sich zurückziehen. Dabei starb er an der Cholera – wie auch der Großfürst und Vizekönig Konstantin Pawlowitsch. Nikolaus setzte den General Paschkjewitsch in Marsch, er sollte die demoralisierten russischen Truppen sammeln und den polnischen Aufstand niederschlagen. Dieses Ziel erreichte der General im Dezember 1831, als er in Warschau einfiel. Seinen Erfolg verdankte er sowohl der Brutalität seines Vorgehens als auch den in ihrem Schwung erlahmenden Insurgenten. Der Aufstand währte bereits zu lange, man war sich auf der polnischen Seite nicht einig und zersplitterte die Kräfte. Nikolaus erwies sich des Namens würdig, den ihm die Geschichte verliehen hat – der Gendarm Europas. Er bestrafte die Polen nicht, er übte Rache. Die Toten waren ebensowenig zu zählen wie die nach Sibirien Deportierten. Polen wurde seiner nationalen Eigenständigkeit beraubt – es verwandelte sich in eine russische Kolonie.

Kaiser Nikolaus I. arbeitete viel und fleißig. Man kann nicht sagen, daß er sich keinen staatspolitischen Überblick verschafft hätte. Immerhin war er in der Lage, alle ihm notwendig erscheinenden Instrumentarien zur Festigung der Autokratie zu schaffen. Ob er damit den realen Bedürfnissen Rußlands Rechnung trug, muß zwar negativ beantwortet werden, ist jedoch eine ganz andere Frage. Durch den Ausbau der Kaiserlichen Privatkanzlei („Seiner Kaiserlichen Majestät Eigene Kanzlei"), die die politische und administrative Stellung von Ministerkomitee und Ministerien schwächte, konzentrierte Nikolaus die Regierungsgeschäfte auf seine Person. Die Bildung der staatspolizeilichen „Dritten Abteilung" in dieser Kanzlei und die Verstärkung der Zensur sollten alle Ansätze, die die Autokratie in Frage stellen konnten, im Keim ersticken. Bei all den Bemühungen darf man nicht der Illusion erliegen, Nikolaus hätte die Mechanismen der Staatsverwaltung wirklich durchschaut. Die Korruptheit seiner Beamten konnte der geradlinige Monarch weder verstehen noch beseitigen. Sein Denkschema verbot das einfach. Er verstand sich als der von Gott gesandte Kaiser, der unfehlbar war und dem sich alle ohne Widerspruch unterzuordnen hatten. Daß er, der Despot, letztlich auch ein Gefangener seines Systems – und damit seiner korrupten Beamten – war, verstand er niemals.

In Rußland nahm während seiner Regierungszeit die Zahl der Bildungseinrichtungen erheblich zu, sie wurden aber einer rigorosen staatlichen Kontrolle unterworfen und zur Abwehr liberaler Ideen auf die Werte der Staatsideologie: „Autokratie, Orthodoxie und Narodnost" eingeschworen, wobei der letzte Begriff dieser Formel des Ministers für Volksaufklärung, S. S. Uwarow, so etwas wie „volksverbundenen Patriotismus" meinte. In diesem politischen Kontext wuchs die Bedeutung der orthodoxen Kirche erneut an. Nachdem sie in dem Konflikt zwischen dem Oberprokurator des Synods, N. A. Protessow, und dem Metropoliten von Moskau, Filaret, unterlegen war und faktisch ihre geistliche Eigenständigkeit aufgegeben hatte, wurde sie noch mehr als vorher zur geistlichen Absicherung der Autokratie herangezogen.

Angesichts des Industrialisierungsrückstandes Rußlands gegenüber Westeuropa und der hohen Verschuldung adliger Höfe bemühte sich P. D. Kisseljow als Domänenminister um eine Lockerung, sogar um eine Aufhebung der Leibeigenschaft. Veränderungen im rechtlichen Status erreichte er nur für die Staatsbauern; im übrigen blieb aus Furcht vor einer gesamtgesellschaftlichen Krise die Frage der Leibeigenschaft auf der Ebene ständiger Expertenberatungen stehen. An der ungelösten Agrarfrage scheiterte die vom Finanzminister E. F. Kankrin betriebene Sanierung der Staatsfinanzen. Es gelang ihm, die Finanzverwaltung zu verbessern und die Währung zu stabilisieren.

Vielleicht waren es die Bemühungen des Kaisers um Stabilität im Innern des Reichs, die ihm beim Volk eine mitunter kaum verständliche Sympathie verschafften. Sein despotisches Wesen hatte nach den Kriegsjahren etwas Beruhigendes an sich, das den Russen gefiel. Er kümmerte sich mit Fleiß um die kleinen Sorgen des Lebens. Außerdem war er eine schöne Erscheinung und führte ein solides und vorbildliches Familienleben. Er lehnte die westlichen Laster ab, etwa das Tabakrauchen. Und er war ein Mensch mit außergewöhnlichem persönlichen Mut. Das hatte ihm schon beim Dekabristenaufstand Anerkennung verschafft. Als 1831 in Petersburg eine Choleraepidemie in den Sturm der Volksmenge auf die Spitäler mündete, fuhr der Kaiser im offenen Wagen mitten unter die erregten Menschen, glättete die Wogen und rettete durch sein Auftreten vielen Menschen das Leben. Er besaß durchaus charismatische Fähigkeiten, die den Russen das Gefühl von Ruhe, Festigkeit und Größe der Nation vermittelten.

In einem Punkt wich er allerdings von den Traditionen russischer Herrscher ab: Niemand konnte ihm irgendwelche Seitensprünge oder diverse Liebesverhältnisse nachsagen. Gewiß, man munkelte, wenn er mit Vorliebe Mädchenpensionate oder Ballettschulen besuchte. Aber was war schon schändlich daran? Was sollte überhaupt anstößig daran sein, wenn sich ein von seiner historischen Mission durchdrungener Monarch mit schönen Frauen umgab? Das konnte ihn nur anregen. Außerdem liebte Nikolaus seine Frau, achtete peinlich genau auf die Diskretion in seinem Privatleben und hatte überdies keine Zeit, sich mit kostspieligen Affären aufzuhalten. In diesem Punkt glich er so ganz und gar nicht der Großmutter Katharina.

Er sorgte sich viel lieber um die Probleme der Leibeigenschaft, um die sauberen Kragen seiner Beamten oder auch um die bitter notwendige Bildung seines Landadels. Und er kümmerte sich um Europa. Rußland und Europa, das war in jenen Jahrzehnten ein breit diskutiertes Thema. Alexander I. hatte die Verbindung zwischen West- und Osteuropa in einer Weite hergestellt, wie das niemals zuvor in der Geschichte geschehen war. Daran konnte Nikolaus anknüpfen. Vielleicht lagen ihm nicht so sehr die abstrakten Visionen einer „Heiligen Allianz", aber er war in das von Metternich beschnittene Konstrukt eingebunden. Seine ersten außenpolitischen Aktionen hatten die Aufmerksamkeit Europas erregt. Der Kaiser ließ seine Soldaten nicht in Konstantinopel einmarschieren, sondern schloß vorher mit der Türkei Frieden. Unter seiner Regierung entspannten sich die russisch-türkischen Beziehungen sichtbar, und das rief wiederum den Argwohn Englands und Frankreichs hervor.

Aber in dieser Hinsicht gab sich der Kaiser sorglos und nicht besonders geschickt. Wenn er die Schlacht von Borodino als „einen Sieg über die frechen Feindeshorden" feierte, dann provozierte er damit das gesamte europäische Bündnissystem nach dem Wiener Kongreß. Und wenn er sich zudem zu solchen Bemerkungen hinreißen ließ: „Ich muß immer an Pech und Schwefel denken, wenn ich mit Metternich zu tun habe", dann war das in der Sache zwar nicht so unrichtig, aber dennoch undiplomatisch. Man hat Nikolaus vorgeworfen, in der Außenpolitik konzeptionslos gewesen zu sein. Das war sicher nicht falsch, wenn man nach dem Realitätsgehalt seiner außenpolitischen Konzeption fragte. Denn die Annäherung an die Türkei war nur ein Vorwand. „Die Oberhoheit über den Bosporus soll mir gehören ..." Er verfing sich in seinen eigenen Kursänderungen. Um wenigstens mit England ins rechte Lot zu kommen, begab sich der Kaiser 1844 persönlich auf die Britische Insel.

Wie überall brachten sein Charme und die Eleganz dem Romanow in den Londoner Salons höchste Noten ein. Nur eine so gewiefte Königin wie Victoria konnte er über seine wahre Seele nicht täuschen. Sie schrieb: „Der Ausdruck seiner Augen ist furchtbar ... Er bietet das Bild eines Mannes, der nicht glücklich ist und auf dem die Last seiner Macht ... schwer und qualvoll liegt ... Er lächelt selten." In der Sache war der Besuch ein glatter Mißerfolg. Obwohl Nikolaus den Engländern die Dardanellen zubilligen wollte, tat man seinen in London vorgetragenen Plan zur Aufteilung der Türkei als glatten Unfug ab.

Rußland war in Europa isoliert: Der Kaiser hatte sich zwischen alle diplomatischen Stühle gesetzt und nichts erreicht. Selbst zu dem dynastisch verbundenen Preußen war die Distanz gewachsen. Aber der Kaiser tat auch nichts, die Spannungen zu mildern. Im Gegenteil: Je erregter in den vierziger Jahren in den europäischen Staaten liberale und demokratische Strömungen anschwollen und nach einem neuen gesellschaftlichen Aufbruch riefen, um so belehrender wurde Nikolaus. Er beschimpfte die Regierungen, ihre eigene Nachgiebigkeit gegen die revolutionären Ideen treibe sie in eine Sackgasse, und fügte schulmeisterlich hinzu: „Diese Gefahr wird bei mir nie eintreten." Eigentlich hätte er es besser wissen müssen.

Seit den dreißiger Jahren hatte es auch in Rußland einen bescheidenen gesellschaftlichen Aufbruch gegeben. „Westler" und „Slawophile" – adlige Intellektuelle – diskutierten in mehr oder weniger privaten Zirkeln über Rußlands Zukunft und propagierten die Varianten: Anschluß an Westeuropa oder Rückkehr zur vorpetrinischen Zeit. Nur in einem Punkt waren sie sich einig: Die Leibeigenschaft mußte weg! Der Philosoph Peter Tschaadajew drang in den dreißiger Jahren in seinen „Philosophischen Briefen" bis zu den Grundfragen russischer Geschichte vor. Und allein die Tatsache, daß er zu Debatten über das Schicksal Rußlands aufrief, genügte, um geistige Mobilisationseffekte in der Intelligenz auszulösen. In Rußland gab es keine bürgerlich-intellektuelle Basis oder Bewegung, die zum Träger einer Revolution werden konnte, aber an Bauernaufstände war jeden Tag zu denken.

Als 1848 in Frankreich die Revolution ausbrach und sich zu einem europäischen Phänomen steigerte, war der Kaiser bis in seine Seele erschreckt. Er machte wahr, was er angedroht hatte: Universitäten und Schulen wurden der Polizeiaufsicht unterstellt. Es wurde eine Oberste Zensurbehörde geschaffen. Professoren verloren ihre Lehrstühle, weil sie verbotene Bücher gelesen oder „umstürzlerische" Vorträge gehalten hatten – ein besonders ernstes Signal des Despotismus. Die Arroganz der Macht feierte Orgien. Die Werke der besten russischen Dichter – Puschkin, Lermontow, Turgenjew oder Gogol – verschwanden aus dem Buchhandel und aus den Bibliotheken. Die Mitglieder eines Diskussionsclubs unter der Leitung des Literaten M. W. Petraschewski-Butaschewitsch – darunter auch der Dichter Fjodor Dostojewski – wurden verhaftet, weil sie Schriften des utopischen Sozialisten Saint-Simon, des Philosophen Schelling und die Arbeiten des Literaturkritikers Alexander Belinski gelesen und diskutiert hatten. Sie wurden zum Tod verurteilt: 21 Menschen! Erst unter dem Galgen erfuhren sie ihre Begnadigung zu lebenslanger Zwangsarbeit in sibirischen Bergwerken. Ein makabres Spektakel nach altrussischer Sitte: Erst die Thronbesteigung Alexanders II. befreite die Feingeister von ihren Qualen.

Das Problem der Revolution war für Nikolaus rein machtpolitischer Art. In Europa isoliert, wollte er den verfeindeten Staaten und Dynastien die Festigkeit der russischen Autokratie demonstrieren. Allein Rußland stand wie ein Fels in der Brandung. Als Nikolaus erfuhr, daß die Polen den Ungarn beim Aufstand gegen Habsburg halfen, schickte er seine Truppen an die Donau und half seinerseits mit, das keineswegs geliebte Haus Habsburg wieder fest in den Sattel zu setzen. Wohl kaum ein anderer hat die Sicht des Kaisers so präzise umrissen wie der damalige Zensor im russischen Außenministerium, Tjutschew: „Schon lange gibt es in Europa nur noch zwei wahre Kraftzentren – Rußland und die Revolution ... Keinerlei Verhandlungen, keinerlei Verträge sind zwischen ihnen möglich, die Existenz der einen ist gleichbedeutend einem Todes-urteil für die anderen." Der Gendarm Europas war in Aktion und bemerkte nicht einmal, wie wenig er die Zeichen der Zeit verstanden hatte, selbst in Rußland war das gesellschaftliche Bewußtsein längst über den Rahmen autokratischer Despotie hinaus-getreten – auch dank des wirtschaftlichen Aufschwungs, den das Land unter Niko-laus I. genommen hatte. Rußlands Aktion in Ungarn und die damit verbundene Allianz Österreichs, Preußens und Rußlands zur Befriedung Polens schien noch einmal den Geist der „Heiligen Allianz" zu beschwören, versetzte ihr in Wirklichkeit aber den endgültigen Todesstoß, weil dadurch der Graben zu den westeuropäischen Ver-fassungsstaaten nur noch tiefer wurde.

Die Situation war merkwürdig. Das Reich war gefestigt, die Finanzen stabil, die Erfolge auf dem Weg zu einem modernen Gemeinwesen kaum zu übersehen, beispiels-weise beim Bau von Eisenbahnen. Das öffentliche Bewußtsein nahm Anteil an der Reichsentwicklung. Aber der Kaiser unternahm einen letzten despotischen Versuch, zumindest in Rußland das Rad der Geschichte anzuhalten. Er verstand nicht, daß gesellschaftliches Interesse und die Gefahr eines revolutionären Umsturzes zwei voll-kommen verschiedene Dinge waren. Nikolaus bemerkte nicht, wie sehr er sich vom Leben in Rußland und Europa isolierte.

In Rußland begannen sieben finstere Jahre: Sieben Jahre bis zum Tod von Niko-laus I., in denen die öffentliche Meinung erstickt wurde, in denen es für die Intellek-tuellen nicht nur notwendig war, Angst vor der Staatsmacht zu haben, sondern auch öffentlich zu demonstrieren, daß man Angst hatte. Kaiser Nikolaus I. gab sich einem Trugschluß hin, wenn er glaubte, Grabesstille über das Land zu decken. Auch die finsteren Jahre hielten das freiheitliche Denken nicht auf. Revolutionäre Agitatoren verlagerten ihr Wirkungsfeld ins Ausland: Alexander Herzen etwa oder auch Michail Bakunin. Westler und Slawophile stritten weiter, und die liberalen Intellektuellen arbeiteten unverdrossen an Plänen zur Reformierung Rußlands – auch zur Aufhebung der Leibeigenschaft.

Nikolaus erlebte den Tiefpunkt seiner Herrschaft: Er wurde in den Krimkrieg hineingezogen. Dieses Musterbeispiel eines europäischen Kabinettskriegs besaß einen nur schwer entschlüsselbaren Hintergrund. Es ging angeblich um die Freiheit und die Rechte der Christen in der Türkei. In Wirklichkeit ging es um die Herrschaft über die Meerengen und um den alten russischen Traum, Herr über den Bosporus zu werden und die Türkei von der politischen Landkarte zu tilgen. Es spielte eine zweite Frage eine Rolle: die Freiheit und Unabhängigkeit der Balkanvölker als Puffer zwischen Rußland und Westeuropa. Alles war miteinander verquickt, und es war vorher klar, daß die Lunte an dem Pulverfaß nur eines einzigen Problems den europäischen Krieg auslösen würde. Nikolaus war bei den Westmächten auf wenig Gegenliebe für seine antitürkischen Pläne gestoßen. 1853 sandte er einen Botschafter mit einem Ultimatum zum Sultan nach Konstantinopel. Der schien die Brisanz nicht recht begriffen zu haben, denn der Fürst Menschikow mußte ohne Ergebnisse die Heimreise antreten. Es folgte ein bereits mehrfach erprobtes Szenario: Rußland besetzte die Fürstentümer Moldau und Walachei, die Türkei protestierte, und Rußland erklärte der Hohen Pforte den Krieg. Nach ersten Kämpfen im November 1853 eilten England und Frankreich dem Sultan zu Hilfe. Das veranlaßte Nikolaus zu dem wenig kaiserlichen Aufschrei: „Palmerston – dieses perfide Schwein von einem Menschen." Er meinte den ehemaligen Außen- und künftigen Premierminister Englands.

Seine Verzweiflung saß tief: Nicht ein einziger europäischer Staat unterstützte den heiligen russischen Kreuzzug gegen die „Ungläubigen". Nikolaus beteuerte immer wieder, daß es ihm nicht um den Besitz der Dardanellen ging. Verständlicherweise glaubte ihm niemand – nicht einmal die slawischen Brüder auf dem Balkan. Der Kaiser redete sich die Niederlagen in positive Ergebnisse um und baute den Hauptschuldigen vor sich auf: „Ich habe den Krieg eigentlich nicht begonnen. Er wurde durch britische und polnische Intrigen provoziert." Der russische Kaiser wußte keinen Ausweg aus der Misere seines Reichs. Er selbst hatte das Land in die Ausweglosigkeit manövriert, gewollt hatte er es nicht, aber er besaß nicht das persönliche Format zu einem europäischen Kaiser.

In seiner Ratlosigkeit fuhr Nikolaus Ende 1854 nach Gatschina. Er reiste ganz allein in das abgelegene Schloß – ein Bild eigener Isolation. Noch einmal kehrte er nach St. Petersburg zurück, und am 18. Februar 1855 starb er unerwartet. Kein Leiden, keine Krankheit, keine ahnungsvollen Visionen, kein Streit um die Thronfolge: Sein Sohn Alexander Nikolajewitsch bestieg als Alexander II. den Thron. Katharina II. hat einmal das Wort geprägt, glücklich sei der Herrscher, der, bevor seine Zeit vorüber sei, friedlich von dieser Erde gehen könne. Nikolaus I. hat dieses Glück nicht besessen. Seine Herrschaft war von keinen Glanz- und Höhepunkten gekennzeichnet. Es sei denn, er hätte das Glück in der Familie gefunden.

LITERATUR

E. M. Almedingen, Die Romanows. Die Geschichte einer Dynastie. Rußland 1613–1917, Frankfurt am Main/Berlin 1992.

S. V. Mironenko, Nikolaj I., in: Rossijskie samoderzcy, Moskau 1994, S. 91–158.

W. Bruce Lincoln, Nicolas I.: Emperor and Autocrat of All the Russians, London, Bloomington 1978.

Alan Palmer, Alexander I. Der rätselhafte Zar, Frankfurt am Main 1994.

ALEXANDER II. NIKOLAJEWITSCH

Alexander II. Nikolajewitsch

1818–1881

KAISER VON RUSSLAND 1855–1881

17. April 1818 | Alexander wird als ältester Sohn des Großfürsten Nikolaus Pawlowitsch, des späteren Kaisers Nikolaus I., und dessen Ehefrau Alexandra Fjodorowna (Prinzessin Friederike Louise Charlotte Wilhelmine von Preußen) in St. Petersburg geboren.

13. Dezember 1825 | Mit der Thronbesteigung durch Nikolaus I. wird Alexander zum Thronfolger erklärt.

16. April 1841 | Großfürst Alexander Nikolajewitsch heiratet Marija Alexandrowna (Maximiliane Wilhelmine Auguste Sophie Marie von Hessen-Darmstadt).

26. Februar 1845 | Alexander Alexandrowitsch, der spätere Zar Alexander III., wird als drittes Kind geboren.

19. Februar 1855 | Nach dem Tod von Nikolaus I. besteigt Großfürst Alexander Nikolajewitsch als Alexander II. den Thron. Die offizielle Krönung folgt am 26. August 1856 in Moskau.

22. Mai 1880 | Kaiserin Marija Alexandrowna stirbt.

19. Juli 1880 | Alexander II. heiratet in morganatischer Ehe Katharina Michailowna Dolgorukaja (Fürstin Jurjewska).

1. März 1881 | Alexander II. wird in St. Petersburg bei einem Bombenattentat getötet. Er wird in der Kathedrale der Peter-Pauls-Festung in St. Petersburg beigesetzt.

Alexander II. wurde im Volk der „Befreierzar" genannt, weil er das Rußland seit Jahrzehnten am meisten bedrängende Problem durch eine Reform lösen wollte. Das gelang ihm auch zum Teil: Er hob die Leibeigenschaft der Bauern auf und verband diese historische Tat mit einem Reformpaket, das eine nie zuvor in Rußland gesehene Komplexität aufweisen konnte. Alexander II. löste einen Erneuerungsschub aus, der den Industriekapitalismus in beachtlichem Maße förderte. Das Verdienst lag bei Alexander II. selbst, denn er trug den drängenden Bedürfnissen der in Rußland heraufziehenden industriellen Massengesellschaft im Rahmen der ihm auferlegten und akzeptierten autokratischen Möglichkeiten Rechnung. Rußland hatte den Krimkrieg verloren und gezeigt, daß es weiter hinter den westeuropäischen Staaten in der Produktivität, Gesellschaftsentwicklung und politischen Kultur zurückblieb. Die Lücke mußte wieder geschlossen werden, ohne das Prinzip der Autokratie in Frage zu stellen – durch eine breite Umgestaltung. Alexanders persönlicher Wille zu begrenzter Reformierung der Selbstherrschaft steht außer Frage. Gefährden wollte er sie niemals. Sein zögerlicher Charakter und die Umstände der Zeit, verknüpft sowohl mit übermäßigen Erwartungen als auch beharrenden Traditionen, führten letztlich zu Kompromissen, unter denen die Gesellschaft weiter dahinkrankte. Daß der „Befreierzar" am Ende ermordet wurde, war zwar ein Symptom für das kranke Rußland, aber kaum die Folge seines Reformwillens: Die geistigen Strömungen der modernen Massengesellschaft brachten an ihrem Beginn bereits sozialutopische Richtungen mit terroristischem Einschlag hervor, die vor Gewalt nicht zurückschreckten.

Da der Staat neben seinem umfangreichen Reformprogramm auf die gewalttätigen Schwärmer mit Strang und Knute reagierte, eskalierte der Terror in einer Weise, die den Reformer selbst traf. Alexanders Reformwerk konnte von seinem Sohn Alexander III. zwar nicht rückgängig gemacht werden, aber Rußlands moderner Aufbruch in den 1860er Jahren erlosch 20 Jahre später in geistiger und politischer Hinsicht in dem starren Dogma von Autokratie, Orthodoxie und Volkstum.

Alexander Nikolajewitsch wurde am 17. April 1818 in St. Petersburg geboren. Damals regierte der Onkel, Alexander I. Sein Vater, Großfürst Nikolaus Pawlowitsch, spielte noch keine politische Rolle im Russischen Reich. Russische Zaren besaßen verschiedentlich traumatische Kindheitserlebnisse, die sie geprägt hatten, die ihnen mitunter aber auch zu wohlfeiler Rechtfertigung für eigene Verhaltensschwächen in späteren Lebensjahren dienten. Auch Alexander Nikolajewitsch besaß in seiner Biographie dieses traumatische Kindheitserlebnis. Mehr noch: Wohl keinem Zaren und Kaiser in der ganzen russischen Geschichte ist während seiner Herrschaft in derart massiver und wiederholter Weise nach Existenz und Leben gegriffen worden. Am Beginn, noch kaum bewußt in sein Dasein blickend, stand der dramatische Aufstand der Dekabristen. Im Laufe der folgenden Jahrzehnte folgten sieben Attentate auf Alexander, und am Ende fiel er dem achten Anschlag auf sein Leben zum Opfer. Ein dramatisches Leben besaß Alexander II., aber niemand hat ihn auch nur einmal in panischer Verzweiflung gesehen.

Eigentlich schockierte den siebenjährigen Jungen weniger der Aufstand der Dekabristen. Davon wußte und verstand er nichts. Traumatisch waren für ihn die näheren Umstände in seiner Familie und am Hof, die sich mit der Niederschlagung dieses Aufstands verbanden und die mit jäher Wucht in sein kleines Leben eindrangen. Aus der friedvollen Atmosphäre seiner Spiel- und Lernzimmer wurde er wie in einem Mahlstrom bis zum Thron emporgerissen. Als der Dekabristenaufstand am 14. Dezember 1825 auf dem Senatsplatz von St. Petersburg begann, befand sich Alexander einige Kilometer entfernt im Anitschkow-Palais an der Fontanka und malte mit seinem Lehrer, dem Hauptmann Mörder, Bilder. Am Abend zuvor hatte man ihn tief erschreckt. Sein Vater, der plötzlich zum Kaiser Nikolaus I. proklamiert worden war, hatte ihm, Alexander, mitgeteilt, daß er Thronerbe des Russischen Reichs sei. Alexander hatte das alles nicht verstanden und weinte erst einmal. Jetzt, einen Tag später, hatte der Junge sein Gleichgewicht wiedergewonnen und wurde erneut empfindlich gestört. Noch hörte er fernen Kanonendonner, da riß man ihn aus seiner Beschäftigung weg und brachte ihn schnell zum Winterpalais. Hier sah er seinen Vater, wie dieser, wankend, atemlos und unbeugsam, vom Senatsplatz kam, auf dem gerade die Kartätschen gegen die Dekabristen geflogen waren.

Alexander erlebte den Auftritt des zwei Meter großen Vaters in Galauniform. Er selbst wurde schnell in eine Husarenuniform gesteckt. Man hängte ihm den St.-Andreas-Orden um, und ehe er zu Bewußtsein kam, stand er auf dem Hof und mußte die schmatzenden Küsse von schnurrbärtigen Soldaten über sich ergehen lassen: Das Gardebataillon der Palastwache huldigte dem siegreichen Kaiser und dem Thronfolger. Damit hatten die Aufregungen des Tages noch kein Ende gefunden. Alexander erlebte die Unruhe des nächtlichen Winterpalais mit: Sein Vater führte persönlich die Verhöre gegen die Mitglieder der Verschwörung, und vielleicht übertrug sich auch ein Teil seiner Wut, daß gerade Söhne der ersten Familien des Landes an dem Anschlag auf die Autokratie beteiligt gewesen waren, auf den Thronfolger. Alexander konnte zeitlebens diesen Eintritt in das offizielle Leben seines Reichs nicht vergessen. Er zog jedoch ganz andere Schlußfolgerungen aus dem Kindheitserlebnis, als das seine Vorfahren in ähnlichen Fällen getan hatten. Er übte keine grausame Rache an den Verschwörern – das besorgte sein Vater. Alexander wählte moderatere Wege zur Lösung grundsätzlicher Probleme: die Reform.

Inzwischen normalisierte sich für ihn das Leben jedoch erst einmal wieder. Vor dem Vater empfand Alexander wie bisher ängstlichen Respekt, die Mutter liebte er zärtlich. Aber im Grunde waren die Bindungen nicht so eng. Hauptmann Mörder war für sein Leben und seine Erziehung verantwortlich – ein Kriegsveteran, voll militärischer Disziplin, aber aufmerksam gegenüber den Sensibilitäten einer kindlichen Seele.

Gut ein halbes Jahr nach den Petersburger Ereignissen trat Alexander zum zweiten Mal an die Öffentlichkeit, als für den Vater Ende Juli 1826 in Moskau die offizielle Krönung durchgeführt wurde. Der achtjährige Thronfolger nahm an allen Feierlichkeiten fröhlich, selbstbewußt und sicher im Auftreten teil: Bei der Krönungsparade ritt er seinem Husarenregiment voran.

Das mag seinen Vater auch mit veranlaßt haben, die Erziehung des Sohnes zu verändern. Nikolaus hatte generell am Beginn seiner Regierungszeit Anflüge zu liberal erscheinenden Reformen gezeigt. Die Berufung des national-romantischen Dichters Shukowski zum Haupterzieher für den Sohn gehörte durchaus in die Reihe der Beispiele für die anfängliche Aufgeschlossenheit. Der große Shukowski hatte bereits bei der Geburt Alexanders eine Ode geschrieben: „Stets wisse, daß bei deiner hohen Sendung des Menschen Würde ist das höchste Gut ... das eigne Wohl vergiß für das der andern." Nach diesem ein wenig apologetischen Motto erarbeitete er sein Erziehungsprogramm – und Nikolaus I. bestätigte es. Damit billigte der als kleingeistig und etwas beschränkt geltende Nikolaus auch den Moralkodex für die Erziehung seines Sohnes, von Shukowski verfaßt: „Sei überzeugt, daß die Macht des Zaren von Gott stammt, aber dein Glaube daran soll so sein wie der von Marc Aurel. Auch Iwan der Schreckliche war dieser Überzeugung, aber er machte eine mörderische Verhöhnung Gottes und der Menschen daraus. Achte das Gesetz und bring den anderen durch dein Vorbild bei, es ebenfalls zu achten. Wenn du das Gesetz übertrittst, wird auch dein Volk ihm nicht gehorchen. Lerne die Bildung schätzen und trage zu ihrer Verbreitung bei. Achte auf die öffentliche Meinung ... Liebe die Freiheit, das heißt die Gerechtigkeit ... Freiheit und Ordnung sind ein und dasselbe. Wenn der Zar die Freiheit liebt, werden seine Untertanen den Gehorsam lieben. Die wahre Macht des Herrschers beruht nicht auf der Menge seiner Soldaten, sondern auf dem Wohlergehen seines Volkes ...“

Das waren beachtliche Worte im Reich von Nikolaus I. – und sie wurden befolgt. Leider mußte auch Alexander erfahren, daß sich das Leben nicht nur nach hohen moralischen Prinzipien richtet. Aber zunächst fielen die Grundsätze auf einen fruchtbaren Boden, zumal die um Shukowski versammelten Lehrer dem Jungen die beste Ausbildung vermittelten, die er in Rußland bekommen konnte. Die Erziehung folgte sehr humanistischen Grundsätzen. Shukowski war auch geschickt genug, den militärischen Unterricht bei Mörder zu belassen, und er versäumte es nicht, den alternden und nunmehr erzkonservativen Michail Speranski heranzuziehen. Dieser belehrte den Zarewitsch in den Rechtswissenschaften. Sein oberstes Prinzip war: „Das Wort Autokratie bedeutet, daß keine Macht auf Erden weder im Inneren noch im Äußeren des Reichs der Macht des russischen Souveräns irgendwelche Grenzen setzen kann. Diese Grenzen werden ihm nach außen durch Verträge, im Innern durch das gegebene Wort gesetzt, diese Dinge sind unverrückbar und heilig.“ Auch für die religiöse Erziehung fand Shukowski in dem Pater Pawski einen aufgeschlossenen und vernunftbegabten Mystiker, dessen Berufung jedoch vom Klerus hintertrieben und der schließlich durch den opportunistischen Pater Bajanow ersetzt wurde.

Nur in einem Punkt konnte sich Shukowski nicht beim Kaiser durchsetzen: Nikolaus beharrte unerbittlich auf der militärischen Ausbildung seines Sohnes. Der Vater hetzte den Sohn von einem Kommando zum anderen, von einem militärischen Rang zum folgenden, und erreichte das Gegenteil seines Zieles: Alexander berauschte sich an Orden und Uniformen, übte die hohe Kunst des Paradierens, aber das militärische tagtägliche Handwerk interessierte ihn nicht sonderlich. Der Kaiser sah es mit Mißvergnügen und schalt die Lehrer. Die aber erkannten, daß Alexander ein eher weiches und gemütvolles Kind war, das sich an schönen Dingen erfreuen konnte. Wirklicher militärischer Zwang machte ihn unruhig und nervös. Natürlich konnte – und wollte – sich Alexander nicht den Erfordernissen notwendiger Disziplin entziehen. Dazu zwang ihn schon allein seine Stellung als Thronfolger. Er begleitete den Vater 1829 nach Polen, als der sich zum polnischen König krönen ließ, und nach Preußen. Alexander leistete auch im April 1834, als er mit 16 Jahren volljährig wurde, willig den Treueid auf die Krone und auf die Armee. Dennoch, Ergriffenheit und Rührung schnürten ihm die Kehle bei jeder feierlichen Zeremonie zu.

Die schulische Ausbildung wurde bis zu Alexanders 16. Lebensjahr fortgesetzt – stets unter der Leitung Shukowskis, nur Mörder war 1834 gestorben. Dann entschied Nikolaus I., daß für seinen Sohn die Zeit gekommen sei, Rußland kennenzulernen. Sieben Monate sollte Alexander unterwegs sein, und im Frühjahr 1837 brach man in Petersburg auf. Aber die Reise besaß kaum einen Erfolg. Der Zarewitsch eilte von Ort zu Ort, beschränkte sich auf die offiziellen Huldigungen, tanzte mit verschiedensten Mädchen und genoß das kaiserliche Dasein in vollen und reichen Zügen. Ein anderes Verhalten wäre von einem 16jährigen Jungen auch nicht zu erwarten gewesen. Vom Leben und den Nöten des Volkes bekam er nichts zu sehen. Nur eine einzige Episode ragte wohltuend heraus. Im westsibirischen Kurgan stieß er auf verbannte Dekabristen. Er ließ sie an dem für ihn ausgerichteten Gottesdienst teilnehmen und bat seinen Vater brieflich um Milde für die Bestraften. Nikolaus ging tatsächlich auf den Wunsch seines Sohnes ein und erlaubte einigen Verbannten, als Soldaten im Kaukasus zu dienen. Das war zwar eine härtere Strafe als der stille sibirische Verbannungsort, aber Alexander wertete die Zustimmung des Vaters als ein Zeichen der Gunst, der Wohltätigkeit und des Bemühens, die Schatten der Vergangenheit zu tilgen. Im Dezember 1837 kehrte die Kavalkade wieder nach Petersburg zurück.

Bleibende Eindrücke konnte die Reise bei Alexander nicht hinterlassen. Statt dessen erkrankte er, war blaß, und die Eltern machten sich über den hoch aufschießenden Jüngling, der zu gern träumte, sensibel und gefühlsbetont war, ihre Sorgen. Er war 20 Jahre alt, und langsam tauchte die Frage seiner Verheiratung auf. Ein unmittelbares Thronfolgeproblem gab es bei den sieben Kindern, die Nikolaus gezeugt hatte, zwar nicht, aber Alexander war alt genug für eine Ehe. Auch er sollte, so wie es inzwischen Sitte geworden war, eine Prinzessin aus deutschem Fürstenhause heiraten. Beide Komponenten, die gesundheitliche Schwäche und die Heiratsabsichten, begleiteten ihn 1838 auf seiner Reise durch Europa. Über Schweden und Dänemark fuhr Alexander in das deutsche Bad Ems und unterzog sich einer ausgedehnten Kur. Anschließend fuhr er nach Weimar und Berlin, besichtigte das Gelände der Völkerschlacht bei Leipzig, erreichte München und reiste dann nach Verona in Italien. Andere italienische Städte folgten: Mailand, Venedig, Florenz und Rom. Alexander war von der italienischen Kunst hingerissen. Auf der Rückreise erreichte er Wien und freundete sich mit Fürst Metternich und dessen Gemahlin an, mit demselben Fürsten Metternich, der mit Alexanders Onkel Alexander I. so unterschiedliche Erfahrungen gemacht hatte. Shukowski begleitete den Zarewitsch und faßte dessen Auftreten auf der Reise im März 1839 treffend zusammen: „Er ist bei allen beliebt, jedermann schätzt sein reines Herz, seinen klugen Verstand und die Würde, die er auf unmittelbarste und feinsinnigste Art zum Ausdruck bringt." Gewiß, einen Schuß Apologetik enthielt auch diese Bewunderung des Erziehers und Patrioten Shukowski. Aber allgemein konnte niemand dem jungen Mann despotische Überheblichkeit, Grausamkeit oder rätselhafte Verschlagenheit nachsagen.

Ein wesentlicher Punkt der Reise war noch nicht erfüllt – der Zarewitsch sollte sich eine Braut wählen! Alexander gab sich mit kindlicher Freude allen möglichen Spielen und Vergnügungen hin. Er machte jedoch keine Anstalten, sich ernsthaft um eine Gattin zu kümmern. In Petersburg war ihm eine einschlägige Liste mit den Namen von Prätendentinnen in die Hand gegeben worden, und er fuhr auch brav nach Baden, nach Württemberg oder nach Darmstadt. Hier, beim Großherzog Ludwig II. von Hessen-Darmstadt, entdeckte er ein Mädchen, das es nicht wert gewesen zu sein schien, auf der Kandidatinnenliste verzeichnet zu werden: die Prinzessin Marie. Der Träumer Alexander verliebte sich auf den ersten Blick in das 15jährige romantische Kind. Auf der Stelle war er bereit, sie zu heiraten. Shukowski nahm die Aufwallung nicht besonders ernst, und man reiste weiter, nach Holland und England – Alexander hatte ganz vergessen, Marie mitzuteilen, daß er sie auserwählt hatte.

Der Vater in Petersburg, den man umgehend benachrichtigt hatte, war entgeistert. Marie hatte nicht auf der Liste gestanden, war mithin auch nicht genehmigt gewesen. Außerdem vermutete man, daß sie das uneheliche Kind des Marschalls Baron von Grancy sei. Alle Berater glaubten, die ablehnende Meinung des Kaisers bereits zu kennen. Nikolaus reagierte aber ganz anders. Nach anfänglicher Verwirrung über den Wunsch seines Sohnes entschloß er sich zu historischer Größe. Großmütig erklärte er: „Soll doch jemand wagen zu sagen, daß der russische Thronfolger mit einem unehelichen Mädchen verlobt ist! Da der Großherzog von Darmstadt sich darum nicht geschert hat, sehe ich keinen Grund, Einwände zu erheben." Obwohl aristokratische Philister über die vermeintliche Mesalliance herzogen, erteilte Nikolaus dem Sohn seine Erlaubnis. Nur – man sollte noch ein wenig warten, die Braut war noch gar zu jung. Alexander war selig, eilte nach Darmstadt zurück, und die kleine Marie konnte ihr großes Lebensglück gar nicht fassen. Man beschied sich jedoch: Erst am 4. April 1840 wurde die Verlobung gefeiert. Im September desselben Jahres kam Marie nach St. Petersburg, konvertierte, erhielt den Namen Großfürstin Marija Alexandrowna, und am 16. April 1841 wurde die Ehe geschlossen.

Vorerst waren alle Beteiligten zufrieden. Marija bekam auch gleich im ersten Ehejahr die Tochter Alexandra – acht Kinder sollten es insgesamt werden. Nikolaus führte seinen Sohn in die verschiedenen Reichsinstitutionen ein. Der Kaiser schickte ihn zu Repräsentationsveranstaltungen im In- und Ausland, ließ ihn Inspektionsreisen unternehmen und setzte seinen Sohn dabei auch schwierigen Situationen aus; Im Kaukasus geriet Alexander in ein Gefecht mit tschetschenischen Aufständischen und erhielt die ersehnte Feuertaufe. Natürlich nahm der Zarewitsch dabei keinen Schaden, aber des Georgskreuzes (vierter Klasse) erwies er sich würdig.

Die Beziehungen zwischen Vater und Sohn – zwischen Kaiser und Thronfolger – waren kompliziert. Alexander löste sich nicht aus dem Schatten des Autokraten. Ein vertrauliches Verhältnis gab es nicht, aber Alexander billigte rückhaltlos alle Entscheidungen und Handlungen des Vaters. Selbst als im Zuge der Revolution von 1848/49 – die Rußland gar nicht berührte – die innere und äußere Reaktion extrem verschärft wurde, in Rußland die „sieben finsteren Jahre" begannen und Nikolaus seine Truppen zur Niederschlagung des Aufstands nach Ungarn entsandte, erhob Alexander keine Einwände. Auch als Nikolaus mit seinen Truppen in die Donaufürstentümer einfiel und damit jene kriegerische Ereigniskette ablaufen ließ, die als Krimkrieg in die Geschichte eingegangen ist, war Alexander nur tief betrübt über die Demütigungen, die man seinem Land und seinem Vater zufügte. Kritische Blicke über das Abenteuerliche der russischen Unternehmungen, die es im eigenen Land genug gab, ignorierte Alexander. Allein, sein Vertrauen auf die Meinung des Vaters fand ein jähes Ende.

Wenn die Nachgeborenen über Todesursachen russischer Herrscher nachdachten, tauchte stets in irgendeinem Zusammenhang das Gerücht von Mord, Totschlag oder Selbstmord auf. Bei Nikolaus war das nicht anders. Vielleicht hatte er sich tatsächlich nach der schändlichen Niederlage im Krimkrieg einer Art Selbstzerstörung ausgesetzt. Im Januar 1855 erkrankte Nikolaus schwer und erholte sich nicht wieder. Auf dem Sterbebett sagte er seinem Sohn noch einmal: „Halte alles zusammen, halte alles zusammen!" Am 18. Februar 1855 starb Kaiser Nikolaus I.

Am folgenden Tag bestieg Kaiser Alexander II. den Thron. In Europa und in Rußland wartete man allgemein auf ein schnelles Ende des Krimkriegs, weil der neue Zar als versöhnlich und sanft galt. Die erste Erklärung Alexanders II. war jedoch nach allen Voraussetzungen logisch: „Gebe uns das Schicksal, daß wir, von ihm geleitet und geschützt, Rußland in höchstem Ruhm und größter Macht festigen, daß durch uns das Vermächtnis und der Wunsch unserer glanzvollen Vorgänger Peter, Katharina, des geliebten Alexander und unseres erhabenen Vaters, deren Gedächtnis unvergänglich ist, erfüllt werde." Einen Tag später sprach Alexander vor dem diplomatischen Korps. Seine Rede offenbarte die eigenen Handlungsmotive sehr deutlich: „Ich beharre auf den Prinzipien, die meinem Onkel und meinem Vater als Regel gedient haben. Diese Prinzipien sind die der Heiligen Allianz, und wenn die Heilige Allianz nicht mehr existiert, dann sicher nicht durch die Schuld meines Vaters; seine Absichten waren immer gerecht und legal, und wenn sie zuletzt von einigen mißverstanden worden sind, so hege ich keinerlei Zweifel, daß Gott und die Geschichte ihm recht geben werden. Das Wort meines Vaters ist heilig. Wie er, so bin auch ich bereit, meine Hand zu einem Bündnis zu reichen, dessen Bedingungen auch er anerkannt hätte. Wenn aber die Gespräche, die in Wien eröffnet werden sollen, nicht zu einem für uns annehmbaren Ergebnis führen, dann, meine Herren, werde ich an der Spitze meines treuen Rußland und meines ganzen Volkes tapfer in den Kampf ziehen."

Alexander II. befahl wider alle Erkenntnisse über das reale Kräfteverhältnis eine neue Offensive auf der Krim. Auch die Niederlage am Tschernaja-Fluß, die Rußland 8000 Soldaten kostete, gab Alexander nicht zu denken. Sein Feldherr Michail Gortschakow sandte verzweifelte Meldungen über das belagerte Sewastopol: „Wir können Sewastopol nicht mehr halten ... Jeden Tag verlieren wir 2500 Mann." Im August 1855 mußten die Russen Sewastopol räumen. Es war für Rußland eine Katastrophe, aber Alexander schrieb unbeirrt an Gortschakow: „Verlieren Sie nicht den Mut, denken Sie an 1812 und haben Sie Vertrauen auf Gott. Sewastopol ist nicht Moskau; die Krim ist nicht Rußland. Zwei Jahre, nachdem Moskau gebrannt hatte, sind unsere siegreichen Truppen in Paris einmarschiert."

Alexander gab nicht auf. In Moskau beschloß ein Kriegsrat, die gesamte Südarmee mit 100.000 Mann in Simferopol zu konzentrieren. Sie sollte eine erneute Landung von Alliierten verhindern. Alexander reiste anschließend selbst auf die Krim. Überall, wohin der Kaiser kam, begegnete ihm kämpferischer Optimismus – trotz der schweren Niederlagen – und beflügelte ihn, den Krieg nicht unter entehrenden Bedingungen zu beenden. Alexander II. gehörte im Winter 1855/56 nicht zu den Persönlichkeiten Europas, die nach einem Friedensschluß strebten. Allerdings ist auch nicht zu vermuten, daß er von den Sondierungsverhandlungen seines Botschafters in Österreich, Alexander Gortschakow, mit dem französischen Herzog von Morny nichts gewußt haben soll. Bekannt ist, daß die russische Regierung ihre Friedensfühler nach Sachsen, Bayern und Württemberg ausstreckte.

Ungeachtet dessen setzte Alexander auf die Weiterführung des Krieges, und die Einnahme von Kars im Kaukasus durch russische Truppen beflügelte ihn: Der Weg zum Bosporus schien wieder offen. In dieser Situation forderte Österreich ultimativ von Rußland die Neutralität des Schwarzen Meeres, die Rückgabe von Moldawien und Bessarabien sowie nicht näher präzisierte Kriegsentschädigungen. Rußland machte einen Gegenvorschlag, der abgewiesen wurde, und es drohte ein neuer, russisch-österreichischer Krieg. Alexander beriet die schier aussichtslose Lage sehr gründlich mit seinen Ministern und Ratgebern. Um den Zaren bildete sich eine vernünftige Mehrheit, und diese empfahl die unverzügliche Annahme des österreichischen Ultimatums. Der Kaiser ging diesen Schritt.

Im Februar 1856 begannen in Paris die Friedensverhandlungen. Die russischen Unterhändler, Graf Brunow und Fürst Alexei Orlow, befanden sich in einer schwachen Position, mit Diplomatie erreichten sie einen annehmbaren Friedensvertrag. Sewastopol blieb bei Rußland, die Türkei erhielt Kars zurück, Moldawien bekam die russischen Besitzungen im Donaudelta. Dadurch grenzte Rußland nicht mehr unmittelbar an das Osmanische Reich. Das Schwarze Meer erklärte man zur neutralen Zone: Kein Kriegsschiff durfte mehr die Dardanellen und den Bosporus passieren. Die türkischen Christen wurden dem Schutz aller Großmächte unterstellt. Das wichtigste Ergebnis bestand aber in einer vorsichtigen und langsamen französisch-russischen Annäherung.

Alexander II. traute zunächst den Signalen aus Paris nicht so recht, aber er war, getreu seinem Traditionsbild, an einer Neuauflage der Heiligen Allianz seines Onkels nicht uninteressiert, diesmal allerdings mit einem russisch-französischen Grundstock. Dafür schien ihm der Paris-Unterhändler Alexander Gortschakow gut geeignet, und er stellte ihn an die Spitze des Außenministeriums, nachdem der Kanzler Nesselrode, der das Amt zuvor innehatte, zurückgetreten war. Der Frieden von Paris und die Ernennung Gortschakows dokumentierten einen neuen Zug an Alexanders Politik. Bisher war er den Spuren seines Vaters gefolgt, jetzt begann er als Autokrat Alexander II. zu regieren.

Alexander verstand, daß mit dem außenpolitischen Kurswechsel eine Innenpolitik einhergehen mußte, die die Grundfesten des „nikolaitischen Systems" in Frage stellte – zwangsläufig. Er lockerte mit vorsichtigen Schritten die akademischen Freiheiten und die Pressezensur. Vorerst wollte er aber seine eigene Stabilität festigen, das bedeutete, daß er sobald wie möglich offiziell gekrönt werden wollte. Im April 1856, nach dem Pariser Frieden, verkündete er: „Jetzt, da ein glücklicher Friede Rußland wohltuende Ruhe schenkt, haben wir beschlossen, dem Beispiel unserer frommen Vorfahren zu folgen, die Krone aufzusetzen und die heilige Salbung zu empfangen. In diese Feierlichkeiten wird auch die geliebte Gemahlin Maria Alexandrowna einbezogen."

Das festliche Ereignis fand im August 1856 in Moskau statt. Tradition und Moderne standen eng beieinander. Zum ersten Mal in der russischen Geschichte reiste ein Kaiser mit dem Eisenbahnzug zur Krönung! Wie alle seine Vorfahren auf dem Thron verharrte Alexander für einige Tage zur inneren Sammlung vor den Toren (im Schloß Petrowskoje) Moskaus, ehe er in die alte Krönungsstadt einzog. Das Fest der Krönung selbst folgte ganz den althergebrachten Ritualen. Alles, was Rußland an Glanz zu bieten hatte, schien in Moskau versammelt.

Die eigentliche Krönungszeremonie erfolgte am 26. August 1856 in der Mariä-Himmelfahrts-Kirche des Kreml – seit Iwan dem Schrecklichen traditioneller Krönungsort.

Nach langer Zeremonie empfing der Kaiser aus der Hand des Klerus die mit Diamanten verzierte Krone. Während er sie sich langsam aufs Haupt setzte, sprach der Metropolit Filaret die schicksalsschweren Worte: „Dieser sichtbare Schmuck ist das Sinnbild der unsichtbaren Krönung, die dir als dem Oberhaupt aller russischen Länder von unserem Herrn Jesus Christus, dem König der Ehre, mit seinem Segen verliehen wird, damit dir die höchste und grenzenlose Macht über deine Untertanen zuteil wird." Alexander krönte seine Gemahlin mit einer kleineren Krone, und durch eine Ungeschicklichkeit fiel sie ihr wieder vom Kopf. Eine unbedeutende Episode zwar, aber in diesem schicksalsschweren Moment eine Bagatelle voller mystischer Symbolik. Marija Alexandrowna fiel sofort die düstere Prophetie ein: „Dies bedeutet, daß ich sie nicht lange tragen werde." Sie konnte gar nicht ahnen, wie recht sie haben sollte! In dieser Stunde aber weinte Alexander, als er den göttlichen Segen für seine Herrschaft erbat: „Du hast mich zum Zaren und höchsten Richter deiner Menschen auserwählt. Ich verneige mich vor dir und bitte dich, Herr, mein Gott, verlaß mich nicht bei meinem Vorhaben, belehre mich und leite mich bei meinem Tun zu deinen Diensten. Ich lege mein Herz in deine Hand." Der Atem russischer Geschichte wehte durch den Raum. Der Chor sang das Tedeum, und der Metropolit salbte den Zaren: „Möge das

Schwert des Zaren immer gerüstet sein, das Recht zu verteidigen, möge es allein durch seine Präsenz Ungerechtigkeit und Übel vermindern."

Die Tradition russischer Krönungen: Sie waren für Moskau stets wahre Volksfeste, an denen die gesamte Öffentlichkeit teilhatte. Auf dem Kodinka-Feld drängten sich nahezu 200.000 Menschen um die Stände mit Getränken und Speisen. Strömender Regen veranlaßte eine Massenprügelei um das letzte Brot. Es war ein schlechtes Zeichen – Unglück stand ins Haus!

Die Krönung gab Gelegenheit, Geschenke, Orden und Auszeichnungen zu vergeben. Und sie dokumentierte die Milde und Gnade des Zaren: Endlich wurden sowohl die letzten überlebenden Dekabristen und auch die harmlosen Schwärmer von 1848, die Petraschewzen, begnadigt. Manche durften sich sogar in den Hauptstädten oder einem Ort ihrer eigenen Wahl niederlassen! Der Kaiser sprach die hehren Worte: „Gebe Gott, daß das russische Reich nie mehr solche Verbrechen bestrafen oder vergeben muß." Bereits seine eigene Herrschaft sollte zeigen, daß Gott ihm in diesem Punkt nicht folgte.

Im übrigen wurde die Krönung das erwartete glänzende Fest mit Banketten, Bällen, Paraden und Lustbarkeiten mancherlei Art. Sie gab Gelegenheit, die sich nach dem Frieden von Paris anbahnenden neuen europäischen Konstellationen zu dokumentieren: Die französischen Gäste wurden mit Freundlichkeiten und Ehrungen überhäuft, die Österreicher hatten Mühe, überhaupt zur Kenntnis genommen zu werden. Tradition hin oder her – auch eine fundamentale Krönung mußte der Tagespolitik ihren Tribut zollen, und der Kaiser, der am Beginn seiner Herrschaft stand, besaß den Ehrgeiz, allen zu zeigen, welchen Weg er gehen wollte – sofern er diesen Weg schon kannte.

Alexander II. begann unverzüglich mit der Vorbereitung seiner „Großen Reformen".

In Rußland lebten zu jener Zeit von 61 Millionen Menschen 50 Millionen unter leibeigenschaftlichen Verhältnissen. Von Jahr zu Jahr stieg die Zahl der Bauernerhebungen gegen die verschiedensten Formen der Leibeigenschaft. In der russischen Intelligenz diskutierten seit den vierziger Jahren „Westler" und „Slawophile" über Rußlands Zukunft und über die Aufhebung der Leibeigenschaft. Selbst in der kaiserlichen Familie, angeführt vom Großfürsten Konstantin, fanden sich Fürsprecher für die Beseitigung dieses sozialen und wirtschaftlichen Übels. Alexander wußte noch sehr gut, daß zaghafte Versuche seines Vaters an der Halstarrigkeit des Adels gescheitert waren. Darum redete er dem Adel ins Gewissen: „Sie werden sicher selbst verstehen, daß das jetzige System leibeigener Seelen nicht unverändert bleiben kann. Es ist jedoch besser, es von oben her abzuschaffen, als auf den Augenblick zu warten, in dem es von unten abgeschafft wird. Ich bitte Sie darum, über Möglichkeiten nachzudenken, wie man diese Aufgabe erfüllen kann." Aber selbst die Drohung mit einer sozialen Revolution schreckte den konservativen und privilegierten Adel nicht. Also mußte der Kaiser zur riskanten Selbsthilfe greifen. Er bildete im Januar 1857 ein „Geheimkomitee", besetzt mit führenden Köpfen des Reichs aus renommierten Familien: Orlow, Dolgoruki, Gagarin, Panin, Rostowzew und andere. Über den lapidaren Allgemeinplatz, die Leibeigenschaft sei ein Übel und müsse über Reformen geändert werden, kam die Kommission nicht hinaus.

Alexander hatte es sich jedoch in den Kopf gesetzt, das Problem zu bereinigen. Es war ja nicht nur sein subjektiver Wunsch und Wille. Er griff zu einem weiteren Mittel. Der Kaiser legte die Lösung der Aufgabe in die Hände des Adels selbst. In Litauen und in Petersburg forderte er die Adelskörperschaften zu aktiver Arbeit für die Beseitigung der Leibeigenschaft auf, und er wandte sich an die Öffentlichkeit um Mithilfe. Der Schritt war für einen Autokraten äußerst gewagt und voller Fußangeln, verschaffte ihm aber zumindest bei den gebildeten Intellektuellen einen unglaublichen Bonus. Der Adel fügte sich nur widerwillig – aus Angst vor Bauernerhebungen und vor der Blamage durch die intellektuelle Presse. Die Aufhebung der Leibeigenschaft wurde zu einem in ganz Rußland öffentlich diskutierten Problem.

Alexander konnte nun auch sein Geheimkomitee im Januar 1858 ganz ungeniert in ein „Zentralkomitee für die Angelegenheiten der Bauern" umwandeln. Die Bedingungen für eine Reform der Leibeigenschaft waren in den einzelnen Landesteilen außerordentlich unterschiedlich, die Schwierigkeiten immens. Ganz langsam und vorsichtig trat jedoch aus dem widerspenstigen Adel eine kleine Gruppe hervor, die sehr pragmatisch argumentierte: Eine Reform werde den sozialen Frieden festigen, die diffusen Rechtsbeziehungen zwischen Bauern und Grundbesitzern klären und – vor allem – die Bodenpreise in die Höhe treiben!

Das war für den Kaiser ein konstruktiver Ansatzpunkt. Er holte sich energische und weitblickende Männer mit politischem Sachverstand, wie den gebildeten Nikolai Miljutin. Der wiederum mobilisierte weitere Persönlichkeiten: Sergei Solowjow, Juri Samarin, den Fürsten Tscherkasski und andere. Sie bildeten zwei Redaktionsgremien, die rechtliche Grundlagen für die Reform erarbeiten sollten. Kaiser Alexander mischte sich ein. Er drängte und ging mit gutem Beispiel voran. Im Juni 1858 verfügte er, daß die Ländereien des Zaren den Bauern zur Verfügung gestellt werden sollten und daß die darauf lebenden Bauern vor Gericht Bürgerrechte erhielten. Aber dieses Beispiel stachelte den Widerstand nur weiter an. Die Streitigkeiten zwischen Gegnern und Befürwortern der Reform nahmen kein Ende. Alexander mußte zu einer weiteren zweischneidigen Entscheidung greifen. Nachdem der ihm ergebene Rostowzew, der Vorsitzende der Redaktionskommission, gestorben war, ernannte er Victor Panin zu deren neuem Vorsitzenden. Panin war entschiedener Reformgegner, aber er verehrte die Autokratie. Alexander hoffte, Panins Einfluß auf die Reformgegner nutzen und ihn selbst für die Reform gewinnen zu können. Das gelang nur bedingt, denn Panin trat öffentlich zwar nicht gegen die Auffassungen des Kaisers auf, wich aber auch keinen Millimeter von den eigenen Grundsätzen ab. Alexander ernannte seinen Bruder Konstantin zum Vorsitzenden der Hauptkommission für die Reform, aber dieser konnte die Widerstände auch nicht überbrücken. Am 26. Januar 1861 erklärte Alexander der Hauptkommission ostentativ: „Ich wünsche, ich fordere und ich befehle, daß alles bis zum 15. Februar abgeschlossen ist. Sie dürfen nicht vergessen, meine Herren, daß in Rußland die Macht des autonomen Herrschers Gesetze erarbeitet und verkündet."

Mit einem Wort: Kaiser Alexander war gewillt, die Bauernbefreiung auf der Grundlage eines Konsenses mit dem Adel und unter Einbeziehung der Öffentlichkeit quasi-demokratisch zu diskutieren und zu entscheiden. Das gelang nicht. Die notwendige Reform konnte mangels grundlegender Verständigungsbereitschaft im Adel nur auf dem Wege des autokratisch-autoritären Befehls durchgesetzt werden. Alexander kämpfte. Drei Tage nach dem konsequenten Auftritt vor dem Hauptkomitee bekräftigte er im Reichsrat: „Das Werk der Aufhebung der Leibeigenschaft ist eine Überlebensfrage, von der die Entwicklung der Kräfte und der Macht Rußlands abhängt ... Sie müssen ihre eigenen Interessen hintanstellen und nicht als Eigentümer handeln, sondern als Würdenträger des Staates, die mein Vertrauen genießen." Einen Tag darauf, am 19. Februar 1861 unterschrieb der Kaiser das Statut zur Aufhebung der Leibeigenschaft. Trotz aller Widersprüche, enttäuschten Hoffnungen und Zwiespälte: es war ein historisches Dokument. In Rußland begann ein neues Zeitalter, das erstmals in der russischen Geschichte nicht unmittelbar mit einem Thronwechsel verbunden war. Alexander war stolz auf seine Leistung, obwohl er sich über die Fallstricke vollkommen klar war.

Es war ein kompliziertes und langwieriges Verfahren, das da in unzähligen Paragraphen, Bestimmungen und Gesetzen niedergelegt wurde. Die Leibeigenen erhielten das freie Bürgerrecht. Die Grundbesitzer mußten ihre Polizeigewalt an die selbständigen Dorfgemeinden abtreten. Die Bauern erhielten auf Lebenszeit ihr Haus, ihren Garten und Land in der Größe, das sie bisher bearbeitet hatten. Entsprechend der Bodenqualität und den konkreten regionalen Unterschieden gab es hinsichtlich dieser Größenfestlegung zahlreiche Differenzierungen. Das Land mußte jedoch vom Grundbesitzer gekauft werden. Die Bauern sollten noch zwei Jahre lang die üblichen Frondienste und Abgaben leisten. In diesen beiden Jahren sollten die Kaufverträge für den Boden abgeschlossen werden. Friedensrichter aus dem Adel sollten die Rechtmäßigkeit der Verträge überwachen. Da der Staat an dem Geschäft ebenfalls verdienen wollte, streckte er die Kaufsummen vor und überwies sie direkt an die Grundbesitzer – zum großen Teil wurden dadurch allerdings Schulden des verarmten Adels getilgt. Die Bauern mußten den Kredit innerhalb von 49 Jahren an den Staat zurückzahlen, zuzüglich sechs Prozent Zinsen. In den Dorfgemeinden sollte das Land dem Kollektiv der ganzen Gemeinde gehören und regelmäßig zur Nutzung umverteilt werden: Die Dorfgemeinde hatte für alle ihre Mitglieder die Steuern an den Staat abzuführen. Besonders tückisch war für die Bauern die Festlegung, daß sie ein Viertel des ihnen zugestandenen Bodens sofort und kostenlos erhalten konnten, wenn sie auf den Rest freiwillig verzichteten.

Der Kaiser fürchtete in Kenntnis der Unvollkommenheit des Reformwerks

Unruhen im Land. Zunächst jubelte ihm das Volk uneingeschränkt und offenherzig zu. Der Nimbus vom wohltätigen „Befreierzaren" war geboren. Nur, er erstreckte sich vorerst lediglich auf die beiden Hauptstädte und deren Umfeld. Auf dem Land war das Bild ganz anders. Die Bauern waren mißtrauisch und vermuteten nicht ganz zu Unrecht, die Obrigkeit habe einen neuen Trick gefunden, ihnen das Fell über die Ohren zu ziehen. Der Bauer ist in Rußland stets der Betrogene gewesen. Besonders empörten sich die ehemaligen Leibeigenen, daß die Fron noch weitere zwei Jahre andauern sollte. Wie üblich verbreitete sich das Gerücht, die verhaßten Grundbesitzer hätten die gute Reform des guten Zaren verfälscht und die eigentlichen Reformdokumente ausgetauscht. Kaiser Alexander hörte die Gerüchte, die Ängste und Sorgen. Er mußte weiterhin mit dem Widerstand durch den Adel rechnen. Er war enttäuscht, wie klein das Echo auf den großen Entwurf war. Aber der Zug rollte und war nicht aufzuhalten.

Im ganzen Land trat das Rechenbrett in Aktion. Die Friedensrichter verzweifelten und wurden der Lage nicht mehr Herr. Es zeigte sich sehr schnell, daß die kleinste wirtschaftliche oder soziale Reform in einem autokratischen Land unausweichlich wie eine Lawine in ihren Folgen anschwillt und gesellschaftliche Kräfte in Bewegung setzt, die auf diesen Augenblick nur gewartet haben. Daß Bauernaufstände losbrachen, die durch massiven Militäreinsatz unterdrückt wurden, gehörte zum traditionellen Bild des russischen Dorfes. Aber eine neue Erscheinung trat an die Öffentlichkeit: Die Studenten klagten weitere akademische Freiheiten ein und trafen auf die radikalsozialistischen Ideen, die sich in der Intelligenz breitzumachen begannen und die vom Ausland durch solche Ideologen wie Alexander Herzen nach Rußland hineingetragen wurden. Alexander war auf diese Entwicklung ebensowenig vorbereitet wie seine Administration. Er selbst neigte seinem Wesen nach zwar zur Toleranz, wußte sich jedoch nur durch Repressivmaßnahmen zu helfen: Die Zulassungen zu den Universitäten wurden beschnitten, in der staatlichen Bildungspolitik und im Innenministerium traten konservative Männer an die Stelle der liberal gesinnten Reformer. Auch die geistigen Väter der Reform Miljutin, Samarin und Tscherkasski fielen der Rotation zum Opfer. Allen Beobachtern der russischen Innenpolitik schien es, daß die Berufung Peter Walujews zum neuen Innenminister ein Signal war, die als liberal angesehenen Reformen in ein gemäßigt-konservatives Fahrwasser gleiten zu lassen.

Der Kaiser wurde jedoch die Geister, die er geweckt hatte, nicht wieder los. Nahezu zwangsläufig regte sich sofort der Unmut in den nationalen Gebieten – zuerst in Polen, das noch immer unter den Folgen der mißglückten Revolution von 1830 litt. Alexander hatte zwar eine Reihe von Maßregeln gegen die Revolutionäre von 1830/31 aufgehoben, aber unmittelbar nach seiner Thronbesteigung hatte er auch dem polnischen Adel in Warschau erklärt: „Keine Träumereien, bezeugen Sie Ihre Einigkeit mit dem Vaterland und geben Sie Ihre Unabhängigkeitsträume auf, die von nun an nicht mehr zu verwirklichen sind." Aber die Polen brauchten keine Aufhebung der Leibeigenschaft mehr, sie wollten die Freiheit und Lostrennung von Rußland. Für Alexander wurde das Problem schwierig, weil sich sein neuer Freund Napoleon III. mit den Wünschen der Polen solidarisierte.

Im Februar 1861 brach der Sturm los, in Warschau gab es erste blutige Straßenkämpfe. Eine polnische Petition mit der Forderung nach nationaler Unabhängigkeit wies Alexander empört und wutentbrannt zurück. Seinen Vizekönig, Michail Gortschakow, tadelte der Kaiser wegen zu liberaler Zugeständnisse: „Wenn die Unruhen wiederaufleben, muß über Warschau der Ausnahmezustand verhängt werden. Wenn es notwendig ist, bombardieren Sie die Stadt von der Zitadelle aus."

Alexanders Politik in der Polenfrage schwankte während des gesamten Aufstands zwischen liberalen Zugeständnissen und drakonischen Strafexpeditionen mehrfach hin und her. Die Ursachen dafür waren vielfältig. Er suchte nach einem Weg, den Polen größere Rechte und Freiheiten einzuräumen, aber an eine Unabhängigkeit von Rußland war nicht zu denken. Nach den polnischen Teilungen dachte der Zar nicht daran, „russisches" Territorium herauszugeben. Das hätte er als Verrat an Katharina II., Alexander I. und Nikolaus I. betrachtet. In Rußland selbst war mit der Bauernbefreiung die Auseinandersetzung um konservative und liberale Zukunftsvorstellungen verschärft worden. Das spiegelte sich in der Polenfrage wider. Der polnische Aufstand führte in Rußland zu einer unglaublichen Welle des konservativen Patriotismus, mit der der Kaiser rechnen mußte, denn sie bestimmte das Maß seiner Popularität. Die westeuropäischen Mächte nutzten die polnische Krise auf ihre Weise. Frankreich sympathisierte mit den Polen, und die noch zarten Triebe der russisch-französischen Annäherung verwelkten zunächst erst einmal. Dagegen tat der preußische Kanzler Bismarck alles in seinen Kräften Stehende, um die deutsch-russische Bindung in und durch Polen zu verstärken. Die polnischen Aufständischen beantworteten jedes russische Zugeständnis mit radikalerem Aktionismus, bis hin zu offenen Feldschlachten gegen das eingesetzte Militär. Als Alexander den polnischen Marquis Wielopolski, einen Anhänger polnisch-russischer Aussöhnung, zur Vermittlung einsetzte, wurde er von den Aufständischen als Verräter charakterisiert. Als Alexander seinen liberalen Bruder Konstantin zum Vizekönig in Polen berief, trafen diesen und auch Wielopolski Kugeln von Attentätern. So sehr sich Alexander in Detailfragen um eine versöhnliche russisch-polnische Nachbarschaft bemühte, so starr blieb er, wenn es um das Grundprinzip ging. Polen durfte er nicht in die Unabhängigkeit entlassen. So blieben ihm letzten Endes nur die „altbewährten" Mittel zur Unterdrückung: Soldaten, der Galgen und die sibirische Verbannung. Sein General Murawjow – Murawjow, der Henker – leistete ganze Arbeit. Polen wurde 1863 befriedet, der Aufstand niedergeschlagen: Der polnische Haß auf die russische Herrschaft glimmte im geheimen weiter. Alexander aber konnte sich auf die russischen Patrioten verlassen, Patrioten, deren konservativer Geist seinem Reformwerk, das ja erst am Beginn stand, noch viele Probleme bereiten würde.

Dennoch, der idealistische Träumer, als der Alexander bisweilen betrachtet wurde, setzte sich in den folgenden Jahren mit geradezu verbissener Energie für das Reformwerk ein. Die umfangreiche Arbeit zeitigte Erscheinungen und Merkmale, die für die russische Geschichte und Gesellschaft neu waren. Alexander II. ließ in keiner Phase Zweifel an der Autorität seiner geheiligten Person aufkommen. Es entsprach auch dem Traditionsbild russischer Reformpolitik, daß er sich die für seine Ziele geeigneten Persönlichkeiten auswählte. Aber er löste sich in drei ganz entscheidenden Punkten von den als Vorbild dienenden Autokraten: Die Reformen entwickelten sich in einem komplexen Beziehungsgefüge und erfaßten nicht nur die früher üblichen Verwaltungssysteme, Armee, Finanzen und den Adel – sie orientierten sich in umfassender Weise an den Entwicklungstendenzen der modernen westlichen Zivilisation; bewußt und zielstrebig wurden die Öffentlichkeit und die jeweils konkret betroffenen Menschengruppen in die Ideenfindung einbezogen; Rußland ging einen wesentlichen Schritt auf dem Weg zum autokratischen Rechtsstaat, reformierte nicht nur die Spitzeninstitutionen der Administration, sondern ging teilweise sogar den umgekehrten Weg von der Basis zur Spitze des Reichs.

Die Kehrseite der Medaille lag in dem autokratischen System selbst. Auch der beste Wille des Selbstherrschers traf schnell auf die engen Grenzen seiner traditionellen Möglichkeiten. Alexanders Reformpolitik – darin lag die Tragik des Herrschers – löste mittelbar gesellschaftliche Entwicklungen und Bewegungen aus, die nicht nur das Prinzip der Autokratie in Frage stellten, sondern die ihn schließlich selbst verschlangen. Aber daran dachte Alexander selbstverständlich nicht, als er vor, während und nach der Niederschlagung des polnischen Aufstands sein Reformwerk vorantrieb.

Nach zähen Kämpfen und Stellenumbesetzungen – der als liberal geltende Alexander Golownin trat an die Spitze des Bildungsministeriums – erhielten die Universitäten die volle Autonomie. Die Masse der Schulen wurde der Aufsicht durch den Heiligen Synod entzogen. Es entstanden zukunftsorientierte Realgymnasien. Der Staat setzte für begabte Schüler und Studenten Stipendien aus.

Das alte Prinzip, nach dem die Prügelstrafe Ausdruck patriarchalischer Strenge des Staates gegenüber seinen Bürgern war, wurde schrittweise durchbrochen: Der Gebrauch von Ruten zur körperlichen Züchtigung wurde nur noch der Dorfgerichtsbarkeit erlaubt, wenn Bauern einen Bauern verurteilten.

Schleppend, undurchsichtig und dunkel – wie ein Dämon trat die Justiz dem Bürger entgegen. Er war bei der Verteidigung seiner Rechte hilflos und allein. Das sollte sich ändern. Nach zweijähriger Vorbereitungszeit unterschrieb Alexander am 20. November 1864 die Gerichtsreform: „Nachdem ich den Plan geprüft habe (den Staatssekretär Butkow vorbereitet hatte), halten wir es für ganz im Sinne unseres Bestrebens, in Rußland eine schnell arbeitende, gerechte, milde, für alle Untertanen gleiche Justiz einzurichten und damit im Volk den Respekt vor dem Gesetz zu stärken." Gewiß, die Reform entsprach vielen Merkmalen westeuropäischer moderner Rechtsprechung – Unabhängigkeit der Richter, Geschworenengerichte, Institutionalisierung von Verteidigern usw. Justizminister Samjatnin mobilisierte mit Erfolg jüngere Justizbeamte für die Verwirklichung der Reform.

Alexander blieb nicht stehen. Er hielt eine Regelung auf lokaler Verwaltungsebene für besonders wichtig. So entstanden 1864 in einer speziellen Verordnung die Semstwos, neben den alten Adelsversammlungen tagende Versammlungen, die Vertreter aller ländlichen Schichten enthielten, die auf drei Jahre gewählt wurden und die sich um viele regionale Probleme des Bildungs-, Gesundheits- und Sozialwesens zu kümmern hatten. Die Semstwos wurden in den folgenden Jahrzehnten trotz all ihrer eingeschränkten Möglichkeiten – sie durften sich weder über politische Fragen noch über staatliche Angelegenheiten äußern – zu einer Wiege für den russischen Liberalismus und Konstitutionalismus. Weil aber ländliche Selbstverwaltungsorgane allein noch keine im autokratischen Sinn verstandene „Basisdemokratie" repräsentierten, war es erforderlich, ähnliche lokale Strukturen in den Städten zu schaffen. Sie wurden in der „Duma" gefunden. Die Duma wurde auf vier Jahre von den vermögenden Stadtbürgern gewählt. An ihrer Spitze stand der Bürgermeister. Die Duma hatte sich um alle wesentlichen Kommunalaufgaben zu kümmern, nur nicht um politische Fragen, die in die Kompetenz der Regierung und ihrer Beauftragten fielen. Für St. Petersburg und Moskau ernannte der Kaiser die Bürgermeister persönlich.

Lokale Selbstverwaltungen waren erforderlich, weil mit den Reformen die langsame, aber stetige Industrialisierung einherging. Der Eisenbahnbau mobilisierte die gesamte Wirtschaft in Stadt und Land. Neben den Staatsmonopolen entwickelten sich zunehmend industrielle Privatunternehmen. Auslandskapital floß zur Finanzierung von Fabriken und Eisenbahnen ins Land. Obwohl das Reich im Niveau der industriellen Produktion und des Warenaustausches noch weit hinter den westeuropäischen Ländern lag, vollzog sich ein bis dahin nicht gekannter wirtschaftlicher Strukturwandel. Dieser Wandel ging mit großen Migrationen einher. Die landarmen und aus der Leibeigenschaft entlassenen Bauern strömten in Städte und Industriesiedlungen, sie lösten sich aus der Dorfgemeinde und bildeten den Grundstock für das künftige Industrieproletariat. Alle diese Prozesse mußten zumindest halbwegs gelenkt und geleitet werden, ganz abgesehen davon, daß der Staat nicht die politische Aufsicht und Übersicht über seine Landeskinder verlieren wollte.

Die von der Reform Alexanders eingeleiteten Strukturveränderungen mußten sich zwangsläufig auch auf die Armee, jenen gewaltigen Machtfaktor der Autokratie, auswirken. Rußland wollte ein modernes autokratisches Industrieland werden – Rußland benötigte eine moderne Armee. Die Entlassung der Bauern aus der Leibeigenschaft hatte deren Rechtsstatus verändert, aber der Bauer stellte nach wie vor mit 25 Dienstjahren den Hauptteil der Soldaten.

Alexander fand in Dmitri Miljutin, dem Bruder Nikolai Miljutins, einen hervorragenden Mann für die Militärreform. Miljutin setzte das Dienstalter auf sechzehn Jahre herab und bewerkstelligte die Einführung einer allgemeinen Wehrpflicht. Der Sinn aller Militärreformen war zweifelsohne Rußlands Größe. Wenn die Gesellschaft einen Anstoß erhielt, ein modernes Bild hervorzubringen, konnte die Armee nicht zurückbleiben.

Aber alle diese Reformen werfen eine Frage auf: Frühere Autokraten hatten ihre mehr oder weniger energisch angepackten Veränderungen stets an der Spitze des Reichs begonnen und waren dort oftmals bereits in ihrem Reformeifer gebremst worden oder erlahmt. Bis in die Dörfer und Städte der Provinz waren der Reformwille und die Reform selbst kaum gedrungen. Bei Alexander II. schien es mitunter umgekehrt zu sein. Aber sein Wille nach einer generellen Umgestaltung konnte natürlich vor den zentralen Institutionen nicht stehenbleiben. Dem Kaiser ging es nicht so sehr um Retuschen bei der Organisation der verschiedenen Ministerien und Verwaltungen. Sein Grundansatz für die Reformen war neu. In dem Rahmen, der allen Selbstverwaltungen vorgegeben war, sollte auch die Mitbestimmung an der Spitze organisiert werden. Aber dort stießen die Konflikte zwischen Tradition und Moderne besonders hart aufeinander. Minister Walujew legte dem Kaiser einen Plan vor: Neben den Reichsrat sollte ein „Sonderkongreß" mit etwa 150 gewählten und rund 30 ernannten Delegierten treten. Sie sollten über die wichtigsten Probleme im Reich diskutieren und 14 Deputierte sowie zwei Vizepräsidenten in den Reichsrat entsenden. Die Regelung war dazu gedacht, die Bürger an der Regierung zu beteiligen.

Im Vergleich zu den parlamentarischen Verhältnissen in England war das ein bescheidener Schritt in die Öffentlichkeit. Aber selbst vor dem zögerte Alexander bereits. Er ließ Walujew den Plan am 15. April 1863 vor den führenden Ministern darlegen. Selten ist dem reformfreudigen Walujew ein derart eisiger Wind ins Gesicht geschlagen. Ob Viktor Panin, der Vorsitzende des Ministerrats Pawel Gagarin, Außenminister Alexander Gortschakow oder Finanzminister Michail Reutern, kaum einer der Anwesenden unterstützte das Projekt. Es gab keine sachlich begründeten Gegenargumente, sondern der Vorschlag entsprach nicht den russischen Traditionen. Kaiser Alexander wich vor der massiven Reaktion zurück und verfolgte den Vorschlag nicht weiter. Er wird wohl kaum verstanden haben, daß die Reform allein durch diesen Verzicht auf halbem Weg stehenblieb. Zu seiner Ehrenrettung muß hinzugefügt werden, daß er den Gedanken an eine zentrale Vertretungskörperschaft später wieder aufgriff.

Kaiser Alexander II. suchte die Öffentlichkeit, und er fand sie. Die Reformen aktivierten in einem nie gekannten Ausmaß die öffentliche Meinung in der Presse, in Zirkeln und im Untergrund. Die für die sechziger Jahre bemerkenswertesten geistigen Regungen wurden in der liberal gesinnten Presse und Publizistik vorgetragen. Aus den Debatten von Westlern und Slawophilen profilierten sich verschiedene geistige Richtungen, spaltete sich die öffentliche Meinung in konservative, liberale und radikale Denkmuster. Alexander bekam diese Folgen seiner Reform durchaus zur Kenntnis. Er las die im Ausland von Alexander Herzen herausgegebene Zeitschrift „Die Glocke" (*Kolokol*), die nicht mit Angriffen auf die Regierung geizte. Er bekam die in Rußland erscheinenden Blätter „Der Zeitgenosse" (*Sowremennik*), herausgegeben von Nikolai Tschernyschewski, „Das russische Wort" (*Russkoje Slowo*), in dem der Literaturkritiker Dmitri Pissarjew demokratische Rechte einforderte, oder auch die Flugblätter der studentischen Geheimorganisation „Land und Freiheit" *(Semlja i wolja)* zu lesen, die zum Sturz der Regierung und für die Errichtung einer demokratischen Republik aufriefen.

Alexander war über alle derartigen Schriften verwirrt. Dieses Echo hatte der traditionsbewußte Zar nicht vorhergesehen und nicht erwartet. Seine Regierung spürte die Gefahr und griff zu Repressivmaßnahmen. Ein großer Brand in den Petersburger Vorstädten war geeigneter Anlaß für die Suche nach den Hintermännern der nie ermittelten Brandstifter. Sonntagsschulen wurden geschlossen, Mitglieder der geheimen Organisation „Land und Freiheit" ebenso festgenommen wie Nikolai Tschernyschewski, der zu sieben Jahren Zwangsarbeit verurteilt wurde. Nicht minder geräuschvoll wie die „nihilistischen" Blätter tönten auch die patriotisch-konservativen Organe, allen voran der Herausgeber der „Moskauer Nachrichten" *(Moskowskie Wjeclomosti)*, Michail Katkow. Höhnisch warfen sie dem Kaiser vor, nun sehe er die Folgen seiner unsinnigen Reformen, die nihilistischen Vaterlandsverräter schreckten nicht einmal davor zurück, die aufständischen Polen mit Waffen zu versorgen. Trotz Verhaftungen, Aktion und Reaktion, ging der Streit unerbittlich weiter, erregte die Öffentlichkeit und setzte neue Erscheinungen frei.

Der 4. April 1866 darf mit Fug und Recht als historisches Datum für die russische Dynastie betrachtet werden. Die gewaltsame Tötung von Zaren war zwar keine Rarität, aber bis zu diesem Tag immerhin das Privileg aristokratischer Verschwörer oder machthungriger Thronprätendenten. An diesem 4. April 1866 ging Alexander II. wie so oft im Petersburger Sommergarten spazieren. Als er das Gelände unweit des Michailow-Palastes verließ, trat ein junger Mann aus der Menge umstehender Gaffer heraus und hob einen Revolver gegen seinen Kaiser. Ein dabeistehender Mann erkannte die Gefahr, schlug blitzschnell gegen die bewaffnete Hand – der Schuß krachte und traf sein Ziel nicht. Das war das erste Attentat auf Alexander II. Menschen stürzten sich auf den Attentäter und überwältigten ihn, ehe er zum zweiten Mal schießen konnte. Der Kaiser war dem Anschlag entgangen und gerettet. Er begab sich in die Kasaner Kathedrale und dankte seinem Gott, daß er noch lebte.

Das Reich geriet in Aufregung. Man war entsetzt. Fjodor Dostojewski, einst von einem Gericht zum Tod verurteilt, konnte das Unglück nicht begreifen. Zum ersten Mal hatte es in der russischen Geschichte ein einfacher Russe gewagt, die Hand gegen seinen Kaiser zu erheben – ein Mann aus dem Volk und mit der Begründung, die Bauernbefreiung habe das Volk betrogen. Alexander war fassungslos. Er ließ den Mann kommen, der ihm das Leben gerettet hatte. Es war der Hutmacher Komissarow. Er wurde geadelt und mit Geld und Geschenken überhäuft. Komissarow konnte sein Glück nicht fassen, ergab sich dem Alkohol, wurde in die Provinz geschickt und starb dort ebenso unbekannt, wie er durch einen Zufall kometenhaft in das Rampenlicht der Geschichte getreten war.

Bei dem Attentäter handelte es sich um den Moskauer Studenten Dmitri Karakosow. Mit einem Kommilitonen hatte er den Geheimbund „Organisation" gegründet. Die Zweimannvereinigung sah in Alexander II. den alleinigen Schuldigen für das Volkselend.

Das Attentat zog sofortige Konsequenzen nach sich. Alexander berief den energischen Peter Schuwalow zum Kriegsminister und General Trepow, einen der Schlächter von Polen, zum Polizeipräfekten von St. Petersburg. Ausgerechnet General Murawjow, der „Henker von Polen und Litauen", leitete die Untersuchungen im Fall Karakosow. Wie nicht anders zu erwarten, wurden Karakosow und dessen Freund Ischutin zum Tod verurteilt. Alexander kämpfte einen schweren inneren Kampf. Ischutin zu lebenslanger Zwangsarbeit zu „begnadigen", fiel nicht schwer. Aber Karakosow? Alle Traditionen russischer Herrscher sprachen gegen eine Begnadigung, und Karakosow wurde vor der Peter-Pauls-Festung im Angesicht einer riesigen Menschenmenge gehängt.

Der direkte Angriff auf das geheiligte Leben des Kaisers war die Grenze für Alexanders Reformfreudigkeit. Er ließ nunmehr nicht ab von den Reformen, aber er gab ihnen eine neue Richtung. Am 13. Mai 1866 erging an Pawel Gagarin der Erlaß: „Die Vorsehung wollte Rußland vor Augen führen, wohin der wahnsinnige Eifer mancher Leute, die alles bekämpfen, was unserem Land heilig ist, führen kann: den Glauben an Gott, die Grundlagen des Familienlebens, das Recht auf Eigentum, den Gehorsam gegenüber dem Gesetz und die Achtung vor der Regierung. Ich richte mein Augenmerk besonders auf die Erziehung der Jugend ... Die Unordnung kann nicht länger hingenommen werden. Die ersten Männer der verschiedenen Einrichtungen des Staates müssen auf die Haltung ihrer Untergebenen achten und die direkte und sofortige Befolgung der ihnen gegebenen Befehle überwachen. Um den Erfolg der gegen finstere Lehren unternommenen Maßnahmen zu garantieren, die sich in der Gesellschaft entwickelt haben und die Grundfesten der Religion, der Moral und der öffentlichen Ordnung zu erschüttern drohen, müssen die führenden Männer der wichtigsten Einrichtungen des Staates dafür sorgen, daß die konservativen Elemente, jene lebendigen und gesunden Kräfte, von denen Rußland Gott sei Dank bis heute noch sehr viele besitzt, sich durchsetzen. Diese Elemente finden sich in allen Schichten der Gesellschaft, denen das Recht auf Eigentum, auf einen durch Gesetz gesicherten und besiegelten Grundbesitz, das Prinzip der Einheit und Sicherheit des Staates, der Moral und der geheiligten Wahrheit der Religion teuer sind."

Das war eine konservative Kampfansage, der mehr als eine Tat folgte. Personelle Umbesetzungen in den Ministerien, verschärfte Pressezensur, erneutes Verbot des „Zeitgenossen", Repressionen gegen Semstwos und Dumas – die Errungenschaften der Reform gerieten ins Wanken. Aber, wenn fortan auch Männer wie der Patriot Katkow das Vertrauen Seiner Majestät genossen, weder die Reformen selbst noch ihr Geist konnten per Dekret aus der Welt geschafft werden – der „Nihilismus" breitete sich unter der Oberfläche repressiver Gewalt unaufhaltsam aus. Aus jenen Tagen hat die der kaiserlichen Familie nahestehende Anna Tjutschewa eine exzellente Charakteristik über Alexander abgegeben: „Seine Intelligenz reicht nicht weit genug. Weil er nicht wirklich gebildet ist, kann er den ungeheuren Wert seiner Reformen nicht erkennen. Sein Herz ist fortschrittlich, sein Verstand fürchtet den Fortschritt. Sein Herz hat unter der Leibeigenschaft, der Ungerechtigkeit, der Veruntreuung gelitten. Wenn aber dann ein neues Leben sich durch die Schleuse drängt, die er selbst geöffnet hat, und mit Schaum und Schlamm die Fluten und Trümmer der Vergangenheit wegspült, dann wird ihm angst vor seiner eigenen Kühnheit, er verleugnet seine Taten und macht sich zum Verteidiger der Ordnung, die er erschüttert hatte ... Deshalb wird er trotz seines guten Herzens mehr gefürchtet als geliebt ... In seinem Wesen und seinem Verstand steht er hinter den Werken zurück, die er vollbracht hat."

Der Kaiser wurde verschlossen und mißtrauisch, er zog sich von seinem eigenen Mut aus den Anfangsjahren zurück: Er wollte Rußland durchaus eine Verfassung geben, eine konstitutionelle Monarchie, war aber zutiefst davon überzeugt, daß die Verfassung Verrat an den geheiligten Traditionen der Autokratie bedeutete und Rußland in die Luft sprengen würde. Wie sollte er aus diesem Dilemma einen Ausweg finden? Auf wen sollte und wollte er sich stützen? Vielleicht auf die Gemahlin Marija Alexandrowna, die ihm in ihrer madonnenhaften Zerbrechlichkeit immer wieder einschärfte, nichts dürfe sich in Rußland ändern, andernfalls zerbreche das Reich? Vielleicht sollte er sich auf Leute wie Murawjow, Katkow oder Panin konzentrieren, auf die orthodoxe Kirche und die slawischen Fundamentalisten. Er konnte sich auch an den aufgeklärten Geistern mit ihren genialen Schriftstellern, Malern und Poeten orientieren, an Turgenjew, Gogol, Leo Tolstoi oder Dostojewski. Alles war möglich, und nichts dergleichen geschah: Der Kaiser vereinsamte, gab sich trüben Stimmungen hin und erfüllte die gesellschaftlichen Verpflichtungen nur mit Widerwillen. Immer mehr sehnte er sich nach einer liebenden Frau. Seine Gemahlin war durch acht Schwangerschaften vorzeitig gealtert. Sie mußte häufig Zuflucht in Kurbädern suchen und konnte doch den natürlichen Verschleiß nicht aufhalten.

Alexander II. glich in dieser Beziehung seinem Onkel Alexander I. Er liebte schöne Frauen und konnte sich voll Schwärmerei und Lust ihren Freuden hingeben. Der Kaiser redete sich eine Weile die erkaltende Beziehung zu Marija Alexandrowna aus dem Sinn und schaute immer häufiger nach anderen Frauen. Seine Gemahlin duldete es – schließlich war auch dieses eine feste Tradition am Petersburger Hof und durchaus nicht anstößig. Zunächst wählte Alexander eine Ehrendame aus dem Gefolge seiner Gemahlin: Alexandra Dolgorukaja. Es war ein kleines, launisches und verwöhntes Persönchen. Aber Alexandra besaß einen Vorzug, der Alexander die Freude verdarb: Sie war der Kaiserin treu ergeben. Der Flirt des Zaren gefiel ihr, und sie machte mit auffälligen Gesten überall darauf aufmerksam. Aber sie ging nur äußerlich darauf ein. Lieber heiratete sie den alten General Albedinski als die Mätresse des Zaren zu werden.

Alexander fand in Katharina, gleichfalls aus dem weitverzweigten alten Geschlecht der Dolgorukis stammend, die zweite Liebe seines Lebens. Er kannte das Mädchen seit vielen Jahren, denn die Güter des Fürsten Dolgoruki waren unter kaiserliche Obhut gestellt worden, weil der Hausherr weder Gut noch Geld zusammenhalten konnte.

Außerdem hatte Katharina das vom Zaren protegierte Smolny-Institut für adlige junge Damen besucht. Bei einem Spaziergang im Sommergarten traf er das kluge Mädchen wieder und erkannte es auf den ersten Blick: Katharina war wunderschön, und er verliebte sich in sie, mit der gleichen schwärmerischen Hingabe, wie er einst seine Frau geliebt hatte. Der Unterschied bestand nur darin, daß er jetzt ein reifer Mann und Katharina ein 17jähriges Mädchen war, das vor Verlegenheit nicht wußte, wie es sich dem Werben Alexanders widersetzen sollte. Es war schließlich nicht schicklich, seinem Kaiser einen Korb zu geben. Katharina wehrte sich so gut sie konnte und widerstand dem Drängen Alexanders.

Dann kam das Attentat Karakosows. Alexander überlebte, und für Katharina begann ein zweites Dasein. Sie erwiderte seine Liebe, gab sich ihm hin, und im Juli 1866 gelobte er bei einem heimlichen Treffen im Park von Peterhof, daß er sie als seine Frau betrachtete. Der Petersburger Hof besaß ein neues Thema, und sofort wurden Kabalen und Ränke geschmiedet, um die neue Situation für den eigenen Vorteil zu nutzen. So blieb es nicht aus, daß das Gerücht die Runde machte, Katharina sei dem Kaiser von ihrer italienischen Schwägerin, der Marchesa Vulcano Cercemaggiore zugeführt worden. Die Marchesa war eine kluge Frau und wollte die junge Katharina nicht den höfischen Verleumdungen aussetzen. Sie schickte das Mädchen zu ihrer Familie nach Neapel. Der Kaiser war entsetzt. Wenn die Marchesa vielleicht gedacht hatte, die Entfernung werde seine Liebestollheit abkühlen, so sah sie sich getäuscht. Alexander wurde durch die Trennung von Katharina wieder elegisch, und seine dienstlichen und vaterländischen Pflichten als Erneuerer Rußlands gingen ihm noch schwerer von der Hand. Aber bereits nach gut einem halben Jahr traf er das Mädchen wieder.

Während sich innerhalb Rußlands die Reformen voranschleppten, vollzogen sich in Europa große machtpolitische Veränderungen. Rußlands Verhältnis zu Frankreich hatte sich durch den Polenaufstand merklich abgekühlt. Statt dessen erlebte Preußen einen gewaltigen Machtzuwachs. Nach den Kriegen gegen Dänemark und Österreich in den Jahren 1865/66 wurde eine deutsche Vereinigung unter preußischer Führung immer deutlicher sichtbar. Rußlands Außenpolitiker, allen voran Alexander Gortschakow, hielten eine Reise Alexanders nach Paris für sinnvoll. Der Zar sah das Problem ähnlich und amnestierte im Vorfeld eine Anzahl polnischer Aufständischer. Er bat bei Napoleon III. um „gutes Wetter".

Im Juni 1867 erreichte Alexander Paris. Napoleon begrüßte ihn freundlich, aber die öffentliche Meinung war über diesen Besuch geteilt. Immer wieder stieß der russische Kaiser auf offene Feindseligkeiten, und der Ruf „Es lebe Polen!" scholl ihm mehr als einmal entgegen. Ja, es kam noch schlimmer: Am 6. Juni fuhr der Kaiser gemeinsam mit Napoleon III. und den beiden Söhnen Alexander und Wladimir nach einer Militärparade in offener Kutsche durch den Bois de Boulogne. Wieder erscholl der bekannte Ruf: „Es lebe Polen!" Dieses Mal kam er aus dem Mund eines jungen Mannes, der gleichzeitig zwei Pistolenschüsse auf den Zaren abfeuerte. Nur der Geistesgegenwart eines Kutschers, der den Zaren zur Seite stieß, war es zu verdanken,

daß die Schüsse das Ziel verfehlten. Es war das zweite Attentat, das Alexander überlebte. Nein, Frankreich brachte ihm kein Glück. Die Atmosphäre war höflich, aber
kühl bis ablehnend. Als der Pole Anton Beresowski in Frankreich vor Gericht gestellt
wurde, durften seine Verteidiger eine vom Haß auf Alexander erfüllte Rede halten, und
Beresowski wurde nicht zum Tod, sondern zu lebenslanger Haft verurteilt. Es war ein
deutlicher Affront gegen Rußland.

Alexander verließ Frankreich enttäuscht und verärgert. Die ganze Reise hätte sich
nicht gelohnt, wenn sie nicht für ihn einen beglückenden Höhepunkt gehabt hätte: in
Paris traf er Katharina Dolgorukaja wieder. Ihre Beziehungen erlebten die entscheidende Wende. Katharina kam mit nach Petersburg zurück, und sie trennten sich nicht
mehr voneinander. Der Kaiser ernannte seine Geliebte zur Hofdame seiner Gemahlin
und räumte ihr neben vielen kostbaren Geschenken Gemächer im Winterpalais ein.
Eine Entscheidung, die zumindest Marija Alexandrowna mit gemischten Gefühlen
aufnahm. Daß es keinen öffentlichen Skandal gab, lag an der Klugheit Katharinas, die
ihren verliebten Kaiser daran hinderte, sie ständig in der Öffentlichkeit zu präsentieren
und sich selbst dabei zu kompromittieren. Sie lebte zurückgezogen und vermied allzu
prekäre Eingriffe in die höfische Ordnung.

Sie konnte allerdings nicht verhindern, daß sie mehr und mehr zum Ratgeber für
alle Alexander bewegenden Fragen wurde. Es gab bald kein staatspolitisches Problem
mehr, über das er nicht zuerst mit Katharina sprach. Das galt nicht nur für familiäre
oder innenpolitische Fragen. Als Alexander in den kritischen Tagen von 1870 im
deutschen Bad Ems weilte und mit Preußens König Wilhelm I. über die beiderseitigen
Beziehungen zu Frankreich konferierte, war Katharina an seiner Seite. Sie spürte als
erste seine Freude über den deutschen Vormarsch gegen Frankreich und konnte tief in
sein Innerstes blicken, als er ihr schrieb: „Und ich bin der Meinung, daß, wenn sie
dorthin (die deutschen Truppen nach Paris) gelangen, Napoleon schon nicht mehr
Kaiser der Franzosen ist und daß die Franzosen in Paris seinen Sturz bekanntgeben,
und daß er nur das bekommt, was er für alle seine Ungerechtigkeiten an uns und so
vielen anderen verdient ... Ich denke noch immer an Sewastopol, das der Grund für
den Tod meines Vaters war, und Du weißt ja, wie sehr ich ihn bis heute verehre. Ich
sehe in all diesen Ereignissen die Hand Gottes, welche die Ungerechtigkeit bestraft."

Alexander lehnte die Rolle eines Friedensmittlers zwischen Deutschland und
Frankreich ab, hielt sich scheinbar strikt neutral, es war eine zielstrebige Neutralität.
Schon im Oktober 1870, Napoleon III. und das Kaiserreich Frankreich waren gerade
der Republik gewichen, verkündete Alexander Gortschakow Rußlands einseitige Kün-
digung des Pariser Friedens, der den Krimkrieg abgeschlossen hatte. England schrie auf
vor Empörung und stimmte schließlich am 13. März 1871 einem Vertrag zu, der die
russische Flotte von ihren Begrenzungen im Schwarzen Meer befreite. So profitierte
Kaiser Alexander II. am Deutsch-Französischen Krieg und konnte zugleich das Anden-
ken seines seligen Vaters ehren – Rache für Sewastopol! Wieder jubelten die russischen
Patrioten ihrem Zaren zu.

Auf der Woge dieses Erfolges packte Alexander erneut die Wehmut: Wie wäre es, so dachte er, die schöne alte Heilige Allianz erneut zu beleben? Einst hatte er dieses Phantom seines Onkels abgelehnt, aber jetzt war in Frankreich ein deutscher Sieg erfochten worden – der Deutschland eine gefährliche Stärke in Europa gab –, andererseits aber auch eine Monarchie zur Republik mutiert! Es galt, die geheiligten monarchischen Grundsätze nicht verkommen zu lassen. Tatsächlich trafen sich im September 1872 in Berlin die Kaiser Deutschlands, Rußlands und Österreichs und vereinbarten das Dreikaiserabkommen, das im Mai 1873 unterzeichnet wurde. Wie die Heilige Allianz war es primär eine Absichtserklärung zur Rettung des monarchischen Prinzips. Dieses Mal gab es allerdings keinen geschickten Redakteur wie einst den Fürsten Metternich, der dem Abkommen eine gewisse realpolitische Grundlage gegeben hätte. Jetzt gab es nur den Kanzler Otto von Bismarck, für den das Abkommen gegen eine russisch-französische Annäherung auf Kosten Deutschlands vorbeugen sollte. Aber Alexander II. war es zufrieden: Wieder war ein russischer Kaiser für das heilige Europa in die Bresche gesprungen.

Überhaupt beschäftigte sich Alexander in jenen Jahren recht intensiv mit außenpolitischen Angelegenheiten. Er reiste nach Berlin und versuchte, einer erneuten Zuspitzung der Beziehungen zwischen Deutschland und Frankreich entgegenzuwirken. Darüber kam es zum Streit mit seinem Onkel, dem deutschen Kaiser, aber auch zu einer neuen Annäherung Rußlands an Frankreich. Wesentlich wichtiger war für Alexander jedoch, daß Katharina einen Sohn (Georgi) zur Welt brachte und ein Jahr später von der Tochter Olga entbunden wurde. In Petersburg war man erschüttert. Wie, so fragte man sich, würde sich der kaiserliche Bastard auf die Thronfolge auswirken? Die Leidtragende war Marija Alexandrowna, die ihren zunehmenden Krankheiten kaum noch Widerstand entgegensetzte. Allein, dem alternden Mann, belächelt ob seiner Liebesfreuden, blieb nicht immer die Zeit, sich ausschließlich um Katharina und die Kinder zu kümmern. Mitte der siebziger Jahre schaute er sorgenvoll auf den Balkan.

Rußland hatte seit dem Beginn der Herrschaft Alexanders – kaum bemerkt von der europäischen Öffentlichkeit – seine Expansion nach dem Fernen Osten, Mittelasien und im Kaukasus erfolgreich fortgesetzt. Das Ende des Krimkrieges hatte kaum Einhalt geboten. Das Gebiet am Ussuri, Taschkent oder auch das kaum zu befriedende Siedlungsgebiet der Tschetschenen gelangten nach und nach in russische Hand. Durch die Kriegszüge Alexanders gerieten höchstens die Engländer und das Osmanische Reich in Aufregung, weil sich Rußland mehr und mehr ihren kolonialen Grenzen näherte. Dennoch war es auf dem Balkan lange Zeit ruhig geblieben. Erst im Jahr 1875 wurden die unterdrückten Bulgaren sowie die nationalen Völker in Bosnien und Herzegowina wieder aktiv. Die Türkei setzte neben eigenen Soldaten nationale Hilfstruppen zur Bekämpfung der Aufständischen ein, die besonders grausam wüteten. Serbien und Montenegro eilten ihren slawischen Brüdern zu Hilfe und erklärten der Türkei den Krieg. Die Großmächte versuchten den siedenden balkanischen Kessel vom nationalistischen Druck zu befreien, verfochten aber recht unterschiedliche Interessen dabei. Rußland war direkt engagiert: Der Oberkommandierende der serbischen Armee war der russische General Tschernajew. Er wagte einen Vorstoß, wurde aber im Oktober 1876 bei Alexinas geschlagen und eröffnete der türkischen Armee damit den Weg nach Belgrad. Kaiser Alexander intervenierte und forderte den Sultan zu sofortigem Waffenstillstand auf. Die türkische Regierung gab nach, und Serbien war zunächst gerettet.

Nicht nur auf dem Balkan kochte der Volkszorn. 13 Jahre waren vergangen, seit der russische Patriotismus sich am polnischen Aufstand abreagiert hatte. Nun kam wieder seine Stunde. Die Kriege und Aufstände auf dem Balkan führten zu einer national-patriotischen Welle, wie sie Rußland lange nicht gesehen hatte. Der unerfüllte Traum seit den Tagen der großen Katharina stand wieder plastisch vor jedem wahren Slawen: Auf nach Konstantinopel! Der heilige Krieg gegen die Ungläubigen mußte jetzt gelingen. Freiwillige aller politischer Richtungen eilten auf den Kriegsschauplatz, selbst die eifrigsten Nihilisten waren ganze Patrioten. Rußlands Armee war zwar von ihrem Bestzustand weit entfernt und international lagen die Karten für Rußland auch nicht besonders günstig, aber man schob alle Bedenken beiseite, wenn man die Häupter der Ungläubigen spalten konnte!

In dieser Situation beging Kaiser Alexander II. den entscheidenden Fehler seines persönlichen und politischen Lebens: Er gab der nationalen Euphorie nach und rüstete zum Krieg. Obwohl er keinen eigenen festen Kommandoposten übernahm, besetzte er alle militärischen Führungspositionen mit Angehörigen der kaiserlichen Familie und wich auch persönlich nicht vom Kriegsschauplatz. Am 12. April 1877 war der vermeintliche Glückstag gekommen. Alexander verkündete: „Zutiefst überzeugt von der Gerechtigkeit unserer Sache vertrauen wir demütig der Gnade und Hilfe Gottes, erflehen seinen Segen über unsere tapferen Armeen, denen wir Befehl erteilen, die Grenze zur Türkei zu überschreiten."

Fast einen Monat später löste sich Alexander aus der begeisterten Umklammerung in den Hauptstädten und eilte seinen Soldaten auf den Balkan nach. Ganz wohl war ihm bei dem Gedanken an den Krieg nicht, aber er hatte entschieden: Nun gab es keine Umkehr. Er war sich auch nicht darüber klar, was er an der Front eigentlich genau wollte. Er besaß keine militärischen Kenntnisse und Erfahrungen, sein großer Stab verwirrte die Kommandeure nur, weckte Eifersüchteleien und schuf Situationen, die Rußlands Streitkräfte schon unter Alexander I. erlebt hatten.

Am 15. Juni 1877 überschritten russische Truppen die Donau. Der Krieg begann, und die Soldaten drangen unter General Gurko bis zum bulgarischen Schipka-Paß vor. Es schien ein Spaziergang nach Konstantinopel zu werden. Bald zeigte sich allerdings eine tiefe Kluft zwischen der Kampfbereitschaft der Soldaten, den mangelhaften Führungsqualitäten der Generäle und den russischen Fähigkeiten, den notwendigen Nachschub zu organisieren. Kaiser Alexander konnte nur zusehen, wie sich die Türken von den ersten Rückschlägen erholten, den Schipka-Paß zurückgewannen, die Russen vor der bulgarischen Stadt Plewna dreimal blutig schlugen und auch an der Kaukasusfront auf dem Vormarsch waren. Außerdem drohte England immer offener, es wolle sich auf die türkische Seite schlagen. Alexander war der Verzweiflung nahe – fast wie Peter der Große einst am Pruth. Er schrieb inbrünstig an Katharina: „Gott, komm uns zur Hilfe und beende diesen Krieg, der dem Ruhm Rußlands und dem Mut der Christenheit solche Schande bringt." Dennoch harrte Alexander aus, wartete ab und erfuhr schließlich, daß die gegnerischen Kräfte erschöpft waren. Er führte seine Garde als Reserve heran, und schließlich gelang der Sturm auf das heißbegehrte Plewna. Die Festung kapitulierte. Auch im Kaukasus wendete sich das Kriegsglück: Kars und Armenien fielen erneut an Rußland.

Dieser plötzliche Wandel zum Erfolg stärkte zwar die russischen Patrioten und ließ auch das Ansehen Alexanders in der Öffentlichkeit wieder steigen, rief aber die europäischen Mächte auf den Plan. Je weiter die Russen nach Konstantinopel vordrangen, um so energischer drängten sie auf ein schnelles Kriegsende. Die diplomatischen Aktivitäten waren zudem ein geeigneter Vorwand, den Kaiser endlich auf dem Kriegsschauplatz loszuwerden: In der Hauptstadt konnte er viel besser für das Wohl ganz Rußlands arbeiten und die politischen Fäden für einen glücklichen Abschluß des Krieges ziehen.

Als der Kaiser am 10. Dezember 1877 wieder in St. Petersburg eintraf, war der Jubel unbeschreiblich. Er war der große russische Kriegsgott, dessen Soldaten sich mit jedem Tag näher an Konstantinopel heranschoben. Nur sehr aufmerksame Beobachter merkten auch: „Als der Zar in den Krieg zog, war er ein großer, schöner Soldat, hochaufgerichtet und ein wenig beleibt. Als er zurückkehrte, waren seine Muskeln erschlafft, seine Augen umschattet, sein Rücken gebeugt, und sein ganzer Körper war so mager, daß er wie Haut und Knochen aussah. In nur wenigen Monaten war er zum Greis geworden." Selbst Katharina konnte nicht mehr alle Schäden reparieren, zumal sich der Krieg zuspitzte. Konstantinopel, der Traum jedes russischen Herrschers, lag in greifbarer Nähe, und die Türken baten schon um einen Waffenstillstand. Alexander wollte nach Konstantinopel! Selbst ein britisches Geschwader in den Dardanellen hielt ihn nicht auf. Dann ging jedoch alles ganz schnell. Die Türken, zermürbt vom Krieg, willigten in den von Rußland angebotenen Frieden ein. Am 19. Februar 1878 wurde der Vertrag in San Stefano am Marmarameer vor den Toren Konstantinopels geschlossen. Serbien, Rumänien und Montenegro wurden unabhängig. Die Türken erklärten sich zu Reformen in Bosnien und der Herzegowina bereit. Rußland erhielt das Donaudelta, Batum und Kars. Russische Schiffe durften zu jeder Zeit die Dardanellen passieren.

Es waren für das patriotische Rußland heroische Tage, denen der jähe Absturz auf dem Fuß folgen sollte. Die europäischen Mächte, allen voran Österreich und England, liefen gegen den Frieden von San Stefano Sturm. Alexander wurde vor die Wahl gestellt: Entweder er mußte abermals Krieg – nunmehr gegen England – führen oder er erklärte sich zu einer Revision des Friedens bereit. Nach anfänglichen nationalen Aufwallungen entschloß er sich für die Verhandlungen. Bismarck vermittelte in dem

Konflikt und führte die um den Balkan rivalisierenden Parteien in Berlin zusammen. Rußland wurde durch den bereits arg in die Jahre gekommenen Alexander Gortschakow vertreten, und der ließ sich von Bismarck übertölpeln. Rußland behielt zwar Kars, Batum und Bessarabien, Serbien und Rumänien blieben auch unabhängig. Aber Bulgarien wurde nun ein selbständiger Staat unter türkischer Oberherrschaft. Besonders schmerzhaft für Rußland war jedoch, daß Bosnien und Herzegowina unter österreichisches Protektorat gestellt wurden und daß England sich Zypern aneignete. Am 13. Juli 1878 wurde der Vertrag unterzeichnet.

Der Berliner Vertrag löste eine Krise im Land aus. Gegenseitige Schuldzuweisungen rissen so lange nicht ab, bis sich die Gesellschaft auf einen Verantwortlichen geeinigte hatte: Kaiser Alexander trug die Verantwortung für das diplomatisch-politische Desaster, mit dem man dem russischen Patrioten, dem russischen Soldaten ins Gesicht gespuckt hatte. Vergessen waren die Reformen. Viel schlimmer: Alle Unzufriedenen an den Reformen reihten nun Schuld an Schuld, und die konservativen Kräfte bliesen zum Sturm. Aber nicht nur diese wollten am liebsten den gedemütigten Kaiser hinwegfegen. Für Alexander begannen nach dem Berliner Vertrag in jeder Hinsicht die schwierigsten Jahre seines Lebens.

Dem Land stand ein politisches Erdbeben bevor – oder genauer: die Erde bebte bereits. Kaiser Alexander II. bekam es am 2. April 1879 persönlich zu spüren. Er ging in der Nähe des Winterpalais im Herzen St. Petersburgs spazieren. Plötzlich trat ein junger Mann in langem Mantel und mit einer Beamtenmütze auf dem Kopf auf ihn zu, hob einen Revolver und gab in rascher Folge mehrere Schüsse ab. Der Zar reagierte blitzschnell, ergriff die Flucht, schlug Haken und blieb unverletzt. Das war das dritte Attentat auf den Kaiser. Der Attentäter hieß Alexander Solowjow und gehörte zum Dunstkreis der Geheimgesellschaft „Land und Freiheit". Das war ein Novum: Karakosow war ein Einzeltäter gewesen, und in Paris hatte ein Pole geschossen. Jetzt aber stand eine ganze Organisation hinter dem Anschlag.

Die Gesellschaft „Land und Freiheit" ging in ihrer Entstehung bis auf das Jahr 1874 zurück. Gestützt auf die utopisch-sozialistischen Prophetien solcher Ideologen wie Michail Bakunin, Pjotr Lawrow, Pjotr Tkatschow und auch des asketischen „revolutionären" Jesuiten Sergei Netschajew diskutierten studentische und intellektuelle Gruppen eifrig darüber, wie dem kranken Mütterchen Rußland eine Genesung verabreicht werden könnte. Es galt ihnen die Devise, dem Volk zu dienen, das Volk zu befreien. Wovon? Von allen Gebrechen der Gesellschaft: dem Zaren, dem Staat, der Fron, den Gutsherren. Das Volk, das war für die jungen Schwarmgeister eine kaum definierte Masse, aber sie fühlten sich schuldig vor diesem Volk, das sie durch eine breite Agitation aufwecken und auf die Revolution vorbereiten wollten. Also ging man „ins Volk". Im „tollen Sommer" von 1874 zogen ungezählte jugendliche Idealisten aufs Dorf, arbeiteten dort in einfachen Gewerken, in Schulen oder im sozialen Bereich und agitierten. Aber die einfachen Bauern und Kosaken waren zu ungebildet und verstanden die wirren revolutionären Parolen nicht.

Der Staat reagierte – auch unter dem als so liberal geltenden Alexander – mit arroganter Härte. In mehreren politischen Massen- und Schauprozessen wurden die jungen Idealisten mit harten Strafen belegt. Da sie es aber nicht gelernt hatten, für ihre Ideen mit Geduld einzustehen, und weil ihre Theorie selbst keine Überzeugungskraft besaß, reagierten sie ebenso aufgeregt und erschreckt wie der allgewaltige zarische Machtapparat. Die nach Weltverbesserung suchenden jungen Menschen zerrissen sich selbst: Sie wollten die Agitation fortsetzen und – sie griffen zum Terror. Der ohnmächtigen Rache des Staates begegneten sie mit ihrer eigenen hilflosen Rache impulsiver Phantasien.

In schneller Folge lösten politische Prozesse, Attentate und Hinrichtungen einander ab: In Rußland begannen Polizei und Terror ein blutiges Duell. Dabei hatte am Beginn ein Ereignis gestanden, das zu einigen Hoffnungen berechtigte: Am 24. Januar 1878 schoß Wera Sassulitsch, eine Sympathisantin der „Land und Freiheit", auf den Petersburger Stadthauptmann, General Trepow. Der General wurde verletzt. Ein Schwurgericht – durch die Justizreform ermöglicht – sprach Frau Sassulitsch frei. Trepow hatte einen Studenten auspeitschen lassen, weil der als politischer Untersuchungshäftling nicht die Mütze vor dem General gezogen hatte. Für das Gericht hatte Wera Sassulitsch aus edlen Motiven gehandelt. Sie konnte ins Ausland entkommen und erfreute sich auch dort einer allgemeinen Sympathie.

Alexander war verwirrt darüber, wie man eine Terroristin freisprechen und auch noch bejubeln konnte. Er ließ bereits verhängte Gerichtsstrafen gegen politische Aktivisten verschärfen. Die Polizei durfte Verdächtige ohne Gerichtsurteil nach Sibirien schicken, und künftig sollten politische Straftaten nur noch vor Militärgerichten verhandelt werden. Sowohl diese Strafverschärfung als auch das Beispiel Wera Sassulitsch motivierten die Terroristen zu weiteren Anschlägen – denen sofort entsprechende Gegenmaßnahmen folgten: Am 24. Mai 1878 wurde der Kiewer Polizeihauptmann Baron Heyking erstochen. Wenige Monate später, im August 1878, wurde der Revolutionär Kowalski zum Tod verurteilt und hingerichtet. Am Tag nach der Hinrichtung, am 4. August 1878, wurde General Mesenzew, Chef der Petersburger Stadtpolizei, auf offener Straße erstochen. Der Kaiser blieb hart und ließ keinen Zweifel aufkommen, daß die Exekutive weiter mit äußerster Strenge gegen die Terroristen vorgehen werde. Gleichzeitig forderte Alexander in einem Appell des offiziellen Blattes „Der Regierungsbote" *(Westnik prawitjelstwa)* die Bevölkerung zur Mithilfe im Kampf gegen den Terror auf. Der Ruf verhallte ungehört.

Die Attentate gegen Repräsentanten der Staatsmacht nahmen epidemischen Charakter an: am 9. Februar 1879 ermordete ein gewisser Grigori Goldenberg den Fürsten Kropotkin, Gouverneur von Charkow. Und am 2. April desselben Jahres trat Alexander Solowjow dem Zaren selbst entgegen. Am 29. Mai 1879 wurde Solowjow gehenkt. Der Kaiser war äußerst beunruhigt. Er konnte nicht mehr darüber lächeln, daß ihm einst in Paris, nach dem Anschlag im Bois de Boulogne, eine Zigeunerin – Madame Lenormand – geweissagt hatte, er werde sieben Attentate überleben, und das achte werde ihn töten! Drei Anschläge waren bereits vorüber. Die Maßnahmen für seine persönliche Sicherheit wurden verschärft.

Gleichzeitig ernannte der Kaiser für die terroristischen Zentren Petersburg, Moskau, Warschau, Kiew, Charkow und Odessa mit Sondervollmachten ausgestattete Generalgouverneure. In Rußland herrschte faktisch der Ausnahmezustand: Politische Verbrecher konnten ohne Ermittlungen zum Tod verurteilt werden. Unter den Generalgouverneuren zeichnete sich ein Armenier durch besondere Klugheit und Konsequenz aus: der militärische Statthalter in Charkow, Michail Tarjelowitsch Loris-Melikow.

Aber Alexander rechnete nicht mit der selbstverleugnenden Zähigkeit der Terroristen. Im Juni 1879 diskutierten sie auf zwei Geheimkongressen in Lipezk und Woronesh ihre weitere Taktik und den Zarenmord. Darüber zerriß die Bewegung „Land und Freiheit". Zwei Organisationen wuchsen heraus: die kleine Bewegung „Schwarze Umverteilung" *(Tschjorny peredel)* – aus ihr ging unter Führung des Marxisten Georgi Plechanow später im Ausland die erste russische sozialdemokratische Organisation hervor. Diese Gruppe setzte weiterhin auf Agitation und politische Überzeugung. Die zweite Organisation war die Partei „Volkswille" *(Narodnaja Wolja)*. Ihr Kampfziel war der Terror, und – sie eröffnete die „Jagd auf den Bären" – die Ermordung Zar Alexanders II.

Der offizielle Beschluß zum Zarenmord wurde am 26. August 1879 im Petersburger Vorort Lessnoje in einer konspirativen Wohnung gefaßt. Der Leiter des „Volkswillen", der Kursker Adlige Alexander Michailow, billigte den Beschluß ausdrücklich. Die Vorbereitungen begannen sofort. Im September bezogen die beiden Mitglieder des „Volkswillen" Lew Hartmann und Sofija Perowskaja (sie war die Tochter des Petersburger Generalgouverneurs Perowski, hatte sich aber im politischen Streit von den Eltern getrennt) im Vorfeld Moskaus ein kleines Holzhaus an der Bahnlinie nach Kursk. Sie hatten schon früher an Attentaten teilgenommen und nunmehr erfahren, daß der Kaiser im November aus Liwadija auf der Krim nach Petersburg zurückkehren werde. Tatsächlich befand sich Alexander seit Mai mit seiner Frau und mit Katharina Dolgorukaja in Liwadija. Nur im Sommer war der Kaiser für kurze Zeit in Petersburg. Da sich der Gesundheitszustand Marija Alexandrownas ständig verschlechterte, reiste sie im September nach Bad Kissingen zur Kur, und Alexander konnte sich nun ganz seiner Katharina widmen. Aber im November sollte es wieder in die Hauptstadt gehen.

Auf dieser Reise sollte der Kaiser nach dem Willen der Terroristen sterben: Er galt ihnen als die Wurzel allen Übels in Rußland, und sein Tod, so hofften die verwirrten jungen Menschen, werde einen allgemeinen Volksaufstand auslösen, auf dessen Schultern man eine russische Republik errichten könnte. Darüber korrespondierte man auch mit dem weithin gerühmten Karl Marx, der sich schließlich bereit fand, die Interessen der Partei „Volkswille" im Ausland zu vertreten. Vorerst war man allerdings erst einmal mit schwerer körperlicher Arbeit beschäftigt. Um alle Risiken eines Fehlschlags auszuschalten, ließ sich ein anderes führendes Mitglied, der 1851 als Sohn eines leibeigenen Bauern im Gouvernement Taurien geborene Andrei Sheljabow, in der südlichen Ukraine nieder. Nahe der Stadt Alexandrowsk (Saporoshe) bohrte er gemeinsam mit den jungen Arbeitern Tichonow und Okladski den Bahnkörper auf und verlegte eine selbstgebastelte Mine. Ein drittes Kommando wühlte nahe Odessa, hörte aber bald auf: Man hatte ermittelt, daß der Kaiser nicht über Odessa reisen werde. Am 18. November erhielt Scheljabow das vereinbarte Signal. Zwei Züge brausten durch die Nacht heran, der Zar war im Zuge dabei. Sheljabow betätigte den Zünder auf die Sekunde genau – aber alles blieb still. Das war das vierte Attentat. Niemand hatte auch nur den Funken einer Ahnung, daß der Kaiser erneut einer Katastrophe entronnen war. Das Versagen der Mine ist niemals ganz geklärt worden. Der Verdacht lag jedoch nahe, daß der kleine Okladski, der später einer der erfolgreichsten Polizeispitzel Rußlands wurde, die Zündkabel vor der Zeit zerschnitten hatte ...

Die Züge fuhren in Richtung Moskau weiter und kamen vor das Haus, in dem Hartmann und Perowskaja lebten. Das „Ehepaar Suchorukow" hatte gemeinsam mit seinen Kameraden Michailow, Goldenberg, Issajew, Barannikow und Schirjajew einen 40 Meter langen unterirdischen Stollen vom Haus bis unter den Bahnkörper gegraben und am Ende eine weitere Mine deponiert. Auch an diesen Hinterhalt rasten die Züge pünktlich heran. Eine gewaltige Detonation zerriß die Dunkelheit. Die Mine explodierte unter dem zweiten Zug. Waggons entgleisten, es gab Verletzte – aber der Kaiser blieb unversehrt. Das war das fünfte Attentat. Auf Grund eines Maschinenschadens war die Reihenfolge der Züge zuvor gewechselt worden. Der Kaiser reiste im ersten Zug ungehindert in Richtung Petersburg.

Allerdings erfuhr er bereits in Moskau, welcher Gefahr er entronnen war. Er verstand es nicht und war verzweifelt. Die Terroristen hatten ganz andere Sorgen. Innerhalb weniger Stunden hatten sie zwei Niederlagen erlitten – die dritte stand schon vor der Tür: Die Polizei verhaftete per Zufall Grigori Goldenberg mit einem Koffer voll Dynamit. Grigori geriet an einen geschickten Untersuchungsrichter, und der „drehte ihn um". Goldenberg erlag der Illusion, er könnte durch ein Geständnis die Lage seiner Freunde retten, und verriet alle, die er kannte, an die Polizei. Der Verrat kam heraus, und Goldenberg erdrosselte sich im Gefängnis. Das Vollzugskomitee des „Volkswillen" hatte sich allerdings auch öffentlich zu dem Anschlag bei Moskau bekannt. In kaum verständlicher Selbsttäuschung behauptete das Komitee, die Aktion habe dem Wohl und Willen des Volkes entsprochen. Es sei in Rußland die Zeit für bürgerlich-konstitutionelle Freiheiten und Rechte herangereift, eine gesamtrussische gesetzgebende Versammlung stehe auf der Tagesordnung. Dennoch und gerade darum sollte mit dem Zarenmord die Volksrevolution ausgelöst werden.

Unverzüglich schritt man zur Tat: Im Winterpalais arbeitete bereits seit Wochen der vorzügliche Tischler und Schreiner Stepan Chalturin, ein Narodnik, der dem Wunsch entgegenfieberte, der Kaiser müsse durch einen Proletarier aus dem Weg geräumt werden. Wochenlang trug er heimlich kleine Mengen Dynamit in seinen

Schlafraum, den er im Palastkeller mit anderen Arbeitern teilte. Im Kopfteil seines Bettes lagerte er bald 130 Kilogramm Sprengstoff! Aber Chalturin besaß Ausdauer und auch die notwendige Selbstbeherrschung. Er überstand nicht nur laufende Sicherheitskontrollen, sondern stand auch einmal dem Zaren in dessen Arbeitszimmer direkt und allein gegenüber. Die Versuchung mit der Axt in der Hand war groß, aber der Moralkodex sah auch die spektakuläre Demonstration eigener Macht vor: Ein heimlicher Axthieb in aller Stille hätte vielleicht das Volk doch nicht wie gewünscht aufgerüttelt.

Die Sprengladung blieb im Keller. Sie sollte zwei Decken durchschlagen, um das in der zweiten Etage gelegene Speisezimmer zu erfassen und den Kaiser beim Essen in die tödliche Tiefe zu reißen. Bevor der Plan ausgeführt werden konnte, drohte bereits Gefahr: Am 29. November 1879 verhaftete die Polizei den Terroristen Kwjatkowski. Er hielt die Verbindung zu Chalturin und hatte in seinem Anzug einen Zettel versteckt oder vergessen, der eine flüchtige Skizze vom Plan des Winterpalastes zeigte: Die Lage des Speisezimmers war besonders markiert. Ehe das zerknitterte Papier jedoch auf umständlichem Behördenweg entziffert werden konnte, handelte Chalturin. Am 5. Februar 1880 erwartete der Kaiser den Besuch seines Schwagers Alexander von Hessen-Darmstadt. Für sechs Uhr war das gemeinsame Diner im Familienkreis angesetzt. Zu diesem Zeitpunkt schaltete Chalturin im Keller den Zündmechanismus ein und verließ gemessenen Schrittes, aber zügig, das Winterpalais. Vor dem Gebäude erwartete ihn der neue Kontaktmann, Andrei Sheljabow, und gemeinsam verschwanden sie in den Seitenstraßen. Im selben Augenblick erschütterte eine gewaltige Detonation das gesamte Palastviertel. In tödlicher Stille breitete sich eine dichte Staubwolke aus. Dann erklangen einzelne Schreie, Stöhnen und aufgeregte Kommandorufe. Man begann, die Situation zu überschauen.

Das war das sechste Attentat, und der Zar lebte. Chalturin hatte nicht gewußt, daß hohe Schneewehen die Ankunft des Zuges mit den Gästen aufgehalten hatten, daß die Kutsche vor einem falschen Eingang des Palastes angekommen war und daß die Familie nicht zu dem gewünschten Zeitpunkt im Speisesaal war. Tote und Verletzte gab es im Zwischenstock, dem Aufenthaltsraum des finnischen Garde-Wachbataillons. Chalturin gelang zunächt die Flucht, aber nach der Ermordung des Staatsanwaltes Strelnikow in Odessa wurde er doch gefaßt, verurteilt und 1882 hingerichtet.

Der Anschlag auf das Winterpalais rief im In- und Ausland einen Sturm der Entrüstung hervor. Die liberale Zeitung „Die Woche" *(Nedelja)*, keineswegs besonders regierungsfreundlich, schrieb aufgeregt: „Dynamit im Winterpalais! Ein Anschlag auf das Leben des russischen Zaren in dessen eigenen Gemächern! Das ist eher ein schrecklicher Traum denn die Wirklichkeit. Aber es ist die Realität und kein Trugbild!" Alexander II. schreckte aus seinen Selbstzweifeln auf und handelte schnell, konsequent und durchgreifend. Am 8. Februar beriet er sich mit seinen engsten Vertrauten. Der Thronfolger Alexander Alexandrowitsch schlug eine Oberste Kommission vor, ausgestattet mit weitreichenden Vollmachten und geleitet von einer Art Diktator. Einen Tag später berieten die höchsten Würdenträger des Reichs, darunter auch die Generalgouverneure von Petersburg, Odessa und Charkow. Den besten Ausweg aus der Krise, so erschien es dem Kaiser, empfahl General Loris-Melikow mit dem abgewandelten Rezept „Zuckerbrot und Peitsche": Verschärfung polizeilicher Repressionen gegen jeden Widerstand und vorsichtige Reformen für das öffentliche Gewissen – geführt von einem unbeugsamen Mann mit außerordentlicher Befehlsgewalt, kurz, eine „Diktatur des Herzens". Der Kaiser war begeistert. Am 12. Februar 1880 erging das Dekret über die „Kommission zur Verteidigung der sozialen Ordnung". Vorsitzender wurde Loris-Melikow. Er erhielt gegenüber allen Regierungsstellen das Weisungsrecht und war nur dem Zaren verantwortlich. Niemals zuvor hatte in Rußland ein Mann vom autokratischen Herrscher eine derartige Fülle an Vollmachten erhalten.

Loris-Melikow war der Mann der Stunde, und Sympathien schlugen ihm von vielen Seiten entgegen. Seine Popularität wuchs außerordentlich, als er am 20. Februar 1880 – einen Tag davor hatte Alexander II. öffentlich und mit großem Aufwand das 25jährige Herrschaftsjubiläum des Kaisers und den Jahrestag der Aufhebung der Leibeigenschaft gefeiert – einen Anschlag auf sein Leben erfolgreich abwendete. Ein Jude aus Minsk, Mlodezki, schoß auf Loris-Melikow, der aber blieb unverletzt und überwältigte den Attentäter: einen Tag später wurde Mlodezki auf dem Semjonow-Platz in St. Petersburg gehenkt.

Vielleicht dankte er seine Beliebtheit auch nur der Angst vor weiteren Anschlägen. Loris verbündete sich mit der Presse und erklärte allenthalben, er werde die staatliche Ordnung liberalisieren. Tatsächlich schaffte er die berüchtigte „Dritte Abteilung" – die Geheimpolizei – ab, aber nur, um sie in das Innenministerium einzugliedern. Auch er selbst verzichtete schon nach wenigen Monaten auf seine außerordentliche Stellung und „beschied" sich mit dem Posten des Innenministers. Solange das Problem des Terrorismus nicht gelöst war, blieb es gleichgültig, in welcher Position der erhoffte Retter des Vaterlandes stand. Tatsächlich führte die „Diktatur des Herzens" zunächst zu einer Beruhigung, und die gnadenlose Welle des Terrorismus ebbte ab.

Loris-Melikow faßte einen kühnen Plan. Er vertrat die Ansicht, man müsse über die Bereinigung der schwierigen Augenblickssituation hinausgehen, dem Volk alle unter der Autokratie nur möglichen Freiheiten einräumen und langsam zu einer Verfassung und konstitutionellen Monarchie gelangen. Allein, die Idee rief bei den um den Thronfolger gesammelten konservativen Kräften einen Sturm der Empörung hervor. Jedwede Lockerung der autokratischen Macht schien ihnen eine Sünde wider Gott, denn der habe dem Imperator seine unveräußerlichen Rechte verliehen. Alexander II. widersetzte sich derartigen Gedanken unter dem Eindruck des Terrors nicht, und Loris-Melikow begriff, daß er den Zaren nur sehr vorsichtig auf den als richtig erkannten Weg leiten durfte. Daher beschränkte er sich zunächst auf vage Andeutungen und Versprechen und bekämpfte den Terrorismus mit harter Hand.

In diese Sommermonate des Jahres 1880 hinein starb Marija Alexandrowna am 22. Mai 1880. Der Kaiser erfüllte bedächtig und in einer gewissen Wehmut alle

Erfordernisse einer würdigen Beisetzung der Kaiserin. Sie war seine erste große Liebe und die Mutter seiner Kinder. Aber bereits am Tag nach der Beerdigung begab er sich wieder in die Arme Katharina Dolgorukajas. Für ihn war eine bedeutende Zäsur eingetreten. Er war frei und wollte unverzüglich Katharina offiziell heiraten. Zuerst offenbarte er sich dem Hofminister Adlerberg. Der war über den Plan dieser morganatischen Ehe entsetzt und teilte damit die allgemeine Meinung bei Hof. Alexander war jedoch entschlossen wie selten. Bereits am 19. Juli 1880 heiratete er Katharina im Schloß von Zarskoje Selo.

Alexander kam nicht umhin, Vorkehrungen für die Zukunft zu treffen. Zunächst verlieh er seiner Frau, dem Sohn Georgi sowie den Töchtern Olga und Katharina den Rang der Fürsten Jurjewski. Anschließend informierte er Loris-Melikow, und dann stand ihm das schwerste Gespräch bevor: Der Thronfolger kehrte von der Kur aus Estland zurück und mußte eingeweiht werden. Alexander Alexandrowitsch war empört und erschüttert, ebenso seine Geschwister, aber sie beugten sich der väterlichen Autorität.

Katharina lebte auf, sie machte sich Hoffnungen, eines Tages zur Kaiserin gekrönt zu werden. Und vielleicht, so sagte sie sich, werde ihr Ehemann sogar ihren gemeinsamen Sohn zum Thronerben erheben. Dieser Wunsch war freilich auf Sand gebaut. Der Thronerbe war jung und stark. Er besaß mit Wladimir, Alexei, Sergei und Pawel vier weitere Brüder, und obendrein: In der Geschichte der russischen Dynastien hatten sich bisher alle Hoffnungen, den Prätendenten zugunsten anderer Erben von der Thronfolge auszuschließen, weitgehend zerschlagen.

Nur einer versuchte aus der Situation für sich selbst politisches Kapital zu schlagen: Loris-Melikow. Er wußte, daß Alexander überlegte, Katharina krönen zu lassen. Und er wollte seinen Verfassungsgedanken durchsetzen. Beides ließ sich, wenn man es geschickt anstellte, miteinander verbinden. Loris wollte den Zaren in den Krönungsplänen unterstützen und dafür dessen Zustimmung zu einer größeren Mitbestimmung „des Volkes" bei der Gesetzgebung erhandeln. Eine günstige Gelegenheit, das Thema vorsichtig anzuschneiden, ergab sich, als Loris das Zarenpaar im August 1880 auf einer Reise nach Liwadija begleiten durfte. Es war für den Armenier nicht schwer, Katharina in seine Pläne einzuweihen und sie als Verbündete zu gewinnen. Beide wußten, daß Alexander an seinen Prärogativen festhielt, und suchten nach einem Ausweg, der zur Verfassung führte, ohne die Allmacht des Kaisers zu gefährden. Loris dachte sich drei Varianten aus: Der Kaiser konnte aus den Provinzversammlungen einige Vertreter zu Mitgliedern des Reichsrats ernennen; Reichsrat und Senat konnten zu einer Duma vereint werden, deren Mitglieder in den Semstwos gewählt würden; möglich wäre auch ein noch nicht ausgearbeitetes allgemeines parlamentarisches System. Mit der ursprünglich beschworenen Verfassung hatte das nicht viel zu tun, aber es wäre ein Schritt zum Rechtsstaat gewesen.

Alexander hörte sich die Vorschläge an, entschied sich aber für keinen. Statt dessen berief er, in die Hauptstadt zurückgekehrt, eine Kommission. Unter Leitung des Prätendenten sollte sie Reformvorschläge unterbreiten, von denen der Kaiser vor allem eine Legitimation für die Krönung seiner Frau erhoffte.

Als er mit Katharina und Loris nach Liwadija gefahren war, hatte Sofja Perowskaja in Odessa einen neuen unterirdischen Stollen graben lassen: der Zug war eine andere Strecke gefahren. Im Juli 1880 hatte Andrei Sheljabow in Petersburg unter der Steinbrücke über die Moika eine Sprengladung deponiert. Weil aber ein Gehilfe Sheljabows zu spät am beabsichtigten Tatort erschien, konnte der Kaiser die Brücke ungehindert passieren.

In der Öffentlichkeit war von den Überlegungen Loris-Melikows nichts zu spüren. Langsam merkte man, daß die angekündigten durchgreifenden Reformen ausblieben, und man wurde ungeduldig. Loris-Melikow tat einen für russische Verhältnisse ungewöhnlichen Schritt und lud Herausgeber großer Zeitungen zu einem Gespräch ein. Das war am 10. September 1880. Er bot den Presseleuten die Zusammenarbeit an und wiederholte des Kaisers Bereitschaft aus den sechziger Jahren: Die Regierungspolitik durfte in den Zeitungen diskutiert werden. Außerdem teilte Loris mit, daß er sich in den nächsten fünf Jahren bemühen werde, den politischen Einfluß der Semstwos zu verstärken, die Polizei zu reformieren und gründlicher die Bedürfnisse des Volkes zu erforschen. Auch hier war von einer Verfassung oder von der Beschränkung des absoluten Zaren keine Rede. Aber die Öffentlichkeit beruhigte sich wieder etwas: Der „Vizekaiser" war am Werk! Allerdings sollte Loris-Melikow keine fünf Jahre Zeit bekommen, das Programm zu verwirklichen.

Bereits einen Monat nach seinem Pressegespräch trat eine radikale Wende ein. Am 25. Oktober 1880 begann vor dem Petersburger Militärgericht ein politisches Verfahren: der „Prozeß der 16". Angeklagt waren unter anderen der Adlige Kwjatkowski für den Anschlag auf das Winterpalais, der Bauer Stepan Schirjajew für das Attentat bei Moskau, der Arbeiter Pressnjakow, der zwei Polizeiagenten ermordet hatte, sowie Mitarbeiter aus der geheimen Druckerei des „Volkswillen". Die Angeklagten traten wieder mit den großen moralischen Ansprüchen auf, der Befreiung des Volkes zu dienen. Es nützte ihnen nichts. Kwjatkowski und Pressnjakow wurden zum Tod verurteilt und am 4. November öffentlich gehenkt. Damit brachen für den „Volkswillen" alle Dämme. Der Zarenmord rückte an die Spitze aller weiteren Aktionen. Blind stürmten die Terroristen vorwärts, waghalsig und ohnmächtig – und begingen einen Fehler nach dem anderen. Am 25. November verhaftete die Polizei Alexander Michailow in einem Photogeschäft auf dem Newski-Prospekt, obwohl Michailow bekannt war, wie genau gerade diese Prachtstraße und das Geschäft überwacht wurden. Michailow galt als führender Kopf der Bewegung und als strengster Wächter über die Konspiration. Er hatte im Frühjahr 1880 mit viel Geschick den Beamten Nikolai Kletotschnikow – einen unbedarften Niemand aus der Provinz – in die Geheimpolizei eingeschleust und durch ihn Kenntnisse über alle wichtigen Polizeimaßnahmen erhalten. Der beste Schütze fiel aus, aber die Jagd auf den Bären ging weiter.

In dieser Zeit verfaßte Alexander II. ein ausführliches Testament. Er deponierte mehr als drei Millionen Rubel bei der Staatsbank und sicherte damit seine Familie für den Fall seines Todes materiell ab. An den Thronfolger schrieb der Kaiser am 9. November 1880: „... im Fall meines Todes vertraue ich Dir meine Frau und unsere Kinder an. Die Freundschaft, die Du ihnen seit dem Tag eurer ersten Begegnung bezeugt hast und die uns eine große Freude war, ist der sichere Beweis, daß Du sie nicht im Stich lassen wirst und sie immer schützen und beraten wirst ... Meine Frau hat nichts geerbt. Alles, was sie heute besitzt, bewegliche Güter und Immobilien, hat sie selbst erworben. Ihre Angehörigen haben darauf keinerlei Anspruch, und sie kann frei darüber verfügen. Sie hat mir vorsichtshalber ihr gesamtes Vermögen überlassen, und wir haben vereinbart, daß, wenn ich das Unglück habe, sie zu überleben, alle ihre Güter zu gleichen Teilen an unsere Kinder fallen, und daß ich sie ihnen übertrage, wenn sie großjährig sind oder wenn die Mädchen heiraten. Solange unsere Heirat noch nicht offiziell bekanntgegeben ist, gehört das Kapital, das ich bei der Staatsbank hinterlegt habe, meiner Frau. So steht es in einer Urkunde, die ich hinterlegt habe. Dies ist mein letzter Wille. Ich bin sicher, daß Du ihn gewissenhaft ausführen wirst. Gott möge Dich dafür segnen. Vergiß mich nicht und bete für die Seele dessen, der Dich so zärtlich liebte." Es war wie ein Abschiedsbrief.

Im November kehrte der Kaiser mit seiner Familie aus Liwadija nach Petersburg zurück: Eine Mine unter den Eisenbahngeleisen bei Charkow war noch rechtzeitig entdeckt worden. Vor Petersburg, in Kolpino, begrüßte die gesamte großfürstliche Familie die neue Frau des Kaisers – schweigend und diszipliniert. Das Ehepaar bezog gemeinsam das Winterpalais, das nach dem Anschlag durch Chalturin mit Sicherheitsgräben umgeben worden war. Alexander und Katharina lebten in einer Festung.

Dennoch konnte der Kaiser seine Zeit nicht ausschließlich in dem Palast am Newa-Ufer verbringen. Jede seiner Bewegungen wurde vom Vollzugskomitee des „Volkswillen" überwacht. Die Späher beobachteten bald, daß der Kaiser an den Sonntagen regelmäßig in die Michail-Manege zur Parade fuhr. Seine Kutsche durcheilte gewöhnlich die Malaja Sadowaja (Kleine Gartenstraße) und fuhr auf dem Rückweg am Katharinen-Kanal (heute: Gribojedow-Kanal) entlang – lediglich von sechs bis acht Gardekosaken gedeckt. Auf dieser Beobachtung bauten alle Pläne der Terroristen auf.

Am 1. Januar 1881 bezog ein Kaufmann aus Woronesh, Jewdokim Kobosew, mit seiner Frau Jelena den Keller im Mengdenschen Haus auf der Malaja Sadowaja, direkt an der Ecke zum Newski-Prospekt gelegen. Das Ehepaar eröffnete einen Käsehandel. Tagsüber lief das Geschäft recht und schlecht. Die Konkurrenz aus der Nachbarschaft erkannte schnell, daß Herr Kobosew kein geschickter Kaufmann war. Dafür war er nachts umso aktiver. Die Mitglieder des Vollzugskomitees Juri Bogdanowitsch und Anja Jakimowa – die Kobosewas – trieben einen Stollen unter die Malaja Sadowaja. Die Erdarbeiten waren sehr kompliziert, immer wieder drang Wasser in den engen Stollen ein. Außerdem schrumpfte die Zahl der Minierer. Die Polizei ermittelte einen Terroristen nach dem anderen. Kletotschnikow lief in eine Falle. Im Grunde blieben im Februar 1881 nur noch die „Kobosews", Andrei Sheljabow, Sofja Perowskaja, die im Untergrund erfahrene Wera Figner und ein paar ahnungslose Heißsporne aus der Provinz übrig – so die Studenten Grinewizki und Ryssakow: Alle wollten Rußland aus den Angeln heben!

Währenddessen glaubte Loris-Melikow, er sei einen Schritt vorangekommen. Nach langen Gesprächen hatte er den Zaren und – was besonders schwierig war – den Thronfolger dafür gewonnen, daß zwei Vorbereitungskommissionen gebildet werden sollten: für wirtschaftliche Fragen und für Finanzen und Haushalt. Über diesen sollte eine beratende Kommission arbeiten, die Gesetzestexte mit den aus den Semstwos gewählten Vertretern diskutieren würde. Die so vorbereiteten Gesetzesentwürfe sollten anschließend in den Reichsrat gehen, der gleichfalls um zehn bis fünfzehn Deputierte aus den Provinzen angereichert werden würde. Es war schon lange abzusehen: Loris-Melikow wollte weder eine Verfassung noch ein parlamentarisches System installieren.

Aber der Kaiser sah in jedem Eingriff in die bestehende Staatsordnung einen Schritt zum Abgrund. Darin teilte er die Meinung seines Sohnes, des Thronfolgers, wie auch der allgemeinen Mehrheit seiner Würdenträger. Mit echt messianistisch-russischer Tiefgründigkeit wurden Parolen in die Welt gesetzt, die von keinem geringeren Maximalismus getragen wurden wie die blinde Angst und Wut der Terroristen: „Rußland ist verloren!" Oder: „Der Abgrund öffnet sich. Der Zarewitsch ist dem armenischen Scharlatan in die Falle gegangen." Man wird beim Betrachten der Situation den Eindruck nicht los, der Kaiser ließ sich weniger von vaterländischer Verantwortung leiten. Er wollte vor allem Katharina krönen lassen, dann wollte er abdanken und im Ausland bescheiden und zurückgezogen den Rest seiner Tage fristen. Er hatte jeglichen Reformambitionismus verloren. Ein Wunder war die Resignation nicht: Der Mann, der Rußland nach bestem Wissen und Gewissen gedient, der dem Land neue Horizonte eröffnet hatte, konnte keinen Schritt ohne Lebensgefahr vor die Haustür setzen – selbst im Haus war er nicht sicher.

Anfang Februar 1881 trat das Vollzugskomitee des „Volkswillen" zu einer gesamtrussischen Beratung zusammen. Es war absurd: Im ganzen Reich besaß die Organisation etwa 500 Mitglieder, doch deren Vertreter erörterten todernst die Frage, ob mit dem Zarenmord ein allgemeiner Aufstand in den wichtigsten Zentren verbunden werden könne. Die Antwort war negativ, oder besser – man wußte es nicht. Aber unverdrossen konzentrierte man sich weiter auf das Attentat. Selbst als die nächtlichen Grabungen unter der Malaja Sadowaja schon über der Erde hörbar wurden, stoppten die Aktivisten ihre Arbeit nicht. Sie ruhten auch nicht, als Ende Februar die nächste Verhaftungswelle über sie hereinbrach. Andrei Sheljabow, der Kopf des Unternehmens, wurde von der Polizei festgenommen. Und neues Unheil drohte: Am Abend des 27. Februar 1881 tauchte bei den Kobosews eine Hygieneinspektion auf. Sie untersuchte den ganzen Laden, muß aber blind gewesen sein. Die Inspektoren nahmen weder an den Erdspuren noch an der Feuchtigkeit, noch an den Grabungsinstrumenten Anstoß: Sie ließen sich schlicht übertölpeln und zogen wieder ab. Dafür mußte sich der Vorsitzende dieser Kommission – immerhin ein General – kurze Zeit später vor dem Kriegsgericht verantworten.

Dennoch war die Inspektion ein Alarmsignal. Die Polizei mußte Informationen über den geplanten Anschlag besitzen. Also hieß es, die Arbeiten zu beschleunigen. Am 15. Februar war der Kaiser zur Parade gefahren, der Stollen fertig, aber die Mine mußte noch gebaut werden. Am Sonntag, dem 22. Februar, war Alexander überraschend im Winterpalais geblieben. Die Terroristen steigerten sich in den Wahn hinein, der Kaiser müßte am Sonntag, dem 1. März 1881, auf jeden Fall wieder in die Michail-Manege fahren. Es gab keinen Beweis, sondern nur den hoffnungslosen Wunsch. Am Vorabend, am 28. Februar, fanden sich in der konspirativen Wohnung Wera Figners sieben Personen zu einer letzten Beratung zusammen, darunter Sofja Perowskaja, die die Aktion nach Scheljabows Verhaftung leitete. Sie spielten die ihnen möglich erscheinenden Varianten durch. Überquerte der Kaiser den Stollen, würden ihn die Minen zerreißen. Sollte die Mine versagen, standen entlang der Malaja Sadowaja vier Bombenwerfer, die ihre mit Dynamit gefüllten Blechdosen auf den Zaren schleudern wollten. Die letzte Variante schied bereits aus: Für den Fall, daß auch die Bomben nicht zündeten, wollte sich Andrei Scheljabow mit dem Messer auf den Zaren stürzen und das blutige Werk vollenden. Als Bombenwerfer standen der Arbeiter Timofei Michailow, die Studenten Ryssakow und Grinewitzki sowie der unbekannte Jemljanow bereit. Die Attentäter durchwachten eine fieberhaft-unruhige Nacht. Sie bastelten an den Bomben und verlegten die Zünder unter der Malaja Sadowaja. Die Improvisation und der Dilettantismus waren unbeschreiblich. Am 1. März waren morgens um sieben Uhr erst zwei Handbomben fertig. Bis um zehn Uhr war alles vollendet, und man traf sich in der Wohnung des Mitverschworenen Sablin in der Teleschnaja-Straße. Sofja Perowskaja präzisierte noch einmal die Standorte, das Signalsystem und die Fluchtwege. Aber auch an diesem Tag kam alles wieder ganz anders ...

Kaiser Alexander II. war am 22. Februar nicht in die Manege gefahren, weil er Informationen über das neue geplante Attentat erhalten hatte. Am 28. Februar informierte ihn Loris-Melikow über die Verhaftung Sheljabows. Das war zwar kein Grund zur allgemeinen Beruhigung, aber Alexander wollte dennoch am Sonntag, dem 1. März, in die Manege zur Parade fahren. Loris warnte ihn eindringlich, hatte aber keinen Erfolg. Der Kaiser bestand auf der Parade: Das gesamte diplomatische Korps würde daran teilnehmen, und da könne er nicht fehlen. Er schnitt jede weitere Diskussion zu dem Thema ab. Dann unterschrieb er das von Loris-Melikow vorgelegte Manifest über die Einberufung der vorbereitenden Kommissionen. Am 4. März sollte der Ministerrat das Dokument endgültig bestätigen.

Der Kaiser war zufrieden. Er war sich über die Risiken des Projekts im klaren, hatte seine Vorbehalte nicht aufgegeben, glaubte aber dennoch, er habe seinem Lebenswerk eine weitere und für Rußland bedeutsame Reform hinzugefügt. Außerdem war er der Krönung Katharinas einen bedeutenden Schritt näher gekommen. Gemeinsam nahm er mit seiner Frau das letzte Abendessen seines Lebens ein. Ihre Mahnung, am nächsten Tag nicht in die Manege zu fahren, verwarf Alexander rigoros.

Am Morgen des 1. März, während die Terroristen noch ihre Bombenmischungen auswogen, besuchte der Kaiser mit seiner Familie die Messe. Anschließend sprach er noch einmal mit Loris-Melikow. Dann brach er zur Parade auf – Katharina hatte ihn wenigstens davon überzeugen können, nicht über die Malaja Sadowaja zu fahren, sondern bereits für den Hinweg den Katharinen-Kanal zu benutzen. Nach dem gemeinsamen Mittagessen verabschiedete er sich von seiner Frau, danach bestieg der Kaiser um Viertel vor eins die Kutsche. Sieben Kosaken und drei Polizeioffiziere bildeten die Eskorte. Ohne Zwischenfälle erreichte die Kavalkade die Manege. Der Kaiser nahm die Parade ab und begab sich auf den Heimweg.

Als die Beobachtergruppe des „Volkswillen" bemerkte, der Kaiser werde die Malaja Sadowaja nicht passieren, gruppierte Sofja Perowskaja das Bombenkommando sofort um. Sie hatte zwar keine Ahnung, ob der Zar auch für den Rückweg die Route am Katharinen-Kanal nehmen würde, aber sie nahm es eben an und postierte dort ihre Werfer. Sie selbst stellte sich an der Ingenieur-Straße auf und wollte mit dem Taschentuch ein Zeichen geben, wenn der Zar käme.

Der hatte die Parade um 14 Uhr verlassen, machte noch einen kurzen Besuch bei seiner Cousine Katharina im Michail-Palast und begab sich gegen Viertel vor drei auf den Heimweg in das Winterpalais. Die Kutsche erreichte in schneller Fahrt die Uferstraße am Kanal. Diese war fast leer, nur ein Kind und ein junger Mann waren zu sehen. Der Zar beachtete sie nicht. So sah er auch nicht das unscheinbare Paket in den Händen des Mannes. Die Kutsche erreichte ihn – es war Ryssakow – und der schleuderte im selben Moment den Pferden das Paket vor die Hufe. Es folgte eine ohrenbetäubende Explosion. Die erste Wurfbombe hatte gezündet – das war das siebte Attentat. Kosaken und Pferde verbluteten. Aber der Zar entstieg den Trümmern unverletzt. Verwirrt und benommen beugte er sich zu Ryssakow hinab, den die überlebenden Kosaken und Polizisten überwältigt hatten. Soldaten und herbeigeeilte Anwohner schrien aufgeregt, der Imperator möge sich in Sicherheit bringen, er solle fliehen, schnell, nur schnell!

Der Kaiser wandte sich ab, er suchte nach dem Weg zum Winterpalais – und stand vor Ignaz Grinewitzki, dem litauischen Kleinadligen, der an der Petersburger Technischen Hochschule studierte. Wenige Schritte nur trennten sie. Der Kaiser blickte den jungen Mann an, und wie im Traum sah er: Der hob den Arm, und ein kleiner Metallgegenstand fiel auf das Pflaster: Grinewitzki hatte die zweite Bombe geworfen, genau zwischen sich und den Zaren. Tödlich getroffen und blutüberströmt sanken Täter und Opfer auf die Straße. Das war das achte Attentat – Madame Lenormand sollte recht behalten.

Man brachte den Kaiser noch in das Winterpalais. Grinewitzki wurde in ein Spital getragen. Er erlangte noch mehrfach das Bewußtsein, gab aber weder Namen noch Herkunft an, dann starb er.

Im Winterpalais herrschten Angst, Schrecken und Verwirrung. Katharina versuchte nach besten Kräften, dem tödlich Verletzten Hilfe zu erweisen. Es war vergebens. In einem lichten Augenblick erhielt der Kaiser die Sterbesakramente. Verzweifelt rief Minister Walujew in den Raum: „Da können Sie sehen, was uns die Diktatur des Herzens dieses unseligen Armeniers eingebracht hat." Er dachte bereits an die Zukunft. Um 3 Uhr 35 nachmittags erlag Alexander II. seinen Verletzungen. Sein ältester Sohn, der Thronfolger Alexander Alexandrowitsch, bestieg als Kaiser Alexander III. den Thron – voller Schrecken vor dem, was ihn erwartete. Nur Loris-Melikow bewahrte die Nerven. Er fragte den neuen Zaren, ob er das Dokument für die repräsentative Regierungsform veröffentlichen werde. Alexander III. wollte den Letzten Willen seines Vaters erfüllen, kam aber nach einer Beratung mit seinem engsten Ratgeber, dem Oberprokurator des Heiligen Synods, Konstantin Pobjedonoszew, zu dem Schluß, die Bekanntgabe zu verschieben.

Zunächst galt es, der Verbrecher habhaft zu werden. Das war schnell geschehen. Einer nach dem anderen wurde verhaftet. Der erhoffte Volksaufstand blieb aus. Ende März 1881 wurden die Attentäter vor Gericht gestellt: Andrei Sheljabow, Sofja Perowskaja, Nikolai Ryssakow, Timofei Michailow, Nikolai Kibaltschitsch und Hesja Helfmann. Auf alle wartete der Galgen. Am 3. April wurden sie öffentlich gehenkt, nur die schwangere Hesja Helfmann wurde vor dem Strick bewahrt. Sie starb später im Gefängnis. Der „Volkswille" war zerschlagen.

Alexander II. wurde am 6. März 1881 in der Peter-Pauls-Kathedrale von St. Petersburg beigesetzt. Einer der großen Zaren russischer Geschichte fand an der Seite seiner Vorgänger die ewige Ruhe. Er war als Märtyrer gestorben, und als Märtyrer ging er in die Geschichte ein. Katharina Jurjewski aber verließ nach wenigen Tagen mit ihren Kindern die Heimat. Sie reiste nach Nizza und starb dort im Jahr 1922. Rußland, in dem sie an der Seite eines großen Kaisers so viel Glück gefunden und das sie in übermenschlicher Trauer verlassen hatte, sah sie niemals wieder.

LITERATUR

E. M. Almedingen, The Emperor Alexander II., London 1962.
Constantine de Grünwald, An den Wurzeln der Revolution. Alexander II. und seine Zeit, Wien 1963.
W. E. Mosse, Alexander II. and the Modernization of Russia, London 1993.
Maurice Paléologue, The Tragic Romance of the Emperor Alexander II., London o. J.
L. G. Zacharova, Aleksandr II, in: VI, 1992, H. 6/7, S. 58–79.
L. G. Zacharova, Aleksandr II., in: Rossijskie samoderzcy, Moskau 1994, S. 149–215.
S. S. Tatiščev, Imperator Aleksandr II, 2 Bde., St. Petersburg 1903.
Henry Troyat, Zar Alexander II. Frankfurt am Main 1991.

ALEXANDER III. ALEXANDROWITSCH

Alexander III. Alexandrowitsch

1845–1894

KAISER VON RUSSLAND 1881–1894

26. Februar 1845	Alexander wird als zweiter Sohn des Großfürsten Alexander Nikolajewitsch, des späteren Kaisers Alexander II., und dessen Ehefrau Marija Alexandrowa (Maximiliane Wilhelmine Auguste Sophie Marie von Hessen-Darmstadt) in St. Petersburg geboren.
28. Oktober 1866	Großfürst Alexander Alexandrowitsch heiratet Marija Fjodorowna (Prinzessin Marie Sophie Friederike Dagmar von Dänemark).
2. März 1881	Nach der Ermordung seines Vaters besteigt der Großfürst als Alexander III. den Zarenthron, die offizielle Krönung folgt am 15. Mai 1883 in Moskau.
20. Oktober 1894	Kaiser Alexander III. stirbt in Liwadija/Krim. Er wird in der Kathedrale der Peter-Pauls-Festung in St. Petersburg beigesetzt.

Zeitgenössische Beobachter bewunderten Kaiser Alexander III. als den letzten russischen Herrscher, der das traditionelle Bild des Zaren verkörpert habe. Als ein Mann von fast zwei Metern Größe und mit Kräften, die es ihm gestatteten, mühelos ein Kartenspiel zu zerreißen, einen Silberteller wie ein Blatt Papier zusammenzurollen oder einen Feuerhaken zu verknoten, sei kein Romanow den Vorstellungen vom allgewaltigen Vater des Volkes so nahe gekommen, wie eben er, Alexander. Freilich war Ähnliches immer auch von Peter dem Großen gesagt worden, und man darf diese Beschreibung der Person des vorletzten russischen Autokraten getrost in den weitgezogenen Kreis der wohlmeinenden Legenden verweisen. Immerhin: Als der Kaiser bei dem Eisenbahnunglück von Borki am 17. Oktober 1888, das seither oft zu Unrecht als Attentat auf Alexander gewertet worden ist, die herabstürzende Decke des entgleisten Speisewaggons mit seiner ganzen Kraft abfing, rettete er seiner Familie das Leben. Sein Sohn, der Zarewitsch Nikolaus Alexandrowitsch, erinnerte sich an diese Szene sein Leben lang und stellte sich vor Ehrfurcht die Frage, ob er einem solchen Zaren nachzufolgen überhaupt imstande sei.

Alexander III. ist in die Geschichtsschreibung zugleich als der Imperator der Reaktion und der Gegenreformen eingegangen. Seine Herrschaftszeit wurde stets mit der

Rücknahme der Reformen Alexanders II. sowie mit der Verhinderung einer verfassungsmäßigen Ordnung im ausgehenden Zarenreich verbunden. Die Untergangsgeschichte des Imperiums ließen nachfolgende Historikergenerationen gern mit dem Jahr 1881, dem Jahr des Amtsantrittes Alexanders III., beginnen, da sich die Reformwelle der sechziger und siebziger Jahre nicht zum Jahrhundertende weiter ausbreiten konnte. Doch auch dabei handelte es sich eher um ein feststehendes als um ein richtiges historisches Bild, das einer schematischen Auffassung vom Auf und Ab, von Reform und Gegenreform in der russischen Geschichte entgegenkam. So gesehen war die Biographie Alexanders III. seit den ersten zeitgenössischen Darstellungen mit zwei großen Vorurteilen belastet, die indes nur zeitweise und ausschnitthaft mit der Realität übereinstimmten: Alexander war weder ein starker, volksnaher und allgewaltiger Herrscher noch der Konterreformer schlechthin.

Alexander Alexandrowitsch, der am 26. Februar 1845 zur Welt kam, wurde nicht als Thronfolger geboren. Er war der zweite Sohn des Zaren Alexander II. und seiner Frau Marija Alexandrowna, der Prinzessin Maximiliane Wilhelmine Auguste Sophie Marie von Hessen-Darmstadt. Obwohl alle acht Kinder – zwei Mädchen und sechs Knaben – ausnahmslos der Obhut englischer Gouvernanten anvertraut wurden und die beiden ältesten Söhne gleichzeitig ihre Ausbildung begannen, fand die Erziehung Alexanders bis zu seinem 20. Lebensjahr eher im Schatten seines zwei Jahre älteren Bruders Nikolaus statt.

Dieser erste Lebensabschnitt Alexanders fiel tatsächlich in eine Zeit des Wandels der russischen Gesellschaft. Die von Alexander II. und einer liberalen Beamtenschaft in den späten fünfziger und frühen sechziger Jahren ausgearbeiteten und dekretierten Reformmaßnahmen brachten die Säulen des Zarenreiches zeitweise ins Wanken. Der formale Alleinvertretungsanspruch der Autokratie, den Alexanders Großvater, Kaiser Nikolaus I., noch einmal gefestigt hatte, schien infolge der Bauernbefreiung und vor allem der Rechtsreform gleichsam zu verschwinden. Dennoch verlief Alexanders eigene frühe Biographie in eher konventionellen Bahnen. Nach den ersten Lehrstunden im Lesen und Schreiben bei der Erzieherin Skripizyna begannen die Vorbereitungen auf den Militärdienst. Der heranwachsende Junge fand kaum Zeit für andere Beschäftigungen. Waffenhandwerk und Exerzieren gehörten zum täglichen Pensum. Für die beiden ältesten Söhne Alexanders II. waren mit dem Generalmajor N. W. Zinowjew und dem Oberst G. F. Gogol Ausbilder abkommandiert worden, die in ihnen das Gefühl erweckten, daß der Dienst im Militär die wichtigste Fähigkeit eines kaiserlichen Sohnes sei. Auch der Aufstieg in den militärischen Rängen verlief in der gewohnten Weise: Mit jedem Staatsfeiertag oder größeren Familienfeier rückten die Großfürsten in der Hierarchie des Heeres weiter nach oben auf. Bereits als Siebenjährigen ernannte die Generalität Alexander Alexandrowitsch zum Fähnrich. Mit zehn Jahren durfte er sich Leutnant nennen; noch keine 19 Jahre alt war Alexander, als ihn der Rang des Obersten schmückte.

Zu diesem Zeitpunkt begannen für seinen Bruder, den Zarewitsch, die eigenen

Wege. Diese waren fest abgesteckt und sahen eine juristische und eine eigentliche Volljährigkeit vor, die jeweils mit besonderen Anforderungen verbunden waren. Als Nikolaus mit 16 Jahren die erste Stufe erreicht hatte, schwor er in einem Festakt den Eid des Thronfolgers auf Kaiser und Vaterland. Nun bewohnte er auch eigene Gemächer im Winterpalais, befehligte sein eigenes Personal, erhielt neue Lehrer und unternahm die obligatorischen Bildungsreisen eines Thronfolgers. Die erste dieser Reisen führte ihn im Sommer 1863, in Begleitung seines Rechtslehrers K. P. Pobedonoszew (seit 1861) und I. K. Babsts, der ihm die Grundbegriffe der Ökonomie vermittelte, durch das europäische Rußland bis auf die Krim. Hier, wie auch auf den im darauffolgenden Jahr unternommenen Fahrten nach Westeuropa, wurde der Thronfolger als aufmerksam-interessierter junger Mann beschrieben. In Dänemark, das er im Spätsommer 1864 besuchte, fand Nikolaus in Prinzessin Dagmar seine Braut. Der Winter aber, den er mit seiner Mutter und seiner jungen Braut im südfranzösischen Nizza verbrachte, sollte sein letzter sein. Am 12. April starb der russische Thronfolger Nikolaus an einer akuten Meningitis.

Die Nachfolge ging damit auf einen jungen Mann über, der auf eine solche Aufgabe kaum vorbereitet schien. Im Vergleich mit seinem vitalen und lebenshungrigen Bruder Nikolaus galt er stets als der schwächere Kandidat. In der Familie wurde kurzzeitig sogar erwogen, den zwei Jahre jüngeren Bruder Wladimir Alexandrowitsch in die Thronfolge einzusetzen. Noch zwei Jahre nach dem Tod seines Bruders, als Alexander bereits Zarewitsch war, schlug ihm die Distanz, wenn nicht die Ablehnung seiner Familie deutlich entgegen. In verbitterten Briefen an einen Jugendfreund beklagte sich Alexander, daß er auf 14 Briefe an seine Eltern, die er aus den Ferien in Dänemark geschrieben hatte, lediglich eine Antwort vom Herrscher erhalten habe. Und weiter hieß es an den Fürsten Meschtscherski: „Du weißt, wie schwer es ist, wenn der Wunsch nach größerer Nähe nicht gegenseitig ist. Wenn auch kein Unwillen vorliegt, dann zumindest Gleichgültigkeit." Der Vater, Alexander II., gewöhnte sich in der Tat nur schwer an den neuen Thronfolger.

Auch im Kreise seiner Lehrer, zu denen der liberale Staatsrechtler Boris N. Tschitscherin gehörte, verhielten sich die meisten ablehnend gegenüber der Vorstellung, den etwas grobschlächtigen und begriffsschweren Alexander auf den Thron folgen zu lassen. Tschitscherin wollte nach einer ersten Begegnung „nicht einen geistvollen Gedanken" von ihm gehört haben. Dem Zarewitsch fehlten „der äußere Glanz sowie das schnelle Auffassen und Verstehen" seines Bruders, urteilte ein anderer Lehrer, Akademiemitglied K. Grot. Selbst Pobedonoszew beklagte sich noch 1868 in einem Brief an eine gute Bekannte, daß der „begriffsstutzige" Thronfolger und seine Gattin „wie Kinder in einer Wildnis lebten, wie Schäfchen". Ihr blindes Gottvertrauen und die Einfalt des Thronfolgers mußten den Universitätsprofessor und kritischen Zeitgenossen Pobedonoszew freilich verzweifeln lassen. Gegen Ende der sechziger Jahre, nach mehreren gemeinsamen Reisen, verbesserte sich das intellektuelle Verhältnis zwischen dem Lehrer Pobedonoszew und dem Schülerpaar Alexander und Marija.

In der Tat mochte dem Charakter Alexanders eine Laufbahn beim Militär eher entsprochen haben, doch die Situation verlangte vom Kaiser, eine stabile Monarchie mit gesicherten Nachfolgeregelungen zu präsentieren. Hinzu kam die ständige Furcht vor einem Angriff auf das Leben des Monarchen: Bereits ein Jahr nach dem Tod seines ältesten Sohnes, am 4. April 1866, entging Alexander II. dem ersten Attentat nur knapp. Sieben weitere sollten folgen. Die Schüsse des Studenten Karakosow vor dem Petersburger Sommergarten sollten für den neue Thronfolger zu einem Schlüsselereignis werden. Es galt also, auch um Spekulationen in den europäischen Hauptstädten zuvorzukommen, schnell Tatsachen zu schaffen.

So wurde Alexander Alexandrowitsch als Thronfolger bestätigt und 1866 mit der Braut seines Bruders, Friederike Dagmar von Schleswig-Holstein-Sonderburg-Glücksburg, verheiratet, die den Namen Marija Fjodorowna angenommen hatte. Diese wurde als eine charmante junge Frau beschrieben, die, trotz bescheidener Kenntnisse der russischen Sprache und einem nicht überschäumendem geistigen Vermögen, den sozialen Kontakt zum Hof unterhielt und für ihre Lebensfreude bekannt war. Sie sollte ihren Mann um 24 Jahre überleben. Als Kaiserin-Mutter lebte sie nach dem Tod Alexanders im Alexandria-Palais, dessen Park östlich an Peterhof grenzte. Wie sich Cecilie, Herzogin von Mecklenburg-Schwerin und letzte Kronprinzessin des Deutschen Reiches, deren Mutter eine Cousine Alexanders III. war, erinnerte, waren die Besuche bei „Tante Minny", wie Marija Fjodorowna in der Familie genannt wurde, äußerst beliebt. Diese besaß „einen großen Charme, in ihren Bewegungen, ihrer tiefen, wenn auch etwas rauhen Stimme und vor allem in ihren wunderschönen ausdrucksvollen Augen. Sie war sehr klein, aber ihre Haltung, ihre vornehme starke Persönlichkeit und die Klugheit, die aus ihrem Antlitz strahlte, machten sie zu einer vollendeten Fürstinnengestalt. Wo sie hinkam, eroberte sie die Herzen der Menschen durch ihr gewinnendes Lächeln. Sie war in Rußland außerordentlich beliebt, alle hatten Vertrauen zu ihr. Ihren vielen wohltätigen Anstalten war sie eine treusorgende Protektorin, ihrem Volke eine wahre Mutter." Für ihren ältesten Sohn Nikolaus war die Mutter eine wichtige Bezugsperson, vor allem dann, wenn er sich mit delikaten Fragen nicht an seinen Vater zu wenden wagte. Der Ehe waren insgesamt sechs Kinder beschieden. Nur vier von ihnen erlebten den Beginn des 20. Jahrhunderts. Der älteste Sohn, Nikolaus Alexandrowitsch, sollte der letzte Kaiser von Rußland sein.

Alexander nahm sich viel Zeit für seine Kinder. Besonders die jüngeren Geschwister des Zarewitsch, die nicht auf die Thronfolge vorbereitet werden mußten, konnten, wenn sie einmal über die Stränge schlugen, mit der Nachsicht des Vaters rechnen. Es war eher die Regel als die Ausnahme, daß sich der Kaiser am Nachmittag Zeit für eine Ausfahrt mit seiner Familie nahm, ohne je die Furcht vor Attentaten ganz ablegen zu können. Bei aller Vorsicht sollte jedoch 1887 auch ihn ein gewaltsamer Angriff auf sein Leben ereilen; die fünf Studenten, unter ihnen der ältere Bruder Lenins, Alexander Uljanow, bezahlten die gescheiterte Missetat mit dem eigenen Leben.

Das Domizil der Familie des Thronfolgers war nicht das Winterpalais. Vor den

Toren der Hauptstadt, in Gatschina, lebte Alexander mit seiner jungen Frau und den Kindern in dem Palast, den einst Paul I. bewohnte, als ihn seine Mutter vom Hof fernhalten wollte. In Gatschina schirmte sich die Familie Alexanders vor der ungeliebten Petersburger Öffentlichkeit auch nach der Thronbesteigung immer wieder ab. Hier, so empfand es Alexander, verbrachte er die glücklichste Zeit seines Lebens. Die Familie lebte einfach, fast spartanisch; alle schliefen auf harten Betten, die Mahlzeiten waren alles andere als üppig, und die Kinder wurden streng erzogen. Die Geschäfte, die Alexander zu erledigen hatte, bewegten sich bis gegen Mitte der siebziger Jahre nur zum Teil in den Sphären der großen Politik. Auch nachdem er die Regierungsgeschäfte so überraschend übernehmen mußte, war er darauf ebenso unvorbereitet wie 15 Jahre zuvor, als ihn der Tod seines Bruders in die Rolle des Thronfolgers drängte.

Allein die ständige Korrespondenz und der persönliche Kontakt zu seinem ehemaligen Rechtslehrer und Mentor, Konstantin Pobedonoszew, hatten ihn die wesentlichen Vorgänge bei Hof und im Staatsgeschäft nicht aus dem Blick verlieren lassen. Der umfangreiche und lückenlos erhaltene Briefwechsel zwischen den ungleichen Persönlichkeiten gibt über die politische Biographie des Thronfolgers anschaulich Auskunft. Fast täglich wurden Briefe aus Gatschina in die Stadt und zurück bestellt. Keiner anderen Person vertraute sich der Thronfolger mehr an als seinem 18 Jahre älteren Lehrer, bei dem er seit 1865 Privatissima zu den europäischen Rechtssystemen absolviert hatte, manche Stunde verlegen mußte, weil er sich nicht vorbereitet hatte oder einen Feiertag als Entschuldigung vorschob. Pobedonoszew war es auch, der dem Thronfolger die ersten dienstlichen Berichte entwarf, ihn auf interessante Personen hinwies, ihn vor anderen warnte sowie ihm und seiner Frau Bücher zur Lektüre empfahl – so 1875 den Altgläubigen-Roman P. I. Melnikow-Petscherskis „In den Wäldern", der seit 1871 im patriotischen „Russkij Wjestnik" in Fortsetzungen erschienen war.

Schon seit Beginn der Lehrstunden im Russischen Zivilrecht hatte es der beflissene und ehrgeizige Pobedonoszew nicht versäumt, dem Thronfolger die Standardwerke und wesentlichen Neuerscheinungen zur Geschichte der Slawen und der panslawischen Idee zukommen zu lassen. Dazu gehörten die Werke Pogodins, Samarins und Fadejews ebenso wie die 1869 erschienene Arbeit Nil Popows „Rußland und Serbien". Schließlich hatte Alexander seinem Lehrer gegenüber 1867 bekannt, „fast nichts" von den Slawen zu wissen. Die Briefe lassen zwar erkennen, daß Alexander mit vielem überfordert gewesen ist und häufiger als seltener die „Zeit zum Lesen" nicht fand oder auf Anregungen nicht zurückkam. Dennoch wurden von Pobedonoszew in diesen Jahren im Thronfolger wichtige geistige Grundlagen seiner späteren Herrschaftszeit gelegt. In Alexander entstand freilich kein festes Ideengebäude, kein politisches System. Dazu fehlte ihm der analytische Verstand seines Mentors. Vielmehr waren es Denkmuster, die er sich aneignete, Konstanten, die er in entsprechenden Situationen abrufen und auf die er sich zurückziehen konnte. Eigenständiges Denken und strategisches Überlegen sollten nie zu den Stärken des künftigen Kaisers gehören.

Viel wichtiger war, daß es Pobedonoszew vermochte, den Thronfolger seit Mitte der siebziger Jahre gegen die Politik seines Vaters einzunehmen, indem er diesem Unentschlossenheit und Lavieren vorwarf. Über die Ablehnung der Affäre seines Vaters mit Katharina Dolgoruki hinaus verschlechterte sich das Sohn-Vater-Verhältnis mit dem Gang der Tagespolitik. Am 23. Oktober 1876 schrieb der Thronfolger aus Liwadija auf der Krim an seinen Lehrer: „Ich erkläre mir die Verwirrung in Petersburg und in ganz Rußland damit, daß nichts klar und alles so unbestimmt ist, wenn es sogar hier, von wo eigentlich alle Befehle und Entscheidungen ausgehen sollten, Tage gibt, an denen niemand etwas weiß und versteht. In der Tat, es muß Klarheit her, und ich werde froh sein, wenn ich an Ort und Stelle bin (in Petersburg – R. L.), und wenn wir erfahren, was uns letztendlich erwartet." Die Kritik an Alexander II. war kaum zu übersehen. Gleichwohl ist aus diesen und anderen Äußerungen Alexander Alexandrowitschs zu erkennen, daß ihm selbst jede Fähigkeit, eigene politische Ideen zu formulieren und seiner Kritik Alternative zur Seite zu stellen, abging. Als ihn der Russisch-Türkische Krieg schließlich 1877 als Befehlshaber einer 40.000-Mann-Einheit nach Bulgarien führte, konnte er sich zwar einige Lorbeeren verdienen, doch überwogen in seinen Berichten Heimweh und Verzweiflung. Wiederum beklagte er das Desinteresse des Vaters. So war am 8. September zu hören: „Ich weiß absolut nichts über die Maßnahmen des Zaren und davon, was in seinem Hauptquartier vor sich geht. Mir wird nichts mitgeteilt, außer von Militäraktionen, die uns unmittelbar betreffen." Nach dem für die russische Außenpolitik enttäuschenden Frieden von San Stefano und dem Berliner Kongreß schwand im russischen Thronfolger zunächst völlig das Vertrauen in die große Politik.

Die geringe Resonanz, die Alexander Alexandrowitsch selbst nach dem Kriegseinsatz von seinem Vater erfuhr, war also nichts Neues für ihn. Sie entsprach auch der Tatsache, daß die russischen Thronfolger im 19. Jahrhundert niemals eine entscheidende politische Rolle gespielt hatten. Obwohl Alexander seit 1868 den höchsten staatlichen und Regierungsinstituten – Ministerkomitee, Ministerrat und Reichsrat – angehörte und erste administrative Erfahrungen bei der Leitung einer Antihungerkommission sammeln konnte, hatte sein Vater im Reichsrat erst fünf Jahre später, im Dezember 1873, die erste offizielle Frage an seinen Sohn gerichtet. Hinzu kamen unterschiedliche Auffassungen in verschiedenen Sachfragen, etwa der Nationalitätenpolitik. So standen nach seiner Rückkehr vom Balkan Nebenschauplätze der Innenpolitik im Zentrum seiner Bemühungen. Die im Mai 1879 ins Leben gerufene „Freiwillige Flotte", deren Gesellschafterrat Pobedonoszew vorstand, konnte den Thronfolger als Mäzen gewinnen. Die Flotte umfaßte zunächst vier Dampfschiffe, deren Bestimmung es war, den Passagier- und Frachtverkehr zwischen Odessa und Wladiwostok zu beleben. Sie brachten die noch auf dem Balkan verbliebenen Truppen nach Rußland zurück und dienten späterhin als Verbannungsschiffe für die nach Sachalin deportierten Häftlinge. Erneut wurde die Zusammenarbeit mit Pobedonoszew zur wesentlichsten politischen Aktivität des Thronfolgers, der sich noch lange nicht auf den Thron folgen sah und das Regierungsgeschäft seines Vaters weiterhin aus einer skeptischen Distanz beobachtete. Das Verhältnis zu Pobedonoszew wurde lediglich einmal ernsthaft belastet, als Alexander eigenmächtig das Wiedererscheinen der liberalen Zeitschrift „Golos" *(Die Stimme)* befürwortete. Pobedonoszew war der Ansicht, das Blatt habe die „heißen Gefühle des russischen Patriotismus des öfteren verspottet". Er wetterte in seinem Brief vom 30. Dezember 1879: „Wissen Sie eigentlich, für wen Sie da eingetreten sind?" Alexander war weit davon entfernt, politische Ambitionen mit der Entscheidung verbunden zu haben. Wieder einmal, so stellte er im nachhinein fest, hatte er sich und seinen Namen für fremde Zwecke benutzen lassen. Deutlicher konnte sich am Vorabend seiner Herrschaft die politische Unbedarftheit Alexanders nicht zeigen. Für Pobedonoszew war dieser Vorfall Anlaß, die sensiblen politischen Fragen, die an den Thronfolger gerichtet würden, künftig noch strenger in der eigenen Hand zu behalten und ihre Beantwortung durch Alexander zu überwachen.

Schon vor der überraschenden Thronfolge Alexanders III. im März 1881 war Konstantin Pobedonoszew zum Spiritus rector seiner Politik geworden. Als Oberprokurator des Heiligen Synods verfügte dieser seit 1880 über ein Amt, daß seine politische Nähe zum Herrscher und dessen offenes Ohr für seinen ehemaligen Lehrer legitimierte. Daß der hagere ältere Mann unter dem neuen Zaren die Befugnisse eines Ministerpräsidenten oder eines Superministers erhielt, resultierte aus der eingeschränkten Widerspruchsfähigkeit des ehemaligen Schülers. Seine Zarenherrschaft war so gesehen in ihrem ersten Jahrzehnt eine Scheinherrschaft, die nicht von ihm, sondern von Pobedonoszew und einem begrenzten Beraterkreis ausging, zu dem der neue Innenminister Graf D. A. Tolstoi und der Herausgeber der Regierungsstimme „Moskowskie Wjedomosti" *(Moskauer Nachrichten)*, Michail Katkow, gehörten. Alexander selbst hätte wohl nichts lieber getan, als auf die Herrschaft verzichtet: „Wie sind die Menschen zu beneiden, die in aller Abgeschiedenheit leben und wahrhaftigen Nutzen bringen können, die weitab von allen Abscheulichkeiten des Stadtlebens sind, ganz besonders vom Petersburger", schrieb Alexander ein Jahr vor seiner Thronbesteigung.

Zwischen der Übernahme des Thronerbes und der Krönung Alexanders III. lag eine ungewöhnlich lange Zeit. Die Sicherheit der zarischen Familie war zunächst wichtiger als ein gekrönter Zar. Die Mörder Alexanders II. wurden öffentlich hingerichtet. Ehe der Hof zu sich kam und an die formale Inthronisierung des neuen Zaren denken konnte, waren 26 Monate vergangen. Um so festlicher und pompöser gestaltete das Protokoll den 15. Mai 1883. Noch nie, so berichteten Augenzeugen, trugen im Zarenreich so viele Großfürstinnen und Prinzessinnen aus ganz Europa so viele Juwelen zur Schau wie an diesem Tag. Der Hochadel aus England, Deutschland, Österreich, Dänemark und Griechenland hatte sich aus diesem Anlaß in Moskau versammelt. Der jüngere Sohn der englischen Königin Victoria gefiel durch seine Uniform eines Admirals der britischen Flotte, die russischen Großfürsten hatten die brillantengeschmückten Ketten des Andreas-Ordens angelegt, an denen ein Riesendoppeladler aus Diamanten hing. Bereits drei Tage zuvor waren der neue Zar und seine Gemahlin in einem prächtigen Zug zu Pferde durch das Erlösertor in den Kreml gezogen und hatten in der Erzengelkathedrale ein durch den Metropoliten von Moskau zelebriertes und vom Chor der kaiserlichen Oper gesunges Tedeum erlebt, das die Feier des Tages gleichsam beendet hatte. An den ersten beiden Tagen der Krönungswoche absolvierte die Zarenfamilie diverse Besuche und Empfänge, ehe am Morgen des 15., des eigentlichen Krönungstages, 101 Kanonenschüsse die Zeremonie eröffneten. Der Ausdruck des Zaren, als er Punkt zehn Uhr mit seiner Frau Marija Fjodorowna und den Würdenträgern den festlichen Marsch in den Kreml antrat, wurde von seinem späteren Schwiegersohn Alexander Michailowitsch, dem Ehemann seiner ältesten Tochter Ksenia, mit den Worten zitiert: „Ich weiß, daß es meine Pflicht ist, aber ich möchte keinen Zweifel darüber lassen, daß mir desto wohler sein wird, je eher es vorbei ist."

Im Gegensatz zum menschenscheuen Alexander war seine Frau beglückt, ihre Verwandtschaft wiederzusehen und im Mittelpunkt der Szenerie zu stehen. Die traditionelle dreimalige Verbeugung des Herrscherpaares in den großen Höfen des Kreml – eine Geste, mit der seit dem Großfürsten Iwan III. die russischen Herrscher ihre Verbundenheit mit dem Volk auszudrücken versuchten – war der Höhepunkt der Veranstaltung. Die Krone setzte sich der Kaiser selbst auf den Kopf. Die Gäste und die innerhalb und außerhalb der Kremlmauern beiwohnende Volksmenge bejubelten den Beginn einer Herrscherzeit, die einerseits zu einer letzten Konsolidierung der autokratischen Macht führen, andererseits jedoch vom Erneuerungswillen unterschiedlicher Kräfte der Gesellschaft geprägt werden sollte.

Das Herrschaftsprogramm des neuen Zaren wurde im wesentlichen von Pobedonoszew entworfen, der es für seine Pflicht ansah, den Thronfolger und neuen Kaiser „zur Seite zu stehen". In drei Briefen an Alexander, geschrieben in den ersten Tagen nach dem Attentat auf Alexander II., betonte Pobedonoszew die Verantwortung des neuen Zaren vor Gott und dem Volk. Er sei dazu berufen, „Rußland und sich selbst jetzt zu retten oder niemals". Der Sirenengesang des Liberalismus, wie er von Loris-Melikow und seinen Anhängern zu hören sei, müsse ebenso unterdrückt werden wie der aggressive Terrorismus. Alexander antwortete getreulich im Sinne des alten Lehrmeisters. Seine Briefe und der entschiedene Ton Pobedonoszews machen deutlich, auf wessen Initiative die ersten Maßnahmen des neuen Kaisers zurückzuführen sind. Eine Woche vor Veröffentlichung der Regierungserklärung Alexanders III. vom 29. April 1881 schrieb Alexander aus Gatschina nach Petersburg, daß es traurig sei, von Ministern wie Loris-Melikow (Innenminister), Dmitri Miljutin (Kriegsminister) und Alexei Abaza (Finanzminister) nur angelernte Phrasen zu hören, die sie von der Presse und dem bürokratischen Liberalismus übernommen hätten. Auf Dauer sei von ihnen nichts Vernünftiges zu erwarten. Als Pobedonoszew den Entwurf des Manifests am 26. April nach Gatschina sandte, fügte er wenige Zeilen der Instruktion bei, die dem Kaiser die weitere Orientierung gaben: „Sie wollen aus dem Texte ersehen, erstens, daß hier mit voller Absicht der feste Wille, die selbstherrliche Gewalt beizubehalten, ausgedrückt ist; es ist das Wesentliche, nach dessen Hervorhebung die Gerüchte verstummen müssen, heute oder morgen solle die Konstitution (das Verfassungsprojekt Loris-Melikows – R. L.) proklamiert werden; zweitens, daß der Entschluß ausgesprochen wird, keine neuen Institutionen zu gründen, sondern in den schon bestehenden Ordnung und Recht zu schaffen; schließlich, daß zum Ausdruck gebracht wird, die Bauernbefreiung sei unwiderruflich, um böswilligen Gerüchten, man wolle den Bauern die Freiheit wieder nehmen, ein Ende zu machen." Alexander vermied es, an dem Entwurf etwas zu ändern. Drei Tage später bekräftigte der neue Kaiser von Rußland den Fortbestand der zarischen Autokratie und den Willen, Recht und Ordnung wiederherstellen zu wollen. Der Verfassungsvorschlag des Grafen Loris-Melikow, dem Alexander II. am Tag seines Todes noch grundsätzlich zugestimmt hatte, war vom Tisch; wenig später reichte Loris-Melikow seinen Rücktritt ein.

Mithin handelte es sich bei dem Programm des Kaisers nicht um eine Strategie des aktiven politischen Handelns, sondern um einen Plan des Beharrens und der Konsolidierung. Für die Petersburger und Moskauer Gesellschaft, die begrenzte russische Öffentlichkeit und die politisierten Teile der Bauernschaft war das Manifest Anlaß zu gespaltenen Reaktionen. Während der besitzende Adel und die slawophilen Zirkel nach ungewissen Jahren der Statusgefährdung und Verwestlichung in dem Manifest einen „Lichtstrahl" erblickten, der „in die Finsternis" gefallen sei, war das liberale Rußland enttäuscht. Die Hoffnungen auf eine ständische Erweiterung der Regierungsinstitutionen hatten sich nicht erfüllt. Die alternierende Abfolge von Reform und Gegenreform, wie sie für die Herrschaftszeiten von Alexander I., Nikolaus I. und Alexander II. angenommen wurde, schien sich in den Augen der Öffentlichkeit fortzusetzen: „Eine neue Aera begann, die Aera des Nationalismus. Rußland soll wieder Rußland werden", äußerte mit innerer Befriedigung der zeitgenössische Beobachter Nicolas Notovitch. Auch das kaiserliche Deutschland nahm die Erklärung des Zaren mit Wohlwollen auf, wenngleich das Verhältnis zwischen seinem Kanzler, dem Fürsten Bismarck, und Alexander III. sich nicht zum besten entwickeln sollte. Die „Norddeutsche Allgemeine Zeitung" vom 12. Mai 1881 begrüßte das Festhalten des Zaren an den imperialen Grundwerten: „Die von klarem, ruhigem Urteil zeugende, von höchstem sittlichen Ernst getragene Kundgebung wird sicher nicht verfehlen, einen tiefen, nachhaltigen Eindruck auf Aller Herzen hervorzubringen, und wird wohl nur jene Naturen enttäuschen, welche, im blinden Glauben an die universelle Heilkraft des nach westeuropäischer Schablone zugestutzten Parlamentarismus, alles tieferen Verständnisses für die Situation, mit welcher Alexander III. rechnen muß, bar sind." Der deutsche Botschafter in Petersburg, General Hans von Schweinitz, der zu den wichtigsten politischen Beobachtern der Herrschaftszeit Alexanders III. gezählt werden darf, hielt es in den Märztagen nach dem Mißerfolg Loris-Melikows für möglich, daß der Kaiser jetzt nach Moskau gehen mußte: „In der Tat scheint heute nur zwischen zwei Wegen die Wahl zu sein, entweder Reformen im europäischen Sinne von Petersburg aus oder autokratisches Zarentum von Moskau."

Die Tatsache, daß dem neuen Kaiser die ersten politischen Schritte als Staatsober-
haupt abgenommen wurden, kam seiner Eigenschaft entgegen, wenig entscheidungs-
freudig zu sein. Beobachter berichteten, daß der Kaiser viel lieber korrespondierte,
seine Überlegungen schriftlich darlegte, als daß er sich zu eingehenden Unterredungen
bereit fand. Diskussionen ging er nach Möglichkeit aus dem Weg. Dahinter stand
offenkundig die Furcht, nicht mehr Herr der Lage zu sein und dem Bild des
allgewaltigen Kaisers nicht entsprechen zu können. Insbesondere sein Großvater sollte
für Alexander auch noch im Alter ein übermächtiges Beispiel sein. Dieser Zwiespalt
drängte ihn immer mehr in ein zurückgezogenes, fast isoliertes Leben, an dem nur die
Familie und die engsten Berater teilhaben konnten. Hier, in der vertrauten Umgebung
von Gatschina, waren auch noch oft jene Freude und Geselligkeit zu beobachten, die
Alexander als Jugendlichen ausgezeichnet hatten. Sprichwörtlich wurde die Sparsam-
keit des kaiserlichen Hausstandes, die jetzt auch von vielen verwöhnten Staatsbeamten
beklagt wurde, die froh waren, nicht die Lieblingsspeisen des Zaren – Hirse- oder
„gretscha"-Brei – vorgesetzt zu bekommem. Überall setzte Alexander den Rotstift des
Sparens an: Tischtücher wurden nicht täglich gewechselt, Kerzen und Seife sollten erst
aufgebraucht werden, in unbewohnten Räumen durfte kein Licht verschwendet werden. Er trug seine Kleider, bis die Nähte nicht mehr hielten, und ließ sogar seine
Schuhe besohlen. Gatschina-Besucher verbargen meist nur schwer ihre Verwunderung
über die spartanische Ausstattung der Gästezimmer. Was für ihn selbst galt, verlangte
Alexander von den kaiserlichen Beamten in gleicher Weise. Die Bezirksgouverneure
und Verwalter der Kronländer bekamen dies besonders deutlich zu spüren.

Auch wenn sich das kaiserliche Leben fern der Hauptstadt abspielte, wurde es in
der Petersburger Öffentlichkeit dennoch genau beobachtet. Einer der ersten Chronisten der Herrschaftszeit Alexanders III., Herbert von Samson-Himmelstierna (Victor
Frank), bemerkte zum Habitus des Zaren: „Der Blick des hochgewachsenen, statt-
lichen, urkräftigen Mannes mit der schönen breiten Stirn zeigt eine Mischung von
Strenge und Weichheit, gebietendem Stolze und unüberwundener Schüchternheit, die
auf ein beständig mit sich selbst beschäftigtes Gemüt schließen läßt." Das dürfe nicht
zu der Annahme verleiten, daß am Ende des 19. Jahrhunderts ein schwächlicher
Monarch an der Spitze des Imperiums stand. Richtig ist vielmehr, daß Alexander,
wenn er in Rage geriet, „ebenso rücksichtslos und brüsk aufbrausen und zufahren
konnte, wie weiland sein gefürchteter Großvater".

Auf Pobedonoszews Mahnung hin gehörte es zu Alexanders ersten Maßnahmen,
die noch von seinem Vater geplante Berufung von gewählten Vertretern in eine beratende Versammlung zurückzunehmen. Außerdem wurden mehrere hohe Regie-
rungsbeamte sofort entlassen oder zum Rücktritt gezwungen. Jedes Jahr folgten weitere
Personalien, die zum großen Teil im Sinne Pobedonoszews erledigt wurden. Es kam
sogar zu einer Verstimmung mit den panslawistischen Kräften um den kurzzeitigen
Innenminister Nikolaj P. Ignatjew, der eine große Ständeversammlung im Sinne des
frühneuzeitlichen Semski Sobor einberufen wollte, ein Modell, das die Verbindung

zwischen Zar und Volk sichern sollte. Die Ablehnung eines solchen im historischen Rekurs erzielten Scheinparlamentarismus durch den Kaiser und Pobedonoszew ist oft als „reaktionär" bezeichnet worden. Vielmehr handelte es sich bei Negativentscheidungen wie dieser um die Einsicht in das in Rußland technisch Machbare. Die Mobilisierung von ständischen Unterschichten für eine parlamentarische Massenversammlung wäre aller Wahrscheinlichkeit ebenso kläglich gescheitert, wie der nach 1864 unternommene Versuch, Bauern als Geschworene für die neuen Gerichte zu gewinnen. Lange Wege, soziale Unbill und der Alkohol machten solchen an westlichen Modellen orientierten Überlegungen in Rußland chancenlos.

Es wurden Maßnahmen zur Sicherung des Herrschaftssystems unternommen. Diese hatten zunächst mit der Verringerung eines revolutionären und gewalttätigen Protestpotentials zu tun. So wurde die Zahl der Studenten an Universitäten und Hochschulen vorübergehend reduziert. Damit wurde nicht zuletzt die verbreitete Auffassung bedient, daß es Jugendlichen aus den unteren Schichten nicht zukomme, Hochschulen zu besuchen, da sie dort angeblich nur lernten, um „die natürliche Eigentumsordnung in Frage zu stellen". Während der Regierungszeit Alexanders wurden darüber hinaus 1890 das Wahlrecht der Bauern zu den Semstwos und zwei Jahre später 1892 das der städtischen Mittelschichten zur Stadtduma drastisch beschnitten. Weitergehende Pläne, die darauf abzielten, die Positionen des grundbesitzenden Adels zu stärken, fanden allerdings keine Unterstützung. Bereits 1889 wurde das Amt des Landhauptmanns eingeführt, dem die nach den Großen Reformen Alexanders II. weitgehend sich selbst überlassene bäuerliche Selbstverwaltung unterstellt wurde. Er vereinigte administrative und judikative Funktionen in einer Person. Nicht zuletzt wurde durch diese Maßnahme der Durchgriff des Staates auch auf der untersten Verwaltungsebene garantiert. Der vom Innenminister ernannte Landhauptmann ersetzte zugleich den Friedensrichter, der als Verantwortlicher in der lokalen Gerichtsbarkeit versagt hatte. Die Aufhebung dieses Amtes entsprach der Tatsache, daß sich auf dem Land eine Vorstellung von klassischer Gewaltenteilung nicht durchsetzen ließ und es eher dem obrigkeitsstaatlichen Denken der bäuerlichen Schichten entsprach, wenn politische und richterliche Gewalt von ein und derselben Person ausgingen. Es mochte als ein Bruch mit den Reformgedanken Alexanders II. angesehen werden, doch auch im Fall der zurückgenommenen Gerichtsreform, war die Reformfähigkeit des Reiches überschätzt worden. Die russische Realität selbst hatte die Anpassungsversuche an westeuropäische Modelle einer Rechtsstaatlichkeit ad absurdum geführt. Dieser Irrtum wurde in der Herrschaftszeit Alexanders III. aufgehoben. So gesehen, bekannte sich Rußland unter Alexander III. und Pobedonoszew stolz zu seiner Rückständigkeit, aber auch zu den Traditionen, die es stark gemacht hatten.

Alexander interessierte sich sehr für die Erfolge der Landhauptleute, und er erkundigte sich gelegentlich nach den „Gesandten am Hofe ihrer Majestäten, der Bauern". Daß es tatsächlich eine seiner „Lieblingsideen" war, einen „starken, wohlhabenden Bauernstand" zu schaffen, blieb stets nur eine Hypothese seiner wohlmeinenden

Umgebung. Die traditionellen Verhältnisse auf dem Land suchte man durch ein Gesetz des Jahres 1893 zu bewahren: Bauernland konnte jetzt nur noch an registrierte Bauern weitergegeben bzw. verkauft werden. Gleichzeitig suchte man durch das Gebot, generelle Landverteilungen innerhalb der Bauerngemeinde, die als Eigentümerin des Bauernlandes fungierte, nur noch alle zwölf Jahre zu gestatten. Zur selben Zeit wurden die bäuerlichen Loskaufzahlungen reduziert, die im Gefolge der Befreiung entstanden waren. Die 1885 eingerichtete Adelsbank sollte dagegen den ersten Stand des Landes stützen. Maßnahmen wie diese zielten darauf, die alte Ständeordnung zu konsolidieren.

Die Regierungszeit Alexanders III. war zweifelsohne eine Epoche der gewaltsamen Assimilation nichtrussischer Reichsprovinzen. Die deutsche Universität Dorpat wurde 1893 geschlossen und als russische Universität Jurjew wiedereröffnet. Die Sonderrechte des deutsch-baltischen Adels wurden beschnitten. Seit 1887 durfte im Baltikum in den mittleren und höheren Schulklassen nur noch in russischer Sprache unterrichtet werden. Ab 1885 bedurfte die Neuerrichtung evangelischer Kirchen der Erlaubnis des Heiligen Synods, die dieser oftmals verweigerte. Während Alexander II. 1864 die Beschränkungen der Religionsfreiheit in den baltischen Provinzen aufhob, wehte unter seinem Vater und dessen Superminister Pobedonoszew ein anderer Wind. Dieser war so scharf, daß sich zu Ostern 1887 das Zentralkomitee der Evangelischen Allianz an den Kaiser persönlich wandte und „um Glaubensfreiheit" bat. Die Beschwerde richtete sich gegen die Regelungen zu Mischehen, deren Kinder erneut automatisch orthodoxen Glaubens zu sein hätten, gegen die Anfeindungen der lutherischen Pastoren sowie das Verbot, zur protestantischen Konfession zurückkehren zu dürfen. „Die Rigaer Zeitung" veröffentlichte im Februar 1888 die Antwort des Kaisers, der Pobedonoszew um die Erledigung der Angelegenheit gebeten hatte: „Rußland ist der festen Überzeugung, daß nirgends in Europa andersgläubige und sogar nichtchristliche Confessionen sich so großer Freiheit erfreuen, als inmitten des russischen Volkes." Schließlich wurden die geistigen Grundlagen der Autokratie am Ende des 19. Jahrhunderts beschworen, die zugleich ein letztes Mal die historische Bestimmung des späten Zarenreiches festzuhalten suchten: „Das Russische Reich wurde zu einer hohen Mission in der Menschheit berufen – fest auf der Macht zwischen zwei Theilen der Welt zu stehen, sich nicht auf diese oder jene Seite zu neigen, bevor nicht der Finger Gottes die Zeit zu einer friedlichen Begegnung des Ostens mit dem Westen im Geiste der Idee des Christenthums und der Cultur anweist."

Auch in anderen Reichsteilen setzte sich die Russifizierungspolitik durch. In Polen mußte schon seit 1885 der Unterricht auf russisch gehalten werden. Ausnahmen bildeten nur die Fächer Katholische Religion und Polnische Sprache. Daß die Juden Opfer neuer Restriktionen wurden, verwundert ebensowenig. Nach den Pogromen von 1881 und dem Frühsommer 1882 wurden – ausgearbeitet vom Innenminister Ignatjew und Pobedonoszew – „provisorische Maßregeln" erlassen, die es den Juden untersagten, sich außerhalb der Städte anzusiedeln. Landbesitz war ihnen verboten.

Außerdem mußten Juden dem öffentlichen Dienst in Verwaltung, Militär und Universität fernbleiben. Ehen mit Christen durften nicht geschlossen werden. Dahinter stand einerseits die Idee, das jüdische intellektuelle Protestpotential von den Bauern fernzuhalten, und andererseits die Auffassung Pobedonoszews, daß das unaufgeklärte russische Volk den jüdischen Händlern und Geldwirtschaftern nicht gewachsen sei. Daher sollte auch der Einfluß der Stadtjuden zurückgedrängt werden. Diese auch unter dem Sohn Alexanders III., Nikolaus II., angewandte Politik trug nicht zuletzt zur Bildung nationaler revolutionärer bzw. oppositioneller Parteien bei. Alexander war bis zuletzt der Überzeugung, daß die Juden am gewaltsamen Tod seines Vaters Schuld trugen, und es kam nicht nur einmal vor, daß er in offiziellen Schreiben anstelle des neutralen Wortes „Jewrej" für Jude die im Russischen abschätzige Bezeichnung „Shid" verwendete.

Gegen eine Reduzierung der Herrschaftszeit Alexanders auf eine „Zeit der Reaktion" sprach unter anderem die Verabschiedung der ersten Arbeiterschutzgesetze. Die Bildung der Fabrikinspektion zur Überwachung der Einhaltung der Arbeiterschutzgesetze ließ sich nicht mehr nur dem Gebot patriarchalisch-autokratischer Aufsichtspflicht über das Wohl der Untertanen zuordnen. Seit 1882 half eine Bauernbank, den Bauern Privatland auf Kredit zu kaufen. Unter dem Finanzminister N. Ch. Bunge (1881–1886) wurde die Kopfsteuer stark reduziert und schließlich 1887 abgeschafft, die die Bauern stark belastet hatte. Für sie war nach diesen Reformen die Steuerlast etwa so hoch oder gar geringer als zur Zeit der Bauernbefreiung. Die Politik Bunges wurde allerdings unter seinem Nachfolger I. A. Wyschnegradski (1886–1892) aufgegeben, der durch eine rigorose Erhöhung der indirekten Steuern und durch eine Forcierung der Getreideexporte die Industrialisierung des Landes in Gang bringen wollte. Immerhin konnte 1894 durchgesetzt werden, daß die Bauern die Dorfgemeinde verlassen und sich in der Stadt um Arbeit kümmern durften. Diese Linie wurde unter seinem Nachfolger S. J. Witte energisch fortgesetzt. Ein bis dahin nicht gekannter industrieller Aufschwung Rußlands begann. Diese Politik einer „defensiven Modernisierung", der bereits für die vorangegangene Reformepoche der sechziger Jahre zutraf, zielte darauf ab, die alten Sozialstrukturen zu erhalten und Rußlands Machtstellung durch die wirtschaftliche Entwicklung abzusichern. Auch im Umgang mit der liberalen Presse ließ Alexander gelegentlich den modernen Herrscher vom Ende des 19. Jahrhunderts erkennen. Dem deutschen Botschafter von Schweinitz sagte er 1887 am Rande seiner Geburtstagsfeier auf die Frage, ob er nicht in bezug auf die Presse fester durchgreifen wolle: „Die Zeiten des Kaisers Nikolaus sind vorüber."

Das imperiale Zeitalter, in das Alexander hineinregierte, führte auch im agrarischen Rußland zu großen Steigerungsraten in der Rohstoffgewinnung und Industrie und ließ es an die Zuwachsraten der westeuropäischen Staaten weitgehend anschließen. Besonders der Eisenbahnbau, der Rußland zum wichtigsten Modernisierungsschub verhelfen sollte, lag Alexander am Herzen. Gab es 1881 in ganz Rußland erst 21.000 Werst (1 Werst = 1066 m) Bahnstrecke, so erweiterte sich das Netz bis 1895 auf 33.000 Werst. Unter Alexander wurde 1891 mit dem Bau der Transsibirischen Eisenbahn begonnen, einem Bauwerk, das Rußland zu einer modernen Kontinentalmacht erhob, wenngleich sie im Krieg gegen Japan zu Beginn des 20. Jahrhunderts eine klägliche Niederlage erlebte.

Die Außenpolitik Alexanders wurde weitgehend von seinem Minister N. K. Giers betrieben, dessen Amtszeit (1882–1895) nahezu die Herrschaftszeit des Kaisers umfaßte. Diese, so war festzuhalten, blieb zum ersten Mal seit Paul I. ohne einen großen Krieg. Auch dieser Tatbestand ist nicht zuletzt auf die Einsicht der maßgeblichen Politiker in das Machbare zurückzuführen. Die Dominante in der Außenpolitik unter Alexander III. war die Verschlechterung des Verhältnisses zu Deutschland zugunsten eines heißen Drahtes nach Paris. Bereits vor seinem Amtsantritt, spätestens seit dem Berliner Kongreß 1878, empfand Alexander regelrechten Haß gegen alles Deutsche und besonders alles Preußische. So verwundert es nicht, daß Alexander es ausdrücklich verboten hatte, sein Brot von den beliebten deutschen Bäckern in St. Petersburg kommen zu lassen. Der Rückversicherungsvertrag wurde 1890 von Berlin und schließlich auch von St. Petersburg nicht mehr verlängert. Das Bündnis mit Frankreich sollte diesen Verlust ausgleichen. Der deutsche Kaiser Wilhelm II. wollte sich in seinen Memoiren gar der Bemerkung Alexanders aus dem Jahr 1886 erinnern: „Wenn er Stambul haben wolle, werde er es sich nehmen, wann es ihm passe; der Erlaubnis oder Zustimmung des Fürsten Bismarck bedürfe er dazu nicht." Alexander mochte den deutschen Kanzler nicht, achtete jedoch dessen staatsmännisches Können. Immerhin konnte ein ernstes Zerwürfnis zwischen Rußland und Deutschland vermieden werden. Dies war nicht zuletzt auf die guten Beziehungen zwischen Alexander und dem deutschen Kaiser Wilhelm II. zurückzuführen. In gewähltem Französisch urteilte Alexander über das Dreiecksverhältnis: „Ich meinerseits habe immer Mißtrauen gegen ihn gehegt und ihm niemals ein Wort von dem, was er mich wissen ließ oder selbst mir sagte, geglaubt, denn ich wußte genau, daß er mich immer anführte. Für die Beziehungen zwischen uns beiden, mein lieber Wilhelm, wird der Sturz des Fürsten die besten Folgen haben. Das Mißtrauen wird schwinden. Ich habe Vertrauen zu Dir. Du kannst Dich auf mich verlassen." Auch Wilhelm selbst hielt vom „geraden Charakter" des Vaters seines Cousins Nikolaus bedeutend mehr, wie nicht zuletzt der „günstige Verlauf" des Berlinbesuches Alexanders III. im Oktober 1888 zeigte, der die beiden Kaiser zur Jagd nach Hubertusstock und einem gemeinsamen Frühstück beim Alexanderregiment führte. Hier entwickelte sich ein fast herzliches Verhältnis. Unter Nikolaus, so Wilhelm nachdenklich in seinen Erinnerungen, wurde alles anders. Immerhin hatte es Alexander verstanden, die Kriegsgefahr zu bannen. Dies schien auch eher seiner Natur der Konfliktvermeidung und der unausgetragenen Konflikte zu entsprechen. So war es nicht falsch, als der bekannte Historiker Kljutschewski in seinem Moskauer Nachruf auf Alexander III. formulierte, daß Rußland unter seiner Regierung ein wesentlicher Faktor des Friedens in Europa geworden sei. Fest steht, daß auch der deutsche Botschafter in Petersburg, General Schweinitz, und seine beständigen Konsultationen bei Giers und Alexander selbst einen großen Anteil am russisch-deutschen Konfliktausgleich hatten. Schließlich war er es, der Alexander wie kein anderer ausländischer Diplomat kannte, seine Reaktionen zu deuten und sein Ohr zu finden wußte: „Nicht seiner Natur nach, sondern durch Erfahrung ist Alexander III. mißtrauisch und infolgedessen geneigt, zu vermuten, daß man gegen ihn argwöhnisch sei", notierte von Schweinitz bereits 1883, nach zwei Jahren Amtszeit des Kaisers. Von Schweinitz war es auch zu verdanken, daß sich Alexander von der Notwendigkeit einer Dreikaiserbegegnung überzeugen ließ, die 1884 in Skiernewicze noch einmal stattfinden konnte.

Mit Blick auf Deutschland und Rußland im Jahr 1890 mochte es ein Zufall sein, daß die beiden einflußreichsten Politiker beider Kaiserreiche, Fürst Bismarck und der Wirkliche Geheimrat Pobedonoszew begannen, ihre uneingeschränkte Macht einzubüßen. Bismarck trat in diesem Jahr zurück. Pobedonoszew verlor das Ohr des Zaren immer mehr. Zwar büßte er nicht generell seine Macht ein, doch begann der Glaube des Herrschers an ihn zu schwinden. Zwischen 1891 und 1894 wurde das Bündnis mit Frankreich gefestigt und der Gegenspieler der Triple-Entente in Deutschland, Österreich und Italien erkannt. Die russisch-französische Allianz hielt bis zu dem Zeitpunkt, als beide Staaten in den Ersten Weltkrieg eintraten.

Immer wieder haben die Chronisten der Zeit sowie spätere Biographen über die intellektuellen Fähigkeiten Alexanders spekuliert. Abgesehen von den apologetischen Darstellungen der offiziellen Geschichtsschreibung haben ihm die meisten Beobachter eher eine eingeschränkte geistige Mobilität attestiert. Sein von ihm sehr verehrter letzter Finanzminister, Graf Witte, äußerte sich in seinen Erinnerungen ebenfalls wenig schmeichelhaft: „Kaiser Alexander III. war von vollkommen gewöhnlichem, man mag auch sagen können, niedriger als mittlerem Verstande, unterdurchschnittlicher Begabung und Bildung." Kljutschewski notierte in seinem Tagebuch über den Zaren: „Dieser seinem Gewicht nach schwere Zar wünschte seinem Imperium nichts Böses und wollte damit nicht einfach spielen, nur weil er dessen Lage nicht einzuschätzen vermochte. Ja, er liebte insgesamt keine schwierigen geistigen Kombinationen, die das politische Spiel in nicht geringerem Maße erfordert als ein Kartenspiel." Obwohl Alexander als Gründungsmitglied und Vorsitzender der 1866 ins Leben gerufenen „Historischen Gesellschaft Seiner Majestät" Interesse an Geschichte und Kunst und mithin an humanistischen Ideen nachgewiesen hatte, zeigte er insgesamt wenig Freude am Lesen oder an intellektuellen Diskussionen. Die Zeitungen wurden für ihn auf interessante Beiträge hin ausgeschnitten. Auf diese Weise nahm er nicht die öffentliche Meinung selbst, sondern lediglich ein aufbereitetes Bild von der Wirklichkeit wahr.

Die Tagebücher Alexanders ließen einen selbstbezogenen Privatier erkennen, der pedantisch die Zeiten des Aufstehens und Zubettgehens notierte und die auf der Jagd erlegten Tiere und beim Angeln gefangenen Fische auflistete. Was ihm offenkundig völlig abging, waren Witz und Humor; vielmehr wurde immer wieder eine gewisse Naivität bescheinigt. Eines seiner größten Laster war darüber hinaus das Trinken. Oft saß er mit dem Chef der Sicherheitsabteilung, seinem Leibwächter General Cherewin, zusammen. Nicht nur einmal passierte es, so berichtete dieser, daß sich der Kaiser in seiner Trunkenheit auf den Flur legte und Arme und Beine in der Luft zappeln ließ. Es wird berichtet, daß sich Alexander ein besonderes Paar Stiefel anfertigen ließ, in dem er eine Flasche verstecken und einen Schluck nehmen konnte, wenn seine strenge Frau nicht zusah. Obgleich von seiten der Leibärzte die Neigung zum Alkohol immer wieder kritisiert worden war, hatte Alexander zeit seines Lebens dieser Untugend gehuldigt. Inwieweit sein Tod infolge einer Nierenschrumpfung damit oder, wie die Zeitgenossen mutmaßten, mit den Folgen des Zugunglückes von Borki zusammenhing, wird wohl ohne Einsicht in das Krankenblatt des Kaisers nicht eindeutig zu ermitteln sein. Es verwundert indessen nicht, daß die Erscheinung Alexanders, seine gemeinen Neigungen wie auch die Grobheit seiner Sprache, die auch derbe Flüche wie „Rindvieh" *(skot)*, „Vieh" *(skotina)*, „Dummkopf" *(dubina)* zuließ, ihm schließlich die Bezeichnung des „Bauernzaren" eingebracht haben. Letzteres mochte auch der Grund dafür gewesen sein, daß sich „das Volk" in diesem Zaren wiederfand und das eingangs erwähnte Urteil so dauerhaft in die Memoiren der Zeitgenossen eingeschrieben werden konnte.

Alexander blieb seinem Wesen nach stets der etwas grobschlächtige Offizier, der es jedoch verstand, die Fähigkeiten seiner Mitarbeiter auch für das Bild seiner Person günstig in Szene zu setzen. Diese waren es auch, die Rußland im Jahrzehnt zwischen 1881 und 1891 vom Kurs auf den Rechtsstaat abbrachten, jenem Wertekodex, für dessen Übernahme dem vormodernen Polizeistaat die institutionellen und intellektuellen Voraussetzungen fehlten. In der „Periode der Reaktion" reagierte das Reich auf einen Reformanspruch, den es nicht einlösen konnte. Alle Energie verwandte es ein letztes Mal auf die Konsolidierung seiner Grundlagen: Autokratie gegen Konstitution, Polizei gegen Terror, Orthodoxie gegen Glaubensfreiheit und Konservatismus gegen liberale Verwestlichung. Reformfähig war das Zarenreich am Ende des 19. Jahrhundert dort, wo es ihm nicht an die geistigen Grundlagen und die autokratische Macht ging: in der Ökonomie. Hier macht das rückständige Agrarland unter Alexander III. einen gewaltigen Sprung nach vorn.

Im Oktober 1894 starb Alexander, wie Augenzeugen sich erinnern wollten, wie er gelebt hatte. Ruhig sah er dem Tod entgegen, der ihn in der Blüte seines Lebens ereilte. Die Segnungen empfing er vom „wundertätigen" Kronstädter Starez Johannes. Nachdem er auf dem Sterbebett die Sakramente empfangen hatte, berichtete später die Legende, verabschiedete er sich von Frau und Kindern, drehte sich zur Wand und starb.

LITERATUR

Alexander von Rußland, Einst war ich ein Großfürst, Leipzig 1932.
E. M. Almedingen, Die Romanows – Die Geschichte einer Dynastie: Rußland 1613–1917, Wien 1991.

Jörg Baberowski, Autokratie und Justiz. Zum Verhältnis von Rechtsstaatlichkeit und Rückständigkeit im ausgehenden Zarenreich 1864–1914, Frankfurt am Main 1996.

Robert F. Byrnes, Pobedonostsev. His Life and Thought, Bloomington 1968.

Com. Grandin, Autour du Drapeau Russe. Alexandre III. Empereur de Russie, Paris 1895.

Denkwürdigkeiten des Botschafters General v. Schweinitz, Bd. 2 (1878–1892), Berlin 1927.

Dietrich Geyer, Der russische Imperialismus. Studien zum Zusammenhang von innerer und auswärtiger Politik, Göttingen 1977.

Kaiser Wilhem II., Ereignisse und Gestalten aus den Jahren 1878–1918, Leipzig und Berlin 1922.

Kronprinzessin Cecilie, Erinnerungen, Leipzig 1930.

Rainer Lindner, K. P. Pobedonoscev und die russische Reformbürokratie. Ein Beitrag zur Rechtsgeschichte des späten Zarenreiches, in: JfGOE 43 (1995), S. 34–57.

Nicolas Notovitch, Alexander III. und seine Umgebung, Leipzig o. J. (um 1895).

Pis'ma Pobedonosceva k Aleksandru III. (Briefe Pobedonoszews an Alexander III.), Bd. 1 (1865–1882), Bd. 2 (1883–1894), Moskau 1925/26.

H. von Samson-Himmelstierna (Victor Frank), Rußland unter Alexander III., Leipzig 1891.

Friedrich Steinmann/Elias Hurwicz, Konstantin Pobjedonoszew, der Staatsmann der Reaktion unter Alexander III., Königsberg und Berlin 1933.

V. A. Tvardovskaja, Aleksandr III., in: Rossijskie samoderzcy, Moskau 1994, S. 307–384.

Heide W. Whelan, Alexander III and the State Council. Bureaucracy and Counter-Reform in Late Imperial Russia, New Brunswick/New Jersey 1982.

Graf Witte: Erinnerungen, mit einer Einleitung von Otto Hoetzsch, Berlin 1923.

P. A. Zaionchkovsky, The Russian Autocracy under Alexander III, Gulf Breeze 1976.

NIKOLAUS II. ALEXANDROWITSCH

Nikolaus II. Alexandrowitsch

1868–1918

KAISER VON RUSSLAND 1894–1917

6. Mai 1868	Nikolaus Alexandrowitsch wird als erster Sohn des Thronfolgers Alexander Alexandrowitsch und desse Ehefrau Marija Fjodorowna (Sophie Friederike Dagmar von Dänemark) und als Enkel des regierenden Zaren Alexander II. in St. Petersburg geboren.
20. Oktober 1894	Zar Alexander III. stirbt in Liwadija auf der Krim; Nikolaus übernimmt als Zar Nikolaus II. die Herrschaft. Die offizielle Krönung folgt am 14. Mai 1896 in Moskau.
14. November 1894	Kaiser Nikolaus II. heiratet Alexandra Fjodorowna (Alice/Alix Victoria Helene Louise Beatrice von Hessen-Darmstadt).
2. März 1917	Nikolaus II. verzichtet zugunsten seines Bruders Michael auf die Krone.
8. März 1917	Die Familie Nikolaus II. wird in Zarskoje Selo unter Hausarrest gestellt. Der Zar selbst wird im Hauptquartier in Mogiljow verhaftet und nach Zarskoje Selo gebracht.
31. Juli 1917	Die Zarenfamilie muß nach Tobolsk abreisen.
April/Mai 1918	Der Zar und dessen Familie werden unter falschen Vorspiegelungen von Tobolsk nach Jekaterinburg verbracht.
17. Juli 1918	Nikolaus II., seine Frau, Kinder und engsten Bediensteten werden in Jekaterinburg ermordet.

Nikolaus II. war nicht der bedeutendste, aber wohl einer der tragischsten Herrscher aus der Romanow-Dynastie. Am Beginn seines Lebens stand im Jahr 1881 die Ermordung des Großvaters durch russische Terroristen-Revolutionäre. Am Ende fiel er selbst russischen Bolschewiki-Revolutionären zum Opfer. Die weltweite Aufmerksamkeit gegenüber seinem Schicksal, die bis in unsere Tage ungebrochen anhält und ihren Niederschlag in ungezählten Publikationen findet, verdankt Nikolaus nicht außergewöhnlichen menschlichen Eigenschaften oder politischen Leistungen, sondern der Tatsache, daß die Umstände seines Todes – seiner Ermordung – über Jahrzehnte weitgehend unbekannt blieben, von sowjetischer Seite wohlweislich verschwiegen wurden und zu mancherlei Spekulationen Anlaß gegeben haben. Zum anderen stand der letzte regierende Sproß aus dem Hause Romanow-Holstein-Gottorp in der Abenddämmerung russischer Autokratie: Mit seiner Abdankung und dem Sieg der Leninschen Sowjetmacht schied Rußland für Jahrzehnte aus dem natürlichen Strom der Geschichte aus, aus einem Strom, nach dem Rußland heute sucht, wohl wissend, daß es niemals wieder jener Nikolaus Romanows sein wird.

So spektakulär die Enthüllungen über die näheren Umstände bei der Ermordung der Zarenfamilie auch sein mögen, Nikolaus II. wurde von seinen Lebzeiten an durch Freund und Feind mit menschlich wie politisch abwertenden Charakteristiken versehen. Kaum ein Mensch hat ihm seine Schwächen verziehen.

Nikolaus II. war der russische Kaiser, der besonders ernsthaft „alles richtig" machen wollte. Keiner seiner Vorgänger war derart bewußt in der zarischen Tradition verwurzelt, und keiner dieser Vorfahren konnte die erhabene Unendlichkeit zarischer Würde so wenig mit persönlichem Charisma ausfüllen. Seine politischen Gegner in der Arbeiterschaft und bei den Bauern haßten ihn als den „Blutigen"– Nikolaus II. war weder Henker noch besonders blutrünstig. Als sie ihn vom Thron gestoßen hatten, besaßen die Bolschewiki nur Hohn, Spott und die Kugel für ihren einstigen Imperator. Auch die Monarchisten verachteten und haßten ihn, weil er nicht in der Lage war, den bodenlosen Sturz des „heiligen Rußland" aufzuhalten.

So verdarb es sich Nikolaus II. in der Geschichte mit allen. Dabei traf ihn, den kleinen, pflichterfüllten, charmanten, undurchschaubaren und verzagten Kaiser, vielleicht die geringste Schuld am Niedergang des autokratischen Prinzips. Aber der Untergang des russischen Zarenreichs bleibt für ewig mit seinem Namen verbunden und mit denen seiner Mörder.

Dabei hatte alles so hoffnungsvoll begonnen. Nikolaus – den man recht schnell liebevoll „Nicky" nannte – wurde am 6. Mai 1868 als erstes Kind des Thronfolgers Alexander Alexandrowitsch und dessen Gattin Marija Fjodorowna, einer dänischen Prinzessin, geboren: Die weitere Herrschaft der Dynastie in direkter Erbfolge schien wieder gesichert zu sein. Die Mutter gab das Kind in die Hände der Offizierswitwe Ollongren, und später wachte der etwas engstirnige General Danilowitsch über das kleine Reich des Kindes.

Nikolaus wurde nicht besser oder schlechter als andere Zarenkinder erzogen. Sein Unglück bestand vielleicht darin, daß der Vater ein sehr autoritärer und wenig gebildeter Mensch war, dessen ungehobeltes Wesen von der liebevollen Mutter nur unvollkommen kompensiert werden konnte. Außerdem standen für die Unterrichtung des Jungen zunächst nicht jene prägenden Persönlichkeiten zur Verfügung, wie das z. B. bei dem heranwachsenden Alexander II. der Fall gewesen war. Der kleine Nikolaus war von seinen natürlichen Anlagen her furchtsam, etwas zerstreut, willig, aber uninteressiert und bequem. Er benötigte sehr viel Zärtlichkeit und Zuwendung, an denen es jedoch mangelte. Die aufgeklärte Reformpolitik des Großvaters Alexander II. war dem Jungen völlig fremd. Er erlebte den regierenden Zaren nur aus weiter Ferne und zu offiziellen Anlässen. Dazwischen stand der strenge und harte Vater, der die Reformen ablehnte.

Eine menschliche Beziehung zum Großvater gewann Nikolaus erst durch dessen schrecklichen Tod. Er war gerade vom Eislaufen gekommen und trug noch die Schlittschuhe in der Hand, als man ihn am 1. März 1881 zu dem verblutenden Großvater brachte. Es erging ihm nicht anders als Iwan IV., Peter I., Paul I. und anderen russischen Herrschern: Nikolaus war zwölf Jahre alt und mußte als Kind die schrecklichen Möglichkeiten seiner künftigen Mission erleben.

Sein Leben änderte sich in diesem Augenblick dahingehend, daß er mit der Thronbesteigung seines Vaters offizieller Thronfolger wurde. Er nahm zwar die konservative Beharrungspolitik Alexanders III. kaum wahr, aber dennoch begann man jetzt etwas zielbewußter, seine Ausbildung und Erziehung voranzutreiben. Nikolaus lernte nicht besonders gern. Er wurde in den modernen Sprachen Englisch, Deutsch und Französisch unterwiesen und betätigte sich gerne sportlich. Er war stets höflich, entwickelte jedoch keinerlei eigene Initiativen, die ihn vielleicht als zielstrebigen und aktiven jungen Menschen ausgewiesen hätten. Zu seinen Lehrern zählten nun Persönlichkeiten mit prägendem Einfluß auf das russische politische und geistige Leben: Konstantin Pobedonoszew, der extrem konservative Berater des Zaren, und auch der bekannte Historiker Wassili Kljutschewski. Sie erzogen den Thronfolger zum Respekt vor den geheiligten Traditionen der russischen Autokratie. Es konnte jedoch auch schon einmal vorkommen, daß der junge Zarewitsch bei den strengen Unterweisungen vor Langeweile einschlief.

Das traf auch auf den Unterricht in Kriegsgeschichte zu, den Oberst Leer und General Puserewski erteilten. Ja, selbst als der volljährige Nikolaus an Sitzungen des Reichsrats teilnahm, wirkte er lustlos und gelangweilt. Die Politik interessierte ihn nicht, und es gab auch niemanden, dem an den Ansichten des Thronfolgers gelegen war. Sein Sprung vom Kindesalter zum Erwachsenen erfolgte beim praktischen Militärdienst. Als er mit 19 Jahren im Preobrashenski-Garderegiment ein Kommando erhielt, blühte er im tagtäglichen Umgang mit seinen Offizierskameraden regelrecht auf. Nikolaus liebte das Militär und besaß eine einfache menschliche Art, die Kameraden und Untergebenen Vertrauen einflößte.

Die selbstverständliche Autorität des Waffenträgers ließ den etwas schüchternen Nikolaus seine erste große Liebe erleben. Mit Hingabe und Leidenschaft eroberte er die polnische Tänzerin Mathilda Kschessinska, und seine Gefühle für das Mädchen waren durchaus echt. Natürlich besaß die Beziehung keine große Perspektive, und der Vater versuchte auch sehr schnell, den Emotionen seines Sohnes ein Ende zu setzen: Er schickte ihn auf eine große Auslandsreise. Während die zarischen Prinzen früher ihre Lebenserfahrung auf Reisen durch Westeuropa sammelten, beorderte Alexander III. seinen Sohn in den Orient und nach dem Fernen Osten. Sicherlich auch in der Erkenntnis und dem Willen, das Russische Reich und dessen Einfluß in diese Regionen auszudehnen. Im Oktober 1890 zog die umfangreiche Gesellschaft los: auf den Balkan, nach Ägypten, Indien, Saigon und Japan. Dort ereilte den Zarewitsch das Unglück. Ein fanatischer Extremist (Tsuda Santso) schlug Nikolaus, der in einer offe-

nen Rikscha fuhr, mit einem Säbel auf den Kopf und verletzte ihn. Die Wunde selbst
schmerzte weniger als die verletzte Ehre. Obwohl sich das japanische Kaiserpaar alle
Mühe gab, den Zarewitsch zu besänftigen, brach dieser die Reise ab – äußerlich vollkommen kühl und höflich. Zu seinem ersten Trauma – Revolutionär-Mörder – kam
ein zweites hinzu: der Haß gegen Japan.

Im August 1891 traf Nikolaus wieder in St. Petersburg ein und eilte sofort zu
Mathilda Kschessinska. Sie spielten ihre Liebesbeziehung in aller Offenheit aus, und
mancher hielt das für einen Skandal, obwohl die ehrenhaften Onkel aus der großen
Romanow-Familie mit ihren eigenen verworrenen Ehebeziehungen keinerlei Grund
besaßen, sich gegenüber dem Thronfolger als Moralapostel aufzuspielen. Ehescheidun-
gen und morganatische Verbindungen waren da an der Tagesordnung. Wieder griff
Alexander III. ein. Wenn er den Sohn nicht durch eine Reise hatte ablenken können,
dann mußte der eben heiraten! Nikolaus wurde 1892 nach Westeuropa entsandt, um
sich eine Braut zu suchen.

Nikolaus entschied sich für die 1872 geborene Alice (Alix) von Hessen-Darmstadt.
Er kannte das Mädchen schon seit dem Jahr 1884, denn ihre Schwester Elisabeth hatte
den Großfürsten Sergei, einen Onkel von Nikolaus, geheiratet. Alix war zugleich eine
Enkelin der englischen Königin Victoria und lebte in England. Von ihr war bekannt,
daß sie zum religiösen Mystizismus neigte. Nikolaus und Alix waren einander nicht
nur sympathisch, sie empfanden eine echte Zuneigung zueinander. Alexander III. und
dessen Frau wollten von den Wünschen ihres Sohnes nichts wissen. Die Romanow-
Dynastie war bereits mit dem Hause Hessen-Darmstadt verbunden, außerdem wurde
in diesem Hause über die weiblichen Nachkommen die Bluterkrankheit vererbt.

Alexander III. wäre aus politischen Gründen einer vertieften russisch-französischen
Allianz die Prinzessin Helene von Orlèans als Braut für seinen Ältesten bedeutend
lieber gewesen, und er betrieb seine Vorstellung so energisch, daß Alix und Nikolaus
kaum noch die Hoffnung auf eine glückliche Verbindung besaßen. Nikolaus unternahm auch keine energischen Schritte, um seinen eigenen Willen beim Vater durchzusetzen. Und Alexander interessierten die Wünsche seines Sohnes wenig. Er besaß
überhaupt eine schlechte Meinung von seinem Sohn. Als der Finanzminister Witte
dem Zaren vorschlug, Nikolaus sollte doch den Vorsitz im Komitee für den Bau der
Transsibirischen Eisenbahn übernehmen, rief der Kaiser entrüstet: „Wie bitte? Kennen
Sie den Thronfolger vielleicht? Haben Sie je mit ihm ein ernstes Gespräch geführt? Er
ist ein Kind, und seine Vorstellungen sind kindlicher Natur. Wie soll er den Vorsitz in
solch einem Komitee führen?" Dennoch: Witte setzte sich durch, und Nikolaus übernahm den Vorsitz. Unermüdlich und gehorsam studierte er alle Akten und erfüllte
seine Aufgaben.

Aber das Glück – eigentlich das Unglück – kam ihm zu Hilfe. Kaiser Alexan-
der III., normalerweise ein Urbild strotzender Gesundheit, erkrankte 1893, und im
Vorgefühl kommender Unwägbarkeiten beschleunigte er seine Heiratspläne für den
Sohn. Wenn es denn sein mußte, auch mit Alice von Hessen-Darmstadt. Nikolaus war

überglücklich. Als im April 1894 ein Bruder von Alix heiratete und sich die gekrönten Häupter Europas in Coburg trafen, weilte auch Nikolaus dort. Alice tat sich schwer, als es um die Bereitschaft für den Übertritt zum orthodoxen Glauben ging. Aber in langen und ernsten Gesprächen mit Nikolaus rang sie sich zu einer positiven Entscheidung durch: Am 8. April 1894 konnte die Verlobung bekanntgegeben werden. Nikolaus, der ob der Flachheit und überaus kargen Wortwahl seines berühmt-berüchtigten Tagebuchs so oft verspottet worden ist, verstieg sich zu emotionalem Hochgenuß: „Ein herrlicher Tag, den ich mein Leben lang nicht vergesse! ... O Herr, welche Last ist mir von der Seele genommen; welch schöne Nachricht für meinen lieben Vater, die liebe Mutter! Den ganzen Tag ging ich umher wie im Traum, ohne mir ganz bewußt zu sein, was geschah. Ich kann kaum glauben, daß ich eine Verlobte habe."

Mathilda Kschessinska wurde versorgt und Primaballerina am kaiserlichen Theater. Die Ironie der Geschichte wollte es sogar, daß sie noch im Jahr 1921 den Vetter von Nikolaus II., Andrei Wladimirowitsch, ehelichte und damit zur Fortsetzung der Romanow-Dynastie über den letzten Zaren hinaus beitrug.

Nikolaus wollte nun nicht mehr von seiner großen Liebe Alix getrennt sein. Im Juni und Juli 1894 besuchte er sie in England, und bereits zu diesem frühen Zeitpunkt trat jene Erscheinung zutage, die für ihr ganzes Leben bestimmend werden sollte. Sie liebten einander ohne Einschränkung, und Alix nahm die Rolle des stärkeren Partners ein. Von Beginn an war sie für Nikolaus Beichtmutter, Ratgeberin und Seelentrösterin. Und sie sollte sehr schnell Gelegenheit finden, diese Rollen in vollem Maße auszuleben.

Im Sommer 1894 erkrankte Kaiser Alexander III. an einer Nierenentzündung. Die ganze Familie fuhr nach Liwadija auf die Krim. Alexanders Zustand verschlechterte sich, und man rief Alix aus London herbei. Sie kam und sah sofort, daß man ihren Verlobten als Thronfolger zu wenig respektierte. Im Grunde kümmerte sich niemand um Nikolaus – so war es schließlich immer gewesen. Alix erreichte, daß die Ärzte ihm, dem Thronfolger, zuerst berichteten, daß keine Entscheidung ohne ihn getroffen wurde: Sie nahm ihren Nikolaus bei der Hand und führte ihn hartnäckig-behutsam zum Thron, mehr als das seine Familie bisher getan hatte. Am 20. Oktober 1894 starb Alexander III., und Nikolaus II. trat das Erbe an. Einen Tag später konvertierte Alix als Alexandra Fjodorowna zum orthodoxen Glauben, aber an die formelle Hochzeit war zunächst nicht zu denken. Dennoch war die Frage unaufschiebbar. Am 7. November 1894 wurde Alexander in der Peter-Pauls-Festung zu St. Petersburg beigesetzt, und nur eine Woche darauf heirateten Nikolaus und Alexandra in einer bescheidenen Art, die ihrem intimen Glück und der Trauersituation in gleicher Weise angepaßt war.

Nach der Rückkehr zur konservativen Tradition, die das Regiment seines Vaters gebracht hatte, hofften die auf eine Erneuerung der russischen gesellschaftlichen Situation orientierten liberalen Kräfte in der öffentlichen Meinung, der neue Kaiser werde sich wieder den reformerischen Traditionen seines Großvaters zuwenden. Aber im Vergleich zum Jahr 1881 hatte sich die Situation gewandelt. Die Industrie hatte tiefere

Wurzeln geschlagen. In Opposition zum Zarenreich standen nicht mehr nur einige Intellektuelle, Nihilisten oder Terroristen. Auch in Rußland war die Arbeiterfrage auf die Tagesordnung gesetzt worden. Die soziale Unzufriedenheit nahm zu. Die Gesellschaft wartete nicht mehr nur auf Reformen von oben, sie setzte sich selbst in Bewegung: durch Streiks, erste Zusammenschlüsse, studentischen Aufruhr und spontane bäuerliche Bewegungen.

Was aber war von einem Kaiser zu erhoffen, der selbst verzagte, der von sich sagte: „Ich bin aufs Regieren nicht vorbereitet! Ich verstehe nichts von Staatsgeschäften. Ich weiß nicht einmal, wie man mit Ministern redet. Ich wollte nie Zar werden!" Den Zustand und die Emotionen teilte Nikolaus durchaus auch mit anderen Vorgängern. Und die Ratgeber, die ihn umgaben – vor allem die vielen intriganten und moralisch angeschlagenen Onkel –, besaßen auch keine bessere oder schlechtere Qualität als die Ratgeber anderer Zarengenerationen. Nikolaus hatte Angst vor diesen Onkeln. Es gab nur wenige Menschen, die aus innerer Überzeugung wahrhaftige Ratgeber waren: Alix, die die Autorität ihres Gatten stärken wollte; Konstantin Pobedonoszew, der die Allmacht der Autokratie retten wollte; Sergei Witte, der Rußland nach Europa führen wollte. Diese Motive, gepaart mit eigenen Überzeugungen und Unsicherheiten, veranlaßten Nikolaus zu einer merkwürdigen ersten Proklamation seines politischen Willens. Am 17. Januar 1895 hielt er vor Adelsvertretern aus den Semstwos eine Rede und sprach die unseligen Worte, die ihn niemals wieder verlassen sollten: „Ich weiß, daß in letzter Zeit auf einigen Semstwo-Versammlungen Stimmen von Männern laut geworden sind, die unsinnige Träume von einer Mitwirkung der Semstwo-Vertreter bei der Lösung von Regierungsaufgaben nähren. Jeder soll wissen, daß ich, der ich alle meine Kräfte dem Wohl der Nation widme, ebenso fest und unerschütterlich am Prinzip der Autokratie festhalte wie mein unvergeßlicher Vater."

Selten ist ein Zarenwort von der Öffentlichkeit im In- und Ausland so auf die Goldwaage gelegt worden: weil es den Realitäten in Rußland und Europa widersprach, weil die russische Gesellschaft sich bereits so stark differenziert hatte, daß sie von sich aus selbstbewußter auftreten konnte. Die liberale Opposition reagierte aus dem Ausland mit einem „Offenen Brief", in dem der Publizist Peter Struwe glaubte, die Kampfansage durch den Zaren aufnehmen zu können.

Nikolaus hatte jedoch niemandem den Kampf angesagt. Die Reaktion auf seine Rede interessierte ihn nicht einmal. Er hatte die ihm von Gott übertragene Pflicht erfüllt und war höchst erstaunt, daß es da im Land ein paar Wirrköpfe gab, die ihre Bindung an die geheiligten autokratischen Traditionen offenbar verloren hatten. Aber die, so sagte sich Nikolaus, werde er durch eine glanzvolle Krönung wieder mit der Monarchie versöhnen.

Das so präjudizierte Fest fand im Mai 1896 statt und ließ den Stern des Kaisers, ganz im Gegensatz zu seinen eigenen Hoffnungen, nur noch tiefer sinken. Die Krönung gestaltete sich zu einem echten Drama. Der Kaiser kam nach Moskau, die Menschen jubelten ihm auf den Straßen zu. Wo er sich auch mit seiner schönen Frau blicken ließ, der kleine höfliche, stille und ernste Mann schwamm auf einer ihm höchst unangenehmen Woge von Sympathien. Als er all die Begeisterung für seine Person sah, als er die Krone und den Segen der Kirche empfangen hatte, war er nicht nur von seiner göttlichen Sendung vollkommen überzeugt, er glaubte auch die Mißverständnisse mit den Semstwos aus dem Vorjahr gänzlich ausgeräumt.

Dann brach das Unglück herein. Der Tradition folgend sollte das Volk auf den Chodynka-Wiesen bewirtet werden. Organisatorische Ungeschicklichkeiten, der Druck von Hunderttausenden Menschen und eine höchst unsinnige Panik ließen die riesige Masse unkontrolliert in Bewegung geraten. Menschen wurden zu Tode getrampelt. Mehrere tausend Tote forderte das Krönungsfest. Als Nikolaus von dem Drama erfuhr, wollte er die Feiern sofort abbrechen und sich mit seiner Gattin zum Gebet in ein Kloster zurückziehen. Aber der Familienclan bestimmte die Fortsetzung aller Empfänge, Paraden und Bälle. Nikolaus, diszipliniert und fügsam, ordnete sich abermals dem Willen der Onkel unter. Immerhin, er gab jeder Familie, die zu Schaden gekommen war, aus seiner Privatkasse 1000 Rubel, und er besuchte auch die überlebenden Opfer in den Krankenhäusern. Der Kaiser war berührt von dem Drama und tief unglücklich. Sein Sendungsbewußtsein sagte ihm jedoch auch, daß große Ereignisse und Traditionen Opfer verlangten. Schuldig hat sich der Kaiser nur in einem Punkt gemacht: Als die Untersuchung zu dem Resultat führte, daß der Großfürst Sergei, ein Mitglied der kaiserlichen Familie, die Hauptverantwortung für den tragischen Tod so vieler Menschen trug, verhinderte Nikolaus dessen Bestrafung – er hätte einen Schuldspruch als Verstoß gegen das geheiligte monarchische Prinzip angesehen. Der Kaiser verpaßte eine Chance, zwischen sich und dem Volk eine Bindung herzustellen, er reiste ins Ausland, stellte sich in Wien, Berlin, Kopenhagen, London und Paris als neuer russischer Imperator vor. Überall nahm er die zahllosen Huldigungen mit zurückhaltender Bescheidenheit und Geduld entgegen. Als Zeichen seines guten Willens zur Völkerverständigung und zur Abrüstung initiierte er die 1899 in Den Haag stattfindende internationale Abrüstungskonferenz. Die Konferenz führte zu keinen konkreten Ergebnissen – nicht einmal eine Neuauflage der „Heiligen Allianz" gelang, es ist sogar zweifelhaft, ob sich Nikolaus von dieser Idee Alexanders I. hatte inspirieren lassen.

Innenpolitisch setzte Nikolaus konsequent die konservative Linie seines Vaters fort. Der Oberprokurator des Heiligen Synods, Konstantin Pobedonoszew, blieb zunächst sein wichtigster Berater. Der Kaiser war jedoch nicht so blind, zu verkennen, daß Rußland sich ständig erneuern mußte. Sein Vater hatte den begabten, unbequemen und überzeugenden Sergei Witte zum Finanzminister berufen, und allein diese Tatsache der Ernennung durch Alexander III. war für Nikolaus eine Gewähr, daß Witte nicht an das autokratische Prinzip rühren würde. Im übrigen brachte die Finanzpolitik Wittes durch den Eisenbahnbau, die Industrialisierung, das Branntweinmonopol, die Goldwährung und Auslandskredite für den Staat nur Gewinn und Vorteile. Auch das Konzept Wittes einer wirtschaftlichen Durchdringung Asiens entsprach den Vorstellungen von der wachsenden Größe Rußlands.

Trotz des allgemeinen wirtschaftlichen Aufschwungs und erster Gesetze zur Erleichterung des sozialen Daseins der Arbeiter wurde die Lage der Bauern immer bedrückender und machte sich in Revolten Luft. Die Studenten protestierten vehement gegen die Beschneidung ihrer akademischen Rechte, und auch die Arbeiter wurden sich ihrer Kraft bewußt.

Nikolaus verstand nicht, warum das Volk sich empörte. Er folgte dem Rat Pobedonoszews und ergriff harte Repressivmaßnahmen. Der engstirnige und doktrinäre Bogolepow sollte als Bildungsminister die Studentenrevolte im Polizeiterror ersticken. Bogolepow wurde von einem Studenten ermordet. Nicht anders erging es dem zur Disziplinierung des Landes eingesetzten Innenminister Sipjagin. Dessen Nachfolger wurde Wjatscheslaw Plehwe, der sich im Polizeidienst für höhere Aufgaben empfohlen hatte.

Während die zarischen Beamten alle innerrussischen Unmutsäußerungen bekämpften, bewahrte Nikolaus seine Zurückhaltung. So aufgeschlossen er in der engsten Familie, gegenüber seiner Frau und den mittlerweile vier Töchtern war, so sehr wahrte er gegenüber jedem anderen Menschen eine unberechenbare Distanz. Zeitgenossen, die ihn näher kannten, wie der deutsche Botschafter Baron von Schön, wußten, daß Nikolaus gegenüber politischen Problemen aufgeschlossen, gut informiert und verständnisvoll war. Das kam bei der ihm angeborenen Schüchternheit, ja Ängstlichkeit, selten genug zum Ausdruck. Das Hauptproblem des Kaisers war wohl, daß er ebenso autokratisch herrschen wollte wie sein Vater, und dennoch wollte er von seinen Untertanen geliebt werden. Diesen unauflösbaren Widerspruch kleidete Sergei Witte in die scharfe Formulierung: „Der Charakter Seiner Majestät war die Wurzel allen Unglücks. Ein Herrscher, dem man sich nicht anvertrauen kann, der heute Dingen zustimmt, die er morgen ablehnt, ist unfähig, das Staatsschiff sicher zu lenken. Sein Hauptfehler war sein bedauerlicher Mangel an Willenskraft. Zwar ist er ein guter Mensch und auch nicht dumm, aber dieser Mangel disqualifiziert ihn völlig, schließlich ist er Alleinherrscher, absoluter Monarch des russischen Volkes … Er war für die bedeutende historische Rolle, die das Schicksal ihm auferlegt hatte, nicht geboren."

Nikolaus mied in der ihm eigenen Mischung aus dynastischem Hochmut und verklemmter Schüchternheit jeden Streit, konnte niemandem direkt die Meinung sagen, setzte seinen Willen jedoch beharrlich durch, wenn auch unter Verwendung von Mitteln, die das Vertrauensverhältnis selbst zu nahestehenden Persönlichkeiten zerstörten: Ein Minister, der in seinem Bericht eben noch glaubte, dem Kaiser sinnvolle Vorschläge unterbreitet zu haben, konnte bei der Rückkehr ins Büro bereits die Entlassung vorfinden, weil er aus irgendeinem unerfindlichen Grund den Unwillen der Majestät erregt hatte.

In seinem nahezu mystischen Glauben an die Unantastbarkeit des Zaren, an die Kraft der unbesiegbaren russischen Armee und an die Bindung des Volkes an den Thron durch die Orthodoxie, erinnerte Nikolaus mitunter an Alexander I., besaß allerdings weder das Format noch die Durchsetzungsfähigkeit des Vorfahren. Nikolaus II. symbolisierte genau zum richtigen Zeitpunkt den erstarrenden Zustand der russischen Autokratie: Er verharrte auf der Tradition und verschloß sich als Imperator dem Zwang zur Erneuerung des Landes. Das Kindheitserlebnis der Ermordung Alexanders II. verbot jedes Zugeständnis an demokratische Meinungsfreiheiten oder Reformen der Gesellschaft. Männer wie Sergei Witte waren zwar notwendig, um die Größe Rußlands zu mehren, aber ihr ungebundener Geist störte den Kaiser, sie waren unangenehm und bei sich bietender Gelegenheit möglichst schnell auszutauschen. Es klingt absurd und atmete den Geist von Nikolaus I., wenn Nikolaus II. in einem Stoßseufzer wünschte, das Wort „Intelligenzija" aus dem russischen Wörterbuch zu streichen. Die Intelligenz erschien ihm als die Wurzel allen Übels, sie machte er für Aufruhr und Unbotmäßigkeiten verantwortlich.

Vielleicht rührte diese Unkenntnis auch aus dem großen Einfluß, den seine Gattin Alix auf ihn ausübte. Die Kritiker des Kaisers argwöhnten immer, daß er sich willig den Befehlen einer rußlandfeindlichen und arroganten Deutschen untergeordnet hatte. Dieses Urteil ist ungerecht. Nikolaus und Alix liebten einander aufrichtig und mit großem Vertrauen. Für den Kaiser war Alix die einzige Persönlichkeit, der er rückhaltlos vertraute. Alix wollte ihrerseits eine eigenständige öffentliche Rolle spielen. Sie besaß jedoch nicht jenen bei Nikolaus so tief verwurzelten Glauben an die Kraft von Autokratie und Orthodoxie. Sie wußte nichts von Rußland und mißtraute den Russen. Das machte sie in ihrem Benehmen steif, hölzern und unnahbar. Sie wurde bei Hof verachtet und gehaßt, obgleich man ihr offiziell pausenlos schmeichelte.

Alix beging einen entscheidenden Fehler, wenn sie sich ganz ungeniert in Personalentscheidungen des Zaren einmischte. Als Nikolaus im Jahr 1900 erkrankte, empfing die Zarin die Minister zur Berichterstattung und sonderte die dem Zaren vorzulegenden Informationen aus. Nikolaus empfand diese Aktivitäten nicht als Zumutung. Sie lebten beide bescheiden, und der Kaiser ordnete sich der Tatsache, daß Alix den Mittelpunkt ihres Familienglücks bildete, widerspruchslos unter. Er war sogar gegenüber ihren religiösen Eskapaden tolerant. Alix war sehr fromm – seit ihrer Kindheit. Der Übergang zur orthodoxen Religion war ihr schwergefallen, und sie verstand weder Rußland noch das innere Wesen der Orthodoxie. Aber sie liebte den Ritus. Die russische Folklore mit Balalaika und Troika und der goldschimmernde Ikonostas in den rauchgeschwängerten Kirchen – das war Rußland. Umherziehende Pilger, zwielichtige Bettelmönche und falsche Propheten fanden ihr Ohr. Der scharfzüngige Witte schrieb später sarkastisch: „Es ist leicht zu erkennen, wie der Glaube einer solchen Frau, die in der morbiden Atmosphäre orientalischen Luxus lebt und umgeben ist von einer Legion von Schmeichlern, die sich ständig vor ihr verbeugen, auf fatale Weise sich einem ungenießbaren Mystizismus annähert und einem Fanatismus, den nicht die kleinste freundliche Sanftheit mildert." Er hätte dies alles nicht für besonders problematisch gehalten, wenn es Nikolaus nicht – so Witte – vollkommen an Willenskraft gemangelt hätte: „Man kann sich kaum vorstellen, wie groß der Einfluß war, den Alexandra auf ihren Mann ausübte."

Man kann Witte, der vom Zaren immer wieder gemaßregelt wurde, verstehen und begreifen, daß er nach Schuldigen für die Handlungen des Zaren suchte. Sein Urteil: „Das Schicksal von Millionen Menschen liegt heute in den Händen dieser Frau", war jedoch weit übertrieben und keineswegs geeignet, die Verantwortung des Kaisers zu mildern. Nikolaus und Alexandra waren sich in ihrem strengen Glauben an Gott vollkommen einig. Die bei Alexandra hinzukommende Frömmelei tolerierte Nikolaus recht großzügig. Ihr puritanischer Geist, der sich vornehmlich scharf ablehnend gegen die gottlosen Angehörigen der Familie Romanow richtete, fand sein volles Verständnis: Nikolaus fürchtete und haßte die vielen Onkel und Großfürsten, die er zu versorgen hatte, die das Familienerbe und die Familienehre verschleuderten und obendrein dem Kaiser ständig Vorschriften machten, was er zu tun und zu lassen habe.

Die Zarin bewegte noch ein anderes Problem. Vier Töchter hatte sie geboren, aber ein männlicher Thronerbe blieb aus. Sollte ihrem Mann ein menschliches Unglück widerfahren, könnte die Herrschaft an einen der bigotten Verwandten fallen. Diese Angst und der zum Trauma aufwallende Zwang zum Thronfolger rüttelten ernsthaft an der Gesundheit Alexandras. 1902 erkrankte Nikolaus an Typhus. Sie pflegte ihren Mann, und dieser gesundete schnell. Sie selbst aber litt weiterhin an einer Herzschwäche und Ödemen an den Beinen, die wiederum ihre Repräsentanz in der Öffentlichkeit einschränkten und zu mancherlei Gerüchten Anlaß gaben.

In jenen Jahren um die Jahrhundertwende, da die persönlichen Probleme so belastend erschienen, hätte der Kaiser eigentlich seine ganze Aufmerksamkeit auf die Innenpolitik richten müssen. Das Land und die alte Ordnung gerieten aus den Fugen. Seit 1895 folgte ein Arbeiterstreik dem anderen, reihten sich Bauern- und Studentenerhebungen aneinander. Es entstanden erste politische Parteien: Die Sozialdemokraten, aus denen sich 1903 die Leninschen Bolschewiki abspalteten, oder die Sozialrevolutionäre, die die Traditionen der Organisationen „Land und Freiheit" und „Volkswille" neu belebten. Die liberale Gesellschaft und die Semstwos fanden zu organisatorischen Zusammenschlüssen, etwa im „Befreiungsbund". Getragen von der Wirtschaftskrise nach dem Jahr 1900, formierte sich in Rußland und in der Emigration ein außerordentlich vielgestaltiges politisches und soziales Spektrum, das sich bei aller Differenziertheit ihrer Inhalte, Ziele und Methoden in einem Punkt einig war: Die bestehende autokratische Herrschaft des Zaren war ein Hindernis für die notwendige Erneuerung Rußlands. Selbst der greise Leo Tolstoi wandte sich in einem Brief an den Zaren und teilte seine Ansichten über den moralischen Verfall des Regierungssystems mit.

Aber der Brief rief bei Nikolaus keinen Eindruck hervor. Plehwes Polizei ritt die Demonstranten nieder, und außerdem: Der Heilige Synod hatte den Schriftsteller Tolstoi exkommuniziert. Wozu also dem Dichter antworten? Nikolaus verstieß Tolstoi und stützte sich lieber auf Männer wie Plehwe. Dieser russifizierte Finnland und Armenien, organisierte in Kischinjow und Gomel antijüdische Pogrome, ließ 1903 in Slatoust Arbeiter niederschießen und verordnete sogar Adelsmarschällen für oppositionelle Reden einen „kaiserlichen Tadel". Der Erregung im Volk wurde er nicht Herr. Also setzte Plehwe auf ein anderes Mittel, um den „explodierenden Kochtopf" zu entschärfen. Zu General Kuropatkin sagte er: „Um die Revolution aufzuhalten, brauchen wir einen kleinen siegreichen Krieg." So einfach, wie Plehwe es sich gedacht hatte, ging das zwar nicht, aber der Krieg kam dennoch.

Noch ehe Plehwe die russische Innenpolitik kommandierte, hatte Nikolaus seinen Blick nach Fernost gerichtet. Sein Berliner Vetter Wilhelm II. hatte ihm dabei eifrig sekundiert. Obwohl der sanfte Nikolaus die großsprecherischen Ratschläge seines Vetters nicht mochte, folgte er ihnen: Alle Großmächte suchten am Ende des 19. Jahrhunderts nach neuem Besitz in Asien. Nikolaus folgte nicht in erster Linie den liberalfiskalischen Penetrationswünschen Wittes in Asien, sondern setzte mehr und mehr auf die militärische Karte: Russische Soldaten landeten in der Bucht von Port Arthur, und russische Bajonette erzwangen Verträge mit China, die dem Kaiser Nikolaus ermöglichten, Port Arthur und Ta-Lieng-Wan zu besetzen, die Mandschurische Eisenbahn zu bauen und weitere begehrliche Blicke in Richtung Korea zu werfen.

Der Boxeraufstand in China lieferte einen guten Vorwand, die Mandschurei militärisch zu besetzen und die Interessen an den Besitz Koreas zu verstärken. Dadurch wurde der massive Widerstand Japans provoziert. In Rußland bildete sich eine Kriegspartei um Admiral Alexejew, den Politiker Besobrasow und um Plehwe, die vom Kaiser in Berlin eifrig unterstützt wurde und die auch das Ohr des Zaren Nikolaus besaß. Witte, der die finanziellen Konsequenzen aus einem Kriegsabenteuer fürchtete, geriet mehr und mehr ins Hintertreffen. Schließlich wurde er von Nikolaus entlassen – versehen mit dem Trostpflaster eines Vorsitzenden des Ministerkomitees, einem ehrenvollen und unbedeutenden Posten.

Nikolaus war sich seiner Sache vollkommen sicher. Man verhandelte zwar mit Japan, aber Rußlands Armee war stark und unbesiegbar, die Japaner nahm er nicht ernst. Wenn es zu einem Krieg kommen sollte, dann würde Rußland den Termin bestimmen, und vorerst hatte der Kaiser – sehr im Gegensatz zu seinen Falken – keine Eile. Als Japan im Januar 1904 die diplomatischen Beziehungen abbrach, nahm er das nicht besonders tragisch. Auch als die Japaner wenige Tage später den Krieg durch einen Torpedo-Angriff auf die in der Bucht von Port Arthur liegende russische Flotte eröffneten, sah Nikolaus keinen Grund zur Aufregung: Die patriotische gesinnte Bevölkerung huldigte dem Kaiser offen und demonstrativ, rief zur Unterstützung der Soldaten auf. Noch verhallten die Stimmen der kritischen Opposition. Der Kaiser reiste durch das Land, segnete die an die Front abrückenden Soldaten, verteilte Ikonen und träumte von der Mandschurei, von Korea und auch schon von Tibet ...

Je weiter der Krieg voranschritt, umso mehr ernüchterte Rußland. Die Japaner drangen an den Fronten in Korea, der Mandschurei und um Port Arthur voran. Rußlands Soldaten fragten sich, was sie denn in dem unbekannten Land, so fern von der Heimat, überhaupt sollten. Sie litten Not und Entbehrung. Ihr Unmut setzte sich im Landesinnern fort und goß Wasser auf die Mühlen der Revolutionäre. Im Juli 1904

fiel Innenminister Plehwe einem Bombenattentat zum Opfer. Nikolaus war ehrlich
erschüttert: „Der Herr straft uns hart in seinem Zorn", schrieb er in sein Tagebuch. Er
hatte einen „Freund" und „unersetzlichen Innenminister" verloren. Aber er hielt es für
unter seiner Würde, mit anderen Menschen über seine Trauer zu sprechen.

Außerdem lebte Nikolaus in Hochstimmung. Am 30. Juli 1904 erfüllte sich sein
größter Wunsch: Seine Frau gebar ihm den so lange ersehnten Thronfolger, der auf
den Namen Alexei getauft wurde. Das Glück verdrängte den fernen Krieg in Asien und
war doch so flüchtig. Schon nach wenigen Tagen wurde die Angst zur Gewißheit: Alix
hatte die Bluterkrankheit auf den russischen Thronerben übertragen. Sorge und Verzweiflung machten sich breit.

Im Land stieß der Kummer auf wenig Verständnis: Im Fernen Osten verbluteten
russische Soldaten. Nikolaus faßte den geradezu abenteuerlichen Beschluß, die russische Ostseeflotte mit einer Weltreise in den Pazifik zu entsenden. Warnungen ließ er
nicht gelten, außerdem hatte er den innenpolitischen Kurs korrigiert. Nach Plehwes
Tod ernannte er den als gemäßigt geltenden Swjatopolk-Mirski zum Innenminister.
Dieser sollte nun die Gesellschaft durch einen Kompromiß um die Autokratie vereinen. Das Bemühen war vergebens. Selbst die konservativsten Liberalen waren für
eine Verfassung und zur Beschneidung der Rechte des Autokraten bereit, sogar mit
Sozialdemokraten zusammenzuarbeiten. Im Dezember 1904 trafen sich alle wichtigen
oppositionellen Kräfte in Paris und vereinbarten den Kampf gegen die Selbstherrschaft. Gleichzeitig forderten die russischen Liberalen mit einer geräuschvollen „Ban-
kett-Kampagne" mehr politische Rechte und Freiheiten. Verantwortliche Minister
und Würdenträger drangen in den Zaren, einige gewählte Vertreter der Semstwos in
den Reichsrat aufzunehmen. Selbst diese geringfügige Abweichung von seinen geheiligten Prinzipien lehnte der Kaiser ab. Er beriet sich mit dem alten Pobedonoszew und
seinem Onkel Sergei Alexandrowitsch und erklärte in einem Ukas vom 12. Dezember
1904, daß allein der Zar das Recht habe, für das Wohl des Volkes zu sorgen, „das Gott
ihm anvertraut habe", und daß er fest entschlossen sei, „die grundlegenden Gesetze des
Reichs unangetastet" zu lassen. Im übrigen ergab sich der Kaiser in sein Schicksal und
hoffte, daß Gott ein Zeichen setzen möge.

Der Krieg setzte dieses Zeichen. Am 20. Dezember 1904 ergab sich die Festung
Port Arthur, und eine Welle von Demonstrationen und Manifestationen fegte durch
Rußland. Des Zaren innigste Wünsche für das Jahr 1905, „Möge der Herr das kom-
mende Jahr segnen, schenke Er Rußland ein siegreiches Ende des Krieges, dauerhaften
Sieg und ein sanftes, sorgenfreies Leben", sollten sich in keiner Hinsicht erfüllen. Das
Jahr 1905 begann mit einem Paukenschlag. Am 8. Januar erfuhr Nikolaus in Zarskoje
Selo, daß einen Tag später in Petersburg eine Massendemonstration unter Führung des
Popen Gapon zum Winterpalast ziehen sollte, um dem Zaren Forderungen nach
politischen Freiheiten und sozialen Rechten zu übergeben. Nikolaus zögerte keinen
Augenblick. Er beriet mit dem Ministerrat und entschied den militärischen Einsatz
gegen das bittende Volk. Innerhalb weniger Stunden verwandelte sich Petersburg in

ein Heerlager. Am Morgen des 9. Januar zogen 10.000 Menschen unter Zarenbildern und Kirchenfahnen zum Winterpalais. Dort wurden sie von Soldaten empfangen, die sofort das Feuer eröffneten und den friedlichen Zug im Blut erstickten: Gapon, ein Provokateur der Polizei, entkam, floh nach Paris und wurde später von Sozialrevolutionären aufgehängt.

Nikolaus wartete in Zarskoje Selo die Berichte über das Massaker ab. Er empfand den Militäreinsatz als tragisch, fühlte sich jedoch vollkommen im Recht und bemerkte nicht, daß er selbst das Band zu seinem Volk weiter und weiter zerschnitt. Nicht meuternde Strelitzen waren zum Zaren gezogen – das Volk flehte ihn in seiner Not um Hilfe an. Nikolaus verstand das nicht. Er ernannte General Trepow zum Generalgouverneur von St. Petersburg, und dieser dachte sich ein makabres Schauspiel aus. Er schickte 34 ausgewählte Arbeiter nach Zarskoje Selo, mit denen der Kaiser huldvoll und väterlich mahnend sprach: „Ihr habt euch von Verrätern und Vaterlandsfeinden betrügen lassen ... Wenn ihr ... als revoltierender Haufen zu mir kommt, um eure Bedürfnisse vorzutragen, dann ist dies eine kriminelle Tat ... Ich glaube an die Ehrlichkeit der Gefühle der Arbeiter und ihre unerschütterliche Loyalität mir gegenüber. Deshalb vergebe ich euch eure Schuld."

Niemand kümmerte sich um die Gefühle eines schüchternen Imperators. Nach dem 9. Januar erhob sich Rußland gegen die Autokratie. Akademiemitglieder, Universitätsprofessoren und Arbeiter, Handwerker und Bauern, Berufsorganisationen und Intellektuelle: der „Blutsonntag" hatte sie alle geweckt. Am 4. Februar wurde Großfürst Sergei Alexandrowitsch in Moskau durch eine Bombe getötet. Der Kaiser war entsetzt, die kaiserliche Familie war direkt angegriffen worden. Er reagierte so, daß niemand verstand, was er eigentlich wollte: Ein Manifest rief auf, alle Aktionen gegen die Grundlagen des Reichs zu bekämpfen, ein Ukas bereitete die Mitarbeit von Volksvertretern bei der Gesetzgebung vor, und ein drittes Dokument verlangte vom Senat, eine Regierungsreform vorzubereiten.

Tief von den Ereignissen getroffen, verwirrte der Kaiser das Volk und fand kein Rezept, wie er den um sich greifenden Aufständen, den Niederlagen im japanischen Krieg und der eigenen Verunsicherung begegnen sollte. Schließlich, nachdem die russische Flotte bei Tsuschima vernichtend geschlagen worden war, nahm er wenigstens das Angebot des amerikanischen Präsidenten Roosevelt zu Friedensverhandlungen mit Japan an und beauftragte Witte mit der Gesprächsführung. In Rußland aber stieg die revolutionäre Bewegung weiter an. Selbst die liberalen Semstwos sprachen bereits von Bürgerkrieg und nationaler Katastrophe. Nikolaus hielt an seinen Prärogativen fest und ließ sich nur mühsam, Schritt für Schritt, einzelne Zugeständnisse abpressen. Am 6. August 1905 versprach ein Manifest eine „beratende Duma" – zarentreue Bauern sollten sie dominieren. Gleichzeitig wurde die öffentliche Diskussion über politische Fragen streng verboten. Nikolaus war fest davon überzeugt, „daß Rußland gestärkt aus der Prüfung hervorgehen wird, die ihm auferlegt ist. Wie in der Vergangenheit müssen Rußland und der Zar wieder eine Einheit werden ..." Daran war jedoch nicht mehr zu denken. Dem klugen und überzeugenden Witte gelang im amerikanischen Portsmouth ein ehrenvoller Frieden für Rußland, dem Nikolaus trotz inneren Widerstrebens seinen Respekt nicht versagen konnte. Witte freute sich noch über den Grafentitel und die vielen Orden, die ihm der Vertrag eingebracht hatte, da gab es schon wieder Grund zum Ärgernis. Der Kaiser hatte während Wittes Abwesenheit mit seinem Vetter Wilhelm II. ein Treffen in den finnischen Schären bei Björkö. Wilhelm hatte Nikolaus dort am 11. Juli 1905 einen Vertrag über die deutsch-russische Zusammenarbeit buchstäblich aufgeschwatzt, der nicht nur das Abkommen Alexanders III. über die Kooperation mit Frankreich faktisch aufhob, sondern geeignet war, das europäische Gleichgewicht aus den Angeln zu heben. Der Geheimvertrag von Björkö zählte zu den politischen Dummheiten des russischen Kaisers, und Nikolaus sah sich, als er die ablehnende Haltung seiner Minister bemerkte, von Wilhelm hereingelegt. Außenminister Lambsdorff und auch Witte besaßen die Courage, den Vertrag nicht gegenzuzeichnen – und er trat nicht in Kraft.

Inzwischen näherte sich die russische Revolution ihrem Höhepunkt. Der Oktoberstreik erschütterte Rußland, die Rufe nach einer Verfassung wurden unüberhörbar. Kaiser Nikolaus besaß entweder nur unvollkommene Kenntnisse über den Sturm, der sein Reich bedrohte, oder er wollte diesen nicht wahrnehmen. In einem seiner vielen Briefe an die Mutter schrieb er im Oktober 1905: „In Moskau traten verschiedene Kongresse zusammen, die Durnowo (der Justizminister – D. J.) gestattet hatte. Aus welchem Grund, weiß ich nicht. Dort haben sie den Eisenbahnerstreik vorbereitet, der in der Umgebung von Moskau begann und sogleich auf ganz Rußland übergriff. Sankt Petersburg wurde von den Provinzen im Innern abgeschnitten. Seit einer Woche funktioniert die Baltikum-Linie nicht mehr. Der einzige Verbindungsweg zur Stadt ist das Meer. Wie angenehm das zu dieser Jahreszeit ist! Nach der Eisenbahn hat sich der Streik auf Fabriken und Manufakturen ausgedehnt, schließlich auf die Stadtverwaltungen und die Abteilung für Eisenbahnen im Verkehrsministerium. Stell Dir vor, welche Schande ... Gott weiß, was sich in den Universitäten abgespielt hat. Jeder konnte hinein, es wurden alle Arten von Scheußlichkeiten vorgebracht, und man hat es geduldet ... Wenn man die Telegramme der Agenturen las, wurde einem ganz schwindlig, immer nur Nachrichten über Streiks in den Schulen, bei den Apothekern etc. Ermordungen von Polizisten, Kosaken und Soldaten, überall Unordnung, Aufstand, Meuterei. Und die Herren Minister versammeln sich wie naß gewordene Hühner, und anstatt zu handeln, diskutieren sie über eine Zusammenlegung aller Ministerien."

Nikolaus sah den Retter aus der Not abermals im Grafen Witte. Dieser ging das Problem auch beherzt an und schlug vor, entweder eine Diktatur zu errichten oder die minimalen Forderungen nach einer Verfassung, freiheitlichen Bürgerrechten und einem Parlament zu erfüllen. Nach langen Beratungen stimmt der Kaiser dem zweiten Vorschlag zu.

Am 17. Oktober 1905 unterschrieb Nikolaus II. das von Witte ausgearbeitete Manifest, in dem sowohl eine Reichsduma als auch bürgerliche Freiheiten und ein

Wahlrecht versprochen wurden. Der Kaiser unterzeichnete das Dokument, aber er war beschämt und fühlte sich, als habe er die Dynastie und die heiligen Traditionen des Reichs verraten. Witte wurde zum Ministerpräsidenten ernannt, bekam die revolutionäre Opposition vorerst jedoch nicht in den Griff. Das Land taumelte dem Moskauer bewaffneten Aufstand vom Dezember 1905 entgegen. 18.000 Menschen gingen in der Eruption unter, gleichzeitig wurde damit der Höhepunkt der Revolution überschritten, und die Regierung begann mit der Verwirklichung der im Oktobermanifest angekündigten Reformen. Aber der Kaiser mißtraute Witte mit jedem Tage mehr. Nikolaus wollte eine Einschränkung seiner exekutiven Rechte um keinen Preis dulden. Beraten von seiner Frau und dem Schloßkommandanten, General Trepow – die ihn permanent gegen den eigensinnigen Ministerpräsidenten aufwiegelten –, umgab sich der Kaiser mit dem Schutz der Garde, orientierte er sich an den ultramonarchischen Pogromhelden der „Union des russischen Volkes" und ließ er sich jedes Zugeständnis an seine autokratische Würde nur nach intensiven Auseinandersetzungen abringen. Als er am 12. April 1906 der Formulierung Wittes zustimmte, der Kaiser bleibe Alleinherrscher, übe seine Macht jedoch nicht mehr „unbegrenzt" aus, empfand er körperlichen Ekel. Die Wahlergebnisse zur ersten Reichsduma erbrachten eine linksliberale Mehrheit und erschienen dem Zaren als Zumutung.

Graf Witte sah das Unbehagen des Monarchen sehr genau und ergriff für sich selbst die Flucht nach vorn: Noch im April 1906 trat er zurück. Nikolaus war sichtlich erleichtert, den Mann, der ihm das Oktobermanifest abgerungen hatte, loszuwerden, und schob den Günstling seiner Frau, den verknöcherten Goremykin, an die Regierungsspitze. Aber in dessen Kabinett kam als Innenminister ein Mann, der die neue Furcht und die Hoffnung des Zaren in sich vereinte: Pjotr Stolypin.

Am 27. April 1906 eröffnete Nikolaus II. im Winterpalais die erste Reichsduma: „Ich werde von mir aus die Institutionen, die ich zugelassen habe, auf unerschütterliche Weise schützen, denn ich bin fest überzeugt, daß ihr alle eure Kräfte verwenden werdet, um dem Vaterland mit Ergebenheit zu dienen, um die Bedürfnisse der Bauern, die meinem Herzen so teuer sind, zu stillen, um auf die Erziehung des Volkes zu achten und auf die Mehrung seines Wohlstands. Ich erinnere euch, daß es, damit sich ein Staat wirklich entwickeln kann, nicht nur der Freiheit bedarf, sondern auch einer Ordnung, die auf den Grundlagen der Verfassung beruht." Die Deputierten standen schweigend und blickten mit wachsendem Unmut auf ihren Kaiser, der sich mit allen Insignien und Würden seines Reichs umgeben hatte. Nicht ein Wort der Zustimmung oder gar des Beifalls fiel: Nikolaus erwähnte die so dringend erwartete Amnestie für politische Gefangene mit keinem Wort.

Die Abgeordneten zogen sich zu ihren Beratungen in das Taurische Palais zurück, weder der Kaiser noch ein verantwortlicher Minister folgten ihnen. In der Duma wurden flammende Reden für die politische Freiheit gehalten. Eine Bittschrift faßte noch einmal die Forderungen zusammen, aber Nikolaus nahm sie nicht einmal zur Kenntnis. Die Entwürdigung für das Parlament war vollkommen, als die Regierung die Bittschrift zurückwies. Es folgte eine hohle Geste: Die Duma setzte die Regierung ab, die aber war der Duma überhaupt nicht verantwortlich. Der Debattierclub im Taurischen Palais begab sich selbst mehr und mehr seiner parlamentarischen Würde.

Zar und Regierung wurden sich einig: Mit diesem Parlament war keine Politik für Rußland zu machen. Es bedurfte nur eines Anlasses, um die Auflösung zu verfügen. Dieser fand sich bei den Beratungen zur Agrarfrage, als die liberalen konstitutionellen Demokraten mit verbalen Gesten die Enteignung des Großgrundbesitzes forderten. Der neue starke Mann, Pjotr Stolypin, exekutierte den kaiserlichen Willen und trieb das Parlament auseinander. Er mobilisierte das Militär gegen drohende Unruhen und erhielt den Dank des Zaren: Stolypin wurde Ministerpräsident. Nikolaus war zufrieden und sagte seinem Premier: „Gott weiß, was geschehen könnte, wenn man diesen Herd der Meuterei und Aufmüpfigkeit bestehen ließe. Mein Gewissen, meine Pflicht vor Gott und dem Vaterland zwingen mich zu kämpfen, auch wenn ich dabei umkomme. Ich kann meine Macht denen, die sie mir entreißen wollen, nicht widerstandslos überlassen." Das war mehr als ein Geständnis, es war ein Programm und eine Lebensphilosophie.

Dem Auszug der Duma-Abgeordneten folgte eine neue Gewaltwelle, von der auch Stolypin nicht verschont blieb. Am 12. August 1906 wurde ein Bombenattentat auf ihn verübt, dem er unverletzt entkam. Stolypin antwortete mit Terror und Standgerichten, stets gedeckt durch den Monarchen: Gnadengesuche durften dem nicht einmal mehr vorgelegt werden. Aber Stolypin war ein gleichermaßen energischer wie kluger Mensch. Er stützte den Thron mit dem Galgen und bereitete eine umfassende Agrarreform vor, durch die er die Grundfesten des Reichs in Gestalt des privaten Einzelbauern sichern wollte – zu Lasten der überholten Dorfgemeinde. Seit dem Jahr 1903 liefen die Vorbereitungen zu dieser Reform. Außerdem mußten die Wahlen zur zweiten Reichsduma organisiert werden. Trotz des Terrors errangen die oppositionellen Kräfte erneut die Mandatsmehrheit. Nikolaus II. lehnte dieses Mal eine feierliche Eröffnung ab, und auch der neue Duma-Präsident, der konstitutionelle Demokrat Golowin, wurde nur für wenige Augenblicke zur Audienz vorgelassen. Stolypin war zu einer Zusammenarbeit mit der Duma bereit und legte den Abgeordneten am 6. März 1907 das Reformpaket zur Agrarfrage vor. Die Debatte endete in überschäumender Wirrnis: Regierung und Parlament konnten sich über die Enteignung von Grund und Boden nicht einigen. Nikolaus hätte die Duma am liebsten sofort wieder aufgelöst. Seine Toleranz gegenüber „extremistischen Rednern" war schnell und gründlich erschöpft. Aber Pjotr Stolypin war ein gründlicher Mensch und bereitete den Staatsstreich in aller Ruhe vor, mochten die Duma-Abgeordneten doch eine Weile ihr scheindemokratisches Spiel betreiben. Am 3. Juni 1907 war es soweit. Ein kaiserliches Manifest verkündete: „Wir sind der Meinung, daß das Scheitern der beiden Dumas auf die Neuheit dieser Einrichtung und die Unvollkommenheit des Wahlgesetzes zurückgeht, durch welches sich die gesetzgebende Versammlung mit Mitgliedern gefüllt hat, die nicht die Bedürfnisse und Wünsche des Volkes vertreten." Nikolaus II. löste die

Duma auf und verkündete ein neues Wahlgesetz. Mit diesem Coup wurde nicht nur den parlamentarischen Träumen ein Riegel vorgeschoben, das war der Schlußstrich unter die Revolution. Nikolaus konnte zufrieden sein. Die Auflösung zog keine Gewaltakte nach sich, das Land erstarrte. Im November 1907 trat die dritte Reichsduma zusammen, gewählt nach dem neuen Gesetz, und sie besaß die erhofften friedvollen konservativ-liberalen Mehrheitsverhältnisse. Stolypin konnte nun die Agrarreform beraten lassen und siegesgewiß erklären: „Die Krönung des Werkes, dem wir unsere Arbeit gewidmet haben, ist die Entwicklung eines neuen parlamentarischen Systems, das der Herrscher der Nation geschenkt hat. Dieses soll der höchsten kaiserlichen Macht großen Glanz und neue Kraft verleihen."

Nikolaus konnte sich nun endlich wieder auf jenes Gebiet zurückziehen, bei dem er Freude und Glück empfand: seine Familie. Das Kaiserpaar wohnte meistens in Zarskoje Selo, weit genug vom Trubel des Hofes und der Hauptstadt entfernt. Der Gesundheitszustand und die Weltabgewandtheit der Kaiserin standen unter einem starken Druck. Immer wieder gab die Bluterkrankheit des Thronfolgers Anlaß zu ernster Sorge, löste hystero-neurasthenische Erscheinungen und den Hang zu übersteigerter Religiosität aus. Eins griff ins andere. Die Ärzte konnten kaum wirksam helfen, und vielleicht gab es doch eine Möglichkeit, daß unter den Scharen in Rußland umherwandernder frommer Männer einer wäre, der dem Jungen durch die Kraft seines Glaubens Linderung verschaffen konnte. Vorerst brachten weder Johannes von Kronstadt noch der epileptische Pascha, noch der barfüßige Wassili, noch ein anderer Wunderheiler die ersehnte Rettung. Die Kaiserin wandte sich an Magier, Hypnotiseure und Spiritisten, auch an den „berühmten" Franzosen Nizir Philippe. Der kam nach St. Petersburg und redete auch mit dem Geist Alexanders III., aber er stolperte über einen anderen Umstand. Die Zarin bildete sich in ihrer Angst eine abermalige Schwangerschaft ein, und der neue Graf Cagliostro erahnte schon den gesunden Thronfolger. Als sich die Schwangerschaft nicht bestätigte, schmolz der Ruhm des Sehers dahin. Enttäuscht von dem Unglauben, dem man seinen überirdischen Fähigkeiten entgegenbrachte, verließ Philippe schmollend das Russische Reich. Das Debakel befreite Alix jedoch nicht von ihrer Bereitschaft, jedem weiteren Wundertäter zu vertrauen. In ihrer Hofdame Anna Wyrubowa fand sie eine bereitwillige Mystikerin, mit der sie ihre geheimen Träume in aller Ausführlichkeit ausbreiten konnte. Das war die Stunde des Grigori Jefimowitsch Nowych, den alle Welt nur unter dem Namen Rasputin kennt.

Nikolaus hatte bereits unter dem 1. November 1905 notiert: „Ich habe einen Gottesmann kennengelernt, der Grigori heißt und aus der Provinz Tobolsk stammt." Der „Gottesmann" Grigori war um das Jahr 1870 im sibirischen Pokrowskoje geboren worden. Den Namen Rasputin hatte wohl bereits sein Vater getragen – als Synonym für eine wüste Lebensweise. Auch Grigori hatte nichts unternommen, um sich des Schimpfnamens unwürdig zu erweisen. Er gehörte seit Jahren zur namenlosen Schar der „stranniki", der verlausten Lumpenpilger, die bettelnd durch das Land zogen und dank ihrer „seherischen Fähigkeiten" von der verängstigten Großmut der Öffentlichkeit lebten. Ja, er war sogar ein „staretz", d. h., er war bereits in die Elite der „stranniki" aufgestiegen und brillierte nicht nur durch seine „besondere Nähe zu Gott", sondern vor allem durch ausgekochte Skrupellosigkeit. Grigori gab sich einfach und bäurisch, grob und ungeschlacht, verfügte jedoch über ein instinktsicheres Einfühlungsvermögen – besonders für die Psyche leidender Frauen. Man sagte ihm nach, daß er ein Flagellant sei, einer, der sich in aller Öffentlichkeit ungehemmten sexuellen Genusses hingebe. Dabei war er von ungewöhnlich scharfem Verstand und präzisen analytischen Gaben. Grigori besaß ein derart abstoßendes Äußeres, er soll am ganzen Körper erbärmlich gestunken haben, daß er auf bestimmte Frauen mit magischer Anziehungskraft wirkte.

Es war ein Kirchenmann, Theofan von Kasan, der den Wanderprediger in die Hauptstadt empfahl. Die Petersburger Geistlichkeit nahm den schmutzigen Wilden mit offenen Armen auf und segnete ihn in aller Öffentlichkeit. Und die Kleriker ebneten ihm auch den Weg zum kaiserlichen Hof. Das vollzog sich freilich nicht so schnell und glatt, wie es bisweilen den Anschein hat. Erst im Oktober 1906 bat Nikolaus Rasputin erstmals nach Zarskoje Selo. Dieser war ein gerissener Schelm, der sich jeder Situation anpassen konnte. So verwundert es nicht, daß die Kaiserin von seiner ernsten Frömmigkeit beeindruckt war. Grigori Rasputin war auch keineswegs gekränkt, weil sich die Majestäten ihm gegenüber zunächst abwartend verhielten. Seiner Mittel war er sich sicher und wußte, daß es nur eine Zeitfrage war, bis ihn die Zarin brauchte. Die Damen der Petersburger Gesellschaft kamen bereits nicht mehr ohne den Wundermann aus.

Der Staretz lebte ganz bewußt in seiner Rolle und wurde von der Gesellschaft immer tiefer in die Aufgaben eines Heilbringers hineingedrängt. Er begann, an seine Mission selbst zu glauben, und setzte diese zielbewußt in Szene: Ganz oben, beim Kaiser, wollte er die Politik des Landes mitbestimmen. Die entscheidende Gelegenheit bot sich erst im Jahr 1908, als Anna Wyrubowa ihm hörig wurde. Grigori war klug genug, sie in ihrer geistlichen Extase nicht zum Opfer sexueller Gelüste werden zu lassen. Er blieb ihr Christus und Retter. Die „Reinheit" der Beziehung gefiel der Kaiserin und schloß sie für Rasputin auf. Es bedurfte jedoch noch einer dramatischen Situation für den Bruch letzter Dämme.

Bei einem Jagdunfall zog sich der Zarewitsch in Litauen so schwere Verletzungen zu, daß die Ärzte um sein Leben bangten. Als bereits jede Hoffnung vergebens schien und die Kaiserin verzweifelt das Ende ihres Sohnes herannahen sah, trafen zwei Telegramme von Rasputin ein: Die Verletzungen, so schrieb er, seien nicht gefährlich und die Ärzte sollten jede weitere Behandlung einstellen. Tatsächlich setzte noch am selben Tag eine Spontanheilung ein und Alexei genas. War es bei allen gegebenen Voraussetzungen ein Wunder, daß die Kaiserin von nun an zu den Verehrern Rasputins zählte?

Nikolaus wahrte weiterhin eine gewisse Distanz gegenüber Grigori, aber er war beeindruckt und vor allem froh, daß der Sohn und Thronfolger nicht sterben mußte.

Nikolaus legte sich eine eigene Sicht der Dinge zu und wollte in Rasputin so etwas wie die Urkraft der russischen Volksseele erkennen, die zum Retter der Dynastie geworden war. Auf diese Weise drang Rasputin in die Intimsphäre der Zarenfamilie ein – ein Privileg, das niemand sonst genoß. Rasputin konnte die Krankheit Alexeis nicht heilen, aber er stärkte dessen Selbstvertrauen und vor allem die Zuversicht der Zarin, eine Zuversicht, der sich auch Nikolaus nur zu gerne hingab. Grigori Rasputin stieg zum wichtigsten Ratgeber und engsten Vertrauten des Kaiserpaars auf.

Je tiefer der Staretz in das Seelenleben des Kaiserpaars drang und je größer sein Einfluß auf dessen politische Entschlüsse wurde, um so mehr verdrängte er die machtgewohnten und -hungrigen Würdenträger vom Thron. Nikolaus lebte in einem gewissen Zwiespalt. Er benötigte Rasputin, schon allein für den inneren Frieden seiner Frau. Er konnte jedoch niemand um sich dulden, der den autokratischen Willen in irgendeiner Weise belästigte. Er beobachtete sehr genau, wie das Leben Rasputins in der Gesellschaft verlief und beurteilt wurde. Aber er, der Kaiser, hatte den Wunderheiler an den Hof geholt, folglich stand der außerhalb jeder Kritik.

Dennoch – der Unmut in der Gesellschaft stieg. Die Unmoral Rasputins, zunächst willkommene Abwechslung im hauptstädtischen Leben, wurde Gegenstand bissiger Zeitungsartikel. Auch Alix war der Gesellschaft seit eh und je suspekt. Wie schön ließ sich eine Intrige spinnen, mit der man der Kaiserin den Hochmut heimzahlen und Rasputin beim Zaren in Ungnade bringen konnte: Die beiden haben ein Verhältnis, und die Wyrubowa ist mit im Bunde! Rasputin selbst schürte den Haß, indem er Schamlosigkeiten über seine Beziehungen zu Alix verbreitete, die samt und sonders erfunden waren.

Die peinliche Affäre spitzte sich zu, als auch der integre Stolypin beim Zaren vorstellig wurde und bittere Vorwürfe gegen Rasputin erhob. Stolypin hatte sich zwar um die Monarchie verdient gemacht, aber ähnlich Witte war er ein selbständiger Mensch mit eigenen energischen Ideen und Plänen, die den zaudernden Ansichten des Kaisers mehr und mehr zuwiderliefen. Stolypins Anklagen gegen Rasputin verärgerten den Zaren nicht nur, weil der Premier die Aufnahme des Wunderheilers an den Hof in Frage stellte, sondern sie verbanden sich mit den Auseinandersetzungen über die Agrarreform. Im Jahr 1911 erreichte der Konflikt seinen Höhepunkt. Nikolaus war ebensowenig wie andere Würdenträger fähig, die großen und langwirkenden Dimensionen des Reformprogramms zu ermessen. Einflußreiche Kräfte brachten Stolypins Plan, die Semstwos nach Westen auszudehnen, mit dem Argument zu Fall, zwischen den russifizierten Semstwos, der ukrainischen und weißrussischen bäuerlichen Bevölkerung und den polnischen Grundbesitzern würden nationale Konflikte provoziert werden. Zar Nikolaus persönlich teilte Stolypin in einer Sitzung des Staatsrats am 4. März 1911 die Ablehnung mit. Stolypin, kompromißlos und spontan, reichte seinen Abschied ein. Nikolaus schwankte und zögerte. Die Onkel Alexander und Nikolaus Michailowitsch, vor allem jedoch die Zarenmutter Marija Fjodorowna, wußten um die Fähigkeiten Stolypins und bewegten den Kaiser, das Rücktrittsgesuch abzulehnen. Nikolaus fühlte sich gedemütigt und haßte Stolypin, weil der ihn zu einem Schritt zwang, den er nicht gehen wollte. Aber auch Stolypin erwies sich des Hasses Seiner Majestät würdig. Er stellte Bedingungen, die den Kaiser noch tiefer verletzten: Stolypins eifrigste Gegner, die Grafen Durnowo und Trepow, sollten unverzüglich aus dem Staatsrat ausgeschlossen werden. Reichsduma und Staatsrat sollten für drei Tage aufgelöst werden, damit die Einführung der Semstwos in den westlichen Gouvernements über den Notstandsartikel 87 der russischen Grundgesetze durchgesetzt werden konnte. Stolypin sollte das Recht erhalten, 30 neue Mitglieder für den Staatsrat zu benennen, während eine gleiche Zahl vom Zaren nominierter Mitglieder ausscheiden sollte.

Noch niemals hatte es ein kaiserlicher Politiker gewagt, derartig tief in die Prärogative des Monarchen einzugreifen. Alles geschah, wie Stolypin es gewollt hatte. Aber der Ministerpräsident hatte den Bogen überspannt. Er hatte sich eines Machtmißbrauches schuldig gemacht, der die Gegner aktivierte und den Untergang beschleunigte. In der Hauptstadt wurden zielgerichtete Gerüchte ausgestreut, die vom baldigen Ende des bonapartistischen Stolypin sprachen. Nikolaus half dem Gerücht durch feine, aber anhaltende Nadelstiche nach.

Im August 1911 sollte in Kiew die Einführung der Semstwos in den westlichen Gouvernements feierlich eröffnet werden. Die kaiserliche Familie, die Würdenträger des Reichs, Diplomaten und Beamte sollten sich versammeln und das Ereignis durch Paraden, Gottesdienste und allerlei Spektakel würdigen. Stolypin kam nach Kiew und auch Grigori Rasputin. Die Legende berichtet, daß Rasputin beim Anblick des Ministerpräsidenten gejammert hätte: „Der Tod ist hinter ihm! Der Tod folgt ihm ... Folgt Pjotr ... Folgt ihm nach!" Tatsächlich wurde auf Stolypin in der Kiewer Oper geschossen – am 5. September 1911 starb er an den Folgen der Verletzung. Der Attentäter Bogrow, ein Sozialrevolutionär und Doppelagent, wurde gefaßt, aber die Umstände, die zum Tod Stolypins geführt hatten, wurden niemals vollkommen aufgeklärt. Erwiesene Tatsache bleibt jedoch, daß Bogrow mit polizeilicher Genehmigung an allen Veranstaltungen teilnehmen durfte, die auch Stolypin besuchte. Daß der Ministerpräsident rigoros den Obskurantismus Rasputins bekämpfte, daß er dem Zaren verhaßt gewesen ist und daß zahlreiche Höflinge nichts mehr ersehnten, als den Premier aus dem Weg zu räumen – das alles waren Indizien, die keinen Beweis für eine Verschwörug des Hofs lieferten.

Nikolaus besuchte das Kiewer Krankenhaus, in dem Stolypin bis zu seinem Tod lag, zweimal, sah aber seinen Ministerpräsidenten nicht mehr. Der Kaiser sorgte auch persönlich dafür, daß die Untersuchungen gegen Bogrow eingestellt wurden. So schnell es ging, wurde der Attentäter hingerichtet. Bis auf den heutigen Tag bleiben Zweifel, ob es nicht doch eine großangelegte Verschwörung gegen Stolypin gegeben hat, in die höchste Hofkreise verwickelt gewesen sind. Aber Kaiser Nikolaus II. gehörte mit Sicherheit nicht zum Kreis der für ein Komplott in Frage kommenden Personen. Das war dem ehrenwerten Rasputin schon weit eher zuzutrauen. Die Zarin genierte

sich auch nicht, mit Rasputin über den Amtsnachfolger Stolypins, Wladimir Kokowzow, zu verhandeln.

Nikolaus war über seine Entscheidung glücklich. Endlich hatte er einen Premier,
der nicht so ein unruhiger und bedrängender Geist wie Witte oder Stolypin war. Aber
das Attentat auf Stolypin besaß noch eine andere Folge: Wer konnte schon mit Gewißheit sagen, daß der Anschlag nicht vielleicht doch dem Zaren gelten sollte? In ihrer
Angst räumte die Kaiserin Rasputin eine Stellung ein, die ihn in das Zentrum politischer Entscheidungen führte. Künftig wurde die Wohnung Rasputins zu jenem Ort,
in dem die kaiserlichen personalpolitischen Entscheidungen vorbereitet wurden. War
mit Stolypin noch ein einzelner Feind Rasputins aus dem Weg geräumt worden, so
mehrte sich nun die Zahl seiner Gegner. Die Kirchenmänner, die ihn einst hoffähig
gemacht hatten, verfluchten den Gotteslästerer. Die Presse mokierte sich ungeniert
über die Lasterhaftigkeit Rasputins und bezog auch die Kaiserin ein. Ganz verwegene
Geister überfielen den Wundermann und wollten ihn kastrieren. Der Anschlag miß-
lang jedoch. Nikolaus griff zu einem äußersten Mittel, um den Skandal um Rasputin
zu beenden. Er befahl in nach Jerusalem. Vielleicht würde der Besuch heiliger Stätten
den Gottesmann läutern. Auch diese Entscheidung griff nicht. Kaum zurückgekehrt,
setzte Rasputin das ungezügelte und wüste Leben fort. Sein Ruf war längst ruiniert,
und er fuhr fort, das Ansehen der kaiserlichen Familie zu schädigen. Marija Fjodorowna wandte sich verzweifelt an Kokowzow: „Meine unglückselige Schwiegertochter
erkennt nicht, daß sie und die Dynastie untergehen. Sie glaubt aufrichtig an die
Heiligkeit eines Abenteurers, und wir sind machtlos und können nichts tun, um eine
Katastrophe zu verhindern, die inzwischen unvermeidlich scheint."

Rasputin beschäftigte die Öffentlichkeit in einem Maße, daß der Eindruck einer
Staatskrise entstand. Tatsächlich wurde es eine dynastische Krise, und die öffentliche
Meinung wetteiferte darum, der ungeliebten Kaiserin die Verantwortung zuzu-
schanzen. Eine Verschwörung gegen Rasputin lag in der Luft. Selbst Bischof Theofan
von Kasan erkannte seinen tragischen Fehler, fand aber bei Nikolaus kein Gehör. Der
Kaiser verbat sich jegliche Einmischung in persönliche Entscheidungen und vor allem
in sein Privatleben. Er suchte dem Dilemma zu entkommen und floh 1912 mit seiner
Familie vor der Welt und vor Rasputin auf die Krim, nach Liwadija.

Der Wunderheiler wurde zum Schicksal der Zarenfamilie. Die Skandale ergriffen
aber nur einen kleinen Teil der russischen Gesellschaft. Die Krise Rußlands und der
Autokratie ging nicht von Rasputin aus. Er war nur ein Menetekel für den nahenden
Untergang. In Wirklichkeit wurde Rußland nach der Revolution von zwei gegenläufigen Tendenzen beherrscht. Das Land erholte sich von dem Krieg gegen Japan und
von der Revolution. Die Wirtschaft prosperierte, Wohlstand, Bildung und Kultur
breiteten sich aus. Dank der Energie und Weitsicht eines Witte oder eines Stolypin
verkleinerte Rußland seinen Rückstand gegenüber dem europäischen Westen beträchtlich. Es wurde jedoch kein idyllisches Land voller Wohltaten. Seit 1911 breiteten sich
wieder Streiks und Unruhen aus. Nikolaus urteilte selbstgefällig über die Reichsduma:

„Die Erfahrung von drei Jahren hat mir bewiesen, daß die Duma als Ventil nützlich sein kann, weil man dort sagen kann, was man auf dem Herzen hat. Aber endgültige Entscheidungen darf sie nicht treffen. Ich entscheide. Die Menge braucht zu ihrer Führung eine feste und starke Hand. Hier bin ich der Herr." Gewiß, von der „braven Duma" ging keine Gefahr mehr aus. Die alleinige Macht des Zaren gab es aber auch nicht mehr. Die soziale Frage hatte zu extremen politischen Gruppierungen geführt, die sich anschickten, den Kampf um die Macht in Rußland anzutreten – allen voran die von Lenin geprägten Bolschewiki. Außerdem war Rußland in ein europäisches Bündnissystem eingesponnen, das sich – gewollt oder ungewollt – Schritt für Schritt einem großen Krieg näherte. Und schließlich: Des Kaisers Sorge um die Familie und den Thronfolger machten ihn zum Autokraten in der Hand Rasputins.

Es wäre jedoch übertrieben, Rasputins Einfluß auf die Entscheidungen des Kaisers für unbegrenzt zu halten. In der Außenpolitik vertraute Nikolaus zunächst viel mehr Alexander Iswolski, der als kluger Europapolitiker bis zum Jahr 1910 das Bündnis mit England und Frankreich förderte, um dadurch auch freie Hand auf dem Balkan und in den Meerengen zu erhalten. Nicht alle Wünsche Iswolskis gingen in Erfüllung. Nikolaus kam nicht umhin, die Annexion Bosnien-Herzegowinas durch Österreich-Ungarn anerkennen zu müssen. Es war eine herbe Niederlage für die russische Balkanpolitik, die Nikolaus in erster Linie seinem Vetter Wilhelm II. verdankte. Entsprechend frostig entwickelten sich die verwandtschaftlichen Beziehungen.

Iswolskis Nachfolger Sergei Sasonow setzte die offensive Politik fort und führte Rußland über die Balkanliga in die Balkankriege von 1912/13. Das Russische Reich beteiligte sich auf seine Weise an den Krisen, die schließlich in den Ersten Weltkrieg mündeten. Nikolaus verfolgte die politischen Ränke in Europa mit naivem Staunen. Er wollte keinen Krieg und glaubte auch nicht, daß Wilhelm II. Rußland jemals angreifen werde. Aber er tat auch nichts, um Rußland aus den europäischen Kabalen herauszuhalten. Selbst das Attentat von Sarajevo, bei dem am 28. Juni 1914 der österreichische Thronfolger Franz Ferdinand und dessen Gattin ermordet wurden, erschien Nikolaus nicht als ein Ereignis von besonderer Tragweite: Der Kaiser segelte und pflegte den verstauchten Fuß seines armen Sohnes. Anfang Juli kam Frankreichs Staatspräsident Poincaré nach Rußland – Nikolaus glaubte noch immer nicht an einen Krieg Österreichs oder gar Deutschlands. Er war wie vor den Kopf geschlagen, als Österreich Ende Juli an Serbien den Krieg erklärte. Was sollte er tun? Nikolaus war verwirrt. Selbst Rasputin konnte nicht helfen. Der lag nach einem Messerattentat schwer verletzt in einem Krankenhaus von Tjumen. Aber Rasputins Einfluß beruhte in hohem Maße auf der Fähigkeit, stets zur rechten Zeit mit Rat und Tat präsent zu sein. Die Zarin ließ Messen für den heiligen Mann lesen, und der revanchierte sich mit einem Telegramm, in dem er dem Zaren riet, keinen Krieg zu führen, der „das Ende Rußlands und der Zaren bedeuten würde, ein Gemetzel, in dem alle Männer bis auf den letzten umkämen".

Es war keine politische Prophetie, sondern das Wissen um die Ängste des Kaisers, das Rasputin zu dem Text veranlaßte. Tatsächlich mühte sich Nikolaus noch in letzter Minute ernsthaft um den Frieden. Wilhelm II., den er um Unterstützung bat, war am wenigsten zur Hilfestellung geeignet: Er schob Rußland alle Verantwortung für den drohenden Konflikt zu. Nikolaus gab auf. Am 31. Juli 1914 verkündete er die allgemeine Mobilmachung. Einen Tag später war der Weltkrieg zur Tatsache geworden. Großfürst Nikolai Nikolajewitsch – auch ein Onkel – erhielt den Oberbefehl über die russische Armee im Felde.

Während sich Kaiser Nikolaus in patriotischen Aufrufen und Zeremonien bewährte, drangen die Armeen seiner Generäle Samsonow und Rennenkampf in Ostpreußen ein. Der Vorstoß entlastete Frankreich, endete für Rußland aber mit einem Debakel: Paul von Hindenburg zwang bei Tannenberg die Armee Samsonows in die Umkreisung und Rennenkampf zur Flucht. Rußland verlor 110.000 Mann an Toten, Verwundeten und Kriegsgefangenen. General Samsonow verging vor Schande und erschoß sich. Größeres Glück besaßen die russischen Truppen bei ihrem Vormarsch bis Ostgalizien. Als die Türkei in den Krieg eintrat, sah sich Nikolaus schon als sicherer Sieger in Konstantinopel, der Stadt, die seine Vorfahren zwar stets sehnlich erstrebt, aber niemals erreicht hatten.

Indessen, auch im Süden währte das russische Kriegsglück nicht lange. Im Frühjahr 1915 attackierten deutsche Truppen die russischen Flanken an der gesamten Ostfront. Bis zum Sommer des gleichen Jahres verlor Rußland 3,8 Millionen Mann!

Wieder zeigte sich die ungenügende wirtschaftliche Basis und militärische Vorbereitung auf einen Krieg. Es gab in Rußland Männer, die die Lage realistisch beurteilten. Mit geradezu erschreckender Präzision analysierte der Schwerindustrielle Alexei Putilow die Situation im zweiten Kriegsjahr: „Die Tage des Zarentums sind gezählt. Der Zar ist verloren, unrettbar verloren. Eine Revolution ist jetzt unvermeidlich ... Bei uns kann Revolution nur destruktiv sein, weil die gebildete Klasse im Land nur eine geringe Minderheit repräsentiert, die weder eine Organisation noch Erfahrung, noch Kontakt zu den Massen hat ... Mit Sicherheit werden die Bürger, die Intellektuellen und die Kadetten es sein, die das Signal zur Revolution geben, weil sie glauben, auf diese Weise Rußland zu retten. Aber von der bürgerlichen Revolution werden wir sehr schnell in eine Arbeiterrevolution geraten und bald danach in eine Bauernrevolution. Dann wird eine schreckliche Anarchie einsetzen, eine endlose Anarchie!"

Nikolaus glaubte an den Sieg der russischen Waffen. Er lebte zurückgezogen in Zarskoje Selo. Frau und Töchter leisteten vorbildliche karitative Hilfsdienste in Krankenhäusern und Lazaretten. Auch der Kaiser war nicht untätig. Er berief ein Verteidigungskomitee aus Vertretern der Duma, des Reichsrats, von Wirtschaft und Industrie, das die stockenden Nachschubwege und unzureichende Ausrüstung der kämpfenden Armeen verbessern sollte. Nikolaus bemühte sich, die Ministerressorts mit fähigen Männern zu besetzen, ja, er kam sogar gemäßigten Wünschen der vierten Reichsduma entgegen: Gemäß seiner historischen Mission versuchte der Kaiser, das Volk im Interesse des Krieges zu einen. Nikolaus besuchte die Front, hin und wieder.

Bei diesen Visiten erwachte in ihm jedes Mal der Wunsch, sich selbst an die Spitze der Armee zu stellen. Wenn die Kaiserin und Rasputin den Wunsch nach Kräften beförderten, entsprang ihr Streben eher der Eifersucht gegenüber dem Oberkommandierenden, Großfürst und Generalissimus Nikolai Nikolajewitsch. Der hatte den Wunsch Rasputins, die Front besuchen zu dürfen, mit den Worten pariert, „daß er gerne kommen kann, aber aufgehängt wird".

Die Kaiserin und Rasputin schmiedeten ein Komplott gegen den Großfürsten, um ihn zu Fall zu bringen. Die Kaiserin hat ihrem Gatten während des Krieges viele Briefe mit Handlungsanweisungen geschrieben. Mit List und Hintergründigkeit umgarnte sie ihn und lenkte ihn in die Richtungen, die er gehen sollte. So auch im Falle des Großfürsten, der vielleicht viele Fehler beging, bei den Soldaten jedoch beliebt war und nach Maßgabe aller Voraussetzungen seine Aufgaben erfüllte. Gegen alle Widersprüche aus den Reihen seiner Minister und der Armee setzte Nikolaus den Willen seiner Frau und Rasputins durch. Im August 1915 setzte er den Onkel ab und erklärte mit Pathos: „Die Pflicht, meinem Vaterland zu dienen, die Gott mir auferlegt hat, befiehlt mir, jetzt, da der Feind in die Grenzen des Reichs eingedrungen ist, den Oberbefehl über das Heer zu übernehmen." Der Großfürst wurde in den Kaukasus abgeschoben. Außer Rasputin und dem ihm ergebenen Anhang – einschließlich der Zarin – war über die große Geste niemand glücklich. Der dreiste Duma-Präsident Rodsjanko wagte es, dem Kaiser ins Gesicht zu sagen, was viele verantwortungsbewußte Politiker dachten: „Indem Sie Ihre geheiligte Person dem Urteil des Volkes aussetzen, legen Sie Hand an sich selbst und führen Rußland ins Verderben."

Nikolaus spielte die ihm auferlegte Rolle tapfer und mit nicht nachlassendem Ernst – die Kaiserin und Grigori waren im Geiste immer an seiner Seite, auch als er sich im Oberkommando zu Mogiljow häuslich einrichtete. Zur Ehre des Kaisers muß gesagt werden, daß er sich seiner unvollkommenen strategischen Fähigkeiten bewußt gewesen ist. Mit Michail Alexejew fand er einen Generalstabschef, der ihn klug und exakt vor der Peinlichkeit bewahren konnte, selbst in militärische Pläne und Operationen eingreifen zu müssen. Gelegentlich besuchte der Kaiser Soldaten an der Front, merkte jedoch, daß er wenig Eindruck bei den abgekämpften Truppen hinterließ. So blieb er im täglichen Einerlei von Mogiljow und führte dort ein derart friedliches Leben, daß nicht nur seine Frau zu gelegentlichen Visiten anreisen konnte, sondern sogar der inzwischen zehnjährige Alexei das Stabsquartier mit ihm teilen durfte. Der Kaiser lebte im Generalstab, war über alle militärischen Vorgänge informiert und besaß dennoch keinen Anteil an den russischen Militäroperationen – weder in Litauen noch im Kaukasus, noch auf dem Balkan. Die Russen errangen im Jahr 1915 eine Reihe von Teilerfolgen, erlitten keine gravierenden Niederlagen, und dennoch erschöpfte der Krieg die Armee und das Land. Wachsende Unzufriedenheit breitete sich an der Front und im Innern des Reichs aus.

Nikolaus hatte mit der Übersiedlung nach Mogiljow einen großen Fehler begangen – nirgendwo war er so nutzlos wie gerade dort. Er setzte dem Fehler die Krone auf, indem er die Zarin beauftragte, das Reich zu regieren. Mit Rasputin und Anna Wyrubowa bildete sie ein mystizistisches Triumvirat, das das Reich in den Abgrund trieb. Es gab fortan keine einzige Frage, die Alexandra, bevor sie sie mit ihrem Mann brieflich besprach, nicht zuvor mit Rasputin beraten und entschieden hatte. Nicht alles, was Rasputin sagte oder tat, war schmutzig und gemein. Er wollte den Krieg zwar nicht, da er aber nun einmal existierte, mußte Rußland ihn auch bis zum siegreichen Ende durchkämpfen. Rasputin wußte um die Stimmung im Volk und veranlaßte auch Maßnahmen, um etwa die Versorgung mit Lebensmitteln einigermaßen zu sichern.

Das Dreigestirn regierte weiter, stets im Namen des Kaisers. Skandalöse Personalentscheidungen, wie die Berufung Boris Stürmers zum Außenminister und Ministerpräsidenten oder die Einmischung Rasputins in die Brussilow-Offensive in Wolhynien erregten das russische Volk und wurden dem Kaiser angelastet. Langsam wuchs die Überzeugung, nicht nur der Krieg sei absurd, sondern auch der Zar sei ein Fluch, der schwer auf Rußland liege. Wirtschaft und Verkehr wurden chaotisch. Die Front konnte nicht mehr ausreichend versorgt werden. 1916 streikten in Rußland trotz des Krieges mehr als eine Million Arbeiter.

In der Umgebung des Kaisers fehlte es nicht an Mahnungen, die Zarin zur Ordnung zu rufen und vor allem Rasputin davonzujagen. Nikolaus versagte sich jeder Vernunft. Er war seiner Frau offenbar in jeder Beziehung hörig und duldete keinerlei Eingriffe in seine autokratischen Lebensweisheiten. Es gab in der zweiten Hälfte des Jahres 1916 keine einzige ernsthafte politische Gruppierung in Rußland, die nicht mehr oder weniger zu der Überzeugung neigte, die Kaiserin und Rasputin waren die Quelle allen Unglücks.

In dieser brisanten, vom Krieg und der Morbidität der Autokratie gezeichneten Atmosphäre entschloß sich ein dem Thron nahestehender Bonvivant, Fürst Felix Jussupow, dem Spuk ein Ende zu bereiten: Rasputin mußte weg, um jeden Preis. Er konspirierte mit nur wenigen einflußreichen Menschen, darunter mit dem Duma-Abgeordneten Purischkewitsch, dem Großfürsten Dmitri Pawlowitsch, dem Gardeoffizier Suchotin und mit Doktor Lazovert. Jussupow hatte sich in das Vertrauen Rasputins geschlichen, und es gelang ihm, den „Gottesmann" in der Nacht vom 16. auf den 17. Dezember 1916 in seinen Palast zu locken. Was in dieser Nacht geschah, ist in unendlich vielen Romanen und Berichten mit phantasievoller Blumigkeit beschrieben worden. Bemerkenswert an der wilden Schießerei war allein der hilflose Satz des durch Gift und Kugeln sterbenden Grigori: „Felix, Felix, das erzähle ich alles der Zarin!" Dazu kam es freilich nicht mehr. Die Attentäter warfen den Leichnam von der Petropawlowski-Brücke in die Kleine Newa und vergaßen in ihrem Eifer, den Körper mit Steinen zu beschweren. Zwei Tage später wurde der tote Wunderheiler aus dem Eis geborgen.

Die Männer um Felix Jussupow waren bei ihrem Unternehmen so geräuschvoll vorgegangen, daß bereits am 17. Dezember jedermann bekannt war, daß sie Rußland von einem Alptraum befreit hatten. Die Freude war allgemein. Während die Zarin noch verzweifelt die Hände rang, strahlte Nikolaus auf die ersten Nachrichten hin innere Zufriedenheit aus: Auch ihn hatte man von einer schweren Bürde entlastet. Aber er blieb sich treu. Auf den ersten Wink seiner Frau eilte er nach Zarskoje Selo und nahm an der Beisetzung im Park des Schlosses teil. Natürlich wurde eine Untersuchung gegen die Attentäter eingeleitet. Aber deren hohe gesellschaftliche Stellung ließ lediglich eine symbolische Bestrafung zu.

Dennoch blieb der Tod Rasputins nicht ohne Folgen, vor allem für die Zaren selbst. Sie hatten seit mehr als acht Jahren ihr ganzes Leben so intensiv mit den „Ratschlägen" Grigoris verbunden, waren hinsichtlich der Gesundheit Alexeis von Rasputin vollkommen abhängig, so daß dessen Ende sie aus den Geleisen warf. Nikolaus hatte niemals gewußt, was in seinem Land wirklich vor sich ging. Jetzt wußte er es erst recht nicht. Eine Fehlentscheidung folgte der anderen. Wohlmeinende Freunde ertappten sich bei dem verhängnisvollen Gedanken, Nikolaus habe den Boden unter den Füßen verloren, die Ereignisse überrannten ihn, ja, er habe sich bereits mit der drohenden Katastrophe abgefunden und sei sogar zur Abdankung bereit. Tatsächlich bildeten der Verfall Rußlands und die moralische Apathie des Kaisers eine untrennbare Einheit. Duma-Präsident Rodsjanko entwarf vor Nikolaus das Bild eines chaotischen Landes und beschwor den Monarchen, endlich die Politik vor der Zarin zu schützen. Der Kaiser konnte nur mit schwacher Stimme fragen: „Ich habe 22 Jahre lang versucht, mein Bestes zu tun. Ist es möglich, daß ich mich 22 Jahre lang geirrt habe?" Rodsjanko besaß die nahezu unfaßbare Tollkühnheit, dem Autokraten ins Gesicht zu sagen: „Ja, Eure Majestät, 22 Jahre lang sind sie einen irrigen Weg gegangen." Aber was sollte ihm auch passieren: Das Russische Reich und sein Kaiser lagen in tiefer Agonie.

Man sah es dem Zaren bald äußerlich an, wie sehr er litt, wie groß seine Unruhe und Richtungslosigkeit waren. Seine geliebte Frau konnte sich nicht aus dem ekstatischen Rasputinismus lösen und erschwerte das Leben zusätzlich. Sie setzte sich weiter durch und verlangte von ihrem Mann, obskure Anhänger Rasputins in verantwortliche Ministerposten zu bringen. Aber der Widerstand wuchs. Die führenden Militärs, allen voran die Generäle Alexejew, Brussilow und der Kosakengeneral Krymow, planten eine Verschwörung und einen Militärputsch zur Absetzung des Zaren und seiner Frau. Selbst die große Zarenfamilie war sich unter Führung der Großfürsten einig, daß Nikolaus abgesetzt werden müßte. Sie konnten sich nur nicht über die Person des Regenten einigen. Das alte Rußland des 17. und 18. Jahrhunderts stand wieder auf: In den Garderegimentern sammelten sich Anhänger für einen Thronwechsel. Das Drama bestand nur darin, daß in der ganzen Familie Romanow nicht eine einzige Persönlichkeit war, der man die harte Hand des Autokraten zutraute.

Nikolaus aber nahm das alles nicht zur Kenntnis und baute auf den Sieg der russischen Waffen im Krieg. Das Schicksal nahm seinen Lauf. Generäle, Großfürsten, Gardeoffiziere oder auch Duma-Abgeordnete – sie alle wurden der Notwendigkeit einer Reichsreform und eines zivilisierten Wechsels in der herrschenden Dynastie enthoben.

Während Nikolaus am 22. Februar 1917 wieder in das Hauptquartier nach Mogiljow reiste, begannen in Petrograd die Unruhen, die in die Revolution mündeten. Brotmarken, Preissteigerungen, fehlendes Heizmaterial steigerten die Not der Stadtbewohner, trieben sie in die Arme politischer Agitatoren, ließen spontane Streiks und organisierte Demonstrationen zur Tagesordnung werden. Die Forderungen nach Brot und Arbeit verbanden sich mit der Sehnsucht nach Frieden und mündeten in die Forderung nach einem schnellen Ende der Zarenherrschaft. Soziale und politische Revolution griffen vom 23. Februar an ineinander. Der Kaiser aber telegrafierte, man solle die Unordnung in der Stadt sofort beenden.

Am 27. Februar gingen die traditionsreichsten Garderegimenter zu den Aufständischen über. Das Winterpalais wurde besetzt, die Zarenfahne vom Mast geholt. Nikolaus fiel nichts Klügeres ein, als die Duma aufzulösen. Auch das Taurische Palais wurde von Demonstranten überflutet, und ein radikalsozialistischer Abgeordneter, der Advokat Alexander Kerenski, trat ihnen entgegen: „Bürgersoldaten, euch fällt die große Ehre zu, die Sicherheit der Duma zu gewährleisten. Ich ernenne euch zur ersten revolutionären Garde ... Nehmt die Minister fest! Besetzt die Post, die Telegrafen- und Telefonämter! Besetzt die Bahnhöfe und alle offiziellen Einrichtungen!" Die Duma bildete schnell ein „provisorisches Komitee" aus zwölf Abgeordneten. Parallel dazu entstand ein erster Arbeiter- und Soldatenrat. Die russische Februarrevolution nahm ihren Lauf, charakterisiert durch die Doppelherrschaft von Provisorischer bürgerlicher Regierung und Sowjet – bis der bolschewistische Oktoberaufstand die „Diktatur des Proletariats" proklamierte.

Aber vorerst war noch Nikolaus II. der Herr Rußlands, zumindest formal und nur für eine kurze Zeit. Er begriff nicht, was in seiner Hauptstadt vorging. Eine Regierungsumbildung lehnte er ab und schickte ein Bataillon Georgsritter los, die Ruhe wiederherzustellen: Die Soldaten kamen nicht bis Petrograd. Erst als Alexandra Fjodorowna von Straßenkämpfen und notwendigen Zugeständnissen berichtete, handelte Nikolaus. Am Morgen des 28. Februar bestieg er den Zug in Richtung Petrograd. Er kam nur bis Pskow. Hier erfuhr er von der neuen Provisorischen Regierung unter Leitung des Fürsten Lwow. In Pskow teilte man ihm mit, daß die Duma und die Militärs der Meinung waren, seine Abdankung sei unvermeidlich. Nikolaus erlebte den schwersten Tag seines Lebens. Äußerlich ruhig, rang er sich die Erkenntnis ab, daß die Realitäten des Lebens über die Traditionen dynastischen Machtverständnisses siegten. Aber kampflos gab er sich nicht auf. Nikolaus II. erklärte sich zunächst nur bereit, zugunsten seines Sohnes Alexei abzudanken. Er, der es seit Jahrzehnten gewohnt war, in allen schwierigen Entscheidungen auf den Rat seiner Ehefrau zu hören, war in der schwersten Stunde ganz allein. Er dachte daran, daß der Thronfolger unheilbar krank war, und änderte seinen Entschluß: Alexei sollte in seiner Nähe bleiben. Den Thron konnte der Bruder Michail Alexandrowitsch besteigen. Die Situation verlangte Nikolaus ein Höchstmaß an Selbstbeherrschung ab. Dem Kaiser war bewußt, daß das Ende der Dynastie, das Ende einer ganzen historischen Epoche Rußlands gekommen war, das Ende all dessen, wofür er gelebt und gelitten hatte. Auf dem Bahnhof von Pskow, weit vor den Toren der Hauptstadt Petrograd und noch weiter vom traditionsreichen Moskau, dem Kernland des Russischen Reichs, entfernt, unterschrieb Kaiser Nikolaus II. die Abdankungsurkunde.

Nikolaus hatte noch gut ein Lebensjahr vor sich. Die Geschichte seines Martyriums ist in jüngster Zeit oft, widersprüchlich und mit immer neuen Tatsachen erzählt worden. Es ist dies die Geschichte eines tapferen kleinen Mannes, der, hin und her geworfen von den Stürmen seiner Zeit, mit äußerster Selbstbeherrschung und Güte das Leben seiner Familie, die ihm alles im Leben bedeutete, retten wollte. Mit Geduld und Zuversicht ertrug er ein entwürdigendes Geschick – bis zum bitteren Ende.

In der Nacht vom 16. auf den 17. Juli 1918 – gegen ein Uhr dreißig – geschah in Jekaterinburg, im Keller des dem Kaufmann Ipatjew gehörenden Hauses, die Bluttat, deren Spuren nach Moskau und Petrograd – bis zu Lenin – reichten: der Mord an Nikolaus II., seiner Frau Alexandra Fjodorowna, seinen Kindern Alexei, Olga, Marija, Tatjana und Anastassija, am Leibarzt Dr. Botkin und an den Bediensteten Alexei Trupp, Anna Demidowa (Kammermädchen) und an dem Koch Charitonow.

Um Mitternacht war Dr. Botkin von den Wachen geweckt worden: In der Stadt sei es unruhig, die Zarenfamilie solle in den Keller gehen. Der Arzt weckte die übrigen Gefangenen. Nikolaus trug seinen kranken Sohn Alexei. Im Keller betraten sie ahnungslos einen leeren Raum. Der Zar forderte für seine Frau und Alexei zwei Stühle. Sie setzten sich, den Sohn noch immer im Arm. Die anderen stellten sich hinter den Stühlen auf. In dem Augenblick betraten zwölf Bewaffnete unter der Führung des Kommandanten Jurowski den Raum. Barsch erklärte er: „Wir haben den Auftrag, Sie zu erschießen." Der Zar stand auf, wollte etwas sagen. Mit der linken Hand schützte er die Zarin, der rechte Arm deckte Alexei. Jurowski eröffnete sofort das Feuer, tötete Nikolaus und streckte Alexei nieder. Augenblicklich schossen auch die anderen Mörder. Anastassija und Anna Demidowa starben nicht unter den Kugeln, sie wurden mit Bajonetten erstochen. Alexei, verwundet, hatte das Bewußtsein verloren. Als er aufstöhnte, trat ihm Jurowski auf den Kopf und schoß ihm ins Ohr.

Auf dem Hof hatte ein Lastwagen mit laufendem Motor gewartet, um die Schüsse zu übertönen. Die Leichen wurden geplündert, auf eine Waldlichtung in der Nähe des Dorfes Koptjaki gebracht, zerstückelt und verbrannt. Die Gesichter übergoß man zusätzlich mit Schwefelsäure. Die Reste wurden vergraben.

Zwei Tage dauerte das Drama. Die Mörder triumphierten: „Jetzt wird die Welt niemals herausfinden, was in dieser Nacht geschehen ist." Und sogleich setzten sie das Verwirrspiel in Gang. Der Vorsitzende des Jekaterinburger Sowjets, Beloborodow, telegrafierte nach Moskau: „Generalsekretär mitteilen, daß Zar das gleiche Schicksal trifft wie seine Familie. Offiziell kommen alle bei einem Fluchtversuch um." „Generalsekretär" – das war Jakow Swerdlow, der die ganze Aktion initiiert und geplant hatte: Swerdlow, einer der engsten Vertrauten Lenins, dem zu Ehren Jekaterinburg später in

Swerdlowsk umbenannt wurde. Selten durfte in der Geschichte ein Mörder dieses Formats die Stätte seiner Untat mit dem eigenen Namen schmücken.

Heute heißt Swerdlowsk wieder Jekaterinburg. Die Täter von 1918 sind von der Geschichte verweht, aber noch immer geistern um die Ermordung der Zarenfamilie Legenden. Die rätselhafte Anastassija hat Bücherschränke gefüllt und Legionen von Filmemachern Lohn und Brot gegeben. Nur – es bleibt eine Legende, und Anastasija ereilte im Sommer 1918 im Ural das gleiche Schicksal wie ihre Eltern und Geschwister.

Mit dem Mord endete das Martyrium, das im Februar 1917 in Pskow begonnen hatte. Der Zar wurde nach seiner Abdankung von der Provisorischen Regierung zunächst in Mogiljow und anschließend mit seiner Familie in Zarskoje Selo unter Hausarrest gestellt. Nikolaus hoffte, nach Liwadija, in sein Sommerschloß, fahren zu dürfen. Justizminister Kerenski, der sich im Sommer 1917 immer weiter in den Vordergrund schob, schließlich sogar zum Ministerpräsidenten der Provisorischen Regierung aufstieg und dann doch vor den Bolschewiki ins Ausland fliehen mußte, erlaubte die Reise nicht. So klammerte er sich an die Illusion, zu seinem Cousin König Georg nach England zu emigrieren. Tatsächlich hatte die britische Regierung eine entsprechende Anfrage aus Petrograd positiv beantwortet. Aber mit dem sinkenden Kriegsglück Rußlands wich auch die englische Bereitschaft, die arretierten Verwandten aus Rußland herauszuholen.

Statt dessen wurde die Familie am 1. August 1917 nach Tobolsk in Sibirien gebracht. Zu dieser Zeit regierte die Provisorische Regierung bereits allein und ohne die Sowjets. Monate vergingen, ohne daß sich das schikanöse Behandlungsregime gegenüber der Zarenfamilie wesentlich änderte. Auch der Oktoberaufstand von 1917, der die Bolschewiki an die Macht brachte, zeitigte zunächst keine spürbaren Veränderungen in Tobolsk.

Erst im März 1918 tauchte dort ein Beauftragter der von Lenin geführten Regierung auf, um den Zaren nach Moskau zu holen: Deutschlands Kaiser Wilhelm II. wollte die Unterschrift unter den kurz zuvor unterzeichneten deutsch-russischen Friedensvertrag von Brest-Litowsk einholen. Das aber lehnte Nikolaus Romanow kategorisch ab: „Wenn die Aktion etwas mit dem Friedensvertrag zu tun hat, dann lasse ich mir eher die Hand abhacken, als ein so schamloses Papier zu unterzeichnen!" Seine Familie hegte ganz andere Befürchtungen: Der Zar sollte isoliert und heimlich ermordet werden. Verzweifelt entschloß man sich zur Trennung: Alexandra Fjodorowna, die Tochter Marija und der Arzt Botkin begleiteten den Zaren, die anderen verblieben in Tobolsk.

Tatsächlich war alles eine Falle Swerdlows. Nikolaus erreichte Moskau niemals. In Omsk wurde die Bahnlinie blockiert, und der Zug fuhr nach Jekaterinburg, zum „Haus für besondere Bestimmung", das von Ipatjew requiriert worden war. Swerdlow beschied den drängenden deutschen Botschafter Mirbach achselzuckend, in diesen turbulenten Zeiten habe er keine Macht darüber, was in Sibirien vorginge! Damit war für Wilhelm II. das Schicksal seines Vetters uninteressant geworden. Weitere Appelle zur Rettung der Zarenfamilie ließ er abweisen: „Wehe den Besiegten! Wären wir besiegt worden, würde es uns auch nicht besser ergehen ..." Hier irrten des Kaisers Diplomaten, denn Wilhelm II. durfte nach seiner Abdankung ins holländische Exil reisen und starb in hohem Alter friedlich im Bett.

Nicht so Nikolaus. In den Kämpfen des Bürgerkrieges herrschte in Moskau Einmütigkeit, daß der Zar weder den Deutschen noch anderen Mächten in die Hände fallen dürfte. Bereits im April war sein Tod beschlossene Sache, und je näher die weißen Truppen auf das uralische Jekaterinburg drängten, um so intensiver wurde die Exekution vorbereitet.

Der Ural galt als Hochburg der Bolschewiki, und Lenin hielt ihn für eine „zuverlässige" Region. Nicht nur die in Tobolsk verbliebenen Kinder und Bediensteten wurden nach Jekaterinburg geholt, sondern in der weiteren Umgebung wurden zahlreiche Mitglieder der Familie Romanow interniert und dann erschossen oder erschlagen, allen voran der Großfürst Michail Alexandrowitsch, der Bruder, zu dessen Gunsten Nikolaus auf den Thron verzichtet hatte, der den Thron jedoch mit der Forderung verweigert hatte, nur dem Ruf eines gewählten Parlaments folgen zu wollen. Sofern ihnen nicht die Flucht ins Ausland gelang, erlagen alle Romanows der Rache der Sieger.

Nikolaus II. war ein Mensch, der bei kritischer Sicht eigentlich nur negative Wertungen erfahren hat. Daß Nikolaus ein zurückhaltender und nachdenklicher Mann gewesen ist, daß er sein Vaterland liebte, daß er ein tiefes Gefühl für die Würde des Monarchen empfand und mit ganzer Persönlichkeit die Tradition der Dynastie verkörperte, daß er eine tiefe und zärtliche Liebe zu seinen Kindern besaß – alles das verblaßte vor der politischen Verurteilung. Er mag Schwächen besessen haben und weder in der Lage gewesen sein, den Niedergang der absoluten Monarchie in Rußland aufzuhalten, noch Rußland an die moderne Welt heranzuführen. Das alles aber rechtfertigt weder den Mord an ihm und seinen Kindern noch ein durch den Oktobersieg der Bolschewiki präjudiziertes Verdammungsurteil. So sehr bereits vor dem Jahr 1917 an Nikolaus und seinen staatsmännischen Fähigkeiten in den eigenen Reihen berechtigte Kritik geübt worden ist: Das Urteil des 20. Jahrhunderts stand doch oft genug mit politischen Realitäten im Zusammenhang, die der vermeintlich „siegreiche Oktober" geschaffen hatte. Der ist nun selbst besiegt, und seine Opfer werden auch im Land der ehemaligen Sowjets zu Märtyrern. Deshalb werden aber die Romanows nicht wiederkommen.

LITERATUR

A. N. Bochanov, Nikolaj II., in: Rossijskie samoderzcy, Moskau 1994, S. 307–384.
Marc Ferro, Nikolaus II. Der letzte Zar. Eine Biographie, Zürich 1991.
Constantin de Grünwald, Der letzte Zar, 1965.

Elisabeth Heresch, Nikolaus II. – Feigheit, Lüge und Verrat. Leben und Ende des letzten russischen Zaren, München 1992.

Robert K. Massie, Die Romanows. Das letzte Kapitel, 1995.

Robert K. Massie, Nicolas and Alexandra, New York 1967.

Michael von Griechenland/Andrej Maylunas, Nikolaus und Alexandra, 1993 (Fotoband).

Maurice Paléologue, Russie des tsars pendant la Grande Guerre, Paris 1928.

Edward Radsinski, Nikolaus II. Der letzte Zar und seine Zeit, München 1992.

Henri Troyat, Nikolaus II. Der letzte Zar, Frankfurt am Main 1992.

Gudrun Ziegler, Das Geheimnis der Romanows, Geschichte und Vermächtnis der russischen Zaren, München 1995.

Bibliographische Hinweise zur Geschichte Rußlands und der der Zaren*

Bibliographien, Lexika, Handbücher zur russischen Geschichte und zur Geschichte der russischen Zaren

The Cambridge Encyclopedia of Russia and the Former Soviet Union, Cambridge 1994.

A. Chew, An Atlas of Russian History, New Haven, London 1967.

Erich Donnert, Altrussiches Kulturlexikon, 2., unveränderte Auflage, Leipzig 1988.

D. R. Egan, M. A. Egan, Russian Autocrats from Ivan the Great to the Fall of the Romanov Dynasty: An Annotated Bibliography of English Language Sources to 1895, Metuchen, N. Y., London 1987.

M. T. Florinsky (Hrsg.), McGraw-Hill Encyclopedia of Russia and the Soviet Union, New York u. a. 1961.

Handbuch der Geschichte Rußlands. Hrsg. v. Manfred Hellmann, Gottfried Schramm und Klaus Zernack, 3 Bde., Stuttgart 1981–1992.

P. L. Horecky (Hrsg.), Russia and the Soviet Union. A Bibliographic Guide to Western-Language Publications, Chicago, London 1962.

Edgar Hösch, Hans-Jürgen Grabmüller, Daten der russischen Geschichte. Von den Anfängen bis 1917, München 1981.

Kleine Slavische Biographie, Wiesbaden 1958.

Klaus Meyer, Bibliographie zur osteuropäischen Geschichte. Verzeichnis der zwischen 1939 und 1964 veröffentlichten Literatur in westeuropäischen Sprachen zur osteuropäischen Geschichte bis 1945, Berlin, Wiesbaden 1983.

Russkij biografičeskij slovar', 25 Bde., Moskau/St. Petersburg (Petrograd) 1896–1918, Reprintausgabe 1962ff.

Rußland-Ploetz. Russische und sowjetische Geschichte zum Nachschlagen. Von Wolfgang Kessler, 2., aktualisisierte Auflage 1991.

Ch. D. Schmidt, Bibliographie zur osteuropäischen Geschichte. Verzeichnis der zwischen 1965 und 1974 veröffentlichten Literatur in westeuropäischen Sprachen zur osteuropäischen Geschichte bis 1945, Berlin 1983.

---

* Diese bibliographischen Hinweise bieten eine Auswahl von Titeln zur russischen Geschichte und der Geschichte der russischen Zaren. Im wesentlichen sind hier Überblicksdarstellungen sowie Monographien zu Schwerpunkten der historischen Forschung versammelt worden. Die bibliographischen Angaben zu den einzelnen Zaren und den Politikern befinden sich am Ende der jeweiligen Lebensbilder und Kurzporträts.

B. Sokop, Stammtafel europäischer Herrscherhäuser, 2. Aufl., 2 Teile, Wien, Köln, Graz 1989.

Sovetskaja istoričeskaja énciklopedia, 16 Bde., Moskva 1961.

M. Späth, Bibliography of Articles on East-European and Russian History. Selected from English-Language Periodicals, 1850–1938, Berlin 1981.

Hans-Joachim Torke, Lexikon der Geschichte Rußlands von den Anfängen bis zur Oktoberrevolution, München 1985.

G. Vernadsky, R. T. Fisher jr. (Hrsg.), Dictionary of Russian Historical Terms from the Eleventh Century to 1917. Compiled by S. G. Pushkarev, New Haven, London 1970.

J. L. Wieczynski (Hrsg.), Modern Encyclopedia of Russian and Soviet History, Bd. 1ff., Gulf Breeze 1976ff.

GESAMTDARSTELLUNGEN ZUR GESCHICHTE DES ZARENREICHES

Erich Donnert, Das russische Zarenreich. Aufstieg und Untergang einer Weltmacht, München, Leipzig 1992.

Valentin Gitermann, Geschichte Rußlands, 3 Bde., Zürich 1944–1949, unveränderter Nachdruck Frankfurt/M. 1987.

Andreas Kappeler, Rußland als Vielvölkerreich. Entstehung, Geschichte, Zerfall, 2., durchgesehene Auflage, München 1993.

N. M. Karamsin, Geschichte des Russischen Reiches, 11 Bde., Riga, Leipzig 1820–1833.

Wassili O. Kliutschewskij, Geschichte Rußlands, Bde. 1–3, Stuttgart 1925–1926.

A. Leroy-Beaulieu, Das Reich der Zaren und die Russen, Paris 1887–1890.

Irene Neander, Grundzüge der russischen Geschichte, 2., durchgesehene Auflage, Darmstadt 1976.

Rußland. Hrsg. und verfaßt von Carsten Goehrke, Manfred Hellmann, Richard Lorenz, Peter Scheibert, Frankfurt/Main (Fischer Weltgeschichte, Bd. 31) 1972.

Sergej Fedorovitsch Platonov, Geschichte Rußlands vom Beginn bis zur Jetztzeit. Hrsg. von F. Braun, Leipzig 1927.

Hugh Seton-Watson, The Russian Empire, Oxford 1967.

Sergej M. Solv'ëv, Istorija Rossii (Geschichte Rußlands), Neuausgabe in 15 Bänden, Moskau 1959–1966. In englischer Übersetzung als: History of Russia from Earliest Times, 25 Bde. 1–25, Gulf Breeze, Fl. (im Druck).

K. Stählin, Geschichte Rußlands von den Anfängen bis zur Gegenwart, 4 Bde., Berlin 1937–1939 (Nachdruck Graz 1961).

Günther Stökl, Russische Geschichte. Von den Anfängen bis zur Gegenwart, 5., erweiterte Auflage, Stuttgart 1990.

DARSTELLUNGEN ZUR GESCHICHTE DER ZARENDYNASTIEN

E. M. Almedingen, Die Romanows. Die Geschichte einer Dynastie: Rußland 1613–1917, 1991.

Frank Kämpfer, Das russische Herrscherbild von den Anfängen bis zu Peter dem Großen, Recklinghausen 1978.

W. B. Lincoln, The Romanovs. Autocrats of All the Russias, New York 1981.

M. Lindemann, Die Heiraten der Romanows im 18. und 19. Jahrhundert und ihre Bedeutung in der Bündnispolitik der Ostmächte, Berlin, Bonn 1935.

Anatole G. Mazour, Rise and Fall of the Romanovs, Princeton, NJ. 1960.

H. Neubauer, Car und Selbstherrscher, Wiesbaden 1964.

R. Nisbet Bain, The first Romanovs (1613–1725), London 1905.

P. Nitsche, Großfürst und Thronfolger. Die Nachfolgepolitik der Moskauer Herrscher bis zum Ende des Rjurikidenhauses, Köln, Wien 1972.

Hans-Joachim Torke (Hrsg.), Die russischen Zaren, München 1995.

K. Waliszewski, Le berceau d'une dynastie. Les premiers Romanov 1613–1682, Paris 1909.

Gudrun Ziegler, Das Geheimnis der Romanows. Geschichte und Vermächtnis der russischen Zaren, München 1995.

EINZELNE ASPEKTE DER GESCHICHTE DES ZARENREICHES

Eric Amburger, Geschichte der Behördenorganisation Rußlands von Peter dem Großen bis 1917, Leiden 1966.

Jörg Baberowski, Autokratie und Justiz. Zum Verhältnis von Rechtsstaatlichkeit und Rückständigkeit im ausgehenden Zarenreich 1864–1914, Frankfurt am Main 1996.

Henning Bauer, Andreas Kappeler, Brigitte Roth (Hrsg.), Die Nationalitäten des Russischen Reiches in der Volkszählung von 1897, 2 Bde., Stuttgart 1991.

Dietrich Beyrau, Militär und Gesellschaft im vorrevolutionären Rußland, Köln, Wien 1984.

J. Blum, Lord and Peasant in Russia from the Ninth to the Nineteenth Century, Princeton/ New York 1961.

Robert O. Crummey, Aristocrats and Servitors: The Boyar Elite in Russia, 1613–1689, Princeton 1983.

Erich Donnert, Das alte Moskau, Wien 1976.

Erich Donnert, Rußland im Zeitalter der Aufklärung, Köln, Wien 1984.

Paul Dukes, The Making of Russian Absolutism, 1613–1801, 2. Aufl., London, New York 1990.

Ingeborg Fleischhauer, Die Deutschen im Zarenreich, Stuttgart 1986.

P. Gatrell, The Tsarist Economy 1850–1917, London 1986.

Geschichte der russischen Kunst, 2. Aufl., Dresden 1986.

Geschichte der russischen Literatur von den Anfängen bis 1917, 2 Bde., Hrsg. von H. Graßhoff und W. Düwel, Berlin 1986.

Dietrich Geyer, Der russische Imperialismus. Studien zum Zusammenhang von innerer und auswärtiger Politik, Göttingen 1977.

Dietrich Geyer (Hrsg.), Wirtschaft und Gesellschaft im vorrevolutionären Rußland, Köln 1975.

W. Goerdt, Russische Philosophie, 2 Bde., Freiburg, München 1984, 1989.

Dieter Groh, Rußland im Blick Europas, 300 Jahre historische Perspektiven, Frankfurt am Main 1988.

Heiko Haumann, Kapitalismus im zaristischen Staat, 1906–1917, Königstein/Ts. 1980.

Klaus Heller, Russische Wirtschafts- und Sozialgeschichte, Bd. 1, Darmstadt 1987.

Manfred Hildermeier, Bürgertum und Stadt in Rußland 1760–1870, Köln, Wien 1986.

Manfred Hildermeier, Der russische Adel von 1700 bis 1917, in: Hans-Ullrich Wehler (Hrsg.), Europäischer Adel 1750–1950, Göttingen 1990, S. 166–216.

Manfred Hildermeier, Die Russische Revolution 1905–1921, Frankfurt a. M. 1989.

Peter Hoffmann, Rußland im Zeitalter des Absolutismus, Berlin 1988.

Daniel Field, The End of Serfdom. Nobility and Bureaucracy in Russia, 1855–1861, Cambridge, Mass. 1976.

W. C. Fuller, Strategy and Power in Russia 1600–1914, New York 1992.

F. B. Kaiser, Die russsische Justizreform von 1864. Zur Geschichte der russischen Justiz von Katharina II. bis 1917, Leiden 1972.

J. H. Keep, Soldiers of the Tsar. Army and Society in Russia 1462–1874, Oxford 1985.

Lew Kopelew (Hrsg.), West-östliche Spiegelungen, Reihe A (Russen und Rußland aus deutscher Sicht), Reihe B (Deutsche und Deutschland aus russischer Sicht) – bisher erschienen: je drei Bände in jeder Reihe und ein Sonderband in Reihe B, München 1988ff.

Victor Leontovitsch, Geschichte des Liberalismus in Rußland, 2. Auflage, Frankfurt 1974.

W. Bruce Lincoln, The Great Reforms. Autocracy, Bureaucracy and the Politics of Change in Imperial Russia, DeKalb 1990.

Th. G. Masaryk, Zur russischen Geschichts- und Religionsphilosophie, Bd.1, Jena 1915.

Mark Raeff, The Origins of the Russian Intelligentsia, New York 1966.

Mark Raeff, The Well-Ordered Police-State. Social and Institutional Change through Law in the Germanies and Russia, 1600–1800, New Haven, London 1983.

Alfred J. Rieber, Merchants and Entrepreneurs in Imperial Russia, Chapel Hill 1982.

N. V. Riasanovsky, Rußland und der Westen, München 1954.

Hugh Seton-Watson, Der Verfall des Zarenreiches, 1855–1914, München 1954.

Igor Smolitsch, Geschichte der russischen Kirche 1700–1917, 2 Bde., Leiden 1964.

Victor Terras, A History of Russian Literature, New Haven, London 1994.

Hans-Joachim Torke, Die staatsbedingte Gesellschaft im Moskauer Reich. Zar und Zemlja in der altrussischen Herrschaftsverfassung, 1613–1689, Leiden 1974.

Dmitri Tschizewskij, Russische Geistesgeschichte, München 1974

S. V. Utechin, Geschichte der politischen Ideen in Rußland, Stuttgart 1966.

A. Walicki, A History of Russian Thought from the Enlightenment to Marxism, Oxford 1980.

Eduard Winter, Rußland und das Papsttum, 2 Bde., Berlin 1961.

George L. Yaney, The Systematization of Russian Government. Social Evolution in the Domestic Administration of Imperial Russia, 1711–1905, Urbana, Chicago, London 1973.

V. V. Zenkovsky, A History of Russian Philosophy, 2 Bde., London 1953.

Abkürzungsverzeichnis

AIP	The Academic International Press
CSS	Canadian Slavic Studies
FOG	Forschungen zur Osteuropäischen Geschichte
JfGOE	Jahrbücher für Geschichte Osteuropas
JMH	The Journal of Modern History
MERSH	The Modern Encyclopedia of Russian and Soviet History (Hrsg. Joseph L. Wieczinski)
OSP	Oxford Slavonic Papers
RBS	Russkij biografičeskij slovar' (Reprintausgabe New York 1962ff.)
RR	The Russian Review
RS	Russkaja starina
SEER	The Slavonic and East European Review
SR	The Slavic Review
VI	Voprossy istorii
ZfOEG	Zeitschrift für Osteuropäische Geschichte

Begriffslexikon zur Geschichte des Zarenreiches

Altgläubige

siehe *Raskolniki.*

Assembléen

[frz.: Versammlung]. Festgelage am Hof Peters des Großen, die zum Teil die traditionellen Rangunterschiede aufhoben.

Bironowschtschina

[russ.: Biron-Zeit, Deutschen-Herrschaft]. Zeit der Teilherrschaft des Grafen E. J. Bühren/Biron. Abwertender Begriff der russischen nationalen Geschichtsschreibung des 19. Jahrhunderts für die von Deutschen (E. J. Bühren, H. J. Ostermann, B. Chr. Münnich) geprägte Politik während der Regierungsperiode Kaiserin Annas (1730–1741), die auch als „dunkle Ära" bekannt geworden ist.

Bojaren

Adelsgeschlechter und freie Gefolgsleute der fürstlichen *Drushina* in der Kiewer Rus. Vom 12. bis 17. Jahrhundert gehörten sie als einflußreicher Landadel neben Groß- und Teilfürsten zur Sozialelite des Moskauer Staates. Ihnen stand das Recht zu, dem Fürsten ihrer Wahl zu dienen. Seit dem 15. Jahrhundert wurden die Privilegien der B. von den Moskauer Großfürsten beschnitten. Durch die *Opritschnina* wurden die B. schließlich auf den Status von Dienstleuten zurückgedrängt. Mit dem aufkommenden Dienstadel verschmolzen die B. zu einer einheitlichen Adelsschicht.

Bojarenduma

Aus den Beratungen der Gefolgschaft des Kiewer Reiches hervorgegangenes Beratungsorgan der russischen Großfürsten und Zaren vom 10. bis zum Ende des 17. Jahrhunderts. Ihre politische Bedeutung blieb während der gesamten Zeit eher gering. Obwohl ihr im 17. Jahrhundert zeitweise 24 Adlige angehörten, wurde die Politik in aller Regel von den Günstlingen und Staatsmännern des Zaren bestimmt.

Bulawa

Amtsstab des russischen Zaren und Kaisers von Rußland.

Cholop

Unfreier ohne Rechtsansprüche. Erste Erwähnung in der altrussischen Nestorchronik für das Jahr 986. Vor allem als Ackerknecht oder Handwerker im Fürstendienst. Mit der Ausbildung der Leibeigenschaft im 16. Jahrhundert nahm die *Cholopen*arbeit ab. Bereits unter Peter dem Großen war die Bezeichnung für unfreie Personen ungebräuchlich. Noch im 18. Jahrhundert bekundeten jedoch Personen in Schreiben an den Zaren ihre Ergebenheit mit der Bezeichnung als *Cholopen*.

Chutor

Einzelhofwirtschaft außerhalb der Dorfgemeinde, die sich in den nordwestlichen (weißrussischen) und polnischen Provinzen des Zarenreiches ausbildete, sowie Form der landwirtschaftlichen Bodennutzung, bei der das Land in einem Stück an den Hof grenzt.

Code Napoléon

Französisches Zivilgesetzbuch vom 21. März 1804, das von Kaiser Napoleon I. Bonaparte eingeführt wurde. Trotz zahlreicher Änderungen noch heute in Frankreich gültig. Die wesentlichen Grundsätze – Gleichheit vor dem Gesetz, Anerkennung der Freiheit des Individuums und des Eigentums, Trennung von Staat und Kirche durch Einführung der obligatorischen Zivilehe – entstammten dem Rechtsverständnis der Französischen Revolution.

Dekabristen

In der sowjetischen Geschichtsschreibung als „Adelsrevolutionäre" bezeichnete Gruppe von adligen Verschwörern, die sich nach dem Scheitern des „Bundes der Rettung" in Moskau gründete. Die Forderungen nach dem Ende der Autokratie und einer Lösung der Bauernfrage konnten nach dem mißlungenen Petersburger Militärputsch vom 14. Dezember 1825 nicht realisiert werden. Die fünf führenden D. wurden drei Tage später gehenkt, über hundert Anhänger verbannte man nach Sibirien zur Zwangsarbeit. Die Überlebenden begnadigte der Zar erst 1856.

Domostroj

[eigentlich: Hausbau, hier: Hausbuch]. Sitten- und Verhaltenskodex des frühen russischen Zarenreiches. Unter der Überschrift „Wie man als rechtgläubiger Christ leben soll" arbeitete der Protopope Silvester diese Sammlung von Unterweisungen aus, die das Zusammenleben der Menschen in Staat und Familie detailliert festlegten. Darüber hinaus sind Hinweise zur Haushaltsführung wie Hygienevorschriften und Kochrezepte enthalten.

Drushina

[Gefolgschaft]. Aus einer Herd- und Brotgemeinschaft sowie einer militärischen Kriegergemeinschaft im fürstlichen Dienst entstandene Anhängerschaft des Fürsten oder Großfürsten in der Kiever Rus, die auf einem mündlichen Vertrag beruhte. Später erfolgte eine Differenzierung in die „ältere" und „jüngere" Gefolgschaft. Wegen der Entwicklung vom mobilen Gefolgsadel zum ortsansässigen grundbesitzenden Adel verlor die Gefolgschaft im 12. Jahrhundert ihre ursprüngliche Bedeutung.

Fiskal

Amtsbezeichnung für einen Staatsbeamten, der am Beginn des 18. Jahrhunderts die Tätigkeit in den administrativen und juristischen Verwaltungen zu kontrollieren hatte.

Gnadenurkunde

Am 21. April 1785 durch Kaiserin Katharina II. erlassene Festlegung, die den Adel eines Gouvernements als eine öffentliche Korporation mit einer eigenen Kontrolle des Mitgliederverzeichnisses anerkannte. Die Mitgliedschaft in der Adelskorporation stand all denen offen, die über Besitz im Gouvernement verfügten. Die Gemeinschaft wählte den Landhauptmann und den Adelsmarschall des Kreises, während der Gouvernementsmarschall des Adels im Abstand von drei Jahren von allen Gouvernementsadligen gewählt wurde.

Goldene Horde

Größte der drei Horden während der Mongolenherrschaft. Gegründet im 13. Jahrhundert von Chan Batu. Zentrum war Sarai an der unteren Wolga. Im 14. und 15. Jahrhundert beherrschten die mongolischen Chane (Khane) Mittelasien, Westsibirien und Osteuropa (Territorium zwischen den Flüssen Irtysch und Dnjestr, der mittleren Wolga, dem Kaspischen und dem Schwarzen Meer). 1380 nach einem Sieg der russischen Truppen unter Dmitrij Donskoj auf dem Kulikowo Polje am Don über die Tataren, zerfiel die G. H. in zahlreiche Chanate (Krimchanat, Chanate von Kasan, von Astrachan u. a.).

Große Instruktion

[Nakaz]. Pamphlet Katharinas II. von 1767 zur Neubestimmung des Platzes Rußlands in der Geschichte und der Aufgaben ihrer Regierung; dabei fanden auch die westeuropäischen Staats- und Gesellschaftstheorien sowie das Programm der Aufklärung Berücksichtigung. Besondere Anregungen gingen dabei von Montesquieu („Vom Geist der Gesetze") und Beccaria aus.

Große Kommission

Von Katharina II. im Jahr 1767 nach Moskau einberufene ständisch gegliederte Deputiertenversammlung zur Diskussion um den Entwurf der von der Kaiserin ausgearbeiteten Großen Instruktion.

Große Reformen

Sammelbegriff für das von Kaiser Alexander II. initiierte Reformpaket in den 1860er und 1870er Jahren, in dessen Mittelpunkt die Aufhebung der Leibeigenschaft stand, das jedoch alle Bereiche der Administration, der ländlichen und städtischen Selbstverwaltung, des Militärwesens sowie Bildungs-, Wirtschafts- und Sozialwesens einschloß.

Großmutstreit

Dreiwöchiges Interregnum der Großfürsten Konstantin Pawlowitsch und Nikolaus Pawlowitsch im November/Dezember 1825, verbunden mit der Frage, wer von beiden die Nachfolge des überraschend verstorbenen Kaisers Alexander I. antreten sollte.

Grundgesetze

Bezeichnung für die von Kaiser Nikolaus II. am 23. April 1906 nach Beratung in einem Kronrat bestätigte und erlassene Verfassung des Russischen Reichs. Damit wurden die Versprechungen aus dem „Oktober-Manifest" 1905 konkretisiert.

Heilige Liga

Heilige Liga von 1684. In den Kriegen gegen das Osmanische Reich geschlossenes Bündnis zwischen dem Kaiser von Österreich, dem Papst, dem König von Polen und Venedig.

Hetmanat

Von Bohdan Chmelnyzkyj und den Dnjepr-Kosaken im Jahr 1648 gegründeter Herrschaftsverband in „Kleinrußland" (Ukraine), der bis 1654 eigene Autonomierechte durchsetzte. Seit 1667 Teilgebiet der Ukraine am linken Dnjepr-Ufer mit weitreichenden Autonomierechten des Moskauer Staates und Russischen Reiches.

Ikonostas

[griech.]. Trennwand mit biblischen und Heiligenbildern zwischen Kirchenschiff und Altarraum in orthodoxen Kirchen.

„Intimes Komitee"

Informelles Beratungsgremium Kaiser Alexanders I., das zu abendlichen Gesprächen über politische Fragen und Trinkgelagen zusammenkam. Zu den Mitgliedern gehörten dessen Jugendfreunde und spätere Fürsten oder Grafen Czartoryski, Nowossilzew, Stroganow und Kotschubei.

Izbrannaja rada

Auserwählter Rat. Mitarbeiterkreis Iwans des Schrecklichen in den 1540er und 1550er Jahren.

Janitscharen

Im 14. Jahrhundert unter der christlichen Jugend der Balkanprovinzen ausgehobene Dienstgruppe des türkischen Sultans. Zum Islam erzogen, entwickelten sie sich bis zu Beginn des 19. Jahrhunderts zu einer einflußreichen und schließlich selbständigen Kraft, 1826 aufgelöst.

Josifljane

Josephiten. Anhänger der Lehre des Josif von Wolokolamsk, die am Beginn des 16. Jahrhunderts als Sieger im Kampf um die Reformierung des Mönchswesens hervorgingen.

Kollegien

Von Zar Peter I. eingeführte Zentralbehörden, die die *Prikasy* ablösten und im 19. Jahrhundert durch Ministerien ersetzt wurden.

Kolomenskoe

Von 1530 bis 1532 errichtete ein unbekannter Baumeister im Auftrag Wassilis III. aus Anlaß der Geburt des späteren Iwan IV. Wassiljewitsch die Christi-Himmelfahrts-Kirche und legte damit den Grundstein für ein ganzes Ensemble aus Kirche, Wohn- und Wirtschaftshäusern. Die Architektur der Kirche, insbesondere der Zeltdachstil sollte großen Einfluß auf die russische Baukunst im 16. und 17. Jahrhundert gewinnen und verwirklichte die Einheit von Kirchen- und Wehrarchitektur. Heute ein Stadtteil von Moskau.

Kormlenyj okup / kormlenie

[russ.: Futter, Nahrung, Unterhalt]. Bis zur Mitte des 16. Jahrhunderts bestehendes Versorgungssystem, bei dem Abgaben und Leistungen der lokalen Bevölkerung für den Unterhalt der fürstlichen Statthalter zu entrichten waren. Im Zuge der Reform der lokalen Landesverwaltung 1555/56 zunächst in den nördlichen Gebieten abgeschafft.

Kosaken

[türkisch eigentlich: freier Mann]. Angehörige einer Söldnertruppe in Rußland, der Ukraine, Polen und Litauen vom 14. bis zum 17. Jahrhundert, die insbesondere die Aufgabe der Grenzsicherung unterschiedlicher Staatswesen übernahmen. Geflohene Bauern, Städter und verarmte Adlige versammelten sich im Rahmen einer Kriegerdemokratie vor allem an Dnjepr, Don, Terek, Jaik und der unteren Wolga. An der Spitze der ukrainischen Kosaken stand der Hetman, die russischen Kosaken wählten einen Ataman. Im Russischen Reich des 18. und 19. Jahrhunderts bildeten die zum Militär verpflichteten K. einen eigenen Stand, der sich in K.-Heeren organisierte.

Krone Monomachs

[auch Monomachmütze, russ: schapka Monomacha]. Bezeichnung der 700 Gramm schweren Krone der Moskauer Großfürsten und Zaren. Erstmals anläßlich der Krönung Dmitris (1483–1509), des Enkels Iwans III., verwendet. Der Legende nach sollte die Krone ein Geschenk des Kaisers Konstantin IX. Monomachos (gest. 1055) an seinen zum Moskauer Großfürsten gekrönten Enkel Wladimir Monomach sein. Nach dem Untergang von Byzanz, im Zuge der *translatio imperii* in der zweiten Hälfte des 15. Jahrhunderts entstanden, sollte die Legende die Theorie von Moskau als dem „Dritten Rom" bestätigen.

Landamtsleute/Landhauptmann

Am 12. Juli 1889 von Alexander III. eingeführtes Amt, das die gerichtlichen und administrativen Kompetenzen der früheren Friedensvermittler und Friedensrichter ausfüllte. Als Zugeständnis an den Adel gewertete Möglichkeit zur Aufhebung von Beschlüssen der bäuerlichen Selbstverwaltung. In aller Regel wurden die Landhauptmänner von der Adelsversammlung oder dem Innenminister gewählt bzw. bestimmt.

Liberum veto

[lat.: freies Veto]. Freies, ohne Begründung zu akzeptierendes Einspruchsrecht, das zugleich die äußerste Auslegung der Einstimmigkeitsregel bedeutete. Das L. v. galt von 1652 bis 1791 in Polen. Dadurch konnte das L. v. eines einzigen *Sejm*-Abgeordneten den Reichstag beschlußunfähig machen.

Litauische Statuten

Rechtskodifizierung im Großfürstentum Litauen, die in der ältesten handschriftlichen Fassung aus dem Jahr 1529 datiert. In 13 Kapiteln mit rund 280 Paragraphen wurden alle für den Zivilprozeß und den Strafprozeß, das Gerichtswesen, die Stellung des Großfürsten, des Adels und der Bauern sowie für den Kriegsdienst gültigen Rechtsnormen zusammengestellt. Der Einfluß des zeitgenössischen russischen Rechtsdenkens (*Russkaja Pravda*) ist von der Forschung nachgewiesen worden. Sowohl das erste als auch das zweite (1565/66) und dritte Litauische Statut (1588) waren in einer altweißrussischen Kanzleisprache verfaßt worden; das dritte Statut wurde außerdem in polnischer Sprache gedruckt. Das zweite und dritte Statut wiesen eindeutig auch westliche Rechtseinflüsse auf, etwa aus dem Sachsenspiegel, dem Magdeburger Stadtrecht und dem böhmischen Recht.

Mestnitschestwo

[russ.: Rangplatzordnung]. Hierarchisches Rangordnungssystem des russischen Adels vom 15. bis 17. Jahrhundert. Die Besetzung aller Ämter erfolgte nach der Rangfolge der Adelsgeschlechter, die aus den Dienstbüchern des Adels *(razrjadnye knigi)* ersichtlich war. Nach seiner förmlichen Abschaffung 1682 wurde das M. erst durch die Rangtabelle von 1722 abgelöst.

Narodniki

[russ.: Volkstümler/Volksfreunde]. Agrar- und anarchosozialistische Bewegung russischer Intellektueller im ausgehenden 19. Jahrhundert, die zunächst mit einem „Gang ins Volk" die soziale Befreiung propagierte. In verschiedene frühmarxistische und radikalsozialistische Splittergruppen zerfallen. Unter allgemeiner Ablehnung der zarischen Autokratie und der kapitalistischen Modernisierung ging die zweite Generation zumeist im Terrorismus der späten Zarenzeit auf.

Nikonsche Reformen

Reformen in der russisch-orthodoxen Kirche am Beginn des 17. Jahrhunderts, die zur Abspaltung der Altgläubigen führten.

Oberster Geheimer Rat (Verchovnyj Tajnyj Sovet)

Von Kaiserin Katharina I. eingeführte oberste zentrale Reichsbehörde in den Jahren 1726–1730.

Obschtschina / Obščina

Traditionelle bäuerliche Umverteilungsgemeinde in den zentralrussischen ländlichen Gebieten. Durch die Stalinsche Politik der Kollektivierung in der Sowjetunion in den dreißiger Jahren des 20. Jahrhunderts endgültig aufgehoben.

Ochrana

Offizielle Bezeichnung für die Palastwache des Kaisers. Inoffiziell wurde die russische politische Polizei zwischen 1880 und 1917 als *„ochrana"* bezeichnet. Vorläufer war die „Dritte Abteilung der eigenen Kanzlei Seiner Kaiserlichen Majestät". Davor hatte es seit 1810 die „Besondere Kanzlei" im Innenministerium gegeben.

Opritschnina

[russ. eigentlich: abgetrenntes Erbteil, Witwengut]. Terrorgarde des Zaren Iwan IV. (des Schrecklichen) zur Festigung des autokratischen Staatswesens in den Jahren 1565–1572. Während der Zar sich die alleinige Verfügungsgewalt über ein gesondertes Staatsterritorium verschaffte, blieb der restliche Teil des Landes, die *Semschtschina*, weiterhin der Bojarenduma unterstellt. Als politisches Unterdrückungssystem nutzte Iwan IV. die O. zur Ausschaltung (vermeintlich) oppositioneller Adliger. Nur die Vertrauten des Zaren waren als Opritschniki der militante Arm dieser verhängnisvollen Politik.

Polnisch-litauisches Jagellonenreich

[Rzeczpospolita]. Nach der 1386 zwischen dem litauischen Großfürsten Jagello (Jagiello) und Polen geschlossenen Union von Krewo entstandener Flächenstaat des Mittelalters. Die von Jagello, der zum katholischen Glauben übertrat, die polnische Thronerbin Hedwig (Jadwiga) heiratete und als Wladislaw II. König von Polen wurde, begründete Dynastie der Jagellonen beherrschte bis 1572 Polen-Litauen. Das in der Rzeczpospolita aufgehobene litauische Großfürstentum geriet nach den polnischen Teilungen von 1772, 1793 und 1795 gemeinsam mit dem Königreich Polen unter russische Herrschaft.

Prikaze

[Zentralämter]. Oberste Verwaltungs- und Gerichtsbehörden im Moskauer Reich seit der zweiten Hälfte des 15. Jahrhunderts. Im 16. und 17. Jahrhundert bestanden insgesamt über 100 P. Zu Beginn des 18. Jahrhunderts (1718–1722) wurden sie von den *Kollegien* abgelöst, während das Sibirien-Amt (*Sibirskij prikaz*) bis 1763 existierte.

Primogenitur

Recht des ältesten (erstgeborenen) Sohnes auf die Erb- und/oder Thronfolge. Die jüngeren Linien bleiben zugunsten des ungeteilten Besitzes ausgeschlossen.

Pugatschowschtschina

Russische Bezeichnung des Aufstandes von *Kosaken*, *Raskolniki*, Baschkiren und Leibeigenen im Ural- und Wolgagebiet (1773–1785) unter Jemeljan Pugatschow, dessen Ziel die Errichtung eines bäuerlichen Kosakenstaates unter einem „Bauern-Zaren" war.

Rangtabelle / Tabel o rangach

1722 von Zar Peter I. verfügte Einordnung der Zivil- und Militärränge in eine Dienstklassenhierarchie, die aus 14 Klassen bestand und die Möglichkeit des herkunftsunabhängigen Aufsteigens sowie die Erringung eines Adelstitels bot. Die R. förderte zwar die Herausbildung eines leistungsorientierten Dienstadels; gleichwohl verhalfen „Rangsucht" und Korruption zur Bürokratisierung der neuen russischen Beamtenschaft. In späteren Redaktionen sowie nach der Abschaffung der Adelsdienstpflicht durch Peter III. und Katharina II. wurde das von Peter intendierte und aus westlichen Rangklassensystemen (Preußen, Dänemark, Schweden) übernommene Leistungsprinzip abgeschwächt.

Raskolniki

Russische Bezeichnung der Anhänger des Raskol [russ: Spaltung, auch: Schismatiker; *starover(c)y* oder *staroobrjadcy* – Altritualisten] innerhalb der russisch-orthodoxen Kirche im 17. Jahrhundert. Die R. bekämpften die Reformen des Patriarchen Nikon. Das Landeskonzil von 1666/1667 verurteilte sie deshalb als Ketzer, schloß sie aus der Kirche aus und verfolgte sie. Die auch als *Altgläubige* bezeichneten Anhänger des Raskol und ihr Wortführer, der Protopope Awwakum, der 1682 verbrannt wurde, wollten die Traditionen der russischen Orthodoxie und der russischen Lebensart verteidigen. Erst das Landeskonzil von 1971 hob den Kirchenbann gegen die Altgläubigen auf.

Reichsrat / (Gosudarstvennyj sovet)

Im März 1801, nach der Thronbesteigung Alexanders I. gegründetes quasilegislatives oberstes Beratungsorgan. Erst 1810 wurde der R. tatsächlich installiert und bestand bis zum Mai 1917. Vorläufer des R. vor dem 19. Jahrhundert waren die *Bojarenduma*, die Nahe Kanzlei, der *Senat*, der *Oberste Geheime Rat*, die Konferenz, der Rat und der Rat beim Allerhöchsten Hof.

Russkaja pravda

Russisches Recht. Bis in das 11. Jahrhundert zurückgehende russische Rechtskodifikation, die in mehr als 100 Handschriften aus dem 13. bis 18. Jahrhundert überliefert ist und Gewohnheitsrechte wie Normen aus der fürstlichen Rechtsprechung enthält.

Semschtschina

Der unter Verfügungsgewalt der Bojarenduma verbliebene Teil des Landes, das um die Mitte des 16. Jahrhunderts nicht zum Sonderherrschaftsgebiet Iwans IV. (*Opritschnina*) gehörte, welches aber dennoch nicht ohne Mitspracherecht des Zaren regiert werden konnte.

Semski Sobor

Ständische Landesvertretung und Reichsversammlung, die im 16. und 17. Jahrhundert in Rußland einberufen wurden und deren Zustandekommen auf die Schwächung der Bojarenduma und den gewachsenen Einfluß des mittleren und niederen Adels sowie städtischer Oberschichten zurückzuführen war. Mit dem Übergang zur absolutistischen Herrschaftsform verlor der S. S. an Wirkung; letztmalig trat er 1649 zum Erlaß des neuen Reichsgesetzbuches (*Sobornoe Uloshenie*) zusammen.

Semstwo

Organ der regionalen Selbstverwaltung auf Gouvernements- und Kreisebene im über-wiegenden Teil des europäischen Rußlands 1864–1917. (In den fünf weißrussischen Gouvernements erst seit 1911.) Gewählte Ständevertreter – Adel, städtische Schichten und Bauern – bildeten unter Vorsitz des Adelsmarschalls die Semstwoversammlung und -verwaltung. Sie waren für die Förderung des Verkehrs-, Gewerbe-, Gesundheits- und Schulwesens verantwortlich. Seit Ende des 19. Jahrhundert eingeschränkte Befugnisse. Ort des liberalen Gedankenaustausches und des Sozialprotestes.

Senat

Von Peter I. 1711 zunächst für Zeiten der Abwesenheit, schließlich dauerhaft gegründetes oberstes Regierungs- und Verwaltungsorgan. Aus der Bojarenduma hervorgegangen, be-stand der S. zunächst aus neun Mitgliedern. Nach Peters Tod und verschiedenen Refom-versuchen verlor der S. zeitweise an Einfluß. Der S. wurde am 22. November 1917 abgeschafft.

Sloboda

Freistätte, abgeleitet von dem Wort *svoboda* – Freiheit und dem Begriff *beloe mesto* – weißer Platz. Bezeichnung für abgabenfreie Bezirke, die für bestimmte Bevölkerungsgrup-pen bis zum Jahr 1649 zur Verfügung gestellt wurden. Der Begriff entstand bereits im 12. Jahrhundert und wurde auch später beibehalten, z. B. für die deutsche Vorstadt von Moskau: *nemeckaja sloboda*.

Smuta

Zeit der Wirren zwischen dem Ende der Dynastie der Rjurikiden und dem Beginn des Machtantrittes der Familie Romanow an der Wende vom 16. zum 17. Jahrhundert.

Sobornoje Uloshenie

Russisches Reichsgesetzbuch von 1649, das vom letztmalig einberufenen *Semski Sobor* verabschiedet wurde. Unter Vorsitz des Bojaren N. I. Odojewski erarbeitete eine Kommis-sion aus fünf Mitgliedern den Gesetzestext, der auf den früheren russischen Kodizes (*Russkaja pravda*, *Sudebniki* 1497, 1550) sowie Gesetzessammlungen des byzantinischen Rechts und auch den *Litauischen Statuten* basierte. Das S. U. umfaßte 25 Kapitel mit 967 Paragraphen. Es trat am 29. Januar 1649 in Kraft. De facto bedeutete das S. U. die Festschreibung der Leibeigenschaft.

Strelitzen

[eigentl.: (russ.: strelzy) Schützen]. Von Iwan IV. dem Schrecklichen um 1550 geschaffene stehende Eliteeinheit, die mit Feuerwaffen ausgestattet war. Der Dienst war auf Lebenszeit und wurde an die Söhne weitergegeben. Die Schützentruppe, die auch Aufgaben der Leibwache wahrzunehmen hatte, erhielt neben einem Sold auch wirtschaftliche Privile-gien. Nach einem Putschversuch löste Peter I. nach 1696 den Strelitzenverband gewaltsam auf.

Stoglav

[auch: *Stoglavyj sobor* – Hundertkapitelsynode]. Wichtigste Synode der russischen ortho-doxen Kirche im 16. Jahrhundert. In 100 Abschnitten antwortete die Synode auf Fragen, die Zar Iwan IV. gestellt hatte, und trug mit den Antworten zur Reform der Kirche in ihren wesentlichen Ideen- und Lebensbereichen bei.

Sudebnik

[Gerichtsbuch]. Bezeichnung für russische Gesetzessammlungen des 15. bis 17. Jahrhun-derts. Der erste S., der auf regionalen Gerichtsakten beruhte, wurde 1497 zusammenge-stellt und besaß Gültigkeit für das gesamte Reich. Der zweite S. ging auf die Reformen Iwans des Schrecklichen zurück und entwickelte die Fassung von 1497 weiter. Er umfaßte 100 Paragraphen. Ein 1589 ausgearbeiteter S. besaß nur eine regionale Bedeutung im Norden. Hier ist im wesentlichen vom S. des Jahres 1550 die Rede.

Svod Zakonov

Gesetzeskodex des Russischen Reichs. Von Michail Speranski bis 1832 vorbereitete syste-matische Zusammenstellung aller tatsächlich in Rußland geltenden Gesetze in 15 Bänden. Die Gesetzessammlung wurde als verbindliches Recht im Januar 1835 in Kraft gesetzt und bis zum Jahr 1917 laufend aktualisiert und weitergeführt.

Terem

Geschlossenes Frauenhaus im Kreml, dem Sitz der Moskauer Großfürsten und Zaren.

Udel

Teilfürstentum im Unterschied zum Großfürstentum. Am Beginn des 16. Jahrhunderts wurden die letzten U. durch Wassili III. beseitigt. Paul I. belebte den Begriff im Sinne der „Apanage" wieder.

Ukas

Befehl, Anweisung, Gesetz des Zaren.

Wojewode

Im Mittelalter ursprünglich Bezeichnung für gewählten Anführer, der ein begrenztes Ter-ritorium beherrschte, dessen Amt jedoch nicht erblich war. In Polen seit dem 12. Jahrhun-dert verwendete Bezeichnung für Pfalzgraf und Statthalter. Nach Bedeutungsverlust seit 1918 verwendete Bezeichnung für obersten Beamten einer Wojewodschaft. In Rußland neben der alten Bedeutung als Heerführer und Regimentskommandeure (bis Peter I.) seit Mitte des 17. Jahrhunderts üblicher Name für Stadt- oder Provinzvorsteher (bis 1775).

Zaporoger Sitsch

Gemeinde der Saporoger Kosakenschaft im 17. Jahrhundert.

Kurzporträts wichtiger Staatsmänner des Zarenreiches vom 17. bis zum 20. Jahrhundert

Afanasii Lawrentewitsch Ordin-Naschtschokin

(1605 in Pskow–1680 in Pskow)

Russische Historiker des 19. Jahrhunderts haben A. L. Ordin-Naschtschokin einen „Vorkämpfer der Reformen Peters des Großen" sowie den „Architekten einer modernen russischen Außenpolitik" genannt. Tatsächlich nimmt er als Diplomat, Wirtschaftsreformer und Politiker unter den Staatsmännern des 17. Jahrhundert einen hervorragenden Platz ein. Er wurde um 1605 geboren, und wie die Familie der Panins stammten seine Vorfahren aus Italien. Der Vater, ein mittlerer Grundbesitzer, hatte sich in Pskow niedergelassen und lehrte seinen Sohn Sprachen und Mathematik. 1622 trat dieser in den Regimentsdienst seiner Heimatstadt. 20 Jahre später, im Auftrage des Zaren Michail, führte ihn seine erste große diplomatische Mission an die russisch-schwedische Grenze, um die Einhaltung des Grenzverlaufes zu überprüfen. Die Aufmerksamkeit des neuen Zaren Alexei Michailowitisch zog Ordin-Naschtschokin 1650 mit dem Versuch auf sich, eine gegen die deutsche Minderheit von Pskow gerichtete Protestaktion zu verhindern. Nach seiner Flucht setzte er die Tätigkeit gegen den „Bund von Pskow" von Moskau aus fort.

Hier begann der eigentliche Aufstieg. Im Russisch-Polnischen und im Russisch-Schwedischen Krieg war Ordin-Naschtschokin an verschiedenen Militäraktionen beteiligt, wo er den Zaren auch persönlich kennenlernte. 1656 ernannt ihn Alexei bereits zum Wojewoden. Als 1658 der Krieg gegen Schweden zu eskalieren drohte, war es Ordin-Naschtschokin, der über Sondierungen am dänischen und brandenburgischen Hof, in Valiesar bei Narwa einen Waffenstillstand aushandeln konnte. Daraufhin wurde er zum Duma-Bojaren *(dumnyj dvorjanin)* ernannt. In der Urkunde vom 28. April 1658 dankte der Zar feierlich dem „hohen Herren ... für seine zahlreichen Dienste und eifrigen Bemühungen". Dem Zaren, mit dem er seitdem korrespondierte, schrieb er 1659 einen Brief, in dem eine stärker werdende Ablehnung des Krieges deutlich wurde. Dabei kritisierte er auch den Zustand der russischen Armee und forderte eine völlige Reoganisation des Moskauer Heeres. Er setzte sich für die Einführung von Rekrutenaushebungen nach preußischem Vorbild ein, schlug vor, die Strelitzenkorps zu erweitern und dagegen die Zahl der zumeist ungenügend ausgebildeten Adligen in der Kavallerie zu verringern. Hier wurde erstmals deutlich, daß der Offizier und Diplomat Ordin-Naschtschokin, angeregt durch seine zahlreichen Kontakte nach Westen, sich um eine Umgestaltung einzelner Bereiche des vormodernen Staatswesens bemühte. Wenige Jahre später, von 1662 bis 1666, nahm ihn der Krieg erneut in Anspruch, diesmal gegen Polen.

Die Unterzeichnung des Waffenstillstandes von Andrussowo, einem russischen Dorf zwischen Smolensk und Mstislawl, im Jahre 1667 stellte zweifelsohne den Höhepunkt seiner militär-diplomatischen Laufbahn dar. Gegen die Absichten des Zaren Alexei hatte Ordin-Naschtschokin für einen Ausgleich mit Polen plädiert, das für Rußland zunächst wichtiger sei als Schweden. Gemeinsam mit Polen ließe sich nach seiner Auffassung ein Abenteuer in Schweden mit dem Ziel, das Baltikum zu gewinnen, wagen. Darüber hinaus setzte sich der Staatsmann für einen „slawischen Bund" ein, der gegen die beiden Hauptkontrahenten des 17. Jahrhunderts gewappnet sei: gegen die Türken und die Schweden. Nach dem Vertragsschluß von Andrussowo stieg der Militärgouverneur von Pskow (seit 1665) und Dumabojar Ordin-Naschtschokin zum Leiter des Gesandtschaftsamtes auf und wurde damit zum zweiten Mann im Staat, zum „ersten russischen Kanzler". Vom Zaren wurde er reich beschenkt und gehörte bald zu den reichsten Grundbesitzern des Reiches.

Ebenso wie in der Außenpolitik engagierte sich

Ordin-Naschtschokin auf dem Handels- und Wirtschaftssektor des Reiches. Als Grundbesitzer und Beamter Moskaus im Baltikum, der stets auch den Blick auf westliche Modernisierungsmodelle richtete, hielt er den Binnenhandel und den internationalen Gütertausch für die wichtigste Stütze des Staatswesens: „Der Handel allein bereichert den Staat", stellte er 1666 gegenüber polnischen Gesandten fest. Das 1667 aller Wahrscheinlichkeit nach auf Betreiben Ordin-Naschtschokins verabschiedete „Neue Handelsstatut" brachte erstmals ein nationales ökonomisches Interesse zum Ausdruck. Für den Diplomaten war es gleichsam wichtig über den Handel die politischen Beziehungen, etwa zu Polen, zu normalisieren. Insbesondere dem Baltikum, als dem künftigen „Fenster zum Westen" und Zugang zur Ostsee, maß Ordin-Naschtschokin eine strategische Bedeutung für Rußland bei. Der von ihm selbst initiierte Bau eines Hafens am westlichen Düna-Ufer verdeutlicht dies. Gleichwohl setzte er sich als Direktor des Auslandsamtes für bessere Handelsbeziehungen nach Asien, bis nach Indien ein. Der Bau von Schiffen für das Kaspische Meer, der am Fluß Oka begonnen wurde, geht ebenso auf seine Initiative zurück wie die Einrichtung eines Postdienstes zwischen Moskau, Petersburg und Wilna.

Es war dem unnachgiebigen Charakter Ordin-Naschtschokins geschuldet, daß er nach vier Jahren die Leitung des Auslandsamtes abtreten mußte. 1671 wurde er aus dem Staatsdienst entfernt. Seine Karriere als Inhaber öffentlicher Ämter währte mehr als 30 Jahre und überdauerte drei Zaren. 1672 ließ er sich überraschend zum Mönch scheren und begab sich als Mönch Antonius zurück nach Pskow in das Krypezki-Kloster. Hierbei wurde deutlich, daß er auf eigentümliche Weise Dauer und Wandel des Zarenreiches verkörperte. Einerseits brachte er westliche Zeitungen nach Rußland und versuchte, eine Reihe von Reformen durchzusetzen. Andererseits war er durch und durch ein Patriot und tiefreligiöser Mann des östlichen Christentums, der keinesfalls eine Verwestlichung des russischen Reiches anstrebte: „... was kümmern uns die Kostüme anderer Nationen. Deren Kleider werden uns ebensowenig stehen, wie die unseren ihnen." Die Bemühungen zur Überwindung der Rückständigkeit Rußlands im Bereich des Handels und der Administration blieben naturgemäß dort stehen, wo sie die autokratischen Grundlagen einzuschränken drohten. Es war die Zeit des Übergangs vom Günstling zum Staatsmann, in der L. A. Ordin-Naschtschokin, A. S. Matwejew und V. V. Golizyn einander auf dem Posten des Leiters des Gesandtschaftsamtes ablösten und – im Vergleich zu anderen Hofbeamten – eigenes politisches Profil zeigten.

Alexander Danilowitsch Menschikow
(6. 11. 1672 in Moskau–Oktober 1729 in Berezowo/Sibirien)

Wenigen Figuren der russischen Geschichte wurden schon zu Lebzeiten so viele Geschichten und Legenden zugeschrieben wie dem „Favoriten Peters des Großen", „Alexaschka Menschikow". Sein Aufstieg vom Moskauer „Piroggen-Jungen" zum zweiten Mann nach dem Zaren bzw. zum ungekrönten Herrscher nach Peters Tod belebte die sehnsuchtsvolle Phantasie der einfachen Leute, die mit ihren wohlmeinenden Anekdoten den Lebensgang Menschikows als einem der Ihren begleiteten. Tatsächlich blieb Menschikow zeit seines Lebens ein Mann seiner „geringen" Herkunft. Er war kein Staatsmann mit auffälligen intellektuellen Fähigkeiten, kein Diplomat mit Fingerspitzengefühl. Menschikow war ein Militär, ein ungestümer Haudegen voller Entschlossenheit und ein beispielloser Organisator. Obzwar er Deutsch und Englisch sprach, war Menschikow, der kaum seinen Namen schreiben konnte, Analphabet. Er war ein Blender. Dennoch machte ihn, als ersten Russen überhaupt und noch drei Jahre vor Peter, eine ausländische wissenschaftliche Einrichtung zu ihrem Mitglied: Am 25. Oktober 1714 verkündet Isaak Newton die Aufnahme des Fürsten Menschikow in die „Königliche Gesellschaft" Englands. An den europäischen Höfen mußte ein unkonventioneller „Politiker" wie er Eindruck machen. Lange Zeit galt er dort wie in Rußland selbst als wichtigster Politiker des Reiches. Menschikow und Stalin waren die einzigen Heerführer der russischen Geschichte, die sich „Generalissimus" nennen ließen. In beiden Fällen hat sich der erfüllte Traum vom Aufsteigen aus niedrigen sozialen Verhältnissen in maßlose Selbstüberschätzung verkehrt. Zugleich haben Zeitgenossen und auch Historiker den ungewöhlich starken Drang nach Reichtum und Anerkennung hervorgehoben bzw. kritisiert. Dies Charakterisierung wirft zugleich ein Licht auf die Herkunft Menschikows.

Den Geburtstag Menschikows geben die insgesamt widersprüchlichen Quellen mit dem 6. November 1672 an, während über Stand und Beruf des Vaters noch immer Unklarheit herrscht. Ob dieser bäuerlicher Herkunft war und später als Verpflegungskorporal oder aber als Stallmeister im Preobrashensker Regiment gedient oder ob er in den Straßen Moskaus Piroggen verkauft habe, liegt bislang ebenso im Dunkeln wie die Herkunft der eher unwahrscheinlichen Legenden, die den Menschikows eine adlige Genealogie zugeschrieben haben. Menschikow trat wahrscheinlich auf Beschluß seines Vaters bereits als sehr junger Mann in das eben gegründete Preobrashensker Regiment ein. Schnell fand er hier einen Fürsprecher in dem Schweizer Franz Lefort, der ihn wohl auch mit Peter bekanntmachte. Im Jahr 1697, als die beiden jungen russischen Zimmerleute Peter Michajlow und Alexander Menschikow auf den Werften der Ostindischen Gesellschaft in Holland arbeiteten, waren sie bereits eng befreundet. Alexaschka, wie Peter seinen Freund nannte, begleitete den Zaren an die europäischen Höfe und hinterließ einen ebenso nachhaltigen Eindruck wie dieser. Als der Strelitzen-Aufstand sie alsbald nach Moskau zurückrief, zeigte das „Herzenkind" Menschikow ein anderes Gesicht. 20 der Aufständischen soll er eigenhändig enthauptet, andere gefoltert haben.

In den 1700 beginnenden bewaffneten Aktionen gegen die Schiffe der Schweden verdiente sich Menschikow, den Spielregimentern längst entwachsen, die ersten Offiziersehren, woraufhin er zum Andreas-Ritter geschlagen wurde. Menschikow war nach den frühen Gefechten des Nordischen Krieges außerdem zum Kommandanten der Festung Schlüsselburg und wenig später zum Governeur des entstehenden St. Petersburg ernannt worden. Peter überschüttete den „libsten Kamarat" und „Frejnt" mit Geschenken, Titeln und Orden. So läßt er seinem Freund in der Nähe von Woronesh eine neue Stadt, Oranienburg, errichten. Bis zur großen Schlacht von Poltawa, die nach Solowjow den Aufstieg Rußlands zur Großmacht verhieß, reicht auch der unaufhörliche Aufstieg Menschikows, zunächst zum Kavallerie-General (1705), dann zum Oberhofmarschall; in Österreich ernannte man ihn nach dem Sieg von Kalisch zum Fürsten des Heiligen Römischen Reiches.

In den Jahren 1708 und 1709 fegte Menschikow als Heerführer fast durch ganz Osteuropa – von Sieg zu Sieg: in der Ukraine brennt er die Stadt des abtrünnigen Kosaken-Hetmans Mazepa nieder, vernichtet dann dessen Sympathisanten in der Zaporosher Sitsch. Nach dem großen Sieg bei Poltawa zieht er weiter nach Polen, wo es darum ging, August II. von Sachsen im Kampf gegen einen Konkurrenten auf dem polnischen Thron zu unterstützen. Nach Poltawa mischten sich Mißtöne in das Verhältnis Peters zu seinem großen Favoriten, was mit der Großmannssucht und Habgier des letzteren in Zusammenhang steht, wenngleich aller Wahrscheinlichkeit nach auch noch sehr persönliche Gründe die intime Beziehung der beiden Männer getrübt haben dürften. Für eine homoerotische Komponente der Jugendbeziehung liegen zwar bislang keine direkten Hinweise vor, doch spricht bereits B. D. Porozovskaja am Ende des 19. Jahrhunderts von einer Beziehung, die „mehr als

nur eine Freundschaft" war. Unter den von Jacob Stählin gesammelten Originalanekdoten von Peter dem Großen finden sich zudem auch Berichte von Zeitzeugen, die die Kritik und Ermahnungen Peters gegenüber Menschikow wiedergeben.

Die letzten militärischen Aktionen Menschikows führten ihn 1713–1714 an der Spitze des russischen Expeditionskorps nach Pommern und Schleswig-Holstein. Zwar wurde inzwischen am Hof, besonders aus den Reihen des alten Hochadels immer deutlicher Kritik an Menschikow und verschiedenen zwielichtigen Aktionen laut, seinen Einfluß indes konnte er bis zu Peters Tod sichern und wurde gar 1717 zum Leiter des Kriegskollegiums berufen. Mit der Regelung der Thronfolge begann Menschikows „zweite Herrschaftszeit"; er sei, nach Meinung einiger Historiker, der eigentliche Nachfolger Peters gewesen. In Konkurrenz zum Grafen Ostermann, den er bald abschieben konnte, errichtete Menschikow 1726 über den Obersten Geheimen Rat seine neue Machtstellung. In andere Ämter, wie den Vorsitz des Kriegskollegiums, setzte er sich selbst wieder ein, nachdem ihn Peter noch daraus entfernt hatte. Bis zum Sommer 1727 dauerte die Machtusurpation Menschikows, der Peters Töchter Anna und Elisabeth ganz für sich eingenommen hatte, den elfjährigen Thronfolger Peter gar in seinem eigenen Haus gefangenhielt, um schließlich als Generalissimus die Regentschaft zu steuern. Erst eine Krankheit, die die anderen Hofparteien zum Zuge brachte, konnte den Aufstieg Menschikows beenden und zu seinem Sturz führen.

Hausarrest, Enteignung und Verbannung nach Sibirien im April 1728 waren die Schlußstationen in der Biographie eines der einflußreichsten russischen Günstlinge, des reichsten Grundbesitzers und Unternehmers des Reiches in der ersten Hälfte des 18. Jahrhunderts.

Wassili Wassiljewitsch Golizyn
(1643–21. 4. 1714 in Kologory/ Archangelsk)

Nur wenige russische Adelsgeschlechter haben in der Geschichte des Reichs eine so prominente Rolle gespielt wie die Moskauer Familie der Golizyns. Seit dem 15. Jahrhundert, lange bevor die Romanows den Zarenthron bestiegen, haben Abkömmlinge des Stammvaters Michail Iwanowitsch Goliza, der als Bojar unter Wassili III. diente, die Bojaren- und Höflingsränge gefüllt. Fürst Wassili Wassiljewitsch Golizyn war als Minister und Feldherr der Regentin Sofja der einflußreichste Nachkomme des Geschlechts. Neben Ordin-Naschtschokin und Matwejew gehörte er zu den neuen Männern des 17. Jahrhunderts, deren Bildungs- und Modernisierungsinteresse über das Niveau ihrer adligen Zeitgenossen hinausging und die Voraussetzungen für das Petrinische Zeitalter schaffen halfen.

Als Geburtsjahr Wassili Golizyns haben die meisten Historiker das Jahr 1643 bestimmt. In seiner Jugend beschäftigte er sich intensiv mit klassischen und modernen Sprachen, was ihm später schnell zu Amt und Würden verhelfen sollte. Als 13jähriger gelangte er an den Hof und wurde, wie andere Sprößlinge des höheren Moskauer Adels, zum Tisch- oder Kammerherren der Zarenfamilie ernannt. Trotz des frühen Verlustes des Vaters – Wassili war damals neun Jahre alt – hatte der junge Fürst, vermittelt über die ausgreifenden familiären Netzwerke und seine individuellen Fähigkeiten – schnell das Vertrauen der Zaren Alexei Michailowitsch und Fjodor gewonnen.

Im Januar 1676 wurde er bereits zum 1. Kammerherrn ernannt und wenig später, mit dem Beginn der Regierungszeit Fjodors, in den Bojarenstand erhoben und mit umfangreichen Besitzungen beschenkt. Zwischen 1675 und 1681 wechselte Golizyn auf Anforderung des Zaren sehr häufig sein Amt. In der ukrainischen Stadt Putiwl überwachte er zunächst den Ausbau der Befestigungsanlagen. In Tschigirin erhielt der Fürst den Amtsstab (bulawa) des türkischen Sultans für den Hetman der rechtsufrigen Ukraine, der vom Sultan eingesetzt worden war und seine Hauptstadt nun dem russischen Kommando unterstellen mußte. Zugleich war das Jahr 1677 geprägt vom Diadochenkampf zwischen Golizyn und dem Fürsten G. G. Romodanowski, der erfolgreich die Türken von Tschigirin ferngehalten hatte; beide erhoben Anspruch auf die Führung der Operationen gegen Tataren und Türken sowie das Recht, persönlich nach Moskau über den Gang der Ereignisse an der Front Bericht erstatten zu dürfen. Golizyn setzte sich durch und wurde schließlich als Chef des Artillerie-Stabes (Puschkarskij prikas) in die Hauptstadt gerufen. Ein Jahr später, 1678, saß Golizyn dem Justizamt, dem Wladimirskij-Prikas, vor, das zivilrechtliche Vorgänge der zarischen Dienstleute regelte. Wenig später kehrte er abermals in die Ukraine zurück. Hier wirkte er mit einigen Unterbrechungen als Regimentskommandeur und Wojewode. Dennoch führte das Jahr 1678, nach der Preisgabe von Tschigirin, zum vorläufigen Ende der Kriegshandlungen gegen die Sultanstruppen und zu Verhandlungen mit der Pforte, die die Friedensgespräche von Bachtschissaraj (13. Januar 1681) zur Folge hatten.

Als sich im Jahr 1681 auf Geheiß Fjodors hochrangige Bojaren und Militärs in einer Kommission unter Vorsitz Golizyns zusammenfanden, sollte es um eine Reformierung der Armee gehen. Mit ihrer ersten und wichtigsten Entscheidung, die am 12. Januar 1682 vom Zaren gebilligt und in Kraft gesetzt wurde, beseitigte das Gremium die alte Elitenordung des „Mestnitschestwo". Mit dieser Entscheidung, die mit dem Verbrennen der alten Vorrangsordnungen und -farben zelebriert wurde, begann sich im zarischen Untertanenverband ein neues Prinzip des persönlichen Fortkommens gegen das adligen Gewohnheitsrechts durchzusetzen: die Leistung. Golizyn war, nicht zuletzt durch seinen beträchtlichen immensen Bildungsvorlauf, ein wichtiger Befürworter des „Dienstranges". Die Militärreform legte den Grundstein für einen Wertewandel hin zur Dienstklassengesellschaft, der sich im neuen Jahrhundert vollziehen sollte. Golizyns Kommission nahm vorweg, was 40 Jahre später die Rangtabelle Peters eingeführt hat. Freilich war Golizyn und anderen keineswegs an einem Statusverlust der traditionellen Eliten gelegen. Die Moskauer Bojaren rückten so als „Hofbeamte" eher noch enger an die Macht heran.

Weitere Veränderungen ergaben sich um die Mitte der achtziger Jahre auf Golizyns Drängen in der Rechtsprechung. Prozeßordnungen wurden vereinfacht und Strafmilderungen durchgesetzt. Außerdem machte der Favorit der neuen Zarin Sofja (ab 1682) Reformvorschläge zur Bildung, Kultur und Wissenschaft. Immerhin konnten unter seinem Schutz die Jesuiten 1686 in Moskau eine Kirche und eine Schule errichten. Auch die Sozialverfassung lag ihm am Herzen, wobei Golizyn deutlich über die Sonderinteressen des Besitzadels hinausdachte und auf das Recht der Bauern drang, Grundbesitz erwerben und beispielsweise in Sibirien siedeln zu können. Inspiriert wurde er immer wieder von den ausländischen Beratern, Politikern oder Militärs, die am Hofe verkehrten. Der Schotte Gordon, der Schweizer Lefort, der Deutsche Hartmann, der Holländer Tarbet und der Franzose de la Neuville gehörten zu den Konsultanten Golizyns. Dieser war darüber hinaus am Aufbau Moskaus als repräsentativer Hauptstadt stark interessiert. Fast 3000 Steingebäude wurden z. Zt. Sofjas gebaut, die meisten auf Initiative Golizyns hin.

Die Quellen belegen nicht, daß Wassili Wassiljewitsch Golizyn an dem Staatsstreich direkt beteiligt war, der im Mai 1682 die neue Zarin auf den Thron hob – nach 600 Jahren russischer Geschichte wieder eine Frau mit politischem Einfluß. Golizyn wurde jedenfalls bereits am ersten Tag des Coup d'état zum Leiter des Gesandtschaftsamtes ernannt und organisierte die Krönungsfeierlichkeiten im Juni 1682. Bis

1689 hatte der Fürst die Leitung nahezu aller Prikase vorübergehend oder ständig innegehabt. Sein wichtigstes Tätigkeitsfeld wurde in diesem Jahrzehnt jedoch die Außenpolitik. Sofja besaß gerade hier große Ziele und hatte anfangs durch den neuen Stil der russischen Diplomatie, den Golizyn laut verschiedener Ausländerberichte prägte, einige Erfolge: 1684 wurde der Frieden von Kardis mit Schweden bekräftigt und 1686 konnte ein Ausgleich mit Polen in einem „Ewigen Frieden" gefunden werden, der im wesentlichen die Bestimmungen des Waffenstillstandes von Andrussowo bestätigte.

Die zunächst 1687 – nach dem Beitritt zur „Heiligen Liga" – und 1689 geführten Kriege gegen die Türkei und die Krimtataren ließen den Glücksstern Wassili Golizyns sinken. Im zweiten Treffen 1689 hatte er selbst den Oberbefehl inne. Hohe Verluste und unzureichender Nachschub ließen eine erfolgreiche Erstürmung der Krimbefestigungen von Perekop als aussichtslos erscheinen, woraufhin Golizyn den Rückzug befahl. In Moskau hatte Sofja, während seiner mehrmonatigen Abwesenheit mit halbherzigen Versuchen und unterstützt von einem weiteren Günstling, Fjodor Schaklowity, versucht, ihre Position gegen die drängende Partei des jungen Peter zu stärken. Das gelang ihr nicht mehr. Nach ihrem Sturz verlor auch Golizyn Ämter, Besitz und Bojarentitel und wurde mit seiner Familie verbannt, zunächst nach Kargopol und über verschiedene Stationen nach Archangelsk, wo er 1714 starb.

Feofan Prokopowitsch
(1681 in Kiew–1736 in St. Petersburg)

Der aus der Ukraine stammende Geistliche, Staatsgelehrte und Literat Feofan Prokopowitsch, Ratgeber Peters des Großen, wurde wiederholt als erster „russischer Aufklärer" bezeichnet. Auf unterschiedlichen Feldern hat er die Geschichte Rulands im frühen 18. Jahrhundert mitgestaltet. Sein Aufstieg zum Berater des großen Peter verdeutlicht die Mitwirkung der höheren Geistlichkeit an den Veränderungen in Staat und Kirche unter Peter I.

Feofan, der 1681 in einer Kaufmannsfamilie geboren wurde, verlor bereits als Kind beide Eltern. Er wurde von seinem Onkel adoptiert und trat als Junge in das Kiewer Bruderschaftskloster ein. Als Student der berühmten Kiewer Akadmie und später am griechischen Kollegium des Hl. Anthanasius zu Rom beschäftigte sich Feofan besonders mit Theologie, Philosophie sowie griechischer und römischer Kunst und Literatur. Der Beeinflussung von verschiedenen Konfessionen war dann auch seine Zugehörigkeit zur griechisch-katholischen Uniatskirche sowie im griechisch-unierten Basilianerorden geschuldet. Neben einer umfassenden Sprachkenntnis zeichnete den jungen Prokopowitsch bald eine Leidenschaft für Literatur aus. In seinem Schuldrama „Wladimir" erinnerte er an die Christianisierung der Kiewer Rus im Jahre 988 und feierte mit dem Reformer Wladimir gleichsam den „Erneuerer" Peter. Dem Grundsatz einer Verweltlichung der Literatur entsprach die im gleichen Jahr in Kiew verfaßte „Kunst der Poetik" *(De arte poetica)*. Nach dem Vorbild der klassischen Autoren Roms und Griechenlands sollte die Literatur in moderner Zeit wieder mehr eine aufklärerische Rolle in der Gesellschaft spielen. Eine „Rhetorik" Feofans aus dem Jahr 1706 ist nicht gedruckt erschienen. Charakteristisch für seine theologischen und philosophischen Gedanken war der Versuch, sich von der traditionellen scholastischen Terminologie zu lösen. Außerdem beschäftigte sich Prokopowitsch an der Akademie, deren Präfekt bzw. Rektor er bis 1716 war, mit Mathematik und den Welträtseln, wie sie in den Theorien von Galilei, Kopernikus und Descartes untersucht worden waren.

Peter der Große wurde 1706 auf den jungen Prediger aufmerksam, als er von diesem mit einer aufwendigen und gelehrigen Rede in Kiew empfangen wurde. Wenige Jahre später, 1711, begleitete Feofan Prokopowitsch, neben Heinrich Ostermann aus Bochum, den Zaren als Feldgeistlicher auf dessen Pruthfeldzug gegen die Türken. Wie zwei Jahre zuvor, 1709, in dem berühmt gewordenen Preislied auf den Sieg der russischen Truppen bei Poltawa, Epinikion, versuchte Feofan, auch in Peters Hauptquartier in Moldawien an den großen Sieg gegen die Schweden zu erinnern, um die Mannschaft zu neuen Taten zu beflügeln.

1716 zog Prokopowitsch ins neue Petersburg an den Zarenhof um, wo er 1722 zum geistlichen Vorsitzenden des Heiligen Synods ernannt wurde. Von diesem Amt aus sollte Feofan, seit 1718 Bischof von Pskow und ab 1725 Erzbischof von Nowgorod, die petrinische Kirchenpolitik leiten. 1718 hatte ihn der Zar mit der Erarbeitung eines Traktates zur „Beschreibung und Beurteilung eines Geistlichen Kollegiums" beauftragt, das im Januar 1721 als „Geistliches Reglement" *(Duchownyj reglament)* verabschiedet wurde. Das eigens zur Umsetzung desselben eingerichtete „Geistliche Kollegium" wurde nur wenige Tage später, auf seiner ersten Sitzung am 14. Februar 1721, in den „Heiligsten Dirigierenden Synod" umbenannt. Der Staat sicherte sich über die Funktion des Oberprokurators, die zunächst in den Händen von Gardeoffizieren der Ränge Hauptmann bis Oberst lag, den

Einfluß auf die Kirche und übernahm 1729 sogar die Funktion des Klosteramtes. Nachdem bereits 1701 der Kirchenbesitz weitgehend säkularisiert worden war, lagen seit diesem Zeitpunkt alle Schließungen und Gründungen von Klöstern in der Hand des Staates. Zwar blieb der Synod in Glaubensangelegenheiten eine Art Bischofssynode mit den entsprechenden Befugnissen, doch in seiner Struktur entsprach er den übrigen Kollegien: „Aus der Zuständigkeit des Kaisers für das irdisch-materielle Leben der Kirche wurde eine unmittelbare Einbeziehung der kirchlichen Verwaltung in die Gesamtverwaltung des Staates." Peter, der insbesondere das russische Patriarchat zurückdrängen wollte und seit dem Tod des Patriarchen Adrian im Jahr 1700 nur einen Patriarchatsverweser zugelassen hatte, konnte dies nur bis zu seinem Tode durchsetzen. Nach 1725 erstarkte das Patriarchat wieder, während der Einfluß der weltlichen Kirchenbeamten zurückging.

Prokopowitschs Einfluß ging indes weit über die kirchlichen Belange der Regierung Peters hinaus. Er kann als Theoretiker der zarischen Selbstherrschaft des 18. Jahrhunderts bezeichnet werden. In der von ihm 1722 verfaßten Schrift „Das Recht des monarchischen Willens" ist die russische Begrifflichkeit des absolutistischen Zeitalters aufgehoben: „Demokratie, das ist Volksherrschaft" und „Monarchie, das ist Selbstherrschaft" (samoderzhawstwo), hieß es hier. Der traditionelle Begriff der „Rus" wurde von Prokopowitsch durch „Rußland" oder „Russisches Zarenreich" ersetzt. Der Begriff vom Staat (gosudarstwo) wurde ganz eng an den Herrscher (gosudar) gebunden. Der Zar war der „Vater des Vaterlandes" und durfte selbst über die Nachfolge auf dem Thron bestimmen. Auch der Begriff der „Nation" wurde von Prokopowitsch eingeführt, gleichbedeutend mit „Land" und „Volk". Es wurde deutlich, daß der Autor dieser Schrift die Terminologie des europäischen Absolutismus kannte und nach Adaptionen in der russischen Sprache gesucht hat. Rußland trat mit diesem Dokument einen weiteren Schritt an die europäische Neuzeit heran.

Prokopowitsch wandte sich auch ganz praktischen Fragen, wie etwa dem Nutzen der Schiffahrt, zu. In seiner „Lobpredigt auf die russische Flotte, und auf den Sieg, den die russischen Galeeren über die schwedischen Schiffe am 27. Juli (1720) davongetragen haben" kritisierte der Autor scharf jene Dichter, die die Navigation und Schiffahrt ablehnten und nicht „deren Früchte sehen" würden. Auch die feierliche Einweihung des Ladoga-Kanals nutzte der Dichter zu einer Rede, in der er Rußlands errungenen Platz unter den Seefahrernationen hervorhob und von der künftigen Erschließung der Reichtümer Nordwest-

rußlands sprach. 1721 wandte er sich in einer Predigt gegen den Gesetzesmißbrauch, die Bestechlichkeit der Richter sowie die Verletzung von Gesetzen. In dem Gedicht „Auf den 25. Februar" lobte er den Entschluß der neuen Zarin Anna, den Forderungskatalog des Adels, der auf eine Einschränkung der Selbstherrschaft gerichtet war, zu zerreißen. Prokopowitsch war der Theologe des russischen Absolutismus und ein hervorragender Schriftsteller und Redner. In den ersten Jahrzehnten des 18. Jahrhunderts war er auch im Ausland kein Unbekannter, wovon die Messekataloge der Leipziger Buchmessen wie auch Rezensionen seiner Schriften in deutschen Zeitschriften zeugen.

Heinrich Johann Friedrich Ostermann
(Andrej Iwanowitsch Osterman)
(9. 6. 1686 in Bochum/Westfalen–
31. 5. 1747 in Berjosow/Sibirien)

Im 18. Jahrhundert gelangten zahlreiche Ausländer in russische Dienste. Die Kontaktaufnahme Peters des Großen mit den europäischen Höfen hatte das westeuropäische Interesse an Rußland nachdrücklich belebt. Als Diplomat, Militär und Staatsbeamter gehörte Heinrich Johann Friedrich Graf Ostermann zu den einflußreichsten ausländischen Akteuren in der ersten Hälfte des 18. Jahrhunderts, von Peter I. bis Elisabeth.

Ostermann wurde am 9. Juni 1686 in Bochum/ Westfalen geboren. Der Vater, ein evangelisch-lutherischer Pfarrer, achtete auf eine fromme und humanistische Erziehung seiner Kinder. Heinrich Johann Friedrich bezog 1699 die Universität Jena und studierte hier insbesondere Sprachen. Als er 1703 im Jenaer Studentenhaus „Zur Rosen" im Streit einen Kommilitonen niederstach, mußte er die Universität verlassen und flüchtete nach Amsterdam. Nach Kontakten zum russischen Vizeadmiral Cruys gelangte Ostermann als Untersteuermann am 1. Oktober 1704 in das holländische Register in russische Dienste eingestellten Personen. Insbesondere seine Sprachkenntnisse (Deutsch, Latein, Französisch, Holländisch, Italienisch und alsbald auch Russisch) qualifizierten ihn zunächst zur Tätigkeit als Sekretär bei Cruys, zwei Jahre später dann, 1708, in Peters direkter Gefolgschaft, als Übersetzer in das Gesandtschaftsamt (Posolskij prikas). Im dritten Teil seiner Reisebeschreibung vom „veränderten Rußland" gibt der hannoveranische Resident in Petersburg, Christian F. Weber, eine Charakterisierung Ostermanns durch den Zaren wieder: „Ostermann habe in seinen Pflichten noch niemals einen Fehltritt begangen. Wenn er ihm aufgäbe, etwas, entweder in deutscher oder französischer oder lateinischer Sprache zu entwerfen, und an auswärtige Höfe, oder an seine bey denselben befindlichen Minister zu schicken: so müßte er Solches zuerst in russischer Sprache aufsetzen, um daraus wahrzunehmen, ob er die rechte Meynung getroffen habe? Und auch hierin habe er niemals den geringsten Mangel gefunden."

Die diplomatische Karriere Ostermanns begann 1711, als die Armee Peters auf dem Moldaufeldzug am Pruth von der türkischen Armee eingeschlossen und auf Friedens- und Rückzugsgespräche mit dem türkischen Großwesir angewiesen war. Dorthin wurde er an der Seite des Vizekanzlers Schafirow ausgesandt. Vier Jahre später verhandelte er in den Niederlanden mit England über die Fortsetzung des Krieges. Der Frieden von Nystadt des Jahres 1721, der den Nordischen Krieg zwischen Rußland und Schweden beendete, war für die russische Seite seit 1717 de facto von Ostermann ausgehandelt worden, der eigentlich nur als Zweiter Beobachter die Gespräche verfolgen sollte. Der erfolgreiche Abschluß dieser Mission kann gleichwohl als Höhepunkt seiner diplomatischen Laufbahn angesehen werden. Er ist daraufhin als Baron in den russischen Adel aufgestiegen, erhielt Ländereien, viel Geld sowie den Titel eines Geheimen Kanzleirates. Es ist nicht übertrieben, in Ostermann den *spiritus rector* der petrinischen und nachpetrinischen Außenpolitik zu erkennen. Das 1724 mit Schweden eingegangene Verteidigungsbündnis, dessen Peter für seine Politik im Baltikum bedurfte, ist ebenso durch Ostermann vereinbart worden, wie der nach Peters Tod, ein Jahr später, geschlossene Sicherheitsvertrag mit Österreich. Am 5. Dezember 1725 ernannte die neue Kaiserin Katharina I. den Baron Andrej Iwanowitsch Ostermann zum Reichsvizekanzler und Wirklichen Geheimrat.

Vom 26. Februar 1726 beriet ein Oberster Geheimer Rat die Kaiserin Katharina I. in ihren politischen Entscheidungen. Ostermann war einer der Initiatoren dieses siebenköpfigen Gremiums und gehörte ihm bis 1730 an. Im gleichen Jahr wurde er in den Grafenstand erhoben. Die europäische Politik dieser Jahre waren auch geprägt vom Konflikt um die Grafschaft Schleswig, an der auf der einen Seite England, Frankreich und Dänemark und auf der anderen Rußland und seine neugewonnen Partner Schweden und Österreich ein vitales Interesse hatten. Ostermanns Diplomatie, die zur Übereinkunft mit Dänemark (1732) und England (1734) führte, trug dazu bei, einen Krieg zu vermeiden. Lediglich im Verhältnis zu Frankreich gelang weder Ostermann noch dem Grafen Münnich eine Entspannung, was schließlich

zur Einbeziehung Rußlands in den Polnischen Erbfolgekrieg (1734–1736) und zum Krieg gegen die Türken (1735–1739) führte. Der Österreichische Erfolgekrieg (ab 1740) war für Ostermann, auf gute individuelle Beziehungen zu Wien und Berlin gerichtete Politik, ein Rückschlag. Den Fortgang bzw. das Ende des Krieges hat er auch nicht mehr beeinflussen können, da er 1741 bei der neuen Zarin Elisabeth in Ungnade fiel. Ostermanns Verständnis von Außenpolitik wurde von der Suche nach Ausgleich und Kompromiß geleitet und entsprach in gewisser Weise seiner Herkunft und seiner multikulturellen Bildung. Immerhin hat er es verstanden, Rußland für zwei Jahrzehnte (1721–1741) aus kriegerischen Auseinandersetzungen weitgehend herauszuhalten, oder aber auf dem Verhandlungsweg nach Zwischenlösungen gesucht.

Auch die innere Politik wurde vom Grafen Ostermann mitgestaltet. Unter seiner Ägide wurde von 1719 bis 1720 die erste Redaktion der sogenannten Rangtabelle vorbereitet. Ostermann wertete die schwedischen, dänischen und preußischen Rangsysteme als Vorlagen aus. Auf diese Weise wurde das Gerüst der 1722 veröffentlichten Dienstklassenordnung ausgearbeitet, die die russische Beamtengesellschaft fortan prägte. Nach Peters Tod hat Ostermann die Einrichtung des Obersten Geheimen Rates als Beratergremium Katharinas I. vorangebracht und zugleich versucht, die Traditionseliten in Gestalt der Dolgorukow-Familie in den Rat einzubeziehen. Als Vizekanzler, Vorsitzender verschiedener Reformkommissionen (Post, Handel, Steuern) sowie Lehrer und „Oberhofmeister" Peter Alexejewitschs (Peter II.) nahm Ostermann immer mehr direkten Einfluß auf die Organisation des Reiches und den künftigen Zaren. 1731 wurde er Senatsmitglied. Drei Jahre später war er bereits erster Kabinettsminister. Die Konkurrenz mit den beiden anderen wichtigen „Ausländern" der russischen Regierung, Graf Burckardt Christoph Münnich und Graf Ernst Johann Biron sowie der Tod der Zarin Anna 1740, verdrängten Ostermann allmählig von der politischen Bühne. Mit dem kometenhaften Aufstieg des Hauses Braunschweig (die Eltern Iwans VI.) gelangte Ostermann in der Funktion als Flottenadmiral und Vorsitzender des Zweiten Kabinettsdepartments zum letzten Mal in Amt und Würden. Die neue Zarin Elisabeth ließ jedoch mit den Braunschweigern auch Ostermann und Münnich von der Bildfläche verschwinden. Vom Richtblock weg, 1741 nach Sibirien verbracht, starb Ostermann am 20. (31.) Mai 1747 in der Verbannung.

Alexej Petrowitsch Bestuschew-Rjumin
(22. 5. 1693 in Moskau–
21. 4. 1766 in St. Petersburg)

Die nachpetrinische Zeit war für die zarische Herrschaft eine Periode der genealogischen Unstetigkeit und politischen Schwäche. Die Männer der zweiten Reihe indes hatten in den Jahren nach 1730 ihre große Stunde. Neben die ehemaligen Mitstreiter Peters traten jetzt Gefolgsleute einer jüngeren Generation: die Brüder P. I. und I. I. Schuwalow nahmen Einfluß auf Verwaltung und Kultur, A. P. Bestuschew-Rjumin und die Brüder M. L. und S. L. Woronzow hatten die Diplomatie in ihre Hände genommen. In der Armee begannen P. A. Rumjanzew und A. W. Suworow ihre Karrieren ebenso wie die Brüder Panin und G. T. Teplow, welche in der Zeit Katharinas II. auf der Bühne der Politik stehen sollten. Im „Jahrhundert der Frauen" war die Politik auf dem russischen Thron in hohem Maße Beraterpolitik. Einer der wichtigsten Hintermänner der zarischen Politik war der Großkanzler Alexej P. Bestuschew-Rjumin, der über zwei Jahrzehnte an der Seite Zarin Elisabeths „regierte".

Geboren und aufgewachsen in Moskau schickte ihn Zar Peter, wie zahlreiche vielversprechende junge Adlige, als Fünfzehnjährigen zum Studium der Sprachen und Wissenschaften ins Ausland, zunächst nach Kopenhagen und Berlin, später, 1712/13 nach Holland, wo er als Angehöriger der russischen Botschaft am Kongreß von Utrecht teilnahm. Im gleichen Jahr erhielt der junge Bestuschew vom hannoveranischen Kurfürsten Georg Ludwig, dem späteren englischen König Georg I., eine Anstellung zunächst als Kammerherr und schließlich als Rußland-Minister am englischen Hof. Daraufhin wurde auch Zar Peter auf ihn aufmerksam. Als sich die Beziehungen zu England verschlechterten, beorderte der Zar Bestuschew zurück und ernannte ihn alsbald, 1720, zum russischen Residenten und 1734 zum Botschafter in Kopenhagen. Zehn Jahre lang hatte sich Bestuschew in Dänemark der späteren Kaiserin Anna als intellektueller und weltgewandter Diplomat empfehlen können. Bald schon siedelte auch er in die russische Hauptstadt um und nahm im Jahrzehnt der Herrschaft Annas verschiedene diplomatische Ämter wahr. Unter Fürsprache des Favoriten Annas aus ihrer Zeit in Kurland, Ernst Johann Biron, wurde Alexej Bestuschew-Rjumin 1740 zum Kabinettsminister ernannt. Als noch im gleichen Jahr Anna starb und Biron, nach einem vergeblichen Arrangement mit Ostermann, die Felle davonschwammen, wurde auch Bestuschew zum

Tode verurteilt, schließlich zu Verbannung begnadigt und vom Hof entfernt.

Wenig später jedoch, als Elisabeth im Herbst 1741 auf den Thron gelangte, konnte er nach Petersburg und in Amt und Würden zurückkehren, verfaßte er die Regierungserklärung der neuen Zarin und wurde zum Reichsvizekanzler im Außenamt ernannt.

Über ein Vierteljahrhundert hinweg, von 1742 bis 1757, leitete Bestuschew-Rjumin die russische Außenpolitik. Ab 1744 im Amt des Kanzlers, versuchte er, entgegen den Vorstellungen seiner Zarin, das vermeintliche „System Peters des Großen", eine englisch-österreichisch-russische Allianz unter Einschluß Hollands und Polens, am Leben zu erhalten. Die Länder mit den „natürlichen Grenzen" zu Rußland sowie die traditionellen Seemächte sollten, so interpretierte Bestuschew das petrinische Konzept, in einem Bündnis stehen. Nachdem Rußland 1743 zunächst zwischen Preußen und Österreich zu vermitteln versucht hatte, einem Frieden beider Staaten beitrat und der Empfehlung Friedrich II. folgte, die anhaltinische Generalstochter Sophie Friederike Auguste von Zerbst-Dornburg mit dem Thronfolger zu verheiraten, kühlte das Verhältnis zu Preußen unter Bestuschews Einfluß spürbar ab. Die Erneuerung des Bündnisses mit Österreich vom Mai 1746 sowie die beiden Subsidienverträge mit England im Jahre 1747 besiegelten die neue Politik Bestuschews. Die diplomatischen Kontakte zu Frankreich und Preußen wurden folgerichtig in den Jahren 1748 bzw. 1750 abgebrochen.

Das europäische System trieb auf einen größeren Konflikt zu, in den Rußland an der Seite Österreichs eintreten sollte. Für diese Allianz im Siebenjährigen Krieg stand die Person Bestuschews. Ebenso wie diese Strategie in den Regierungskreisen keineswegs unumstritten war, machten dem Kanzler verschiedene Gegenkräfte zu schaffen: der französische Botschafter in Petersburg, der Marquis de la Chetardie, eine Hofpartei, die es noch immer nicht aufgegeben hatte, Iwan VI. auf den Thron zu heben sowie die Schuwalow-Brüder, die auf Elisabeth seit den späten vierziger Jahren zunehmenden Einfluß gewannen.

Die frankophile Partei in Petersburg hatte ein leichtes Spiel, Bestuschew zur Aufgabe seiner Politik und zur Räumung seines Postens zu bewegen, als das von ihm hochverehrte England die Allianz wechselte und sich seit 1748 und dem Kongress von Aix-la-Chapelle Preußen anzunähern begann. Bestuschew sah sein „System" zerbrechen und jene Kräftekonstellation entstehen, die den Siebenjährigen Krieg dominieren sollte: der englisch-französische Gegensatz, insbesondere mit seinem nordamerikanischen

Schauplatz, sowie der preußisch-österreichische Dualismus. Auf konspirativem Wege versuchte der Hofdiplomat Bestuschew, die inzwischen erkrankte Zarin durch die Großfürstin Katharina Alexejewna auf dem Thron abzulösen. Als sein Gesinnungsgenosse, Feldmarschall S. F. Apraxin, ins Gefängnis geriet, scheiterte dieses Vorhaben. Wie Katharina später in ihren Erinnerungen berichtete, hatte Bestuschew schon festgelegt, wem welches Amt angetragen werden sollte. Er konnte jedoch die Papiere noch vernichten, bevor man ihn festnahm und ein zweites Mal verbannte. Erst als Katharina 1762 Zarin wurde, holte sie die Familie Bestuschews aus der Verbannung zurück. Da inzwischen neue Männer, wie etwa Nikita Panin, ans Ruder gelangt waren, kehrte der Altkanzler jedoch nur pro forma in die Politik zurück und wurde von Katharina als einer der acht Adligen in den nie zusammengetretenen Kaiserlichen Rat berufen. Die Absicht der Zarin war es, sich nicht von einer der Hofparteien abhängig zu machen. Die letzte politische Aktivität Bestuschews war eine Vorlage für die Kommission, die im Februar 1763 über die künftigen Rechte des Adels beriet. Das Projekt, das bereits in erster Lesung scheiterte, sah die Wahl von „Landräten" durch die „adlige Gesellschaft" auf Kreisebene vor, die den „Nutzen des Adels" mit dem „Dienst für den Staat" verbinden wollte. Hier waren in seinem politischen Denken wieder Modelle erkennbar, die ihm der Dienst in England, Dänemark und Preußen vermittelt hatte, wo sich der Stand des Dienstadels bereits entwickelte. In den letzten beiden Jahren seines Lebens betätigte sich der von Rastlosigkeit und Organisationseifer getriebene Bestuschew-Rjumin als Bauherr am Projekt der Boris-und-Gleb-Kathedrale im Moskauer Zentrum. Er starb am 21. April 1766 in Petersburg.

Nikita Iwanowitsch Panin
(18. 9. 1718 in Moskau–
31. 5. 1783 in St. Petersburg)

Nikita Panin wurde am 18. September 1718 geboren. Er entstammte einer Familie des Moskauer Dienstadels, die seit dem frühen 17. Jahrhundert Militärgouverneure (Wojewoden) gestellt hatte. Mit seinem Vater, Iwan Wassiljewitsch, der bis zu dessen Fall 1727 in Alexander Menschikow einen überaus einflußreichen Fürsprecher hatte, rückte 1736 erstmals ein Panin bis in den Senat vor. Während die beiden Schwestern Nikitas in die zur russischen Adelselite gehörenden Familien Kurakin und Nepljuow heirateten, haben er und sein jüngerer Bruder Peter (1721–1789) in der zarischen Außen- und Innenpoli-

tik eine bedeutende Rolle gespielt.

Nikita Iwanowitsch hatte zunächst die militärische Laufbahn im Reiterregiment eingeschlagen, wechselte jedoch bald in den diplomatischen Dienst. Schon 1747 schickte man ihn als russischen Gesandten an den dänischen Hof, von wo er ein Jahr später nach Stockholm ging. Als russischer Minister verbrachte Panin hier die folgenden zwölf Jahre (1748–1760) seines Lebens und machte sich aufs Beste mit den herrschenden politischen Verhältnissen, vor allem mit der schwedischen Form einer durch Beratergremien eingeschränkten Monarchie vertraut. Das später am Hof Katharinas II. vorgelegte Verfassungsprojekt ging zweifelsohne auf die schwedische Erfahrung zurück.

Seit 1760 wieder in Rußland, wurde Panin sofort zum Leibwächter und Erzieher des Großfürsten Paul, Sohn Peters III. und Katharinas, dem späteren Zaren, bestellt. Als Oberhofmeister gelangte er auf diese Weise auch in die unmittelbare Umgebung der künftigen Kaiserin, die Panin bald als wichtigen Vertreter ihrer und der Interessen ihres Sohnes Paul ansah und dementsprechend protegierte. Er beteiligte sich sogar an der Konspiration, die Peters III. Zarenschaft nach nur sechs Monaten beendete. Die Hoffnungen nach der Ernennung seines Schülers Paul zum Thronfolger zerschlugen sich indes sehr rasch am Machtwillen der neuen Zarin aus Deutschland. Trotz der unsicheren politischen Basis Katharinas – immerhin existierten mit Iwan VI. und Paul zwei rechtmäßige Thronerben – hatte sich Panin in den letzten beiden Jahrzehnten seiner politischen Aktivität ganz der Zarin verschrieben.

Am Hof existierten nach der Machtübernahme Katharinas drei gegeneinander konkurrierende Gruppen, die um die Gunst der Kaiserin warben: die sogenannte Moskauer Opposition mit der Gräfin Daschkowa und dem Kanzler L. M. Woronzow; die Orlow-Bestuschew-Partei, in dem der Orlow-Clan und der ehemalige Reichskanzler Bestuschew-Rjumin den Ton angaben und die Panin-Partei, mit den beiden Brüdern Nikita und Peter, deren Onkel Iwan Nepljuow und dem weitläufigen Verwandtschaftsnetz. 1762, in unmittelbarer Reaktion auf Katharinas Juni-Manifest, veröffentlichte Panin sein Verfassungsprojekt, das die Schaffung eines „Kaiserlichen Rates" vorschlug und sich der Reformierung des Senats widmete. In diesem Reichsrat sollten sechs bis acht Kaiserliche Räte versammelt werden, unter denen sich die Staatssekretäre der Regierungsdepartments für Äußeres, Inneres, Krieg und Flotte befinden sollten. Alle Vorgänge, die des persönlichen Votums der Zarin bedürften, sollten vom Rat so behandelt werden, „als würden Wir sie persönlich bearbeiten". Zum Zweck einer effektiveren Arbeit sollte der Senat in sechs Departments (Inneres, Bittschriften und Wappen, Bergbau und Handel, Recht und Besitz, Militär und Flotte, Regionen) aufgeteilt werden. Obschon die Reform nichts mit der Einführung einer Gewaltenteilung zu tun hatte, verfolgte Panin mit dem Projekt zwei wichtige Ziele: Der Reichsrat sollte mit seiner Beraterfunktion bei Gesetzesvorlagen ein wirksames Mittel gegen die „Günstlingswirtschaft" darstellen; ein effektiv arbeitender Senat sollte die Arbeit des Reichsrates überwachen und die Umsetzung der Gesetzesinitiativen in den Verwaltungstrukturen kontrollieren. Katharina stimmte dem Projekt zunächst zu, machte allerdings dann ihre Unterschrift durch ein Anreißen des Papiers ungültig. Sie betraute Panin mit anderen dringenden Fragen der Innenpolitik, wie der Säkularisierung des Kircheneigentums, der Festlegung der Adelsrechte und -pflichten, dem Handel und der Außenpolitik. Letztere wurde nach 1762 zu seiner Domäne.

Ähnlich Ostermann war auch Panin an der Schaffung eines breiten Bündnisses zwischen Preußen, England, Dänemark, Schweden, Polen und Rußland gelegen, das ein Gegengewicht zum immer noch vitalen österreichisch-französischen Duett darstellte, dem sich auch das Ottomanische Reich verpflichtet fühlte. Das „Nordische System" unter einer, freilich inoffiziellen russischen Regie, das Panin anstrebte, kam indes nicht zustande. Zu unterschiedlich waren die Interessen der beteiligten Staaten, wie z. B. Englands und Rußlands. Immerhin trugen die intensiven Kontakte zwischen Friedrich II. von Preußen und der russischen Zarin zur Entscheidung der polnischen Königswahl im Sinne Katharinas bei. Mit Stanislaw Poniatowski gelangte 1764 einer ihrer Vertrauten auf den Nachbarthron. Die ausgehenden sechziger Jahre wurden von einem Konflikt mit der Türkei begleitet, der von den Nordbündnis nicht hätte abgefangen werden können. Panins außenpolitische Konzeption war nicht zuletzt mit diesem Krieg gescheitert. Zwar hatte Rußland in den militärischen Auseinandersetzungen von 1768 bis 1771 (als russische Truppen die Krim besetzten und damit die Türkei in eine ungünstige strategische Position brachten) die besseren Karten, aber am Verhandlungstisch schlug sich die Türkei, gestärkt durch französische und österreichische Diplomaten, ohne Verluste. An der Interessenlösung hatte Panin keinen Anteil mehr.

Verdrängt durch den neuen Mann an Katharinas Hof, Grigori Potjomkin, zog sich Graf Panin Anfang der achtziger Jahre aus der politischen Öffentlichkeit zurück. Seine Hoffnungen auf den Großfürsten Paul und dessen gestärkte Position am Hof hatten sich nicht erfüllt. Vor seinem Tod hatte er ein letztes Mal die Verfassungsreform zum Thema erhoben. Sein Urteil war jedoch geprägt von Enttäuschung und Resignation: „Rußland ist kein despotischer Staat, denn das Volk hat sich nie dem Herrscher zur willkürlichen Beherrschung überlassen. Es ist auch nicht monarchisch, denn ihm fehlen die Grundgesetze, auch nicht aristokratisch, denn seine oberste Verwaltungsbehörde ist ein willenloses Werkzeug in der Hand der Willkür des Herrschers. Einer Demokratie aber kann ein Land nicht ähnlich sein, in dem das Volk im Dunkel tiefer Unwissenheit dahinlebt und stumm das Joch einer grausamen Knechtschaft trägt. Ein wohltätiger und aufgeklärter Herrscher muß damit beginnen, unverzüglich die allgemeine Sicherheit durch Grundgesetze zu garantieren." Graf Nikita Iwanowitsch Panin starb am 31. Mai 1783 (a. S.) in St. Petersburg.

Michail Michailowitsch Speranski
(1. 1. 1772 in Tscherkutino/Wladimir–
11. 2. 1839 in St. Petersburg)

Nur wenige Biographien aus der Geschichte des Zarenreiches spiegeln das jeweilige historische Umfeld und die Tendenzen seiner Fortentwicklung so genau wieder, wie der Lebensgang des Grafen Michail Speranski. Er war der letzte Staatsmann des aufgeklärten Absolutismus in Rußland, der erste Reformbeamte des Zarenreiches, wohl das erste als „Spion des Westens" verfolgte und repressierte, schließlich rehabilitierte Opfer der neueren Geschichte Rußlands sowie der im 19. Jahrhundert wohl einflußreichste russische Politiker und Rechtskodifikator.

Geboren und aufgewachsen als viertes Kind einer nichtadligen Priesterfamilie im Gebiet Wladimir, erhielt Michail Michailowitsch eine umfassende humanistische und fromme Erziehung und Heimbildung. Mit dem Beruf des Vaters als Perspektive bezog er mit dem zwölften Lebensjahr zunächst das örtliche, ab 1790 das im Petersburger Alexander-Newski-Kloster untergebrachte Priesterseminar, wo ihn, neben dem traditionellen Bildungskanon, die klassischen Sprachen, Geschichte, die französische Aufklärungsliteratur aber auch Mathematik interessierten. Er erwies sich als ein überdurchschnittlich begabter junger Mann und wurde 1792 bereits mit Tutorien in Mathematik, Physik und Rhetorik sowie ab 1795 auch für Philosophie beauftragt. Als Speranski ein Jahr später das 1797 zur theologischen Akademie erhobene Seminar in Richtung Staatsdienst verließ, ging zugleich eine vielversprechende kirchliche und akademische Laufbahn zu Ende.

Speranski gelangte als Sekretär des Prinzen Alexej Kurakin, den der neue Zar alsbald zum Generalprokurator des Senats ernannte, in dessen Kanzlei und mithin in den Dunstkreis der Mächtigen des Reiches. Noch im gleichen Jahr, nach den ersten Bewährungen im neuen Amt, erhielt Michail Speranski den achten Tabellenrang des Staatsdienstes, was zugleich einen erblichen Adelstitel verhieß. Mit der Thronbesteigung Alexanders I. wechselte der junge Beamte 1801 in die Kanzlei des Staatssekretärs Dmitrii Troschtschinski und ein Jahr später in das neugebildete und vom Prinzen Kotschubej geleitete Außenministerium. Die Diplomatie indes hat Speranski nie sonderlich geschätzt und so kümmerte er sich in dieser Zeit mehr um die Rechtslage in Rußland. Als die erste große politische Wortmeldung Speranskis gilt seine Schrift „Über die grundlegenden Gesetze des Staates", die bereits 1802 erschien. Hierin wurde von ihm erstmals die Notwendigkeit einer gebildeten, sich aus dem aufgeklärten Adel rekrutierenden neuen Bürokratie für Rußland hervorgehoben. Dieses liberale Beamtentum sollte die Rolle des Vermittlers zwischen Monarchie und Untertanenverband übernehmen. Darüber hinaus sollten nach Meinung Speranskis Gesetze geschaffen werden, die unantastbar und verbindlich für alle sind. Deutlich sichtbar sind in diesem Text die Einflüsse des westeuropäischen Staatsdenkens im Aufklärungszeitalter.

Die neueren Biographen Speranskis, Marc Raeff und D. G. Christian, haben ihn deshalb als einen „konservativen Reformer" bezeichnet, weil er seit diesem frühen Pamphlet versucht habe, Rußland zu einem Staat der Gesetze und eines aufgeklärten autokratischen Herrschers, der diese Gesetze garantiert, zu machen.

Spätestens 1807, als Speranski persönlich dem Zaren Alexander zu berichten hatte, war er diesem als talentierter Beamter und Redner aufgefallen. Er wurde sein persönlicher Assistent und Berater in allen wichtigen innenpolitischen Fragen. 1808 begleitete Speranski den Herrscher zu dessen Unterredung mit Napoleon Bonaparte nach Erfurt. Interessant ist, daß es in Rußland seit Peter dem Großen und dessen Rangtabelle möglich war, als Sohn eines kleinen, minderbemittelten Landgeistlichen der Provinz, aus eigener Kraft in die direkte Umgebung des Imperators vorzudringen und zum wichtigsten Politiker des Reiches zu avancieren.

Das persönliche Leben des Staatsmannes war indes von nur wenigen Freuden begleitet. Speranskis Ehe mit der englischen Bürgerstochter Elizabeth Stephens dauerte nur ein Jahr. Nach der Hochzeit 1798 und der Geburt einer Tochter starb seine Frau.

Ihren Tod hat er zeit seines Lebens nicht ganz verwinden können; er lebte fortan fern der Gesellschaft und pflegte privat nur die nötigsten gesellschaftlichen Kontakte.

Die Jahre 1808 bis 1812 waren zweifellos die Jahre seiner größten politischen Einflußnahme. Das 1809 ausgearbeitete Projekt eines „allumfassenden staatlichen Umbaus" – so nannte es Speranski in einem Brief an den Zaren – war auf eine Modernisierung der Institutionen gerichtet. Rußland sollte bis zum zehnjährigen Thronjubiläum Alexanders „ein neues Wesen erhalten und sich schließlich in allen Bereichen wandeln" Das Vorhaben konnte allerdings nur sehr begrenzt umgesetzt werden. Immerhin wurden mit dem Statut vom 25. Juni 1811 die Ministerien vereinheitlicht, wurde die legislative Gewalt, die freilich in der autokratischen Hand verblieb, durch die Umbildung des seit 1801 bestehenden „Ständigen Rates" zum „Staatsrat" *(Gosudarstwennyj sowjet)* mit einem tätigen Organ ausgestattet. Speranski selbst koordinierte als „Staatssekretär" die Aufgabenerfüllung der fünf eigens gegründeten Departments des Staatsrates. Der Gedanke einer Staatsduma, der in Richtung konstitutionelle Monarchie gewiesen hätte, wurde ebensowenig Realität, wie die Überlegung – 1812 als Projekt vorgelegt – in Rußland den Code Napoleon, das in Frankreich und einigen deutschen Staaten geltende französische Zivilrecht einzuführen.

Praktisch mit den Rechten eines Premierministers ausgestattet, brachte Speranski Reformen im Bereich der geistlichen Bildung und der Finanzen zuwege. Er zeichnete für die Eingliederung Finnlands in das Reich verantwortlich und regte nach seiner zeitweisen Suspendierung die Eröffnung zwei der wichtigsten Bildungseinrichtungen des Zarenreiches im 19. Jahrhundert: des Lyzeums in Zarskoe Selo und der Kaiserlichen Rechtsschule in Petersburg an.

Speranskis Sturz im März 1812 wurde durch den traditionellen Besitzadels und die Hofaristokratie befördert, die sich in der Person des „Popensohnes Speranski" gegen die neue Ministerialordnung, das Eindringen fremder Rechtsordnungen sowie die ebenfalls von Speranski unterstützten Wirtschafts- und Fiskalreformen wandten. Letztere zielten auf Steuersenkungen im Bereich der Kaufmannsgilden aber auch der bäuerlichen Wirtschaft. Die Besteuerung sollte auf die Person, nicht auf den Stand bezogen sein. Gerade der Kleinhandel müsse sich entfalten. Alles lief auf ein Erstarken einer persönlich interessierten Mittelschicht der Kaufleute und Warenproduzenten hinaus, was die Traditionselite freilich das Fürchten lehrte.

Der Hofhistoriker Nikolai Michajlowitsch Ka-

ramsin machte sich zum Anwalt der adligen Sozial-
angst und schrieb eine scharfe Kritik gegen seinen
Widersacher Speranski. Dies und allerhand anony-
mes, dem Zaren zugespieltes „Beweismaterial" sollten
Speranski als „französischen Spion, der geheime Ver-
abredungen mit Napoleon getroffen habe" untragbar
werden lassen. So verbrachte der in Ungnade Gefallene fast zehn Jahre (1812–1821) in der Provinz, zunächst in Nishni-Nowgorod, Perm im Ural und
Pensa, wo er 1816 immerhin das Amt des Gouverneurs übernehmen durfte. In den letzten drei Jahre
seiner sanften Verbannung erfüllte Speranski gar das
Amt des Gouverneurs von Sibirien, das er zur Reform
der regionalen Administration nutzte und sich damit
die Rückkehr nach Petersburg ermöglichte. Hier
setzte er die Sibirische Reform zunächst fort.

Das letzte Jahrzehnt öffentlichen Wirkens war
durch zwei Vorgänge geprägt. Mit dem Amtsantritt
des dritten Zaren, dem Speranski aktiv diente, war die
Adelsrevolte der Dekabristen verbunden. Nikolaus I.,
der sich der Loyalität des zurückgekehrten Speranski
vollends versichern wollte, ließ ihn in der Verhand-
lung des Jahres 1826 als Anklagepartei auftreten, wohl
wissend, daß sich unter den Angeklagten viele einstige
Freunde und Logenbrüder befanden, die Speranski
nach 1810 als Freimaurer kennengelernt hatte oder
von früheren Zeiten her kannte. Für die sowjetische
und sowjetisierte Geschichtswissenschaft ist die Rolle
Speranskis im Dekabristenprozeß der *casus belli* in der
Beurteilung des „amoralischen Bürokraten" Speransli
geworden: So urteilte 1979 Brigita Josifowa, „solcher
Leute wie Michail Speranski hatte die Selbstherrschaft
immer wieder bedurft".

Das ohne Zweifel größte Unternehmen aber
hatte sich Speranski für sein Alterswerk aufgehoben.
Er übernahm die zunächst unlösbar scheinende Aufgabe, die russischen Gesetzestexte seit dem Uloshenie
von 1649 zu systematisieren sowie zugleich die damals
gültigen Verordnungen in einem gesonderten Werk
herauszugeben. Von 1828 bis 1830 dauerte das erste
Unterfangen, dessen Ergebnis die bis heute als historische Quelle unverzichtbare vielbändige „Vollständige
Sammlung der Gesetze des Russischen Imperiums"
wurde. Das zweite Projekt, die „Gesetzessammlung",
erschien noch im Jahr 1832. Mancher Historiker sieht
in der Kodifizierung der Gesetze die wichtigste Errun-
genschaft der Regierungszeit Nikolaus' I.

Die letzten Jahre bis zu seinem Tod 1839 ver-
brachte Speranski mit Reisen nach Westeuropa und
Rechtsunterricht für den Thronfolger, Alexander
Nikolajewitsch, Speranskis vierten Zaren.

Dimitri Alexejewitsch Miljutin
(28. 6. 1816 in Moskau–
25. 1. 1912 in Moskau)

Die Erinnerungen und das Tagebuch des langjährigen russischen Kriegsministers und Reform-
beamten Dimitri Miljutin geben Auskunft über das
letzte Dreivierteljahrhundert des Zarenreiches, das
vom unlösbaren Widerspruch zwischen Agonie und
Veränderungswillen geprägt war. Dieser Gegensatz,
der zugleich als Synchronität der traditionalistischen
und der europäischen Sozialisierungsweisen zutage
trat, ist daher auch als ein entscheidender Faktor für
die strukturelle Schwäche des Liberalismus in Rußland angesehen worden. Die Brüder Miljutin haben
zu letzterem dennoch Bedeutsames beigetragen. Der
Tod Dimitri Miljutins im Jahr 1912, ein Jahr nach
dem tödlichen Attentat auf Pjotr Stolypin, markierte
gleichsam das Ende der Reformbemühungen in Rußland.

Dimitri Alexejewitsch, geboren am 28. Juni
1816, war der älteste der fünf Miljutin-Nachkom-
men. Gemeinsam mit seinen beiden Brüdern erhielt
er eine gute Heimerziehung und eine erste Schul-
bildung am Moskauer Gymnasium und der Adels-
fakultät der Universität. Die 1833 in einem Artillerie-
Regiment begonnene militärische Laufbahn sollte seinen weiteren Lebensweg bestimmen. Frühzeitig regte
sich in dem jungen Mann Widerspruch gegen die
starre und auf einer kruden Befehlsdogmatik errichtete Heeresordnung, deren Alltag in der Knechtung
des Untermilitärs sowie der Durchsetzung einer
materialintensiven und unprofessionellen Logistik bestand. Der Besuch der Petersburger Militärakademie
und der anschließende Truppendienst haben diese
Einsicht Miljutins nur vertiefen können. In zahlreichen kritischen Artikeln meldete sich ein Miljutin zu
Wort, der seine Zeitgenossen eher an einen Intellektuellen als einen Militär erinnert haben mußte. Trotz
der Verwundung, die sich Miljutin 1839/40 während
seines Einsatzes im kaukasischen Tschetschenien-
Konflikt zuzog, waren die Vorgesetzten auf ihn aufmerksam geworden, zumal er seine militärischen
Notizen in Form eines Memorandums dem einflußreichen Generalleutnant P. Ch. Grabbe übermittelt
hatte.

Nach einer ausführlichen Europareise, die im
übrigen die meisten der aufgeklärten Reformer unter-
nahmen und über die Miljutin mit wohlwollender
Ausführlichkeit in seinen Erinnerungen berichtete,
verbrachte der Oberquartiermeister zwei weitere Jahre
in den Südprovinzen des Reichs. In den Jahren
zwischen 1845 und 1861 lehrte Miljutin an der

Petersburger Kriegsakademie militärische Geographie und Statistik, verfaßte ein vielbeachtetes zweibändiges Werk zur Militärstatistik und eine Geschichte des antinapoleonischen Krieges Rußlands. 1856 erschien außerdem eine reformnahe Studie über die „Unzulänglichkeiten des russischen Militärsystems und die Mittel ihrer Beseitigung". Wie Konstantin Pobedonoszew auf dem Justizsektor nahm Miljutin mit dieser und anderen Wortmeldungen vorweg, was wenige Jahre später zum Gesetz werden sollte. Miljutin hatte im Blick auf eine Reform des Militärs die Leibeigenschaft als größtes Hindernis betrachtet. Sie erlaube es weder, schrieb er 1856 bereits, „die Dienstfrist zu verkürzen noch die Anzahl der unbefristet Beurlaubten (d. h. der Reservisten) zur Präsenzstärke der Truppen zu vermehren"; sie verhindere „überhaupt jede Art von Volkskraft".

Nach seiner Ernennung zum Feldmarschall im Jahre 1856 während seines dritten Kaukasus-Einsatzes, ernannte ihn Alexander II. am 9. November 1861 zum Kriegsminister. Die Personalie sorgte für eine gewisse Aufregung in der Petersburger Gesellschaft: „Auch ernste Staatsmänner und aufrichtige Freunde der Freiheit nahmen an dieser Ernennung Anstoß. Wußte man doch, dass der junge General nicht nur ein hochgebildeter, furchtloser, den wahren Interessen des Staates zugewendeter Liberaler, sondern zugleich Panslawist und als solcher Gegner des westeuropäischen Elementes sei und in allen Stücken den Anschauungen seines Bruders huldige." Aus der Irritation sprachen auch Neid und übliche russische Skepsis gegenüber Intellektuellen, zumal solchen mit Einfluß: „Mit einer gewissen Absicht kehrte er den Gelehrten, den wissenschaftlich gebildeten Militär hervor ... Er trug eine Brille, verkehrte in Gelehrtenkreisen ...", berichteten Zeitgenossen.

Die Reformziele des „demokratischen Kriegsminister" waren deutlich: Bei jeder Gelegenheit ließ er erkennen, „dass Besserung der Stellung der Untermilitärs, höhere Bildung der Officiere und Ausbildung der Armee zu taktischen Zwecken die Leitsterne seiner Thätigkeit seien". Die konkreten Reformziele Miljutins, die vom Zaren vorbehaltlos unterstützt wurden, waren beeindruckend: Abschaffung der Strafwillkür gegenüber Soldaten, die Neuordnung der Militärverwaltung in 15 neugeschaffenen Militärbezirken, die Verbesserung der Lebensbedingungen, Gesundheitsfürsorge und Ausbildung der Militärangehörigen, die Modernisierung von Bewaffnung und Ausrüstung, die Errichtung von Militärbetrieben, die Neuregelung der Dienstordnung, die Einführung einer allgemeinen (männlichen) Wehrpflicht (1874) sowie einer neuen Militärgerichtsbarkeit. Die Reform,

die zu einem Großteil Miljutins Studium der europäischen Armeeordnungen entsprang, bedeutete eine Modernisierung der russischen Armee in allen Bereichen; sie hat sie auf die großen militärischen Anforderungen des 20. Jahrhunderts vorbereitet und leidlich konkurrenzfähig im fernöstlichen und europäischen Mächtekampf gemacht.

Miljutin war der einzige Reformbeamte, der ins erste Glied der Hierarchie vordringen konnte und der einzige „liberale" Minister, der bis ans Ende der Regierungszeit Alexanders II. an der Macht blieb. Der militärische Erfolg im Russisch-Türkischen Krieg 1877/78, der mit der erfolgreichen Belagerung der Festung Plewna entschieden wurde, galt, nicht zuletzt für den Zaren, als Feuerprobe der reformierten Truppe. Bis zu dessen Ermordung 1881 war Miljutin, neben dem Sonderminister Loris-Melikow, einflußreichster Berater des Zaren. Miljutin hatte auch die konstitutionellen Überlegungen des Grafen unterstützt, bevor beide von der Regierung Alexander III./Pobedonoszew in die Isolation gedrängt wurden.

Am 21. Mai 1881 nahm Miljutin seinen Abschied vom Militär und seinem Ministeramt. Kaum ein russischer Staatsmann war zu fast 30 Jahren Pensionärszeit gezwungen. Miljutin zog sich auch aus der Hauptstadt fast völlig zurück und verbrachte die Jahrzehnte bis zu seinem Tod im Jahr 1912 auf seinem Besitz Simeiz auf der Krim. Zeitgenossen und die Historiker der Nachwelt haben immer wieder versucht, die Tätigkeit und Ideen Miljutins schlüssig zu charakterisieren. Die Urteile schwanken zwischen „reformerisch", „liberal" und „konservativ". Er selbst sah sich als „Progressist". Er ist wohl als mutiger und gebildeter Reformbeamter, aufgeklärter Bürokrat und russischer Liberaler, der sich stets seinen, mitunter slawophilen Glauben an eine unter der Ägide des autokratischen Herrschers reformierte russische Gesellschaft bewahrte, angemessen charakterisiert. Dimitri Milutin, der seinen Bruder Nikolaj um 30 Jahre überlebte, gehört zu den wichtigsten Staatsmännern des ausgehenden Zarenreiches. Persönlichkeiten wie ihm hatte die Autokratie wichtige Überlebensstrategien zu verdanken.

Michail Tarjelowitsch Loris-Melikow
(2. 11. 1825 in Tiflis–24. 12. 1888 in Nizza/Frankreich)

Unter den Staatsmännern, die die Politik russischer Zaren und Zarinnen beeinflußt und mitgestaltet haben, gab es nicht wenige tragische Gestalten. Tragisch deshalb, weil sie lediglich in einer bestimmten historischen Situation gebraucht wurden und danach

ebenso schnell von der politischen Bühne verschwanden, wie sie auf dieselbe geholt worden waren. Eine
dieser Gestalten war der armenische Graf Michail
Loris-Melikow: Er war der einzige Staatsmann des
Reichs, der für eine befristete Zeit als Chef des ersten
russischen Sicherheitsdienstes, der Ochrana, im Namen des Kaisers selbst handeln durfte. Nachdem ein
Jahr später bereits „sein Zar" ermordet worden und
das Projekt seiner „Verfassung" gescheitert waren,
ging auch die eigene politische Karriere zu Ende.

Michail Tarjelowitsch wurde 1825, im Jahr der
Dekabristen, in der armenischen Hauptstadt Tiflis
geboren und wuchs hier als Sohn einer adligen
Kaufmannsfamilie auf. Die guten Verbindungen der
Familie zum Hof der Provinzhauptstadt sowie die
wohlwollende Politik des neuen Zaren Nikolaus I.
gegenüber dem kaukasischen Adel ermöglichten auch
Michail eine angemessene Karriere als Reiteroffizier in
einem Husarenregiment. Als Chef eines Militär-
bezirks nahm er an den Kämpfen während der
Orientkrise teil, als Rußland gemeinsam mit England
den türkischen Sultan gegen das mit Frankreich verbündete Ägypten unterstützte. Alsbald erzielte der
Offizier Erfolge im Krimkrieg, der ihn gegen die Türken in den Transkaukasus führte.

Als 30jähriger wurde Loris bereits zum Generalmajor ernannt. Weitere militärische Meriten, den
Grafentitel wie auch den Zugang zu den Petersburger
Salons erwarb sich „der Armenier" während des ansonsten für Rußland unglücklichen Russisch-Türkischen Krieges 1877/78. Als in Wetljanka am Unterlauf der Wolga die Pest ausbrach und Deutschland
seine Armee zu mobilisieren drohte, um Rußland
unter Quarantäne zu stellen, schickte Alexander den
bewährten Offizier für ein halbes Jahr als General-
gouverneur in die betroffenen Gebiete.

Im Frühjahr 1879 begann in Rußland der organisierte Terror der „Nihilisten", wie die militanten
Anhänger des Narodnitschestwo in der Gesellschaft
bezeichnet wurden. Insgesamt sieben Attentate wurden allein auf den Zaren verübt. Wie andere erfahrene
Offiziere und Beamte wurde Loris-Melikow zur „Befriedung" der aufsässigen Untertanen ausgesandt und
zum General-Gouverneur von Charkow in der Ukraine ernannt. Innerhalb eines Jahres gelang es ihm hier,
die revolutionäre Bewegung zurückzudrängen. Anders als seine Amtskollegen ging Loris-Melikow nicht
mit Gegengewalt zu Werke, sondern suchte nach juristischen und politischen Lösungswegen sowie liberalen Ansätzen im Bereich der Bildung und der Presse.
Die Zahl der Terrorakte im Gouvernement Charkow
gingen deutlich zurück. Die Autokratie freilich wurde
von ihm zu keiner Zeit in Frage gestellt.

Eine Woche, nachdem am 5. Februar 1880 eine
Bombe im Winterpalais explodiert war und über ein
Dutzend Soldaten der kaiserlichen Garde getötet
hatte, setzte Alexander per Ukas eine Sonderkommis-
sion ein, die für Ruhe und Ordnung sorgen sollte.
Ihren Vorsitzenden, den Grafen Loris-Melikow, stattete er mit Vollmachten aus, über die kein Beamter
des zarischen Staates vor oder nach ihm je verfügen
konnte. Er konnte Rußland im Namen des Zaren
selbständig regieren. Das zarische Reich selbst gestand
mit diesem „Ausnahmezustand" seine Anfälligkeit
ein: Die Konzentration von Macht in den Händen
einiger hoher Beamter war in der Geschichte des Zartums einmalig. Die sechsmonatige „Regentschaft"
Loris-Melikows bis zur Auflösung der Sonder-
kommission Anfang August 1880 wurde von Zeitgenossen als „Diktatur des Herzens" bezeichnet, da sie
einerseits gesetzliche Strenge gegen die Gewalttätigen
vorsah und andererseits Vertrauen in die ehrenhaften
Untertanen setzte. Sein eigener Attentäter indessen,
der dem „Volkswillen" nahestehende I. O. Mlodezki,
wurde bereits am Tag danach, am 22. Februar 1880,
in einem schnellen Prozeß zum Tode verurteilt.

Loris versuchte, die Revolutionäre von den Liberalen zu trennen und auch die Bauern vor den Ideen
der Weltverbesserer zu warnen, was er nicht zuletzt
mittels materieller Zuwendungen erreichte.

Die letzten Monate der politischen Laufbahn
Loris-Melikows fielen mit den letzten Lebensmonaten
Alexanders II. zusammen. Als Innenminister (ab August 1880) nahm der Graf eine Reihe liberaler Neuerungen in Angriff, wie die Lockerung der Zensur, die
Änderung des Verhältnisses von Staats- und Selbstverwaltung, die Senkung der Auslösegelder für bäuerliche Landverteilung u. a. Am 28. Januar 1881, nachdem der Zar seinen Innenminister zeitweise gedrängt
hatte, Maßnahmen zur Änderung der Lage auszu-
arbeiten, sich indes anderentags vielfach nicht mehr
daran erinnern wollte, legte Loris-Melikow dem Zaren einen Katalog von Reformmaßnahmen vor, „die
einen wohltuenden Einfluß auf die Gesellschaft hatten und haben". Dieser Katalog war seither stets als
„Verfassung" des Grafen Loris-Melikow bezeichnet
worden. Kern des Projektes war die Verbreiterung der
sozialen Basis der Macht, wobei qualifizierte Staatsdiener in den Prozeß der Gesetzgebung stärker als bisher einbezogen werden sollten. In beratenden Kommissionen sollten ernannte oder gewählte Zemstwo-
Vertreter und Abgesandte der Städte beispielsweise
über Agrar- und Steuerfragen beraten. Damit hätte
der zarische Staat immerhin dem Wunsch nach politischer Mitbestimmung, der in den Stadtdumen und
Zemstwos gehegt und zuletzt 1878 in einer Petition

des Zemstwo von Twer angesprochen wurde, entgegenkommen können. Obgleich der Entwurf am Morgen des letzten Attentats auf Alexander II. von diesem noch unterzeichnet wurde, gelangte er niemals zu praktischem Nutzen.
Pobedonoszew und Alexander III. verhinderten die Umsetzung der Pläne Loris-Melikows. An dem Tag, da seine Vorschläge abgelehnt wurden, am 8. März 1881, zog Loris die von ihm erwarteten persönlichen Konsequenzen. Pobedonoszew, dem der Graf selbst noch huldvolle Briefe geschrieben hatte, hatte bereits zwei Tage zuvor dem neuen Zaren in einem Brief empfohlen: „Behalten Sie nicht den Grafen Loris-Melikow! Ich traue ihm nicht!" Am 29. April 1881, dem Tag der Bekanntgabe des Regierungsmanifests des neuen Zaren, reichte Loris-Melikow seinen Rücktritt ein. Verbittert und gleichsam lautlos verschwand er aus der russischen Geschichte und starb 1888 im südfranzösischen Nizza. Seine Privatpapiere und Unterlagen hatte der Graf in der Todesstunde einem Freund mit der Bemerkung übergeben: „So mögen sie unter Ihren Schriften liegen und vielleicht ... machen sie in 25 Jahren die russische Gesellschaft mit dem Seelenzustand unserer heutigen Epoche des Starrsinns der Regierung und der Kriecherei der Untertanen bekannt."

Konstantin Petrowitsch Pobedonoszew
(21. 5. 1827 in Moskau–
10. 3. 1907 in St. Petersburg)

Wenn ein Staatsmann in der Geschichte des Zarenreiches das Epitheton der „grauen Eminenz" verdient hatte, dann war es Konstantin Pobedonoszew. Das geteilte Urteil der Zeitgenossen über seine politische Einflußnahme auf die „Periode der Reaktion" zwischen 1880 und 1895 entsprach dem Riß, der die Gesellschaft in Liberale und Traditionalisten teilte. An Pobedonoszew schieden sich die Geister. Seine Biographie spiegelt wie nur wenige im 19. und beginnenden 20. Jahrhundert die gegenläufigen Tendenzen und Widersprüche des untergehenden Zarenreiches.

Pobedonoszew wurde am 21. Mai 1827 in Moskau geboren und im Geiste der orthodoxen Frömmigkeit erzogen. Wie die elf Geschwister wurde er vom Vater, der an der Moskauer Universität lehrte, frühzeitig an die westeuropäische Literatur und Philosophie herangeführt. Von 1841 bis 1845 war er Schüler der Kaiserlichen Rechtsschule in St. Petersburg, deren Bildungsprogramm sich sowohl am klassischen römischen Recht als auch an den modernen europäischen

Justizsystemen orientierte. Das Zeugnis dieser Schule qualifizierte Pobedonoszew für eine Beamtenlaufbahn in den juristischen Staatskanzleien. Zunächst im 8. Moskauer Senatsdepartment und ab 1858 in Petersburg, erwarb er sich im Selbststudium und in der praktischen Tätigkeit umfassende rechtswissenschaftliche Kenntnisse.

In zahlreichen Aufsätzen kritisierte Pobedonoszew seit Ende der fünfziger Jahre die herrschenden Rechtsverhältnisse, insbesondere auf dem Sektor des Zivilrechts. Als Mitglied verschiedener Kommissionen war er maßgeblich an der Ausarbeitung der Justizreform in den Jahren 1861 bis 1863 beteiligt.

Im Jahre 1861 hatte ihn Alexander II. auf Fürsprache des Fürsten Stroganow zum Rechtserzieher seiner beiden Söhne Nikolai und Alexander bestellt. Auf diese Weise geriet Pobedonoszew in die nähere Umgebung der Zarenfamilie und blieb mit ihr bis fast an sein Lebensende im engeren Kontakt. Nach dem Tod des Zarewitsch Nikolai 1865 erlangte Pobedonoszew großen Einfluß auf den neuen Thronfolger und dessen spätere Frau. Seit dieser Zeit ist ein reger Briefwechsel mit dem späteren Alexander III. dokumentiert. Darin ist ein deutliches Respektverhältnis des jungen Thronfolgers gegenüber dem Lehrer zu erkennen. Als Professor für Zivilrecht hielt Pobedonoszew von 1859 bis 1865 gutbesuchte Lehrveranstaltungen an der Moskauer Universität, wobei er der erste Hochschullehrer war, der die Studenten in den Gerichtssaal führte, um ihnen die Praxis der Rechtsprechung näherzubringen.

Von 1868 bis 1880 arbeitete Pobedonoszew an seinem juristischen Hauptwerk, einem dreibändigen „Kurs des Zivilrechts", das über das 19. Jahrhundert hinaus ein Standardwerk der russischen Rechtsgeschichte geworden ist. Darüber hinaus publizierte Pobedonoszew viele Einzelarbeiten und Übersetzungen. Er betätigte sich als Herausgeber rechtshistorischer Dokumente. Mitte der sechziger Jahre war er zur beachteten Autorität der Moskauer und Petersburger Gesellschaft geworden und verkehrte in den besten Salons der Hauptstadt, wie etwa bei der aus dem Württembergischen stammenden Großfürstin Elena Pawlowna. Dort begann auch die Freundschaft zu den Töchtern des Dichters Tjutschew, die ihrerseits eine Vermittlerrolle zwischen Pobedonoszew und dem Kreis der Slawophilen übernahmen.

1868 ernannte ihn Alexander II. zum Senator und vier Jahre später zum Mitglied des Reichsrates. Die politische Karriere Pobedonoszews, die ihn zur Leitfigur der Regierungszeit Alexanders III. werden ließ, begann mit seiner Ernennung zum Oberprokurator des Heiligsten Synods im Jahr 1880. Bereits in den Briefen an den neuen Zaren unmittelbar nach der Ermordung Alexanders II. machte Pobedonoszew seinen starken politischen Einfluß geltend. Die Regierungserklärung Alexanders III. war weitgehend Pobedonoszews Werk. Sowohl hier als auch schon in der Ablehnung der Ende der siebziger und zu Beginn der achtziger vorgelegten Verfassungsprojekte der Grafen P. A. Walujew und M. T. Loris-Melikow, die Alexander II. noch unterzeichnet hatte wurde der Kurs Pobedonoszews sichtbar: Selbstherrschaft, Orthodoxie, starker Staat und keinen Spielraum für Experimente.

Für die Biographie Pobedonoszews war ein Wandel charakteristisch, der mit Beginn der siebziger Jahre einsetzte. Die Schüsse und Bomben der Volksrevolutionäre, die seit 1865 mit sieben Attentaten das Leben des Zaren bedrohten und 1881 schließlich beendeten, haben diese Wandlung entscheidend vorangetrieben. Desgleichen hat ihn das Studium westeuropäischer Gesellschafts- und Rechtsmodelle zu der Überzeugung geführt, daß Rußland sich von „Liberalismus" und „Parlamentarismus" nicht blenden lassen dürfe. Die Autokratie sei das alleinige Herrschaftsprinzip in Rußland. Die Gesetze zur Beschränkung der Öffentlichkeit von Gerichtsverfahren (1887), zur Einführung des obrigkeitlichen Instituts der Landsamtsleute (1889) und zur Unterordnung der lokalen Selbstverwaltungsorgane unter die Gouverneursgewalt (1890), fanden ausdrücklich Pobedonoszews Zustimmung. Die zweite Säule seines konservativen Weltbildes war eine strenge Gläubigkeit. Eine religiöse Vielfalt, wie sie in den USA herrsche, dürfe in Rußland nicht zugelassen werden, äußerte er zu verschiedenen Anlässen. Nicht ohne Genugtuung berichtete er in schlimmsten Farben von der Tätigkeit amerikanischer Sekten. Auf die restriktive Kirchenpolitik des Oberprokurators Pobedonoszew in den baltischen Provinzen, wonach ab 1885 Kinder aus evangelisch-lutherischen und russisch-orthodoxen Mischehen zur orthodoxen Gemeinde gezählt wurden, reagierte die internationale „Evangelische Allianz" 1886 und 1887 mit zwei Offenen Schreiben an den Zaren und Pobedonoszew, die dieser jedoch Anfang 1888 zurückwies. Dieser Konflikt kühlte das Verhältnis zwischen Zar und Ratgeber erheblich ab.

Nach dem Tode Alexanders III. und der Thronbesteigung des letzten russischen Zaren, Nikolaus II., dessen juristischer Lehrer er ab 1885 gewesen war, konnte Pobedonoszew ein letztes Mal seinen politischen Einfluß ausweiten. Die von ihm entworfene Rede des jungen Zaren vom 17. Januar 1895 warnte noch einmal vor den „sinnlosen Träumen" einer Einbeziehung breiterer Schichten in die politische Admi-

nistration. Ein Jahr später veröffentlichte Pobedonoszew mit der „Moskauer Sammlung" (Moskowskij Sbornik) sein politisch-kulturphilosophisches Credo, das zugleich zu einem Manifest des russischen antiwestlichen Nationalkonservatismus wurde.

Die eigentliche Domäne Pobedonoszews war die Bildungspolitik. Diese verfolgte das Ziel, Alphabetisierung und die Festigung der Glaubensgemeinschaft zu verbinden. In den nichtrussischen Siedlungsgebieten des Reichs, etwa in den muslimischen Regionen Zentralasiens, führte diese Maxime gleichwohl zu ausgedehnten Russifizierungswellen.

Die Revolution von 1905 hatte die Ideale Pobedonoszews zumindest in der Praxis zerstört und ihn selbst, als alten, gebrochenen und misanthropischen Mann, zum endgültigen Rückzug aus dem öffentlichen Leben gezwungen. Bis zu seinem Tod am 10. März 1907 hat Pobedonoszew in der Stille seines zu Ende gehenden, meist in Einsamkeit geführten Lebens, an einer russischen Neuübersetzung des Neuen Testaments gearbeitet.

Sergej Juljewitsch Witte
(17. 6. 1849 in Tiflis–28. 3. 1915 in St. Petersburg)

Kaum ein russischer Staatsmann hat eine so unterschiedliche Beurteilung durch Zeitgenossen und Nachwelt erfahren wie der Finanzminister des letzten Zaren, Sergej Juljewitsch Witte. Er war kein Liberaler und dennoch der Vordenker eines russischen Kapitalismus, der die Bedeutung einer allseitigen industriellen und geldwirtschaftlichen Entwicklung für das rückständige Agrarland mit Großmachtambitionen erkannt hatte. Politisch war er ein Kind der Zeit Alexanders III. und einer festen politischen Ordnung. In der Schwäche Nikolaus' II. und vor allem in dem beherrschenden Einfluß, über den die Zarin Alexandra verfügte, hat Witte in seinen Erinnerungen „das Unglück Rußlands" erkannt. Stolypin hingegen kritisierte Witte, wohl weil er ihm so ähnlich war. Die beiden modernen Staatsmänner Rußlands standen sich in einem intriganten Hofsystem im Wege, obgleich sie dieselben Ziele verfolgten.

Sergej Witte wurde am 17. Juni 1849 in Tiflis als Nachkomme einer in den Adel aufgestiegenen Familie geboren. Während seine Mutter aus dem großen Adelshaus der Fadejews stammte, waren die Vorfahren seines Vaters aus dem Holländischen „in die baltischen Provinzen" zugewandert. Der Vater, selbst vom Luthertum zur Orthodoxie übergetreten, amtierte nach Jahren des Aufstiegs als Direktor des Departments für Staatseigentum im Kaukasus. Hier verbrachte Witte auch seine Jugend. Als Graduierter der Noworussisk-Universität von Odessa, wo er Mathematik studiert hatte, trat Witte 1871 in die Generalgouverneurskanzlei von Odessa und Bessarabien ein. Nach zwei Jahren wurde der junge und interessierte Beamte, in das Eisenbahnamt Odessa eingestellt. Der Bau der Eisenbahn war zweifellos der größte Modernisierungsschub für Rußland nach der Abschaffung der Leibeigenschaft. Witte beschäftigte sich fortan intensiv mit den Grundlagen der Eisenbahntechnik und dem administrativen Bereich des Eisenbahnverkehrs. Als unter dem Finanzminister Reutern 1877 die Bahn privatisiert wurde, zog sich Witte vorerst aus dem Staatsdienst zurück, um der Südwestlichen Eisenbahngesellschaft beizutreten. Diese war die wichtigste der Gesellschaften, da sie die westliche Ukraine und Polen von der Ostsee bis zum Schwarzem Meer erstmals mit den deutschen und österreichisch-ungarischen Bahnnetzen verband. Mit dem jüdischen Unternehmer Jan Bloch, Lazar Poljakow und von Derwitz lernte Witte einige jener *homini novi* kennen, die im Zarenreich am Ende des Jahrhunderts, zum eigenen Vorteil freilich, die Kapitalisierung durchzusetzen suchten. In den frühen achtziger Jahren wurde Witte zu Blochs Stellvertreter im Unternehmen, ausgestattet mit großzügigem Gehalt und einem Büro in Kiew, ernannt.

Zahlreiche Studien zum Problem des Eisenbahnbaus legte er in den achtziger Jahren vor, dennoch galt er unter seinen Mitstreitern als ein hervorragender Praktiker. Wittes größtes Verdienst dieser Jahre war die Ausarbeitung eines Systems einheitlicher Frachttarife, das er 1883 in einer Abhandlung vorgestellt hatte. Er rezipierte die Ideen des deutschen Wirtschaftswissenschaftlers Friedrich List. Dieser hatte für eine rigorose Privatisierungspolitik des Staates in rückständigen Ländern plädiert. Witte machte den Grundsatz der Förderung privaten Kapitals zum Grundsatz seiner Wirtschafts- und Finanzpolitik. Dennoch läßt die Schrift eine gewisse Widersprüchlichkeit erkennen: die russischen Voraussetzungen seien es, von denen primär auszugehen sei. Die liberalen Wirtschaftsgrundsätze sollten diesen Voraussetzungen angepaßt werden. Witte und die russischen Unternehmer hatten Ideale, ohne indes „mit den neuen Kräften Frieden geschlossen zu haben".

1889 gelangte Witte an die Spitze des Eisenbahn-Departments beim Finanzministerium. Infolge einer Krankheit des Ministers Wyshnegradski wurde Sergej Witte von Alexander III. im August 1892 zum Finanzminister ernannt; der Zar beförderte den vielversprechenden Minister sofort vom 9. in den 4. Rang, was als außergewöhnlich gelten mußte.

Bereits vor dieser Ernennung war das Projekt einer Transsibirischen Eisenbahn entworfen worden, das nunmehr die Politik Wittes auf dem Verkehrssektor bestimmte. Seine Finanzpolitik war zunächst restriktiv: Protektionismus bestimmte in den beginnenden neunziger Jahren das Bild von der russischen Außenwirtschaftspolitik, höhere Einfuhrzölle für die begehrten Waren aus Westeuropa wurden festgelegt. Gleichwohl wurden ausländischen Investoren Tür und Tor geöffnet, um die Wirtschaft des Zarenreiches anzukurbeln. Das „System Witte" hat zwar letztlich keinen vollkommenen Durchbruch erlebt, doch seine drei Grundgedanken: Eisenbahnbau, Protektionismus und Investitionen von außen haben das Jahrzehnt russischer Wirtschaftspolitik zwischen 1892 und 1902 (1905) entscheidend geprägt. Auch zur Rubel- (1894/95) und Gold- (1897) Stabilisierung hat Witte Entscheidendes beigetragen, so z. B. mit der Einführung eines staatlichen Spirituosen- und Weinmonopols, einer Idee, die er Katkov verdankte. Wie kein anderer Finanzminister des Zarenreiches hatte Witte die wirtschaftlichen Möglichkeiten der Macht einzusetzen vermocht. Die Staatsbank und die Behörden des Finanzministeriums kontrollierten die ausgreifenden Aktivitäten der gründerzeitlich prosperierenden kommerziellen Aktionärsbanken. Die Reorganisation des Gewichte- und Maßesystems (1893), des Patentrechts (1896), die Gründung zahlreicher Berufsschulen und Publikationsorgane für Wirtschaftsfragen u. a., unter russischen Verhältnissen als Pionierleistungen zu bezeichnende Maßnahmen, ließen in der Gesellschaft zugleich eine Atmosphäre der Veränderungen und des neuen Geistes entstehen.

Während sich sein „Finanzimperium" innerhalb und außerhalb des Reiches – in den großen europäischen Ländern ließ er Wirtschaftsagenten arbeiten – ständig vergrößerte, wurden Witte von Alexander III. wie auch von Nikolaus II. weitgehende Rechte im bezug auf Personalentscheidungen eingeräumt. Wie Stolypin leitete Witte aus den unbestrittenen Wirtschaftserfolgen politischen Kompetenzzuwachs ab, den er in der Binnenstruktur des Reichs, so in der örtlichen Verwaltung, ebenso zur Geltung brachte wie im Äußeren. Hier führte ihn das Bahnprojekt in den Bannkreis der russischen Fernostpolitik. Auch hier war das Grundmotiv der Annäherung zwischen Rußland und China, zum Teil auch mit Japan, wirtschaftlicher Natur. Über gemeinsame Interessen sollte eine Annäherung erreicht werden, was im Falle Japans bekanntlich 1904 fehlschlug und im Krieg endete.

Der ständige Zuwachs der politischen Macht Wittes hatte nicht zuletzt mit seinem Verhältnis zum neuen Zaren zu tun. Während dessen Vater seinem

Finanzminister in allem vertraute, sah Nikolaus in Witte zwar den „Genius seiner Herrschaftszeit". Aber das hohe Wort trog. Witte, der seit August 1903 zum Chef des Ministerkomitees degradiert worden war, erntete auch für das „Oktobermanifest" von 1905, das seinem Zaren vorerst die Krone rettete, nur Undank. Auch mit dem Frieden von Portsmouth, den Witte im September 1905 nach den schmählichen russischen Niederlagen im Krieg gegen Japan erhandelt hatte, konnte der Zar nichts anfangen.

Schließlich war es die Unpopularität der auf Industriepolitik setzenden und vom Privateigentum ausgehenden Reformen Wittes, die die traditionelle landbesitzende Adelselite auf den Plan rief. Ihre höfischen Vertreter hatten es bei Nikolaus II. nicht schwer, den ungnädig behandelten Witte zu Fall zu bringen. Nachdem die Tendenzen der revolutionären Ereignisse in ihr Gegenteil umgeschlagen waren und Witte selbst als Regierungschef diesen Vorgang beaufsichtigte, kühlte sich die „Atmosphäre" der Industriepolitiker und „Liberalen" spürbar ab. Diese waren freilich selbst in ihren Widersprüchen gefangen. Ein „konstitutionelles Imperium mit einem selbstherrschenden Zaren", wie Zeitgenossen Wittes letzte Intentionen charakterisiert haben, war undenkbar. Pjotr Stolypin, der Witte im Juli 1906 als Chef des Ministerrates ablöste, hat diese Tatsache fünf Jahre später mit dem Leben bezahlt. Witte starb, als letzter großer Staatsmann des zarischen Rußlands, im Frühjahr 1915. Zu diesem Zeitpunkt war der Untergang des Reiches nicht mehr aufzuhalten. Die Ideen des Rechtsstaates und der bürgerlichen Freiheit, denen er anhing, ließen sich nicht mehr umsetzen und waren wenige Jahre später sogar als Begriffe verboten.

Pjotr Arkadewitsch Stolypin
(17. 4. 1862 in Dresden/Sachsen– 5. 9. 1911 in Kiew)

Der letzte herausragende russische Staatsmann und Reformbeamte, den das Zarenreich hervorgebracht hatte, starb durch die Kugel eines vermeindlichen Doppelagenten des Geheimdienstes und Anhängers der Sozialrevolutionären Partei. Unklar ist bis heute die Beteiligung des Zaren und des Hofes an dem Attentat geblieben. Die Art und Weise, wie Pjotr Arkadewitsch Stolypin zu Tode kam, mag voller Zufälle gewesen sein. Ein Blick auf die lange Reihe der Günstlinge und Staatsleute, deren zumeist tragisches politisches Ende in Ungnade, Verbannung, einsamer Verbitterung oder infolge eines vorzeitigen Todes endete, scheint indes für russische Verhältnisse symptomatisch.

Als Stolypin in Kiew beerdigt wurde, hatte mit dem Tobolsker Bauern Grigori Rasputin ein gerissener Schwindler Einfluß auf die Zarin und den schwach agierenden Zaren gewinnen können, der die Tradition der politischen Hintermänner und Staatsleute ad absurdum führte. Die Reform, die Stolypin in Gang setzte und die das rückständige Agrarland Rußland in eine kapitalistische Wirtschaftsordnung überführen helfen sollte, wurde nach kaum elf Jahren weder von der Provisorischen Regierung noch vor der Machtübernahme durch die Bolschewiki gestoppt.

Pjotr Stolypin kam am 17. April 1862 in Dresden als Nachkomme einer seit dem 16. Jahrhundert angesehenen Adelsfamilie zur Welt. Der Vater hatte sich militärische Sporen im Russisch-Türkischen Krieg erworben und war schließlich, im Rang eines Generals, Kommandant der Kremlgarde geworden. Seine frühe Kindheit verbrachte Pjotr Arkadewitsch in den litauischen Gouvernements des Reichs, wo die Familie über ansehnlichen Grundbesitz verfügte. Die Sommer verbrachte man oft in der Schweiz. Als Stolypin das Wilnaer Gymnasium besuchte, kaufte die Familie ein Haus in der Stadt.

1881 begann die wißbegierige Schulabsolvent ein Studium an der Petersburger Universität, wo er Naturwissenschaften bei Mendelejew, Mathematik und Agronomie hörte. Mit einem Abschluß trat er 1885 in das Statistik-Department des Ministeriums für Staatsbesitz ein, wo er das Bürokraten-Einmaleins zu erlernen hatte. Als Bezirksmarschall der Adligen von Kowno (Kaunas) in Litauen beschäftigte er sich ab 1889 mit der Landwirtschaft und den ethnischen Besonderheiten in der litauischen Provinz, wo im Adel der polnische und unter der Bauernschaft der litauische Anteil dominierte. Außerdem machte sich Stolypin in dieser Zeit mit Vorzügen und Nachteilen der Einzelhofwirtschaft, des Chutors, vertraut, die hier und in den meisten westlichen Provinzen des Reiches vorherrschte.

Litauen und Weißrußland blieben vorläufig die Landschaft Stolypins. 1899 wurde er zum Adelsmarschall der gesamten Provinz Kowno ernannt und nach weiteren zwei Jahren, 1902, auf Drängen des neuen Innenministers Plewe zum Gouverneur von Grodno. Hier, wo er zehn Monate blieb, äußerte er auch erstmals seine Reformgedanken: die Auflösung der bäuerlichen Feldergemeinschaften und die Ansiedlung von Einzelhöfen. Der aufgeklärte Paternalismus Stolypin, der für das Wohl der Bauern sorgte ohne auf deren Meinung oder gar Bildung Wert zu legen, sollte sein ganzes politisches Leben anhalten: „Wir brauchen die Arbeitskraft des Menschen ... nicht seine Bildung."

Im Jahr 1903, mit seiner Ernennung zum Gouverneur von Saratow, gelangte Stolypin erstmals für längere Zeit nach Kernrußland. Wie seinerzeit Loris-Melikow hatte auch Stolypin für Ruhe und Ordnung in dem politisch brisanten Gebiet zu sorgen; um 1905/06 stieg die Zahl der politischen Gewaltverbrechen in die Hunderte, Tausende wurden zu ihren Opfern. Das harte Durchgreifen machte Stolypin in den Petersburger Kreisen bekannt und verhalf ihm, neben dem feinen Sinn für den Wandlungsbedarf der Gesellschaft, zur Kandidatur als Innenminister, der der Zar 1906 zustimmte. Dem Attentat vom 12. August desselben Jahres entging der neue Minister nur knapp, während 32 Personen getötet und 22, darunter seine beiden Kinder, verletzt wurden. Die sofort installierte „Standgerichtsbarkeit" wurde von den Zeitgenossen freilich unterschiedlich beurteilt. Allein in den folgenden acht Monaten wurden 1102 Todesurteile vollstreckt.

Unbeirrt setzte Stolypin den Zaren weiterhin unter Druck, die Reformen der Landwirtschaft durchzuführen. Deren Ziel war es, den privatbesitzenden Bauern zur neuen ökonomischen Kraft einer kapitalistischen russischen Gesellschaft zu machen. Der Beschluß vom 9. November 1906 erlaubte es schließlich dem Bauern, sich aus der Umverteilungsgemeinde zurückziehen und seinen Anteil am Gemeindeland erwerben und in eigener Verantwortung bestellen zu können. Das eigentliche Gesetz „Über die Landwirtschaft" wurde erst fünf Jahre später, am 29. Mai 1911, verabschiedet. Die Historiker haben seit dem Inkrafttreten der „Stolypinschen Agrarreform" über deren Angemessenheit und Auswirkungen auf Rußland diskutiert. Die Kapitalisierung des ländlichen Rußlands und die Entstehung einer „bürgerlichen", durch ein persönliches Wirtschaftsinteresse und einen Kredit bei der „Bauernbank" charakterisierten Mittelschicht waren dabei stets die Streitpunkte. Unter den Zeitgenossen fand die Ersetzung der Gemeindewirtschaft durch die Einzelhofwirtschaft insgesamt wohl mehr Gegner als Anhänger. Nicht zuletzt die armgebliebene Bauernschaft selbst, konfrontiert mit den selbstgefälligen, zu Besitz gelangten „neuen Russen", griff immer wieder zu drastischen Mitteln des Protests.

Stolypin sollte die Ergebnisse der Reform, die er im übrigen aufgrund einer nur kurzen „Rußlandkenntnis" auch nicht hatte voraussehen können, nicht mehr erleben. Seit der Auflösung der Ersten Reichsduma im Juli 1906 hatte er sich mit verschiedenen politischen Kreisen, Parteien und Hofzirkeln überworfen. Nachdem sich sein Votum für eine eher konservative Zusammensetzung der Zweiten Duma infolge der Wahlergebnisse nicht durchsetzen ließ und auch diese bald auseinandergejagt wurde, fand Stolypin zunächst in den adelsstarken Oktobristen, der in der Dritten Duma (1907–1912) stärksten politischen Kraft, Unterstützung. Alsbald aber näherte er sich mehr den Nationalisten an und geriet auf diese Weise immer mehr zwischen die Fronten der Grundbesitzer, Monarchisten und Nationalisten auf einen und der liberalen Reformbefürworter auf der anderen Seite, was ihm bereits unter Zeitgenossen das Epitheton des „Bonapartisten" einbrachte. Als Nationalist verfolgte er unpopuläre Maßnahmen gegen die nichtrussischen Minderheiten im Reich, als Reformer setzte Stolypin im Mai 1910 das Zemstwo-System in sechs westlichen Provinzen durch. Zu diesem Zeitpunkt war die Beziehung zwischen dem Zaren und seinem Premier bereits eisig. Stolypin wäre aller Wahrscheinlichkeit nach dem lautlosen Rückzug eines Bismarck gefolgt, wenn ihn nicht in Kiew am 1. September 1911 die Kugeln Dimitri Bogrows tödlich verletzt hätten. Der Zar hatte ihm im Krankenhaus, wo Stolypin noch fünf Tage lag, nicht besucht. Der Monarch konnte seinem Minister auf dem Weg zwischen Autokratie und einer neuen Wirtschafts- und Regierungsform nicht folgen. Letzteres hatte Stolypin in einem weiteren Projekt, das sein Assistent Zenkovskij in seinen Memoiren „grandios" nannte, auf eine neue, repräsentativere Basis stellen wollen. Nikolaus II. vertraute sich, bevor das Imperium im Krieg versank, eher denen an, die den „Mythos Rußlands" nicht aber Rußland selbst „erretten" wollten.

Personenregister

Lebensbilder und Biographien
über Herrscher, Päpste und Präsidenten

Karl Rudolf Schnith (Hrsg.)
Mittelalterliche Herrscher
in Lebensbildern
Von den Karolingern zu den Staufern
388 Seiten, 20 Abb., Stammtafeln, Farbkarten, Leinen

Hans und Marga Rall
Die Wittelsbacher
in Lebensbildern
430 Seiten, 51 Abb., Stammtafel, Karten, Leinen

Peter Mast
Die Hohenzollern
in Lebensbildern
372 Seiten, 10 Abb., Karten, Stammtafel, Leinen

Albert Herzog zu Sachsen
Die Wettiner
in Lebensbildern
400 Seiten, 40 Abb., Karten, Stammtafel, Leinen

Verlag Styria
Graz Wien Köln

Lebensbilder und Biographien
über Herrscher, Päpste und Präsidenten

Franz Pesendorfer
**Lothringen
und seine Herzöge**
Im Zeichen der drei Adler
224 Seiten, 16 Bildseiten, Karten, Leinen

Richard Reifenscheid
**Die Habsburger
in Lebensbildern**
Von Rudolf I. bis Karl I.
3. Auflage, 376 Seiten, 28 Porträts, Leinen

Josef Gelmi
**Die Päpste
in Lebensbildern**
2. Auflage, 320 Seiten, 48 Bildseiten, Leinen

Peter Schäfer
**Die Präsidenten der USA
in Lebensbildern**
Von George Washington bis Bill Clinton
464 Seiten, 42 Abb., Leinen

Verlag Styria
Graz Wien Köln